D1559031

Crónicas de Indias
Antología

Letras Hispánicas

Crónicas de Indias
Antología

Edición de Mercedes Serna

SEXTA EDICIÓN

CÁTEDRA

LETRAS HISPÁNICAS

1.ª edición, 2000
6.ª edición, 2009

Reservados todos los derechos. El contenido de esta obra está protegido
por la Ley, que establece penas de prisión y/o multas, además de las
correspondientes indemnizaciones por daños y perjuicios, para
quienes reprodujeren, plagiaren, distribuyeren o comunicaren
públicamente, en todo o en parte, una obra literaria, artística
o científica, o su transformación, interpretación o ejecución
artística fijada en cualquier tipo de soporte o comunicada
a través de cualquier medio, sin la preceptiva autorización.

© Ediciones Cátedra (Grupo Anaya, S. A.), 2000, 2009
Juan Ignacio Luca de Tena, 15. 28027 Madrid
Depósito legal: M. 38.794-2009
ISBN: 978-84-376-1835-7
Printed in Spain
Impreso en Anzos, S. L.
Fuenlabrada (Madrid)

Índice

Introducción

A Rosa Navarro, con gratitud

Nuevo Mundo según los antiguos: geografía imaginada

Frente a la concepción historiográfica de nuestro tiempo, al estudiar a los antiguos y a los renacentistas nos hallamos en la prehistoria de la historiografía. En la época del Renacimiento, como explica Víctor Frankl[1], el pensamiento histórico estaba fuertemente ligado a las concepciones legendarias del pasado. La verdad histórica tenía mucho que ver con el recuerdo, con la evocación, con una realidad espiritual oculta a los ojos de los hombres vulgares, pero accesible a los dotados de una visión poética. Definición conveniente para poder interpretar textos alegóricos como la Biblia. La historiografía, por tanto, se nutre de leyendas antiquísimas, de profecías, de la tradición bíblica o del pensamiento platónico. Un ejemplo lo hallamos en la obra historiográfica de Alfonso X el Sabio. Sus fuentes recogen desde la mitología, pasando por los viajeros y geógrafos de la Antigüedad, Pompeyo, Ptolomeo[2], los historiadores latinos, Ovidio, Lucano, la Biblia, hasta llegar a los

---

[1] *El Antijovio de Gonzalo Jiménez de Quesada y las concepciones de realidad y verdad en la época de la Contrarreforma y el manierismo*, Madrid, Instituto de Cultura Hispánica, 1963.

[2] Claudio Ptolomeo de Alejandría fue el más prestigioso de todos los científicos de la antigua Roma y la autoridad más duradera en astrología. Ptolomeo vivió en Egipto durante los imperios de Adriano y de Marco Aurelio. Su visión del universo fue la que se popularizó durante toda la Edad Media. El mundo representado por Dante en *La Divina Comedia* proviene directamente de su tratado de astrología *Almagesto*. Su *Geografía* abrió nuevos caminos por su relación sistemática de los lugares de acuerdo a la latitud y la longitud. Los árabes comprendieron la grandeza de Ptolomeo y lo introdujeron en Occidente.

cantares de gesta. Se funden pasado y presente, lo maravillo-so y lo cotidiano, lo real y lo irreal.

En el pensamiento medieval, toda ciencia es una ciencia moral, toda historia es historia moral y toda sabiduría es suma de los saberes dispersos. Si la historia es la historia moral, el li-bro debe guardar las ideas que harán que una sociedad man-tenga el orden debido. El saber es ortodoxo y está basado en el orden social. Así, como señala José Antonio Maravall[3], en la edad medieval no se es sabio por traer cosas nuevas sino por acumular lo ya sabido. La tarea intelectual es, pues, la de copiar, coleccionar la suma de conocimientos posibles, acaba-dos, delimitados, definitivos, para alcanzar al sabio antiguo.

La Edad Media estaba ligada a los antiguos. Fue discípula incondicional de los paganos por diversas causas, entre otras, porque necesitaba modelos, por la búsqueda de raíces y por-que, fundamentalmente, de ellos venía la cultura. Los paga-nos son los padres de la cultura y, por tanto, debían guardar en sí la verdadera fe revelada. Ellos eran los transmisores de la verdad. La historiografía une lo sagrado y lo profano, lo his-tórico y lo probable.

A todo ello hay que agregar la concepción medieval de la historia como el desarrollo del propósito divino, lo que colo-caría a la historia sagrada en el centro del pensamiento histo-riográfico. Todos los cronistas, sin excepción, parten de la idea de la prefiguración del Nuevo Mundo y del providencia-lismo en la historia, siguiendo el ejemplo de los primeros cris-tianos con respecto a los paganos[4]. Los clásicos son la máxi-ma autoridad en filosofía natural y a ellos hay que acudir. De todo ello se infiere la tesis de Edmundo O'Gorman[5] de que América «antes de ser una realidad fue una prefiguración fa-

---

[3] José Antonio Maravall, *Estudios de historia del pensamiento español*, Madrid, Ediciones de cultura hispánica, 1973.

[4] Señala Maravall que san Jerónimo llega a decir que los cristianos necesi-tan de los clásicos para sostener sus argumentos cristianos. Homero, Sócrates, Platón prefiguran el cristianismo. Los filósofos antiguos, según san Agustín, con sólo cambiarles unas pocas palabras se vuelven cristianos. De ahí la cris-tianización del platonismo, el socratismo y el estoicismo. *Ibídem.*

[5] *La invención de América*, México, FCE, 1958.

bulosa de la cultura europea». La verdad histórica y la evocación poética (lírica, creativa) coinciden.

La imagen de América, la concepción del Nuevo Mundo, va a depender, entre otros muchos factores, de la interpretación que los primeros cronistas hacen de los textos clásicos. La percepción de América se basa en la adopción de antiguos mitos de origen clásico, asiático, medieval; también de los mitos precolombinos o indígenas. Entre las fuentes destacan, asimismo, los libros hagiográficos o los sucesos prodigiosos transmitidos por la tradición oral.

Los cronistas del Nuevo Mundo se sirvieron de textos clásicos para encontrar referentes directos que explicaran el descubrimiento. Apoyándose en el concepto de *auctoritas* de los escritores grecolatinos, así como en la Biblia y la Patrística pagana y cristiana, buscaron confirmación del nuevo suceso, confundiendo las fronteras entre realidad e imaginación. Además, la génesis de las crónicas radica, esencialmente, en un proceso de reescritura en que cada cronista se apropia, sin ningún tipo de pudor, de otras crónicas (no existía en la época el concepto de originalidad), resultando de estas intertextualidades una serie de temas recurrentes o lugares comunes.

Las regiones míticas de Tarsis, Ofir, Saba, junto con las asiáticas de Catay, Manghi y Cipango, son los puntos de referencia de Colón. Estas regiones están tomadas de las concepciones cosmográficas de la Antigüedad, de las obras de Ptolomeo, Marino de Tiro, Aristóteles, Posidonio y de las Sagradas Escrituras. La relación que hace Colón de La Española con Cipango se complementa con la identificación de una región de la misma isla con las míticas Tarsis y Ofir. Pedro Mártir señala, en su primera *Década*[6], que Colón le contó que había encontrado la isla de Ofir, que hermanaba con La Española[7]. Las Casas confirma esta identificación de Colón del primer viaje citando una carta de Colón a los reyes en la que «aque-

  [6] Pedro Mártir, *Décadas del Nuevo Mundo,* Buenos Aires, 1944; Madrid, Polifemo, 1989.
  [7] Cristóbal Colón, *Memorial* enviado a los reyes con A. Torres, en M. Fernández de Navarrete, *Colección de viajes y descubrimientos,* Madrid, 1954.

lla isla de Ophir o Monte de Sopora (adonde iba Salomón) dice aquí el Almirante ser aquesta isla Española que ya tenían sus Altezas». Colón relaciona incluso una isla del Caribe (posiblemente la isla de Jamaica, según Manzano) con el reino de Saba.

El primer texto donde aparece Colón como descubridor de América es el *Sumario de la natural historia de las Indias,* del historiador madrileño Gonzalo Fernández de Oviedo, publicado en 1526. Fernández de Oviedo fue el cronista oficial de la corona y, por tanto, su obra hay que leerla teniendo en cuenta tal servicio real. Su pensamiento es nacionalista e imperialista en su visión de la historia. Así, no es extraño que parta de ciertas ideas fabulosas, que se apoyan en los clásicos antiguos, para lograr el sueño de conseguir un imperio hispánico.

Oviedo, en la introducción a la *Historia general y natural de las Indias,* en el capítulo III, desarrolla el tópico de que los antiguos conocían las Indias y habían escrito sobre ellas. Colón, por tanto, creyó saber a través de tales escritos que estas tierras estaban olvidadas y fue a buscarlas. Oviedo menciona a Aristóteles, que ya escribió sobre una isla que los mercaderes cartagineses hallaron, yendo hacia el mar Atlántico desde el estrecho de Gibraltar, y que no había sido descubierta jamás por nadie. Una isla paradisíaca, «toda silvestre y llena de grandes árboles y ríos maravillosos, muy fértil y abundante en todas las cosas que se pueden plantar y nacer y, nacidas, crecen en gran libertad». Para el cronista, no cabe duda de que la isla de la que habla Aristóteles, y después Teófilo de Ferrariis, el Cremonensis, es una de la de «nuestras Indias», La Española o Cuba. Recurre a los clásicos porque se fundamenta en la idea de la prefiguración del Nuevo Mundo y en el concepto de autoridad, como todos los cronistas. El ejemplo de los antiguos es fundamental y referencia obligada. Oviedo no puede por menos que anotarlo, pues es de rigor la presencia constante de la Antigüedad y el mito clásico, aunque sus propósitos son otros. Su nacionalismo le lleva a la sospecha, si cabe más fantástica, de que las Antillas pertenecían a la corona española desde hacía unos tres mil años. Las islas Hesperies son las islas de las Indias de España. Se nombraron Hespérides o Hespéride, de Hespero, duodécimo rey de España. Las islas que se dicen Hespérides, «y que señalan Seboso y Solino y Plinio e Isidoro, se deben tener indudablemente por estas Indias, y haber sido del señorío de España desde el tiempo de Hespero», que fue rey de ella «mil seiscientos y cincuenta y ocho años antes que el Salvador del mundo naciese». Es Dios, dice Oviedo, quien hizo volver este señorío a España a través de Cristóbal Colón.

Oviedo escribe por intereses políticos. Con su tesis quería servir fielmente a la corona y alejar a los posibles herederos de Colón. Hernando Colón, que acompañó a su padre en el cuarto viaje, comenzó a escribir su obra, un mes después que apareciese la obra de Oviedo, para refutar la idea de que las Indias descubiertas por su padre eran las antiguas Hespérides y que, por tanto, habían pertenecido desde siempre a la monarquía hispana[8]. La crónica de Oviedo se escribió con fines pragmáticos. Parece ser que el propio emperador Carlos V agradecería al cronista las pesquisas realizadas para demostrar su idea imperialista y de extensión del reino hispánico[9].

Bartolomé de Las Casas fue uno de los pocos cronistas que no ocultó el objetivo asiático de Colón. Al dominico no le preocupaba tener que demostrar que fue Colón el descubridor del Nuevo Mundo. El fin que persigue es verificar que fue Colón el elegido por Dios para cumplir el designio divino. Cuenta, en su *Historia de las Indias,* que Aristóteles, Platón, Alberto Magno, Avicena, san Anselmo, Ptolomeo, Alfragano, Estrabón fueron autoridades sobre las que posiblemente se apoyó Colón para legitimar su proyecto y para discutir sobre los «tópicos» consabidos: teorías acerca de la redondez del

---

[8] Es, por consiguiente, y como tantos escritos, relaciones, crónicas, etc., un trabajo de refutación, controversia y polémica para restablecer la verdad. Hernán Colón debe defender la figura de su padre, atacada también, como puede verse en los pleitos que sostuvieron los fiscales de la corona en los que se planteaba si la gloria del descubrimiento pertenecía a Martín Alonso Pinzón.

[9] Véase el estudio introductorio y edición de Juan Pérez de Tudela y Bueso, «Vidas y escritos de Gonzalo Fernández de Oviedo», *Historia general y natural de las Indias,* Madrid, BAE, 1959, t. 117.

globo, la inhabitabilidad de la zona tórrida o la existencia de antípodas[10].

Las Casas también parte, en sus crónicas, de las filosóficas autoridades. Resume lo que Aristóteles y Platón describieron sobre la existencia de la llamada Isla del Atlántico. Platón, indica Las Casas, refiere la fertilidad, felicidad y abundancia de esta isla; los ríos, las fuentes, la llaneza, campiñas, montes, sierras, florestas, vergeles, frutos, ciudades, edificios, fortalezas, templos, casas reales, política, orden y gobernación, ganados, caballos, elefantes, metales riquísimos, excepto el oro. Esta visión paradisíaca, mítica y fantástica que tenían los antiguos y los contemporáneos acerca de la naturaleza pasará a convertirse en lugar común cada vez que se trate de tierras ignotas.

Asimismo, también tiene en cuenta los textos clásicos y legendarios. Reafirmándose en las descripciones fabulosas de Pierre d'Ailly en su *Imago Mundi*, dirá que éste, y al igual que Ptolomeo, Solino y san Anselmo, cree que en la isla Taprobana existían montañas de oro vigiladas por dragones y monstruos. Colón afirmará que en la isla Taprobana, descrita por D'Ailly, se encontraba la región de Ofir, de donde Salomón volvió cargado de riquezas. Es decir, que hasta el propio Las Casas describe el Nuevo Mundo a través de visiones paradisíacas que provienen de la imaginería clásica o medieval[11]. Como indica Pupo-Walker, el pensamiento, tanto el de Colón, que cree descubrir el paraíso terrenal en los textos de Pierre d'Ailly, como el de Las Casas, estaba inspirado en la cosmografía teológica «que deriva parcialmente de los escritos

---

[10] Las teorías clásicas sobre las antípodas describían una infranqueable zona ardiente alrededor del ecuador que nos separaba de una región habitada al otro lado del globo. Esto provocó en el pensamiento cristiano serias dudas sobre la redondez de la Tierra. La raza que vivía más abajo de aquella tórrida zona no podía, como es evidente, pertenecer a la raza de Adán ni a la de aquellos redimidos por el designio de Cristo. Si uno creía que el arca de Noé se había posado en el monte Ararat, al norte del Ecuador, entonces era imposible que criaturas vivientes hubiesen llegado a las antípodas. Los fieles cristianos, para evitar caer en la herejía, preferían creer que no podía haber antípodas y si era necesario hasta pensaban que la Tierra no era una esfera.

[11] *Apologética historia sumaria*, México, UNAM, 1967.

de san Isidoro, Estrabón, san Ambrosio y otros fundadores del pensamiento escolástico»[12].

Francisco López de Gómara fue, junto con Pedro Mártir, José de Acosta y el Inca Garcilaso de la Vega, uno de los cronistas más cultos. «Cronista de oídas», pues nunca recorrió físicamente el Nuevo Mundo, Gómara, letrado, historiador, humanista y buen conocedor de la historiografía grecolatina, se inspira también en los mitos clásicos y los impone. No hay que olvidar que, además, su *Historia general de las Indias* fue muy leída y alcanzó extraordinaria difusión en el siglo XVI. Gómara divulga las cosmografías fabulosas de la Antigüedad por diversas razones: porque admite el prestigio de los libros antiguos, es decir, porque sigue el concepto de autoridad, porque fue un humanista devoto de la cultura, porque seguía el modelo de las anteriores crónicas y porque, no habiendo pisado nunca el Nuevo Mundo, su apoyo fundamental estaba en la letra escrita. Su *Historia General de las Indias* es una vasta enciclopedia en el sentido de que se estructura a partir de constantes reseñas bibliográficas. Gómara acumula datos, su saber es enciclopédico. Inicia su *Historia* exponiendo las teorías (recurrentes en todos los cronistas) sobre la habitabilidad del mundo (frente a la idea pagana de la inhabitabilidad de ciertas zonas), su redondez (ya expuesta por Ptolomeo), la existencia de antípodas, el lugar donde se hallan las Indias, etc. Para ello se apoya, insistentemente, tanto en los filósofos antiguos y modernos como en la Biblia.

La visión de Gómara también es, en muchos casos, lírica. Nos dice que en Islandia «brama el suelo y parece que gimen los hombres; así, piensan los isleños que allí se encuentra el purgatorio o que atormentan algunas almas». O que «hay también dos fuentes notables, una que mana cierto licor como cera y otra de agua hirviendo que convierte en piedra lo que dentro echan, quedándose en su propia figura». Esta visión poética se conjuga con la verdad histórica.

Gómara, letrado, también se deja llevar por profecías y cosmografías fabulosas y cree en el mito de la Atlántida. Sigue el

---

[12] Enrique Pupo-Walker, *La vocación literaria del pensamiento histórico en América*, Madrid, Gredos, 1982, pág. 47.

cronista los diálogos *Timeo* y *Cricia*, donde Platón cuenta que hubo una isla antiquísima llamada Atlántida, en el mar Atlántico y Océano, mayor que África y Asia, y cuyos reyes señorearon gran parte de África y de Europa. Hundida la isla por un gran terremoto, desaparecidos los hombres, todo aquel territorio se convirtió en un gran cenagal que impidió la navegación por aquella región. Gómara señala que hay quien tiene esto por fábula y otros por historia verdadera. Pero al cronista no le cabe ninguna duda al respecto, «pues el descubrimiento y conquistas de las Indias aclara llanamente lo que Platón escribió de aquellas tierras, y en México llaman al agua Atl, vocablo que parece, ya que no sea, al de la isla». La conclusión de Gómara no se hace esperar: «Así que podemos decir cómo las Indias son la isla y tierra firme de Platón, y no las Hespérides, ni Ofir y Tarsis como muchos modernos dicen.»

El vallisoletano José de Acosta tuvo un conocimiento profundo de la Antigüedad, que le vino seguramente por su ingreso en la orden jesuítica. En su *Historia natural y moral de las Indias* enmienda muchas de las cuestiones en las que habían errado los antiguos o los padres de la Iglesia. Así, se extraña de que siendo san Agustín tan aventajado en todas las ciencias naturales no acabe de aclarar si el cielo rodea la tierra de todas partes o no. En tanto Oviedo se apoya esencialmente en Plinio, o el Inca Garcilaso de la Vega en Cicerón, Acosta tiene como columna vertebral de su obra a Aristóteles, a quien considera eje de la filosofía natural. Cuando éste es atacado porque sus opiniones son contrarias y repugnantes a la Divina Escritura[13],

---

[13] La teoría de Aristóteles sobre la inhabitabilidad de ciertas zonas, debido a su enorme autoridad, fue la que prevaleció en la Antigüedad. Se trataba de la famosa división del globo terrestre de acuerdo con las cinco zonas del cielo: las dos polares, las dos templadas y la intermedia, llamada la zona tropical, tórrida o quemada. Suponían que únicamente eran habitables las zonas templadas, las comprendidas entre los círculos árticos y los círculos de los trópicos. Como indica O'Gorman, el cristianismo rechazó el absolutismo de la antigua doctrina de la inhabitabilidad de ciertas zonas de la Tierra introduciendo la noción fundamental del hombre como responsable de su propia vida y de su destino. En la época del Inca Garcilaso, sin embargo, la discusión sobre la pluralidad de mundos ya no tenía sentido, pues hacía mucho que los padres de la Iglesia habían desechado las teorías de Platón, Aristóteles y Ovidio sobre el tema, tachándolas de heréticas.

Acosta alega, a su favor, que tanto Aristóteles como otros antiguos «no se curaron tanto de las ciencias y demostraciones de filosofía atendiendo a otros estudios más importantes».

El cronista rectifica lo que la geografía antigua, en concreto Aristóteles, su gran maestro, había expuesto acerca de la inhabitabilidad de la zona tórrida. Sobre la redondez del globo terráqueo, que negaban algunos filósofos antiguos cristianos, corrige la opinión bíblica de la siguiente manera: «basta, pues, saber que en las Divinas Escrituras, no hemos de seguir la letra que mata, sino el espíritu que da vida, como dice san Pablo». Enmienda a los padres de la doctrina cristiana, a Lactancio[14] y a san Agustín al afirmar la existencia de las antípodas[15]. De esta manera, entiende que su época supera a los antiguos y esta creencia en una evolución cognitiva le llevará a refutar no sólo a los paganos, sino también a los padres de la Iglesia e, incluso, ciertas afirmaciones de filosofía natural que aparecen en la Biblia. Esto no quiere decir que el cronista no partiera del concepto de autoridad por lo que respecta a la Antigüedad clásica, de la misma manera que no deja de ser profundamente devoto por enmendar razones filosóficas bíblicas o de los primeros cristianos. Simón Valcárcel conjetura que para Acosta, «la Antigüedad no es un mito, sino una fase de la historia occidental que transmitió un conjunto de conocimientos casi siempre válidos, mas en muchas ocasiones revisables,

---

[14] El venerado Lactancio, el «Cicerón cristiano», a quien Constantino eligió como tutor de su hijo, preguntaba: «¿Puede alguien ser tan necio como para creer que hay hombres cuyos pies están más altos que sus cabezas, o lugares donde las cosas pueden colgar cabeza abajo, los árboles crecer al revés y la lluvia caer hacia arriba? ¿Dónde estaría lo maravilloso de los jardines colgantes de Babilonia, si admitiéramos la existencia de un mundo colgante en las antípodas?»

[15] San Agustín, san Juan Crisóstomo y otros de su misma talla estuvieron completamente de acuerdo en que las antípodas (*anti podes*, un lugar donde los pies de los hombres se encontraban en sentido opuesto) no podían existir. Un cristiano no podía considerar la posibilidad de que ciertos hombres no fuesen descendientes de Adán, o de que pudiesen estar tan aislados por los fuegos tropicales que el Evangelio de Cristo no llegase a ellos. En la fe cristiana no cabían seres que Adán o Cristo no hubiesen conocido. La creencia en las antípodas llegó a ser acusación habitual contra los herejes destinados a la hoguera.

tarea a la que él se aplica, en lo relativo a las Indias, con rigor pero sin acritud»[16]. En las crónicas de Indias se apunta la idea de superación de las teorías cosmográficas antiguas.

Acosta, como los demás cronistas, se basa también en la prefiguración del Nuevo Mundo y en el providencialismo de la historia. Buen conocedor de los textos clásicos, en el capítulo XI de su *Historia natural y moral de las Indias* recorre las autoridades cristianas y paganas buscando indicios que den noticias del Nuevo Mundo. Señala que san Agustín, Lactancio, Aristóteles y Plinio sintieron que había hombres que habitaban en los trópicos y que san Clemente (alega san Jerónimo escribiendo sobre la *Epístola a los efesios*, de san Pablo) profetizó «que pasado el mar océano, hay otro mundo y aun mundos».

Basándose en autores graves, Acosta, asombrado, descubre en la tragedia *Medea*, de Lucio Anneo Séneca, indicios de la prefiguración del Nuevo Mundo. El cronista transcribe las estrofas: «Tras luengos años vendrá / un siglo nuevo y dichoso / que al Océano anchuroso / sus límites pasará. / Descubrirán grande tierra / verán otro Nuevo Mundo / navegando el gran profundo / que ahora el paso nos cierra.»

El comentario que hace a continuación es importante porque revela la importancia que concede a los clásicos, a quienes tiene por verdaderos maestros: «Esto canta Séneca en sus versos, y no podemos negar que al pie de la letra pasa así, pues los años luengos que dice, si cuentan del tiempo trágico, son al pie de mil cuatrocientos, y si del de Medea, son más de dos mil». Y apostilla que «el océano anchuroso haya dado el paso» y que se «haya descubierto grande tierra, mayor que toda Europa y Asia, y se habite otro nuevo mundo, vémoslo por nuestros ojos cumplido, y en esto no hay duda». Acosta dice que Séneca adivinó «con el modo de adivinar que tienen los hombres sabios y astutos». Este pensamiento ilustra la concepción historiográfica del Renacimiento, que entiende que la verdad histórica se revela a ciertos hombres dotados de una visión poética que pueden acceder a una realidad espiritual, oculta y profética.

---

[16] Simón Valcárcel, *Las crónicas de Indias como expresión y configuración de la mentalidad renacentista*, Granada, Diputación provincial de Granada, 1997, pág. 98.

Siguiendo las creencias de la época, y fundamentándose en las Sagradas Escrituras, donde se afirma que de Ofir se traía oro finísimo y piedras muy preciosas, Acosta expone cómo muchos creen que la isla La Española que descubrió Colón era el Ofir de donde Salomón extrajo oro en abundancia. O no hay quien crea que Ofir es Perú, deduciendo «él un nombre del otro». Sin embargo, Acosta, uno de los cronistas más modernos porque busca un equilibrio entre la autoridad, la imaginación o las ideas mentales y la verosimilitud o la razón experimentada, duda de tales conjeturas. Niega que pueda haber relación entre el Ofir de las Escrituras y el Perú y lo hace oponiendo a la observación de la realidad, el empirismo, frente a los esquemas mentales de la época. Acosta invierte el proceso que había seguido Colón, quien imponía la realidad mental sobre la física o empírica. Asevera: «Las piedras tan preciosas, y aquella tan excelente madera, que nunca tal se vio en Jerusalén, cierto yo no lo veo, porque aunque hay esmeraldas escogidas, y algunos árboles de palo recio y olorosos; pero no hallo aquí cosa digna de aquel encarecimiento que pone la Escritura.» Siguiendo con su mentalidad racionalista y moderna, insiste: «Ni aun me parece que lleva buen camino pensar que Salomón, dejada la India oriental riquísima, enviase sus flotas a esta última tierra. Y si hubiera venido tantas veces, más rastros fuera razón que halláramos de ello.» Con sus perspicaces observaciones, comenta más abajo que la razón principal que le mueve a pensar que Ofir no puede estar en la India occidental sino en la oriental es «porque no podía venir acá la flota de Salomón sin pasar toda la India oriental y toda la China y otro infinito mar; y no es verosímil que atravesasen todo el mundo para venir a buscar acá el oro».

Sorprende la audacia y lucidez de los razonamientos de Acosta a pesar de que, como señala Pupo-Walker, el registro de sus temas con frecuencia será fiel a los postulados de la historiografía medieval y la patrística»[17]. Sin embargo, en el cronista ya se perfila la idea de que las Sagradas Escrituras están escritas bajo forma alegórica y que, por tanto, no sólo son suceptibles de interpretación, sino que pueden afirmar cosas

---

[17] Pupo-Walker, ob. cit., pág. 89.

opuestas y acomodarse de distintas maneras y a muy distintas cosas del nuevo orbe. No obstante, Acosta se atiene a la idea del providencialismo de la historia. Tras explicar la profecía de Abdías, admite que en las Sagradas Escrituras pueden buscarse, interpretarse, infinitos avisos del descubrimiento, pues «el Espíritu Santo supo todos los secretos tanto antes» y es lógico pensar que «de un negocio tan grande como es el descubrimiento y conversión a la fe de Cristo del nuevo mundo, haya alguna mención en las Sagradas Escrituras».

Agustín de Zárate también impone los mitos clásicos y se apoya en la tragedia *Medea*, de Séneca, y en el *Timeo*, de Platón, para corroborar el mito de la Atlántida.

También los cronistas de escasa cultura como Cieza de León o Xerez se hacen eco de todos estos tópicos porque siguen fielmente las crónicas anteriores. Además, ya se habían popularizado estas leyendas y rumores.

Como explica Pupo-Walker[18], los «europeos que tomaron contacto con América confundirían aquellas tierras con los esquemas mentales de una geografía que en parte habían profetizado Platón y Aristóteles». Todas estas creencias no eran fácilmente refutables, pues estaban firmemente autorizadas, junto con otras formas de pensamiento medieval y renacentista, «en las *Homilías* de san Juan Crisóstomo y en las mismas *Epístolas* de san Pablo y de Gregorio Nacianceno».

De esta manera, los exploradores «se enfrentaron a un mundo concreto, pero imaginado y a su vez confirmado por la patrística cosmográfica».

Descubrimiento de las Indias:
Colón, el paraíso hallado y perdido

Biografía literaria de Colón

El terreno en el que entramos, al llegar a 1492, es resbaladizo si pensamos que actualmente aún dudamos entre aplicar

---

[18] Pupo-Walker, *ibídem*, pág. 43.

el término descubrimiento o el de invención[19] con relación a América, o en cómo hacer a Colón descubridor de algo de lo que no tuvo (o no quiso tener) noción. Con Colón se inicia la descripción de un mundo que poco se parecía a la realidad contemplada por el Almirante.

Las dudas se inician con la figura misma de Colón. Poco sabemos acerca de su vida y se han dado todo tipo de informaciones y especulaciones al respecto[20]. Hay quien hace a Colón un extraordinario marinero, o quien piensa que era poco más que un ambicioso comerciante; quien le hace hombre de entendimiento y quien dice que casi nada leyó; quien lo identifica con un espíritu medieval y de cruzada, y quien insiste en que se trata de un humanista; quien le considera el primer cronista y quien habla de su falta de cultura y su pobreza literarias. Hay incluso quien afirma que Colón no fue el autor, en realidad, de sus escritos. Las dudas se agravan porque al leerlos nos vemos en la necesidad de diferenciar entre qué contempla Colón y qué dice que contempla; qué ve y qué quiere o necesita ver: realidad empírica frente a ideología. Los cronistas seguirán a Colón y no distinguirán entre geografía y estética, mito e historia. Los desacuerdos también se extienden hacia lo filosófico y ético, con las polémicas sobre el indio y sobre la naturaleza del hombre americano.

---

[19] Fernán Pérez de Oliva, humanista cordobés, escribió *Invención de América*, en 1528, donde ya se apunta la tesis que mucho más tarde desarrollará Edmundo O'Gorman. Invención, descubrimiento, conquista, encuentro son algunos de los términos usados para la exploración de Colón.

[20] Entre los numerosos estudios que existen sobre la figura de Colón destacamos los de Daniel J. Boorstin, *Los descubridores*, Barcelona, Crítica, 1986; Beatriz Pastor, *Discurso narrativo de la conquista de América*, La Habana, Casa de las Américas, 1983; Alejandro Cioranescu, *Colón, humanista. Estudios de humanismo atlántico*, Madrid, Prensa Española, 1967; Mario Hernández Sánchez-Barba, *Historia y literatura en Hispano-América (1492-1820)*, Madrid, Castalia, 1978; Enrique Anderson Imbert, *Historia de la literatura hispanoamericana*, México, FCE, 1965; Pedro Henríquez Ureña, *Las corrientes literarias en la América Hispana*, México, FCE, 1949; Juan Manzano y Manzano, *Cristóbal Colón. Siete años decisivos de su vida (1485-1492)*, Madrid, Instituto de Cultura Hispánica, 1964; Juan Gil, *Mitos y utopías de del Descubrimiento*, Madrid, Alianza Editorial, 1989, 3 vols.; Consuelo Varela, *Cristóbal Colón retrato de un hombre*, Barcelona, Altaya, 1992, *ídem, Los cuatro viajes*, 1986.

Se inicia esta etapa con el primer viaje de Colón en 1492 y concluye en 1556, año del principio del reinado de Felipe II. Entre el primer viaje y la primera circunnavegación (1519-1522) del continente se construye la geografía del Atlántico transversal. En 1534 se constituye el virreinato de la Nueva España.

Posiblemente no sea Colón el primer cronista, pero sí el primero que interpretó con palabras el Nuevo Mundo. Con él nos llegó la primera configuración de América, la cual influiría poderosamente, a lo largo de los años, en los cronistas y en la imagen que Europa se formaría de las nuevas tierras.

Colón (1451?-1506) pasó en Génova los primeros veintidós años de su vida. Allí aprendió las artes de la cartografía que practicaría más tarde, junto con su hermano Bartolomé, en Lisboa. Un naufragio padecido en 1476, cuando formaba parte de la tripulación que escoltaba un cargamento, en un barco flamenco de un convoy genovés, le llevó a Lagos, donde le socorrieron y alimentaron antes de enviarlo a Lisboa. En la costa portuguesa se hallaban los cuarteles generales de Enrique el Navegante, quien había convertido a Portugal en el centro más importante de la exploración. Como indica Boorstin[21], en aquellos años no había desembarco más feliz y más providencial para un joven y ambicioso marinero. En Lisboa, los hermanos Cristóbal y Bartolomé se dedicaron al floreciente negocio de venta y actualización de las cartas de navegación, incorporando la última información proveniente de los barcos portugueses.

Fue una misiva del astrólogo y cosmógrafo italiano Paolo dal Pozzo Toscanelli (1397-1482) lo que animó a Colón a viajar hacia las Indias a través del paso marítimo del oeste. En dicha carta, fechada el 25 de junio de 1474, Toscanelli, al tratar sobre cosas de la mar y de cosmografía acerca de la navegación hacia Guinea con un canónigo de Lisboa, Hernán Martínez[22], proponía un camino más corto. Toscanelli, dirigiéndose al canónigo, quien tenía relación directa con el rey Alfonso, explicaba la nueva vía en los siguientes términos:

---

[21] Daniel J. Boorstin, ob. cit., pág. 225.
[22] Hernán o Fernando Martínez había viajado al lejano Oriente para estrechar lazos entre Occidente y China. Fernando Martínez conoció a Toscanelli en el concilio eclesiástico celebrado en Florencia, hacia 1440.

Mucho placer hube de saber la privanza y familiaridad que tienes con vuestro generosísimo y magnificentísimo Rey, y bien que otras muchas veces tenga dicho del muy breve camino que hay de aquí a las Indias, adonde nace la especiería, por el camino de la mar más corto que aquel que vosotros hacéis para Guinea, dícesme que quiere ahora su alteza de mí alguna declaración y a ojo demostración, porque se entienda y se pueda tomar el dicho camino; y aunque conozco de mí que se lo puedo mostrar en forma de esfera cómo está el mundo, determiné por más fácil obra y mayor inteligencia mostrar el dicho camino por una carta semejante a aquellas que se hacen para navegar; y así la envió a su majestad hecha y dibujada de mi mano, en la cual está pintado todo el fin del Poniente, tomando desde Irlanda al Austro hasta el fin de Guinea, con todas las islas que en este camino son, enfrente de las cuales, derecho por Poniente, está pintado el comienzo de las Indias con las islas y los lugares adonde podéis desviar por la línea equinoccial, y por cuánto espacio, es a saber, en cuántas leguas podéis llegar a aquellos lugares fertilísimos y de toda manera de especiería y de joyas y piedras preciosas[23].

Toscanelli se basaba, a su vez, en los relatos de Marco Polo por lo que se refiere a la extensión de Asia, así como en la geografía, productos y habitantes de la tierra:

Y sabed que en todas aquellas islas no viven ni tratan sino mercaderes, avisándoos que allí hay tan gran cantidad de naos, marineros, mercaderes con mercaderías, como en todo lo otro del mundo, y en especial en un puerto nobilísimo llamado Zaiton, donde cargan y descargan cada año cien naos grandes de pimienta, allende las otras muchas que se cargan las otras especerías. Esta patria es muy populatísima, y en ella hay muchas provincias y muchos reinos y ciudades sin cuento, debajo del señorío de un príncipe que se llama Gran Khan, el cual nombre quiere decir en nuestro romance Rey de los Reyes, el asiento del cual es el más del tiempo en la provincia del Catayo[24].

[23] Bartolomé de Las Casas, *Historia de las Indias,* BAE, t. 95, cap. XII.
[24] *Ibídem.*

Toscanelli también partió de las informaciones de Marco Polo con respecto a las distancias: «Y de la isla de Antilla, que vosotros llamáis de Siete Ciudades, de la cual tenemos noticia, hasta la nobilísima isla de Cipango, hay diez espacios, que son dos mil y quinientas millas, es a saber, doscientas y veinte y cinco leguas.» Es decir, que Japón estaba a unos dos mil quinientos kilómetros de la costa china. Los cálculos apasionados de Colón indicaban que no habría más de cuatro mil quinientos kilómetros desde las islas Canarias hasta el Japón.

Colón, según cuenta Bartolomé de Las Casas en su *Historia de las Indias*, se enteró, a finales de 1481, de la existencia de esta correspondencia entre el canónigo y el florentino y escribió a este último pidiéndole información sobre esa vía marítima. Toscanelli respondió a Colón y le envió, incorporando la que había escrito a Hernán Martínez, una carta en latín y un mapa que Colón llevó consigo en su viaje. En la carta dirigida expresamente a Colón, Toscanelli insistía en la nueva ruta marítima y en las riquezas que hallaría al llegar a Asia:

> Así que cuando se hará el dicho viaje será a reinos poderosos y ciudades y provincias nobilísimas, riquísimas de todas maneras de cosas en grande abundancia y a nosotros mucho necesarias, así como de todas maneras de especiería en grande suma y de joyas en grandísima abundancia. También se irá a los ganosos, más que nos, de haber trato y lengua con cristianos de estas nuestras partes, porque grande parte de ellos son cristianos, y también por haber lengua y trato con los hombres sabios y de ingenio de acá, ansí que han de estas nuestras partes[25].

---

[25] El propio Bartolomé de Las Casas, en su *Historia de las Indias*, al transcribir estas cartas comenta cómo el físico Toscanelli «erraba algo diciendo o dando a entender en ella que la primera tierra que se había de topar había de ser la tierra del Gran Khan; lo cuál creyó ser así Cristóbal Colón y por esto pidió a los Reyes que le diesen sus cartas y calor para el Gran Khan, puesto que Paulo, físico, se engañó creyendo que la primera tierra que había de hallar había de ser los reinos de Gran Khan, como abajo parecerá». Es Bartolomé de Las Casas uno de los escasos cronistas que reconoce abiertamente la equivocación de Cristóbal Colón.

En 1484 Colón ofreció su proyecto al rey Juan II de Portugal, si bien éste le concedió poco crédito[26]. En 1485 se trasladó a España en un intento de buscar nuevos inversores que apoyaran, allí, su empresa. En tanto se debatían los proyectos colombinos entre la comisión de expertos y entre eruditos profesores, el Almirante volvió a Lisboa para convencer, de nuevo, al rey de Portugal Juan II. Una expedición triunfante de Bartolomeu Dias, que había conseguido descubrir que realmente había una vía marítima abierta hacia la India por oriente, puso fin al interés del rey Juan por los hermanos Colón. Mientras Bartolomé lo intentaba en Inglaterra y Francia, Cristóbal viajó de Lisboa a Sevilla para persuadir a los Reyes Católicos. Cuando Cristóbal Colón, en el último momento, iba a dirigirse a Francia para ayudar a su hermano, la reina Isabel decidió apoyar su proyecto.

Colón, a lo largo de estos años, tuvo que recoger todo tipo de pruebas, desde los testimonios de expertos hasta los de anónimos marineros, e informarse muy bien para poder convencer «científicamente» a los posibles financiadores, a los sabios y a la comisión de expertos[27] sobre su empresa de las Indias, máxime tras los primeros intentos fallidos. El Almirante se apropiaría de cualquier indicio o lectura que confirmara sus ideas, desde los textos de autoridad de la época hasta los rumores más banales, libros canónicos junto con leyendas populares. Todo serviría para persuadir a los posibles inversores de esta empresa que tardó ocho años en ponerse en marcha. Colón leyó escritos de viajeros y cosmógrafos, obras bíblicas, teológicas y filosóficas, con la pasión de una mentalidad medieval que encuentra en la letra impresa confirmaciones proféticas, avisos del porvenir. La realidad física, cuando se encuentre en el Nuevo Mundo, no va a hacer cambiar ni un ápice el sueño de encontrar la ruta occidental hacia las riquezas

---

[26] Explica Boorstin que el rey halló que «Colón era un charlatán que se jactaba de sus hazañas, lleno de fantasías e imaginaciones sobre su isla de Cipango». Boorstin, ob. cit., pág. 227.

[27] La junta de expertos examinó en Salamanca y en Santa Fe, en 1491, el proyecto de Colón rechazando los errores de bulto del Almirante, el cual presentaba la distancia entre Europa y Asia extraordinariamente corta, de unas setecientas leguas.

asiáticas. El espíritu científico y crítico aparecerá con algún que otro cronista, como es el caso de José de Acosta, pero no con Colón, quien se sintió el elegido de Dios para llevar a cabo la gloriosa empresa.

Se basó en el dogma de la cartografía cristiana, del profeta Esdras, que había declarado: «Él secó seis partes de la tierra»[28]. Es decir, que si había seis partes de tierra —pues según los ortodoxos la tierra estaba formada por seis partes de tierra y una de agua— era fácil que el océano Occidental no se extendiera mucho y, por tanto, poca agua separaría por el oeste a España de las Indias.

Colón no hablaba ni escribía en italiano y no dominaba el latín. Aprendió, en calidad de autodidacta, a leer y a escribir en castellano, con la ortografía del portugués, y a leer en latín. Tuvo como libro de cabecera, durante todos estos años[29], el *Imago Mundi,* de Pierre d'Ailly. Este teólogo y astrólogo francés se atrevió, en su geografía del mundo, escrita hacia 1410 y publicada entre 1480 y 1483, a refutar al gran «profeta» Ptolomeo en cuanto a la extensión de la tierra euroasiática[30]. Colón se guió, esencialmente, por la geografía de D'Ailly, quien hacía Asia muy extensa y el océano Occidental muy estrecho:

> La extensión de la tierra hacia el oriente es mucho mayor de lo que admite Ptolomeo... Porque la extensión de la tierra habitable en el lado de Oriente es más de la mitad del períme-

---

[28] Esdras IV, 6.

[29] Las anotaciones que hizo Colón a estos textos y a las lecturas realizadas se encuentran reproducidas en la *Raccolta di Documenti e Studi publicati da lla Reale Commissione, colombiana, Roma 1892-1894.* La *Raccolta* recoge la reproducción fotográfica facsímil de las anotaciones de Colón. Hay estudiosos que opinan que Colón leyó a D'Ailly, Marco Polo y Eneas Silvio después de su primer viaje.

[30] Explica Boorstin que Colón tenía en su propiedad la *Imago Mundi* subrayada y con comentarios añadidos de su propia letra: «D'Ailly fue muy útil a Colón, no sólo porque este autor adoptó la cifra dada por Marino de Tiro (225 grados) para la extensión hacia el este de Eurasia, sino también porque hizo al océano Occidental convenientemente estrecho. Más aún, D'Ailly refutó sin rodeos a Ptolomeo, cuyo cálculo menor para Eurasia, de alrededor de 177 grados, le convertía en un poderoso testimonio en contra de Colón», ob. cit., pág. 231.

tro del globo. Puesto que, de acuerdo a los filósofos y a Plinio, el océano que se extiende entre la extremidad inferior de España (es decir, Marruecos) y el borde oriental de la India no tiene una gran anchura. De aquí se deduce que este mar puede ser navegado en unos pocos días si el viento es favorable, de donde se sigue que el mar no es tan grande como para cubrir tres cuartas partes del globo, como alguna gente se imagina.

Leyó la *Historia rerum ubique gestarum,* de Eneas Silvio, que recogía fragmentos de informaciones sobre China[31]. Eneas Silvio hablaba de la inhabitabilidad de la zona tórrida, de la posibilidad de circunnavegar África y suponía que las tierras de Asia oriental estaban pobladas de gente civilizada y pacífica, tierra de las maravillas habitada, también, por amazonas y antropófagos.

El libro de viajes de Marco Polo[32], que leyó en una versión en latín de 1485, fue la fuente principal de información sobre el continente asiático por cuanto se relataron desde la propia experiencia. Marco Polo recorrió en 1271, a los veintiséis años, junto a su padre, Constantinopla, Crimea y la corte del Gran Khan. Escribió, desde su encarcelamiento a manos de los genoveses, sobre la Gran Tartaria, sobre los desiertos que rodean China. El propio autor indicaba —como harán los cronistas de Indias, que diferenciarán entre los que han vivido lo que relatan y los cronistas de oídas— cómo su obra merece especial consideración porque refiere «las cosas vistas por vistas y oídas por oídas». Marco Polo, como será característico de las crónicas de Indias, combina el estilo informativo, periodístico, con el novelesco. Sus textos se compo-

---

[31] Señala Boorstin: «Otro libro de la biblioteca de Colón muy anotado —la *Historia rerum ubique gestarum* (1477), de Eneas Silvio (el papa Pío II o Piccolomini)— recogía sugestivos fragmentos de información sobre China, tomados de Marco Polo, Odorico de Pordenone y otros, con un especial acento en el Gran Khan y el emperador de China, junto con cuentos de amazonas y antropófagos», ob cit., pág. 232.

[32] No todos los estudiosos aceptan esta teoría. Según Manzano, Colón no leyó los Viajes de Marco Polo hasta varios años después del descubrimiento de América. Véase *Colón y su secreto,* Madrid, Instituto de Cultura Hispánica, 1976.

nen de las observaciones propias de un mercader que estudia de forma práctica las posibles vías comerciales y de las fantásticas historias oídas. Los relatos de Marco Polo son un precedente del realismo mágico que encontraremos, también *avant la lettre,* en las crónicas de Indias. La credibilidad del texto se consigue partiendo del principio de que toda historia fantástica es verosímil si se describe como si de una noticia periodística se tratara. Marco Polo relatará, tras una noticia de tipo informativo, una fantástica, como la pérdida de los viajeros llamados por voces misteriosas en el desierto de Lop, o la corte de ensueño del Gran Khan, rey guardado por doce mil hombres a caballo, rodeado de un reino de flores, pedrería, ropajes de oro y seda, palacios cubiertos con metales preciosos y árboles maravillosos.

Entre otras lecturas colombinas destacan Plutarco y sus *Vidas paralelas,* Ptolomeo y su *Geografía* y Plinio y su *Historia natural.* Colón encontró en Plinio, según cuenta Bartolomé de Las Casas en su *Historia de las Indias,* monstruos, grifos, sirenas, calamares gigantescos, escolopendras marinas enormes, gorgonas cubiertas de escamas, con dientes de cerdo y alas de pájaro. Es decir, lo que necesita todo viaje épico clásico.

A los libros de autoridades hay que añadir motivos procedentes del vulgo que contribuyeron poderosamente a que Colón se ofreciese a descubrir las Indias. Así, a las fantasías del inglés John Mandeville, se unen las informaciones de carácter popular o anónimo, de marineros o vecinos, que iban levantando el ánimo ya apasionado de Colón[33]. Entre todas estas informaciones se alza el rumor del «piloto anónimo» o «protonauta». Cuenta Bartolomé de Las Casas, en su *Historia de las Indias,* que fue este testimonio el que definitivamente convenció a Colón de la viabilidad de su proyecto. Según esta noticia, Alonso Sánchez de Huelva, sobre 1484, navegando de España a Canarias, naufragó y fue arrojado a la isla de Santo Domingo. Único superviviente de la expedición fue

---

[33] Bartolomé de Las Casas detalla los muchos indicios y señales que recibió Colón de personas bien informadas que le hicieron creer que había tierra en el mar Océano hacia la parte del Poniente. Véase el capítulo XIII de su *Historia de las Indias.*

recibido y acogido por Colón. Y «en reconocimiento de la amistad vieja o de aquellas buenas y caritativas obras, viendo que se moría, descubrió a Cristóbal Colón todo lo que les había acontecido y diole los rumbos y caminos que habían llevado y traído, por la carta del marear y por las alturas, y el paraje donde esta isla dejaba o había hallado, lo cual todo traía por escrito»[34].

Sea por lo que fuere, Colón nunca reveló cómo sabía que a setecientas leguas desde las islas Canarias navegando hacia occidente había tierra. A esta información que poseía Colón se le ha denominado «el secreto de Colón» y se han formulado todo tipo de hipótesis al respecto[35].

Colón tuvo que embarcar desde Palos de la Frontera y no desde Cádiz por ser ese mismo día, 2 de agosto de 1492, el último designado para el embarque de los judíos expulsados. Tomó rumbo hacia Canarias para evitar los vientos del oeste del Atlántico norte. Experto marinero, aprovechó las ventajas de los vientos alisios que le llevarían a su destino, gobernó a la tripulación utilizando todo tipo de recursos para mantener o levantar los ánimos, se atrevió a pasar el mar de los Sargazos, sobrevivió a las tormentas y a toda clase de infortunios y, sobre todo, supo regresar. Fuera por intuición o por un extraordinario conocimiento de la navegación, Colón descubrió la mejor ruta de navegación.

---

[34] Es muy interesante el comentario de Bartolomé de Las Casas al respecto en el que resta valor a tantos rumores, dichos, testimonios o argumentos y mantiene que posiblemente fuera el Señor quien pusiera a oídos de Colón tantas pruebas para que se cumpliera Su Beneplácito. Así se entiende que Colón vio todo aquello que estaba predeterminado que había de ver: «Esto, al menos, me parece que sin alguna duda podemos creer: que, o por esta ocasión, o por las otras, o por parte de ellas, o por todas juntas, cuando él se determinó, tan cierto iba de descubrir lo que descubrió y hallar lo que halló, como si dentro de una cámara, con su propia llave lo tuviera.»

[35] Manzano en *Colón y su secreto* parte del rumor del piloto anónimo. El Inca Garcilaso de la Vega, tal como documenta en sus *Comentarios Reales,* oyó la historia por boca de su padre. Del Inca Garcilaso de la Vega la tomaron Bernardo de Alderete, Rodrigo Caro, Juan de Solórzano o Fernando Pizarro. Gómara y Acosta refieren el suceso, pero sin citar el nombre del piloto. Fernández de Oviedo lo tiene por cuento. A él sólo le interesa sostener que las Indias son las antiguas Hespérides. A Bartolomé de Las Casas lo único que le importa es el carácter providencialista de la conquista.

El 12 de octubre un vigía gritó, a las dos de la mañana, «¡Tierra! ¡Tierra!». Estaba viendo la isla caribeña de Guanahaní. El Almirante tocó tierra en San Salvador, y de allí fue a Santa María de la Concepción, Fernandina, Isabela, Juana y La Española, siguiendo este orden. Emprendió el regreso desde La Española.

Escritos

Como es sabido, Colón realizó cuatro viajes. No tenemos el original del *Diario* del primer viaje y sólo nos ha llegado la transcripción que hizo Bartolomé de Las Casas con anotaciones suyas al margen. Es el *Diario* el documento de mayor importancia de los textos colombinos.

También se perdieron unos *Comentarios* o *Apuntaciones* que mencionan el propio Colón y su hijo Hernando. Se han conservado cartas del Almirante a su hijo Diego o al tesorero Sánchez. De la carta de Colón «al ama (que había sido) del príncipe d. Juan», el propio autor incluyó una copia entre sus *Privilegios*[36]. Esta carta debió de escribirse hacia 1500 cuando Colón, en calidad de preso, llegó a Cádiz, tras su detención por orden del juez Francisco de Bobadilla.

Colón escribió el relato de su primer viaje cuando regresaba, a mediados de febrero de 1493, y se denomina *Carta a Santángel*. Fue éste un funcionario de la corona que había animado a la reina Isabel a que apoyara la empresa colombina. Ha desaparecido la relación del segundo viaje, realizado en 1493. Esta relación la escribió en latín el humanista Pedro Mártir de Anglería, sólo de oídas, y es paralela al testimonio del médico sevillano Diego Álvarez Chanca, quien acompañó a Colón. Sobre el segundo viaje a las Indias, hay un memorial que para los reyes dio el Almirante, a 30 de enero de 1492, a Antonio de Torres. Se conoce como *Memorial a Antonio Torres*[37].

---

[36] Juan Bautista Muñoz la copió en su colección y Navarrate la imprimió.

[37] Todos estos documentos, y en concreto la carta al ama y el *Memorial* a Antonio Torres, pueden encontrarse en la *Colección de los viajes y descubrimientos que hicieron por mar los españoles desde fines del siglo xv*, coordinada e ilustrada por Martín Fernández de Navarrete, I, Madrid, Imprenta Real, 1825.

La relación del tercer viaje, realizado en 1498, dirigida a los reyes, se debe a las transcripciones de Bartolomé de Las Casas. La del cuarto viaje, realizado en 1503, dictada por Colón a su hijo Hernando, se conoce a través de copias hechas cuando Colón vivía. Fechada el 7 de julio de 1503, la denominada *Carta de Jamaica* fue impresa en Venecia y llegó a ser tan rara que Morelli la publicó en 1810 con el título de *Lettera rarissima*. Hay también, de este último viaje, una relación escrita por Diego de Méndez en su testamento, sobre algunos acontecimientos vividos junto a Colón.

En el *Diario* de Colón[38] ya encontramos lo que Beatriz Pastor denomina un proceso de «ficcionalización distorsionadora»[39] de la realidad del Nuevo Mundo, o lo que Alvar califica como imagen desdoblada de Colón[40]. En este sentido, Colón no se dedicó a ver y conocer la realidad que se le presentaba a los ojos, sino a seleccionar aquello que se adecuara e identificara con el modelo que se había formado y que él estaba destinado a encontrar. Desde la geografía, pasando por la descripción de los habitantes, hasta la lengua, todo iba a confirmar el modelo previamente establecido.

La primera visión que tiene Colón del Nuevo Mundo aparece narrada en la entrada correspondiente a los días 11 y 12 de octubre del *Diario*. Colón toma posesión de la isla. A partir de este momento creerá encontrarse cerca de Cipango, su meta. El sábado, 13 de octubre, insistirá en su objetivo: «mas por no perder tiempo quiero ir a ver si puedo topar a la isla de Cipango». Al llegar a La Española, tras desechar otras hipótesis[41], vuelve a contemplar la idea de que se en-

---

[38] Del *Diario* de Colón existen dos copias: la de Bartolomé de Las Casas y la que Hernando Colón incluyó en la *Vida del Almirante*. Parece ser que ninguno de los dos partió del manuscrito de Colón, sino de una copia hecha en 1493 que tampoco nos ha llegado.

[39] Beatriz Pastor, ob. cit., pág. 47.

[40] Edición, introducción y notas al *Diario del descubrimiento*, Las Palmas, 1976, 2 vols. Manuel Alvar se plantea si en realidad poseemos la lengua de Colón. También es interesante, al respecto, el estudio de Ramón Menéndez Pidal, *La lengua de Cristóbal Colón*, Madrid, Espasa-Calpe, 1942.

[41] Colón había identificado, previamente, Cuba con Cipango, con Catay, con Tierra Firme y con Quinsay.

cuentra en Cipango porque le parece oír que los indígenas hablan de Cibao. El almirante, para confirmar su geografía, identifica Cibao con Cipango. Colón, el 4 de enero de 1493, después de dos semanas de exploración de La Española, decide que Cipango está allí aunque nada haya que pudiera identificar una con otra, ni riquezas ni oro ni especiería. Así, como explica Beatriz Pastor, «Colón no está informando sino ficcionalizando, de acuerdo con sus propias ideas preconcebidas, una realidad que no es capaz de percibir en términos reales»[42].

Por lo que respecta a la naturaleza, Colón se muestra constantemente arrebatado por el paisaje, sobre todo en su primera expedición. Transfigurada la realidad, describirá la naturaleza de forma monótona, siempre igual, telegráficamente: «Los aires muy dulces como en abril en Sevilla, qué placer estar a ellos, tan olorosos son. Pareció la yerba muy fresca; muchos pajaritos del campo» (lunes, 8 de octubre). O el jueves, 11 de octubre: «Puestos en tierra vieron árboles muy verdes y aguas muchas y frutas de diversas maneras.» Y el sábado 13 de octubre describe el paisaje casi con las mismas palabras que dos días antes: «Esta isla es bien grande y muy llana y de árboles muy verdes, y muchas aguas, y una laguna en medio muy grande, sin ninguna montaña, y toda ella verde, que es placer de mirarla.» El 14 de octubre insiste en los mismos elementos: «Y después junto con la dicha isleta están huertas de árboles las más hermosas que yo vi, e tan verdes y con sus hojas como las de Castilla en el mes de abril y de mayo, y mucho agua.» Colón utiliza los elementos del paisaje trovadoresco: un *locus amoenus* cuyos árboles están permanentemente verdes, el aire es suave y dulce, y el agua, que también brota de fuentes trovadorescas, es fresca, clara y cristalina.

El 15 de octubre volverá con esta descripción que se atiene a la convención literaria: «Son estas islas muy verdes y fértiles, y de aires muy dulces.» El 21 de octubre, con mayor acento lírico, dirá que «el cantar de los pajaritos es tal que parece que el hombre nunca se querría partir de aquí, y las manadas de los papagayos oscurecen el sol». Las repeticiones son hiperbólicas o, mejor dicho, son descripciones fijadas por el tópico.

---

[42] Beatriz Pastor, ob. cit., pág. 52.

La convención literaria privaba de libertad al poeta o al escritor. El paisaje, siempre descrito de igual manera, tenía que ser un jardín de eterna primavera. Colón, como indica Pedro Henríquez Ureña, no menciona las características desagradables de las islas como el incómodo calor que sufrió en las Bahamas. A Colón le interesaba mostrar una riqueza y una fertilidad sin límites.

Todorov establece tres tipos distintos de descripciones colombinas sobre la naturaleza:

> A la interpretación puramente pragmática y eficaz, cuando se trata de asuntos de navegación; a la interpretación finalista, en la que los signos confirman las creencias y las esperanzas que uno tiene, para toda otra materia; por último, a ese rechazo de la interpretación que es la admiración intransitiva, la sumisión absoluta a la belleza (...)[43].

Si las descripciones de la naturaleza responden a una realidad mental que Colón se había forjado y que nada tienen que ver con la realidad empírica, igual sucederá con las lenguas indígenas que oye el Almirante. El 14 de octubre de 1492, Colón anota el suceso siguiente, refiriéndose a los indios:

> Se echaban a la mar nadando y venían, y entendíamos que nos preguntaban si éramos venidos del cielo. Y vino uno viejo en el batel dentro, y otros a voces grandes llamaban todos, hombres y mujeres: «Venid a ver los hombres que vinieron del cielo, traedles de comer y de beber.»

Como señala Martin Lienhard[44], este discurso tiene que ser necesariamente apócrifo, producto exclusivo de la imaginación del Almirante, pues es imposible que nadie entienda una lengua desconocida a los dos días de permanencia en el lugar. Dice Lienhard:

---

[43] Todorov, *La conquista de América, la cuestión del otro*, México D.F., Siglo XXI, 1987 (89), pág. 33.

[44] Véase «El cautiverio colonial del discurso indígena: los Testimonios», en *Discursos sobre la «invención» de América*, Amsterdam, Rodopi, 1992, pág. 57.

En rigor, el almirante no necesitaba penetrar en el pensamiento de los autóctonos para conocerlos. Lector —hasta la obsesión— del libro de Marco Polo, él «reconocía» inmediatamente en ellos a los indios, a los habitantes del reino del Gran Can, un imperio oriental de límites bastante borrosos. Él «entendía» lo que sabía que le iban a decir sus interlocutores, y por eso no dudó ni un momento, por ejemplo, en convertir a los karib, vecinos de los arawak, en «caniba», súbditos del Gran Can.

Es decir, que el discurso amerindio es ficticio, está manipulado y tergiversado para dar consistencia a los deseos y ambiciones personales de Colón[45]. A éste nunca le interesó comprender el idioma de los indígenas porque, entre otras razones, era un idioma bárbaro, alejado del latín de la autoridad, de la cultura occidental.

Colón, según Todorov, no imagina que pueda existir la diversidad lingüística o que la lengua no sea natural, sino arbitraria. Interpreta, a su manera, las palabras de los indígenas, las hace familiares, les reprocha su mala pronunciación e incluso inventa diálogos. Utiliza la lengua extranjera para confirmar sus hipótesis y lecturas. Así, por ejemplo, cree en los cíclopes y en las sirenas —aunque se queje de que no sean tan hermosas como había leído—, en hombres con cola y en amazonas, porque ha leído a Plinio y eso es lo que hay que creer que dicen los indígenas: «Entendió también que lejos de allí había hombres de un ojo, y otros con hocicos de perros (4 de noviembre de 1492). Los indios, en otra ocasión, dicen Cariba (refiriéndose a los antropófagos) y Colón oye caniba, es decir la gente del Khan. El propio Bartolomé de Las Casas declara que «al revés entendían de lo que los indios por señas les hablaban». Colón corrige a los indígenas para así corroborar lo que estaba escrito en los libros por los que se guiaba para la consecución de su empresa. Bien puede decirse, en axioma

---

[45] De igual manera ocurre en algunos de los discursos de las crónicas de Indias y en la épica: *Comentarios reales* del Inca Garcilaso de la Vega, *Historia verdadera* de Bernal Díaz del Castillo, *La Araucana* de Alonso de Ercilla, quien hace a los indígenas únicos testigos de la aparición de la Virgen María. Es paradigmático el discurso que Cortés pone en boca de Moctezuma.

borgiano, que Alfragano, Marco Polo y D'Ailly descubren, gracias a Colón, el continente americano[46].

Beatriz Pastor habla de «verificación descriptiva» al referirse a todo este proceso que sigue Colón en la descripción de la naturaleza y de los habitantes del Nuevo Mundo y que consiste en seleccionar, y por tanto reducir, de la realidad americana sólo aquello que se adecue con el carácter específico del objetivo preestablecido[47]. De esta manera, Pastor comprueba cómo en el primer viaje o en el *Diario*, Colón describe la naturaleza siguiendo a D'Ailly y especialmente en lo referente a su riqueza y exuberancia o la topografía. En cuanto a la abundancia de agua, Colón sigue a D'Ailly y a Marco Polo. En la descripción de la flora y la fauna —cuyo rasgo característico es el exotismo— señala la influencia de Plinio y su *Historia Natural*. De todo ello, sólo el oro (o las piedras preciosas) sería el elemento definitivo que identificaría el Nuevo Mundo con las riquezas descritas por Marco Polo, D'Ailly, Silvio, y prometidas por Colón. De ahí que constantemente el Almirante hable de indicios, principios, siempre a punto de encontrar lo que le resulta imperioso que debe hallar.

Ya hacia el final de su *Diario*, Colón imprime un nuevo elemento a sus intenciones comerciales. Enmascara de religiosidad el fin que le llevaba a Asia y que no era otro que el enri-

---

[46] Y en ello se basa Alejandro Cioranescu para hacer de Colón un humanista. Su tesis final es la que sigue: «Su descubrimiento no es el de un empírico que se deja guiar por sus cinco sentidos; además, en este caso, el empirismo sería puro anacronismo. Su proceder es el de todos los humanistas de su tiempo, que parten del estudio de los textos, herencia más segura de la memoria colectiva, para elevarse a las categorías generales y a la verdad. El descubrimiento de América no es el resultado de la experiencia ni de la intuición, sino más simplemente del estudio y el comentario erudito. Un comentario equivocado, por cierto; pero cabe confesar también que, en este caso, se trataba de una equivocación tremendamente erudita.» En *Colón, humanista. Estudios de humanismo atlántico*, Madrid, Prensa Española, 1967. No estamos en absoluto de acuerdo con la idea de Cioranescu. El humanista jamás parte de criterios establecidos, dogmas o totalitarismos. El humanista precisa de un espíritu y una mentalidad abiertos en donde quepa, siempre, la duda. Así le ocurrió a Pedro Mártir, verdadero humanista.

[47] Beatriz Pastor, ob. cit., pág. 70.

quecimiento personal[48]. Así, afirma que la riqueza que se pueda obtener servirá para que los Reyes Católicos puedan iniciar la conquista de Jerusalén. De este modo, con esta idea de cruzada, aparece la visión providencialista de la conquista que tanta repercusión tendrá en todos los cronistas de Indias.

Colón en su primer viaje se convence de que Cuba es la provincia de Mangi citada por Marco Polo. Da nombres cristianos a las tierras por la seguridad que tiene de que él es el elegido de Dios. Los tres viajes siguientes de Colón le servirán para confirmar sus teorías.

De la *Carta del descubrimiento* se desprenden dos ideas centrales que se convertirán en mitos: el del indio como noble salvaje[49] y el de América como tierra de la abundancia. Este último aparece bien representado en la descripción que hace Colón de La Española. Por lo que respecta al primero, Colón describe a los isleños de las Bahamas y de las Grandes Antillas como seres virtuosos, felices, mansos, dóciles y sencillos: «En el mundo no hay mejor gente ni mejor tierra: ellos aman a sus prójimos como a sí mismos y tienen un habla la más dulce del mundo, y mansa, y siempre con risa.» En el primer encuentro dirá: «Me pareció que era gente muy pobre de todo»; y también: «Me pareció que ninguna secta tenían» (12 de octubre). El 4 de noviembre escribe: «Esta gente es muy mansa y muy temerosa, desnuda como dicho tengo, sin armas y sin leyes.» Y el 27 del mismo mes: «Ellos no tienen secta ninguna ni son idólatras.» Le impresiona vivamente la desnudez de los indígenas: «La gente toda era una con los otros ya dichos, de las mismas condiciones, y así desnudos y de la misma estatura» (17 de octubre). O también: «Vinieron muchos de esta gente, semejantes a los otros de las otras islas, así desnudos y así pintados» (22 de octubre).

---

[48] Las Capitulaciones de Santa Fe muestran que Colón quería enriquecerse y alcanzar una posición social en el estamento castellano. Él había leído que el oriente asiático poseía riquezas abundantes y allí se dirigió.

[49] La utopía cristiana del Nuevo Mundo parte del mito del buen salvaje. Hay un elemento religioso y moral en la idea de que los indios son más aptos que los europeos para recibir el cristianismo. El enemigo peor es la civilización porque ésta conlleva la idea de codicia, ambición y posesión de riquezas.

Las descripciones siguen siendo siempre iguales, monótonas, como ocurría cuando tenía que describir la naturaleza. Colón refleja la admiración por la belleza de los indígenas, todos de buena estatura, semejantes entre sí, desnudos y pintados. Los retratos que hace de los indígenas también son halagadores. Son mansos, buenos, la mejor gente del mundo, y carentes de bienes propios. Como explica Todorov, la actitud colombina parte del precepto de quien ha decidido de antemano percibir a los indígenas como a la naturaleza, «y como el tono, durante el primer viaje, es de admiración, los indios también deben ser admirativos»[50].

El retrato que hace Colón de los taínos como nobles salvajes tiene su origen, como explica Pedro Henríquez Ureña, en una figura poética, compuesta bajo la influencia de una tradición literaria y con el deseo de realzar el valor del descubrimiento:

> En él encontramos hasta una preferencia por los nativos de América, basada en su belleza física, en contraposición a los nativos de África Central, preferencia que se repite en muchas vindicaciones de los indios y que sigue siendo bastante común (...)[51].

Este cuadro arcádico de un espectáculo pleno y brillante, grandioso, de la naturaleza y el Nuevo Mundo despertaría la atención de algunos humanistas que se plantearon el contraste entre la naturaleza y la cultura, la barbarie y la civilización, entre el hombre natural y libre y el hombre civilizado y de razón[52].

---

[50] Todorov, ob. cit., pág. 49.

[51] Pedro Henríquez Ureña, *Las corrientes literarias en la América Hispánica*, México, FCE, 1949, pág. 15.

[52] En *De Orbe Novo*, Pedro Mártir expresa esta dicotomía: «Me parece que nuestros isleños de la Hispaniola son más felices que lo fueron los latinos... porque viviendo en la edad de oro, desnudos, sin pesos ni medidas, sin esa fuente de toda desventura, el dinero (¿reminiscencia de San Pablo, "el amor del dinero es la raíz de todo mal"?), sin leyes, sin jueces calumniosos, sin libros, contentándose con la naturaleza, viven sin solicitud ninguna acerca del porvenir. Sin embargo, también les atormenta la ambición del mando y se arruinan mutuamente con guerras. Tienen ellos por cierto (en Cuba) que la tierra, como el sol y el agua, es común y que no debe haber entre ellos *meum*

La dicotomía establecida alcanzaría a las letras hispanoamericanas del siglo XX[53].

Por otro lado, una lectura atenta del *Diario* y de los escritos colombinos revela que su autor no se basa en una igualdad de principios y que, con el tiempo, va acercándose a una ideología que acepta la inferioridad del indio y que admite la esclavitud. Ello puede comprobarse en el *Memorial a Antonio de Torres* o en el relato de Michele de Cuneo sobre el segundo viaje.

La pregunta no se hace esperar. ¿Cómo es posible que en el pensamiento de Colón se encarnen al mismo tiempo el mito del buen salvaje y una ideología esclavista? Todorov da la explicación arguyendo que ambos descansan en una base común «que es el desconocimiento de los indios y la negación a admitirlos como un sujeto que tiene los mismos derechos que uno mismo, pero diferente». Todorov indica que «Colón ha descubierto América pero no a los americanos»[54]. En cualquier caso, la mentalidad medieval colombina se fundamenta en el escolasticismo que cree en los dogmas, verdades preestablecidas en donde no cabe la relatividad de juicio. Los indígenas, o eran los seres más perfectos para adoctrinar, o eran simplemente bestias.

En el segundo viaje, Colón, menos optimista, dado que aún no ha podido cumplir lo prometido, recorrerá las islas que se encuentran entre La Dominica y Cuba, así como la isla de Jamaica. Siguió creyendo que estaba en Catay Mangi, sur de China, y regresó sin percatarse de que Cuba era una isla. Las referencias al segundo viaje de Colón se encuentran en el

---

y tuum, semillas de todos los males, pues se contentan con poco... Para ellos es la edad de oro. No cierran sus heredades ni con fosos, ni con paredes, ni con setos; viven en huertos abiertos, sin leyes, sin libros, sin jueces; de su natural veneran al que es recto; tienen por malo y perverso al que se complace en hacer injuria a cualquiera»; Francisco Morales Padrón, *Primeras cartas sobre América (1493-1503),* Sevilla, Secretariado de Publicaciones de la Universidad de Sevilla, 1990.

[53] La dicotomía barbarie-civilización marca los textos de «la novela de la tierra», novela mundonovista, la literatura gauchesca y muchos de los ensayos de los siglos XIX y XX hispanoamericanos, como los de la generación del 37, los de José Enrique Rodó o José Martí.

[54] Todorov, ob. cit., pág. 57.

memorial que envió a los reyes por conducto de Antonio Torres, en la carta que escribió Michele de Cuneo a Jerónimo Annari, en octubre de 1495, narrando el segundo viaje de Colón, y en un texto consistente en un juramento que Colón obligó a firmar a la tripulación para confirmar su geografía, bajo la amenaza de cortarles la lengua. La geografía de Colón no sólo inspiraba dudas entre la comisión de expertos, sino también entre los propios marineros que, como cuenta Cuneo, creían en la insularidad de Cuba. El tono del segundo viaje es ya bien distinto al de la *Carta a Santángel*. Ahora aparece un almirante dubitativo, temeroso y presionado por encontrar lo que prometió a la corona: «A Dios ha placido darme tal gracia para en su servicio, que hasta aquí no hallo yo menos ni se ha hallado en cosa alguna de lo que yo escribí, dije y afirmé a sus Altezas en los días pasados, antes por gracia de Dios espero que aun muy más claramente y muy presto por las obras parecerá, porque las cosas de especiería en solas las orillas del mar sin haber entrado dentro de la tierra se halla tal rastro y principios de ella que es razón que se esperen muy mejores fines.»

El testimonio de Michele de Cuneo sobre el segundo viaje desmitifica la figura de Colón. Éste nos ofrece una descripción parecida a la que veremos en el cronista Álvar Núñez Cabeza de Vaca. «Nadie quiere vivir en estas tierras», confesará Cuneo, así como puntualizará que el único objetivo que persiguen el Almirante y su tripulación es el oro. Cuneo nos da una imagen distinta de la que el propio Colón se forjó: «Después de descansar durante varios días en el campamento, creyó el Almirante que ya era hora de llevar a la práctica su deseo de descubrir oro, que era el motivo principal por el que se había embarcado en un viaje tan largo y lleno de peligros»[55].

El tercer viaje, realizado en 1498, fue el más fantasioso y el que le ganó el descrédito de los cartógrafos. Colón llega al delta del gran río Orinoco, descubre el continente con Venezuela e identificará las islas de la costa de Venezuela con las islas perlíferas de Asia, descritas por Pierre D'Ailly. El Almirante creerá llegar al «golfo de Paria», la bahía formada por el Ori-

---

[55] Véase en Fernández de Navarrete, ob. cit., vol. I, pág. 206 y ss.

noco. No sabe cómo dar explicación de esa masa de tierra que no figura en Ptolomeo e impone, de nuevo, el modelo literario sobre la realidad. En D'Ailly había leído que el paraíso terrenal debía encontrarse en una región templada más allá del ecuador. De esta manera, el golfo de Paria y la costa venezolana se convierten en el paraíso:

Yo siempre leí que el mundo, tierra y agua, era esférico, y las autoridades y experiencias que Ptolomeo y todos los otros escribieron de este sitio daban y mostraban para ello, así por eclipses de la Luna y otras demostraciones que hacen de Oriente hasta Occidente, como de la elevación del polo de Septentrión en Austro. Ahora vi tanta disconformidad, como ya dije, y por esto me puse a tener esto del mundo, y hallé que no era redondo en la forma que escriben, salvo que es de la forma de una pera que sea toda muy redonda, salvo allí donde tiene el pezón, que allí tiene más alto, o como quien tiene una pelota muy redonda, y en lugar de ella fuese como una teta de mujer allí puesta, y que esta parte de este pezón sea la más alta y más próxima al cielo y sea debajo la línea equinoccial y en esta Mar Océana el fin del Oriente. Llamo yo fin de Oriente a donde acaba toda la tierra e islas, y para esto allego todas las razones sobrescritas de la raya que pasa al Occidente de las islas de los Azores cien leguas de Septentrión en Austro, que, en pasando de allí al Poniente, ya van los navíos alzándose hacia el cielo suavemente, y entonces se goza de más suave temperancia y se muda la aguja de marear por causa de la suavidad de esa cuarta de viento, y cuanto más va adelante y alzándose más, noroestea, y esta altura causa el desvariar del círculo que escribe la estrella del Norte con las Guardas, y cuanto más pasare junto con la línea equinoccial, más se subirán en alto y más diferencia habrá en las dichas estrellas y en los círculos de ellas. Y Ptolomeo y los otros sabios que escribieron de este mundo creyeron que era esférico, creyendo que este hemisferio que fuese redondo como aquél de allá donde ellos estaban, el cual tiene el centro en la isla de Arin, que es debajo de la línea equinoccial entre el seno Arábigo y aquél de Persia, y el círculo que pasa sobre el Cabo de San Vicente en Portugal por el Poniente, y pasa en Oriente por Catigara[56] y por las Seras[57], en el cual hemisferio

---

[56] Extremo de Catay.
[57] Nombre que da Ptolomeo a China.

no hago yo que hay ninguna dificultad, salvo que sea esférico redondo como ellos dicen. Mas este otro digo que es como sería la mitad de la pera bien redonda, la cual tuviese el pezón alto, como yo dije, o como una teta de mujer en una pelota redonda.

Colón conjetura que la tierra no tiene forma esférica, sino de pera o teta de mujer en cuyo pezón está la región de Paria. En ese pezón se encuentra el paraíso terrenal con las fuentes originarias del Tigris, el Éufrates, el Ganges y el Nilo. Colón sigue, también, la cosmografía medieval cristiana que ubicaba el paraíso en la parte superior de sus mapas.

La Sacra Escritura testifica que Nuestro Señor hizo al Paraíso Terrenal y en él puso el árbol de la vida, y de él sale una fuente de donde resultan en este mundo cuatro ríos principales: Ganges en India, Tigris y Éufrates..., los cuales apartan la sierra y hacen la Mesopotamia y van a tener en Persia, y el Nilo que nace en Etiopía y va en la mar en Alejandría.

Y yo no hallo ni jamás he hallado escritura de latinos ni de griegos que certificadamente diga el sitio en este mundo del Paraíso Terrenal, ni he visto en ningún mapamundo, salvo situado con autoridad de argumento. Algunos lo ponían allí donde son las fuentes del Nilo en Etiopía; mas otros anduvieron todas estas tierras y no hallaron conformidad de ello en la temperancia del cielo o en la altura hacia el cielo, porque se pudiese comprender que él era allí, ni que las aguas del diluvio hubiesen llegado allí, las cuales subieron encima, etc. Algunos gentiles quisieron decir por argumentos que él era en las islas Afortunadas, que son las Canarias, etc.

San Isidoro y Beda y Estrabón y el Maestro de la *Historia Escolástica* y San Ambrosio y Scoto y todos los sacros teólogos conciertan que el Paraíso Terrenal es en el Oriente, etc. Ya dije lo que yo hallaba de este hemisferio y de la hechura, y creo que si yo pasara por debajo de la línea equinoccial, en llegando allí, en esto más alto, que hallara muy mayor temperancia y diversidad en las estrellas y en las aguas; no porque yo crea que allí, donde es la altura del extremo, sea navegable, ni sea agua, ni que se pueda subir allá, porque creo que allí es el Paraíso Terrenal, adonde no puede llegar nadie, salvo por voluntad divina.

Todorov analiza la interpretación que hace Colón y le considera un hombre de mentalidad medieval, más apegado a dogmas y principios de autoridad que al espíritu renacentista:

> Colón practica una estrategia «finalista» de la interpretación, al modo «en que los Padres de la Iglesia interpretaban la Biblia: el sentido final está dado desde un principio (es la doctrina cristiana); lo que se busca es el camino que une el sentido inicial (la significación aparente de las palabras del texto bíblico) con este sentido último. Colón no tiene nada de un empirista moderno: el argumento decisivo es un argumento de autoridad, no de experiencia. Sabe de antemano lo que va a encontrar; la experiencia concreta está ahí para ilustrar una verdad que se posee, no para ser interrogada, según las reglas preestablecidas, con vistas a una búsqueda de la verdad[58].

Como explica Boorstin, Colón pretende dar explicación de su descubrimiento sin apartarse de la doctrina cristiana, de la geografía ptolomaica, de la identidad asiática de Cuba y de la existencia de un paso marítimo alrededor del Quersoneso de Oro hasta el océano Índico[59]. La doctrina cristiana negaba la existencia de tierras habitables debajo de la línea del ecuador. Asimismo, negaba la existencia de otro continente independiente de los que componían lo que se conocía como la «isla de la tierra» (también llamado Orbis Terrarum). La «isla de la tierra» estaba formada por tres continentes, Europa, Asia y África, que eran una sola masa de tierra rodeada por una pequeña extensión de agua. Colón, para seguir el pensamiento ortodoxo cristiano, decide religiosamente ubicar, allí donde no podía existir una masa de tierra, el paraíso terrenal. Es decir, que no es la realidad lo que importa, sino tan sólo la confirmación de lo escrito, al respecto, en los libros canónicos y de autoridad. Colón reescribe su realidad mental hecha de lecturas, testimonios, fantasías, rumores y mucha doctrina cristiana.

En el cuarto viaje, el Almirante buscó el estrecho que comunicara el Atlántico con el Índico. Sigue haciendo identifi-

---

[58] Todorov, ob. cit., pág. 26.
[59] Boorstin, ob. cit., pág. 243.

caciones erróneas partiendo de Marco Polo: América Central es Asia; los habitantes son los que menciona Eneas Silvio, es decir, los del Cariay; Veragua es el Quersoneso Aureo y la península de Malaya, donde debían estar las minas de Salomón. Colón moriría creyendo en la existencia de dos penínsulas asiáticas. Sigue, en este cuarto viaje, anunciando indicios de oro y piedras preciosas y ahora lo hace obsesivamente pues mayor es la urgencia: «Nombráronme muchos lugares en la costa de la mar, adonde decían que había oro y minas»; «allí dicen que hay infinito oro y que traen corales en las cabezas».

Es posible que la *Carta de Jamaica,* escrita desde el exilio, en donde el Almirante relata su cuarto viaje, sea la más bella de todas por ser la más humana. En su exilio forzoso de Jamaica, es un hombre enfermo y cansado. Colón, en 1498, había vivido los disturbios y las rebeldías, en la isla La Española, de Roldán y sus secuaces y padecido las acusaciones de crueldad, ambición y despotismo. Colón no había podido evitar los alborotos de Hojeda, aliado del obispo Fonseca, y la conspiración del rebelde Múgica. La corona, para poner paz en La Española, había enviado al juez Francisco Bobadilla, quien encarceló al Almirante y a sus dos hermanos, hacia finales del año 1500, y los llevó a Cádiz.

Colón, a estas alturas, ya no puede justificar la empresa en términos económicos y comerciales ni necesita elevar su propia figura ante los inversores. Ahora habla el hombre que no quiere dejar de narrar todos los tormentos pasados: «En todo este tiempo no entré en puerto, ni pude ni me dejó tormenta del cielo, agua y trombones y relámpagos de continuos, que parecía el fin del mundo.» Es lo que Beatriz Pastor ha denominado el «discurso narrativo del fracaso»[60] en el sentido de que ahora, frente al discurso de la conquista, mitificador de realidades, acciones y personajes, se articula el que reivindica el valor del infortunio y el mérito del sufrimiento. En sintonía con el tono de los futuros *Naufragios,* de Álvar Núñez Cabeza de Vaca, en la *Carta de Jamaica* la naturaleza ya no es un vergel sino una realidad inhóspita, destructora y hostil. Esta

---

[60] Beatriz Pastor, ob. cit., pág. 266.

naturaleza violenta e indómita tendrá su continuación en las novelas de la tierra del siglo XX hispanoamericano donde será la protagonista y la devoradora de los personajes. A la descripción de una naturaleza bárbara, se suma, en la *Carta de Jamaica,* la inserción de la figura del antihéroe. Colón se queja, llora, se desespera. Éste expresa no sólo el sufrimiento físico sino también el espiritual: la amargura por su hijo don Diego, la desesperanza por la falta de recompensa por los servicios prestados y por la ingratitud demostrada por la corona.

El tono ha cambiado y posiblemente también los propósitos, aunque no las ideas centrales. Colón sigue creyendo estar en Asia, continúa defendiendo sus ideas y sufre por sentirse incomprendido y aislado. Como los futuros cronistas, busca compensaciones económicas y sociales por lo realizado. Como ocurrirá con muchos historiadores —Bernal Díaz del Castillo, por ejemplo— siente la injusticia de haber perdido toda una vida: «poco me han aprovechado veinte años de servicio que yo he servido con tantos trabajos y peligros, que hoy día no tengo en Castilla una teja; si quiero comer o dormir no tengo, salvo el mesón o taberna, y las más de las veces falta para pagar el escote».

Colón nunca pensó haber descubierto algo nuevo y de esta manera murió, en Valladolid, el 21 de mayo de 1506.

CONFIGURACIÓN DE LAS CRÓNICAS DE INDIAS:
REALIDAD Y MITO

Crónicas de Indias: definición

Las fluctuaciones terminológicas son característica constante de las letras hispanoamericanas, ya desde su inicio con Colón. Así, a las dudas entre aplicar el término de descubrimiento o invención; hablar de Indias occidentales o de Nuevo Mundo; de indios o indígenas; de Hispanoamérica, Latinoamérica, Iberoamerica o Indoamérica; de realismo mágico o lo real maravilloso; de literatura fantástica o neofantástica, etcétera, se suma el conflictivo término «crónicas de Indias». Éstas se clasifican según distintos criterios, como el generacional, el geográfico, el de composición textual, el de los géneros, etc.

El problema no es baladí. Las narraciones históricas que nos ocupan pueden dividirse, dependiendo del tipo de texto, en diarios, cartas, cartas relatorias, crónicas, comentarios, relatos, historias, etc. Según el género, entre las autobiográficas y las históricas, literarias o legendarias. Con respecto a la evolución y periodización, entre las historias generales y las particulares. Por autores, podrían diferenciarse entre los relatos escritos por españoles y los escritos por otros europeos, por mestizos o indígenas; o entre quienes vivieron la experiencia (Oviedo, Núñez Cabeza de Vaca) y los que escribieron «de oídas» (Gómara, Mártir); o entre la historiografía popular (Díaz del Castillo) y la erudita (Gómara, por caso). Por temas, entre los autores que escriben la historia de la evangelización (Motolinía), los que se preocupan más por la naturaleza etnográfica (Oviedo), o las historias de carácter político (Cortés), etc.

Bajo el marbete de «crónicas de Indias» se agrupan, así, los escritos más diversos sobre el descubrimiento (comienza el 3 de agosto de 1492 con Colón), la conquista (Cortés o Pizarro) y la colonización del Nuevo Mundo (segunda mitad del siglo XVI), a partir del primer texto que es el *Diario* de Cristóbal Colón, relato del primer viaje[61]. Sin embargo, no todos los estudiosos estarían de acuerdo en que las crónicas de Indias se inicien con los textos del Almirante. Para algunos, como Mario Hernández Sánchez-Barba, y contradiciendo a Enrique Anderson Imbert[62], es un «evidente error» hacer a Colón cronista. Para este estudioso, la crónica de Indias es la narración más próxima, directa e inmediata de lo visto y vivido. Los autores son escritores, actores y viajeros en la realidad americana, desde un mundo de ideas de gran complejidad, existencialmente vinculados con la experiencia. Sus obras, indica Sánchez-Barba,

---

[61] Los historiadores suelen dividir la historia colonial en tres periodos: descubrimiento, conquista y colonización.

[62] Anderson Imbert, con respecto al tema del contacto con la nueva realidad americana, diferencia dos géneros: la crónica y el teatro. El primer apartado abarca todos los textos de dicha temática desde Colón. «El primer cronista fue, naturalmente, Cristóbal Colón», ob. cit., pág. 18.

recorren el ámbito cronológico que va desde 1519 hasta 1556, con la excepción de la obra de Bernal Díaz del Castillo[63].

Simón Valcárcel, buscando una definición satisfactoria, entiende que en general se acepta la idea que la crónica de Indias «debe recoger el testimonio directo de alguien que haya participado en el proceso de exploración y colonización de las Indias». Por tanto, las crónicas abarcarían hasta 1600[64].

Walter Mignolo[65] propone tres tipos textuales diferentes, dentro de las crónicas, que son las «cartas relatorias», «relaciones de la conquista y de la colonización» y «la crónica y la historia». Por «cartas relatorias» entiende las que «relatan con cierto detalle un acontecimiento», que son portadoras de mensajes, en el sentido de comunicaciones, informes o solicitudes, y de carácter documental. Mignolo no incluye en este apartado las cartas que se intercambiaron entre los conquistadores y la corona o entre conquistadores y representantes de la corona en Indias. En esta primera tipología se incluyen los escritos de Cristóbal Colón y de Hernán Cortés, el epistolario vespuciano y el de Pedro Mártir de Anglería, *De Orbe Novo*, cartas que envió el humanista desde España a Italia y que son «cartas sobre cartas». En el segundo apartado, «relaciones», Mignolo agrupa las referencias geográficas, informes o recopilaciones generales de noticias sobre las Indias y nuevas tierras conquistadas, de carácter pragmático y con un principio organizativo muy determinado. En el tercer apartado, el que nos interesa, recoge la historia o las crónicas, empezando por Fernández de Oviedo.

Esteve Barba anota, en la evolución de la historiografía indiana, un primer paso a cargo de los actores de los sucesos o de sus contemporáneos (diarios de navegación, cartas que notifican el descubrimiento y la conquista como las de Colón, Cortés, Alvarado, Valdivia); un segundo que refiere la historia de la evangelización, la historia eclesiástica (Motolinía, Men-

---

[63] Mario Hernández Sánchez-Barba, ob. cit., págs. 33-35.

[64] Simón Valcárcel Martínez, ob. cit., pág. 11.

[65] Walter Mignolo, «Cartas, crónicas y relaciones del descubrimiento y la conquista», en *Historia de la literatura hispanoamericana*, Madrid, Cátedra, I, 1982, pág. 57 y ss.

dieta, Torquemada). Más tarde se incorporarán los escritores indios y mestizos (Guamán Poma de Ayala, el Inca Garcilaso). En esta evolución, sigue una etapa en que las crónicas se van particularizando, desde el punto de vista geográfico, a un territorio determinado, México o Perú (Bernal Díaz del Castillo, el Inca Garcilaso de la Vega).

Hacia finales del siglo XVI y principios del XVII se producirá un cambio de dirección en la historiografía indiana, siguiendo a la generación heroica. Un ejemplo es *La Araucana*, de Alonso de Ercilla, épica culta, de estrictas exigencias formales y retóricas, aunque, por lo que respecta al tema, es más bien una crónica de Indias pues narra acontecimientos contemporáneos. De hecho, el Inca Garcilaso de la Vega se quejaría de que Alonso de Ercilla hubiera puesto en verso (forma elegida para la ficción) lo que debería haber estado escrito en prosa (vehículo de expresión de la verdad histórica).

En resumen, la evolución de las crónicas de Indias presenta dos grandes etapas: la de quien ha vivido los hechos, física o mentalmente, y la de la exaltación de lo vivido, etapa más lírica y nostálgica.

Muchas otras clasificaciones se han hecho sobre el término y algunas obedecen a un criterio más subjetivo. Hay quien diferencia, en la historiografía indiana, entre los textos que son «relaciones autobiográficas» (textos de Cristóbal Colón, Ginés de Mafra, Antonio Pigafetta, Hernán Cortés, Álvar Núñez Cabeza de Vaca, Juan de Zumárraga, etc.) y los que son «historia propiamente dicha», distinguiendo también dentro de este grupo las «historias generales» (Gonzalo Fernández de Oviedo, Pedro Mártir, José de Acosta) de las que refieren especialmente sucesos particulares (Francisco López de Gómara, Bernal Díaz del Castillo). Merece un grupo aparte las «historias polémicas» (Bartolomé de Las Casas)[66].

En nuestra opinión diarios, cartas, relaciones, cartas relatorias, comentarios, historias, historias verdaderas e historias naturales y morales, todos estos textos, cuyo tema es el descubri-

---

[66] Ángeles Masiá, introducción a *Historiadores de Indias*, Barcelona, Bruguera, 1971, pág. 47 y ss.

miento y conquista de América, se inscriben bajo el epígrafe «crónicas de Indias».

En cualquier caso, como señala Germán Arciniegas, «el tema de América daba para todos»[67]. Y, efectivamente, sobre ella escribieron humanistas, letrados, validos, aventureros, conquistadores, marineros, náufragos salvados milagrosamente, viejos soldados, mestizos, españoles, indianos, florentinos, clérigos, frailes (mercedarios, franciscanos, dominicos, agustinos, jesuitas), obispos, tipos supersticiosos, vanidosos, codiciosos, ignorantes, fanáticos, sobre lo vivido y lo imaginado, sobre lo leído, lo plagiado, lo visto y lo oído, de lo demandado y exigido por el poder, o de lo deseado, acerca del río Amazonas, el Mississippi, el Orinoco, el Paraná, Tenochtitlán, Perú, Nueva Granada, Chile, la Florida y también Ofir, Tarsis, la Atlántida o el paraíso terrenal.

Irving A. Leonard ha señalado la relación que guarda el proceso de la conquista española con tres impulsos básicos: oro, gloria y Evangelio. Motivos por los que ya se movía Colón, tal como comprobamos en sus *Diarios.*

Las causas por las que se escribieron las crónicas de Indias son de lo más diversas: por motivos históricos, políticos —nacionalistas, provincialistas, colonialistas, anticolonialistas—, o personales —fama, vanidad, honor, resentimiento, nostalgia—; pero nunca, evidentemente, por motivos intrínsecamente literarios. Algunas se escribieron por revanchismo, por disputas entre conquistadores, por rivalidades económicas o con afán reivindicativo. Otras para denunciar agravios personales. Los cronistas más cultos, formados en el derecho o en alguna otra disciplina, se mueven por ideales más universales, como poner en cuestión la legitimidad de la conquista o defender a los indios. Los más idealistas creían que sus escritos podrían cambiar el rumbo moral de la historia. La crónica se configura como un género que actualmente tendría que ver con el ensayo, en el que se disputa abiertamente sobre cuestiones morales, intelectuales, históricas o etnográficas; en el que cabe todo.

---

[67] Introducción a *Historiadores de Indias,* Barcelona, Océano, 98, pág. XIII.

Es muy importante, en la elaboración de las crónicas, la interconexión de ideas historiográficas. Todas se conforman como caja de resonancias. Ninguna se escribió sin tener en cuenta la restante historiografía cronística de la época. Unas sirvieron de apoyo aunque, en ocasiones, el motivo final fuera rebatirlas. Otras sirvieron de estímulo y modelo. Hay episodios idénticos entre ellas porque el plagio es frecuente y preceptivo.

Existe, pues, en la historiografía americana un claro proceso de intertextualidad. Las crónicas parten de fuentes similares y siguen parámetros parecidos de selección, reordenación y reelaboración del material, se basan en otras crónicas para refutarlas, parodiarlas, imitarlas, comentarlas o completarlas. Todas se apropian de todas, si bien algunas documentan la procedencia de los textos en los que se apoyan. La crónica como género es un contratexto que ha necesitado de un texto previo para existir. Es un texto híbrido, en su momento reconocido como texto histórico y hoy como literario, que funciona como un palimpsesto en el que se superponen textualmente distintos planos de la realidad.

Gonzalo Fernández de Oviedo, por ejemplo, escribió su *Historia* teniendo muy presentes los textos de Colón, pues, para alejar a los posibles herederos de éste, aboga por la tesis de que las Indias pertenecían a la corona española desde hacía tres mil años. Meses después, en 1535, Hernando Colón comienza su obra para rebatir los argumentos de Oviedo y así legitimar lo hecho por su padre. Bartolomé de Las Casas consiguió el desprestigio de Oviedo, al que consideraba como prototipo del detractor de los indios. Bernal Díaz del Castillo escribe su *Historia verdadera* para refutar la *Historia de las Indias* de Francisco López de Gómara y el papel protagónico que éste daba a Cortés en detrimento de los soldados. Ambas no pueden prescindir de las *Cartas de Relación* de Hernán Cortés. Tras la publicación de la *Brevísima relación de la destrucción de las Indias,* de Bartolomé de Las Casas, la corona emprendió una campaña antilascasista para legitimarse. El virrey don Francisco de Toledo promovió, desde 1565, la redacción de crónicas que justificaran el colonialismo y combatieran el derecho de soberanía de los reyes y la nobleza incas. A su vez, el

Inca Garcilaso de la Vega escribió sus *Comentarios* para rebatir los argumentos toledistas.

Las crónicas indianas son una mezcla de autobiografía, testimonio ajeno, observación de la realidad y amor por las cosas, evangelización, sorpresa ante los ritos y creencias, admiración por el heroísmo propio y por la conducta ajena. Nacen de la necesidad de contar lo insólito y lo nunca visto, de la disputa entre otros conquistadores, de la nostalgia del pasado, de la búsqueda de la fama, del honor, o la retribución esperada. En cualquier caso, las crónicas reflejan la psicología del autor.

Verdad histórica. La Antigüedad

En cuanto al concepto de verdad histórica, es decir, «verdad de lo visto y lo vivido», las crónicas de Indias se dividirán entre las que se caracterizan por la nueva importancia que adquieren los testigos oculares, siguiendo la línea trazada por Tucídides y Polibio, y las que responden al tipo historiográfico del mitólogo, del relator de la tradición mítica, cuyo representante mayor es Herodoto, quien incluye en el texto todo cuanto le relatan, tanto lo verosímil como lo inverosímil.

Tucídides y Polibio, explica Víctor Frankl[68], limitan la historiografía legítima a lo «visto y lo vivido» por el mismo historiador o a lo averiguado por él mediante un fidedigno testigo ocular de los acontecimientos respectivos. Polibio invoca la sentencia de Heráclito en la que se afirma que los «ojos son testigos más exactos que los oídos». Los cronistas de Indias van a desarrollar esta idea de la verdad histórica, en parte, como explica Frankl, porque por su situación son actores y testigos oculares de hechos inauditos, contraponiéndose a los escritores eruditos europeos, quienes, apoyándose en un saber libresco y teórico, describieron defectuosamente los hechos transoceánicos, en parte, por el influjo de la tradición de Tucídides y Polibio (autoridades recuperadas por Lorenzo Valla)

---

[68] Víctor Frankl, ob. cit., pág. 82 y ss.

y en virtud del tradicional verismo de la literatura española. Sea por la causa que fuera, la tendencia historiográfica erudita, libresca, va a ser cuestionada por aquellos cronistas que valoran la experiencia y vivencia de aquello que relatan. El primer caso es el de Oviedo. Su concepto de verdad de lo visto y vivido le lleva a criticar la historiografía creada sin haber vivido la realidad física, representada por Pedro Mártir y su *De Orbe Novo*. Éste, comenta Oviedo, aunque era muy erudito no vivió lo que escribió. Critica el saber libresco en general, el estilo culto, lamido, artificial y la actitud intelectual «de los autores de orientación humanista-renacentista, comprendida por Oviedo como falsificadora de la realidad y verdad y como creadora de una realidad aparente»[69].

Francisco López de Gómara también entiende, como vemos en su *Historia general de las Indias,* que la experiencia constituye la única fuente de la verdad en historia, a pesar de que él nunca pisó tierra americana. En Gómara se combinan una actitud empírica y un humanismo acentuado. Bernal Díaz del Castillo basará toda la *Historia verdadera de la conquista de la Nueva* España en el concepto de lo visto y lo vivido frente a la historiografía «de oídas». Criticará la *Conquista de México,* de Gómara, porque éste falseó la realidad al hacer a Cortés el héroe de todas las batallas ganadas y olvidar al soldado. Bernal Díaz del Castillo se aleja de los tratados eruditos apoyándose en la propia experiencia y en modelos literarios poco autorizados.

Pedro Cieza de León, en *Cronica del Perú,* o Agustín de Zárate, en *Historia del descubrimiento y conquista de la provincia del Perú,* se apoyan, también, en la verdad histórica de lo visto y lo vivido. Garcilaso de la Vega en sus *Comentarios reales* se eri-

---

[69] Véase el estudio de Frankl, ob. cit., pág. 85. Declara Gonzalo Fernández de Oviedo al dirigirse al emperador: «Pero será a lo menos lo que yo escribiere historia verdadera e desviada de todas las fabulas que en este caso otros escriptores, sin verlo, desde España a pie enxuto, han presumido escrebir con elegantes e no comunes letras latinas e vulgares, por informaciones de muchos diferentes juycios, formando historias mas allegadas a buen estilo que a la verdad de la cosa que cuentan; porque ni el ciego sabe determinar colores, ni el ausente assí testificar estas materias, como quien las mira» (ed. de 1851, vol. I, pág. 4).

ge como «testigo de vista» y frente a su obra anterior, *La Florida,* en que era «testigo de oídas»[70]. El Inca Garcilaso, al hacer hincapié en que él vio aquello que narra, se incorpora a los cronistas que insisten en la autenticidad de su historia porque han vivido los hechos.

Por lo que se refiere a la valoración de la Antigüedad, ya hemos visto cómo los cronistas aplican lo leído en los textos antiguos a la hora de escribir sus crónicas para entender el Nuevo Mundo que están viendo a sus ojos. Es decir, todos ellos se guían por el principio de autoridad y de imitación de los modelos clásicos, si bien de una forma menos rigurosa que en el pasado más inmediato. Se apoyan en los clásicos como medio de comparación para enaltecer las gestas de su época. En todos aparece el recuerdo fiel de la Antigüedad, modelo inigualable y único. Su método comparativo les lleva a Aristóteles, Plinio, Hércules o Alejandro Magno. La mezcolanza (al igual que en las obras de Alfonso X) de héroes históricos y legendarios, latinos, griegos o medievales, es extraordinaria. Este proceso, como indica Antonio Maravall, obedece a la «transposición de los esquemas mentales que se pensaban las cosas europeas, a las del Nuevo Mundo»[71].

Sin embargo, comienza a perfilarse la idea de superación del propio mito. Oviedo traspone todos los mitos antiguos al Nuevo Mundo pues pretende continuar la *Historia natural* de Plinio. Cortés, en sus *Cartas de Relación,* se mide con los héroes de la mitología clásica para engrandecer su propia figura. Fray Toribio Motolinía, en su *Historia de los indios de Nueva España,* llama a México la Roma del Nuevo Continente y equipara el poder que ejerce la lengua de sus habitantes respecto a las restantes comarcas con el poder del latín con relación al resto de lenguas. Cervantes de Salazar, *Crónica de Nueva España,* también coteja la lengua mexicana con la latina. El Inca

---

[70] «Yo nací ocho años después que los españoles ganaron mi tierra y, como lo he dicho, me crié en ella hasta los veinte años, y así vi muchas cosas de las que hacían los indios en aquella gentilidad, las cuales contaré diciendo que las vi». Véase *Comentarios reales,* Caracas, Ayacucho, 1985, I, pág. 18.

[71] Véase *Antiguos y modernos,* Madrid, Alianza Editorial, 1986, pág. 439. Antonio Tovar, «Lo medieval en la colonización de América», en *Lo medieval en la conquista y otros ensayos americanos,* México, FCE, 2.ª ed. de 1981, págs. 13-21.

Garcilaso de la Vega, en el «Proemio al lector» de sus *Comentarios reales*, compara la ciudad del Cuzco con «la Roma en aquel Imperio» y las fábulas incas con las de los clásicos.

Como explica J. A. Maravall[72], los cronistas, en general, siguen los pasos que distinguieron al humanista con respecto a la Antigüedad: remedarlos, reproduciendo lo hecho por los antiguos; imitarlos, siguiendo su ejemplo; asimilarlos y superarlos «cuando la posesión de todos sus medios y de una mayor experiencia dé lugar a que siendo tanto como los antiguos se logre ser más que cualquiera de ellos».

Simón Valcárcel concluye que en esta querella de antiguos frente a modernos, «los cronistas españoles rompieron en mil pedazos la reverenda imagen de la Antigüedad que los humanistas habían construido»[73] porque poseían la convicción de que el descubrimiento y colonización de América era una hazaña que superaba con creces todas las realizadas por los antiguos. No obstante, el sentimiento de superioridad de los cronistas se revela en temas muy específicos y que tienen que ver con los avances «científicos», imposibles de refutar ni de soslayar. Así, todos los cronistas (pues parten del plagio) refutan las teorías de los antiguos en cuestiones ya tan obvias como la esfericidad de la tierra, la inexistencia de antípodas, la inhabitabilidad de los trópicos, etc. Es decir, que los españoles asumen el papel de griegos y romanos y los superan en sus circunstancias, explica Maravall, «en el orden del imperio político, en el del saber que ha traído el descubrimiento del mundo y en el del dominio de mares y tierras». Este sentimiento de superioridad, al mismo tiempo, les sirve para encumbrarse como héroes, realzar el valor personal (honor, fama, prebendas) o, en otros casos, para defender a los pueblos indígenas de la exterminación (caso de las obras de Bartolomé de Las Casas o del Inca Garcilaso de la Vega). Fuera de lo estrictamente empírico, los cronistas siguieron los esquemas mentales de la Antigüedad, no dieron al traste con las fantasías cosmográficas sino que, como hemos comprobado, se sirvieron

---

[72] José Antonio Maravall, *ibídem*, pág. 297.
[73] Valcárcel, ob. cit., pág. 102.

de ellas para, irónicamente, una mejor comprensión del Nuevo Mundo.

Tradición historiográfica

Simón Valcárcel encuadra las crónicas de Indias entre la crónica medieval castellana, nacionalista y providencialista, y el texto historiográfico humanista. El concepto historiográfico medieval no se despega de la idea providencialista, del imperialismo y nacionalismo, de la mirada constante al pasado como modelo de virtud insuperable. La concepción historiográfica del humanismo se caracteriza por el cuidado por la forma, es decir, la relación indisoluble entre historia y retórica, y una actitud hacia el pasado que ya no es de imitación, sino de revisión para un mejor presente. Es decir, que hay una reflexión crítica sobre el pasado con relación al presente. Por otro lado, se entiende que un hecho tiene distintas versiones, de las cuales ninguna es enteramente verdadera sino que todas poseen parte de la verdad. Ningún escritor de Indias se sustrajo a los criterios de la historiografía medieval. Los más modernos, Gómara, Zárate o el Inca Garcilaso, consiguieron integrar algunos elementos humanistas, pero todos obedecen a una serie de dictados historiográficos de corte medievalista. No obstante, y dicho al revés, hasta los cronistas de Indias que no tuvieron una educación humanista, no accedieron a los *studia humanitatis,* incorporaron a sus textos algunas de las nociones historiográficas del humanismo.

Las crónicas se apoyan en la idea de que la historia es historia moral, siguiendo el pensamiento medieval —cuyo modelo es la Biblia— que entiende que la realidad es alegórica y que toda ella es expresión de una realidad moral. Las crónicas se escriben por muchos motivos, no siempre elevados, pero en general persiguen los objetivos de recordar los hechos notables y perpetuar la fama. En el Renacimiento cobran importancia, junto a Horacio, autores que no habían sido valorados en la Edad Media, como Cicerón. Éste es pilar indiscutible sobre el que se apoyan todos los humanistas y no sólo lo toman como historiador, sino como teórico de la historia.

Para Cicerón la historia es el recuerdo de los grandes hechos. Hay una responsabilidad moral en el historiador que concibe la historia como la maestra de la vida. Como afirma Baltasar de Castiglione, en el *Cortesano*, el fin más elevado que se pueden proponer las letras es el de conservar el recuerdo de los héroes del pasado y transmitirlo. Oviedo es un moralista que entiende que la función de la historia es la de servir de *exemplum* a los lectores. Cieza de León piensa que la historia consiste en escribir las cosas memorables, «verdades y cosas de importancia, provechosas, muy gustosas». Concibe la historia, por tanto, como una lección moral. Cortés o el Inca Garcilaso de la Vega juzgan que la historia es instrumento para rescatar los hechos pasados dignos de recuerdo. La historia, señalaba Juan Luis Vives, no debe perpetuar las infamias, por tanto, es parcial y omitirá los hechos que no sean decorosos. Para Acosta la historia es un relato verídico que muestra los hechos del pasado con fines pedagógicos, esto es, enseñar a los lectores a que aborrezcan las malas acciones e imiten las buenas obras de los antepasados. Es decir, que el pasado es una lección para el presente. Como indica Valcárcel:

> La pretensión de que la obra historiográfica cumpla un papel educativo es un tópico compartido por la mayoría de los cronistas de Indias. Ninguno de ellos concibe la historia como un relato de hechos pasados sin más objetivo que la propia presentación de los hechos historiados. Antes bien, todos piensan que la historia como *objeto para*, principalmente como lección ética que censura las actitudes reprobables y alaba como dignos de imitación los hechos y comportamientos de los hombres buenos y rectos del pasado[74].

El concepto de la historia como historia moral tiene que ver con su interpretación providencialista. Ya san Agustín nos ofrecía tal noción al entender que Dios rige el mundo y todo ha sido ordenado por él, pues interviene en el quehacer histórico del hombre y, de forma directa, en la historia española. La visión providencialista y la prefiguración del

---

[74] *Ibídem.*, pág. 394.

cristianismo son los ejes mentales de los que parten todas las crónicas. Con respecto a la primera, Oviedo, primer cronista que ofrece una perspectiva de conjunto de América, no duda en dar una imagen de la grandiosidad de la naturaleza americana con objeto de alabar a Dios y así inscribir el descubrimiento de América en el orden providencial. Las obras de Bartolomé de Las Casas son, en este sentido, ejemplificadoras. Éste no sólo asevera que fue Colón el instrumento elegido por la providencia, sino que busca el providencialismo hasta en cuestiones etimológicas acerca del nombre colombino. Gómara, el más humanista, entiende que el providencialismo rige el curso de la humanidad (cree incluso en la milagrería). El Inca Garcilaso no sólo sustenta la noción de providencialismo sino que articula la idea de que los incas fueron los que prepararon el camino para el advenimiento de los españoles y, con ellos, del cristianismo. Cieza de León, Zárate y todos los cronistas entienden la conquista como obra divina.

Mitos y fuentes

La historicidad del texto en la concepción de la historiografía americana se basaba, como explica Marcel Bataillon, en lo probable y podía integrar elementos de fabulación. La prosa historiográfica de los siglos XVI y XVII, según Pupo-Walker, se explica como el resultado del contexto polémico y de fabulación que gestó el descubrimiento y la conquista.

Las crónicas mezclan fuentes disímiles, son historia y épica, realidad y ficción, rigor e imaginación, naturaleza y civilización. Se elaboran integrando leyendas, cuentos, mitos, creencias de la Antigüedad. Ya hemos visto la importancia de la prefiguración del Nuevo Mundo, siguiendo el pensamiento de los antiguos y sus mitos (la Atlántida, las Hespérides, Orfis y Tarsis, etc.). A la inserción de éstos, se suman los mitos indígenas, medievales y renacentistas, los relatos hagiográficos, la influencia de las novelas de caballerías, etc. Las concepciones y creencias en que se apoyaban los historiadores de Indias son fundamentales para entender cómo se configuran las crónicas. En ellas se impondrán las ideas mentales sobre la realidad empírica[75].

Leonard cree que los españoles estaban más preparados para los viajes de aventura que otros pueblos por su situación geográfica, por su sincretismo con el mundo árabe y judío, por la reconquista peninsular y por su carácter imaginativo:

> El relativo aislamiento de la vida española del resto de Europa, la omnipresente proximidad de lo desconocido en las oscuras aguas del Atlántico y la mezcla de culturas europeas y arábiga tendían a incrementar un sentido especial del misterio y de la fantasía... Tal vez reaccionando contra el aciago realismo de su propio medio, los españoles'que escuchaban estas fantasías se escapaban de sí mismos en alas de lo irreal, y a medida que su imaginación se ponía incandescente, incubaban la pasión por la aventura y el descubrimiento[76].

Tal predisposición facilitaría en el proceso mental del español la inserción de un repertorio de mitos fundamentales. Como indica Beatriz Pastor[77], las leyendas o noticias con las que se encontraron los expedicionarios «provenían» o bien de la tradición occidental y asiática o bien de tradiciones indígenas que los españoles llegaron a comprender, a veces erróneamente. En numerosas ocasiones, los españoles identificaron mal las informaciones que recibían de los indígenas sobre los lugares y tierras hacia los que se dirigían con los objetivos míticos que constituían el fin de su expedición. En otras ocasiones, señala Pastor, se dio una coincidencia real entre un mito indígena y una leyenda europea. Y, por último, hubo casos en los que la certeza de la existencia de determinado objetivo mítico en el continente americano se dio como resultado de relaciones mentirosas o de invenciones que contaban los propios guías y cautivos indígenas por motivos diversos.

---

[75] Véase el estudio de Gonzalo Menéndez Pidal, *Imagen del mundo hacia 1570*, Madrid, Gráficas Ultra, 1944, o el de Antonello Gerbi, *La disputa del Nuevo Mundo*, México, FCE, 1960.

[76] Irving A. Leonard, *Los libros del conquistador*, México, FCE (1949), 1953, pág. 27.

[77] Pastor, ob. cit., pág. 240.

Ya en el *Diario* de Colón surge la mitificación de la realidad americana, el elemento fantástico, dado que identificaba América con los reinos y riquezas fabulosas de Asia. Colón, explica Bartolomé de Las Casas en su *Historia de las Indias*, fruto de sus lecturas, poseía una visión fabulosa del territorio al que se dirigía, poblada de grifos, dragones, alas de águila, sirenas, calamares gigantes, etc.

El mito de las Amazonas va a originar expediciones a la búsqueda de las míticas guerreras, como la de Francisco de Orellana y fray Gaspar de Carvajal. De ahí surgirá el nombre del río de las Amazonas. Este mito abre la puerta a otros como el de la misteriosa Omagua. En el *Diario* hallamos también referencias a los hombres que comen carne humana que Plinio había descrito. Colón necesitaba encontrarlos y de ahí el éxito de la palabra «caníbal».

La actualización de fábulas y mitos son causa de expediciones porque allí se encuentran las amazonas, la fuente de la eterna juventud, el Dorado, el país de la Canela, Jauja, los gigantes, las sirenas, los monstruos o el paraíso terrenal.

Oviedo describe en el *Sumario* peces voladores, siguiendo la tradición de los bestiarios.

El mito medieval de las siete ciudades de Cíbola tuvo suma importancia porque propició múltiples expediciones hacia el norte del continente americano. De tal mito, que se encuentra en una leyenda portuguesa medieval, dan referencias Hernando Colón, que sitúa el suceso en el año 714 después de Cristo, y Herrera en la *Historia general de los hechos castellanos*. Fray Marcos de Nizza oye hablar de una maravillosa ciudad empedrada de esmeraldas y la identifica con las míticas ciudades de Cíbola de las leyendas medievales. Estas ciudades fueron creadas, según las leyendas, por siete obispos portugueses que, huyendo de la invasión musulmana, habían pasado a la isla de Antilla, donde cada uno fundó una ciudad. La leyenda medieval de los siete obispos, explica E. de Gandia[78], se fundió en América con una tradición mexicana, el

---

[78] Enrique de Gandia, *Historia crítica de los mitos de la conquista americana*, Madrid, SGEL, 1929, pág. 63.

mito nahua del Chicomoztot o de las siete cuevas, que narraba el origen de las siete tribus de los nahuas. Parece ser que durante el siglo XV hubo varios proyectos portugueses cuyo objetivo era el descubrimiento de las siete ciudades. Todavía en 1845, el flamenco Fernán Dulmo organizó una expedición en busca del mito.

El virrey Mendoza en 1537 promovió proyectos que impulsaron la expedición a esa región fantástica. Álvar Núñez Cabeza de Vaca declinó el ofrecimiento. En marzo de 1539 partió una expedición encabezada por fray Marcos de Nizza, quien escribió una relación fantástica y de ficción sobre la experiencia[79].

Allí, en América, se encontraba el famoso elixir de la larga vida, una de las aspiraciones más reiteradas de los grandes mitos de la humanidad. La búsqueda del elixir (bebidas, hierbas, etc.) que daba la vida eterna originó viajes y fue motivo de batallas, ya desde los beduinos que atacaron al imperio persa para conseguir una simiente que concedía la vida eterna. La existencia de estos elixires maravillosos se encuentra tanto en la tradición europea como en la asiática. Juan de Mandeville, en sus relatos de viajes imaginarios, describió una fuente de la eterna juventud situada junto a la ciudad de Polombe. La Edad Media, como antes la época clásica, siguió con la búsqueda del elixir, lo que originó verdaderas y grotescas aventuras[80]. Entre los indígenas existía una tradición paralela que hace referencia a un río de la juventud, en las márgenes del Orinoco, cuyas propiedades, gracias al contacto con árboles maravillosos, eran mágicas. La fusión de esta leyenda indígena con la europea inspiró expediciones como la de Hernando de Soto a la Florida en busca de la fuente de la eterna juventud y la de Ponce de León, que organizó en 1512 una expedición a Bimini, isla donde creía que debía encontrarse la fuente. No la halló y alcanzó la punta de la Florida. Pedro Mártir, en *De Orbe Novo*, Oviedo, Gómara y Herrera recogen

---

[79] Véase su *Relación del descubrimiento de las siete ciudades,* escrita por fray Marcos de Nizza, en *Colección de Documentos,* o el estudio de Beatriz Pastor sobre todo lo relativo al mito de Cíbola, ob. cit., pág. 249.

[80] Véase al respecto la obra de Enrique de Gandía.

este mito en la versión del río de la inmortalidad o de la fuente de la eterna juventud. Hubo otras expediciones que siguieron a la de Ponce de León en busca de la fuente, como la organizada por Lucas Vázquez de Ayllon a las Carolinas, tal como explica Pedro Mártir.

El mito de El Dorado fue, posiblemente, el de mayor vigencia. Parece ser que su primera formulación[81] se debe al conquistador de Nueva Granada, Jiménez de Quesada. Se cuenta que un cacique chibcha iba cada año a la orilla de la laguna de Guatavita y allí se bañaba en oro. Luego echaban al agua gran cantidad de esmeraldas y oro y el cacique se zambullía en el agua. Tanto fue el impacto de esta leyenda que durante siglos se hicieron varios intentos para drenar la laguna. Al no encontrarse oro en Guatavita, el mito se desplazó hacia el centro del continente. El mito de El Dorado es el que está más asociado al encuentro de riquezas incalculables, ciudades maravillosas. A este mito le siguen el del país de Meta, el reino de Omaguas, el país de la Canela, etc. Y, como indica Francisco Javier Cevallos, con estos sueños en mente Gonzalo Pizarro y Francisco de Orellana se internan en la selva en 1541.

El tema del tesoro escondido será recurrente en muchísimas crónicas o textos, como en la del Inca Garcilaso o en *El carnero,* de Juan Rodríguez Freyle.

La influencia de los libros de caballerías contribuyó a crear este ambiente de realismo mágico en el que se desarrolla la crónica. La mayoría de los cronistas no los citaban porque los moralistas y humanistas protestaban. Señala Irving Leonard[82] que los soldados españoles llevaban en su equipaje copias de

---

[81] Véase el estudio de Demetrio Ramos, *El mito de El Dorado. Génesis y proceso,* Caracas, Biblioteca de la Academia Nacional de la Historia, 1973. También, Francisco Javier Cevallos, «La representación mítica de la selva americana», en *Historia y Ficción: crónicas de América,* Isla Campbell (coord.), México, Universidad Autónoma de Ciudad Juárez, 1992; Fernando Aínsa, *De la Edad de oro a El Dorado, Génesis del discurso utópico americano,* México, FCE, 1992; ídem, *Historia, utopía y ficción de la Ciudad de los Césares. Metamorfosis de un mito,* Madrid, Alianza Editorial, 1992, y Juan Gil, *Mitos y utopías del Descubrimiento,* Madrid, Alianza Editorial, 1989.

[82] Véase al respecto el estudio de Leonard, ob. cit.

algunas de las novelas de caballerías que se habían publicado hasta la fecha, como el *Amadís de Gaula* (1508) y *Las Sergas de Esplandián* (1510). Dice Leonard al respecto:

> Al igual que las cintas cinematográficas de hoy día, esta literatura ejerció una profunda influencia en la conducta, la moral y el pensamiento de la sociedad de su tiempo, y propició la aceptación de valores artificiales y de falsas actitudes con respecto a la realidad... y puso algún color en la existencia gris de los lectores, quienes, a pesar de las denuncias de los moralistas contra aquellas historias mentirosas, continuaron hallando en ellas retratos auténticos de la vida, de los que adquirieron no sólo modalidades de conducta e ideas sobre una realidad más amplia, sino una incitación para las hazañas[83].

Bernal Díaz del Castillo informa que Hernán Cortés, cuando avistaba las cosas de México, exclamó: «Denos Dios ventura en armas, como al paladín Roldán, que en lo demás, teniendo a vuestra merced y a otros caballeros por señores, bien me sabré entender.» Caso excepcional es el de Bernal Díaz del Castillo que en su crónica alude al *Amadís de Gaula*. Así, en el capítulo 87 de la *Historia verdadera de la conquista de la Nueva España*, ante el asombro que le produce la visión de las ciudades y villas construidas sobre agua, exclamará abiertamente, que «parecía a las cosas y encantamiento que cuentan en el libro de Amadís». Las historias de náufragos, las «novellas» de rescates y naufragios fueron muy leídas en el siglo XVI y modelo literario para los cronistas.

Es evidente que todas estas lecturas influirían en la progresiva pérdida de contacto de la realidad que sufrieron los conquistadores al enfrentarse a un mundo virgen de referentes.

Las crónicas también revelan la influencia de libros medievales devotos y del material hagiográfico que había configurado gran parte de la literatura medieval española, en unos siglos de extraordinaria devoción mariana. Colón escucha la voz de Dios, en momentos críticos, animándole a no desfallecer y seguir el mandato divino. No debe extrañar la aparición de la Gloriosa o de los santos (sobre todo Santiago, apóstol de

---

[83] Leonard, *ibídem,* pág. 29.

la cruzada), que ayudan en la empresa de la cristianización. En Bernal Díaz del Castillo, la Gloriosa y Santiago aparecen en los momentos críticos de la conquista mexicana. En *La Araucana*, el autor hace a los propios indígenas testigos de cómo los santos o la Virgen ayudaron a la Imperial española. El Inca Garcilaso invoca la intervención guerrera del apóstol Santiago a favor de los españoles. Se mezcla lo maravilloso pagano y lo maravilloso cristiano.

Al igual que los primeros cristianos asimilaron a los paganos y los hicieron modelos de virtud, ahora se descubren barruntos de cristianismo en ciertas creencias o en los mitos indígenas. De esta manera, los mitos o creencias indígenas no sólo se incorporan al pensamiento y doctrina cristianos, sino que se desarrollan o viven de forma latente. Es posible que el sincretismo religioso, cuya existencia es muy antigua y que será impulsado por los jesuitas en el siglo XVII, influyera en estas trasposiciones y prefiguraciones cristianas. De esta manera, los símbolos o figuras indígenas se refundían con los del cristianismo. Y al igual que los primeros cristianos recogieron las doctrinas estoica o platónica, los jesuitas, señala Octavio Paz[84], buscaron establecer «una vía de comunicación, más sobrenatural que natural, entre el mundo indígena y el cristianismo» y sostuvieron «que en las creencias antiguas de los indios ya había vislumbres de la fe verdadera, sea por gracia natural o porque el Evangelio había sido predicado en América antes de la llegada de los españoles y los indios aún conservaban memorias confusas de la doctrina».

Entre estas prefiguraciones destacan los relatos sobre la peregrinación de santo Tomás, asimilado al dios Quetzalcóatl, Prometeo mexicano. Según explica Pupo-Walker, muchos cronistas aseguraban que santo Tomás había recorrido los caminos que llevan de Brasil a Paraguay; y en la Nueva España se identificó a santo Tomás con Quetzalcóatl. En los *Comentarios reales*, por ejemplo, hay identificaciones de los mitos incas

---

[84] Véase su estudio *Sor Juana Inés de la Cruz o Las trampas de la fe*, Barcelona, Seix Barral, 1990, pág. 55. Sobre el sincretismo religioso, véase la obra de Maravall, *Estudios de historia del pensamiento español*, Madrid, Ediciones de Cultura Hispánica, 1973.

con las peregrinaciones de los apóstoles, y en concreto con Bartolomé.

El sincretismo religioso, ligado al hermetismo renacentista, ha tenido una larga vida en la literatura hispanoamericana: se configura en las crónicas, pasa por los textos de sor Juana Inés de la Cruz y llega hasta las novelas contemporáneas como las de Rosario Castellanos.

En las crónicas de Indias, el sincretismo se debe, asimismo, relacionar con la concepción historiográfica medieval. Ésta se rige por el anacronismo, no diferencia entre pasado y presente, entre realidad o leyenda, entiende que los mitos son algo más que fábulas y la historia —cuya estructura temporal es circular y, por tanto, sin futuro ni pasado— es confirmación de la voluntad divina.

CRONISTAS DE INDIAS

Gonzalo Fernández de Oviedo

Gonzalo Fernández de Oviedo y Valdés (1478-1557) fue el primer cronista, «testigo de vista», que ofreció una visión de conjunto de la naturaleza americana y que hizo a Cristóbal Colón descubridor del continente americano. Turner[85] define su obra como «la primera enciclopedia americana» porque es la primera escrita con pretensión universal acerca de la naturaleza y la historia de América. El propio autor, en su *Historia general y natural de las Indias,* proporciona datos sobre su vida (prácticamente todas las crónicas contienen rasgos autobiográficos). Nacido en Madrid, de progenie hidalga, oriunda de las «Asturias de Oviedo», ocupó desde pequeño cargos en familias distinguidas: primero en el palacio de Villahermosa y después en la cámara del príncipe don Juan. Conoció a Cristóbal Colón y tuvo amistad con dos de sus hijos, pajes tam-

---

[85] Daymond Turner, «Gonzalo Fernández de Oviedo's Historia general y natural-First american encyclopedia», en *Journal of Inter-American Studies,* 1964, 6.

bién del príncipe heredero[86]. Puesto que el oficio de escribano no le satisfacía y «ganaba pocos dineros», decidió embarcarse a las Indias en 1514, en la expedición de Pedrarias Dávila, como funcionario del rey. Desempeñó cargos y responsabilidades en el Darién, el Caribe y Nicaragua. En 1532 Carlos V le otorgó el cargo honorífico de cronista de Indias que él tomó o interpretó como nombramiento de cronista oficial de la corona. Realizó unos seis viajes al Nuevo Mundo y estuvo casi treinta años en América.

Sus dos obras fundamentales son el *Sumario de la natural historia de las Indias,* publicado en Toledo en 1526, y la *Historia general y natural de las Indias,* cuya primera parte apareció en Sevilla, en 1535. Otra parte salió póstumamente, en 1557. Y el resto no pudo ver la luz por la influencia sobre la corona del padre Las Casas.

Elemento controvertido por la contienda entre lascasismo y antilascasismo, a Oviedo se le ha descrito como intrigante, vocero de los detractores del indio, afanoso «lucrador y atrabiliario, resentido, pedante y esnob»[87]. Su *Historia general y natural de las Indias* ha suscitado odios y desprecios, nacidos de la mano del padre Las Casas, su capital enemigo. Esta competencia entre Oviedo y Las Casas se remonta al año 1515 y repercutió en las obras de ambos. Las Casas le acusó de «conquistador, robador y matador de indios» y de ser engañosa su *Historia general* por divulgar falsos testimonios e infamar a los indios. La inquina de Las Casas vino también motivada porque Juan Ginés de Sepúlveda utilizó los comentarios de Oviedo para propagar ideas antiindigenistas. El éxito de la obra del padre Las Casas repercutió muy negativamente en el aprecio que como historiador pudo haber tenido Oviedo. Esta apre-

---

[86] Con respecto a su biografía puede consultarse el estudio de Juan Pérez de Tudela y Bueso, «Vida y escritos de Gonzalo Fernández de Oviedo», en *Historia general y natural de las Indias,* tomo 117, BAE, Madrid, 1959.

[87] Véanse los estudios de Katheleen Romoli, *Vasco Núñez de Balboa, descubridor del Pacífico,* Madrid, 1955; Manuel Giménez Fernández, *Bartolomé de Las Casas, delegado de Cisneros para la reformación de las Indias,* Sevilla, 1953; Lewis Hanke, *Las Casas, historiador,* prólogo a *Historia de las Indias,* México, 1951; Enrique Otte, «Aspiraciones y actividades heterogéneas de Fernández de Oviedo», en *Revista de Indias,* núm. 71, 1958.

ciación ha llegado hasta la actualidad, como se comprueba tras la lectura de los trabajos de Josefina Zoraida Vázquez[88] o Tormo Sanz[89]. Ambos retratan a Oviedo como apologista de la colonización imperialista y enemigo incondicional de los indios. Igual opinión le merece a Alberto Salas[90] o a Enrique D. Dussel. Es cierto que Oviedo muestra muchos prejuicios antiindigenistas. En su *Historia* vitupera a los indígenas, se indigna por sus idolatrías y prácticas sodomíticas, destaca de ellos su torpeza, fealdad y poca memoria (libro III, cap. VI). Pero a lo largo de los años también se dio cuenta de que los indios eran víctimas de la codicia del doctrinero y el conquistador, quienes les trataban como bestias.

Las dotes de observación exacta y detallada son la principal virtud de Oviedo. Los principios metodológicos que aplica a su obra son la experiencia, el haber sido testigo de vista, y la imitación de modelos de la literatura antigua. De ellos se sirvió para comprender mejor lo que narraba, lo desconocido. Oviedo, poco conocedor de la literatura humanística contemporánea, siguió fielmente la *Historia natural* de Plinio.

La crónica de Oviedo ha sido criticada por su estructura caótica y fragmentaria. Se inicia con la descripción de la geografía, la fauna y la flora para terminar con la historia humana, a partir del descubrimiento de la región respectiva. Oviedo es a la vez historiador, geógrafo, biólogo y etnólogo. La *Historia general y natural* es valiosa por la información etnográfica y porque supuso el primer esfuerzo de catalogación de la

[88] Josefina Zoraida Vázquez Vera, «El indio americano y su circunstancia en la obra de Oviedo», en *Revista de Indias,* 1957, 17, pág. 512.

[89] Leandro Tormo Sanz, «La cristianización de las Indias en la Historia de Fernández de Oviedo», en Francisco de Solano y Fermín del Pino, *América y la España del siglo XVI,* Madrid, CSIC, 1982-1983. Véase también de Giuliano Soria, *Fernández de Oviedo e il problema del Indio. La historia general y natural de las Indias,* Roma, Bulzoni, 1989. Y el estudio de Karl Kohut, «Fernández de Oviedo, historiador y literato: humanismo, cristianismo e hidalguía», en *Historia y ficción: crónicas de América,* México, Universidad Autónoma de Ciudad Juárez, 1992.

[90] Alberto Salas M., *Tres cronistas de Indias,* México, FCE, 1959. Enrique D. Dussel, *Introducción general a la Historia general de la Iglesia en América Látina,* Salamanca, Sígueme, 1983.

fauna y la flora. Pero como señala Turner, la obra de Oviedo es, sobre todo, una «aproximación geográfica a la historia».

La *Historia* tiene también un perfil autobiográfico. En ella aparecen muchas reflexiones y anécdotas personales o familiares, algunas de carácter fantástico.

Su interés y deslumbramiento ante la naturaleza responde a un modo de alabar a Dios y así inscribir el descubrimiento de América en un designio providencialista. Hay una visión de grandeza de la naturaleza americana que tendrá su continuación en las *Silvas* de Andrés Bello o en el *Canto general* de Pablo Neruda. Oviedo se muestra embargado por un poderoso sentimiento de la grandeza y armonía de la obra de Dios. El relato de los hechos humanos queda relegado en pos de la descripción del Nuevo Mundo. Es por ello que sobre todo su *Historia* es geografía. Dio prioridad a la materia, al contenido, sobre el estilo o la forma; y a la verdad de su historia sobre la mentira de las fábulas y de los libros de caballería, a pesar de haber escrito él mismo, años antes, en 1519, la historia de caballeros andantes, *Muy esforzado e invencible caballero de la Fortuna propiamente llamado Don Claribalte*. No se cansa de repetir que es la verdad el fin que determina toda su obra. A pesar de ello, en su *Historia* aparecen hechos milagrosos y un gusto por la maravilla y el asombro.

Bataillon[91] señaló rasgos erasmistas en la obra de Oviedo, sobre todo en la crítica que hace el madrileño de las actuaciones de los sacerdotes, más preocupados por enriquecerse que por predicar el evangelio. Simón Valcárcel[92] define a Oviedo como antirromanista, germanófilo, dominado por un pensamiento político religioso nacionalista, de cariz providencialista imperialista. Oviedo deseaba que todo el mundo se sometiera a la monarquía imperial. Su sueño político era la consecución de una monarquía católica universal presidida por Carlos V que gobernara a todos los hombres del mundo. Karl Kohut busca revalorizar la figura de Oviedo y defiende su calidad como historiador y su perfil humanista.

---

[91] Véase *Erasmo y España*, México, FCE, 1966.
[92] Simón Valcárcel, ob. cit., págs. 58 y 59.

Kohut lo califica de humanista por el conocimiento de la literatura antigua, por su tendencia antropocéntrica en las reflexiones personales que expresa en su obra, porque el yo empieza a tomar conciencia de sí mismo y por la estructura caótica del texto. Sin embargo, Antonello Gerbi[93], Simón Valcárcel y la mayoría de especialistas entienden que Oviedo, erudito, pertenece más al paradigma medieval que al renacentista porque vivió y pensó el presente a la luz de ideas y convicciones del pasado. En su pensamiento se echa de menos una revisión crítica del pasado.

México: Hernán Cortés, Francisco López de Gómara, Bernal Díaz del Castillo

Hernán Cortés, extremeño, nacido en 1485, hombre culto formado en la Universidad de Salamanca, conocía bien la ciencia jurídica y sabía latín. Rebelde, político de primera magnitud y conquistador, fue relator de la conquista de México en unas cartas dirigidas a Carlos V. A principios de 1504 se embarcó en una nave que salía de Palos de Moguer rumbo a las Indias. En 1511, Diego Colón había encargado la conquista de la isla de Cuba a Diego Velázquez, quien organizó una expedición en la que figuraba Cortés. Éste se estableció en Baracoa (Santiago). A petición suya fue nombrado capitán, quizá porque ya tenía claro el proyecto de conquista y colonización. Los planes ambiciosos de Cortés provocaron que sus rivales pidieran de Velázquez una revocación del nombramiento de capitán a última hora, pero era ya demasiado tarde. Cortés había madrugado para embarcarse clandestinamente con todos sus hombres y salir de Santiago antes de cualquier represalia. Pasó tres meses aprovisionándose en distintos puntos de las islas del Caribe, declarado en rebeldía. Las *Cartas de Relación* van a tener que dar cuenta de tales hechos, están marcadas por su insubordinación.

---

[93] Antonello Gerbi, *La natura delle Indie nove,* Milán, Nápoles, Ricciardi (1975), México, FCE, 1992.

Desde el punto de vista político, explica Mario Hernández Sánchez-Barba[94], destacan su habilidad y astucias personales, su sentido de la prudencia, de la previsión, su equilibrio entre los intereses individuales y los de la comunidad, el cuidado de los detalles en función del éxito o fracaso en sus empresas, la idea de servicio como núcleo básico y central de su capacidad política. Y, sobre todo, su devoción por Carlos V, a quien prestó eminentes servicios.

Las *Cartas de Relación* tienen como destinatario a Carlos V y en ellas hace su autor una defensa personal de su obra pública ante el rey. Cortés llama a estos informes «relaciones» porque está cumpliendo con un mandato que no es otro que hacer «entera relación». Las *Cartas* tienen, esencialmente, dos funciones: la epistolar, que le permite al autor hablar de sí mismo, y la función relatoria, es decir, de información y documentación, ya desde el punto de vista jurídico, político, económico, etc. Aparece el propósito deliberado de convencer para lograr fines concretos. La relación, por tanto, es un género constituido por la convergencia de la epístola y el documento legal e implica garantía de veracidad. Es decir, que se crea un marco pretendidamente objetivo y documental que asegura la imparcialidad y veracidad del mensaje que se emite. También se ajusta la relación al requisito de experiencia directa, presentación testimonial que va a reforzar su validez.

Cortés es, en las *Cartas*, persona, personaje histórico y héroe de ficción, pues debe defenderse de su conducta rebelde y lo hace asimilándose, en muchas ocasiones, a los héroes clásicos. Es decir, que también hay una ficcionalización de su persona. Frente a la obra de Bernal Díaz del Castillo, la obra de Cortés es política, serena, reflexiva, erudita, formal y está exenta de pasión.

Escribió cinco cartas durante el periodo que va de 1519 a 1526. Los temas son, lógicamente, contemporáneos y abarcan los años de 1518 a 1526, dando cuenta de los episodios fundamentales de la conquista de la región llamada por Cor-

---

[94] *Historia y literatura en Hispanoamérica*, ob. cit., pág. 35.

tés «Nueva España». El título «Cartas de Relación» no proviene de Cortés —éste no escribía para publicar—, sino del editor de la segunda carta, Jacobo Cromberger. En 1526 sería suspendido en sus funciones de gobernador y se iniciaría un juicio de residencia contra él. Cortés perdió el poder en Nueva España y dejó de escribir relaciones. Entre 1528 y 1529 estuvo en la Península para volver a Nueva España al año siguiente. Emprendió alguna expedición sin importancia y en 1540 volvió a España buscando, como tantos otros conquistadores, el reconocimiento de sus derechos y la resolución de demandas y litigios. Participó en la campaña de la toma de Argel, perdió el favor de Carlos V y regresó a la Península, donde pasó los últimos siete años de su vida en el anonimato. Murió cerca de Sevilla, el 2 de diciembre de 1547.

La primera carta se ha perdido y se suple utilizando otra dirigida también al emperador Carlos V y a doña Juana, al parecer diseñada por Cortés aunque tal vez no fuera redactada por él. Está firmada por los miembros del Cabildo y Regimiento de Veracruz en fecha del 10 de julio de 1519 y se conoce como «Carta de Veracruz». Es de tono oficial y pretende justificar la ruptura de Cortés con el gobernador de Cuba, Diego de Velázquez.

La segunda carta, primera de las conservadas, firmada con fecha 30 de octubre de 1520, refiere la sumisión del cacique de Cempoala, la marcha sobre México, la amistad con los tlaxcaltecas (cuya capital provocó la admiración de Cortés), el encuentro con Moctezuma, la prisión de éste, la llegada de Narváez a Veracruz, su enfrentamiento con Cortés, la famosa descripción de la ciudad de Tenochtitlán, la rebelión de los mexicas conocida como la «Noche Triste» y la retirada de los españoles a Tlaxcala, donde fundan una ciudad, Segura de la Frontera. La relación pretende contrastar los éxitos de Cortés con los desastres provocados por Velázquez y sus hombres.

La tercera carta, fechada en 1522, narra el asedio militar de Tenochtitlán, la resistencia indígena, la destrucción de la ciudad, la fundación de la Nueva España y el asentamiento del dominio español en México. Es la carta más política. Cortés se presenta como un estratega astuto, valiente, que logra el éxito de la empresa.

La cuarta carta, firmada el 15 de octubre de 1524, nos explica las conquistas realizadas por Cortés después de la toma de México y sus primeros trabajos referentes a la organización administrativa. Nos hallamos en el apogeo político de Cortés (capitán general, justicia mayor y gobernador).

La quinta y última carta, firmada en septiembre de 1526, relata la expedición de Cortés a América Central, en 1524-1525, la desastrosa expedición a Hibueras (Honduras), el levantamiento de sus hombres, los desórdenes en México. Este viaje tenía como fines comprobar la supuesta insularidad de la península del Yucatán y ampliar el ámbito de las conquistas. Cortés fue despojado de su título de gobernador y sometido a juicio de residencia, por lo que la carta acaba con un pliego de descargos.

Junto a sus *Cartas* hay un conjunto de escritos de igual interés que aquéllas, que son ordenanzas, instrucciones, memoriales, cédulas reales y otras cartas dirigidas a Carlos V que reflejan la evolución psicológica de su autor.

Ángel Delgado[95] estudia las cuatro ideas esenciales que marcan las *Cartas de Relación* de Cortés: providencialismo, del Nuevo Mundo a la Nueva España, indígenas y expansión imperial. La idea de que Dios dirige el devenir, como hemos visto, es común a todos los cronistas. En el caso de las *Cartas*, Cortés parte del pensamiento historiográfico según el cual la Providencia supervisa el devenir histórico y, por tanto, la historia de España, aunque evita caer en supercherías o actos milagrosos en las batallas. Delgado también destaca la asociaciones que hace Cortés entre el Viejo y el Nuevo Mundo, como entes geográficos similares. Sin embargo, Cortés destaca las similitudes que existen entre los amerindios, tlaxcaltecas, con los moros y judíos y no con los cristianos europeos. Por lo que respecta a su relación con los aborígenes, Cortés no sólo tiene una visión positiva de los indígenas, sino que además distingue entre las diferentes etnias que habitan en el continente. Es decir, rompe el esquema del indígena como modelo único, ingenuo y pacífico. Como cuarta idea aparece la de

---

[95] Introducción a su edición de las *Cartas de Relación*, Madrid, Castalia, 1993.

la expansión imperial, expansión del cristianismo que tiene visos de cruzada.

Víctor Frankl estudia el pensamiento político de Cortés con respecto a la noción de imperio. Ya Menéndez Pidal especificaba cómo en la segunda carta de Cortés aparece la idea de trasladar y otorgar la categoría de imperio también a las nuevas tierras. Cortés, dirigiéndose a Carlos V, afirma su deseo de que éste en las cosas del Nuevo Mundo se pueda «intitular de nuevo emperador de ella, y con título y no menos mérito que el de Alemania, que por la gracia de Dios vuestra sacra majestad posee». Menéndez Pidal interpreta estas palabras explicando que «por primera vez se da a las tierras del Nuevo Mundo una categoría política semejante a la de Europa, ensanchando el tradicional concepto de Imperio»[96]. Cortés, señala Menéndez Pidal, «quiere que el César dedique al Nuevo Mundo todo el interés debido, como a un verdadero imperio». Víctor Frankl[97], al respecto, analiza la evolución del pensamiento de Cortés, que si en la segunda carta mencionaba un imperio particular y limitado, en las cartas cuarta y quinta sostiene una idea más ambiciosa, la del imperio universal.

Irving Leonard estudia la posible repercusión de las novelas de caballerías en Cortés y otros conquistadores. Leonard analiza cómo, en la cuarta carta, el autor tiene el propósito de localizar las míticas amazonas. En cualquier caso, pocos textos se alejan más que el de Cortés de la incorporación del elemento fantástico.

Beatriz Pastor[98] estudia el proceso de ficcionalización de la realidad que se da en las *Cartas de Relación*, si bien completamente apartado de las novelas de caballerías o de textos que prodiguen el elemento maravilloso o fantástico. Sin embargo, Cortés se propone componer unos documentos con una finalidad política inmediata y para ello escribe un discurso persua-

---

[96] Ramón Menéndez Pidal, *Idea imperial de Carlos V*, Buenos Aires, 1941, 34.

[97] Víctor Frankl, «Imperio particular e imperio universal en las *Cartas de Relación* de Hernán Cortés», en *Cuadernos Hispanoamericanos*, Madrid, 1963, núm. 165.

[98] Pastor, ob. cit., cap. II.

sivo. El primer proceso de esa ficcionalización a lo largo de las tres primeras cartas busca convertir su rebelión en servicio a la corona. Para ello seleccionará el material y lo manejará a su manera, omitirá los incidentes no pertinentes, es decir, manipulará el discurso y fabulará episodios históricos (por ejemplo, sobre la versión de la muerte de Moctezuma, Cortés modifica un hecho que altera todo el significado). Omisiones sobre las cuales va hilando el discurso, reelaboraciones deliberadas y calculadas que, en la segunda carta, pretenden, por un lado, completar la caracterización de Velázquez y los suyos como traidores que amenazan el interés real, responsabilizándolos de forma exclusiva de la pérdida de Tenochtitlán y su tesoro, y por el otro justificar su propia rebelión como el servicio de un fiel vasallo alzado contra un traidor y no como un acto de desobediencia y transgresión del orden real. A la codicia e irresponsabilidad de Velázquez opone su generosidad y desinterés total y la voluntad de servir. El providencialismo (cede méritos a la Virgen, a los santos, les invoca, etc.) le sirve, en esta estructura ficcional, para presentar a Dios como aliado suyo frente a los aztecas y los seguidores de Velázquez y santificar su empresa. El rebelde se transforma en héroe desde la destrucción de las naves, al principio de la segunda carta. El proyecto de Cortés, explica Pastor[99], «es la conquista de un nuevo reino y la integración de un proyecto político personal de signo reformista, dentro de la estructura existente del imperio cristiano que preside la figura del monarca absoluto».

Según Pastor, Cortés encarna la concepción del realismo político, formulada por Maquiavelo en el *Príncipe,* ya que hace un análisis racional de la realidad y de comprensión de la realidad histórica y política de su tiempo. El pensamiento filosófico de Cortés es, por tanto, de signo renacentista.

En definitiva, Pastor estudia en las *Cartas* la creación de tres modelos ficcionales: el de la acción militar y política que culmina en la conquista del imperio azteca, a través de un discurso que afirma la correspondencia perfecta entre acciones y objetivos y elimina cualquier elemento conflictivo; el del proyecto de colonización que es utópico y que se contrarresta con el mode-

[99] *Ibídem,* pág. 189.

lo de explotación que se asocia a Velázquez, Fonseca y los demás; y el del héroe a través de la mitificación del personaje.

El discurso desmitificador del fracaso, señala Pastor, tendrá su expresión en la quinta carta cortesiana, como se anunciaba en la *Carta de Jamaica* de Colón y como veremos en los *Naufragios,* de Álvar Núñez Cabeza de Vaca. En la quinta carta, la naturaleza ya no es un *locus amoenus,* sino un obstáculo que hostiga a los expedicionarios y que se convierte en el enemigo principal. El paisaje desaparece como concepto estético. El discurso de la gloria y la fama cede paso al de la necesidad de sobrevivir. De la épica de la conquista expresada en un tono idealista se pasa a la descripción de lo cotidiano, lo prosaico, en un lenguaje cercano al realismo de la picaresca. Los fines han cambiado por parte de los protagonistas de la acción y se invierten las relaciones español-indígena.

Las *Cartas de Relación,* al igual que los *Comentarios* del Inca Garcilaso, la *Historia verdadera* de Bernal Díaz del Castillo o la *Historia* de Oviedo, no son textos objetivos y están marcados tanto por las ideas personalísimas que mueven a sus autores como por la historiografía y el pensamiento de la época. En todas estas crónicas hay un proceso de ficcionalización de la realidad. Y si Cortés manipula los hechos de acuerdo con sus intereses (servicio a la corona y cristianismo), lo mismo hace Oviedo (con las Hespérides pretende apoyar el imperialismo hispánico católico) o el Inca Garcilaso (tergiversa la historia para favorecer a los incas). Todos silencian cuando conviene, exageran o interpretan a su manera. Pero de tal actitud no puede deducirse que dichos escritos deban considerarse obras de ficción o que la historiografía sea novela. Ya Borges apuntaba sobre la probabilidad de que lo que ayer se había leído como historia épica *(La Odisea)* en el futuro se clasificaría como un texto fantástico. Si nos atenemos a los criterios del autor al escribir su obra, es obvio que los cronistas jamás concibieron el texto con una finalidad novelesca. No pretendieron novelar sino historiar. La literatura por la literatura, el arte por el arte, la novela moderna, en las letras hispanoamericanas, nace en el siglo XX. Los cronistas quisieron hacer historia y la hicieron siguiendo la concepción historiográfica de la época (providencialismo, prefiguración del cristianismo, historia como historia de lo probable y de contenido moral) y los esquemas mentales medievales.

Las *Cartas de Relación*, indica A. Reyes[100], muestran una clara conciencia en el manejo de la materia verbal. Es decir que no sólo aparece la necesidad y obligación de informar sino que hay una preocupación por el instrumento lingüístico. Cortés fue un escritor que cuidó la forma y que utilizó recursos estilísticos. Educado en Salamanca, tuvo conocimientos humanistas y debió cursar estudios de retórica, gramática, poética y dialéctica. El manual obligatorio era, además, la *Epístola ad Herennium*. En las *Cartas* destaca la sintaxis latina y la utilización de latinismos léxicos en construcciones que aparecen en los encabezamientos y cierres de cada epístola. Sigue, pues, las fórmulas retóricas del género culto epistolar[101]. No obstante, su prosa no está exenta de defectos y es que, como explica Delgado, el amplio abanico de posibilidades estilísticas en las *Cartas de Relación* sirve a la función predominante del contenido, la acción o la reflexión[102].

La obra de Cortés no puede estudiarse sin relacionarla con las obras de Francisco López de Gómara, *Historia general de las Indias y conquista de México* (Zaragoza, 1552), y de Bernal Díaz del Castillo, *Historia verdadera de la conquista de la Nueva España*, escrita entre los años 1557 y 1580.

Francisco López de Gómara (1511-1564) fue uno de los pocos cronistas eruditos, de espíritu humanista, formado en Italia entre 1531 y 1540. Entró a servir a Cortés como capellán, en Valladolid, donde empezó a escribir, hacia 1542, la *Historia general de las Indias y conquista de México*, publicada en Zaragoza en 1552 y dirigida a Carlos V. Su caso, junto al del humanista Pedro Mártir, es el del «cronista de oídas» que compone una crónica de Indias sin haber pisado nunca el territorio. Gómara, para escribir su obra, tuvo en cuenta los testimonios de los soldados que habían estado en la campaña

---

[100] *Letras de la Nueva España*, México, FCE, 1948.

[101] Véase al respecto de Manuel Alcalá, la nota preliminar a la edición de *Cartas de Relación*, México, Porrúa, 1960.

[102] Ángel Delgado, ob. cit., pág. 64. Sobre este tema puede consultarse el estudio de Manuel Alcalá, *César y Cortés*, México, Jus, 1950.

mexicana y se basó, esencialmente, en las conversaciones que mantuvo con el propio Cortés hasta la muerte de éste. De tales encuentros nacería su *Vida de Hernán Cortés,* escrita en latín y publicada como anónima en 1858.

La obra del erudito Gómara se presenta como un reconocimiento a la vida de Hernán Cortés y sigue, además, el móvil cortesiano de la creación de un imperio universal. Gómara no se cansará de ensalzar y encumbrar la figura de Cortés, de tal manera que la conquista de México parecerá ser el resultado del esfuerzo personal y exclusivo del famoso conquistador. Bernal Díaz del Castillo escribirá su obra para refutar la del clérigo. Su mentalidad más democrática nada tiene que ver con la idea imperial que mueve la crónica de Gómara ni con la idea que tiene éste acerca de la extensión territorial y que proviene de las *Cartas de Relación.*

A pesar de que nunca estuvo en América, Gómara valora la experiencia como única fuente de verdad. Su actitud es empirista y realiza una interpretación aristocrática individualista de la historia. Ésta, en su concepción, es la obra de grandes hombres, heroicos, elegidos por el destino. Por eso escribe la crónica de Cortés y no la de los soldados que le acompañaron.

La *Historia General* fue prohibida un año después de su publicación por orden de Felipe II, debido a las quejas del padre Bartolomé de Las Casas, que estaba indignado por las acusaciones de Gómara. La *Historia General* se inicia, como casi todas las crónicas, con una exposición de las ideas cosmográficas y sigue con descripciones acerca de la geografía, la flora y la fauna, las culturas y las razas, la religión y las costumbres de los aborígenes. A todo ello se añaden los informes sobre los avances de la conquista, hasta llegar a los reinos del Perú, pasando por las exploraciones del Amazonas y las islas Malucas. Es posible que Gómara, una vez que hubo escrito la *Conquista de México,* pensara en la necesidad de hacer una introducción general que sería la *Historia de las Indias.* Él mismo apuntó las diferencias entre una y otra:

> La historia de las Indias va, en cuanto toca a las conquistas, escrita sumariamente. Pero en otras cosas es llena y copiosa. La conquista de México va muy a la larga por ir allí la mane-

ra que se usa y guarda en conquistar, convertir, poblar y granjear la tierra. Aunque por ser ella la mejor, la escribo por sí. Es muy notable por la extrañísima religión y crueles costumbres de Mexicanos. Aunque son dos cuerpos, es una historia, y así es necesario que anden juntos.

La *Conquista de México* ocupa la segunda parte de la *Historia General* y se organiza desde el nacimiento de Hernán Cortés hasta su muerte. Su finalidad es narrar los hechos más memorables del gran conquistador para que se guarde memoria histórica. Contaba, para su realización, con las conversaciones de Cortés y con los textos de Gonzalo Fernández Oviedo, de fray Toribio de Benavente y de Pedro Mártir. Fray Toribio de Benavente (1490-1569), fraile franciscano, conocido por el nombre de Motolinía, compuso *La Historia de los indios de la Nueva España*, fechada en 1541. Su obra está ligada a la tarea de evangelización en Nueva España y Centroamérica. Gómara también consultó las *Décadas del Nuevo Mundo*, del italiano Pedro Mártir de Anglería (1459-1526), escritas en latín y que abarcan también la conquista de México por Cortés.

Gómara, junto con el Inca Garcilaso de la Vega y Agustín de Zárate, se sirvió del conocimiento de la historiografía grecolatina para escribir su crónica según los cánones humanistas. A pesar del nacionalismo que destila su obra, el cronista soriano acepta que el oro y la codicia de los españoles primaron en la conquista. A la riqueza añade otras dos motivaciones: la evangelización de los indígenas y la adquisición de fama y honra. La evangelización se fundamenta en un plan divino según el cual los indios son elegidos objeto de la gracia divina y los españoles, los sujetos activos, agentes cristianizadores. El deseo de alcanzar fama y riqueza sólo afecta, en su criterio, a los conquistadores, no a los evangelizadores ni a los indios. Como explica Valcárcel, «parece que la conversión de los indios es aceptada por Gómara como obvia y necesaria, el enriquecimiento de los conquistadores como inevitable y alcanzar fama como honroso y excitante, como no podía ser por menos en la percepción de un humanista»[103]. Para el clé-

---

[103] Valcárcel, ob. cit., pág. 151.

rigo, la conquista alcanza ribetes de gloria cuando, por sobre la codicia, se abre paso la inmortalidad de las hazañas de los conquistadores y con ella la fama imperecedera, otorgada por Dios que los eligió para llevar a cabo la evangelización.

La mentalidad imperialista de Gómara hará que Bernal Díaz del Castillo se revuelva contra el clérigo. Nacido en Medina del Campo, en 1495 o 1496, Bernal Díaz del Castillo pasó a América, hacia 1514, con la expedición de Pedrarias Dávila, gobernador de Tierra Firme. Establecido en Cuba, participó en las expediciones de Hernández de Córdoba, Juan de Grijalva y Hernán Cortés en 1519. En 1538 se dirigió a España para, como la mayoría de cronistas, solicitar recompensas por los servicios prestados. Fue regidor en Guatemala y acabó sus días, como él mismo se queja en su obra, ciego, pobre, sin poder mantener a su prole y venido a menos. Soldado valiente, fue siempre fiel a Cortés, a quien acompañó tanto en la conquista de México como en el desastre de Honduras.

Comenzó la *Historia verdadera de la conquista de la nueva España* hacia 1545. La redacción le llevó unos treinta años. Remitió a España su manuscrito hacia 1575, pero no se publicó hasta muy tarde, en 1632. Del texto de la crónica existieron tres manuscritos distintos. En los tres (el primero se ha perdido) hay supresiones e interpolaciones de mano ajena. Los investigadores han añadido sus propias transcripciones al texto y han disputado la legitimidad de uno u otro manuscrito.

Bernal Díaz del Castillo va a apoyarse, en su *Historia verdadera de la conquista de la Nueva España*, en que él es testigo de vista: «Lo que yo oí y me hallé en ello peleando, como buen testigo de vista, yo lo escribiré, con el ayuda de Dios, muy llanamente, sin torcer ni a una parte ni a otra y por ventura no tengo otra riqueza que dejar a mis hijos y descendientes, salvo esta mi verdadera y notable relación.»

El vocablo «verdadera» tiene más peso que el de «historia» por cuanto pretende ofrecer la otra cara de la conquista de México. Es decir, que está escrita por oposición a lo que relató Gómara al respecto. Él mismo se encarga de dejar bien claro el proceso de escritura emprendido y las causas de su publicación: «como acabé de sacar en limpio esta mi relación, me rogaron dos licenciados que se las emprestase para saber muy por extenso las cosas que pasaron en las conquistas de México y Nueva España, y ver en que diferencia lo que tenían escrito los cronistas Francisco López de Gómara y el doctor Illescas».

Gómara es la obsesión de Bernal Díaz del Castillo y contra él arremete por las falsedades en que incurre en su *Conquista de México*. Se queja de que el clérigo panegirista otorgó todo el valor de la empresa conquistadora a Cortés olvidándose de los soldados y conquistadores. Escribe, por tanto, condicionado por estas historias que le han soliviantado los recuerdos de su pasada vida como soldado. Combate las historias del clérigo una y otra vez a lo largo del relato, tildándolas de falsas: «Las palabras que dice Gómara en su historia son todas contrarias de lo que pasó» (cap. XX). Le indigna sobre todo la aureola heroica con que Gómara ha rodeado a Cortés en detrimento de los soldados.

Carlos Fuentes[104] define a Bernal Díaz del Castillo como «nuestro primer novelista por la descripción de las grandezas de México» y destaca de su obra tres elementos: la historiografía popular, la oralidad (uso de fuentes marginales) y la expresión del mestizaje.

Bernal Díaz del Castillo, sin tener conciencia del hecho (su proceder tiene poco que ver con criterios literarios y mucho con rasgos personales, como la vanidad), va a democratizar la historiografía. Menos culto que Gonzalo Fernández de Oviedo, despreciando la erudición libresca y a sabiendas de que fue uno de los soldados más distinguidos de la conquista, se atreve a escribir sobre lo que nadie mejor que él puede saber: «y digo otra vez que yo, yo y yo, dígolo tantas veces, que yo soy el más antiguo conquistador y lo he servido como muy buen soldado a su Majestad». Al igual que Berceo supuso el primer paso para la democratización de la cultura, «olvidándose» del latín, Bernal Díaz del Castillo populariza la historia. Frente a la interpretación aristocrática e individualista de ésta,

---

[104] Carlos Fuentes, «La épica vacilante de Bernal Díaz del Castillo», en *Valiente mundo nuevo. Épica, utopía y mito en la novela hispanoamericana*, Madrid, Mondadori, 1990, págs. 71-94.

eleva al soldado anónimo, al guerrero inculto, a la categoría de héroe. Como señala Manuel Alvar, «el relato del soldado es el testimonio de unos hombres oscuros que, apenas con historia, son los que han hecho la Historia»[105].

Bernal Díaz del Castillo cambia el nivel social de temas y autores de crónicas. Se aleja del concepto de autoridad e impone sus propios modelos literarios. Se atreve a reforzar el relato con romances, poemas épicos y recuerda novelas de caballerías que, aunque constituían la lectura favorita desde el siglo XV, no se citaban porque los moralistas y humanistas protestaban. Sus fuentes literarias son marginales, hay que buscarlas en la literatura popular de tradición oral.

En su obra aparece el primer testimonio del proceso de aindiamiento de los hombres: «Hermano Aguilar: yo soy casado y tengo tres hijos y tiénenme por cacique y capitán cuando hay guerras; idos con Dios, que yo tengo labrada la casa y horadadas las orejas ¡Qué dirán de mí desque me vean esos españoles ir de esta manera. E ya veis estos mis hijicos cuan bonicos son.»

Bernal no escribe por causas políticas ni literarias, sino estrictamente personales. Parte de los recuerdos y evocaciones y, por tanto, su estilo de memorialista le hará ser subjetivo y parcial. Escribe por vanidad —él se considera un soldado destacado, valiente y fiel—, escribe para rectificar la historia, para sus compañeros, para sus hijos y descendientes. Bernal está atormentado por la adquisición de fama imperecedera y pretende corregir los borrones de la crónica de Gómara. Evidentemente, busca la gloria que merece el haber sido un valiente y verdadero conquistador.

Como muchas otras crónicas (las obras de Oviedo o el Inca Garcilaso de la Vega) ésta contiene muchos rasgos autobiográficos. Bernal Díaz del Castillo no busca ceñirse al dato, no pretende documentar o dar fe de lo que cuenta, no necesita fuentes. Le basta contar aquello que vivió, aunque se apoye, a veces, en una falsa memoria.

---

[105] Manuel Alvar, «Bernal Díaz del Castillo», en *Historia de la literatura hispanoamericana*, Madrid, Cátedra, 1982, pág. 128.

Bernal no sólo se rige por el providencialismo, sino que cae en la superstición y la milagrería. Narra milagros de la Virgen, arremete contra Bartolomé de Las Casas y se queja de la idolatría y sodomía de los indígenas. Al mismo tiempo, no esconde su admiración por la belleza de las regiones mexicanas, de las ciudades rodeadas de agua, «que son cosas nunca oídas ni soñadas».

Él mismo confiesa su escribir grosero. Se dirige en múltiples ocasiones al lector, describe realzando detalles menudos, no organiza, no selecciona, no depura. Su obra está plagada de desaliños, expresiones populares, en un lenguaje conversacional. No intenta forma literaria.

Carlos Fuentes destaca de la obra de Bernal el amor por la caracterización, el detalle, el chisme, la teatralidad y la intriga. Bernal se detiene en prolijos pormenores de los personajes y los individualiza; desacraliza las figuras míticas, como Cortés, a quien, aunque le profesa admiración, recuerda aburrido o jugando a los dados; le gusta el chisme y no silencia rumores sobre la vida amorosa del gran conquistador. Es decir, su obra es el envés de las de Cortés y Gómara.

Su crónica desempeña una función parecida a la de los evangelios apócrifos, seudoevangelios o protoevangelios. Ambos sirven para conocer los aspectos íntimos, cotidianos, sencillos, de esos héroes religiosos o de conquista, sobre los que nunca la escritura canónica (la Biblia, la historiografía erudita) se atrevió a escribir para no rebajarse a lo prosaico humano. La obra de Bernal quiere contar ese otro lado.

Bartolomé de Las Casas

Hay autores que deben figurar en un manual de historia de la literatura aunque no sea por la calidad de ésta. Así sucede con Bartolomé de Las Casas, figura controvertida hasta la actualidad, más importante por su pensamiento e influencia histórica que por el valor literario de sus obras. Éstas forman un compendio de trabajos jurídicos, políticos, antropológicos y teológicos que están al servicio de la acción.

Sevillano, contemporáneo de Colón, nacido posiblemente en 1474 o 1484 y muerto en 1556, se licenció en derecho por la Universidad de Salamanca. Pasó a las Indias con la expedición de Nicolás de Ovando, en 1502, como doctrinero de indios. Escuchó el histórico sermón de fray Montesinos, de 1511, que pedía la detención de aquella máquina del terror que era la conquista, que torturaba y masacraba a los indígenas, y condenaba las encomiendas, pero Las Casas no se convirtió aún. Pasó con Pánfilo de Narváez a Cuba como capellán castrense y se ocupó, tal como él mismo cuenta, de «mandar sus indios de repartimiento en las minas a sacar oro y hacer sementeras, y aprovechándose de ellos cuanto más podía». Según su propio testimonio, en 1514 tuvo lugar su conversión, a raíz de una lectura bíblica, cuando iba a predicar la pascua de Pentecostés a Sancti Spíritus. Renunció a sus encomiendas y dedicó toda su vida, a partir de este momento, a conseguir la evangelización pacífica de los indígenas, sin auxilio de ningún hombre de armas. Viajó a España en 1515 para difundir sus ideas y comenzar su incansable lucha. Combatió a los encomenderos, apeló a la corona e intentó él mismo llevar a cabo la evangelización pacífica creando una comunidad libre con indígenas y colonos en Tierra Firme, proyecto que fracasó. Se hizo fraile dominico en 1523. Pasó dieciséis años de retiro en Santo Domingo, Guatemala y Nicaragua, pero deseando volver a España para sus fines. En 1542 fue, por fin, oído por Carlos V, y se promulgaron las «Nuevas Leyes» de Indias. Como resultado de los debates de la Junta de Valladolid, quedó abolida la encomienda, así como la esclavitud de los indios. Las Casas ejerció un gran influjo sobre Carlos V, tanto que en 1543 éste le nombró obispo de Chiapa (Guatemala). Debido a los enfrentamientos constantes con los encomenderos y a sus ideas jurídicas expuestas en *Confesionario*, tuvo que abandonar el obispado y pasar a México en 1546, donde divulgó sus *Avisos y reglas para los confesores*, causando nuevos escándalos. Las Casas sostenía que el penitente si tenía esclavos indios, debía darles la libertad y si era encomendero, debía restituir a los indios todos los tributos robados. Embarcó en Veracruz en 1547 para su regreso definitivo a la Península. Su propia orden le dio la espalda y tuvo que claudicar. Discutió públicamente sus teorías expuestas en *Confesionario* con el cronista Juan Ginés de Sepúlveda, partidario de la conquista. Oscurecido, murió en 1566.

La *Brevísima relación de la destrucción de las Indias,* opúsculo de hondo contenido acusador, se publicó en Sevilla, en 1552. Desempeñó un papel fundamental en la leyenda negra de la colonización española de América. Redactada entre 1541 y 1542, se trata de un epítome o resumen de las argumentaciones orales que había hecho en la Junta de Valladolid. La corona fue sensible a sus razonamientos y promulgó en 1542 las llamadas Leyes Nuevas. Pero los encomenderos y autoridades coloniales hicieron caso omiso. Las Casas decidió publicar su texto y dirigirlo al príncipe Felipe II al ver que las leyes no se cumplían. Es un alegato informativo de carácter jurídico, un memorial de agravios de todas las ofensas padecidas por los indígenas. Texto polémico, exaltado, virulento, tuvo un éxito tremendo entre las potencias enemigas de España, como prueban las rápidas ediciones hechas en holandés, francés, alemán, inglés, italiano y latín. Sirvió, sin quererlo el propio autor, de eficaz propaganda a favor de los enemigos del imperio español. Ello contribuyó a despertar el rencor contra Las Casas, haciéndole culpable del nacimiento de la llamada leyenda negra. La estructura, repetitiva y muy sencilla, está conformada por una larga sucesión de matanzas, destrucciones y barbaries, que sigue el orden geográfico de la conquista: Isla Española, San Juan, Jamaica, Cuba, Tierra Firme, Nicaragua, Nueva España, Guatemala, Venezuela, etc.

Convencido el autor de que no importan los medios que se utilicen si el fin es bueno y siguiendo con la tradición historiográfica de crónicas americanas que manipulan la realidad para fines personales, Las Casas, apologista, mutila, exagera, interpola fragmentos apócrifos, generaliza y a menudo convierte un hecho nimio en algo atroz para conseguir el fin propuesto. La introducción es muy importante porque es la clave de sus argumentaciones. En ella invierte Las Casas la escena bíblica en la que Cristo envió a sus apóstoles a predicar el evangelio a través de la imagen «Yo os envío como ovejas entre lobos». Según Las Casas:

> En estas ovejas mansas, y de las calidades susodichas por su Hacedor y Criador así dotadas, entraron los españoles, desde luego que las conocieron, como lobos e tigres y leones cruelí-

simos de muchos días hambrientos. Y otra cosa no han hecho de cuarenta años a esta parte, hasta hoy, e hoy en este día lo hacen, sino despedazallas, matallas, angustiallas, afligillas, atormentallas y destruillas por las estrañas y nuevas e varias e nunca otras tales vistas ni leídas ni oídas maneras de crueldad...

Es decir que según Las Casas, los españoles, además de portarse como criminales, han renegado de su única misión: el apostolado, el mandamiento divino. Ésta es la más grave acusación que se formula en el texto. La evangelización era la máscara brutal tras la que se escondía todo un sistema de esclavitud. Imperaban la codicia y el racismo, no la bondad cristiana. Las Casas no duda de la necesidad de llevar adelante la empresa, lo que quiere es reformarla, humanizarla, hacerla de forma pacífica. La *Brevísima* es un texto duro, proselitista, construido para persuadir y convencer, y por tanto alejado de la literatura, así que tiene poco sentido valorarlo literariamente. No hay preocupación por la prosa, tan sólo expresión de ideas. La *Brevísima* no es una obra historiográfica sino un acta de acusación o informe de agravios.

La crítica se ha dividido al enjuiciar la figura y obra de Las Casas. Menéndez Pidal[106] destaca el valor de su obra historiográfica pero considera paranoica la crítica de la conquista y la defensa de los indios. Alberto M. Salas[107] señala que exageró e idealizó a las culturas americanas y exageró los deseos de los españoles. José María Reyes[108] indica que Las Casas era perfectamente consciente de la lucha quijotesca que había entablado contra un estado de cosas asumidas por un poder incapaz de reaccionar o que lo hace tarde y mal. Como todos los visionarios, líderes, ideólogos revolucionarios, cayó en la intransigencia. Se adelantó en cuatro siglos a su tiempo, como

[106] Ramón Menéndez Pidal, *El padre Las Casas. Su doble personalidad*, Madrid, Espasa Calpe, 1963.
[107] Alberto Salas, «La obra de las Casas», en Cedomil Goic, *Historia y crítica de la literatura hispanoamericana*, Barcelona, Crítica, 1988.
[108] *Brevísima relación de la destrucción de las Indias*, edición de José María Reyes Cano, Barcelona, Planeta, 1994. Bartolomé de Las Casas, *Obra indigenista*, edición de José Alcina Franch, Madrid, Alianza Editorial, 1985.

sor Juana. André Saint-Lu[109] alaba «la vehemente pasión humanitaria de Las Casas, defensor incondicional de los indios oprimidos», que tampoco dejó, a su modo, de compadecerse de aquellos compatriotas suyos a quienes la codicia y ambición había hecho, en su sentir, degenerar del ser hombre. En el estudio de Gustavo Gutiérrez se dibuja un fraile de inquebrantable honradez cristiana que le lleva, desde su densa formación teológica y legal, humanista y algo erasmiana, a ser consejero de los máximos gobernantes, denunciante de abusos, atropellos y engaños, asesor del consejo de Indias, polemista acérrimo, cuestionador de los derechos de los reyes a la guerra de conquista, defensor del mestizaje, escritor infatigable aunque necesitado de una cierta demagogia para conseguir su meta. José Miguel Oviedo[110] advierte cómo sin la figura e ideas de Las Casas «el exterminio hubiera sido total y nuestra historia sería sustancialmente distinta». No es exagerado por tanto «considerar a Las Casas un precursor del pacifismo y de la lucha por los derechos humanos». Quizá haya que hablar de Las Casas como un hombre que creyó en el bien común sobre el individual, que estuvo marcado por un pensamiento utópico, semejante al de un cristianismo puro, cercano a la búsqueda de la perfectibilidad del hombre.

La vía histórica de las ideas lascasianas se encuentra en la *Historia de las Indias,* iniciada posiblemente en 1526, cuando Fernández de Oviedo, su archienemigo en la campaña por la defensa de los indios, publicó su *Sumario.* Las Casas mandó que no se publicara su *Historia de las Indias* hasta pasados cuarenta años después de 1559, año en que legaba el manuscrito a los dominicos del colegio de San Gregorio de Valladolid. Se han dado todo tipo de especulaciones para adivinar el porqué de tal condición. Posiblemente Las Casas creyera que un castigo divino caería sobre España por no haber realizado pacíficamente la colonización.

La *Historia* se publicó en Madrid en 1875. Su estructura es de sermón. Parte del latín, de las autoridades, del rigor del si-

---

[109] En *Historia de la literatura hispanoamericana,* Época colonial, Madrid, Cátedra, 1982.
[110] Ob. cit., pág. 127.

logismo cristiano, para encaminar o rehabilitar al hombre en la libertad, dignidad y justicia. Entre las fuentes y materiales de acopio destacan los *Diarios* de Colón, que han llegado a nosotros gracias a que fue el propio Las Casas quien los transcribió en su *Historia*. Éste, de acuerdo con la doctrina tomista, postula un sistema respetuoso con la propiedad, soberanía y libertad de los pueblos indígenas.

Tanto la *Historia de las Indias* como su otra vasta obra, *Apologética historia sumaria*, se publicaron tardíamente. Terminó la *Apologética* en 1559 y vio la luz en 1909. En ella Las Casas profesa su admiración por el avance de las culturas indígenas aborígenes. Se propuso divulgar el conocimiento sobre todas las culturas amerindias. Nombra dos objetivos para su obra: deshacer la calumnia de quienes dicen que los amerindios «no eran gente de buena razón para gobernarse, carentes de humana policía y ordenadas repúblicas», y comparar sus culturas con las naciones antiguas y modernas para mostrar cómo las primeras las aventajan. En la *Apologética* quiere documentar y certificar la capacidad intelectual de los indios. Para ello trabaja con una cadena causal por la que demuestra que el clima de América es el mejor de los climas posibles; que tal clima templado produce cuerpos e intelectos bien dotados; y que, tercer postulado, tales cuerpos e intelectos crean excelentes culturas.

Álvar Núñez Cabeza de Vaca

El 17 de junio de 1527, el gobernador Pánfilo de Narváez salió con su expedición del puerto de San Lúcar de Barrameda hacia un trágico final. Junto a él viajaba Álvar Núñez Cabeza de Vaca en calidad de tesorero y alguacil. La armada estaba compuesta de cinco naves y la misión era conquistar La Florida, descubierta catorce años antes. Ocho años después de la partida de los seiscientos expedicionarios, en 1536, llegaron a México cuatro; uno de ellos era Cabeza de Vaca. Los *Naufragios* son el relato de esta desastrada y trágica historia, de las vicisitudes que sufrieron primero como náufragos, luego como prisioneros, esclavos y finalmente como «médicos» de las tribus indígenas. Las desventuras son tan fabulosas e insólitas que el texto cobra un cariz novelesco y fantástico. El título ya presagia el tono desmitificador que va a caracterizar a la crónica, publicada en 1542 con el título de *Relación de la jornada que hizo a la Florida...* y ofrecida al emperador Carlos V como lo único que «un hombre que salió desnudo pudo sacar consigo».

El andaluz Álvar Núñez Cabeza de Vaca (1492?-1556?)[111] es narrador, testigo y protagonista al mismo tiempo, como ocurre con la conquista de Chile narrada por Alonso de Ercilla. En calidad de protagonista relata los sufrimientos padecidos en la expedición; como testigo, da noticia de los países que recorre haciendo agudas observaciones por tierras de Florida, Texas y el norte de México; y como narrador, a pesar de que su crónica es esencialmente una relación (esto es, un informe oficial de una empresa de conquista), domina el discurso mediante técnicas narrativas.

Ya desde el proemio, Cabeza de Vaca rompe con el decoro de la crónica, pues va a relatar la vida nada ejemplar de unos conquistadores, al modo del *Lazarillo de Tormes.* Uno y otro se ven obligados a contar «el caso» (con un miserable fin).

La crónica de Cabeza de Vaca es un documento trascendental porque da cuenta de la inversión de los papeles culturales. Se altera la perspectiva, se constata el proceso de asimilación y aculturación que llega a borrar las identidades originales y el desplazamiento que se produce cuando un hombre abandona los parámetros de su civilización e ingresa en los del mundo bárbaro.

El mito de América como tierra paradisíaca desaparece en la crónica de Cabeza de Vaca para dar paso a una tierra vasta, indomable, inhóspita que devora a sus habitantes si son europeos. El modelo épico de conquista (representado por Cortés) se verá sustituido por la imagen de un ejército débil, vulnerable, desorientado, agotado y destruido. El conquistador es conquistado por tribus indígenas que ejercen el poder so-

---

[111] Véase Margo Glantz (coor.) *Notas y comentarios sobre Álvar Núñez Cabeza de Vaca,* México, Grijalbo, 1993. Álvar Núñez Cabeza de Vaca, *Los naufragios,* edición crítica de Enrique Pupo-Walker, Madrid, Castalia, 1992.

bre ellos y sus vidas. El único objetivo de los expedicionarios será sobrevivir, como en la novela picaresca y, como en ésta, el hambre se convertirá en una obsesión. Junto al hambre, son protagonistas el miedo, la desnudez, la desaparición de todo elemento identificador y la pérdida de la civilización. Dice Cabeza de Vaca: «Estábamos hechos propia figura de la muerte.» El instinto de supervivencia obliga a los civilizados a vivir como bárbaros y a transformarse en caníbales. Cabeza de Vaca relata dos casos de canibalismo practicado por españoles.

Beatriz Pastor[112] resume los elementos que articulan el discurso narrativo del fracaso frente al mitificador y creador de modelos (a partir de Colón) y que son: la desmitificación de la naturaleza americana, la transformación de la acción heroica por lucha por la supervivencia, la sustitución de riqueza y gloria por la necesidad, y la modificación de los objetivos, que se concreta en una redefinición del botín. A ello se suma el último elemento fundamental y que es la transformación de la relación en servicio. Es decir, en ausencia de botín que enriquezca las arcas de la corona, Cabeza de Vaca sólo puede ofrecer al rey la palabra.

Cronistas del Perú: José de Acosta, Agustín de Zárate, Pedro Cieza de León y Garcilaso de la Vega

Entre los *cronistas del Perú* hubo una copiosa producción. Raúl Porras Barrenechea[113], experto en las crónicas peruanas, propone clasificarlos en cronistas del descubrimiento; cronistas soldadescos y de la conquista (Alonso Enríquez de Guzmán); cronistas de Indias (que se refieren al Perú dentro de las obras generales); cronistas de las guerras civiles (Agustín de Zárate); cronistas pretoledanos (anteriores al virrey Toledo,

---

[112] B. Pastor, ob. cit., pág. 291.
[113] Raúl Porras Barrenechea, *Los cronistas del Perú* (1528-1650) y *Otros ensayos*, edición de Franklin Pease G. Y., Lima, Biblioteca Clásicos del Perú, Ediciones del Centenario, 1986. Véase también de Francisco Esteve Barba, *Historiografía indiana*, Madrid, Gredos, 2.ª ed. de 1992.

como Juan de Betanzos y Piedro Cieza de León), toledanos (José de Acosta) y postoledanos (Martín de Murúa, Miguel Cabello Valboa, Titu Cusi Yupanqui) y cronistas indios (Inca Garcilaso de la Vega, Guamán Poma de Ayala).

El padre José de Acosta, jesuita, culto, dejó una importantísima crónica, *Historia natural y moral de las Indias,* cima del pensamiento indianista. Nacido en 1540, en Medina del Campo, con estancias en Italia, cursó estudios filosóficos y teológicos en Alcalá de Henares entre 1559 y 1567. La carrera del padre Acosta fue brillante. Durante esos años adquirió la extensa y profunda cultura que denotarán sus escritos y que abarcó todas las ramas del saber humano del Renacimiento, lo mismo en el campo de la teología, que de las Sagradas Escrituras, los Padres de la Iglesia y concilios, el derecho canónico, las ciencias profanas, el derecho civil, las ciencias naturales y la historia[114]. Se embarcó para las Indias en 1571[115]. En el Perú, Acosta brilló tanto en la cátedra como en el púlpito. Recorrió las principales ciudades del Perú predicando y a la vez estudiando la situación religiosa y las necesidades espirituales de esas tierras. Aprendió el quechua y conoció la situación moral de los indígenas. En 1586 se detuvo un tiempo en Nueva España. Allí simultaneó sus trabajos de predicación con el estudio de antigüedades mexicanas, como bien muestra en el libro VII de su *Historia natural y moral.* Permaneció un año en México. En 1587 llegó a Madrid y tuvo largas entrevistas con Felipe II, quien oyó las largas relaciones e informaciones del padre Acosta. Fue a Roma y durante estos años comenzaron a imprimirse sus obras. En 1584 tenía realizados los trabajos *De natura novi orbis libri duo* y *De promulgatione Evangelio apud barbaros, sive de procuranda Indorum salute, libri sex.* Traducidos al español y junto a cinco libros más que le

---

[114] Véase la introducción y estudio del padre Francisco Mateos, a la edición *Historia natural y moral,* Madrid, BAE, 1954, tomo 73.

[115] Sobre la biografía de Acosta pueden consultarse los estudios de José Rodríguez Carracido, *El P. José de Acosta y su importancia en la literatura científica española,* Madrid, 1899. León Lopetegui, *El Padre José de Acosta, S. I. y las misiones,* Madrid, 1942. Véase también el estudio de Edmundo O'Gorman, «Joseph de Acosta», en *Cuatro historiadores de Indias. Siglo XVI,* México, Alhambra Mexicana, 1989.

añadió el autor, resultó la *Historia natural y moral* de las Indias, impresa en Sevilla en 1590 y dedicada a la hija de Felipe II. Volvió a Madrid, viajó por España, hizo un segundo viaje a Roma como agente de Felipe II, y regresó a España ejerciendo durante sus últimos años actividades principalmente literarias en Salamanca. Murió en 1600 a los 59 años, cuando era rector del colegio de Salamanca.

Su *Historia natural y moral* se ha comparado con la de Oviedo por la descripción del mundo natural americano. Como indica Valcárcel, «se trata del primer intento intelectual exitoso en la comprensión del Nuevo Mundo bajo pautas mentales cristiano-occidentales». Tuvo un inmenso éxito a lo largo de los siglos XVII y XVIII, y su obra se convirtió en una de las fuentes históricas más apreciadas, aunque su autor fuera acusado de plagio. Acosta se inspiró en otros autores, como hicieron en general todos los cronistas, pese a que su obra se apoya en testimonios e informaciones directas que recopiló en México. Su obra, erudita, trata sobre la realidad física, cultural e histórica del Nuevo Mundo, sobre consideraciones cosmológicas, bíblicas y morales. Incluyó en el libro noticias sobre la religión, las costumbres, la historia de los antiguos mexicanos, siguiendo, en ello, la autoridad del padre Juan de Tovar, jesuita mexicano que compuso la *Historia de los indios mejicanos*. A los estudios del padre Tovar se suman las informaciones del fraile dominico y cronista Diego Durán. Las relaciones de Polo de Ondegardo le fueron utilísimas para saber sobre la condición y costumbres de los indios y para escribir sobre el Perú.

Acosta hace constar su respeto hacia las creencias religiosas de los indígenas. Su objeto es impugnar las acusaciones de aquellos que tienen a los indios por gente bestial, sin entendimiento. A partir del libro V empieza la *Historia moral* y estudia la naturaleza del hombre americano. Los libros V y VI versan sobre el Perú incaico.

La *Historia natural y moral* es fruto de la admiración que sintió Acosta por la naturaleza americana y de su interés por las culturas indígenas. Como indica Francisco Mateos[116], hay un

---

[116] Introducción de Francisco Mateos, ob. cit., pág. XXXVIII.

vínculo misionero entre una y otra historia y es que lo natural sirva de preparación al evangelio y el conocimiento de la naturaleza y los hombres de Indias haga más eficaz el ministerio apostólico. Pero Acosta además de teólogo y moralista, exegeta y predicador, es un gran naturalista y su obra hay que relacionarla con la literatura científica española. Observador excepcional, aprovechó sus largos viajes marítimos para tratar con pilotos y cosmógrafos. En tierra firme se informó sobre plantas, animales, lagos, corrientes de los ríos, vientos, etc. Visitó con curiosidad científica las minas de Huancavélica en Perú. Y todo ello fue exponiéndolo en su *Historia natural y moral*. Humboldt[117] elogió la labor de Acosta por haber cultivado, en el siglo XVI, estudios sobre meteorología y física. Sus conocimientos al respecto le merecieron el título de fundador de la Física del Globo. El padre fray Benito Jerónimo Feijoo, en su discurso intitulado *Glorias de España,* dio a Acosta el dictado de Plinio del Nuevo Mundo. Fue también precursor de estudios geográficos que tuvieron vigencia y gozaron de autoridad durante muchos siglos. En su *Historia* apareció por primera vez la teoría de las cuatro líneas magnéticas sin declinación, consideraciones sobre la inflexión de las líneas isotérmicas y sobre la distribución del calor según la latitud, sobre la dirección de las corrientes y muchos otros fenómenos físicos.

El padre Acosta se halla entre los cronistas avanzados o más modernos de la época. Edmundo O'Gorman estudia cómo en el pensamiento de Acosta, pese a la gran dosis de tradicionalismo aun para su época (ignora la gran revolución intelectual de las nuevas ideas cosmográficas copernicanas), no se encuentra como Oviedo en ese arcaísmo recalcitrante e imperialista que impidió «a tantos la comprensión más penetrante de los múltiples problemas que planteaba a la cultura europea la aparición de América y la existencia de sus habitantes indígenas»[118]. Acosta se muestra ecléctico y se atreve,

---

[117] En Menéndez Pelayo, *Obras,* VII, Madrid, 1952, págs. 106-138.
[118] Véase el estudio preliminar de la edición de Edmundo O'Gorman, *Historia natural y moral de las Indias,* México, FCE, 1962. Véase también su prólogo a Gonzalo Fernández de Oviedo, *Sucesos y diálogo de la Nueva España,* México, Biblioteca del Estudiante Universitario, UNAM, 1946.

frente al imperialismo intelectual y al dogmatismo, a interpretar textos bíblicos, sentencias patrísticas, o a diferir de las opiniones de Platón, Aristóteles o san Agustín. Su pensamiento muestra un intento de renovación cultural y una actitud comprensiva hacia los indios, cautelosa, lejos de fanatismos o polémicas. Siente admiración por las civilizaciones mexicanas y peruanas y cree en el alto grado de racionalidad de los indios. Parte de una interpretación providencialista de la historia indígena de América.

Agustín de Zárate, nacido en 1514, narró las guerras civiles y posiblemente su relación es la más completa. Presenció directamente la conquista del Perú y escribió la *Historia del descubrimiento y conquista del Perú,* publicada en Amberes en 1555. Su crónica se fundamenta en la verdad de lo visto y lo vivido, en contraposición a la primacía literaria de la historiografía clásica, y en el realismo que caracteriza a la épica castellana. Zárate, en su historia del descubrimiento, invoca la verdad del hecho de escribir, según sus propias palabras, «las cosas naturales y accidentales que yo vi sin ninguna falta ni disimulación, y tomando relación de lo que pasó en mi ausencia, de personas fidedignas y no apasionadas». Divide su obra en tres partes, siguiendo a Cicerón. La primera trata de consejos o intentos y las otras restantes de hechos y sucesos. Se apoya en la consideración de que la verdad histórica es verdad de la naturaleza, criticando el éxito que habían adquirido los libros mentirosos; esto es, las novelas de caballerías.

Pedro Cieza de León (1519-1569) llegó al Perú en 1548, fue conquistador bajo el mando de los capitanes Juan de Robes y César, y en medio de las guerras civiles asistió a la ejecución de Gonzalo Pizarro y Francisco de Carvajal. Iletrado, sin formación, Cieza de León llegó a las Indias con afán de enriquecerse y abandonó su primer motivo a cambio de la pluma. La primera parte de su *Crónica del Perú* apareció en Sevilla en 1553 y la segunda se publicó en 1873 con el título de *El señorío de los Incas.* En la *Crónica del Perú* muestra un profundo conocimiento de la geografía peruana, de su etnografía e incorpora a su obra informaciones fundamentales para el conocimiento de la historia incaica. La actitud de Cieza de León, quien no duda en transmitir su pensamiento a lo largo de su crónica, es de comprensión hacia la cultura indígena. Como explica Valcárcel, «sólo una poderosa inteligencia y un ánimo libre y bondadoso fueron bastantes para poder superar sus carencias de formación intelectual y su inicial oficio de conquistador encomendero». Cieza de León sabía muy bien de los abusos de los conquistadores y fue testigo de la tragedia que para los naturales del lugar supuso la conquista. Rechazó con valentía los malos tratos a los indígenas «que han provocado la despoblación del Perú» y comparó la conquista con un fuego que todo lo abrasa: «porque, por donde quiera que han pasado cristianos conquistando y descubriendo, otra cosa no parece sino que con fuego se va todo gastando». Valcárcel[119] destaca, asimismo, su progresiva americanización, que se traduce en un mayor respeto hacia el indígena y su cultura y en la crítica contra los conquistadores violentos.

La lápida funeraria de la tumba del Inca Garcilaso de la Vega resume muy bien la vida del fallecido: su ascendencia ilustre, su mestizaje y su formación y espíritu renacentistas, reflejados en la dedicación a las armas y las letras, en la labor de traductor y en su espíritu religioso. Su padre fue un conquistador español que participó con Francisco Pizarro en la conquista del Perú y su madre, una mujer indígena de descendencia real, llamada Chimpu Ocllo, sobrina del inca Huayna Cápac. Garcilaso de la Vega, mestizo, nació en 1539 y fue bautizado con el nombre de Gómez Suárez de Figueroa. En enero de 1560 dejó el Cuzco para dirigirse a España con la idea de pedir compensaciones a la corte por los servicios prestados por su padre y ya con el nombre de Garcilaso de la Vega. Afincado en Montilla y luego en Córdoba, no volverá nunca más a su tierra. A la traducción que hiciera de los *Dialoghi d'amore,* publicado en 1590, le sigue su obra *La Florida,* donde, en calidad de escribiente, compone la relación que sobre la conquista le proporcionaron Gonzalo Silvestre y otros dos soldados, testigos de vista. En 1579 recibió órdenes menores. Arropado por el ambiente jesuítico de Córdoba y contando con el manuscrito que el padre Maldonado le entregó en 1598 de la famosa e incompleta *Historia del Perú* del padre chacha-

---

[119] Valcárcel, ob. cit., pág. 162.

poyano Blas Valera, Garcilaso escribió sus *Comentarios reales,* cuya publicación se produjo en 1609 en Lisboa. La segunda parte de los *Comentarios reales* formó libro aparte y se denominó *Historia general del Perú,* publicado póstumamente entre 1616 y 1617. Garcilaso había muerto en abril de 1616.

Comentarios reales es la primera historia completa de la civilización incaica. Carece de fuentes escritas anteriores, puesto que los incas no conocían la escritura. El autor se atiene a fuentes orales, a lo que le contaron sus antepasados, a los recuerdos, a crónicas y relaciones. Es la historia más completa por estar escrita por un mestizo que se enorgullece de su ascendencia inca y española, por el valor testimonial y la proyección autobiográfica de la obra, por la importancia de las informaciones sobre las tradiciones orales y las creencias incas. Con ella pretendió ofrecer una visión más precisa y verdadera de lo que hasta el momento se había escrito sobre la civilización inca y sobre el Perú. En su génesis, también influyó la campaña antilascasista que la corona emprendió para legitimarse, a partir de 1565. Las obras auspiciadas por el virrey de Toledo buscaban el desprestigio de los indígenas y pretendían demostrar que los incas no eran reyes por derecho natural, sino bárbaros y tiranos usurpadores y que su religión y prácticas de culto (politeísmo, canibalismo, sacrificios humanos) eran del todo inhumanas. Al colegirse la total ausencia de soberanía de los reyes incas, la corona podía rebajarlos y disponer de sus bienes impunemente. Garcilaso, como reacción a esta política y ayudado por los jesuitas —mal avenidos con el virrey e impulsadores del sincretismo religioso— escribió sus *Comentarios* con el fin de rebatir los argumentos toledistas. Para ello, el Inca atribuirá todas las prácticas bárbaras a las civilizaciones preincas y asignará a los incas un papel trascendental para la preparación de la cristianización y la conquista.

Los *Comentarios reales* están divididos en nueve libros que recogen, tras la consabida explicación sobre asuntos cosmográficos y del Nuevo Mundo, la historia preincaica, la historia de los reyes incas y las fábulas sobre el origen de este pueblo, la fundación de Cuzco, la descripción de su sociedad, de sus instituciones, templos, costumbres, creaciones culturales y ritos religiosos, hasta la llegada de los españoles. El eje vertebrador de la crónica es ofrecer la historia de los reyes incas, árbol genealógico que comprende catorce generaciones, desde el mítico Manco Cápac —Moisés del pueblo inca— hasta llegar a la guerra fratricida entre Atahualpa y Huáscar.

Entre sus fuentes destacan las crónicas de Blas Valera, de Pedro Cieza de León, de José de Acosta, de Agustín de Zárate, de Diego Fernández, el Palentino, soldado e historiador que escribió la *Historia del Perú*, de Gómara[120].

Garcilaso se erige en máxima autoridad debido a las informaciones directas que posee acerca del pasado inca (gracias a su ascendencia materna) y por sus conocimientos lingüísticos. Está convencido, además, y como señala en sus «Advertencias», de que los españoles tradujeron mal la lengua del Cuzco y deformaron, por tanto, la historia del incario. Garcilaso se presenta al lector como el intérprete ideal y el mejor historiador de la vida de sus antepasados incas. Los españoles «corrompen casi todos los vocablos que toman del lenguaje de los indios» y esa corrupción se extiende a todos los órdenes. La incomprensión es la causa de la destrucción de todo un pueblo.

Divide, siguiendo a Cicerón —influencia fundamental y que se revela hasta en el propio título de su obra *Comentarios*—, la historia de la dinastía inca, desde una concepción tripartita: la preinca, la inca y la española. El desinterés y desprecio que muestra por la primera ha provocado la queja de historiadores, antropólogos y etnólogos. Garcilaso describirá la edad preinca caracterizada por la barbarie, el canibalismo y la ausencia de ley y religión, *ferino ritu nudi, sine lege*. Con respecto a la segunda edad, Garcilaso ofrece una visión idílica de los reyes incas que impusieron una lengua, el quechua, como vínculo de unión, una religión monoteísta con su culto a Viracocha y a la divinidad solar, Inti, y un estado monárquico. Garcilaso sigue una corriente humanista que se apoya en la idea de progreso y cuyos orígenes se remontan a los primeros escritores del cristianismo que facilitaron una visión de la his-

---

[120] Sobre las fuentes y la obra de Garcilaso véase la introducción de Mercedes Serna a la edición de los *Comentarios reales*, Madrid, Castalia, 2000.

toria en marcha[121]. Pretende, asimismo, salvar el legado cultural incaico a través de la escritura e integrarlo en la historia del cristianismo. Los indígenas resultan enaltecidos al ser asimilados a los héroes clásicos. Como en *La Araucana,* los *Comentarios* se fundamentan sobre una concepción heroica de la historia, a modo de epopeya: los héroes son los reyes incas sobre los que se cernirá la tragedia. Es por ello que Garcilaso nos ofrece una visión deformada del imperio inca, omitiendo traiciones, injusticias, odios y crueldades. Los llamados silencios del Inca arraigan en la tradición de la escuela de los quipucamayocs que creían que no debía guardarse memoria de los hechos infames.

La visión providencialista se incorpora en los *Comentarios* como en toda la historiografía americana. En la obra de Garcilaso, no sólo aparece la noción de providencialismo, sino que se articula la idea de que los incas fueron los que prepararon el camino para el advenimiento de los españoles y con ellos del cristianismo. Garcilaso establece una simetría entre la labor de los españoles con los incas, y la de éstos con los preincas. La idea de la prefiguración del cristianismo le sirve al autor para explicar la historia de los incas, para dar razón de su existencia e insertarlos en el mundo cristiano y para, en definitiva, incluirlos en la historia de Occidente.

En los *Comentarios,* sobre la herencia de la historiografía medieval, se impone el pensamiento neoplatónico y renacentista y los preceptos humanistas de la época. Garcilaso parte del precepto de la verosimilitud. Siguiendo las teorías del Pinciano, concibe la idea de lo maravilloso dentro de los límites que permite la verosimilitud, el dogma de lo maravilloso verosímil. Garcilaso se apoya en el principio de autoridad y de imitación de modelos clásicos. Utiliza muy pocos elementos

---

[121] La división tripartita de la historia, explica Maravall, es una invención humanista que establece una visión dinámica del acontecer: tiempos luminosos, los de la Antigüedad, tiempos oscuros, los de la barbarie que carecían de escritura, y los de la última época, la humanista que pretende huir de lo viejo y aprender de los antiguos. Véase *Antiguos y modernos,* pág. 292. Para Garcilaso, la civilización (felicidad pero leyes) comienza, tras los tiempos oscuros y bárbaros, con el incario y se completa con la llegada del cristianismo y la escritura.

fantásticos fabulosos (relatos hagiográficos, mitos fabulosos, novelas de caballerías, relatos de náufragos) y busca para su crónica calidad literaria. Posiblemente son los relatos intercalados la técnica narrativa más lograda de su obra. Garcilaso, contando con una larga tradición de materia interpolada, intercala fabulaciones prehispánicas (leyendas indígenas, cuentos orales incas, etc.), cuentística popular europea y española (importante sobre todo en su obra posterior, la *Historia general del Perú*) y versiones primarias de la narrativa americana.

De entre toda esta materia interpolada hay que destacar la historia de Pedro Serrano (tópico de los naufragios, infortunios y tropiezos que se encuentra tanto en Séneca como en la *novella* de aventuras) y las fábulas alegóricas sobre el origen de los incas (el famoso templo de Titicaca, el diluvio).

Los *Comentarios reales* se prohibieron un siglo y medio después de que Garcilaso hubiera muerto, tras la rebelión de Túpac Amaru, ocurrida en 1780-1781. El libro había circulado sin tropiezos durante el siglo XVII y dos tercios del XVIII, pero la corona entendió que despertaba la conciencia histórica de los pueblos autóctonos. La reedición fue patrocinada a comienzos del siglo XIX por el general San Martín, pero se frustró. Ello da idea del poder subversivo que tuvieron los *Comentarios* en esa época por estar vinculados al pensamiento independentista.

Esta edición

Toda antología es deficitaria y parcial. Toda antología puede leerse en negativo y el autor se siente obligado a justificar las ausencias. He elegido los textos más representativos para iniciarse en el conocimiento de las crónicas de indias. No olvido, aunque por falta de espacio no figuran en la presente antología, a los cuatro grandes creadores de la antropología cultural en el Nuevo Mundo: fray Bernardino de Sahagún, fray Toribio de Benavente, fray Jerónimo de Mendieta y fray Diego de Landa. Tampoco constan, por el mismo motivo, Juan de Torquemada, Juan Bautista de Pomar, Diego de Landa, Martín de Morúa, Juan de Betanzos o Pedro Sarmiento de Gamboa, ni las crónicas de los evangelizadores.

También hubiera deseado incluir mucho más texto de obras que sí aparecen antologadas aquí, como es el caso de los *Naufragios,* de Álvar Núñez Cabeza de Vaca. Asimismo el lector puede echar de menos las crónicas en las que los primeros cronistas informaban sobre las conjeturas de «los antiguos» acerca de la existencia de un nuevo mundo (textos de Gonzalo Fernández de Oviedo, Francisco López de Gómara, Bartolomé de Las Casas y Agustín de Acosta).

He realizado la presente selección antológica atendiendo a las tres grandes zonas geográficas de conquista: región caribeña, región mexicana y región andina. En cuanto a zonas geográficas, no figuran los descubrimientos y exploraciones de las regiones rioplatense, de la zona intermedia, de Colombia, de Nueva Granada... en donde, aunque en grado menor que en México o Perú, hubo un gran número de cronistas o soldados que escribieron sobre las conquistas de Chile, la Nueva Granada (Colombia) y Río de la Plata (Argentina y Paraguay).

Puesto que las crónicas historiográficas recogen la realidad circundante de América y pretenden documentar sobre los aspectos más diversos —historia natural, agricultura, geografía, economía, política, etc.—, he escogido aquellos capítulos que destacan, esencialmente, por su interés histórico y literario.

Agradezco a la Biblioteca de la Universidad de Barcelona las facilidades dadas para la consulta del material. A Emma Martinell sus útiles referencias bibliográficas y a José Díaz Gutiérrez su valiosísima ayuda en las correcciones de estilo. A Bernat Castany las lecturas al unísono un verano lluvioso en Oxford. A Michael Maudsley le agradezco todo lo demás.

He modernizado la acentuación y la puntuación para hacer más comprensibles los textos. Modernizo, asimismo, la ortografía y no he mantenido, dada la diversidad de las fuentes, las metátesis, ni las formas arcaicas, ni los grupos cultos o formas latinizantes. Las modernizaciones afectan a las fluctuaciones de timbre vocálico (i/e), de morfemas verbales (-ie/-ia, en el imperfecto de indicativo), a los grupos cultos (ct pasa a t; ph pasa a f), y a algunos grupos consonánticos (bd pasa a ud). No mantengo las contracciones de la preposición con los pronombres (desto, dello, etc.) Normalizo también la ortografía de las siguientes oposiciones: b/v, z/ç y adopto las formas más aceptadas con respecto a los indigenismos.

He seleccionado de cada crónica los capítulos que me han parecido más relevantes para un estudioso de la literatura y de la historia. No he fragmentado ni abreviado ningún capítulo para proteger la integridad de las obras.

Dada la imposibilidad de encontrar los manuscritos de cada obra seleccionada, procedí a tomar como fuente principal los textos publicados en la Biblioteca de Autores Españoles. Para mayor rigurosidad, he cotejado cada obra editada con las siguientes ediciones modernas, cuya referencia exacta se encuentra en la bibliografía de la presente edición:

Textos de Colón: B.A.E., Anaya, Sopena y Alianza Editorial.

Textos de Hernán Cortés: B.A.E., Porrúa y Castalia.

Textos de Bernal Díaz del Castillo: B.A.E., Alianza Editorial.

Textos de Bartolomé de las Casas: B.A.E., Planeta y Cátedra.

Textos de Álvar Núñez Cabeza de Vaca: B.A.E., Castalia y Cátedra.

Textos del Inca Garcilaso de la Vega: B.A.E., Ayacucho, Castalia y Cátedra.

Textos de Pedro Cieza de León: B.A.E., Bruguera.

Textos de Agustín de Zárate: B.A.E.

Textos de José de Acosta: B.A.E., Bruguera, F.C.E.

Bibliografía

Textos

ACOSTA, José de, *Historia natural y moral de las indias,* en *Obras del Padre José de Acosta,* B.A.E., tomo LXXIII, Madrid, 1954; edición y prólogo de Edmundo O'Gorman, México, FCE, 1940; edición de José Alcina Franch, Madrid, Historia 16, 1987.

Archivos: Indias, Sevilla, Biblioteca Colombina; Sevilla, Simancas; Vaticano, Biblioteca Nacional, Sección Manuscritos, Madrid.

CIEZA DE LEÓN, Pedro, *La crónica del Perú,* Madrid, B.A.E., 1947, vol. XXVI; Madrid, Historia 16, 1984.

Colección de documentos inéditos relativos al descubrimiento, conquista y colonización de las posesiones españolas en América y Oceanía, Madrid, B.A.E., tomos I-XIII, 1864-1884.

Colección de los viajes y descubrimientos que hicieron por mar los españoles desde fines del siglo XV, coordinada por Martín Fernández de Navarrete, 5 vols., Madrid, 1825-1937.

COLÓN, Cristóbal, *Textos y documentos completos. Relaciones de viajes, cartas y memoriales,* edición, prólogo y notas de Consuelo Varela, Madrid, Alianza Editorial, 1982-1984.

— *Diario de Colón,* edición de Gregorio Marañón, Madrid, Cultura Hispánica, 1968.

— *Diario del descubrimiento,* estudios, ediciones y notas por Manuel Alvar, Las Palmas, ediciones del Cabildo Insular de Gran Canaria, 1976, 2 vols.

— *Primer viaje de Cristóbal Colón según su diario de a bordo,* Barcelona, Sopena, 1972.

Cortés, Hernán, *Cartas de Relación de la conquista de Méjico. Viajes clásicos*, B.A.E., tomo XXII, en *Historiadores primitivos de Indias*, B.A.E., tomos XXII y XXVI.

— *Cartas y documentos*, introducción y recopilación de Mario Hernández Sánchez-Barba, México D.F., Porrúa, 1963.

— *Cartas de Relación*, edición de Ángel Delgado Gómez, Madrid, Castalia, 1993.

Díaz del Castillo, Bernal, *Historia verdadera de la conquista de la Nueva España*, introducción y notas de Joaquín Ramírez Cabañas, México D.F., Porrúa, 1960; edición de Miguel León Portilla, Madrid, Historia 16, 1984, 2 vols.

Fernández de Oviedo, Gonzalo, *Sumario de la natural y general historia de las Indias*, B.A.E., tomo XXII; edición de Manuel Ballesteros, Madrid, Historia 16, 1986.

— *Historia general y natural de las Indias, islas y tierra firme del mar océano*, edición de José Amador de los Ríos, Madrid, B.A.E., 1851-1855; estudio de Juan Pérez de Tudela, Madrid, B.A.E., 1959, vols. 117 a 121.

Historiadores de Indias, por Manuel Serrano Sanz, Madrid, B.A.E., tomos XIII y XV, 1909.

Historiadores primitivos de Indias, Madrid, B.A.E., tomos XXII y XXVI.

Historiadores primitivos de las Indias Occidentales que tradujo en parte y sacó a luz, ilustrados con notas, por Andrés González Barcia, tomos I-III, Madrid, B.A.E., 1749.

Las Casas, fray Bartolomé de, *Obra indigenista*, edición de José Alcina Franch, Madrid, Alianza Editorial, 1985.

— *El diario del primer y tercer viaje de Cristóbal Colón (Obras completas*, vol. 14, edición de Consuelo Varela), Madrid, Alianza Editorial, 1989.

— *Brevísima relación de la destrucción de las Indias*, Madrid, Cátedra, 1982; edición de José María Reyes, Barcelona, Planeta, 1994.

— *Historia de las Indias y Apologética historia*, en *Obras completas*, edición de Consuelo Varela, Madrid, Alianza Editorial, 1989.

— *Historia general de las Indias*, introducción de Juan Pérez de Tudela, Madrid, B.A.E., tomos XCV y XCVI.

Lettera rarissima, en *Scritti di Cristoforo Colombo*, publicada por Cesare de Lollis, en *Raccolta colombiana*, I, vol. I.

López de Gómara, Francisco, *Historia general de las Indias*, Madrid, B.A.E., tomo XXII, Imprenta y estereotipia de M. Rivadeneyra, 1852.

— *Historia general de las Indias y vida de Hernán Cortés,* edición de Jorge Gurria Lacroix, Caracas, Biblioteca Ayacucho, 1979.

— *Historia de la conquista de México,* edición de Jorge Gurria Lacroix, Caracas, Biblioteca Ayacucho, 1979.

MÁRTIR, Pedro, *Décadas del Nuevo Mundo,* Buenos Aires, 1944; Madrid, Polifemo, 1989.

NÚÑEZ CABEZA DE VACA, Álvar, *Naufragios y relación de la jornada que hizo a la Florida con el adelantado Pánfilo de Narváez,* Madrid, B.A.E., vol. XXII, 1955, págs. 517-548.

— *Los naufragios,* edición crítica de Enrique Pupo-Walker, Madrid, Castalia, 1992.

Primeras cartas sobre América (1493-1503), Francisco Morales Padrón, Sevilla, Secretariado de Publicaciones de la Universidad de Sevilla, 1990.

VEGA, Garcilaso de la, *Comentarios reales,* edición de Mercedes Serna, Madrid, Castalia, 2000.

ZÁRATE, Agustín de, *Historia del descubrimiento y conquista de la provincia del Perú,* Madrid, B.A.E., 1947, vol. XXVI.

— *Historia del descubrimiento y conquista del Perú,* edición de Jan Kermenic, Lima, 1944.

GENERAL

ABELLÁN, José Luis, *La idea de América: origen y evolución,* Madrid, Istmo, 1972.

— *La utopía de América,* Barcelona, Anthropos, 1992.

AÍNSA, Fernando, *Historia, utopía y ficción de la Ciudad de los Césares. Metamorfosis de un mito,* Madrid, Alianza Editorial, 1992.

— *De la Edad de Oro a El Dorado. Génesis del discurso utópico americano,* México D.F., FCE, 1992.

ALCINA FRANCH, José, *América en la época de Carlos V. Aportación a la bibliografía de este periodo desde 1900,* Madrid, Asociación Hispanoamericana de la Historia, 1958.

ALVAR, Manuel, «Relatos fantásticos y crónicas de Indias», en *I Simposio de Filología Iberoamericana* (Sevilla, 1990), Zaragoza, Pórtico, 1990.

ANDERSON IMBERT, Enrique, *Historia de la literatura hispanoamericana,* México D.F., FCE, 1965, 5.ª ed., 2 vols.

ARRANZ MÁRQUEZ, Luis, *Cristóbal Colón,* Madrid, Historia 16-Quorum, 1986.

ARROM, Juan José, *Esquema generacional de las letras hispanoamericanas. Ensayo de un método,* Bogotá, Instituto Caro y Cuervo, 1963.

BALLESTEROS, Manuel, *Gonzalo Fernández de Oviedo,* Madrid, Fundación Universitaria Española, 1981.

BALLESTEROS BERETTA, Antonio, *Cristóbal Colón y el descubrimiento de América,* Barcelona, 1945, 2 vols.

BATAILLON, Marcel, *Hernán Cortés: autor prohibido,* México D.F., UNAM, 1956.

— *Estudios sobre fray Bartolomé de Las Casas,* Barcelona, 1967.

— y SAINT-LU, André, *El padre Las Casas y la defensa de los indios,* Barcelona, Ariel, 1976.

BAUDOT, Georges, *Utopía e historia en México: los primeros cronistas de la civilización mexicana (1520-1569),* Madrid, Espasa-Calpe, 1983.

BOORSTIN, Daniel J., *Los descubridores,* Barcelona, Crítica, 1986. Título original *The discoverers,* Nueva York, Random House, 1983. Traducción castellana de Susana Lijtmaer.

BRAVO VILLASANTE, Carmen, *La maravilla de América,* Madrid, ICI, 1985.

CAMPRA, Rosalba, *América Latina: la identidad y la máscara,* México D.F., Siglo XXI, 1987.

CIORANESCU, Alejandro, *Colón, humanistas. Estudios de humanismo atlántico,* Madrid, Prensa Española, 1967.

COLÓN, Francisco, *Historia del Almirante don Cristóbal Colón, por su hijo,* Madrid, 1932.

CRO, Stelio, *Realidad y utopía en el descubrimiento y conquista de la América Hispana (1492-1982),* Troy, International Book, 1983.

CHANG RODRÍGUEZ, Raquel, *Violencia y subversión de la prosa colonial hispanoamericana,* Madrid, Porrúa, 1982.

Discursos sobre la «invención» de América, coordinación de Iris M. Zavala, Amsterdam, Éditions Rodopi, 1992.

DURAND, José, *La transformación social del conquistador,* México D.F., Porrúa, 1953.

ELLIOTT, John Hale, *El viejo mundo y el nuevo (1492-1650),* Madrid, Alianza Editorial, 1984.

ESTEVE BARBA, Francisco, *Historiografía indiana,* Madrid, Gredos, 1964; 2.ª ed. revisada y aumentada, 1992.

110

FERNÁNDEZ, Teodosio, *Historia de la literatura hispanoamericana,* Madrid, Cátedra, 1996.

FRANKL, Víctor, *El «Antijovio» de Gonzalo Jiménez de Quesada y las concepciones de realidad y verdad en la época de la Contrarreforma y del Manierismo,* Madrid, Instituto de Cultura Hispánica, 1963.

— «Imperio particular e imperio universal en las *Cartas de Relación de Hernán Cortés»,* en *Cuadernos Hispanoamericanos,* núm. 165, Madrid, 1963.

FUENTES, Carlos, *Valiente Mundo Nuevo. Épica, utopía y mito en la novela hispanoamericana,* Madrid, Mondadori, 1990.

GANDÍA, Enrique de, *Historia crítica de los mitos de la conquista americana,* Madrid, 1929.

GERBI, Antonello, *La disputa del Nuevo Mundo. Historia de una polémica,* Madrid, FCE, 1960.

GIL, Juan, *Mitos y utopías del Descubrimiento,* Madrid, Alianza Editorial, 1989, 3 vols.

GIMÉNEZ FERNÁNDEZ, Manuel, «Hernán Cortés y su revolución comunera en España», en *Anuario de Estudios Hispanoamericanos,* Sevilla, 1949.

— *Bartolomé de Las Casas, delegado de Cisneros para la reformación de las Indias,* Sevilla, 1953.

GLANTZ, Margo (coord.), *Notas y comentarios sobre Álvar Núñez Cabeza de Vaca,* México D.F., Grijalbo, 1993.

GROSSMANN, Rudolf, *Historia y problemas de la literatura hispanoamericana,* Madrid, Revista de Occidente, 1972.

GUILLÉN TATO, Julio, *La parla marinera en el Diario del Primer Viaje de Cristóbal Colón,* Madrid, 1951.

HENRÍQUEZ UREÑA, Pedro, *Historia de la cultura en la América Latina,* México D.F., FCE, 1948.

HERNÁNDEZ SÁNCHEZ-BARBA, Mario, «La influencia de los libros de caballerías sobre el conquistador», en *Revista de estudios americanos,* núm. 102, Sevilla, 1960.

— *Historia y literatura en Hispanoamérica (1492-1820). La versión intelectual de una experiencia,* Madrid, Fundación Juan March/Castalia, 1978.

Historia y ficción: crónicas de América, coordinadora Isla Campbell, Quinto centenario del encuentro de dos mundos, México D.F., Universidad Autónoma de Ciudad Juárez, 1992.

111

Historia de la literatura hispanoamericana, coordinada por Luis Íñigo-Madrigal, Madrid, Cátedra, 1982, tomo I, época colonial.

Historiadores de Indias, introducción de Germán Arciniegas, Barcelona, Océano, 1999, págs. 12-27.

Historiadores de Indias, Antillas y Tierra Firme, antología y estudio preliminar y bibliografía seleccionada por Ángeles Masia, Barcelona, Bruguera, 1971.

IGLESIA, Ramón, *Cronistas e historiadores de la conquista de México. El ciclo de Hernán Cortés,* México D.F., El Colegio de México, 1942.

— *El hombre Colón y otros ensayos,* México D.F., El Colegio de México, 1944.

JOS, Emiliano, «Fernando Colón y su historia del Almirante», en *Revista de Historia de América,* núm. 9, México D.F., agosto de 1940.

HEMMING, John, *En busca de El Dorado,* Barcelona, Ediciones del Serbal 1984.

LEÓN PORTILLA, Miguel, *El reverso de la conquista. Relaciones aztecas, mayas e incas,* México D.F., 1977.

— *Visión de los vencidos,* México, 1959; México D.F., UNAM, 1978.

LEONARD, Irving, *Los libros del conquistador,* México D.F., FCE, 1979.

LIDA, María Rosa, «Fantasía y realidad en la conquista de América», en *Homenaje al instituto de filología y literatura hispánica «Dr. Amado Alonso», en su cincuentenario,* Buenos Aires, 1975.

Literaturas de la América precolombina, edición de Isabel Córdova y Carlos Villanes, Madrid, Istmo, 1990.

MADARIAGA, Salvador de, *Hernán Cortés,* Buenos Aires, Sudamericana, 1945.

MANZANO Y MANZANO, Juan, *Cristóbal Colón. Siete años decisivos de su vida (1485-1492),* Madrid, Instituto de Cultura Hispánica, 1964.

— *Colón descubrió América del Sur en 1949,* Caracas, 1972.

— *Colón y su secreto,* Madrid, Instituto de Cultura Hispánica, 1976.

MARTÍNEZ, José Luis, *Hernán Cortés,* México D.F., FCE, 1990.

MENÉNDEZ PELAYO, Marcelino, *Estudios de crítica literaria,* Madrid, 1895.

MENÉNDEZ PIDAL, Ramón, *La lengua de Cristóbal Colón,* Madrid, Espasa Calpe, 1942.

— *El padre Las Casas, su doble personalidad,* Madrid, 1963.

O'GORMAN, Edmundo, *Historiadores de Indias. Siglo XVI,* México D.F., Secretaría de Educación Pública, 1972.

— *La idea del descubrimiento de América,* México D.F., UNAM, 1976.

— *La invención de América,* México D.F., FCE, 1977.

— *Cuatro historiadores de Indias. Siglo XVI,* México D.F., Sep-Setentas, 1972; México D.F., Alhambra Mexicana, 1989.

OVIEDO, José Miguel (ed.), *La edad del oro. Crónicas y testimonios de la conquista del Perú,* Barcelona, Tusquets Editores, 1986.

— *Historia de la literatura hispanoamericana,* Madrid, Alianza Editorial, 1995.

PASCUAL BUXÓ, José, *La imaginación del Nuevo Mundo,* México D.F., FCE, 1988.

PASTOR, Beatriz, *El discurso narrativo de la conquista de América,* La Habana, Casa de las Américas, 1983.

PEÑUELAS, Marcelino, *Mito, literatura y realidad,* Madrid, Gredos, 1965.

PÉREZ DE TUDELA, Juan, *Las Armadas de Indias y los orígenes de la política de colonización,* Madrid, 1956.

PORRAS, Barrenechea, Raúl, *Los cronistas del Perú (1528-1650) y otros ensayos,* edición de Franklin Pease G. Y., Lima, Biblioteca Clásicos del Perú-Ediciones del Centenario, 1986.

PUPO-WALKER, Enrique, *La vocación literaria del pensamiento histórico en América,* Madrid, Gredos, 1982.

RAMOS, Demetrio, *El mito de El Dorado. Génesis y proceso,* Caracas, Biblioteca de la Academia Nacional de la Historia, 1973.

RICO, Francisco, «El Nuevo Mundo de Nebrija y Colón», en *Academia literaria renacentista. III. Nebrija,* Salamanca, Universidad de Salamanca, 1983.

Textos de cronistas de Indias y poemas precolombinos, edición de Roberto Godoy y Ángel Olmo, Madrid, Editora Nacional, 1979.

TODOROV, Tzvetan, *La conquista de América, la cuestión del otro,* México D.F., Siglo XXI, 1987.

TOVAR, Antonio, «Lo medieval en la colonización de América», en *Lo medieval en la Conquista y otros ensayos americanos,* Madrid, Seminarios y Ediciones, 1970; México D.F., FCE, 2.ª ed. ampliada, 1981.

VALCÁRCEL MARTÍNEZ, Simón, *Las crónicas de Indias como expresión y configuración de la mentalidad renacentista,* Granada, Diputación de Granada, 1997.

VARELA, Consuelo, *Cristóbal Colón retrato de un hombre,* Barcelona, Altaya, 1992.

Crónicas de Indias
Antología

Capítulo primero

Cristóbal Colón[1]

Carta a Luis de Santángel[2]

15 de febrero de 1493
Señor: Porque sé que habréis placer de la gran victoria que nuestro Señor me ha dado en mi viaje os escribo ésta, por la

---

[1] Nada sabemos seguro acerca del nacimiento de Colón. Posiblemente fuera genovés, de raíces judeoespañolas, procedente de una de tantas familias que tuvo que emigrar a finales del siglo XIV a Génova. Colón escribió en español. Nunca escribió en italiano, a pesar de su origen genovés. Colón realizó cuatro viajes a las tierras descubiertas.

[2] Colón escribió su propio relato al regreso de su primer viaje, a mediados de febrero de 1493. Puesto que hubiera sido una falta de respeto dirigirse directamente a los reyes Fernando e Isabel, les informó a través de una carta a Santángel, el funcionario de la corona que en el último momento había convencido a la reina Isabel para que apoyara la empresa de las Indias. La carta de Colón fue impresa en Barcelona el 1 de abril de 1493, escrita en castellano, y luego traducida al latín con fecha del 29 de abril, e impresa luego otra vez en Roma en el mes de mayo bajo *el De insulis inventis*. En Roma se hicieron tres ediciones más en 1493 y se imprimieron otras seis en París, Basilea y Amberes, entre 1493 y 1494. A mediados de junio de 1493, la carta había sido traducida al toscano, el dialecto de Florencia, con la forma de un poema de 68 estrofas, e impresa una vez en Roma y dos en Florencia en 1493. El norte de Europa recibió lentamente las noticias de Colón. La crónica de Nuremberg no menciona el viaje de Colón. En Inglaterra no hay noticias del viaje hasta 1496 y la primera traducción alemana de la carta fue impresa en Estrasburgo en 1497 (Boorstin, ob. cit., pág. 236).

cual sabréis cómo en treinta y tres días pasé a las Indias[3] con la armada que los ilustrísimos Rey y Reina, nuestros señores, me dieron, donde yo hallé muy muchas islas pobladas con gente sin número, y de ellas todas he tomado posesión por Sus Altezas con pregón y bandera real extendida, y no me fue contradicho.

A la primera que yo hallé puse nombre San Salvador a conmemoración de su Alta Majestad, el cual maravillosamente todo esto ha dado; los indios la llaman Guanahaní. A la segunda puse nombre la isla de Santa María de Concepción. A la tercera, Fernandina. A la cuarta, la Isabela. A la quinta, la isla Juana, y así a cada una nombre nuevo.

Cuando yo llegué a la Juana seguí yo la costa de ella al poniente, y la hallé tan grande, que pensé que sería tierra firme, la provincia de Catayo. Y como no hallé así villas y lugares en la costa de la mar, salvo pequeñas poblaciones, con la gente de las cuales no podía haber habla, porque luego huían todos, andaba yo adelante por el dicho camino, pensando de no errar grandes ciudades o villas. Y al cabo de muchas leguas, visto que no había innovación y que la costa me llevaba al septentrión, de adonde mi voluntad era contraria, porque el invierno era ya encarnado y yo tenía propósito de hacer del Austro, y también el viento me dio adelante, determiné de no aguardar otro tiempo, y volví atrás hasta un señalado puerto, de donde envié dos hombres[4] por la tierra para saber si había Rey o grandes ciudades. Anduvieron tres jornadas y hallaron infinitas poblaciones pequeñas y gente sin número, mas no cosa de regimiento, por lo cual se volvieron.

Yo entendía harto de otros indios, que ya tenía tomados, cómo continuamente esta tierra era isla, y así seguía la costa de ella al Oriente ciento siete leguas, hasta donde hacía fin; del cual cabo vi otra isla al Oriente, distante de ésta diez u ocho leguas, a la cual luego puse nombre la Española. Y así fui allí, y seguí la parte del septentrión así como de la Juana al

---

[3] Fueron, efectivamente, treinta tres días los que duró la travesía, desde el 9 de septiembre que salió de La Gomera hasta el 12 de octubre que llegó a Guanahaní.

[4] Éstos eran Rodrigo de Jerez y Luis de Torres.

118

Oriente ciento ochenta y ocho grandes leguas por línea recta del Oriente, así como de la Juana[5], la cual y todas las otras son fertilísimas en demasiado grado, y ésta en extremo; en ella hay muchos puertos en la costa de la mar, sin comparación de otros que yo sepa en cristianos, y hartos ríos y buenos y grandes que es maravilla. Las tierras de ella son altas, y en ella muy muchas sierras y montañas altísimas, sin comparación de la isla de Tenerife, todas hermosísimas, de mil hechuras, y todas andables y llenas de árboles de mil maneras y altas, y parece que llegan al cielo. Y tengo por dicho que jamás pierden la hoja, según lo puedo comprender, que los vi tan verdes y tan hermosos como son por mayo en España; y de ellos estaban floridos, de ellos con fruto, y de ellos en otro término, según es su calidad. Y cantaba el ruiseñor y otros pajaricos de mil maneras en el mes de noviembre por allí donde yo andaba. Hay palmas de seis o de ocho maneras, que es admiración verlas por la diformidad hermosa de ellas, mas así como los otros árboles y frutos y hierbas. En ella hay pinares a maravilla, y hay campiñas grandísimas, y hay miel y de muchas maneras de aves y frutas muy diversas[6]. En las tierras hay muchas minas de metales y hay gente *instimabile numero*[7].

La Española es maravilla. Las sierras y las montañas y las vegas y las campiñas y las tierras tan hermosas y gruesas para plantar y sembrar, para criar ganados de todas suertes, para edificios de villas y lugares. Los puertos de la mar, aquí no habría creencia sin vista, y de los ríos muchos y grandes y buenas aguas, los más de los cuales traen oro. En los árboles y frutos y hierbas hay grandes diferencias de aquellos de la Juana. En ésta hay muchas especierías y grandes minas de oro de otros metales. La gente de esta isla y de todas las otras que he hallado y habido ni haya habido noticia, andan todos desnudos,

---

[5] La repetición puede ser equivocación del copista.

[6] De esta carta procederán dos ideas que llegaron a ser lugares comunes: América como tierra de la abundancia y el indio como noble salvaje. De aquí surge la idea renacentista del buen salvaje, modelo humano incorrupto por los males y vicios de la sociedad, que luego retomará el iluminismo, el indigenismo del siglo XX. Asimismo, Colón describe las islas del archipiélago caribe como paraíso de abundancia y eterna primavera.

[7] Es expresión latina (Job, 36, 26).

hombres y mujeres, así como sus madres los paren, aunque algunas mujeres se cobijan un solo lugar con una hoja de hierba o una cosa de algodón que para ello hacen. Ellos no tienen hierro ni acero ni armas, ni son para ello, no porque no sea gente bien dispuesta y de hermosa estatura, salvo que son muy temerosos a maravilla. No tienen otras armas salvo las armas de las cañas cuando están con la simiente, a la cual ponen al cabo un palillo agudo, y no osan usar de aquéllas, que muchas veces me ha acaecido enviar a tierra dos o tres hombres a alguna villa para haber habla, y salir a ellos de ellos sin número, y después que los veían llegar huían a no aguardar padre a hijo. Y esto no porque a ninguno se haya hecho mal, antes a todo cabo adonde yo haya estado y podido haber habla, les he dado de todo lo que tenía, así paño como otras cosas muchas, sin recibir por ello cosa alguna, mas son así temerosos sin remedio. Verdad es que, después que aseguran y pierden este miedo, ellos son tanto sin engaño y tan liberales de lo que tienen, que no lo creería si no el que lo viese. Ellos de cosa que tengan, pidiéndosela, jamás dicen que no, antes convidan la persona con ello, y muestran tanto amor que darían los corazones, y quier sea cosa de valor, quier sea de poco precio, luego por cualquier cosica de cualquier manera que sea que se les dé por ello sean contentos. Yo defendí que no se les diesen cosas tan viles como pedazos de escudillas rotas y pedazos de vidrio roto y cabos de agujetas, aunque cuando ellos esto podían llegar, los parecía haber la mejor joya del mundo: que se acertó haber un marinero, por una agujeta, oro de peso de dos castellanos y medio, y otros de otras cosas, que muy menos valían, mucho más. Y a por blancas nuevas daban por ellas todas cuanto tenían, aunque fuesen dos ni tres castellanos de oro, o una arroba o dos de algodón hilado. Hasta los pedazos de los arcos rotos de las pipas tomaban y daban lo que tenían como bestias. Así que me pareció mal y yo lo defendí. Y daba yo graciosas mil cosas buenas que yo llevaba porque tomen amor. Y allende de esto se harán cristianos, que se inclinan al amor y servicio de Sus Altezas y de toda la nación castellana, y procuran de ajuntar y de nos dar de las cosas que tienen en abundancia que nos son necesarias. Y no conocían ninguna secta ni idolatría, salvo que todos

120

creen que las fuerzas y el bien es en el cielo, y creían muy firme que yo con estos navíos y gente venía del cielo y en tal acatamiento me recibían en todo cabo después de haber perdido el miedo. Y esto no procede porque sean ignorantes, salvo de muy sutil ingenio, y hombres que navegan todas aquellas mares, que es maravilla la buena cuenta que ellos dan de todo, salvo porque nunca vieron gente vestida ni semejantes navíos.

Y luego que llegué a las Indias, en la primera isla que hallé, tomé por fuerza algunos de ellos para que aprendiesen y me diesen noticia de lo que había en aquellas partes, y así fue que luego entendieron y nos a ellos cuándo por lengua o señas; y éstos han aprovechado mucho. Hoy en día los traigo que siempre están de propósito que vengo del cielo, por mucha conversación que hayan habido conmigo. Y éstos eran los primeros a pronunciarlo adonde yo llegaba, y los otros andaban corriendo de casa en casa y a las villas cercanas con voces altas: «Venid, venid a ver la gente del cielo.» Así todos, hombres como mujeres, después de haber el corazón seguro de nos, venían que no quedaba grande ni pequeño, y todos traían algo de comer y de beber, que daban con un amor maravilloso.

Ellos tienen en todas las islas muy muchas canoas a manera de fustes de remo, de ellas mayores, de ellas menores, y algunas y muchas son mayores que una fusta de dieciocho bancos. No son tan anchas, porque son de un solo madero, mas una fusta no tendrá con ellas al remo, porque van que no es cosa de creer, y con éstas navegan todas aquellas islas, que son innumerables, y traen sus mercaderías. Algunas de estas canoas he visto con setenta y ochenta hombres en ellas, y cada uno con su remo.

En todas estas islas no vi mucha diversidad de la hechura de la gente, ni en las costumbres ni en la lengua, salvo que todos se entienden que es cosa muy singular para lo que espero que determinarán Sus Altezas: para la conversión de ellos a nuestra santa fe, a la cual son muy dispuestos.

Ya dije cómo yo había andado ciento siete leguas por la costa del mar, por la derecha línea de Occidente a Oriente, por la isla Juana. Según el cual camino puedo decir que esta isla es mayor que Inglaterra y Escocia juntas, porque allende de estas ciento siete leguas me quedan de la parte del Poniente dos provincias que yo no he andado, la una de las cuales llaman Auan, adonde nace la gente con cola. Las cuales provincias no pueden tener en longura menos de cincuenta o sesenta leguas, según pude entender de estos indios que yo tengo, los cuales saben todas las islas. Esta otra Española en cerco tiene más que la España toda desde Coruña por costa de mar hasta Fuenterrabía en Vizcaya, pues en una cuadra anduve ciento ochenta y ocho grandes leguas por recta línea de Occidente a Oriente. Ésta es para desear, y vista es para nunca dejar. En la cual, puesto que de todas tenga tomada posesión por Sus Altezas y todas sean más abastadas de lo que yo sé y puedo decir, y todas las tengo por de Sus Altezas, que de ellas pueden disponer como y tan cumplidamente como de los reinos de Castilla, en esta Española, en el lugar más convenible y mejor comarca para las minas de oro y de todo trato así de la tierra firme de acá como de aquella de allá del Gran Can, adonde habrá gran trato y ganancia, he tomado posesión de una villa grande a la cual puse nombre la Villa de Navidad, y en ella he hecho fuerza y fortaleza, que ya a estas horas estará del todo acabada, y he dejado en ella gente que abasta para semejante hecho, con armas y artillerías y vituallas por más de un año, y fusta y maestro de la mar en todas artes para hacer otras, y grande amistad con el Rey de aquella tierra, en tanto grado que se preciaba de me llamar y tener por hermano. Y aunque le mudase la voluntad a ofender esta gente, él ni los suyos no saben qué sean armas, y andan desnudos como ya he dicho. Son los más temerosos que hay en el mundo, así que solamente la gente que allá queda es para destruir toda aquella tierra, y es isla sin peligro de sus personas sabiéndose regir.

En todas estas islas me parece que todos los hombres sean contentos con una mujer, y a su mayoral o Rey dan hasta veinte. Las mujeres me parece que trabajan más que los hombres. Ni he podido entender si tienen bienes propios, que me pareció ver que aquello que uno tenía todos hacían parte, en especial de las cosas comederas.

En estas islas hasta aquí no he hallado hombres monstruosos, como muchos pensaban, mas antes es toda gente de muy lindo acatamiento, ni son negros como en Guinea, salvo con sus cabellos corredíos, y no se crían adonde hay espeto[8] demasiado de los rayos solares. Es verdad que el sol tiene allí gran fuerza, puesto que es distante de la línea equinoccial veintiséis grados. En estas islas, adonde hay montañas grandes, ahí tenía fuerza el frío este invierno, mas ellos lo sufren, así por la costumbre y con ayuda de las viandas que comen con especias muchas y muy calientes en demasía. Así que de monstruos no he hallado ni noticia, salvo de una isla que es Caribe, la segunda a la entrada de las Indias, que es poblada de una gente que tienen en todas las islas por muy feroces, los cuales comen carne humana. Éstos tienen muchas canoas, con las cuales recorren todas las islas de India, roban y toman cuanto pueden. Ellos no son más disformes que los otros, salvo que tienen en costumbre de traer los cabellos largos como mujeres, y usan arcos y flechas de las mismas armas de cañas con un palillo al cabo por defecto de fierro que no tienen. Son feroces entre estos otros pueblos que son en demasiado grado cobardes, mas yo no los tengo en nada más que a los otros. Éstos son aquellos que tratan con las mujeres de Matinino[9], que es la primera isla partiendo de España para las Indias que se halla, en la cual no hay hombre ninguno. Ellas no usan ejercicio femenil, salvo arcos y flechas, como los sobredichos de cañas, y se arman y cobijan con láminas de alambre[10], del que tienen mucho.

Otra isla me aseguran mayor que la Española, en que las personas no tienen ningún cabello. En ésta hay oro sin cuento, y de ésta y de las otras traigo conmigo indios para testimonio.

En conclusión, a hablar de esto solamente que se ha hecho este viaje, que fue así de corrida, que pueden ver Sus Altezas que yo les daré oro cuanto hubieren menester con muy poquita ayuda que Sus Altezas me darán ahora, especiería y algodón cuanto Sus Altezas mandaren cargar, y almáciga cuanta mandaren cargar, y de la cual hasta hoy no se ha hallado

SALVAJES

AMAZONAS

EL DORADO

---

[8] Vocablo utilizado antiguamente que significa fuego, calor o asador.
[9] Colón en sus diarios habla de una isla poblada de mujeres que es la actual Martinica.
[10] Planchas de cobre.

salvo en Grecia en la isla de Xío, y el Señorío la vende como quiere, y liñáloe cuanto mandaren cargar, y esclavos cuantos mandaren cargar, y serán de los idólatras. Y creo haber hallado ruibarbo y canela, y otras mil cosas de sustancia hallaré que habrá hallado la gente que ya allá dejo, porque yo no me he detenido en ningún cabo, en cuanto el viento me haya dado ocasión de navegar, solamente en la Villa de Navidad, en cuando dejé asegurado y bien asentado. Y la verdad, mucho más hiciera si los navíos me sirvieran como razón demandaba.

Esto es harto y... eterno Dios Nuestro Señor, el cual da a todos aquellos que andan su camino victoria de cosas que parecen imposibles. Y ésta señaladamente fue una, porque aunque de estas tierras habían hallado o escrito, todo va por conjetura sin allegar de vista, salvo comprendiendo, a tanto que los oyentes los más escuchaban y juzgaban más por habla que por otra cosa de ello. Así que, pues Nuestro Redentor dio esta victoria a nuestros ilustrísimos Rey y Reina y a sus reinos famosos de tan alta cosa, adonde toda la cristiandad debe tomar alegría y hacer grandes fiestas y dar gracias solemnes a la Santa Trinidad con muchas oraciones solemnes, por el tanto ensalzamiento que habrán en tornándose tantos pueblos a nuestra santa fe, y después por los bienes temporales que no solamente a la España, mas a todos los cristianos tendrán aquí refrigerio y ganancia. Esto, según el hecho, así en breve.

Hecha en la carabela sobre las islas de Canaria, a quince de febrero, año mil cuatrocientos noventa y tres[11].

Para lo que mandareis.

El Almirante.

Ánima que venía dentro de la carta

Después de ésta escrita y estando en mar de Castilla, salió tanto viento conmigo Sur y Sudeste, que me ha hecho descargar los navíos, pero corrí aquí en este puerto de Lisboa hoy,

---

[11] Como vemos, Colón en la carta del descubrimiento tuvo mucho cuidado en no mencionar las catástrofes ocurridas. Tampoco dio información acerca del trayecto recorrido por miedo a sus competidores.

124

que fue la mayor maravilla del mundo, adonde acordé escribir a Sus Altezas. En todas las Indias he siempre hallado los temporales como en mayo. Adonde yo fui en treinta y tres días y volví en veintiocho, salvo que estas tormentas me han detenido catorce días corriendo por esta mar. Dicen acá todos los hombres de la mar que jamás hubo tan mal invierno, ni tantas pérdidas de naves.

Hecha a catorce días de marzo[12].

EL PRIMER VIAJE A LAS INDIAS.
RELACIÓN COMPENDIADA
POR FRAY BARTOLOMÉ DE LAS CASAS[13]

Porque, cristianísimos y muy altos y muy excelentes y muy poderosos Príncipes, Rey y Reina de las Españas y de las islas de la mar, Nuestros Señores, este presente año de 1492, después de Vuestras Altezas haber dado fin a la guerra de los moros que reinaban en Europa y haber acabado la guerra en la muy grande ciudad de Granada, adonde este presente año a dos días del mes de enero por fuerza de armas vi poner las banderas reales de Vuestras Altezas en las torres de la Alhambra, que es fortaleza de la dicha ciudad y vi salir al rey moro a las puertas de la ciudad y besar las reales manos de Vuestras Altezas y del Príncipe mi Señor, y luego en aquel presente mes, por la información que yo había dado a Vuestras Altezas

---

[12] Algunos editores han puesto la fecha del 4 de marzo dado que en el *Diario* consta que fue el 13 de marzo cuando el Almirante partió para Sevilla. También se sabe por el *Diario* que fue el 4 de marzo cuando, después de una gran tormenta, Colón entró en el río de Lisboa y ese mismo día escribió al rey de Portugal.

[13] Éste es el primer viaje que hizo el Almirante Cristóbal Colón cuando descubrió las Indias, puesto sumariamente, sin el prólogo que hizo a los Reyes, que va a la letra y comienza de esta manera: In Nomine Domini Nostri Jesu Christi. Fray Bartolomé de Las Casas, 1474-1566, poseyó muchos papeles escritos por el propio Colón, con los que escribió su *Historia de las Indias* y comprendió esta relación del viaje, dejando íntegro el prólogo o carta dirigida a los Reyes Católicos. El original del *Diario* de Colón se perdió y se llama Diario a esta transcripción de Bartolomé de Las Casas. Posiblemente sea este el documento de mayor importancia.

de las tierras de India y de un Príncipe que es llamado Gran Can[14] (que quiere decir en nuestro romance Rey de los Reyes), como muchas veces él y sus antecesores habían enviado a Roma a pedir doctores en nuestra santa fe porque le enseñasen en ella[15], y que nunca el Santo Padre le había proveído y se perdían tantos pueblos cayendo en idolatrías y recibiendo en sí sectas de perdición, Vuestras Altezas, como católicos cristianos y Príncipes amadores de la santa fe cristiana y acrecentadores de ella, y enemigos de la secta de Mahoma y de todas idolatrías y herejías, pensaron de enviarme a mí, Cristóbal Colón, a las dichas partidas de India para ver a los dichos príncipes, y los pueblos y las tierras y la disposición de ellas y de todo, y la manera que se pudiera tener para la conversión de ellas a nuestra santa fe. Y ordenaron que yo no fuese por tierra al Oriente, por donde se acostumbra de andar, salvo por el camino de Occidente, por donde hasta hoy no sabemos por cierta fe que haya pasado nadie[16]. Así que, después de haber echado fuera todos los judíos de todos vuestros reinos y señoríos, en el mismo mes de enero mandaron Vuestras Altezas a mí que con armada suficiente me fuese a las dichas partidas de India. Y para ello me hicieron grandes mercedes y me ennoblecieron que dende en adelante yo me llamase Don, y fuese Almirante Mayor del Mar Océano y Virrey y Gobernador perpetuo de todas las islas y tierra firme que yo descubriese y ganase, y de aquí en adelante se descubriesen y ganasen en el Mar Océano, y así me sucediese mi hijo mayor, y así de grado

---

[14] A raíz del regreso de Nicolás y Marco Polo de su viaje por Oriente, Europa se pobló de fabulosas aventuras como las historias del Gran Kan. La preocupación de Colón era llegar a los países del Gran Kan (o sea la India, lo que explica el nombre de Indias para designar el nuevo continente), a las tierras encantadas de Catay (China), a la prodigiosa isla japonesa de Cipango, con el recuerdo clavado de Marco Polo.

[15] Parece ser que el Gran Kan pidió, a través de Marco Polo, cien teólogos para convertir a los mongoles.

[16] El de Colón, señala Boorstin, no fue el primer viaje emprendido desde la península Ibérica para intentar la vía del Atlántico occidental. Dulmo y Estreito, que habían partido en el año 1487 para encontrar la legendaria isla de las Antillas, cometieron el error de zarpar directamente hacia el oeste desde las Azores en unas latitudes elevadas, y nunca se había sabido nada más de ellos. Los navegantes portugueses no lograron entenderse con los vientos (ob. cit., pág. 233).

126

en grado para siempre jamás. Y partí yo de la ciudad de Granada a doce días del mes de mayo del mismo año de 1492, en sábado. Vine a la villa de Palos que es puerto de mar[17], adonde armé yo tres navíos[18]... muy aptos para semejante hecho, y partí del dicho puerto muy abastecido de muy muchos mantenimientos y de mucha gente de la mar, a tres días del mes de agosto del dicho año, en un viernes, antes de la salida del sol con media hora, y llevé el camino de las islas de Canaria[19] de Vuestras Altezas, que son en la dicha Mar Océana, para de allí tomar mi derrota y navegar tanto que yo llegase a las Indias, y dar la embajada de Vuestras Altezas a aquellos Príncipes y cumplir lo que así me habían mandado. Y para esto pensé de escribir todo este viaje muy puntualmente de día en día todo lo que hiciese y viese y pasase, como adelante se verá. También, Señores Príncipes, allende de escribir cada noche lo que el día pasare, y el día lo que la noche navegare, tengo propósito de hacer carta nueva de navegar, en la cual situaré toda la mar y tierras del Mar Océano en sus propios lugares, debajo su viento, y más, componer un libro, y poner todo por el semejante por pintura, por latitud del equinoccial y longitud del Occidente. Y sobre todo cumple mucho que yo olvide el sueño y tiente mucho el navegar, porque así cumple, las cuales serán gran trabajo.

Viernes, 3 de agosto

Partimos viernes tres días de agosto de 1492 de la barra de Saltés, a las ocho horas. Anduvimos con fuerte virazón hasta el poner del sol hacia el Sur sesenta millas, que son quince le-

---

[17] Colón no pudo partir de Cádiz porque el puerto estaba lleno, pues había sido designado como el principal punto de embarque de los judíos expulsados. El día 2 de agosto de 1492 había sido fijado por sus católicas majestades como la fecha tope para la expulsión de todos los judíos de España.

[18] Se refiere a las tres embarcaciones: La nao *Santa María*, la carabela *Pinta* y la *Niña*.

[19] En lugar de poner rumbo desde España directamente hacia el oeste, Colón primero se dirigió a Canarias para evitar los vientos del oeste del Atlántico norte. Después Colón se dirigió hacia el oeste, aprovechando las ventajas de los vientos alisios del nordeste.

guas; después al Sudoeste y al Sur cuarta del Sudoeste, que era el camino para las Canarias.

Miércoles, 10 de octubre

Navegó al Oessudoeste. Anduvieron a diez millas por hora y a ratos doce y algún rato a siete, y entre día y noche cincuenta y nueve leguas. Contó a la gente cuarenta y cuatro leguas no más. Aquí la gente ya no lo podía sufrir: quejábase del largo viaje. Pero el Almirante los esforzó lo mejor que pudo, dándoles buena esperanza de los provechos que podrían haber. Y añadía que por demás era quejarse, pues que él había venido a las Indias, y que así lo había de proseguir hasta hallarlas con la ayuda de Nuestro Señor.

Jueves, 11 de octubre

Navegó al Oessudoeste. Tuvieron mucha mar y más que en todo el viaje habían tenido. Vieron pardelas y un junco verde junto a la nao. Vieron los de la carabela Pinta una caña y un palo y tomaron otro palillo labrado a lo que parecía con hierro, y un pedazo de caña y otra hierba que nace en tierra, y una tablilla. Los de la carabela Niña también vieron otras señales de tierra y un palillo cargado de escaramujos. Con estas señales respiraron y alegráronse todos. Anduvieron en este día, hasta puesto el sol, veintisiete leguas.

Después del sol puesto, navegó a su primer camino, al Oeste; andarían doce millas cada hora y hasta dos horas después de media noche andarían noventa millas, que son veintidós leguas y media. Y porque la carabela Pinta era más velera e iba delante del Almirante, halló tierra e hizo las señas que el Almirante había mandado. Esta tierra vio primero un marinero que se decía Rodrigo de Triana[20], puesto que el Almirante, a las diez de la noche, estando en el castillo de popa, vio lum-

---

[20] Tres testigos de pleitos dicen que fue Juan Rodríguez Bermejo de Molinos, natural de Sevilla, el primero que vio tierra.

bre, aunque fue cosa tan cerrada que no quiso afirmar que
fuese tierra, pero llamó a Pedro Gutiérrez, repostero de estrados del Rey, y díjole que parecía lumbre, que mirase él, y así
lo hizo y vióla. Díjole también a Rodrigo Sánchez de Segovia,
que el Rey y la Reina enviaban en el armada por veedor, el
cual no vio nada porque no estaba en lugar do la pudiese ver.
Después de que el Almirante lo dijo, se vio una vez o dos, y
era como una candelilla de cera que se alzaba y levantaba, lo
cual a pocos pareciera ser indicio de tierra. Pero el Almirante
tuvo por cierto estar junto a la tierra. Por lo cual, cuando dijeron la «Salve», que la acostumbran decir y cantar a su manera
todos los marineros y se hallan todos, rogó y amonestólos el
Almirante que hiciesen buena guarda al castillo de proa, y mirasen bien por la tierra, y que al que le dijese primero que veía
tierra le daría luego un jubón de seda, sin las otras mercedes
que los Reyes habían prometido, que eran diez mil maravedís
de juro a quien primero la viese. A las dos horas después de
media noche pareció la tierra de la cual estarían dos leguas.
Amañaron todas las velas, y quedaron con el treo, que es la
vela grande sin bonetas, y pusiéronse a la corda, temporizan-
do hasta el día viernes, que llegaron a una islita de los Lucayos[21], que se llamaba en lengua de indios Guanahaní. Luego
vieron gente desnuda, y el Almirante salió a tierra en la barca
armada, y Martín Alonso Pinzón y Vicente Yáñez, su hermano, que era capitán de la Niña. Sacó el Almirante la bandera
real y los capitanes con dos banderas de la Cruz Verde, que
llevaba el Almirante en todos los navíos por seña, con una
F y una Y: encima de cada letra su corona, una de un cabo de
la cruz y otra de otro. Puestos en tierra vieron árboles muy
verdes y aguas muchas y frutas de diversas maneras. El Almirante llamó a los dos capitanes y a los demás que saltaron en
tierra, y a Rodrigo de Escobedo, escribano de toda el armada,
y a Rodrigo Sánchez de Segovia, y dijo que le diesen por fe y
testimonio cómo él por ante todos tomaba, como de hecho
tomó, posesión de la dicha isla por el Rey y por la Reina sus
señores, haciendo las protestaciones que se requerían, como

---

[21] Lucayos o lecuyos (lequios), habitantes de unas islas que se situaban al
oriente de Asia.

más largo se contiene en los testimonios que allí se hicieron por escrito. Luego se ajuntó allí mucha gente de la isla. Esto que se sigue son palabras formales del Almirante, en su libro de su primera navegación y descubrimiento de estas Indias. «Yo —dice él—, porque nos tuviesen mucha amistad, porque conocí que era gente que mejor se libraría y convertiría a nuestra Santa Fe con amor que no por fuerza, les di a algunos de ellos unos bonetes colorados y unas cuentas de vidrio que se ponían al pescuezo, y otras cosas muchas de poco valor, con que hubieron mucho placer y quedaron tanto nuestros que era maravilla. Los cuales después venían a las barcas de los navíos adonde nos estábamos, nadando, y nos traían papagayos e hilo de algodón en ovillos y azagayas y otras cosas muchas, y nos las trocaban por otras cosas que nos les dábamos, como cuentecillas de vidrio y cascabeles. En fin, todo tomaban y daban de aquello que tenían de buena voluntad. Mas me pareció que era gente muy pobre de todo. Ellos andan todos desnudos como su madre los parió, y también las mujeres, aunque no vi más de una harto moza. Y todos los que yo vi eran todos mancebos, que ninguno vi de edad de más de treinta años: muy bien hechos, de muy hermosos cuerpos y muy buenas caras: los cabellos gruesos casi como sedas de cola de caballo, y cortos: los cabellos traen por encima de las cejas, salvo unos pocos detrás que traen largos, que jamás cortan. De ellos se pintan de prieto, y ellos son de la color de los canarios[22] ni negros ni blancos, y de ellos se pintan de blanco, y de ellos de colorado, y de ellos de lo que hallan, y de ellos se pintan las caras, y de ellos todo el cuerpo, y de ellos solos los ojos, y de ellos sólo la nariz. Ellos no traen armas ni las conocen, porque les mostré espadas y las tomaban por el filo y se cortaban con ignorancia. No tienen algún hierro. Sus azagayas son unas varas sin hierro, y algunas de ellas tienen al cabo un diente de pez, y otras de otras cosas. Ellos todos a una mano son de buena estatura de grandeza y bue-

---

[22] Colón pensó que encontraría hombres negros porque partía de la creencia antigua de que el color de los habitantes se iba oscureciendo conforme se avanzaba hacia el Sur.

nos gestos, bien hechos[23]. Yo vi algunos que tenían señales de heridas en sus cuerpos, y les hice señas qué era aquello, y ellos me mostraron cómo allí venían gente de otras islas que estaban cerca y les querían tomar y se defendían[24]. Y yo creí y creo que aquí vienen de tierra firme a tomarlos por cautivos. Ellos deben ser buenos servidores y de buen ingenio, que veo que muy presto dicen todo lo que les decía, y creo que ligeramente se harían cristianos, que me pareció que ninguna secta tenían[25]. Yo, placiendo a Nuestro Señor, llevaré de aquí al tiempo de mi partida seis a Vuestras Altezas para que aprendan a hablar. Ninguna bestia de ninguna manera vi, salvo papagayos, en esta isla.» Todas son palabras del Almirante.

Domingo, 21 de octubre

«A las diez horas llegué aquí a este cabo del isleo y surgí, y asimismo las carabelas. Y después de haber comido fui en tierra, adonde aquí no había otra población que una casa, en la cual no hallé a nadie, que creo con temor se habían huido, porque en ella estaban todos sus aderezos de casa. Yo no les dejé tocar nada, salvo que me salí con estos capitanes y gente a ver la isla, que si las otras ya vistas son muy hermosas y verdes y fértiles, ésta es mucho más y de grandes arboledos y muy verdes. Aquí es unas grandes lagunas, y sobre ellas y a la rueda es el arboledo en maravilla, y aquí y en toda la isla son todos verdes y las hierbas como en abril en el Andalucía. Y el cantar de los pajaritos que parece que el hombre nunca se querría partir de aquí, y las manadas de los papagayos que os-

---

[23] El retrato que Colón hace del indio es una figura poética compuesta bajo la influencia de una tradición literaria y el deseo de realzar el valor del descubrimiento, debido a que llevaban la semilla del problema del hombre natural que ocupó el pensamiento europeo durante trescientos años.

[24] Se refiere a los caníbales.

[25] La utopía cristiana del Nuevo Mundo parte del mito del buen salvaje y entiende que los indios son más aptos que los europeos para vivir en una república verdaderamente cristiana. La nueva república es superior a los estados europeos. El enemigo peor de este nuevo estado es el europeo, puesto que ha venido al Nuevo Mundo para satisfacer su codicia y ambición.

curecen el sol; y aves y pajaritos de tantas maneras y tan diversas de las nuestras que es maravilla. Y después hay árboles de mil maneras y todos dan de su manera fruto, y todos huelen que es maravilla, que yo estoy el más apenado del mundo de no conocerlos, porque soy bien cierto que todos son cosa de valía, y de ellos traigo la muestra y asimismo de las hierbas. Andando así en cerco de una de estas lagunas vi una sierpe[26], la cual matamos y traigo el cuero a Vuestras Altezas. Ella como nos vio se echó en la laguna y nos la seguimos dentro, porque no era muy honda, hasta que con lanzas la matamos. Es de siete palmos de largo; creo que de estas semejantes hay aquí en estas lagunas muchas. Aquí conocí del liñáloe, y mañana he determinado de hacer traer a la nao diez quintales, porque me dicen que vale mucho. También andando en busca de muy buena agua fuimos a una población aquí cerca, adonde estoy surto media legua. Y la gente de ella, como nos sintieron, dieron todos a huir y dejaron las casas y escondieron su ropa y lo que tenían por el monte. Yo no dejé tomar nada ni la valía de un alfiler. Después se llegaron a nos unos hombres de ellos, y uno se llegó a quien yo di unos cascabeles y unas cuentecillas de vidrio y quedó muy contento y muy alegre, y por que la amistad creciese más y los requiriese algo, le hice pedir agua, y ellos, después que fui en la nao, vinieron luego a la playa con sus calabazas llenas y holgaron mucho de dárnosla. Y yo les mandé dar otro ramalejo de cuentecillas de vidrio y dijeron que de mañana vendrían acá. Yo quería henchir aquí toda la vasija de los navíos de agua. Por ende, si el tiempo me da lugar, luego me partiré a rodear esta isla hasta que yo haya lengua con este rey y ver si puedo haber de él oro que oigo que trae, y después partir para otra isla grande mucho, que creo que debe ser Cipango[27], según las señas que me dan estos indios que yo traigo, a la cual ellos llaman Cuba[28], en la cual dicen que hay naos y mareantes muchos y muy grandes, y de esta isla otra que lla-

---

[26] Dice Las Casas que se trata de una iguana.
[27] Colón se guía por los viajes de Marco Polo, por las fantasías de John Mandeville sobre mitos de Asia, por Pierre d'Ailly que refutaba a Ptolomeo y por las cartas del famoso astrólogo florentino Toscanelli.
[28] En el texto del que partimos aparece Colba y debe de ser o bien un error del copista o de Colón.

man Bohío[29], que también dicen que es muy grande. Y a las otras que son entremedio veré así de pasada, y según yo hallare recaudo de oro o especiería determinaré lo que he de hacer. Más todavía, tengo determinado de ir a la tierra firme y a la ciudad de Quisay[30] y dar las cartas de Vuestras Altezas al Gran Can y pedir respuesta y venir con ella.»

Domingo, 28 de octubre

Fue de allí en demanda de la isla de Cuba al Sursudoeste, a la tierra de ella más cercana, y entró en un río muy hermoso y muy sin peligro de bajas ni otros inconvenientes. Y toda la costa que anduvo por allí era muy hondo y muy limpio hasta tierra. Tenía la boca del río doce brazas, y es bien ancha para barloventear. Surgió dentro, dice que a tiro de lombarda. Dice el Almirante que nunca tan hermosa cosa vio, llena de árboles, todo cercado el río, hermosos y verdes y diversos de los nuestros, con flores y con su fruto, cada uno de su manera. Aves muchas y pajaritos que cantaban muy dulcemente. Había gran cantidad de palmas de otra manera que las de Guinea y de las nuestras, de una estatura mediana y los pies sin aquella camisa y las hojas muy grandes con las cuales cobijan las casas; la tierra muy llana. Saltó el Almirante en la barca y fue a tierra, y llegó a dos casas que creyó ser de pescadores y que con temor se huyeron, en una de las cuales halló un perro que nunca ladró. Y en ambas casas halló redes de hilo de palma y cordeles y anzuelo de cuerno y fisgas de hueso y otros aparejos de pescar y muchos fuegos dentro, y creyó que en cada una casa se juntan muchas personas. Mandó que no se tocase en cosa de todo ello, y así se hizo. La hierba era grande como en Andalucía por abril y mayo. Halló verdolagas muchas y bledos. Tornóse a la barca y anduvo por el río arriba un buen rato, y dice que era gran placer ver aquellas verduras y arboledas, y de las aves que no podía dejarlas para se volver. Dice que es aquella isla la más hermosa que ojos hayan visto, llena de muy buenos puertos y

29 Bohío es nombre que los indígenas daban a Haití la Española.
30 Quisay es nombre que Marco Polo dio a la ciudad de Kin-See.

ríos hondos, y la mar que parecía que nunca se debía de alzar porque la hierba de la playa llegaba hasta casi el agua, la cual no suele llegar donde la mar es brava. Hasta entonces no había experimentado en todas aquellas islas que la mar fuese brava. La isla dice que es llena de montañas muy hermosas, aunque no son muy grandes en longura, salvo altas, y toda la otra tierra es alta de la manera de Sicilia; llena es de muchas aguas, según pudo entender de los indios que consigo lleva, que tomó en la isla de Guanahaní, los cuales le dicen por señas que hay diez ríos grandes y que con sus canoas no la pueden cercar en veinte días. Cuando iba a tierra con los navíos salieron dos almadías o canoas, y como vieron que los marineros entraban en la barca y remaban para ir a ver el fondo del río para saber dónde habían de surgir, huyeron las canoas. Decían los indios que en aquella isla había minas de oro y perlas, y vio el Almirante lugar apto para ellas y almejas, que es señal de ellas, y entendía el Almirante que allí venían naos del Gran Can, y grandes, y que de allí a tierra firme había jornada de diez días. Llamó el Almirante aquel río y puerto de San Salvador[31].

Lunes, 29 de octubre

Alzó las anclas de aquel puerto y navegó al Poniente para ir dice que a la ciudad donde le parecía que le decían los indios que estaba aquel rey. Una punta de la isla le salía a no-

---

[31] El 28 de octubre las carabelas de Colón entraron en la bahía Bariay, en Cuba. Allí los nativos de San Salvador, a quienes Colón llevaba cautivos como intérpretes, hablaron con los indios locales y le contaron al navegante que en Cubanacan (que significa centro de Cuba), a pocos kilómetros de la costa, había oro. Colón creyó que ellos habían querido decir el Gran Kan de la China y envió una embajada al encuentro del potentado oriental. Cuenta Boorstin que un erudito que hablaba árabe y que había sido traído en previsión de misiones semejantes fue puesto al mando, acompañado por un marinero de primera que años antes había encontrado a un rey africano en Guinea y por consiguiente se suponía que sabía tratar a la realeza de tierras exóticas. Guiados por visiones de Cambaluc, que Marco Polo había mencionado como la capital mongola de China donde tenía su espléndida corte el Kan, los embajadores se internaron en el valle del río Cocayuguin, pero sólo hallaron unas cincuenta chozas. Véase Boorstin, *Los descubridores*, ob. cit., pág. 238.

roeste seis leguas de allí. Andada otra legua vio un río no de tan grande entrada, al cual puso nombre de río de la Luna; anduvo hasta hora de vísperas. Vio otro río más grande que los otros, y así se lo dijeron por señas los indios, y cerca de él vio buenas poblaciones de casas; llamó al río el río de Mares. Envió dos barcas a una población por haber lengua, y a una de ellas un indio de los que traía, porque ya los entendían algo y mostraban estar contentos con los cristianos, de los cuales todos los hombres y mujeres y criaturas huyeron, desamparando las casas con todo lo que tenían; y mandó el Almirante que no se tocase en cosa. Las casas dice que eran ya más hermosas que las que había visto, y creía que cuanto más se allegase a la tierra firme serían mejores. Eran hechas a manera de alfaneques, muy grandes, y parecían tiendas en real, sin concierto de calles, sino una acá y otra acullá y dentro muy barridas y limpias y sus aderezos muy compuestos. Todas son de ramos de palma muy hermosas. Hallaron muchas estatuas en figura de mujeres y muchas cabezas en manera de carantona muy bien labradas. No sé si esto tienen por hermosura o adoran en ellas. Había perros que jamás ladraron; había avecitas salvajes mansas por sus casas, había maravillosos aderezos de redes y anzuelos y artificios de pescar. No le tocaron en cosa de ello. Creyó que todos los de la costa debían de ser pescadores que llevan el pescado la tierra dentro, porque aquella isla es muy grande y tan hermosa que no se hartaba de decir bien de ella. Dice que halló árboles y frutas de muy maravilloso sabor; y dice que debe haber vacas en ella y otros ganados, porque vio cabezas de hueso que le parecieron de vaca. Aves y pajaritos y el cantar de los grillos en toda la noche con que se holgaban todos: los aires sabrosos y dulces de toda la noche, ni frío ni caliente. Mas por el camino de las otras islas a aquélla dice que hacía gran calor y allí no, salvo templado como en mayo; atribuye el calor de las otras islas por ser muy llanas y por el viento que traían hasta allí ser Levante y por eso cálido. El agua de aquellos ríos era salada a la boca: no supieron de dónde bebían los indios, aunque tenían en sus casas agua dulce. En este río podían los navíos voltejar para entrar y para salir, y tiene muy buenas señas o marcas: tiene siete u ocho brazas de fondo a la boca y dentro cinco. Toda aquella mar dice que le parece que debe ser siempre mansa como el río de Sevilla y el agua aparejada para criar perlas. Halló caracoles grandes, sin sabor, no como los de España. Señala la disposición del río y del puerto que arriba dijo y nombró San Salvador, que tiene sus montañas hermosas y altas como la Peña de los Enamorados, y una de ellas tiene encima otro montecillo a manera de una hermosa mezquita. Este otro río y puerto en que ahora estaba tiene de la parte del Sudeste dos montañas así redondas y de la parte del Oesnoroeste un hermoso cabo llano que sale fuera.

Martes, 30 de octubre

Salió del río de Mares al Noroeste, y vio un cabo lleno de palmas y púsole Cabo de Palmas, después de haber andado quince leguas. Los indios que iban en la carabela Pinta dijeron que detrás de aquel cabo había un río[32] y del río a Cuba había cuatro jornadas; y dijo el capitán de la Pinta que entendía que esta Cuba era ciudad y que aquella tierra era tierra firme muy grande[33] que va mucho al Norte, y que el rey de aquella tierra tenía guerra con el Gran Can, al cual ellos llamaban Cami, y a su tierra o ciudad Faba, y otros muchos nombres. Determinó el Almirante de llegar a aquel río y enviar un presente al rey de la tierra y enviarle la carta de los reyes, y para ella tenía un marinero que había andado en Guinea en lo mismo, y ciertos indios de Guanahaní que querían ir con él, con que después los tornasen a su tierra. Al parecer del Almirante, distaba de la línea equinoccial cuarenta y dos grados hacia la banda del Norte[34], si no está corrupta la letra de donde trasladé esto, y dice que había de trabajar de ir al Gran

---

[32] El Máximo.

[33] Escribe Las Casas al margen: «Muy a oscuras andaban todos por no entender a los indios, yo creo que la Cuba que los indios les decían, era la provincia de Cubanacan, de aquella isla de Cuba que tiene minas de oro, etc.» En *Historia de las indias*, Las Casas añade: «Oían Cubanacan y... entendíanlo muy al revés y aplicábanlo que hablaban del Gran Can.»

[34] Colón apunta lo que había visto en otros mapas: Cipango a 42 grados N.

Can, que pensaba que estaba allí, o en la ciudad de Catay, que es del Gran Can, que dice que es muy grande, según le fue dicho antes que partiese de España. Toda esta tierra dice ser baja y hermosa y honda la mar.

Domingo, 4 de noviembre

Luego, en amaneciendo, entró el Almirante en la barca, y salió a tierra a cazar de las aves que el día antes había visto. Después de vuelto, vino a él Martín Alonso Pinzón con dos pedazos de canela, y dijo que un portugués que tenía en su navío había visto a un indio que traía dos manojos de ella grandes, pero que no se la osó rescatar por la pena que el Almirante tenía puesta que nadie rescatase. Decía más: que aquel indio traía unas cosas bermejas como nueces. El contramaestre de la Pinta dijo que había hallado árboles de canela[35]. Fue el Almirante luego allá y halló que no eran. Mostró el Almirante a unos indios de allí canela y pimienta[36] —parece que de la que llevaba de Castilla para muestra— y conociéronla, dice que, y dijeron por señas que cerca de allí había mucho de aquello al camino del Sudeste. Mostróles oro y perlas, y respondieron ciertos viejos que en un lugar que llamaron Bohío había infinito y que lo traían al cuello y a las orejas y a los brazos y a las piernas, y también perlas. Entendió más: que decían que había naos grandes y mercaderías, y todo esto era al Sudeste. Entendió también que lejos de allí había hombres de un ojo y otros con hocicos de perros[37] que comían los hombres y que en tomando uno lo degollaban y le bebían su sangre y le cortaban su natura. Determinó de volver a la nao el Almirante a esperar los dos hombres que había

CASTRACIÓN

---

[35] Colón no tuvo problema alguno en encontrar en estas tierras muestras de la flora asiática, siguiendo, hasta en ello, a Marco Polo.

[36] Las Casas indica, al respecto: «La pimienta montés de estas tierras que llaman ají bien pudieron engañarse diciendo que la había, pero la canela nunca se halló en todas estas islas.»

[37] Colón, influido por las lecturas fantásticas, encontrará en estas tierras amazonas o sirenas (focas) o el paraíso terrenal, con lo que se revela la importancia de la imaginación del conquistador sobre la realidad que observa.

enviado para determinar de partirse a buscar aquellas tierras, si no trajesen aquéllos alguna buena nueva de lo que deseaban. Dice más el Almirante: «Esta gente es muy mansa y temerosa, desnuda como dicho tengo, sin armas y sin ley. Estas tierras son muy fértiles: ellos las tienen llenas de mames[38], que son como zanahorias, que tienen sabor de castañas, y tienen faxones y habas muy diversas de las nuestras y mucho algodón, el cual no siembran, y nacen por los montes árboles grandes, y creo que en todo tiempo lo haya para coger, porque vi los cogujos abiertos y otros que se abrían y flores todo en un árbol, y otras mil maneras de frutas que no me es posible escribir; y todo debe ser cosa provechosa.» Todo esto dice el Almirante.

Martes, 6 de noviembre

Ayer en la noche, dice el Almirante, vinieron los dos hombres que había enviado a ver a la tierra dentro, y le dijeron cómo habían andado doce leguas que había hasta una población de cincuenta casas, donde dice que habría mil vecinos, porque viven muchos en una casa. Estas casas son de manera de alfaneques grandísimos. Dijeron que los habían recibido con gran solemnidad, según su costumbre, y todos, así hombres como mujeres, los venían a ver, y aposentáronlos en las mejores casas; los cuales los tocaban y les besaban las manos y los pies, maravillándose y creyendo que venían del cielo, y así se lo daban a entender. Dábanles de comer de lo que tenían. Dijeron que en llegando los llevaron de brazos los más honrados del pueblo a la casa principal, y diéronles dos sillas en que se asentaron, y ellos todos se asentaron en el suelo en derredor de ellos. El indio que con ellos iba les notificó la manera de vivir de los cristianos y cómo eran buena gente. Después, saliéronse los hombres y entraron las mujeres, y sentáronse de la misma manera en derredor de ellos, besándoles las manos y los pies, palpándolos, atentándolos si eran de carne y de hueso como ellos. Rogábanles que se estuviesen allí con

---

[38] El ñame sólo se encuentra en Norteamérica.

138

ellos al menos por cinco días. Mostraron la canela y pimienta y otras especias que el Almirante les había dado, y dijéronles por señas que mucha de ella había cerca de allí al Sudeste, pero que en allí no sabían si la había. Visto cómo no tenían recaudo de ciudades, se volvieron, y que si quisieran dar lugar a los que con ellos se querían venir, que más de quinientos hombres y mujeres vinieran con ellos, porque pensaban que se volvían al cielo. Vino empero, con ellos, un principal del pueblo y un su hijo y un hombre suyo. Habló con ellos el Almirante, hízoles mucha honra, señalóle muchas tierras e islas que había en aquellas partes, pensó de traerlos a los Reyes, y dice que no supo qué se le antojó; parece que de miedo, y de noche oscuro quísose ir a tierra. Y el Almirante dice que porque tenía la nao en seco en tierra, no le queriendo enojar, le dejó ir, diciendo que en amaneciendo tornaría, el cual nunca tornó. Hallaron los dos cristianos por el camino mucha gente que atravesaba a sus pueblos, mujeres y hombres, con un tizón en la mano, e hierbas para tomar sus sahumerios que acostumbraban. No hallaron población por el camino de más de cinco casas, y todos les hacían el mismo acatamiento. Vieron muchas maneras de árboles y hierbas y flores odoríferas. Vieron aves de muchas maneras diversas de las de España, salvo perdices y ruiseñores que cantaban y ánsares, que de éstos hay allí harto; bestias de cuatro pies no vieron, salvo perros que no ladraban. La tierra muy fértil y muy labrada de aquellos mames y faxoes y habas muy diversas de las nuestras; eso mismo panizo y mucha cantidad de algodón cogido e hilado y obrado, y que en una sola casa habían visto más de quinientas arrobas y que se pudiera haber allí cada año cuatro mil quintales. Dice el Almirante que le parecía que no lo sembraban y que da fruto todo el año; es muy fino, tiene el capullo grande. Todo lo que aquella gente tenía dice que daba por muy vil precio, y que una gran espuerta de algodón daba por cabo de agujeta u otra cosa que se le dé. Son gente, dice el Almirante, muy sin mal ni guerra, desnudos todos, hombres y mujeres, como su madre los parió. Verdad es que las mujeres traen una cosa de algodón solamente tan grande que les cobija su natura y no más, y son ellas de muy buen acatamiento, ni muy negras, salvo menos que canarias. «Tengo por dicho, se-

CAMBIO DE ENFASIS

renísimos Príncipes —dice aquí el Almirante— que sabiendo la lengua dispuesta suya personas devotas religiosas, que luego todos se tornarían cristianos; y así espero en Nuestro Señor que Vuestras Altezas se determinarán a ello con mucha diligencia para tornar a la Iglesia tan grandes pueblos, y los convertirán, así como han destruido aquellos que no quisieron confesar el Padre y el Hijo y el Espíritu Santo; y después de sus días, que todos somos mortales, dejarán sus reinos en muy tranquilo estado y limpios de herejía y maldad, y serán bien recibidos delante del Eterno Criador, al cual plega de les dar larga vida y acrecentamiento grande de mayores reinos y señoríos y voluntad y disposición para acrecentar la santa religión cristiana, así como hasta aquí tienen hecho, amén. Hoy tiré la nao de monte y me despacho para partir el jueves en nombre de Dios e ir al Sudeste a buscar oro y especierías y descubrir tierra.» Estas todas son palabras del Almirante, el cual pensó partir el jueves, pero porque le hizo el viento contrario no pudo partir hasta doce días de noviembre.

Lunes, 12 de noviembre

Partió del puerto y río de Mares al rendir del cuarto de alba para ir a una isla que mucho afirmaban los indios que traía, que se llamaba Baneque, adonde, según dicen por señas, que la gente de ella coge el oro con candelas de noche en la playa, y después con martillo dice que hacían vergas de ello, y para ir a ella era menester poner la proa al Este cuarta del Sudeste. Después de haber andado ocho leguas por la costa delante, halló un río y dende andadas otras cuatro halló otro río que parecía muy caudaloso y mayor que ninguno de los otros que había hallado. No se quiso detener ni entrar en alguno de ellos por dos respectos: el uno y principal porque el tiempo y viento era bueno para ir en demanda de la dicha isla de Babeque; el otro, porque si en él hubiera alguna populosa o famosa ciudad cerca de la mar se pareciera, y para ir por el río arriba eran menester navíos pequeños, lo que no eran los que llevaban; y así se perdiera también mucho tiempo, y los semejantes ríos son cosa para descubrirse por sí. Toda aquella costa era poblada mayormente cerca del río, a quien puso por nombre el río del Sol. Dijo que el domingo antes, 11 de noviembre, le había parecido que fuera bien tomar algunas personas de las de aquel río para llevar a los Reyes porque aprendieran nuestra lengua, para saber lo que hay en la tierra y porque volviendo sean lenguas de los cristianos y tomen nuestras costumbres y las cosas de la Fe, «porque yo vi y conozco —dice el Almirante— que esta gente no tiene secta ninguna ni son idólatras, salvo muy mansos y sin saber qué sea mal ni matar a otros ni prender, y sin armas y tan temerosos que a una persona de los nuestros huyen ciento de ellos, aunque burlen con ellos, y crédulos y conocedores que hay Dios en el cielo, y firmes que nosotros habemos venido del cielo, y muy presto a cualquiera oración que nos les digamos que digan y hacen el señal de la cruz. Así que deben Vuestras Altezas determinarse a los hacer cristianos, que creo que si comienzan, en poco tiempo acabarán de los haber convertido a nuestra Santa Fe multidumbre de pueblos, y cobrando grandes señoríos y riqueza y todos sus pueblos de la España, porque sin duda es en estas tierras grandísima suma de oro, que no sin causa dicen estos indios que yo traigo, que hay en estas islas lugares adonde cavan el oro y lo traen al pescuezo, a las orejas y a los brazos y a las piernas, y son manillas muy gruesas, y también hay piedras y hay perlas preciosas e infinita especiería; y en este río de Mares, de donde partí esta noche, sin duda hay grandísima cantidad de almáciga y mayor si mayor se quisiere hacer, porque los mismos árboles plantándolos prenden de ligero y hay muchos y muy grandes y tienen la hoja como lentisco y el fruto, salvo que es mayor, así los árboles como la hoja, como dice Plinio[39] y yo he visto en la isla de Xío, en el Archipiélago, y mandé sangrar muchos de estos árboles para ver si echarían resina para traer, y como haya siempre llovido el tiempo que yo he estado en el dicho río, no he podido haber de ella, salvo muy poquita que traigo a Vuestras Altezas, y también puede ser que no es el tiempo para los sangrar, que esto creo que conviene al tiempo que

---

[39] Plinio, *Historia natural,* capítulos XIII y XXIII.

los árboles comienzan a salir del invierno y quieren echar la flor; y acá ya tienen el fruto casi maduro ahora. Y también aquí se habría grande suma de algodón y creo que se vendería muy bien acá sin le llevar a España, salvo a las grandes ciudades del Gran Can que se descubrirán sin duda y otras muchas de otros señores que habrán en dicha servir a Vuestras Altezas, y adonde se les darán de otras cosas de España y de las tierras de Oriente, pues éstas son a nos en Poniente. Y aquí hay también infinito liñáloe, aunque no es cosa para hacer gran caudal, mas del almáciga es de entender bien, porque no la hay salvo en dicha isla de Xío, y creo que sacan de ello bien cincuenta mil ducados, si mal no me acuerdo. Y hay aquí, en la boca de dicho río, el mejor puerto que hasta hoy vi, limpio y ancho y hondo y buen lugar y asiento para hacer una villa y fuerte, y que cualesquier navíos se puedan llegar el bordo a los muros, y tierra muy temperada y alta y muy buenas aguas. Así que ayer vino a bordo de la nao una almadía con seis mancebos, y los cinco entraron en la nao; estos mandé detener y los traigo. Y después envié a una casa que es de la parte del río del Poniente, y trajeron siete cabezas de mujeres entre chicas y grandes y tres niños. Esto hice porque mejor se comportan los hombres en España habiendo mujeres de su tierra que sin ellas, porque ya otras muchas veces se acaeció traer los hombres de Guinea para que aprendiesen la lengua en Portugal, y después que volvían pensaban de se aprovechar de ellos en su tierra por la buena compañía que les había hecho y dádivas que se les había dado, en llegando en tierra jamás parecían. Otros no lo hacían así. Así que, teniendo sus mujeres, tendrán ganas de negociar lo que se les encargare, y también estas mujeres mucho enseñarán a los nuestros su lengua, la cual es toda una en todas estas islas de India, y todos se entienden y todas las andan con sus almadías, lo que no han en Guinea, adonde es mil maneras de lenguas que la una no entiende la otra. Esta noche vino a bordo en una almadía el marido de una de estas mujeres y padre de tres hijos, un macho y dos hembras, y dijo que yo le dejase venir con ellos, y a mí me aplogó mucho, y quedan ahora todos consolados con el que deben todos ser parientes, y él es ya hombre de cuarenta y cinco años.» Todas estas palabras son formales del Almirante. Dice también arriba que hacía algún frío, y por esto

142

que no le fuera buen consejo en invierno navegar al Norte para descubrir. Navegó este lunes, hasta el sol puesto, dieciocho leguas al Este cuarta del Sudeste hasta un cabo, al que puso por nombre el Cabo de Cuba.

Viernes, 16 de noviembre

Porque en todas las partes, islas y tierras donde entraba dejaba siempre puesta una cruz, entró en la barca y fue a la boca de aquellos puertos y en una punta de la tierra halló dos maderos muy grandes, uno más largo que el otro y el uno sobre el otro hechos una cruz, que dice que un carpintero no los pudiera poner más proporcionados; y, adorada aquella cruz, mandó hacer de los mismos maderos una muy grande y alta cruz. Halló cañas por aquella playa que no sabía dónde nacían, y creía que las traería algún río y las echaba a la playa, y tenía en esto razón. Fue a una cala dentro de la entrada del puerto de la parte del sudeste (cala es una entrada angosta que entra el agua del mar en la tierra): allí hacía un alto de piedra y peña como cabo y al pie de él era muy hondo, que la mayor carraca del mundo pudiera poner el bordo en tierra, y había un lugar o rincón donde podían estar seis navíos sin anclas como en una cala. Parecióle que se podía hacer allí una fortaleza a poca costa, si en algún tiempo en aquella mar de islas resultase algún rescate famoso. Volviéndose a la nao, halló los indios que consigo traía que pescaban caracoles muy grandes que en aquellas mares hay, e hizo entrar la gente allí y buscar si había nácaras, que son las ostras donde se crían las perlas, y hallaron muchas, pero no perlas, y atribuyólo a que no debía ser el tiempo de ellas, que creía él que era por mayo y junio. Hallaron los marineros un animal que parecía taso o taxo. Pescaron también con redes y hallaron un pez, entre otros muchos, que parecía propio puerco[40], no como tonina, el cual dice que era todo concha muy tiesta y no tenía cosa blanda sino la cola y los ojos, y un agujero debajo de ella para expeler su superfluidades. Mandólo salar para llevarlo que viesen los Reyes.

---

[40] Debe de ser un manatí.

Sábado, 17 de noviembre

Entró en la barca por la mañana y fue a ver las islas que no había visto por la banda del Sudeste. Vio muchas otras y muy fértiles y muy graciosas, y entre medio de ellas muy gran fondo. Algunas de ellas dividían arroyos de agua dulce, y creía que aquella agua y arroyos salían de algunas fuentes que manaban en los altos de las sierras de las islas. De aquí yendo adelante, halló una ribera de agua muy hermosa y dulce, y salía muy fría por lo enjuto de ella. Había un prado muy lindo y palmas muchas y altísimas más que las que había visto. Halló nueces[41] grandes de las de India, creo que dice, y ratones grandes de los de India también y cangrejos grandísimos. Aves vio muchas y olor vehemente de almizque, y creyó que lo debía de haber allí. Este día, de seis mancebos que tomó en el río de Mares, que mandó que fuesen en la carabela Niña, se huyeron los dos más viejos.

Domingo, 25 de noviembre

Antes del sol salido entró en la barca y fue a ver un cabo o punta[42] de tierra al Sudeste de la isleta Llana, obra de una legua y media, porque le parecía que había de haber algún río bueno. Luego, a la entrada del cabo de la parte del Sudeste, andando dos tiros de ballesta, vio venir un grande arroyo de muy linda agua que descendía de una montaña abajo y hacía gran ruido. Fue al río y vio en él unas piedras relucir, con unas manchas en ellas de color de oro, y acordándose que en el río Tejo, al pie de él, junto a la mar, se halla oro, y parecióle que cierto debía tener oro, y mandó coger ciertas de aquellas piedras para llevar a los Reyes. Estando así dan voces los mozos grumetes, diciendo que veían pinales. Miró por la sierra y

---

41 Son cibayoes.
42 Punta de Mangle.

144

violos tan grandes y maravillosos que no podía encarecer su altura y derechura como husos gordos y delgados, donde conoció que se podían hacer navíos e infinita tablazón y mástiles para las mayores naos de España. Vio robles y madroños, y un buen río y aparejo para hacer sierras de agua. La tierra y los aires más templados que hasta allí, por la altura y hermosura de las sierras. Vio por la playa muchas otras piedras de color de hierro, y otras que decían algunos que eran minas de plata, todas las cuales trae el río. Allí cogió una entena y mástil para la mesana de la carabela Niña. Llegó a la boca del río y entró en una cala[43], al pie de aquel cabo de la parte del Sudeste muy honda y grande, en que cabrían cien naos sin alguna amarra ni anclas; y el puerto, que los ojos otro tal nunca vieron. Las sierras altísimas, de las cuales descendían muchas aguas lindísimas. Todas las sierras llenas de pinos y por todo aquello diversísimas y hermosísimas florestas de árboles. Otros dos o tres ríos le quedaban atrás. Encarece todo esto en gran manera a los Reyes y muestra haber recibido de verlo, y mayormente los pinos, inestimable alegría y gozo, porque se podían hacer allí cuantos navíos desearen, trayendo los aderezos, si no fuere madera y pez, que allí se hará harta; y afirma no encarecerlo la centésima parte de lo que es, y que plugo a Nuestro Señor de le mostrar siempre una cosa mejor que otra, y siempre en lo que hasta aquí había descubierto iba de bien en mejor, así en las tierras y arboledas y hierbas y frutos y flores como en las gentes, y siempre de diversa manera, y así en un lugar como en otro, lo mismo en los puertos y en las aguas. Y finalmente dice que, cuando el que lo ve le es tanta la admiración, cuánto más será a quien lo oyere, y que nadie lo podrá creer si no lo viere.

---

[43] Puerto de Jaragua.

Lunes, 26 de noviembre

Al salir el sol levantó las anclas del puerto de Santa Catalina, adonde estaba dentro de la isla Llana, y navegó de luengo de la costa con poco viento Sudoeste al camino del Cabo del Pico, que era al Sudeste. Llegó al Cabo tarde, porque le calmó el viento y, llegado, vio al Sudeste cuarta del Este otro cabo que estaría de él sesenta millas, y de allí vio otro cabo que estaría hacia el navío al Sudeste cuarta del Sur, y parecióle que estaría de él veinte millas, al cual puso nombre el Cabo de Campana, al cual no pudo llegar de día porque le tornó a calmar del todo el viento. Andaría en todo aquel día treinta y dos millas, que son ocho leguas, dentro de las cuales notó y marcó nueve puertos muy señalados, los cuales todos los marineros hacían maravillas, y cinco ríos grandes, porque iba siempre junto con tierra para verlo bien todo. Toda aquella tierra es montañas altísimas muy hermosas, y no secas ni de peñas sino todas andables y valles hermosísimos. Y así los valles como las montañas eran llenos de árboles altos y frescos, que era gloria mirarlos, y parecía que eran muchos pinales. Y también detrás del dicho Cabo del Pico, de la parte del Sudeste, están dos isletas que tendrán cada una en cerco dos leguas y dentro de ellas tres maravillosos puertos y dos grandes ríos. En toda esta costa no vio poblado ninguno desde la mar; podría ser haberlo, y hay señales de ello, porque donde quiera que saltaban en tierra hallaban señales de haber gente y fuegos muchos. Estimaba que la tierra que hoy vio de la parte Sudeste del Cabo de Campana era la isla que llamaban los indios Bohío. Parécelo porque el dicho cabo está apartado de aquella tierra. Toda la gente que hasta hoy ha hallado dice que tiene grandísimo temor de los Caniba o Canima, y dicen que viven en esta isla de Bohío, la cual debe ser muy grande, según le parece y cree que van a tomar a aquellos de sus tierras y casas, como sean muy cobardes y no saben de armas. Y a esta causa le parecía que aquellos indios que traía no suelen poblarse a la costa de la mar, por ser vecinos a esta tierra, los cuales dice que después que le vieron tomar la vuelta de esta tierra no podían hablar temiendo que los habían de comer, y no les podía quitar el temor, y decían que no tenían sino un ojo y la cara de perro, y creía el Almirante que mentían, y sentía el Almirante que debían de ser del señorío del Gran Can, que los cautivaban.

Martes, 11 de diciembre

No partió por el viento, que todavía era Este y Nordeste. Frontero de aquel puerto, como está dicho, está la isla de la Tortuga, y parece grande isla, y va la costa de ella casi como la Española, y puede haber de la una a la otra, a lo más, diez leguas; conviene a saber, desde el Cabo de Cinquin a la cabeza de la Tortuga; después la costa de ella se corre al Sur. Dice que quería ver aquel entremedio de estas dos islas por ver la isla Española, que es la más hermosa cosa del mundo, y porque, según le decían los indios que traía, por allí se había de ir a la isla de Baneque, los cuales le decían que era isla muy grande y de muy grandes montañas y ríos y valles, y decían que la isla de Bohío era mayor que la Juana a que llaman Cuba, y que no está cercada de agua, y parece dar a entender ser tierra firme, que es aquí detrás de esta Española, a que ellos llaman Caritaba, y que es cosa infinita, y casi traen razón que ellos sean trabajados de gente astuta, porque todas estas islas viven con gran miedo de los Caniba, «y así torno a decir como otras veces dije —dice él— que Caniba no es otra cosa sino la gente del Gran Can, que debe ser aquí muy vecino, y tendrá navíos y vendrán a cautivarlos, y como no vuelven creen que se los han comido. Cada día entendemos más a estos indios y ellos a nosotros, puesto que muchas veces hayan entendido uno por otro», dice el Almirante. Envió gente a tierra, hallaron mucha almáciga sin cuajarse; dice que las aguas lo deben hacer, y que en Xío lo cogen por marzo, y que en enero la cogerían en estas tierras por ser tan templadas. Pescaron muchos pescados como los de Castilla, albures, salmones, pijotas, gallos, pámpanos, lisas, corvinas, camarones, y vieron sardinas. Hallaron mucho liñáloe.

Domingo, 16 de diciembre

A la media noche, con el ventezuelo de tierra, dio las velas por salir de aquel golfo, y viniendo del bordo de la isla Española yendo a la bolina, porque luego a hora de tercia ventó Este, a medio golfo halló una canoa con un indio solo en ella, de que se maravillaba el Almirante cómo se podía tener sobre el agua siendo el viento grande. Hízole meter en la nao a él y su canoa, y halagado, diole cuentas de vidrio, cascabeles y sortijas de latón y llevólo en la nao hasta tierra a una población que estaba de allí dieciséis millas junto a la mar, donde surgió el Almirante y halló buen surgidero en la playa junto a la población, que parecía ser de nuevo hecha, porque todas las casas eran nuevas. El indio fuese luego con su canoa a tierra, y da nuevas del Almirante y de los cristianos ser buena gente, puesto que ya las tenían por lo pasado de las otras donde habían ido los seis cristianos. Y luego vinieron más de quinientos hombres, y desde a poco vino el rey de ellos, todos en la playa junto a los navíos, porque estaban surgidos muy cerca de tierra. Luego uno a uno, y muchos a muchos, venían a la nao sin traer consigo cosa alguna, puesto que algunos traían algunos granos de oro finísimo en las orejas o en la nariz, el cual luego daban de buena gana. Mandó hacer honra a todos el Almirante, y dice él «porque son la mejor gente del mundo y más mansa»; y sobre todo, dice, «que tengo mucha esperanza en Nuestro Señor que Vuestras Altezas los harán todos cristianos, y serán todos suyos, que por suyos los tengo». Vio también que el dicho rey estaba en la playa, y que todos le hacían acatamiento. Envióle un presente el Almirante, el cual dice que recibió con mucho estado, y que sería mozo de hasta veintiún años, y que tenía un ayo viejo y otros consejeros que le aconsejaban y respondían, y que él hablaba muy pocas palabras. Uno de los indios que traía el Almirante habló con él, y le dijo cómo venían los cristianos del cielo, y que andaba en busca de oro y quería ir a la isla de Baneque. Y él respondió que bien era, y que en la dicha isla había mucho oro, el cual mostró, al alguacil del Almirante que le llevó el presen-

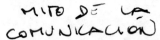

te, el camino que habían de llevar, y que en dos días iría de allí a ella, y que si de su tierra había menester algo lo daría de muy buena voluntad. Este rey y todos los otros andaban desnudos como sus madres los parieron, y así las mujeres, sin algún empacho, y son los más hermosos hombres y mujeres que hasta allí hubieron hallado: harto blancos, que si vestidos anduviesen y se guardasen del sol y del aire, serían casi tan blancos como en España, porque esta tierra es harto fría y la mejor que lengua pueda decir. Es muy alta, y sobre el mayor monte podrían arar bueyes, y hecha toda a campiñas y valles. En toda Castilla no hay tierra que se pueda comparar a ella en hermosura y bondad. Toda esta isla y la de la Tortuga son todas labradas como la campiña de Córdoba. Tienen sembrado en ellas ajes, que son unos ramillos que plantan, y al pie de ellos nacen unas raíces como zanahorias, que sirven por pan, y rallan y amasan y hacen pan de ellas, y después tornan a plantar el mismo ramillo en otra parte y torna a dar cuatro o cinco de aquellas raíces que son muy sabrosas, propio gusto de castañas. Aquí las hay las más gordas y buenas que había visto en ninguna parte, porque también dice que de aquéllas había en Guinea. Las de aquel lugar eran tan gordas como la pierna, y aquella gente todos dice que eran gordos y valientes y no flacos, como los otros que antes había hallado, y de muy dulce conversación, sin secta. Y los árboles de allí dice que eran tan viciosos que las hojas dejaban de ser verdes y eran prietas de verdura. Era cosa de maravilla ver aquellos valles y los ríos y buenas aguas, y las tierras para pan, para ganado de toda suerte, de que ellos no tienen alguna, para huertas y para todas las cosas del mundo que el hombre sepa pedir. Después a la tarde vino el rey a la nao. El Almirante le hizo la honra que debía y le hizo decir cómo era de los Reyes de Castilla, los cuales eran los mayores Príncipes del mundo. Mas ni los indios que el Almirante traía, que eran los intérpretes, creían nada, ni el rey tampoco, sino creían que venían del cielo y que los reinos de los reyes de Castilla eran en el cielo y no en este mundo. Pusiéronle de comer al rey de las cosas de Castilla y él comía un bocado y después dábalo todo a sus consejeros y al ayo y a los demás que metió consigo. «Crean Vuestras Altezas que estas tierras son en tanta cantidad buenas y fértiles y en especial éstas de esta isla Española, que no hay persona que lo sepa decir, y nadie lo puede creer si no lo viese. Y crean que esta isla y todas las otras son así suyas como Castilla, que aquí no falta salvo asiento y mandarles hacer lo que quisieren, porque yo con esta gente que traigo, que no son muchos, correría todas estas islas sin afrenta, que ya he visto sólo tres de estos marineros descender en tierra y haber multitud de estos indios y todos huir, sin que les quisiesen hacer mal. Ellos no tienen armas, y son todos desnudos y de ningún ingenio en las armas y muy cobardes, que mil no aguardarían tres, y así son buenos para les mandar y les hacer trabajar, sembrar y hacer todo lo otro que fuere menester, y que hagan villas y se enseñen a andar vestidos y a nuestras costumbres.»

Martes, 25 de diciembre, día de Navidad

Navegando con poco viento el día de ayer desde la mar de Santo Tomé hasta la Punta Santa, sobre la cual a una legua estuvo así hasta pasado el primer cuarto, que serían a las once horas de la noche, acordó echarse a dormir, porque había dos días y una noche que no había dormido. Como fuese calma, el marinero que gobernaba la nao acordó irse a dormir, y dejó el gobernario a un mozo grumete, lo que mucho siempre había el Almirante prohibido en todo el viaje, que hubiese viento o que hubiese calma: conviene a saber, que no dejasen gobernar a los grumetes. El Almirante estaba seguro de bancos y de peñas, porque el domingo, cuando envió las barcas a aquel rey, habían pasado al Este de la dicha Punta Santa bien tres leguas y media, y habían visto los marineros toda la costa y los bajos que hay desde la dicha Punta Santa[44] al Este bien tres leguas, y vieron por dónde se podía pasar, lo que todo este viaje no hizo. Quiso Nuestro Señor que a las doce horas de la noche, como habían visto acostar y reposar el Almirante y veían que era calma muerta y la mar como en una escu-

---

[44] Colón da nombres sagrados a las tierras por la convicción que tiene de que él es el elegido por Dios.

150

dilla, todos se acostaron a dormir, y quedó el gobernalle en la mano de aquel muchacho, y las aguas que corrían llevaron la nao sobre uno de aquellos bancos. Los cuales, puesto que fuese de noche, sonaban que de una grande legua se oyeran y vieran, y fue sobre él tan mansamente que casi no se sentía. El mozo, que sintió el gobernalle y oyó el sonido de la mar, dio voces, a las cuales salió el Almirante y fue tan presto que aún ninguno había sentido que estuviesen encallados. Luego el maestre[45] de la nao, cuya era la guardia, salió; y díjoles el Almirante a él y a los otros que halasen el batel que traían por popa y tomasen un ancla y la echasen por popa, y él con otros muchos saltaron en el batel, y pensaba el Almirante que hacían lo que les había mandado. Ellos no curaron sino de huir a la carabela, que estaba a barlovento media legua. La carabela no los quiso recibir, haciéndolo virtuosamente, y por esto volvieron a la nao, pero primero fue a ella la barca de la carabela. Cuando el Almirante vio que se huían y que era su gente, y las aguas menguaban y estaba ya la nao la mar de través, no viendo otro medio, mandó cortar el mástil y alijar de la nao todo cuanto pudieron para ver si podían sacarla, y como todavía las aguas menguasen no se pudo remediar, y tomó lado hacia la mar traviesa, puesto que la mar era poca o nada, y entonces se abrieron los conventos y no la nao. El Almirante fue a la carabela para poner en cobro la gente de la nao en la carabela y, como ventase ya vientecillo de la tierra y también aún quedaba mucho de la noche, ni supiesen cuánto duraban los bancos, temporejó a la corda hasta que fue de día, y luego fue a la nao por de dentro de la restringa del barco. Primero había enviado el batel a tierra con Diego de Arana, de Córdoba, alguacil de la Armada, y Pedro Gutiérrez, repostero de la Casa Real, a hacer saber al rey que los había enviado a convidar y rogar el sábado que se fuese con los navíos a su puerto, el cual tenía su villa adelante obra de una legua y media del dicho banco, el cual como lo supo dicen que lloró, y envió toda su gente de la villa con canoas muy grandes y muchas a descargar todo lo de la nao. Y así se hizo y se descargó

---

[45] El maestre es Juan de la Cosa, principal responsable de la pérdida de su nave.

todo lo de las cubiertas en muy breve espacio: tanto fue el grande aviamiento y diligencia que aquel rey dio. Y él con su persona, con hermanos y parientes, estaban poniendo diligencia, así en la nao como en la guarda de lo que se sacaba a tierra, para que todo estuviese a muy buen recaudo. De cuando en cuando enviaba uno de sus parientes al Almirante llorando a lo consolar, diciendo que no recibiese pena ni enojo, que él le daría cuanto tuviese. Certifica el Almirante a los Reyes que en ninguna parte de Castilla tan buen recaudo en todas las cosas se pudiera poner sin faltar una agujeta. Mandólo poner todo junto con las casas entretanto que se vaciaban algunas cosas que quería dar, donde se pusiese y guardase todo. Mandó poner hombres armados en rededor de todo, que velasen toda la noche. «Él, con todo el pueblo, lloraban; tanto —dice el Almirante—, son gente de amor y sin codicia y convenibles para toda cosa, que certifico a Vuestras Altezas que en el mundo creo que no hay mejor gente ni mejor tierra. Ellos aman a sus prójimos como a sí mismos, y tienen un habla la más dulce del mundo, y mansa y siempre con risa. Ellos andan desnudos, hombres y mujeres, como sus madres los parieron. Mas, crean Vuestras Altezas que entre sí tienen costumbres muy buenas, y el rey muy maravilloso estado, de una cierta manera tan continente que es placer de verlo todo, y la memoria que tienen, y todo quieren ver, y preguntan qué es y para qué.» Todo esto dice el Almirante.

Martes, 8 de enero

Por el viento Este y Sudeste mucho que ventaba no partió este día, por lo cual mandó que se guarneciese la carabela de agua y leña y de todo lo necesario para todo el viaje, porque, aunque tenía voluntad de costear toda la costa de aquella Española que andando el camino pudiese, pero, porque los que puso en las carabelas por capitanes eran hermanos, conviene a saber Martín Alonso Pinzón y Vicente Yáñez, y otros que le seguían con soberbia y codicia estimando que todo era ya suyo, no mirando la honra que el Almirante les había hecho y dado, no habían obedecido ni obedecían sus mandamientos, antes hacían y decían muchas cosas no debidas contra él, y el Martín Alonso lo dejó desde el 21 de noviembre hasta el 6 de enero sin causa alguna ni razón sino por su desobediencia, todo lo cual el Almirante había sufrido y callado por dar buen fin a su viaje, así que, por salir de tan mala compañía, con los cuales dice que cumplía disimular, aunque eran gente desmandada, y aunque tenía dice que consigo muchos hombres de bien, pero no era tiempo de entender en castigo, acordó volverse y no parar más, con la mayor prisa que le fuese posible[46]. Entró en la barca y fue al río, que es allí junto, hacia el Sursudeste del Monte Cristi una grande legua, donde iban los marineros a tomar agua para el navío, y halló que la arena de la boca del río, el cual es muy grande y hondo, era dice que toda llena de oro y en tanto grado que era maravilla, puesto que era muy menudo. Creía el Almirante que por venir por aquel río abajo se desmenuzaba por el camino, puesto que dice que en poco espacio halló muchos granos tan grandes como lentejas, mas de lo menudito dice que había mucha cantidad. Y, porque la mar era llena y entraba el agua salada con la dulce, mandó subir con la barca el río arriba un tiro de piedra, hincheron los barriles desde la barca y, volviéndose a la carabela, hallaron metidos por los aros de los barriles pedacitos de oro, y lo mismo en los aros de la pipa. Puso por nombre el Almirante al río el Río del Oro, el cual de dentro pasada la entrada muy hondo, aunque la entrada es baja y la boca muy ancha, y de él a la Villa de Navidad hay diecisiete leguas. Entremedias hay otros muchos ríos grandes, en especial tres, los cuales creía que debían tener mucho más oro que aquél, porque son más grandes, puesto que éste es casi tan grande como el Guadalquivir por Córdoba. Y de ellos a las minas del oro no hay veinte leguas. Dice más el Almirante: que no quiso tomar de la dicha arena que tenía tanto oro, pues Sus Altezas lo tenían todo en casa y a la puerta de su Villa de Navidad, sino venirse a más andar por llevarles las nue-

---

[46] Colón, astutamente, no quiso mencionar ni la pérdida de *Santa María*, ni la desobediencia de Pinzón, ni la rebeldía de la tripulación. Tampoco informó acerca del trayecto realizado por miedo a los competidores.

vas y quitarse de la mala compañía que tenía y que siempre había dicho que era gente desmandada[47].

Tercer viaje[48]

Serenísimos y muy altos y muy poderosos Príncipes Rey y Reina, Nuestros Señores: La Santa Trinidad movió a Vuestras Altezas a esta empresa de las Indias, y por su infinita bondad hizo a mí mensajero de ello, al cual vine con el embajada a su real conspecto, movido como a los más altos Príncipes de cristianos y que tanto se ejercitaban en la fe y acrecentamiento de ella. Las personas que entendieron en ello lo tuvieron por imposible, y el caudal hacían sobre bienes de fortuna, y allí echaron el clavo. Puse en esto seis o siete años de grave pena, mostrando, lo mejor que yo sabía, cuánto servicio se podía hacer a Nuestro Señor en esto, en divulgar su santo nombre y fe a tantos pueblos, lo cual todo era cosa de tanta excelencia y buena fama y gran memoria para grandes Príncipes. Fue también necesario de hablar del temporal, adonde se les mostró el escribir de tantos sabios dignos de fe, los cuales escribieron historias, los cuales contaban que en estas partes había muchas riquezas, y asimismo fue necesario traer a esto el decir y opinión de aquellos que escribieron y situaron el mundo. En fin, Vuestras Altezas determinaron que esto se pusiese en obra. Aquí mostraron el grande corazón que siempre hicieron en toda cosa grande, porque todos los que habían entendido en ello y oído esta plática, todos a una mano lo tenían a burla, salvo dos frailes[49] que siempre fueron constantes. Yo, bien que llevase fatiga, estaba bien seguro que esto no vendría a menos, y estoy de continuo, porque es verdad que todo pasa-

[47] Colón acaba este primer viaje convencido de que Cuba es la provincia de Mangi citada por Marco Polo.
[48] Se trata de un extracto del padre Bartolomé de Las Casas de un original perdido. El tercer viaje se inició el 30 de mayo de 1498, con una flota de seis barcos. Explica Las Casas que la carta se escribió al poco tiempo de llegar a Santo Domingo, el 31 de agosto de 1498, y fue enviada a los Reyes, junto con una pintura, el 18 de octubre del mismo año.
[49] Se refiere a fray Juan Pérez y a Antonio de Marchena.

rá y no la palabra de Dios, y se cumplirá todo lo que dijo; el cual tan claro habló de estas tierras por la boca de Isaías en tantos lugares de su Escritura[50], afirmando que de España les sería divulgado su santo nombre. Y partí en nombre de la Santa Trinidad, y volví muy presto con la experiencia de todo cuanto yo había dicho en la mano[51]. Tornáronme a enviar Vuestras Altezas, y en poco espacio, digo, no de...[52] le descubrí, por virtud divinal, trescientas treinta y tres leguas de la tierra firme, fin de Oriente, y setecientas islas de nombre[53], allende de lo descubierto en el primero viaje, y le allané la isla Española, que boja más que España, en que la gente de ella es sin cuento ...[54] y que todos le pagaren tributo[55]. Nació allí mal decir y menosprecio de la empresa comenzada en ello, porque no había yo enviado luego los navíos cargados de oro, sin considerar la brevedad del tiempo y lo otro que yo dije de tantos inconvenientes; y en esto, por mis pecados o por mi salvación creo que será, fue puesto en aborrecimiento y dado impedimento a cuanto yo decía y demandaba[56]. Por lo cual acordé de venir a Vuestras Altezas y maravillarme de todo y mostrarles la razón que en todo había. Y les dije de los pueblos que yo había visto, en que o de que se podrían salvar muchas ánimas, y les traje las obligaciones de la gente de la

---

[50] Isaías dice: ¡Ay de las alas de las naos que van de la otra parte de la Etiopía! (Isaías, 18, 1). El mismo profeta en otra parte dice que los que fueren salvos de Israel irán muy lejos a Tarsis, a islas muy remotas, y que convertirán al Señor muchas y varias gentes (Isaías, 66, 19). Todo ello se interpretará como profecías acerca del descubrimiento del nuevo mundo y para la conversión de estas gentes de Indias.

[51] Colón está convencido de que él es el elegido por Dios y de que Dios ha sido el inspirador de este viaje.

[52] Laguna en el original.

[53] Exageración manifiesta.

[54] Laguna en el original.

[55] Explica Las Casas en una nota al margen: «Estas obligaciones fueron violentas y tiránicas y nunca de su voluntad hicieron ni supieron obligarse ni a qué se obligaban, ni podían de derecho natural y de las gentes obligarse los súbditos sin sus Reyes, ni los Reyes sin los súbditos, y esto nunca lo hobo.»

[56] El descrédito de Colón comienza a la vuelta de su segundo viaje. Algunos colaboradores suyos empezarán a tener serias dudas acerca de que esa tierra fuera Asia. Colón, para confirmar su geografía, hará firmar declaraciones juradas a sus tripulantes so pena, en caso de negarse, de cortárseles la lengua.

isla Española, de cómo se obligaban a pagar tributo y les tenían por sus Reyes y Señores, y les traje bastante muestra de oro, y que hay mineros y granos muy grandes, y asimismo de cobre. Y les traje de muchas maneras de especierías, de que sería largo de escribir, y les dije de la gran cantidad de brasil y otras infinitas cosas[57]. Todo no aprovechó para con algunas personas que tenían gana y dado comienzo a mal decir del negocio, ni entrar con habla del servicio de Nuestro Señor con se salvar tantas ánimas, ni a decir que esto era grandeza de Vuestras Altezas, de la mejor calidad que hasta hoy haya usado Príncipe, porque el ejercicio y gasto era para el espiritual y temporal y que no podía ser que, andando el tiempo, no hubiese la España de aquí grandes provechos, pues que se veían las señales que escribieron de lo de estas partidas tan manifiestas, que también se llegaría a ver todo el otro cumplimiento, ni a decir cosas que usaron grandes Príncipes en el mundo para crecer su fama, así como de Salomón, que envió desde Jerusalén en fin de Oriente a ver el monte Sopora[58], en que se detuvieron los navíos tres años, el cual tienen Vuestras Altezas ahora en la isla Española, ni de Alejandro, que envió a ver el regimiento de la isla de Trapobana[59] en India, y Nero César[60] a ver las fuentes del Nilo y la razón porque crecían en el verano y cuando las aguas son pocas, y otras muchas grandezas que hicieron Príncipes, y que a Príncipes son estas cosas dadas de hacer. Ni valía decir que yo nunca había leído que Príncipes de Castilla jamás hubiesen ganado tierra fuera de ella, y que ésta de acá es otro mundo en que se trabajaron romanos y Alejandro y griegos[61], para la haber con grandes ejercicios, ni decir del presente de los Reyes de Portugal, que tuvieron corazón para sostener a Guinea y del descubrir de ella,

---

[57] Las Casas sólo certifica la existencia de ají, tipo de pimienta, pero no de brasil ni almástica.

[58] Se refiere a Sofara, Ofir, de donde Salomón extrajo oro y piedras preciosas, como se documenta en la versión de los *Setenta*.

[59] Pierre d'Ailly en su *Imago mundi* (libro que sigue Colón al pie de la letra) anota la expedición de Onesícrito (Plinio, *Historia natural)* a la isla Trapobana.

[60] En *Historia rerum*.

[61] Las comparaciones con el mundo latino y antiguo serán una constante en todas las crónicas de Indias.

156

y que gastaron oro y gente tanta, que quien contase toda la del reino se hallaría que otra tanta como la mitad son muertos en Guinea, y todavía la continuaron hasta que les salió de ello lo que parece, lo cual todo comenzaron de largo tiempo y ha muy poco que les da renta; los cuales también osaron conquistar en África y sostener la empresa a Ceuta, Tánger, Arcila y Alcázar y de continuo dar guerra a los moros, y todo esto con grande gasto, sólo por hacer cosa de Príncipe, servir a Dios y acrecentar su señorío.

Cuanto yo más decía, tanto más se doblaba a poner esto a vituperio, mostrando en ello aborrecimiento, sin considerar cuánto bien pareció en todo el mundo y cuánto bien se dijo en todos los cristianos de Vuestras Altezas por haber tomado esta empresa, que no hubo grande ni pequeño que no quisiese de ello carta. Respondiéronme Vuestras Altezas riéndose y diciendo que yo no curase de nada, porque no daban autoridad ni creencia a quien les mal decía de esta empresa.

Partí en nombre de la Santísima Trinidad, miércoles 30 de mayo de la villa de Sanlúcar, bien fatigado de mi viaje, que, adonde esperaba descanso cuando yo partí de estas Indias, se me dobló la pena, y navegué a la isla de la Madera por camino no acostumbrado, por evitar escándalo que pudiera tener con una armada de Francia, que me aguardaba al Cabo de San Vicente, y de allí a las islas Canaria, de donde me partí con una nao y dos carabelas. Y envié los otros navíos a derecho camino a las Indias y la isla Española. Y yo navegué al Austro con propósito de llegar a la línea equinoccial y de allí seguir al Poniente hasta que la isla Española me quedase al septentrión, y, llegado a las islas de Cabo Verde, falso nombre, porque son tan secas que no vi cosa verde en ellas y toda la gente enferma, que no osé detenerme en ellas, y navegué al Sudoeste cuatrocientas ochenta millas, que son ciento veinte leguas, adonde, en anocheciendo, tenía la estrella del Norte en cinco grados. Allí me desamparó el viento[62] y entré en tanto ardor y tan grande que creía que se me quemasen los navíos y gente, que todo de un golpe vino tan desordenado que

---

[62] El tono de esta carta, frente a las anteriores, revela pesimismo y cansancio por parte del Almirante.

no había persona que osase descender debajo de cubierta a remediar la vasija y mantenimiento. Duró este ardor ocho días. Al primer día fue claro, y los siete días siguientes llovió e hizo nublado. Y, con todo, no hallamos remedio, que cierto si así fuera de sol como el primero, yo creo que no pudiera escapar en ninguna manera.

Acordóme que, navegando a las Indias, siempre que yo paso al Poniente de las islas de los Azores cien leguas, allí hallo mudar la temperanza, y esto es todo de Septentrión en Austro; y determiné que, si a Nuestro Señor le pluguiese de me dar viento y buen tiempo que pudiese salir de adonde estaba, de dejar de ir más al Austro ni volver tampoco atrás, salvo de navegar al Poniente, tanto que yo llegase a estar con esta raya, con esperanza de que yo hallaría allí su temperamiento, como había hallado cuando yo navegaba en el paralelo de Canaria[63], y que, si así fuese, que entonces yo podría ir más al Austro. Y plugo a Nuestro Señor que al cabo de estos ocho días de me dar buen viento Levante. Y yo seguí al Poniente, mas no osé declinar abajo al Austro porque hallé grandísimo mudamiento en el cielo y en las estrellas, mas no hallé mudamiento en la temperancia. Así acordé de proseguir delante siempre justo al Poniente, en aquel derecho de la Sierra Leona, con propósito de no mudar derrota hasta donde yo había pensado que hallaría tierra, y allí adobar los navíos y remediar si pudiese los mantenimientos y tomar agua que no tenía. Y al cabo de diecisiete días, los cuales Nuestro Señor me dio de próspero viento, martes 31 de julio a mediodía, nos mostró tierra, y yo la esperaba el lunes antes. Y tuve aquel camino hasta entonces, que en saliendo el sol, por defecto del agua que no tenía, determiné de andar a las islas de los Caníbales, y tomé esa vuelta. Y como su Alta Majestad haya siempre usado misericordia conmigo, por acertamiento subió un marinero a la gavia y vio al Poniente tres montañas juntas. Di-

---

[63] Señala Boorstin que los marineros que practican el arte de la navegación, actualmente, están de acuerdo en que con un barco de vela no hay ruta mejor que la de Colón, a pesar de todo lo que se ha aprendido en los últimos siglos. Colón descubrió la mejor ruta marítima entre Europa y el norte de América, y la mejor ruta de regreso. Boorstin, ob. cit., pág. 234.

jimos la «Salve Regina» y otras prosas y dimos todos muchas gracias a Nuestro Señor, y después dejé el camino de Septentrión y volví hacia la tierra, adonde yo llegué a hora de completas, a un cabo que dije de la Galea, después de haber nombrado a la isla de la Trinidad[64], y allí hubiera muy buen puerto si fuera hondo, y había casas y gente y muy lindas tierras, tan hermosas y verdes como las huertas de Valencia en marzo. Pesóme cuando no pude entrar en el puerto, y corrí la costa de esta tierra del luengo hasta el Poniente, y, andadas cinco leguas, hallé muy buen fondo y surgí. Y en el otro día di la vela a este camino, buscando puerto para adobar los navíos y tomar agua y remediar el trigo y los bastimentos que llevaba. Solamente allí tomé una pipa de agua y con ella anduve así hasta llegar al cabo, y allí hallé abrigo de Levante y buen fondo. Y así mandé surgir y adobar la vasija y tomar agua y leña y descender la gente a descansar de tanto tiempo que andaban penando.

A esta punta llamé del Arenal, y allí se halló toda la tierra hollada de unas animalias que tenían la pata como de cabra, y bien que según parece ser allí haya muchas, no se vio sino una muerta. El día siguiente vino de hacia Oriente una gran canoa con veinticuatro hombres, todos mancebos y muy ataviados de armas, arcos y flechas y tablachinas, y ellos, como dije, todos mancebos, de buena disposición y no negros, salvo más blancos que otros que haya visto en las Indias, y de muy lindo gesto y hermosos cuerpos y los cabellos largos y llanos, cortados a la guisa de Castilla, y traían la cabeza atada con un pañuelo de algodón tejido a labores y colores, el cual creía yo que era almaizar. Otro de estos pañuelos traían ceñido y se cobijaban con él en lugar de pañetes. Cuando llegó esta canoa habló de muy lejos. Yo ni otro ninguno no los entendíamos, salvo que yo les mandaba hacer señas que se allegasen, y en esto se pasó más de dos horas, y si se llegaban un poco luego se desviaban. Yo les hacía mostrar bacines y otras cosas que lucían, por enamorarlos porque viniesen, y al cabo de buen rato se allegaron más que hasta entonces no habían,

---

[64] Fue esta isla que denominó Trinidad el primer descubrimiento de este tercer viaje.

y yo deseaba mucho haber lengua y no tenía ya cosa que me pareciese que era de mostrarles para que viniesen, salvo que hice subir un tamborín en el castillo de popa que tañesen y unos mancebos que danzasen, creyendo que se allegarían a ver la fiesta. Y, luego que vieron tañer y danzar, todos dejaron los remos y echaron mano a los arcos y los encordaron, y abrazó cada uno su tablachina y comenzaron a tirarnos flechas. Cesó luego el tañer y danzar y mandé luego sacar unas ballestas, y ellos dejáronme y fueron a más andar a otra carabela, y de golpe se fueron debajo la popa de ella. Y el piloto entró con ellos y dio un sayo y un bonete a un hombre principal que le pareció de ellos, y quedó concertado que le iría a hablar allí en la playa, adonde ellos luego fueron con la canoa esperándole. Y él, como no quiso ir sin mi licencia, como ellos le vieron venir a la nao con la barca, tornaron a entrar en la canoa y se fueron, y nunca más los vi ni a otros de esta isla.

Cuando yo llegué a esta punta del Arenal, allí se hace una boca grande de dos leguas de Poniente a Levante, la isla de la Trinidad con la tierra de Gracia, y que, para haber de entrar dentro para pasar al Septentrión, había unos hileros de corrientes que atravesaban aquella boca y traían un rugir muy grande. Y creí yo que sería un arrecife de bajos y peñas, por lo cual no se podría entrar dentro de ella. Y detrás de este hilero había otro y otro, que todos traían un rugir grande como ola de la mar que va a romper y dar en peñas. Surgí allí a la dicha punta del Arenal, fuera de la dicha boca, y hallé que venía el agua del Oriente hasta el Poniente con tanta furia como hace el Guadalquivir en tiempo de avenida, y esto de continuo noche y día, que creía que no podría volver atrás por la corriente, ni ir adelante por los bajos. Y en la noche, ya muy tarde, estando al bordo de la nao, oí un rugir terrible que venía de la parte del Austro hacia la nao, y me paré a mirar y vi levantando la mar de Poniente a Levante, en manera de una loma tan alta como la nao, y todavía venía hacia mí poco a poco, y encima de ella venía un hilero de corriente que venía rugiendo con muy grande estrépito, con aquella furia de aquel rugir que de los otros hileros que yo dije que me parecían ondas de mar que daban en peñas, que hoy en día tengo el miedo en el cuerpo que no me trabucasen la nao cuando llegasen debajo

160

de ella. Y pasó y llegó hasta la boca, adonde allí se detuvo grande espacio. Y el otro día siguiente envié las barcas a sondear y hallé en el más bajo de la boca que había seis o siete brazas de fondo, y de continuo andaban aquellos hileros unos por entrar y otros por salir. Y plugo a Nuestro Señor de me dar buen viento, y atravesé por esa boca adentro y luego hallé tranquilidad, y por acertamiento se sacó del agua de la mar, y la hallé dulce. Navegué al Septentrión hasta una sierra muy alta, adonde serían veintiséis leguas de esta punta del Arenal, y allí había dos cabos de tierra muy alta, el uno de la parte del Oriente, y era de la misma isla de la Trinidad, y el otro del Occidente de la tierra que dije de Gracia, y allí hacía una boca muy angosta, más que aquella de la punta del Arenal, y allí había los mismos hileros y aquel rugir fuerte del agua como era la punta del Arenal, y asimismo allí la mar era agua dulce. Y hasta entonces yo no había habido lengua con ninguna gente de estas tierras, y lo deseaba en gran manera, y por esto navegué al luengo de la costa de esta tierra hacia el Poniente. Y cuanto más andaba, hallaba el agua de la mar más dulce y más sabrosa, y, andando una gran parte, llegué a un lugar donde me parecían las tierras labradas, y surgí y envié las barcas a tierra, y hallaron que de fresco se había ido de allí gente, y hallaron todo el monte cubierto de gatos paúles. Volviéronse y, como ésta fuese sierra, me pareció que más allá al Poniente las tierras eran más llanas y que allí sería poblado, y por esto sería poblado. Y mandé levantar las anclas y corrí esta costa hasta el cabo de esta sierra, y allí a un río surgí y luego vino mucha gente, y me dijeron cómo llamaban a esta tierra Paria y que de allí más al Poniente era más poblado[65]. Tomé de ellos cuatro, y después navegué al Poniente y, andadas ocho leguas más al Poniente, allende una punta a la que llamé de la Aguja, hallé unas tierras, las más hermosas del mundo y muy pobladas. Llegué allí una mañana a hora de

---

[65] Tras la isla Trinidad, Colón dio con el golfo de Paria, la bahía formada por el delta del gran río Orinoco. Hasta entonces no era posible creer que existiera una masa de tierra en aquella dirección. Colón tenía que dar explicación del descubrimiento de una masa de tierra que no figuraba en Ptolomeo y que estuviera de acuerdo con la cosmografía y doctrina cristianas.

tercia, y por ver esta <u>verdura</u> y esta hermosura acordé surgir y ver esta gente, de los cuales luego <u>vinieron en</u> canoas a la nao a rogarme de parte de su rey que descendiese en tierra. Y cuando vieron que no curé de ellos, vinieron a la nao infinitísimos en canoas, y muchos traían piezas de oro al pescuezo, y algunos atados a los brazos algunas perlas. Holgué mucho cuando las vi, y procuré mucho de saber dónde las hallaban, y me dijeron que allí y de la parte del Norte de aquella tierra.

Quisiera detenerme, mas estos bastimentos que yo traía, trigo y vino y carne para esta gente que acá está, se me acababan de perder, los cuales hube allá con tanta fatiga, y por esto yo no buscaba sino a más andar a venir a poner en ellos cobro y no me detener para cosa alguna. Procuré de haber de aquellas perlas y envié las barcas a tierra. Esta gente es muy mucha y toda de muy buen parecer, de la misma color que los otros de antes y muy tratables. La gente nuestra que fue a tierra los hallaron tan convenibles y los recibieron muy honradamente. Dicen que, luego que llegaron las barcas a tierra, que vinieron dos personas principales con todo el pueblo, creen que el uno el padre y el otro era su hijo, y los llevaron a una casa muy grande hecha a dos aguas y no redonda como tienda del campo, como son estas otras, y allí tenían muchas sillas adonde los hicieron sentar y otras donde ellos se sentaron; e hicieron traer pan y de muchas maneras frutas y vino de muchas maneras blanco y tinto, mas no de uvas: debe él de ser de diversas maneras, uno de una fruta y otro de otra, y asimismo debe de ser de ello de maíz, que es una simiente que hace una espiga como una mazorca, de que llevé yo allá y hay ya mucho en Castilla, y parece que aquel que lo tenía lo traía por mayor excelencia y lo daba en gran precio. Los hombres todos estaban juntos a un cabo de la casa y las mujeres en otro.

Recibieron ambas las partes gran pena porque no se entendían, ellos para preguntar a los otros de nuestra patria y los nuestros por saber de la suya. Y, después que hubieron recibido colación allí en casa del más viejo, los llevó el mozo a la suya, e hizo otro tanto, y después se pusieron en las barcas y se vinieron a la nao, y yo luego levanté las anclas porque andaba mucho deprisa por remediar los mantenimientos que se me perdían que yo había habido con tanta fatiga, y también por remediarme a mí que había adolecido por el desvelar de los ojos, que bien que en el viaje en que yo fui a descubrir la tierra firme[66] estuviese treinta y tres días sin concebir sueño y estuviese tanto tiempo sin vista, no se me dañaron los ojos, ni se me rompieron de sangre y con tantos dolores como ahora.

Esta gente, como ya dije, son todos de muy linda estatura, altos de cuerpo y de muy lindos gestos, los cabellos muy largos y llanos, y traen las cabezas atadas con unos pañuelos labrados, como ya dije, hermosos, que parecen de lejos de seda y almaizares: otro traen ceñido más largo, que se cobijan con él en lugar de pañetes, así hombres como mujeres. La color de esta gente es más blanca que otra que haya visto en las Indias. Todos traían al pescuezo y a los brazos algo a guisa de estas tierras, y muchos traían piezas de oro bajo colgado al pescuezo. Las canoas de ellos son muy grandes y de mejor hechura que no son estas otras, y más livianas, y en el medio de cada una tienen un apartamiento como cámara, en que vi que andaban los principales con sus mujeres. Llamé allí a este lugar Jardines, porque así conforman por el nombre. Procuré mucho de saber dónde cogían aquel oro, y todos me señalaban una sierra frontera de ellos al Poniente, que era muy alta, mas no lejos; mas todos me decían que no fuese allá porque allí comían los hombres, y entendí entonces que decían que eran hombres caníbales y que serían como los otros, y después he pensado que podría ser que lo decían porque allí habría animalias. También les pregunté adónde cogían las perlas, y me señalaron también que al Poniente y al Norte detrás de esta tierra donde estaban. Dejélo de probar por esto de los mantenimientos y del mal en mis ojos y por una nao grande que traigo que no es para semejante hecho.

Y como el tiempo fue breve, se pasó todo en preguntas y se volvieron a los navíos, que sería hora de vísperas, como ya dije, y luego levanté las anclas y navegué al Poniente; y asimismo el día siguiente, hasta que me hallé que no había sino tres brazas de fondo, con creencia que todavía ésta sería isla y que

---

[66] Para Colón la tierra firme es la isla de Cuba.

yo podría salir al Norte, y, así visto, envié una carabela sutil adelante, a ver si había salida o si estaba cerrado, y así anduvo mucho camino, hasta un golfo muy grande en el cual parecía que había otros cuatro medianos, y del uno salía un río grandísimo. Hallaron siempre cinco brazas de fondo y el agua muy dulce, en tanta cantidad que yo jamás bebíla pareja de ella. Fui yo muy descontento de ella, cuando vi que no podía salir al Norte ni podía andar ya al Austro ni al Poniente, porque yo estaba cercado por todas partes de la tierra, y así, levanté las anclas y torné atrás, para salir al Norte por la boca que yo arriba dije, y no pude volver por la población adonde yo había estado, por causa de las corrientes que me habían desviado de ella. Y siempre en todo cabo hallaba el agua dulce y clara y que me llevaba al Oriente muy recio hacia las dos bocas que arriba dije. Y entonces conjeturé que los hilos de la corriente y aquellas lomas que salían y entraban en estas bocas con aquel rugir tan fuerte, que era pelea del agua dulce con la salada. La dulce empujaba a la otra porque no entrase, y la salada porque la otra no saliese. Y conjeturé que allí donde son estas dos bocas que algún tiempo sería tierra continua a la isla de la Trinidad con la tierra de Gracia, como podrán ver Vuestras Altezas por la pintura de lo que con ésta les envío. Salí yo por esta boca del Norte y hallé que el agua dulce siempre venía, y cuando pasé, que fue con fuerza de viento, estando en una de aquellas lomas, hallé en aquellos hilos de la parte de dentro el agua dulce y de fuera salada.

Cuando yo navegué de España a las Indias, hallo luego, en pasando cien leguas a Poniente de los Azores, grandísimo mudamiento en el cielo y en las estrellas y en la temperancia del aire y en las aguas de la mar, y en esto he tenido mucha diligencia en la experiencia.

Hallo que de Septentrión en Austro, pasando las dichas cien leguas de las dichas islas, que luego en las agujas de marear, que hasta entonces nordesteaban, noroestean una cuarta de viento todo entero, y esto es en allegando allí a aquella línea, como quien traspone una cuesta, y asimismo hallo la mar toda llena de hierba[67] de una calidad que parece ramitos

---

[67] Se refiere al mar de los Sargazos.

164

de pino y muy cargada de fruta como de lentisco, y es tan espesa que al primer viaje pensé que era bajo y que daría en seco con los navíos, y hasta llegar con esta raya no se halla un solo ramito. Hallo también, en llegando allí, la mar muy suave y llana y, bien que ventee recio, nunca se levanta. Asimismo, hallo dentro de la dicha raya, hacia Poniente, la temperancia del cielo muy suave, y no discrepa de la cantidad, quier sea invierno, quier sea en verano. Cuando allí estoy, hallo que la estrella del Norte escribe un círculo, el cual tiene en el diámetro cinco grados y, estando las Guardas en el brazo derecho, entonces está la estrella en el más bajo, y se va alzando hasta que llega al brazo izquierdo, y entonces está cinco grados. Y de allí se va bajando hasta llegar a volver otra vez al brazo derecho.

Yo llegué ahora de España a la isla de la Madera, y de allá a la Canaria, y dende a las islas de Cabo Verde, de donde acometí el viaje para navegar al Austro hasta debajo de la línea equinoccial, como ya dije. Llegando a estar en derecho con el paralelo que pasa por Sierra Leona en Guinea, hallo tan grande ardor y los rayos del sol tan calientes que pensaba de quemar y, bien que lloviese y el cielo fuese muy turbado, siempre yo estaba en esta fatiga, hasta que Nuestro Señor proveyó de buen viento y a mí puso en voluntad que yo navegase al Occidente con este esfuerzo, que, en llegando a la raya de que yo dije, que allí hallaría mudamiento en la temperancia. Después que yo emparejé a estar en derecho de esta raya, luego hallé la temperancia del cielo muy suave, y cuanto más andaba adelante más multiplicaba, mas no hallé conforme a esto las estrellas.

Hallé allí que, en anocheciendo, tenía yo la estrella del Norte alta cinco grados, y entonces las Guardas estaban encima de la cabeza, y después, a la media noche, hallaba la estrella alta diez grados y, en amaneciendo, que las Guardas estaban en los pies quince.

La suavidad de la mar hallé conforme, mas no en la hierba. En esto de la estrella del Norte tomé grande admiración, y por esto muchas noches con mucha diligencia tornaba yo a replicar la vista de ella con el cuadrante, y siempre hallé que caía el plomo e hilo a un punto.

Por cosa nueva tengo yo esto, y podrá ser que será tenida que en poco espacio haga tanta diferencia el cielo[68].

Yo siempre leí que el mundo, tierra y agua, era esférico, y las autoridades y experiencias que Ptolomeo y todos los otros escribieron de este sitio daban y mostraban para ello, así por eclipses de la Luna y otras demostraciones que hacen de Oriente hasta Occidente, como de la elevación del polo de Septentrión en Austro[69]. Ahora vi tanta disconformidad, como ya dije, y por esto me puse a tener esto del mundo, y hallé que no era redondo en la forma que escriben, salvo que es de la forma de una pera que sea toda muy redonda, salvo allí donde tiene el pezón, que allí tiene más alto, o como quien tiene una pelota muy redonda, y en lugar de ella fuese como una teta de mujer allí puesta, y que esta parte de este pezón sea la más alta y más próxima al cielo y sea debajo la línea equinoccial y en esta Mar Océana el fin del Oriente. Llamo yo fin de Oriente a donde acaba toda la tierra e islas, y para esto allego todas las razones sobrescritas de la raya que pasa al Occidente de las islas de los Azores cien leguas de Septentrión en Austro, que, en pasando de allí al Poniente, ya van los navíos alzándose hacia el cielo suavemente, y entonces se goza de más suave temperancia y se muda la aguja de marear por causa de la suavidad de esa cuarta de viento, y cuanto más va adelante y alzándose más, noroestea, y esta altura causa el desvariar del círculo que escribe la estrella del Norte con las Guardas, y cuanto más pasare junto con la línea equinoccial, más se subirán en alto y más diferencia habrá en las dichas estrellas y en los círculos de ellas. Y Ptolomeo y los otros sabios que escribieron de este mundo creyeron que era esférico, creyendo que este hemisferio que fuese redondo como aquel de allá donde ellos estaban, el cual tiene el centro en la isla de Arin[70], que es debajo de la línea equinoccial

---

[68] Éste es el viaje más fantasioso de Colón, por sus conjeturas, y el que le propició el descrédito por parte de los cartógrafos.

[69] Aquí Colón comienza a hacer su «revelación» (pues se declara mensajero de Dios) acerca de la forma de la tierra.

[70] Según los astrónomos árabes, el cálculo de las longitudes se iniciaba en la isla de Arin, centro del universo.

entre el seno Arábigo y aquél de Persia, y el círculo que pasa
sobre el Cabo de San Vicente en Portugal por el Poniente, y
pasa en Oriente por Catigara[71] y por las Seras[72], en el cual hemisferio no hago yo que hay ninguna dificultad, salvo que
sea esférico redondo como ellos dicen. Mas este otro digo
que es como sería la mitad de la pera bien redonda, la cual tuviese el pezón alto, como yo dije, o como una teta de mujer
en una pelota redonda. Así que de esta media parte no hubo
noticia Ptolomeo ni los otros que escribieron del mundo, por
ser muy ignoto, solamente hicieron raíz sobre el hemisferio
adonde ellos estaban, que es redondo esférico, como arriba
dije. Y ahora que Vuestras Altezas lo han mandado navegar y
buscar y descubrir, se muestra evidentísimo, porque estando
yo en este viaje al Septentrión veinte grados de la línea equinoccial, allí era en derecho de Hargín y de aquellas tierras, y
allí es la gente negra y la tierra muy quemada, y después que
fui a las islas de Cabo Verde, allí en aquellas tierras es la gente mucho más negra, y cuanto más bajo se van al Austro tanto más llegan al extremo, en manera que allí en derecho donde yo estaba, que es la Sierra Leona, adonde se me alzaba la
estrella del Norte en anocheciendo cinco grados, allí es la gente negra en extrema cantidad, y después que de allí navegué al
Occidente tan extremos calores, y, pasada la raya de que yo
dije, hallé multiplicar la temperancia, andando en tanta cantidad que cuando yo llegué a la isla de la Trinidad, adonde la
estrella del Norte en anocheciendo también se me alzaba cinco grados, allí y en la tierra de Gracia hallé temperancia suavísima y las tierras y árboles muy verdes y tan hermosos como
en abril en las huertas de Valencia, y la gente de allí de muy
linda estatura y blancos más que otros que haya visto en las
Indias, y los cabellos muy largos y llanos, y gente más astuta
y de mayor ingenio, y no cobardes.

Entonces era el sol en Virgo, encima de nuestras cabezas y
suyas, así que todo esto procede por la suavísima temperancia
que allí es, la cual procede por estar más alto en el mundo,

---

71 Extremo de Catay.
72 Nombre que da Ptolomeo a China.

más cerca del aire que cuento. Y así me afirmo que el mundo no es esférico, salvo que tiene esta diferencia que ya dije, la cual es en este hemisferio adonde caen las Indias y la Mar Océana, y el extremo de ello es debajo la línea equinoccial, y ayuda mucho a esto que sea así, porque el Sol, cuando Nuestro Señor lo hizo, fue en el primer punto de Oriente, o la primera luz fue aquí en Oriente, allí donde es el extremo de la altura de este mundo. Y bien que el parecer de Aristóteles fuese que el polo Antártico o la tierra que es debajo de él sea la más alta parte en el mundo y más próxima al cielo, otros sabios le impugnan, diciendo que es esta que es debajo del Ártico, por las cuales razones parece que entendían que una parte de este mundo debía de ser más próxima y noble al cielo que otra, y no cayeron en esto que sea debajo del equinoccial por la forma que yo dije, y no es maravilla, porque de este hemisferio no se hubiese noticia cierta, salvo muy liviana y por argumento, porque nadie nunca lo ha andado ni enviado a buscar hasta ahora que Vuestras Altezas le mandaron explorar y descubrir la mar y la tierra.

Hallo que de allí de estas dos bocas, las cuales, como yo dije, están frontero por línea de Septentrión en Austro, que haya de la una a la otra veintiséis leguas, y no pudo haber en ello yerro, porque se midieron con cuadrante, y de estas dos bocas de Occidente hasta el golfo que yo dije, al cual llamé de las Perlas, que son sesenta y ocho leguas de cuatro millas cada una, como acostumbramos en la mar, y que de allá de este golfo corre de continuo el agua muy fuerte hacia el Oriente, y que por esto tienen aquel combate estas dos bocas con la salada. En esta boca del Austro a la que yo llamé de la Sierpe, hallé, en anocheciendo, que yo tenía la estrella del Norte alta casi cinco grados, y en aquella otra del Septentrión que yo llamé del Dragón, eran casi siete, y hallo que el dicho golfo de las Perlas está occidental al Occidente del de Ptolomeo casi tres mil novecientas millas, que son casi setenta grados equinocciales, contando por cada uno cincuenta y seis millas y dos tercios.

La Sacra Escritura testifica que Nuestro Señor hizo al Paraíso Terrenal y en él puso el árbol de la vida, y de él sale una fuente de donde resultan en este mundo cuatro ríos principa-

les: Ganges en India, Tigris y Éufrates...[73], los cuales apartan la
sierra y hacen la Mesopotamia y van a tener en Persia, y el
Nilo que nace en Etiopía y va en la mar en Alejandría.

Y yo no hallo ni jamás he hallado escritura de latinos ni de
griegos que certificadamente diga el sitio en este mundo del
Paraíso Terrenal, ni he visto en ningún mapamundo, salvo situado con autoridad de argumento. Algunos le ponían allí
donde son las fuentes del Nilo en Etiopía, mas otros anduvieron todas estas tierras y no hallaron conformidad de ello en la
temperancia del cielo o en la altura hacia el cielo, porque se
pudiese comprender que él era allí, ni que las aguas del diluvio hubiesen llegado allí, las cuales subieron encima, etc. Algunos gentiles quisieron decir por argumentos que él era en
las islas Afortunadas, que son las Canarias, etc.

San Isidoro y Beda y Estrabón y el Maestro de la *Historia
Escolástica* y San Ambrosio y Scoto y todos los sacros teólogos
conciertan que el Paraíso Terrenal es en el Oriente, etc.[74].

Ya dije lo que yo hallaba de este hemisferio y de la hechura, y creo que si yo pasara por debajo de la línea equinoccial,
en llegando allí, en esto más alto, que hallara muy mayor
temperancia y diversidad en las estrellas y en las aguas; no
porque yo crea que allí, donde es la altura del extremo, sea navegable, ni sea agua, ni que se pueda subir allá, porque creo
que allí es el Paraíso Terrenal, adonde no puede llegar nadie,
salvo por voluntad divina. Y creo que esta tierra que ahora
mandaron descubrir Vuestras Altezas sea grandísima y haya
otras muchas en el Austro de que jamás se hubo noticia.

Yo no tomo que el Paraíso Terrenal sea en forma de montaña áspera como el escribir de ellos nos muestra, salvo que él
sea en el colmo, allí donde dije la figura del pezón de la pera,
y que poco a poco, andando hacia allí, desde muy lejos se va
subiendo a él. Y creo que nadie no podría llegar al colmo
como yo dije, y creo que pueda salir de allí esa agua, bien que
sea lejos y venga a parar allí donde yo vengo y haga este lago.
Grandes indicios son éstos del Paraíso Terrenal, porque el si-

---

[73] Laguna en el original.
[74] Los cosmógrafos medievales habían ubicado el paraíso terrenal en la parte superior de sus mapas.

tio es conforme a la opinión de estos santos y sacros teólogos, y asimismo las señales son muy conformes, que yo jamás leí ni oí que tanta cantidad de agua dulce fuese así dentro y vecina con la salada; y en ello ayuda asimismo la suavísima temperancia. Y si de allí del Paraíso no sale, parece aún mayor maravilla, porque no creo que se sepa en el mundo de río tan grande y tan hondo.

Después que yo salí de la boca del Dragón, que es la una de las dos aquellas del Septentrión a la cual así puse nombre, el día siguiente, que fue día de Nuestra Señora de Agosto, hallé que corría tanto la mar al Poniente que después de hora de misa, que entré en camino, anduve hasta hora de completas sesenta y cinco leguas de cuatro millas cada una, y el viento no era demasiado, salvo muy suave. Y esto ayuda al conocimiento que de allí yendo al Austro se va más alto, y andando hacia el Septentrión, como entonces, se va descendiendo.

Muy conocido tengo que las aguas de la mar llevan su curso de Oriente a Occidente con los cielos, y que allí en esta comarca cuando pasan llevan más veloz camino, y por esto han comido tanta parte de la tierra, porque por esto son acá tantas islas, y ellas mismas hacen de esto testimonio, porque todas a una mano son largas de Poniente a Levante y Noroeste y Sudeste, que son un poco más alto y bajo, y angostas de Norte a Sur y Nordeste Sudoeste, que son en contrario de los otros dichos vientos, y aquí en ellas todas nacen cosas preciosas, por la suave temperancia que les procede del cielo, por estar hacia el más alto del mundo. Verdad es que parece en algunos lugares que las aguas no hagan este curso; mas esto no es, salvo particularmente en algunos lugares donde alguna tierra le está al encuentro, y hace parecer que andan diversos caminos.

Plinio[75] escribe que la mar y la tierra hace todo una esfera, y pone que este Mar Océano sea la mayor cantidad del agua, y está hacia el cielo, y que la tierra sea debajo y que le sostenga, y mezclado es uno con otro como el amargo de la nuez con una tela gorda que va abrazado en ello. El Maestro de la *Historia Escolástica*, sobre el Génesis, dice que las aguas son muy pocas, que bien que cuando fueron creadas que cobija-

---

[75] Plinio, *Historia natural*, II, 66-67.

sen toda la tierra, que entonces eran vaporables en manera de niebla, y que después que fueron sólidas y juntadas, que ocuparon muy poco lugar. Y en esto concierta Nicolás de Liria. El Aristóteles dice que este mundo es pequeño y es el agua muy poca y que fácilmente se puede pasar de España a las Indias, y esto confirma el Avenruyz[76] y le alega el Cardenal Pedro de Aliaco[77], autorizando este decir y aquél de Séneca, el cual conforma con éstos diciendo que el Aristóteles pudo saber muchos secretos del mundo a causa de Alejandro Magno, y Séneca a causa de César Nero, y Plinio por respecto de los romanos, los cuales todos gastaron dineros y gente y pusieron mucha diligencia en saber los secretos del mundo y darlos a entender a los pueblos, el cual cardenal da a éstos grande autoridad, más que a Ptolomeo ni a otros griegos ni árabes. Y a confirmación de decir que el agua sea poca y que el cubierto del mundo de ella sea poco, al respecto de lo que se decía por autoridad de Ptolomeo y de sus secuaces, a esto trae una autoridad de Esdras, del tercero libro suyo, adonde dice que de siete partes del mundo las seis son descubiertas y la una es cubierta de agua, la cual autoridad es aprobada por santos, los cuales dan autoridad al tercero y cuarto libro de Esdras[78], así como es San Agustín[79] y san Ambrosio en su *Examerón*[80], adonde alega: «allí vendrá mi hijo Jesús y morirá mi hijo Cristo», y dicen que Esdras fue profeta, y asimismo Zacarías, padre de San Juan, y el beato Simón, las cuales autoridades también alega Francisco de Mairones. En cuanto en esto del enjuto de la tierra mucho se ha experimentado que es mucho de lo que el vulgo era. Y no es maravilla, porque, andando más, más se sabe[81].

Torno a mi propósito de la tierra de Gracia y río y lago que

---

[76] Avenruyz es Averroes en su comentario a Aristóteles (II, 26 a 98).

[77] Pierre d'Ailly, *Imago mundi,* caps. XI y XII.

[78] En el margen añade Bartolomé de Las Casas que no está sino en el cuarto (Esdras, IV, 6).

[79] *Civitas Dei,* XVII, 24.

[80] No está en el *Examerón* sino en *De bono mortis,* cap. X.

[81] La doctrina cristiana sostenía la unidad de la tierra y que la superficie del planeta estaba en su mayor parte cubierta de tierra. Siguiendo al profeta Esdras (II, Esdras. 6, 42) «Él secó seis partes de la tierra». La razón de que hubiera mucha más tierra que agua partía de la idea de que Dios había puesto al hombre por encima del resto de la creación.

allí hallé, tan grande que más se le puede llamar mar que lago, porque lago es lugar de agua, y en siendo grande se dice mar, como se dijo a la mar de Galilea y al mar Muerto. Y digo que, si no procede del Paraíso Terrenal, que viene este río y procede de tierra infinita, puesta al Austro, de la cual hasta ahora no se ha habido noticia, mas yo muy asentado tengo en el ánima que allí adonde dije es el Paraíso Terrenal, y descanso sobre razones y autoridades sobrescritas[82].

Plega a Nuestro Señor de dar mucha vida y salud y descanso a Vuestras Altezas para que puedan proseguir esta tan noble empresa, en la cual me parece que recibe Nuestro Señor mucho servicio, y la España crece de mucha grandeza, y todas los cristianos mucha consolación y placer, porque aquí se divulgará el nombre de Nuestro Señor, y en todas las tierras adonde los navíos de Vuestras Altezas van y en todo cabo mando plantar una alta cruz, y a toda la gente que hallo notifico el estado de Vuestras Altezas y cómo su asiento es en España, y les digo de nuestra santa fe todo lo que yo puedo, y de la creencia de la Santa Madre Iglesia, la cual tiene sus miembros en todo el mundo, y les digo la policía y nobleza de todos los cristianos y la fe que en la Santa Trinidad tienen. Y plega a Nuestro Señor de tirar de memoria a las personas que han impugnado e impugnan tan excelente empresa e impiden e impidieron porque no vaya adelante, sin considerar cuánta honra y grandeza es del real estado de Vuestras Altezas en todo el mundo. No saben qué entreponer y mal decir de esto, salvo que se hace gasto en ello y porque luego no enviaron los navíos cargados de oro, sin considerar la brevedad del tiempo y tantos inconvenientes como acá se han habido, y no considerar que en Castilla, en casa de Vuestras Altezas, salen cada año personas que por su merecimiento ganaron en ella más de renta, cada uno de ellos más de lo que es necesario que se gaste en esto. Asimismo sin considerar que ningu-

---

[82] La idea disparatada de Colón de ubicar en este lugar el paraíso terrenal le sirve, en cualquier caso, para seguir la concepción ptolomaica según la cual la «isla de tierra» es una masa de tierra que incluye Europa, Asia y África, para seguir la idea de Esdras, y para no refutar la concepción de la doctrina cristiana que negaba la existencia de otras partes que no fueran la «isla de tierra».

nos Príncipes de España jamás ganaron tierra alguna fuera de ella, salvo ahora que Vuestras Altezas tienen acá otro mundo, de donde puede ser tan acrecentada nuestra santa fe y de donde se podrán sacar tantos provechos, que bien que no se hayan enviado los navíos cargados de oro, se han enviado suficientes muestras de ello y de otras cosas de valor, por donde se puede juzgar que en breve tiempo se podrá haber mucho provecho, y sin mirar el gran corazón de los príncipes de Portugal, que ha tanto tiempo que prosiguen la empresa de Guinea y prosiguen aquella de África, adonde han gastado la mitad de la gente de su reino, y ahora está el Rey más determinado a ello que nunca. Nuestro Señor provea en esto, como yo dije, y les ponga en memoria de considerar de todo esto que va escrito, que no es de mil partes la una de lo que yo podría escribir de cosas de Príncipes que se ocuparon a saber y conquistar y sostener.

Todo esto dije, y no porque crea que la voluntad de Vuestras Altezas sea salvo proseguir en ello en cuanto vivan, y tengo por muy firme lo que me respondió Vuestra Alteza una vez que por palabra le decía de esto, no porque yo hubiese visto mudamiento ninguno en Vuestra Alteza, salvo por temor de lo que yo oía de estos que yo digo, y tanto da una gotera de agua en una piedra que le hace un agujero. Y Vuestra Alteza me respondió con aquel corazón que se sabe en todo el mundo que tiene, y me dijo que no curase de nada de eso, porque su voluntad era proseguir esta empresa y sostenerla, aunque no fuese sino piedras y peñas y que el gasto que en ello se hacía que lo tenía en nada, que en otras cosas no tan grandes gastaban mucho más, y que lo tenían todo por muy bien gastado, lo del pasado y lo que se gastase en adelante, porque creían que nuestra santa fe sería acrecentada y su real señorío ensanchado, y que no eran amigos de su real estado aquellos que les mal decían de esta empresa. Y ahora, entre tanto que vengan noticias de esto, de estas tierras que ahora nuevamente he descubierto, en que tengo asentado en el ánima que allí es el Paraíso Terrenal, irá el Adelantado con tres navíos bien ataviados para ello a ver más adelante, y descubrirán todo lo que pudieran hacia aquellas partes. Entretanto, yo enviaré a Vuestras Altezas esta escritura y la pintura de la tierra, y acordarán lo que en ello se deba hacer y me enviarán a mandar, y se cumplirá con ayuda de la Santa Trinidad, con toda diligencia en manera que Vuestras Altezas sean servidos y hayan placer. Deo gracias.

EL CUARTO VIAJE A LAS INDIAS[83]

Carta que escribió Don Cristóbal Colón, Virrey y Almirante de las Indias, a los cristianísimos y muy poderosos Rey y Reina de España, nuestros señores, en que les notifica cuanto le ha acontecido en su viaje, y las tierras, provincias, ciudades, ríos y otras cosas maravillosas, y donde hay minas de oro en mucha cantidad, y otras cosas de gran riqueza y valor[84].

Isla de Jamaica, 7 de julio 1503

Serenísimos y muy altos y poderosos Príncipes, Rey y Reina, Nuestros Señores: De Cádiz pasé a Canarias en cuatro días, y dende a las Indias en dieciséis, donde escribí a V.A. que mi intención era dar prisa a mi viaje, en cuanto yo tenía los navíos buenos, la gente y los bastimentos, y que mi derrota era en la isla de Jamaica. Y en la Dominica escribí esto. Hasta allí traje el tiempo a pedir por la boca. Esa noche que allí entré fue con tormenta grande y me persiguió después siempre. Cuando llegué sobre La Española[85] envié el envoltorio de cartas y a pedir por merced un navío por mis dineros, porque otro que yo llevaba era innavegable y no sufría las velas. Las

---

[83] Cuarta y última expedición de Colón. Dejó Sevilla el 3 de abril de 1502 con cuatro carabelas. Colón estaba decidido a encontrar el estrecho (a través del cual Marco Polo había navegado desde China hasta el océano Índico) en algún lugar situado entre Cuba, que Colón creía que era China, y el Paraíso Terrenal.

[84] Carta enviada desde Jamaica al regreso de su viaje por la costa centroamericana. Existe una copia en la biblioteca universitaria de Salamanca. La versión italiana se conoce como *Lettera rarissima*.

[85] Bartolomé de Las Casas indica que llegó a Santo Domingo el 29 de junio y que Ovando, posiblemente recibiendo instrucciones de los reyes, no le dejó desembarcar.

cartas tomaron, y sabrán si se las dieron. La respuesta para mí fue mandarme de parte de V.A. que yo no pasase ni llegase a la tierra. Cayó el corazón a la gente que iba conmigo, por temor de los llevar yo lejos, diciendo que si algún caso de peligro les viniese, que no serían remediados allí, antes les sería hecha alguna grande afrenta. También a quien plugo, dijo que el Comendador había de proveer las tierras que yo ganase.

La tormenta era terrible, y en aquella noche me desmembró los navíos. A cada uno llevó por su cabo sin esperanzas, salvo de muerte. Cada uno de ellos tenía por cierto que los otros eran perdidos. ¿Quién nació, sin quitar a Job, que no muriera desesperado que por mi salvación y de mi hijo, hermano y amigos me fuese en tal tiempo defendida la tierra y los puertos que yo, por voluntad de Dios, gané a España sudando sangre?

Y torno a los navíos, que así me había llegado la tormenta y dejado a mí solo. Deparómelos Nuestro Señor cuando le plugo. El navío sospechoso había echado a la mar, por escapar, hasta la gísola. La Gallega perdió la barca, y todos gran parte de los bastimentos. En el que yo iba, abalumado a maravilla, Nuestro Señor le salvó que no hubo daño de una paja. En el sospechoso iba mi hermano, y él, después de Dios, fue su remedio. Y con esta tormenta así a gatas me llegué a Jamaica. Allí se mudó de mar alta en calmería y grande corriente, y me llevó hasta el Jardín de la Reina sin ver tierra. De allí, cuando pude, navegué a la tierra firme, adonde me salió el viento y corriente terrible al opósito. Combatí con ellos sesenta días, y en fin no lo pude ganar más de setenta leguas.

En todo este tiempo no entré en puerto, ni pude ni me dejó tormenta del cielo, agua y trombones y relámpagos de continuo, que parecía el fin del mundo. Llegué al cabo de Gracias a Dios, y de allí me dio Nuestro Señor próspero el viento y corriente. Esto fue a 12 de septiembre. Ochenta y ocho días había que no me había dejado espantable tormenta, tanto que no vi el sol ni estrellas por mar, que a los navíos tenía yo abiertos, a las velas rotas, y perdidas anclas y jarcia, cables con las barcas y muchos bastimentos, la gente muy enferma y todos contritos y muchos con promesa de religión y no ninguno sin otros votos y romerías. Muchas veces habían llegado a se confesar los unos a los otros. Otras tormentas se han visto, mas no durar tanto ni con tanto espanto. Muchos esmorecieron, harto y hartas veces, que teníamos por esforzados. El dolor del hijo que yo tenía allí me arrancaba el ánima[86], y más por verle de tan nueva edad de trece años en tanta fatiga y durar en ello tanto. Nuestro Señor le dio tal esfuerzo que él avivaba a los otros, y en las obras hacía él como si hubiera navegado ochenta años, y él me consolaba. Yo había adolecido y llegado hartas veces a la muerte. De una camarilla que yo mandé hacer sobre cubierta mandaba la vía. Mi hermano estaba en el peor navío y más peligroso. Gran dolor era el mío, y mayor porque lo traje contra su grado, porque, por mi dicha, poco me han aprovechado veinte años de servicio que yo he servido con tantos trabajos y peligros, que hoy día no tengo en Castilla una teja. Si quiero comer o dormir no tengo, salvo el mesón o taberna, y las más de las veces falta para pagar el escote. Otra lástima me arrancaba el corazón por las espaldas, y era Don Diego, mi hijo, que yo dejé en España tan huérfano y desposesionado de mi honra y hacienda; bien que tenía por cierto que allá, como justos y agradecidos Príncipes, le restituirán con acrecentamiento en todo.

Llegué a tierra de Cariay[87], adonde me detuve a remediar los navíos y bastimentos y dar aliento a la gente, que venía muy enferma. Yo, que, como dije, había llegado muchas veces a la muerte, allí supe de las minas del oro en provincia de Ciamba[88], que yo buscaba. Dos indios me llevaron a Ceramburú, adonde la gente anda desnuda y al cuello un espejo de oro, mas no le querían vender ni dar a trueque. Nombráronme muchos lugares en la costa de la mar, adonde decían que había oro y minas. El postrero era Veragua[89], y lejos de allí obra de veinticinco leguas. Partí con intención de los tentar a todos, y, llegado ya el medio, supe que había minas a dos jornadas de andadura. Acordé de enviarlas a ver. Víspera de San

---

[86] Colón dejó un hijo, Diego Colón, como paje en la corte; el otro, Hernando, estaba en la expedición.

[87] Cariay, Canariay. Se encontraba en la actual costa del mosquito.

[88] Ciamba es el nombre que da Marco Polo a la Conchinchina.

[89] Beragna es el nombre indígena y quizá parte del río Veragua.

Simón y Judas, que había de ser la partida, en esa noche se levantó tanta mar y viento que fue necesario de correr hacia adonde él quiso; y el indio adalid de las minas siempre conmigo.

En todos estos lugares adonde yo había estado hallé verdad todo lo que yo había oído: esto me certificó que es así de la provincia de Ciguare[90], que según ellos es distante nueve jornadas de andadura por tierra al Poniente. Allí dicen que hay infinito oro y que traen corales en las cabezas, manillas a los pies y a los brazos de ello y bien gordas, y de él sillas, arcas y mesas las guarnecen y enforran. También dijeron que las mujeres de allí traían collares colgados de la cabeza a las espaldas. En esto que yo digo, la gente toda de estos lugares concierta en ello, y dicen tanto que yo sería contento con el diezmo. También todos conocieron la pimienta. En Ciguare usan tratar en ferias y mercaderías. Esta gente así lo cuenta, y me mostraban el modo y forma que tienen en la barata. Otrosí dicen que las naos traen bombardas, arcos y flechas, espadas y corazas, y andan vestidos, y en la tierra hay caballos, y usan la guerra, y traen ricas vestiduras y tienen buenas cosas. También dice que la mar boja a Ciguare, y de allí a diez jornadas es el río de Ganges. Parece que estas tierras están con Veragua como Tortosa con Fuenterrabía o Pisa con Venecia. Cuando yo partí de Ceramburú y llegué a esos lugares que dije, hallé la gente en aquel mismo uso, salvo que los espejos del oro quien los tenía los daba por tres cascabeles de gavilán por el uno, bien que pasasen diez o quince ducados de peso. En todo sus usos son como los de La Española. El oro cogen con otras artes, bien que todos son nada con los de los cristianos. Esto que yo he dicho es lo que oigo. Lo que yo sé es que el año de noventa y cuatro navegué en veinticuatro grados al Poniente en término de nueve horas, y no pudo haber yerro porque hubo eclipses: el Sol estaba en libra y la Luna en Ariete. También esto que yo supe por palabra habíalo yo sabido largo por escrito. Ptolomeo creyó de haber bien remedado a Marino, y ahora se halla su escritura bien próxima a lo cierto.

---

[90] No se sabe a qué zona alude cuando se refiere a Ciguare.

Ptolomeo asienta Catigara a doce líneas lejos de su Occidente, que él asentó sobre el cabo de San Vicente en Portugal dos grados y un tercio. Marino en quince líneas constituyó la tierra y términos. Marino en Etiopía escribe sobre[91] la línea equinoccial más de veinticuatro grados, y ahora que los portugueses la navegan le hallan cierto. Ptolomeo dice que la tierra más austral es el plazo primero y que no baja más de quince grados y un tercio. El mundo es poco. El enjuto de ello es seis partes, la séptima solamente cubierta de agua. La experiencia ya está vista, y la escribí por otras letras y con adornamiento de la Sacra Escritura, con el sitio del Paraíso Terrenal que la Santa Iglesia aprueba. Digo que el mundo no es tan grande como dice el vulgo, y que un grado de la equinoccial está cincuenta y seis millas y dos tercios, pero esto se tocará con el dedo. Dejo esto, por cuanto no es mi propósito de hablar en aquella materia, salvo de dar cuenta de mi duro y trabajoso viaje, bien que él sea el más noble y provechoso.

Digo que víspera de San Simón y Judas corrí donde el viento me llevaba, sin poder resistirle. En un puerto excusé diez días de gran fortuna de la mar y del cielo. Allí acordé de no volver atrás a las minas, y déjelas ya por ganadas. Partí, por seguir mi viaje, lloviendo. Llegué a Puerto de Bastimentos, adonde entré y no de grado. La tormenta y gran corriente me entró allí catorce días, y después partí y no con buen tiempo. Cuando yo hube andado quince leguas forzosamente, me reposó atrás el viento y corriente con furia. Volviendo yo al puerto donde había salido, hallé en el camino al Retrete, adonde me retraje con harto peligro y enojo y bien fatigado yo y los navíos y la gente. Detúveme allí quince días, que así lo quiso el cruel tiempo, y cuando creí de haber acabado, me hallé de comienzo. Allí mudé de sentencia de volver a las minas y hacer algo hasta que me viniese tiempo para mi viaje y marear. Y llegado con cuatro leguas, revino la tormenta y me fatigó tanto a tanto que ya no sabía de mi parte. Allí se me refrescó del mal la llaga[92]. Nueve días anduve perdido sin esperanza de vida. Ojos nunca vieron la mar tan alta, fea y hecha

---

91 En algunos textos aparece como «al Indo».
92 Las Casas comenta que Colón padecía gota.

espuma. El viento no era para ir adelante ni daba lugar para correr hacia algún cabo. Allí me detenía en aquella mar hecha sangre, hirviendo como caldera por gran fuego. El cielo jamás fue visto tan espantoso: un día con la noche ardió como horno, y así echaba la llama con los rayos, que cada vez miraba yo si me había llevado los mástiles y velas. Venían con tanta furia y espantables, que todos creíamos que me habían de hundir los navíos. En todo este tiempo jamás cesó agua del cielo, y no para decir que llovía, salvo que resegundaba otro diluvio. La gente estaba ya tan molida que deseaba la muerte para salir de tantos martirios. Los navíos ya habían perdido dos veces las barcas, anclas, cuerdas y estaban abiertos, sin velas.

Cuando plugo a Nuestro Señor, volví a Puerto Gordo, donde reparé lo mejor que pude. Volví otra vez hacia Veragua. Para mi viaje, aunque yo estuviera para ello, todavía eran el viento y corrientes contrarios. Llegué casi adonde antes, y allí me salió otra vez el viento y corrientes al encuentro. Y volví otra vez al puerto, que no osé esperar la oposición de Saturno con mares tan desbaratados en costa brava, porque las más de las veces trae tempestad o fuerte tiempo. Esto fue día de Navidad, en horas de misa. Volví otra vez adonde yo había salido con harta fatiga. Y, pasado año nuevo, torné a la porfía, que aunque me hiciera buen tiempo para mi viaje, ya tenía los navíos innavegables y la gente muerta y enferma. Día de la Epifanía llegué a Veragua, ya sin aliento. Allí me deparó Nuestro Señor un río y seguro puerto, bien que la entrada no tenía salvo diez palmos de fondo. Metíme en él con pena, y el día siguiente recordó la fortuna: si me hallara fuera, no pudiera entrar a causa del banco. Llovió sin cesar hasta 14 de febrero, que nunca hubo lugar de entrar en la tierra, ni de remediar en nada. Y, estando ya seguro a 24 de enero, de improviso vino el río muy alto y fuerte, quebróme las amarras y proeses, y hubo de llevar los navíos, y cierto los vi en mayor peligro que nunca. Remedió Nuestro Señor, como siempre hizo. No sé si hubo otro con más martirios. A 6 de febrero, lloviendo, envié setenta hombres la tierra adentro, y a las cinco leguas hallaron muchas minas. Los indios que iban con ellos los llevaron a un cerro muy alto, y de allí les mostraron hacia toda parte cuanto los ojos alcanzaban, diciendo que en toda parte había oro, y que hacia el Poniente llegaban las minas veinte jornadas, y nombraban las villas y lugares, y adonde había de ello más o menos. Después supe yo que el Quibián que había dado estos indios les había mandado que fuesen a mostrar las minas lejos y de otro su contrario, y que adentro de su pueblo cogían, cuando él quería, un hombre en diez días una mozada de oro. Los indios sus criados y testigos de esto traigo conmigo. Adonde él tiene el pueblo llegan las barcas. Volvió mi hermano con esta gente, y todos con oro que habían cogido en cuatro horas que fue allá a la estada. La calidad es grande, porque ninguno de éstos jamás había visto minas, y los más eran gente de la mar, y casi todos grumetes. Yo tenía mucho aparejo para edificar y muchos bastimentos. Asenté pueblo, y di muchas dádivas al Quibián, que así llaman al señor de la tierra. Y bien sabía que no había de durar la concordia: ellos muy rústicos y nuestra gente muy importunos, y me aposesionaba en su término. Después que él vio las casas hechas y el tráfago tan vivo, acordó de las quemar y matarnos a todos. Muy al revés salió su propósito. Quedó preso él, mujeres e hijos y criados, bien que su prisión duró poco. El Quibián se huyó a un hombre honrado, a quien se había entregado con guarda de hombres, y los hijos se huyeron a un maestre de navío, a quien se dieron en él a buen recaudo[93].

En enero se había cerrado la boca del río. En abril los navíos estaban todos comidos de broma y no los podía sostener sobre agua. En este tiempo hizo el río un canal, por donde saqué tres de ellos vacíos con gran pena. Las barcas volvieron adentro por la sal y agua. La mar se puso alta y fea, y no les dejó salir afuera. Los indios fueron muchos y juntos y las combatieron, y en fin los mataron. Mi hermano y la otra gente toda estaban en un navío que quedó adentro, yo muy solo

---

[93] Colón, a través del Atlántico, fue de Canarias a la Martinica en sólo 21 días. Después se dirigió hacia el sudoeste hasta que tocó el litoral atlántico de la actual república de Honduras. Siguió luego hacia el este y el sur buscando la apertura que le llevaría al océano Índico. Después de varios intentos frustrados, llegó a la conclusión de que no había un paso marítimo en esta zona.

de fuera en tan brava costa, con fuerte fiebre; en tanta fatiga, la esperanza de escapar era muerta. Subí así trabajando lo más alto, llamando a voz temerosa, llorando y muy aprisa, los maestros de la guerra de Vuestras Altezas, a todos cuatro los vientos, por socorro, mas nunca me respondieron. Cansado, me adormecí gimiendo. Una voz muy piadosa oí, diciendo: «¡Oh estulto y tardo a creer y a servir a tu Dios, Dios de todos! ¿Qué hizo Él más por Moisés o por David, su siervo? Desde que naciste, siempre Él tuvo de ti muy grande cargo. Cuando te vio en edad de que Él fue contento, maravillosamente hizo sonar tu nombre en la tierra. Las Indias, que son parte del mundo tan ricas, te las dio por tuyas. Tú las repartiste a donde te plugo y te dio poder para ello. De los atamientos de la Mar Océana, que estaban cerrados con cadenas tan fuertes, te dio las llaves, y fuiste obedecido en tantas tierras y de los cristianos cobraste tanta honrada fama. ¿Qué hizo Él más al tu pueblo de Israel cuando le sacó de Egipto, ni por David, que de pastor hizo Rey en Judea? Tórnate a Él y conoce ya tu yerro. Su misericordia es infinita. Tu vejez no impedirá a toda cosa grande. Muchas heredades tiene Él grandísimas. Abraham pasaba de cien años cuando engendró a Isaac, ni Sara era moza. Tú llamas por socorro. Incierto, responde, ¿quién te ha afligido tanto y tantas veces, Dios o el mundo? Los privilegios y promesas que da Dios, no las quebranta, ni dice, después de haber recibido el servicio, que su intención no era ésta y que se entiende de otra manera, ni da martirios por dar color a la fuerza. Él va al pie de la letra. Todo lo que Él promete cumple con acrecentamiento. Esto es su uso. Dicho tengo lo que tu Creador ha hecho por ti y hace con todos. Ahora —me dijo— muestra el galardón de estos afanes y peligros que has pasado sirviendo a otros.» Yo, así amortecido, oí todo, mas no tuve respuesta a palabras tan ciertas, salvo llorar por mis yerros. Acabó Él de hablar, quienquiera que fuese, diciendo: «No temas, confía. Todas estas tribulaciones están escritas en piedra mármol y no sin causa.»

Levantéme cuando pude, y al cabo de nueve días hizo bonanza, mas no para sacar navíos del río. Recogí la gente que estaba en tierra y todo el resto que pude, porque no estaban para quedar y navegar los navíos. Quedara yo a sostener el

181

pueblo con todos, si Vuestras Altezas supieran de ello. El temor que nunca aportarían allí navíos me determinó a esto, y la cuenta que cuando se haya de proveer de socorro se proveerá de todo. Partí en nombre de la Santísima Trinidad la noche de Pascua, con los navíos podridos, abromados, todos hechos agujeros. Allí en Belén dejé uno y hartas cosas. En Belpuerto hice otro tanto. No me quedaron salvo dos en el estado de los otros, y sin barcas y bastimentos, por haber de pasar siete mil millas de mar y de agua o morir en la vía con hijo y hermano y tanta gente. Respondan ahora los que suelen tachar y reprender, diciendo allí de en salvo: ¿por qué no hiciste esto allí? Los quisiera yo en esta jornada. Yo bien creo, que otra de otro sabor los aguarda, o nuestra fe es ninguna.

Llegué a 13 de mayo en la provincia de Mango, que parte con aquella de Catayo[94], y de allí partí para La Española. Navegué dos días con buen tiempo, y después fue contrario. El camino que yo llevaba era para desechar tanto número de islas, por no me embarazar en los bajos de ellas. La mar brava me hizo fuerza y hube de volver atrás sin velas. Surgí a una isla adonde de golpe pedí tres anclas, y a la media noche, que parecía que el mundo se disolvía, se rompieron las amarras al otro navío y vino sobre mí, que fue maravilla cómo no nos acabamos de hacer rajas: el ancla, de forma que me quedó, fue ella, después de Nuestro Señor, quien me sostuvo. Al cabo de seis días, que ya era bonanza, volví a mi camino. Así, ya perdido del todo de aparejos y con los navíos horadados de gusanos más que un panal de abejas y la gente tan acobardada y perdida, pasé algo delante de donde yo había llegado de antes. Allí me tornó a reposar atrás la fortuna. Paré en la misma isla en más seguro puerto. Al cabo de ocho días torné a la vía y llegué a Jamaica en fin de junio, siempre con vientos punteros y los navíos en peor estado: con tres bombas, tinas y calderas no podían, con toda la gente, vencer el agua que entraba en el navío, ni para este mal de broma hay otra cura. Cometí el camino para me acercar a lo más cerca de La Española, que son veintiocho leguas, y no quisiera haber comenzado. El otro navío corrió a buscar puerto casi anegado.

---

[94] Para Colón Cuba es Catay.

Yo porfié la vuelta de la mar con tormenta. El navío se me anegó, que milagrosamente me trajo Nuestro Señor a tierra. ¿Quién creyera lo que yo aquí escribo? Digo que de cien partes no he dicho la una en esta letra. Los que fueron con el Almirante lo atestigüen. Si place a Vuestras Altezas de me hacer merced de socorro un navío que pase de sesenta y cuatro, con doscientos quintales de bizcochos y algún otro bastimento, bastará para me llevar a mí y a esta gente a España. De La Española en Jamaica ya dije que no hay veintiocho leguas. A La Española no fuera yo, bien que los navíos estuvieran para ello. Ya dije que me fue mandado de parte de Vuestras Altezas que no llegase a ella. Si este mandar ha aprovechado, Dios lo sabe. Esta carta envío por vía y mano de indios. Grande maravilla será si allá llega.

De mi viaje digo que fueron ciento y cincuenta personas conmigo, en que hay hartos suficientes para pilotos y grandes marineros. Ninguno puede dar razón cierta por donde fui yo ni vine. La razón es muy presta. Yo partí de sobre el Puerto del Brasil en La Española. No me dejó la tormenta ir al camino que yo quería, fue por fuerza correr a donde el viento quiso. En ese día caí yo muy enfermo; ninguno había navegado hacia aquella parte. Cesó el viento y mar dende a ciertos días, y se mudó la tormenta en calmería y grandes corrientes. Fui a aportar a una isla que se dijo de las Bocas, y de allí a tierra firme. Ninguno puede dar cuenta verdadera de esto, porque no hay razón que baste, porque fue ir con corriente sin ver tierra tanto número de días. Seguí la costa de la tierra firme. Ésta se asentó con compás y arte. Ninguno hay que diga debajo cuál parte del cielo o cuándo yo partí de ella para venir a La Española. Los pilotos creían venir a parar a la isla de San Juan, y fue en tierra de Mango, cuatrocientas leguas más al Poniente de adonde decían. Respondan, si saben, adónde es el sitio de la Veragua. Digo que no pueden dar otra razón ni cuenta, salvo que fueron a unas tierras adonde hay mucho oro, y certificarle, mas para volver a ella el camino tienen ignoto. Sería necesario para ir a ella descubrirla como de primero. Una cuenta hay y razón de astrología y cierta: quien la entienda esto le basta. A visión profética se asemeja esto. Las naos de las Indias, si no navegan salvo a popa, no es por la mala hechura ni

183

por ser fuertes. Las grandes corrientes que allí vienen, juntamente con el viento, hacen que nadie porfíe con bolina, porque en un día perderían lo que hubiesen ganado en siete, ni saco carabela, aunque sea latina portuguesa. Esta razón hace que no naveguen salvo con colla, y por esperarle se detienen a las veces seis y ocho meses en puerto. Ni es maravilla, pues que en España muchas veces acaece otro tanto.

La gente de que escribe Papa Pío, según el sitio y señas, se ha hallado, mas no los caballos, pretales y frenos de oro; ni es maravilla, porque allí las tierras de la costa de la mar no requieren salvo pescadores, ni yo me detuve, porque andaba a prisa. En Cariay y en esas tierras de su comarca son grandes hechiceros y muy medrosos. Dieran el mundo porque no me detuviera allí una hora. Cuando llegué allí, luego me enviaron dos muchachas muy ataviadas. La más vieja no sería de once años y la otra de siete, ambas con tanta desenvoltura, que no serían más unas putas. Traían polvos de hechizos escondidos. En llegando, las mandé adornar de nuestras cosas y las envié luego a tierra. Allí vi una sepultura en el monte, grande como una casa y labrada, y el cuerpo descubierto y mirado en ella. De otras artes me dijeron y más excelentes. Animalias menudas y grandes hay hartas y muy diversas de las nuestras. De los puercos hubo yo en presente, y un perro de Irlanda no osaba esperarlos. Un ballestero había herido una animalia, que se parece a un gato paúl, salvo que es mucho más grande, y el rostro de hombre: teníale atravesado con una saeta desde los pechos a la cola, y porque era feroz le hubo de cortar un brazo y una pierna. El puerco, en viéndole, se le encrespó y se fue huyendo. Yo, cuando esto vi, mandé echarle «begare», que así se llama, adonde estaba; en llegando a él, así estando a la muerte y la saeta siempre en el cuerpo, le echó la cola por el hocico y se la amarró muy fuerte, y con la mano que le quedaba la arrebató por el copete como a enemigo. El auto tan nuevo y hermosa montería me hizo escribir esto. De muchas maneras de animalias se hubo, mas todas mueren de barro. Gallinas muy grandes y la pluma como lana vi hartas. Leones, ciervos, corzos y otro tanto y así aves. Cuando yo andaba por aquella mar en fatiga, en algunos se puso herejía que estábamos hechizados, que hoy en día están en ello. Otra gente ha-

184

llé que comían hombres: la disformidad de su gesto lo dice. Allí dicen que hay grandes mineros de cobre: hachas de ello, otras cosas labradas, fundidas, soldadas hube y fraguas con todo su aparejo de platero y los crisoles. Allí van vestidos. Y en aquella provincia vi sábanas grandes de algodón, labradas de muy sutiles labores, otras pintadas muy sutilmente a colores con pinceles. Dicen que en la tierra adentro hacia el Catayo las hay tejidas de oro. De todas estas tierras y de lo que hay en ellas, a falta de lengua no se sabe tan presto. Los pueblos, bien que sean espesos, cada uno tiene diferenciada lengua, y es en tanto que no se entienden los unos con los otros más que nos con los de Arabia. Yo creo que esto sea en esta gente salvaje de la costa de la mar, mas no en la tierra dentro.

Cuando yo descubrí las Indias, dije que eran el mayor señorío rico que hay en el mundo. Yo dije del oro, perlas, piedras preciosas, especierías, con los tratos y ferias, y porque no pareció todo tan presto fui escandalizado. Este castigo me hace ahora que no diga salvo lo que yo oigo de los naturales de la tierra. De una oso decir, porque hay tantos testigos, y es que yo vi en esta tierra de Veragua mayor señal de oro en dos días primeros que en La Española en cuatro años, y que las tierras de la comarca no pueden ser más hermosas ni más labradas ni la gente más cobarde, y buen puerto y hermoso río defensible al mundo. Todo esto es seguridad de los cristianos y certeza de señorío, con grande esperanza de la honra y acrecentamiento de la religión cristiana. Y el camino allí será tan breve como a La Española, porque ha de ser con viento. Tan señores son Vuestras Altezas de esto como de Jerez o Toledo. Sus navíos que fueren allí van a su casa. De allí sacarán oro. En otras tierras, para haber de lo que hay en ellas, conviene que se lo lleven, o se volverán vacíos; y en la tierra es necesario que fíen sus personas de un salvaje. Del otro que yo dejo de decir, ya dije por qué me encerré: no digo así ni que yo afirme en el tres doble en todo lo que yo haya jamás dicho ni escrito, y que yo esté a la fuente. Genoveses, venecianos y toda gente que tenga perlas, piedras preciosas y otras cosas de valor, todos las llevan hasta el cabo del mundo para las trocar, convertir en oro. El oro es excelentísimo. Del oro se hace tesoro, y con él, quien lo tiene, hace cuanto quiere en el mundo, y llega a que echa las ánimas al Paraíso. Los señores de aquellas tierras de la comarca de Veragua cuando mueren entierran el oro que tienen con el cuerpo; así lo dicen. A Salomón llevaron de un camino seiscientos sesenta y seis quintales de oro, allende los que llevaron los mercaderes y marineros, y allende lo que se pagó en Arabia. De este oro hizo doscientas lanzas y trescientos escudos, e hizo el tablado que había de estar arriba, pellas de oro y vasos muchos y muy grandes y ricos de piedras preciosas[95]. Josefo, en su crónica *De antiquitatibus*[96], lo escribe. En el *Paralipomenon*[97] y en el *Libro de los reyes*[98] se cuenta de esto. Josefo quiere que este oro se hubiese en la Aurea. Si así fuese, digo que aquellas minas de la Aurea son unas y se contienen con éstas de Veragua, que, como yo dije arriba, se alargan al Poniente veinte jornadas y son en una distancia lejos del polo y de la línea. Salomón compró todo aquello, oro, piedras y plata, y V.A. le pueden mandar a coger si les place. David, en su testamento, dejó tres mil quintales de oro de las Indias a Salomón para ayudar a edificar el templo, y según Josefo era él de estas mismas tierras. Jerusalén y el monte Sión ha de ser reedificado por mano de cristiano; quien ha de ser Dios por boca del Profeta en el decimocuarto salmo lo dice. El abad Joaquín dijo que éste había de salir de España. San Jerónimo a la santa mujer le mostró el camino para ello. El Emperador de Catayo ha días que mandó sabios que le enseñasen la fe de Cristo. ¿Quién será que se ofrezca a ello? Si Nuestro Señor me lleva a España, yo me obligo de llevarlo, con el nombre de Dios, en salvo.

Esta gente que vino conmigo han pasado increíbles peligros y trabajos. Suplico a Vuestras Altezas porque son pobres, que les manden pagar luego y les hagan mercedes a cada uno según la calidad de la persona, que les certifico que, a mi creer, les traen las mejores nuevas que nunca fueron a España. El oro que tiene el Quibián de Veragua y los otros de la comar-

---

[95] Colón anota indicios —minas de oro, piedras preciosas, etc.— descritos en los viajes de Marco Polo para creer que se halla en el continente asiático.

[96] *De antiquitatibus* VIII, 7.

[97] *Paralipomenon* IX, 13-17.

[98] *Libro de los reyes* X, 14-18.

ca, bien que según información él sea mucho, no me pareció bien ni servicio de Vuestras Altezas de se le tomar por vía de robo. La buena orden evitará escándalo y mala fama y hará que todo ello venga al tesoro, que no quede un grano. Con un mes de buen tiempo yo acabaré todo mi viaje. Por falta de los navíos no porfié a esperarle para tornar a ello, y para toda cosa de su servicio espero en Aquel que me hizo y estaré bueno[99]. Yo creo que Vuestra Alteza se acordará que yo quería mandar hacer los navíos de nueva manera; la brevedad del tiempo no dio lugar a ello, y cierto yo había caído en lo que cumplía.

Yo tengo en más esta negociación y minas con esta escala y señorío, que todo lo otro que está hecho en las Indias. No es este hijo para dar a criar a madrastra. De La Española, de Paria y de las otras tierras no me acuerdo de ellas que yo no llore. Creía yo que el ejemplo de ellas hubiese de ser por estas otras; al contrario: ellas están boca abajo; bien que no mueren, la enfermedad es incurable o muy larga. Quien las llegó a esto, venga ahora con el remedio si puede o sabe; al descomponer, cada uno es maestro. Las gracias y acrecentamiento siempre fue uso de las dar a quien puso su cuerpo a peligro. No es razón que quien ha sido tan contrario a esta negociación le goce, ni sus hijos. Los que se fueron de las Indias huyendo los trabajos y diciendo mal de ellas y de mí, volvieron con cargos; así se ordenaba ahora en Veragua: malo ejemplo y sin provecho del negocio y para la justicia del mundo. Este temor, con otros casos hartos que yo veía claro, me hizo suplicar a Vuestras Altezas, antes que yo viniese a descubrir estas islas y tierra firme, que me las dejasen gobernar en su real nombre. Plúgoles: fue por privilegio y asiento, y con sello y juramento, y me intitularon de Virrey y Almirante y Gobernador General de todo, y señalaron el término sobre las islas de los Azores cien leguas, y aquellas de Cabo Verde por la línea que pasa de polo a polo, y esto y de todo lo que jamás se descubriese, y me dieron poder largo. La escritura a más largamente lo dice.

El otro negocio famosísimo está con los brazos abiertos lla-

---

mando: extranjero he sido hasta ahora. Siete años estuve yo en su Real Corte, que a cuantos se habló de esta empresa todos a una dijeron que era burla. Ahora hasta los sastres suplican por descubrir. Es de creer que van a sastrear y se les otorga, que cobran con mucho perjuicio de mi honra y tanto daño del negocio. Bueno es de dar a Dios lo suyo y a César lo que le pertenece. Ésta es justa sentencia y de justo. Las tierras que acá obedecen a Vuestras Altezas son más que todas las otras de cristianos y ricas. Después que yo, por voluntad divina, las hube puestas debajo de su real y alto señorío y en filo para haber grandísima renta, de improviso, esperando navíos para venir a su alto conspecto con victoria y grandes nuevas del oro, muy seguro y alegre, fui preso y echado con dos hermanos en un navío, cargado de hierros, desnudo en cuerpo, con muy mal tratamiento, sin ser llamado ni vencido por justicia. ¿Quién creerá que un pobre extranjero se hubiese de alzar en tal lugar contra Vuestras Altezas sin causa ni sin brazo de otro Príncipe y estando solo entre sus vasallos y naturales teniendo todos mis hijos en su Real Corte? Yo vine a servir de veintiocho años, y ahora no tengo cabello en mi persona que no sea cano y el cuerpo enfermo y gastado cuanto me quedó de aquéllos, y me fue tomado y vendido y a mis hermanos hasta el sayo, sin ser oído ni visto, con gran deshonor mío. Es de creer que esto no se hizo por su real mandado. La restitución de mi honra y daños y el castigo en quien lo hizo hará sonar su real nobleza. Y otro tanto en quien me robó las perlas y de quien ha hecho daño en este Almirantado. Grandísima virtud, fama con ejemplo será si hacen esto, y quedará a la España gloriosa memoración de Vuestras Altezas, de agradecidos y justos Príncipes. La intención tan sana que yo siempre tuve al servicio de Vuestras Altezas y la afrenta tan desigual no da lugar al ánima que calle, bien que yo quiera. Suplico a Vuestras Altezas me perdonen.

Yo estoy tan perdido como dije. Yo he llorado hasta aquí a otros. Haya misericordia ahora el cielo y llore por mí la tierra. En el temporal no tengo solamente una blanca para la oferta; en el espiritual he parado aquí en las Indias de la forma que está dicho: aislado en esta pena, enfermo, aguardando cada día por la muerte y cercado de un cuento de salvajes y llenos de crueldad y enemigos nuestros, y tan apartado de los Santos Sacramentos de la Santa Iglesia, que se olvidará de esta ánima si se aparta acá del cuerpo. Llore por mí quien tiene caridad, verdad y justicia. Yo no vine a este viaje a navegar por ganar honra ni hacienda: esto es cierto, porque estaba ya la esperanza de todo en ello muerta. Yo vine a Vuestras Altezas con sana intención y buen celo, y no miento. Suplico humildemente a Vuestras Altezas que, si a Dios place de me sacar de aquí, que hayan por bien de mi ida a Roma y otras romerías. Cuya vida y alto estado la Santa Trinidad guarde y acreciente[100].

Hecha en las Indias, en la isla de Jamaica, a 7 de julio de 1503 años.

---

[100] Colón, en este cuarto viaje, «el alto viaje», acabó creyendo en la posibilidad de que en realidad existieran dos penínsulas asiáticas del Quersoneso de Oro, una de ellas mucho más extensa de lo que se pensaba. Colón finalizó su última expedición con la idea de que si hubiera ido más hacia el sur habría hallado el paso hacia el océano Índico.

CAPÍTULO 2

Antillas

GONZALO FERNÁNDEZ DE OVIEDO Y VALDÉS.
SUMARIO DE LA NATURAL HISTORIA DE LAS INDIAS[101]

De la isla Española

La isla Española tiene de longitud, desde la punta de Higuey hasta el cabo del Tiburón, más de ciento y cincuenta leguas y de latitud, desde la costa o playa de Navidad, que es al norte, hasta cabo de Lobos, que es de la banda del sur, cincuenta leguas. Está la propia ciudad en diez y nueve grados a la parte del mediodía. Hay en esta isla muy hermosos ríos y fuentes, y algunos de ellos muy caudales, así como el de la Ozama, que es el que entra en la mar, en la ciudad de Santo Domingo. Y otro, que se llama Reiva, que pasa cerca de la villa de San Juan de la Maguana. Y otro que se dice batibonico y otro que se dice Bana, y otro Nizao, y otros menores, que no curo de expresar. Hay en esta isla un lago que comienza a dos leguas de la mar, cerca de la villa de la Yaguana, que tura quince leguas o más hacia el Oriente, y en algunas partes es ancho una, y dos, y tres leguas, y en las otras partes todas es más angosto mucho y es salado en la mayor parte de él y

---

[101] Fernández de Oviedo (1478-1557), madrileño, fue el primero de los cronistas en intentar dar una visión de conjunto de la nueva tierra. El *Sumario* fue publicado en Toledo en 1526.

en algunas es dulce, en especial donde entran en él algunos ríos y fuentes. Pero la verdad es que es ojo de mar, la cual está muy cerca de él y hay muchos pescados de diversas maneras en el dicho lago, en especial grandes tiburones, que de la mar entran en él por debajo de tierra o por aquel lugar o partes que por debajo de ella la mar espira y procrea el dicho lago y esto es la mayor opinión de los que el dicho lago han visto. Aquella isla fue muy poblada de indios y hubo en ella dos reyes grandes que fueron Caonabo y Guarionex, y después sucedió en el señorío Anacoana. Pero porque tampoco quiero decir la manera de la conquista, ni la causa de haberse apocado los indios, por no me detener ni decir lo que larga y verdaderamente tengo en otra parte escrito, y porque no es esto de lo que he de tratar, sino de otras particularidades de que vuestra majestad[102] no debe tener tanta noticia, o se le pueden haber olvidado, resolviéndome en lo que de esta isla aquí pensé decir, digo que los indios que al presente hay son pocos, y los cristianos no son tantos cuantos debería haber, por causa que muchos de los que en aquella isla había se han pasado a las otras islas y Tierra-Firme. Porque, demás de ser los hombres amigos de novedades, los que a aquellas partes van, por la mayor parte son mancebos, y no obligados por matrimonio a residir en parte alguna, y porque como se han descubierto y descubren cada día otras tierras nuevas, paréceles que en las otras henchirían más aína la bolsa. Y aunque así haya acaecido a algunos, los más se han engañado, en especial los que ya tenían casas y asientos en esta isla, porque sin ninguna duda yo creo, conformándome con el parecer de muchos, que si un príncipe no tuviese más señorío de esta isla sola, en breve tiempo sería tal, que ni le haría ventaja Sicilia ni Inglaterra, ni al presente hay de qué pueda tener envidia a ninguna de las que es dicho, antes lo que en la isla Española sobra podría hacer ricas a muchas provincias y reinos. Porque, demás de haber más ricas minas y de mejor oro que hasta hoy en parte del mundo en tanta cantidad se ha hallado ni descubierto, allí hay tanto algodón producido de la natura, que si se diese a lo labrar y curar de ello, más y mejor que en parte del mundo se

---

[102] El *Sumario* está escrito para satisfacer la curiosidad de Carlos V.

192

haría. Allí hay tanta cañafístola y tan excelente, que ya se trae a España en mucha cantidad, y desde ella se lleva y reparte por muchas partes del mundo, y vase aumentando tanto, que es cosa de admiración. En aquella isla hay muchos y muy ricos ingenios de azúcar, la cual es muy perfecta y buena, y tanta, que las naos vienen cargadas de ella cada un año. Allí todas las cosas que se siembran y cultivan de las que hay en España, se hacen muy mejor y en más cantidad que en parte de nuestra Europa; y aquellas se dejan de hacer y multiplicar, de las cuales los hombres se descuidan o no curan, porque quieren el tiempo que las han de esperar para se ocupar en otras ganancias y cosas que más presto hinchan la medida de los codiciosos, que no han gana de perseverar en aquellas partes. De esta causa no se dan a hacer pan ni a poner viñas, porque en aquel tiempo que estas cosas tardaran en dar fruto, las hallan en buenos precios y se las llevan las naos desde España, y labrando minas, o ejercitándose en la mercadería, o en pesquerías de perlas, o en otros ejercicios, como he dicho, más presto allegan hacienda de lo que la juntarían por la vía del sembrar el pan o poner viñas. Cuanto más que ya algunos, en especial quien piensa perseverar en la tierra, se dan a ponerlas. Asimismo hay muchas frutas naturales de la misma tierra, y de las que de España se han llevado, todas las que se han puesto se hacen muy bien. Y porque particularmente se tratará adelante de estas cosas que por su origen la misma isla y las otras partes de las Indias se tenían, y hallaron en ellas los cristianos, digo que de las que llevaron de España hay en aquella isla, en todos los tiempos del año, mucha y buena hortaliza de todas maneras, muchos ganados y buenos, muchos naranjos dulces y agros, y muy hermosos limones y cidros, y de todos estos agros muy gran cantidad. Hay muchos higos todo el año, y muchas palmas de dátiles, y otros árboles y plantas que de España se han llevado. En esta isla ningún animal de cuatro pies había, sino dos maneras de animales muy pequeñicos, que se llaman hutia y cori, que son cuasi a manera de conejos[103]. Todos los demás que hay al presente se han llevado

---

[103] *El Sumario* destaca por ser un vastísimo documento de información de la realidad americana. Las dotes de observación de Fernández de Oviedo son

de España, de los cuales no me parece que hay que hablar, pues de acá se llevaron, ni que se deba notar más principalmente que la mucha cantidad en que se han aumentado así el ganado vacuno como los otros; pero en especial las vacas, de las cuales hay tantas, que son muchos los señores de ganados que pasan de mil, y dos mil cabezas, y hartos que pasan de tres, y cuatro mil cabezas, y tal que llega a más de ocho mil. De quinientas y algunas más, o poco menos, son muchos los que las alcanzan. Y la verdad es que la tierra es de los mejores pastos del mundo para semejante ganado, y de muy lindas aguas y templados aires; y así, las reses son mayores y mucho más hermosas que todas las que hay en España; y como el tiempo en aquellas partes es suave y de ningún frío, nunca están flacas ni de mal sabor. Asimismo hay mucho ganado ovejuno, y puercos en gran cantidad, de los cuales y de las vacas muchos se han hecho salvajes. Y asimismo muchos perros y gatos de los que se llevaron de España para servicio de los pobladores que allá han pasado, se fueron al monte, y hay muchos de ellos y muy malos, en especial perros, que se comen ya algunas reses por descuido de los pastores, que mal las guardan. Hay muchas yeguas y caballos, y todos los otros animales de que los hombres se sirven en España, que se han aumentado de los que desde ella se han llevado. Hay algunos pueblos, aunque pequeños, en la dicha isla, de los cuales no curaré de decir otra cosa sino que todos están en sitios y provincias que andando el tiempo crecerán y se ennoblecerán, en virtud de la fertilidad y abundancia de la tierra, pero del principal de ellos, que es la ciudad de Santo Domingo, más particularmente hablando, digo que cuanto a los edificios, ningún pueblo de España, tanto por tanto, aunque sea Barcelona, la cual yo he muy bien visto muchas veces, le hace ventaja generalmente. Porque todas las casas de Santo Domingo son de piedra como las de Barcelona, por la mayor parte, o de tan hermosas tapias y tan fuertes, que es muy singular argamasa, y el asiento muy mejor que el de Barcelona, porque las calles

---

excelentes. Su curiosidad científica le llevó a destacar aspectos singulares, insólitos y desconcertantes. Utiliza el método comparativo, un método de aproximaciones sucesivas.

son tanto y más llanas y muy más anchas, y sin comparación más derechas; porque como se ha fundado en nuestros tiempos, demás de la oportunidad y aparejo de la disposición para su fundamento, fue trazada con regla y compás, y a una mediada las calles todas, en lo cual tiene mucha ventaja a todas las poblaciones que he visto. Tiene tan cerca la mar, que por la una parte no hay entre ella y la ciudad más espacio de la ronda, y ésta es de hasta cincuenta pasos de ancho donde más espacio se aparta, y por aquella parte baten las ondas en viva peña y costa brava. Y, por otra parte, al costado y pie de las casas pasa el río Ozama, que es maravilloso puerto, y surgen las naos cargadas junto a tierra y debajo de las ventanas, y no más lejos de la boca por donde el río entra en la mar, de lo que hay desde el pie del cerro de Monjuich al monasterio de San Francisco o a la lonja de Barcelona. Y en medio de este espacio está en la dicha ciudad la fortaleza y castillo, debajo del cual, y a veinte pasos de él, pasan las naos a surgir algo más adelante en el mismo río. Y desde que las naos entran en él hasta que echan el áncora no se desvían de las casas de la ciudad treinta o cuarenta pasos, sino al luengo de ella, porque de aquella parte la población están junto al agua del río. Digo que de tal manera tan hermoso puerto ni de tal descargazón no se halla en mucha parte del mundo. Los vecinos que en esta ciudad puede haber, serán en número de setecientos, y de casas tales como he dicho, y algunas de particulares tan buenas, que cualquiera de los grandes de Castilla se podrían muy bien aposentar en ellas, y señaladamente la que el almirante don Diego Colón, visorrey de vuestra majestad, allí tiene, es tal, que ninguna sé yo en España de un cuarto que tal le tenga, atentas las calidades de ella, así el asiento, que es sobre el dicho puerto, como en ser toda de piedra, y muy buenas piezas y muchas, y de la más hermosa vista de mar y tierra que ser puede. Y para los otros cuartos que están por labrar de esta casa, tiene la disposición conforme a lo que está acabado, que es tanto, que, como he dicho, vuestra majestad podría estar tan bien aposentado como en una de las más cumplidas casas de Castilla. Hay asimismo una iglesia catedral, que ahora se labra, donde así el obispo como las dignidades y canónigos de ella están muy bien dotados, y según el aparejo que hay de materiales y la continuación de la labor, espérase que muy presto será acabada y asaz suntuosa, y de buena proporción y gentil edificio por lo que yo vi ya hecho de ella. Hay asimismo tres monasterios, que son Santo Domingo y San Francisco y Santa María de la Merced, asimismo de muy gentiles edificios, pero moderados, y no tan curiosos como los de España. Pero hablando sin perjuicio de ninguna casa de religiosos, puede vuestra majestad tener por cierto que en estas tres casas se sirve Dios mucho, porque verdaderamente hay en ellas santos religiosos y de gran ejemplo. Hay asimismo un muy gentil hospital, donde los pobres son recogidos y bien tratados, que el tesorero de vuestra majestad, Miguel de Pasamonte, fundó. Vase cada día aumentando y ennobleciendo esta ciudad, y siempre será mejor, así porque en ella reside el dicho almirante visorrey, y la audiencia y cancillería real que vuestra majestad en aquellas partes tiene, como porque de los que en aquella isla viven, los más de los que más tienen, son vecinos de la dicha ciudad de Santo Domingo.

De la isla de Cuba y otras

De la isla de Cuba y de otras, que son San Juan y Jamaica, todas estas cosas que se han dicho de la gente y otras particularidades de la isla Española se pueden decir, aunque no tan copiosamente, porque son menores. Pero en todas ellas hay lo mismo, así en mineros de oro y cobre, y ganados y árboles y plantas, y pescados y todo lo que es dicho. Pero tampoco en ninguna de estas otras islas había animal de cuatro pies, como en la Española, hasta que los cristianos los llevaron a ellas y al presente en cada una hay mucha cantidad, y asimismo mucho azúcar y cañafístola, y todo lo demás que es dicho. Pero hay en la dicha isla de Cuba una manera de perdices que son pequeñas y son casi de especie de tórtolas en la pluma pero muy mejores en el sabor y tómanse en grandísimo número y traídas vivas a casa y bravas, en tres o cuatro días, andan tan domésticas como si en casa nacieran y engordan en mucha manera. Y sin duda es un manjar muy delicado en el sabor y que yo le tengo por mejor que las perdices de España porque no son de tan recia digestión. Pero dejado aparte todo lo que es dicho, dos cosas admirables hay en la dicha isla de Cuba, que a mi parecer jamás se oyeron ni escribieron[104]. La una es que hay un valle que tura dos o tres leguas entre dos sierras o montes, el cual está lleno de pelotas de lombardas guijeñas y de género de piedra muy fuerte y redondísimas en tanta manera que con ningún artificio se podrían hacer más iguales o redondas cada una en el ser que tiene. Y hay de ellas desde tan pequeñas como pelotas de escopeta y de ahí adelante de más en más grosor creciendo. Las hay tan gruesas como las quisieren para cualquier artillería, aunque sea para tiros que las demanden de un quintal y de dos y más cantidad y groseza cual la quisieren. Y hallan estas piedras en todo aquel valle, como minero de ellas, y cavando las sacan según que las quieren o han menester. La otra cosa es que en la dicha isla y no muy desviado de la mar sale de una montaña un licor o betún a manera de pez o brea y muy suficiente y tal cual conviene para brear los navíos, de la cual materia, entrada en la mar continuamente mucha copia de ella, se andan sobre el agua grandes balsas o manchas o cantidades encima de las ondas, de unas partes a otras, según las mueven los vientos o como se menean y corren las aguas de la mar de aquella costa donde este betún o materia que es dicha anda[105].

Quinto Curcio, en su libro quinto, dice que Alejandro allegó a la ciudad de Memi, donde hay una gran caverna o cueva, en la cual está una fuente que milagrosamente esparce gran copia de betún, de manera que fácil cosa es creer que los muros de Babilonia pudiesen ser murados de betún, según el dicho autor dice, etc. No es solamente en la dicha isla de Cuba visto este minero de betún porque otro tal hay en la Nueva España que ha muy poco que se halló en la provincia

---

[104] Fernández de Oviedo expresa su deslumbramiento por el mundo nuevo. A la vez que testimonia la realidad nueva la recrea con el componente fantástico que ha adquirido de sus diversas lecturas y del concepto historiográfico de la época.

[105] Fernández de Oviedo pretende continuar la *Historia natural,* de Plinio. Seguirá la tradición literaria de los bestiarios, descripción de peces voladores, etc. Hay aspectos fantásticos en la obra de Fernández de Oviedo y en el relato de su propia vida.

que llaman Pánuco, el cual betún es muy mejor que el de Cuba, como se ha visto por experiencia breando algunos navíos. Pero dejado esto aparte, y siguiendo el fin que me movió a escribir este repertorio, por reducir a la memoria algunas cosas notables de aquellas partes, y representarlas a vuestra majestad aunque no se me acordase de ellas por la orden, y tan copiosamente como las tengo escritas, antes que pase a hablar en Tierra Firme, quiero decir aquí una manera de pescar que los indios de Cuba y Jamaica usan en la mar, y otra manera de caza y pesquería que también en estas dos islas los dichos indios de ellas hacen cuando cazan y pescan las ánsares bravas, y es de esta manera: hay unos pescados tan grandes como un palmo o algo más que se llama pexe reverso, feo al parecer, pero de grandísimo ánimo y entendimiento, el cual acaece que algunas veces, entre otros pecados, los toman en redes (de los cuales yo he comido muchos). Y los indios, cuando quieren guardar y criar algunos de éstos, tiénenlo en agua de la mar y allí dándole a comer y cuando quieren pescar con él llévanle a la mar en su canoa o barca y tiénenlo allí en agua y átanle una cuerda delgada pero recia y cuando ven algún pescado grande, así como tortuga o sábalo, que los hay grandes en aquellas mares, o otro cualquier que sea, que acaece andar sobre aguados o de manera que se pueden ver, el indio toma en la mano este pescado reverso y halágalo con la otra, diciéndole en su lengua que sea animoso y de buen corazón y diligente, y otras palabras exhortatorias a esfuerzo y que mire que sea osado y afierre con el pescado mayor y mejor que allí viere. Y cuando le parece le suelta y lanza hacia donde los pescados andan y el dicho reverso va como una saeta y afierra por un costado con una tortuga o en el vientre, o donde puede, y pégase con ella o con otro pescado grande o con el que quiere. El cual, como siente estar asido de aquel pequeño pescado, huye por la mar a una parte y a otra y en tanto el indio no hace sino dar y alargar la cuerda de todo punto, la cual es de muchas brazas y en el fin de ella va atado un corcho o un palo o cosa ligera por señal y que esté sobre el agua y en poco proceso de tiempo, el pescado o tortuga grande con quien el dicho reverso se aferró, cansado, viene hacia la costa de tierra y el indio comien-

za a coger su cordel en su canoa o barca y cuando tiene pocas brazas por coger, comienza a tirar con tiento poco a
poco, y tirar guiando el reverso y el pescado con quien está
asido, hasta que se lleguen a la tierra y como está a medio estado o uno, las ondas mismas del mar lo echan para fuera y
el indio asimismo le afierra y saca hasta lo poner en seco.
Y cuando ya está fuera del agua el pescado preso, con mucho tiento, poco a poco, y dando por muchas palabras las
gracias al reverso de lo que ha hecho y trabajado, lo despega
del otro pescado grande que así tomó y viene tan apretado
y fijo con él que si con fuerza lo despegase lo rompería o
despedazaría el dicho reverso. Y es una tortuga de estas tan
grande de las que así se toman que dos indios y aun seis tienen harto que hacer en la llevar a cuestas hasta el pueblo o
otro pescado que tamaño o mayor sea de los cuales el dicho
reverso es verdugo o hurón para los tomar por la forma que
es dicha. Este pescado reverso tiene unas escamas hechas a
manera de gradas o como es el paladar o mandíbula altar
por de dentro de la boca del hombre o de un caballo y por
allí unas espinicas delgadísimas y ásperas y recias con que se
afierra con los pescados que él quiere y estas escamas de espinicas tiene en la mayor parte del cuerpo por de fuera. Pasando a lo segundo que de suso se tocó en el tomar de los
ánsares bravas, sabrá vuestra majestad que al tiempo del
paso de estas aves, pasan por aquellas islas muy grandes ban-
das de ellas y son muy hermosas porque son todas negras y
los pechos y vientre blanco, y alrededor de los ojos unas verrugas redondas muy coloradas que parecen muy verdaderos
y finos corales, las cuales se juntan en el lagrimal y asimismo
en el cabo del ojo hacia el cuello y de allí descienden por medio del pescuezo por una línea o en derecho una de otras estas verrugas hasta en número de seis o siete de ellas o pocas
más. Estos ánsares en mucha cantidad se asientan a par de
unas grandes lagunas que en aquellas islas hay y los indios
que por allí cerca viven echan allí unas grandes calabazas va-
cías y redondas que se andan por encima del agua y el viento las lleva de unas partes a otras y las trae hasta las orillas y
los ánsares al principio se escandalizan y levantan y se apartan de allí mirando las calabazas; pero como ven que no les

hacen mal, poco a poco piérdenles el miedo y de día en día domesticándose con las calabazas descuídanse tanto que se atreven a subir muchos de las dichos ánsares encima de ellas y así se andan a una parte y a otra según el aire las mueve, de forma que cuando ya el indio conoce que los dichos ánsares están muy asegurados y domésticos de la vista y movimiento y uso de las calabazas, pónense uno de ellos en la cabeza hasta los hombros y todo lo demás va debajo del agua y por un agujero pequeño mira adonde están los ánsares y pónense junto a ellos y luego alguno salta encima, y como él lo siente, apártase muy paso, si quiere, nadando, sin ser entendido ni sentido del que lleva sobre sí ni de otra. Porque ha de creer vuestra majestad que en este caso del nadar tienen la mayor habilidad los indios que se puede pensar. Y cuando está algo desviado de los otros ánsares y le parece que es tiempo, saca la mano y áselo por las piernas y mételo debajo del agua y ahógalo y póneselo en la cinta y torna de la misma manera a tomar otro y otras. Y de esta forma y arte toman los dichos indios mucha cantidad de ellos. También sin se desviar de allí, así como se le asienta encima lo toma como es dicho y lo mete debajo del agua y se lo pone en la cinta y los otros no se van ni espantan porque piensan que aquellos tales, ellos mismos se hayan zambullido por tomar algún pescado. Y esto baste, cuanto a lo que toca a las islas, pues que en el trato y riquezas de ellas, no aquí, sino en la historia que escribo general de ellas, ninguna cosa está por escribir de lo que hasta hoy se sabe. Y pasemos a lo que de Tierra Firme puede colegir o acordarse mi memoria. Pero primero me ocurre una plaga que hay en La Española y esas otras islas que están pobladas de cristianos, la cual ya no es tan ordinaria como fue en los principios que aquellas islas se conquistaron, y es que a los hombres se les hace en los pies entre cuero y carne, por industria de una pulga o cosa mucho menor que la más pequeña pulga, que allí se entra, una bolsilla tan grande como un garbanzo y se hinche de liendres que es la labor que aquella cosa hace, y cuando no se saca con tiempo, labra de manera y auméntase aquella generación de niguas (porque así se llama, nigua, este animalito) de forma que se pierden los hombres, de tullidos, y quedan

200

mancos de los pies para siempre, que no es provecho de ellos[106].

FRANCISCO LÓPEZ DE GÓMARA.
HISTORIA GENERAL DE LAS INDIAS[107]

La religión de la isla Española

El principal dios que los de esta isla tienen es el diablo[108], que lo pintan en cada cabo como se les aparece, y aparéceseles muchas veces y aun les habla. Otros infinitos ídolos tienen, que adoran diferentemente, y a cada uno llaman por su nombre y le piden su cosa. A uno agua, a otro maíz, a otro salud y a otro victoria. Hácenlos de barro, palo, piedra y de algodón relleno. Iban en romería a Loaboina, cueva donde honraban muchos dos estatuas de madera, dichas Marobo y Bintatel, y ofrecíanles cuanto podía llevar a cuestas. Traíalos el diablo tan engañados, que le creían cuanto decía, el cual se andaba entre las mujeres como sátiro y como los que llaman íncubos, y en tocándoles al ombligo desaparecía y aún dicen que come. Cuentan[109] que un ídolo llamado Corocoto, que adoraba el cacique Guamareto, se iba del oratorio donde atado estaba a comer y holgar con las mujeres del pueblo y de la comarca, las cuales parían hijos con cada dos coronas, en señal que los engendró su dios y que el mestizo Corocoto salió por encima del fuego, quemándose la casa de aquel cacique.

---

[106] Fernández de Oviedo mezcla las valiosas informaciones —documentación etnográfica, catalogación de la fauna y flora, etc.— con el «maravillosismo» y el aura de fantasía, en esta visión de grandeza de América.

[107] Francisco López de Gómara comenzó a escribir la *Historia general de las Indias y conquista de México* hacia 1542. Se publicó en Zaragoza, en 1552, e iba dedicada a Carlos V.

[108] Gómara parte de su propia concepción cristiana y ve el diablo representado en los ídolos indígenas.

[109] Recordemos que Francisco López de Gómara, como Pedro Mártir, es un «cronista de oídas», es decir, que escribe toda su crónica sin haber pisado nunca territorio americano. Se basará en fuentes de carácter escrito (crónicas, en general) y oral (testimonios de hombres que acompañaron a Cortés y el testimonio del propio Cortés).

Dicen asimismo cómo otro ídolo de Guamareto, que llamaban Epilguanita, que tenía cuatro pies, como perro, y se iba a los montes cuando lo enojaban, al cual tornaban en hombros y con procesión a su templo. Tenían por reliquia una calabaza de la cual decían haber salido la mar con todos sus peces. Creían que de una cueva salieron el sol y la luna y de otra el hombre y mujer primera. Largo sería de contar semejantes embaucamientos[110] y tampoco escribiera éstos sino por dar alguna muestra de sus grandes supersticiones y ceguedad, y para despertar el gusto a la cruel y endiablada religión de los indios de Tierra Firme, especialísimamente de los mejicanos. Ya podéis pensar que tales eran los sacerdotes del diablo, a los cuales llaman bohitis. Son casados también ellos con muchas mujeres, como los demás, sino que andan diferentemente vestidos. Tienen gran autoridad, por ser médicos y adivinos, con todos, aunque no dan respuestas ni curan sino a gente principal y señores. Cuando han de adivinar y responder a lo que les preguntan, comen una yerba que llaman cohoba, molida o por moler, o toman el humo de ella por las narices y con ello salen de seso y se les representan mil visiones. Acabada la furia y virtud de la yerba, vuelven en sí. Cuenta lo que ha visto y oído en el concejo de los dioses y dice que será lo que Dios quisiere, empero responde a placer del preguntador o por términos que no le puedan coger a palabras, que así es el estilo del padre de mentiras. Para curar algo toman también de aquella yerba cohoba que no la hay en Europa. Enciérranse con el enfermo, rodéanlo tres o cuatro veces, echan espumajos por la boca, hacen mil visajes con la cabeza y soplan luego el paciente y chúpanle por el tozuelo, diciendo que le saca por allí todo el mal. Pásale después muy bien las manos por todo el cuerpo hasta los dedos de los pies y entonces sale a echar la dolencia fuera de casa, y algunas veces muestra una piedra o hueso o carne que lleva en la boca y dice que luego sanará, pues le sacó lo que causaba el mal. Guardan las mujeres aquellas piedras para bien parir como reliquias santas. Si el

---

[110] López de Gómara, como el Inca Garcilaso y otros cronistas, se verá obligado a narrar o informar sobre supersticiones y creencias indígenas, pero no dudará en apartarse de ellas todo cuanto pueda.

doliente muere, no les faltan excusas que así hacen nuestros médicos, ca no hay muertes sin achaque, como dicen las viejas. Mas si hallan que no ayunó ni guardó las ceremonias que se requiere para tal caso, castigan el bohiti. Muchas viejas eran médicas y echaban las medicinas con la boca por unos cañutos. Hombres y mujeres todos son muy devotos y guardaban muchas fiestas. Cuando el cacique celebraba la festividad de su devoto y principal ídolo, venían al oficio todos. Ataviaban el dios muy garridamente, poníanse los sacerdotes como en coro, junto al rey, y el cacique a la entrada del templo con un atabalejo al lado. Venían los hombres pintados de negro, colorado, azul y otros colores o enramados y con guirnaldas de flores o plumajes, y caracolejos y conchuelas en los brazos y piernas por cascabeles. Venían también las mujeres con semejantes sonajas, más desnudas si eran vírgenes y sin pintura ninguna. Si casadas, con solamente unas como bragas. Entraban bailando y cantando al son de las conchas. Saludábalos el cacique con el atabal así como llegaban. Entrados en el templo, vomitaban metiéndose un palillo por el garguero, para mostrar al ídolo que no les quedaba cosa mala en el estómago. Sentábanse en cuclillas y rezaban; que parecían abejones y así andaba un extraño ruido. Llegaban entonces otras muchas mujeres con cestillas de tortas en las cabezas y muchas rosas, flores y yerbas olorosas encima. Rodeaban los que oraban, y comenzaban a cantar uno como romances viejo en loor de aquel dios. Levantábanse todos a responder. En acabando el romance, mudaban el tono y decían otro en alabanza del cacique, y así ofrecían el pan al ídolo, hincados de rodillas. Tomábanlo los sacerdotes, bendecíanlo y repartíanlo como nosotros el pan bendito y con tanto cesaba la fiesta. Guardaban aquel pan todo el año y tenían por desdichada la casa que sin él estaba y sujeta a muchos peligros.

Costumbres

Dicho he como se andan desnudos con el calor y buena templanza de la tierra, aunque hace frío en las sierras. Casa cada uno con cuanto quiere o puede, y el cacique Behechio tenía treinta mujeres, una empero es la principal y legítima para las herencias. Todas duermen con el marido, como hacen muchas gallinas con un gallo en una pieza. No guardan más parentesco de con madre, hija y hermana, y esto por temor, ca tenían por cierto que quien las tomaba moría mala muerte. Lavan las criaturas en agua fría porque se les endurezca el cuero y aun ellas se bañan también en fría recién paridas y no les hace mal. Estando parida y criando es pecado dormir con ella. Heredan los sobrinos, hijos de hermanas, cuando no tienen hijos, diciendo que aquéllos son más ciertos parientes suyos. Poca confianza y castidad debe haber en las mujeres, pues esto dicen y hacen. Facilísimamente se juntan con las mujeres y aun como cuervos o víboras y peor. Dejando aparte que son grandísimos sodométicos, holgazanes, mentirosos, ingratos, mudables y ruines. De todas sus leyes ésta es la más notable que por cualquiera hurto empalaban al ladrón. También aborrecían mucho los avarientos. Entierran con los hombres, especial con señores, algunas de sus más queridas mujeres o las más hermosas, ca es gran honra y favor. Otras se quieren enterrar con ellos por amor. El enterramiento de estos tales es pomposo. Asiéntanlos en la sepultura y pónenles alrededor pan, agua, sal, fruta y armas. Pocas veces tenían guerra sino era sobre los términos o por las pesquerías o con extranjeros, y entonces no sin respuestas de los ídolos o sin la de los sacerdotes que adivinan. Sus armas eran piedras y palos que sirven de lanza y espada a quien llaman macanas. Átanse a la frente ídolos chiquitos cuando quieren pelear. Tíñense para la guerra con jagua, que es zumo de cierta fruta, como dormideras, sin coronilla, que los para más negros que azabache, y con bija, que también es fruta de árbol, cuyos granos se pegan como cera y tiñen como bermellón. Las mujeres se untan con estos colores para danzar sus areítos y porque aprietan las carnes. Areíto es como la zambra de moros, que bailan cantando romances en alabanza de sus ídolos y de sus reyes, y en memoria de victorias y acaecimientos notables y antiguos, que no tienen otras historias. Bailan muchos y mucho en estos areítos, y alguna vez todo un día con su noche. Acaban borrachos de cierto vino de allá, que les dan en el corro. Son muy obedientes a sus caciques y así no siembran sin su voluntad ni cazan ni pescan, que es su principal ejercicio, y la pesca es su ordinario manjar y por eso vivían a orillas de lagunas, que tienen muchas, y riberas de ríos y de aquí venían a ser grandísimos nadadores ellos y ellas. En lugar de trigo comen maíz, que parece algo al panizo. También hacen pan de yuca, que es una raíz grande y blanca como nabo, la cual rayan y estrujan porque su zumo es ponzoña. No conocían el licor de las uvas, aunque había vides, y así hacían vino del maíz, de frutas y de otras yerbas muy buenas, que acá no las hay, como son caimitos, yayaguas, higueros, auzubas, guanabanos, guayabos, yarumas y guazumas. La fruta de cuesco son hobos, hicacos, macaguas, guiabaras y mameis, que es la mejor de todas. No tienen letras ni peso ni moneda, aunque había mucho oro y plata y otros metales, ni conocían el hierro, que con pedernal cortaban. Por no ser prolijo quiero concluir este capítulo de costumbres, y decir que todas sus cosas son tan diferentes de las nuestras, cuanto la tierra es nueva para nosotros[111].

Que las bubas vinieron de las Indias

Los de esta isla Española son todos bubosos y como los españoles dormían con las indias hinchéronse luego de bubas, enfermedad pegajosísima y que atormenta con recios dolores. Sintiéndose atormentar y no mejorando se volvieron muchos de ellos a España por sanar y otros a negocios, los cuales pegaron su encubierta dolencia a muchas mujeres cortesanas y ellas a muchos hombres que pasaron a Italia a la guerra de Nápoles en favor del rey don Fernando el Segundo contra franceses y pegaron allá aquel su mal. En fin, que se les pegó a los

---

[111] López de Gómara, en su *Historia de Indias*, intenta escribir una crónica enciclopédica y aspira a superar a sus predecesores. Describirá la geografía americana, la fauna, la flora, las diferentes culturas y razas, las costumbres y religión de los indígenas, el avance de la conquista, partiendo de las islas descubiertas por Colón hasta llegar a México y los reinos del Perú. Pero a pesar de su concepción histórica aristocrática y de su formación humanista, su crónica destaca por la cantidad de anécdotas, sugerencias, digresiones y cuentecillos.

franceses, y como fue a un mismo tiempo, pensaron ellos que se les pegó de italianos y llamáronle mal napolitano. Los otros llamáronle mal francés, creyendo habérselo pegado franceses. Empero también hubo quien lo llamó sarna española. Hacen mención de este mal Joanes de Vigo, médico y Antonio Sabelico, historiador, y otros, diciendo que se comenzó a sentir y divulgar en Italia el año de 1494 y 95 y Luis Bertoman, que en Calicut por entonces pegaron a los indios este mal de bubas en viruelas, dolencia que no tenían ellos y que mató infinitos. Así como vino el mal de las Indias, vino el remedio que también es otra razón para creer que trajo de allá origen, el cual es el palo y árbol dicho guayacan, de cuyo género hay grandísimos montes. También curan la misma dolencia con palo de la China, que debe ser el mismo guayacan o palo santo, que todo es uno. Era este mal a los principios muy recio, hediondo e infame. Ahora no tiene tanto rigor ni tanta infamia[112].

Que los de La Española tenían pronóstico de la destrucción de su religión y libertad

Contaban los caciques y bohitis, en quien está la memoria de sus antigüedades, a Cristóbal Colón y españoles que con él pasaron, como el padre del cacique Guarionex y otro reyezuelo preguntaron a su zemí e ídolo del diablo lo que tenía de ser después de sus días. Ayunaron cinco días arreo, sin comer ni beber cosa ninguna. Lloraron y disciplináronse terriblemente y sahumaron mucho sus dioses, como lo requiere la ceremonia de su religión. Finalmente, les fue respondido que, si bien los dioses esconden las cosas venideras a los hombres por su mejoría, les querían manifestar a ellos

---

[112] Entre los resabios eruditos y clásicos de la crónica de Gómara (véase la introducción a la concepción del nuevo mundo antes de su descubrimiento), en ocasiones farragosos por el abuso que hace de ellos, se encuentran estos pasajes anecdóticos, sabrosos por su contenido popular y la mezcla de observación y superstición. En las relaciones de Gómara se mezclan, contradictoriamente, informaciones rigurosas con especulaciones fabulosas.

por ser buenos religiosos; y que supiesen cómo antes de muchos años vendrían a la isla unos hombres de barbas largas y vestidos todo el cuerpo, que hendiesen de un golpe un hombre por medio con las espadas relucientes que traerían ceñidas. Los cuales hallarían los antiguos dioses de la tierra, reprochando sus acostumbrados ritos y vertirían la sangre de sus hijos o cautivos los llevarían. Y que por memoria de tan espantosa respuesta habían compuesto un cantar que llaman ellos areíto y lo cantaban las fiestas tristes y llorosas y que, acordándose de esto, huían de los caribes y de ellos cuando los vieron. Eche ahora cada uno el juicio que quisiere, que yo digo lo que decían[113]. Todas estas cosas pasaron al pie de la letra como aquellos sacerdotes contaban y cantaban; ca los españoles abrieron muchos indios a cuchilladas en las guerras, y aun en las minas, y derribaron los ídolos de sus altares, sin dejar ninguno. Vedaron todos los ritos y ceremonias que hallaron. Hiciéronlos esclavos en la repartición, por la cual, como la trabajaban más de lo que solían, y para otros, se murieron y se mataron todos, que de quince veces cien mil y más personas que había en aquella sola isla, no hay ahora quinientos. Unos murieron de hambre, otros de trabajo, y muchos de viruelas. Unos se mataban con zumo de yuca, y otros con malas yerbas; otros se ahorcaban de los árboles. Las mujeres hacían también ellas como los maridos, que se colgaban a par de ellos y lanzaban las criaturas con arte y bebida por no parir a luz hijos que sirviesen a extranjeros. Azote debió de ser que Dios les dio por sus pecados. Empero grandísima culpa tuvieron de ello los primeros, por tratarlos muy mal, acodiciándose más al oro que al prójimo[114].

---

[113] Las profecías sobre la llegada de los españoles e implantación de la doctrina cristiana se encuentran en casi todas las crónicas de Indias, en suelo mejicano y peruano.

[114] La relación de López de Gómara con los indios es ambigua. Por un lado, exalta la conquista española y señala la importancia de ésta para extirpar los grandes pecados de los indígenas —sacrificios humanos, politeísmo y sodomía—, pero, por otro, denuncia el abuso y maltrato que reciben los indígenas.

Fray Buil y los doce clérigos que llevó por compañeros comenzaron la conversión de los indios aunque podríamos decir que los Reyes Católicos, pues sacaron de pila los seis isleños que recibieron agua de bautismo en Barcelona, los cuales fueron la primicia de la nueva conversión. Continuáronla Pero Juárez de Deza, que fue el primer obispo de la Vega, y Alejandro Geraldino, romano, que fue segundo obispo de Santo Domingo, ca el primero que fue fray García de Padilla, de la orden franciscana, murió antes de pasar allá. Otros muchos clérigos y frailes mendicantes entendieron también en convertir, y así, bautizaron a todos los de la isla que no se murieron al principio. Quitarles por fuerza los ídolos y ritos ceremoniales que tenían fue causa que escuchasen y creyesen a los predicadores. Escuchados, luego creyeron en Jesucristo y se cristianizaron. Hizo muy gran efecto el santísimo cuerpo sacramental de Cristo, que se puso en muchas iglesias, porque con él y con cruces desaparecieron los diablos y no hablaban como antes a los indios, de que mucho se admiraban ellos. Sanaron muchos enfermos con el palo y devoción de una cruz que puso Cristóbal Colón la segunda vez que pasó, en la vega que llamaron por eso de la Veracruz, cuyo palo tomaban por reliquias. Los indios de guerra probaron de arrancarla y no pudieron, aunque cavaron mucho[115]. El cacique del valle Caonau, queriendo experimentar la fuerza y santidad de la nueva religión de cristianos, durmió con su mujer, que estaba haciendo oración en la iglesia, y que le dijo no ensuciase la casa de Dios, ca mucho se enojaría de ello. Él no curó de tanta santidad y respondió con un menosprecio del Sacramento que no se le daba nada de que Dios se enojase. Cumplió su apetito, y luego allí de repente enmudeció y se baldó. Arrepintióse, y fue santero de aquella iglesia mientras vivió, sin de-

---

[115] Gómara, hombre de su tiempo, cree en el providencialismo de la historia y de la conquista no duda en incorporar hechos milagrosos a la tierra americana.

jarla barrer ni aderezar a persona. Tuviéronlo a milagro los indios y visitaban mucho aquella iglesia. Cuatro isleños se metieron en una cueva porque tronaba y llovía. El uno se encomendó a santa María, con temor de rayo, los otros hicieron burla de tal dios y oración, y los mató un rayo, no haciendo mal al devoto. Hicieron también mucho al caso las letras y carta, que unos españoles a otro se escribían, ca pensaban los indios que tenían espíritu de profecía, pues sin verse ni hablarse se entendían o que hablaba el papel y estuvieron en esto abobados y corridos. Aconteció luego a los principios que un español envió a otro una docena de hutias fiambres porque no se corrompiesen con el calor. El indio que los llevaba durmióse o cansóse por el camino y tardó mucho a llegar adonde iba, y así tuvo hambre o golosina de las hutias y por no quedar con dentera ni deseo comióse tres. La carta que trajo en respuesta decía cómo le tenía en merced las nueve hutias y la hora del día que llegaron, el amo riñó al indio. Él negaba, como dicen, a pie juntillas, mas como entendió que lo hablaba la carta, confesó la verdad. Quedó corrido y escarmentado y publicó entre los suyos cómo las cartas hablaban, para que se guardasen de ellas. A falta de papel y tinta, escribían en hojas de Guiabara y copey con punzones o alfileres[116]. También hacían naipes de hojas del mismo copey, que sufrían mucho el barajar.

La isla de Jamaica

Esta isla de Jamaica, que ahora llaman Santiago, entre diez y siete y diez y ocho grados a esta parte de la equinoccial y veinte y cinco leguas de Cuba por la parte del norte, y otras tantas o poco más de La Española por hacia levante, tiene cincuenta leguas en largo y menos de veinte en ancho. Descubrióla Cristóbal Colón en el segundo viaje a Indias, conquistó a su hijo don Diego, gobernando en Santo Domingo por Juan de Esquivel y otros capitanes. El más rico gobernador de

---

[116] Éste es un testimonio muy importante de «la escritura» en los indígenas y de su primera reacción ante la letra escrita.

ella fue Francisco de Garay, y porque armó en ella tantas naves y hombres para ir a Panuco lo pongo aquí. Es Jamaica como Haití en todo y así se acabaron los indios. Cría oro, algodón muy fino. Después que la poseen españoles, hay mucho ganado de todas suertes, y los puercos son mejores que no en otros cabos. El principal pueblo se nombra Sevilla. El primer abad que tuvo fue Pedro Mártir de Anglería[117], milanés, el cual escribió muchas cosas de Indias en latín, como era cronista de los Reyes Católicos. Algunos quisieran más que las escribiera en romance o mejor y más claro. Todavía le debemos y loamos mucho, que fue primero en las poner en estilo.

---

[117] Pedro Mártir de Anglería (1459-1516), humanista italiano, transcribió el segundo viaje de Colón, en latín, y es paralelo a otro testimonio del mismo viaje, el de Diego Álvarez Chanca, médico sevillano que acompañó a Colón, encargado por los Reyes Católicos de describir la naturaleza del Nuevo Mundo.

CAPÍTULO 3
México

HERNÁN CORTÉS. *SEGUNDA CARTA*[118]

Muy alto y poderoso y muy católico príncipe, invictísimo emperador y señor nuestro[119]:

En una nao que de esta Nueva España de vuestra sacra majestad despaché a diez y seis días de julio del año de quinientos y diez y nueve, envié a vuestra Alteza muy larga y particular relación de las cosas hasta aquella sazón, después que yo a ella vine, en ellas sucedidas. La cual relación llevaron Alonso Hernández Portocarrero y Francisco de Montejo, Procuradores de la Rica villa de la Vera Cruz, que yo en nombre de vuestra alteza fundé. Y después acá, por no haber oportunidad, así por falta de navíos y estar yo ocupado en la conquista y pacificación de esta tierra, como por no haber sabido de la dicha nao y procuradores, no he tornado a relatar a vuestra majestad lo que después se ha hecho, de que Dios sabe la pena que he tenido. Porque he deseado que vuestra alteza supiese las

---

[118] Ésta es la segunda de las *Cartas de relación,* informes dirigidos al emperador Carlos V para que éste sancionara la legalidad de la empresa conquistadora. Cortés también pretendía hundir a su competidor Velázquez, quien, de la misma manera que Cortés, se dirigía a Carlos V para denostar a Cortés por rebelde. Las cinco cartas fueron escritas entre 1519 y 1526.

[119] Esta relación viene precedida por un encabezamiento que quizá no sea de Cortés sino del editor Jacobo Cromberger. Dicho encabezamiento es un resumen o compendio del contenido de la carta.

cosas de esta tierra, que son tantas y tales que, como ya en la otra relación escribí, se puede intitular de nuevo emperador de ella, y con título y no menos mérito que el de Alemania, que por la gracia de Dios vuestra sacra majestad posee. Y por-que querer que todas las cosas de estas partes y nuevos reinos de vuestra alteza decir todas las particularidades y cosas que en ellas hay y decir se debían, sería casi proceder a infinito.

Si de todo a vuestra alteza no diere tan larga cuenta como debo, a vuestra sacra majestad suplico me mande perdonar, porque ni mi habilidad, ni la oportunidad del tiempo en que a la sazón me hallo para ello me ayudan. Mas con todo, me esforzaré a decir a vuestra alteza lo menos mal que yo pudie-re, la verdad y lo que al presente es necesario que vuestra ma-jestad sepa. Y asimismo suplico a vuestra alteza me mande perdonar si todo lo necesario no contare, el cuándo y cómo muy cierto, y si no acertare algunos nombres, así de ciudades y villas como de señoríos de ellas, que a vuestra majestad han ofrecido su servicio y dádose por sus súbditos y vasallos. Por-que en cierto infortunio ahora nuevamente acaecido[120], de que adelante en el proceso a vuestra alteza daré entera cuen-ta, se me perdieron todas las escrituras y autos que con los na-turales de estas tierras yo he hecho, y otras muchas cosas[121].

En la otra relación, muy excelentísimo Príncipe, dije a vues-tra majestad las ciudades y villas que hasta entonces a su real servicio se habían ofrecido y yo a él tenía sujetas y conquista-das. Y dije así mismo que tenía noticia de un gran señor que se llamaba Moctezuma[122], que los naturales me habían dicho que en ella había, que estaba, según ellos señalaban las jorna-das, hasta noventa o ciento leguas de la costa y puerto donde yo desembarqué. Y que confiado en la grandeza de Dios y con esfuerzo del real nombre de vuestra alteza, pensara irle a

---

[120] Se refiere a la denominación de «noche triste». Cortés, en cualquier caso, escribe esta carta ya animado por sus planes de reconquista de la ciudad de Tenochtitlán.
[121] Como sucede con muchas otras crónicas, Cortés sólo escribirá aquello que le interese y favorezca políticamente.
[122] El nombre de este monarca mexica, noveno señor de México Tenoch-titlán, aparece con muchas variantes: Montezuma, Moteczuma, Muteeçuma, Motecuhzoma.

ver a doquiera que estuviese, y aun me acuerdo que me ofrecí, en cuanto a la demanda de este señor, a mucho más de lo a mí posible, porque certifiqué a vuestra alteza que lo habría, preso o muerto, o súbdito a la corona real de vuestra majestad.

Y con este propósito y demanda me partí de la ciudad de Cempoal[123], que yo intitulé Sevilla, a diez y seis de agosto, con quince de caballo y trescientos peones lo mejor aderezados de guerra que yo pude y el tiempo dio a ello lugar, y dejé en la Villa de la Vera Cruz ciento y cincuenta hombres con dos de caballo, haciendo una fortaleza que ya tengo casi acabada. Y dejé toda aquella provincia de Cempoal y toda la sierra comarcana a la dicha villa, que serán hasta cincuenta mil hombres de guerra y cincuenta villas y fortalezas, muy seguros y pacíficos y por ciertos y leales vasallos de vuestra majestad, como hasta ahora lo han estado y están, porque ellos eran súbditos de aquel señor Moctezuma, y según fui informado lo eran por fuerza y de poco tiempo acá. Y como por mí tuvieron noticias de vuestra alteza y de su muy real y gran poder, dijeron que querían ser vasallos de vuestra majestad y mis amigos, y que me rogaban que los defendiese de aquel grande señor que los tenía por fuerza y tiranía, y que les tomaba sus hijos para los matar y sacrificar a sus ídolos. Y me dijeron otras muchas quejas de él, y con esto han estado y están muy ciertos y leales en el servicio de vuestra alteza y creo lo estarán siempre por ser libres de la tiranía de aquél, y porque de mí han sido siempre bien tratados y favorecidos[124]. Y para más seguridad de los que en la villa quedaban, traje conmigo algunas personas principales de ellos con alguna gente, que no poco provechosos me fueron en mi camino.

Y porque, como ya creo, en la primera relación escribí a vuestra majestad[125] que algunos de los que en mi compañía

---

[123] También Cempoallan o Cempoala; pertenece al estado de Veracruz.

[124] Cortés se va a rodear de una aureola de magnanimidad al salvar a otros pueblos del dominio de Moctezuma. En realidad no queda claro si estas «personas principales» que él lleva consigo son rehenes u hombres libres.

[125] Se refiere a la primera relación, también llamada *Carta de Veracruz,* con fecha 20 de julio de 1519, y firmada por los miembros del Cabildo y Regimiento de la Villa Rica de la Vera Cruz. En esta primera carta, de tono oficial,

pasaron, que eran criados y amigos de Diego Velázquez, les había pesado de lo que yo en servicio de vuestra alteza hacía, y aun algunos de ellos se me quisieron alzar e írseme de la tierra, en especial cuatro españoles que se decían Juan Escudero y Diego Cermeño, piloto, y Gonzalo de Ungría, así mismo piloto, y Alonso Peñate, los cuales, según lo que confesaron espontáneamente, tenían determinado de tomar un bergantín que estaba en el puerto, con cierto pan y tocinos, y matar al maestre de él, e irse a la isla Fernandina a hacer saber a Diego Velázquez cómo yo enviaba la nao que a vuestra alteza envié y lo que en ella iba y el camino que la dicha nao había de llevar, para que el dicho Diego Velázquez pusiese navíos en guarda para que la tomasen, como después que lo supo lo puso por obra, que según he sido informado envió tras la dicha nao una carabela, y si no fuera pasada la tomara. Y así mismo confesaron que otras personas tenían la misma voluntad de avisar al dicho Diego Velázquez; y vistas las confesiones de estos delincuentes los castigué[126] conforme a justicia y a lo que según el tiempo me pareció que había necesidad y al servicio de vuestra alteza cumplía.

Y porque demás de los que por ser criados y amigos de Diego Velázquez tenían voluntad de salir de la tierra, había otros que por verla tan grande y de tanta gente, y tal, y ver los pocos españoles que éramos, estaban del mismo propósito, creyendo que si allí los navíos dejase, se me alzarían con ellos, y yéndose todos los que de esta voluntad estaban, yo quedaría casi solo, por donde se estorbara el gran servicio que a Dios y a vuestra alteza en esa tierra se ha hecho, tuve manera como, so color que los dichos navíos no estaban para navegar, los

Cortés justifica su ruptura con el gobernador de Cuba, Diego de Velázquez. Se ha especulado sobre si fue Cortés el autor de una larga relación enviada al rey don Carlos, en la que habla del viaje y de cómo fue él el primero que pudo dar noticia de la tierra firme. Éste es un testimonio a favor de la existencia de esa relación. Ángel Delgado Gómez señala que «no existe evidencia concluyente de la existencia de una supuesta relación perdida de Cortés que nadie salvo Sigüenza afirma haber visto y menos leído». En *Cartas de relación*, Madrid, Castalia, 1993, pág. 43.

[126] Bernal Díaz del Castillo, mucho más preocupado que Cortés por lo anecdótico, describe los castigos en el capítulo LVII de su *Historia verdadera de la conquista de la Nueva España*, Madrid, Alianza Editorial, 1989.

eché[127] a la costa por donde todos perdieron la esperanza de salir de la tierra. Y yo hice mi camino más seguro y sin sospecha que vueltas las espaldas no había de faltarme la gente que yo en la villa había de dejar.

Ocho o diez días después de haber dado con los navíos a la costa, y siendo ya salido de la Vera Cruz hasta la ciudad de Cempoal, que está a cuatro leguas de ella, para de allí seguir mi camino, me hicieron saber de la dicha villa cómo por la costa de ella andaban cuatro navíos, y que el capitán que yo allí dejaba había salido a ellos con una barca, y les habían dicho que eran de Francisco de Garay, Teniente y Gobernador en la isla de Jamaica, y que venían a descubrir. Y que el dicho capitán les había dicho cómo yo en nombre de vuestra alteza tenía poblada esta tierra y hecha una villa allí, a una legua de donde los dichos navíos andaban, y que allí podían ir con ellos y me harían saber de su venida, y si alguna necesidad trajesen se podrían reparar de ella, y que el dicho capitán los guiaría con la barca al puerto, el cual les señaló dónde era. Y que a eso ellos le habían respondido que ya habían visto el puerto, porque pasaron por frente de él, y que así lo harían como él se lo decía. Y que se había vuelto con la dicha barca, y los navíos no le habían seguido ni venido al puerto, y que todavía andaban por la costa y que no sabía qué era su propósito pues no habían venido al puerto.

Y visto lo que el dicho capitán me hizo saber, a la hora me partí para la dicha villa, donde supe que los dichos navíos estaban surtos tres leguas la costa abajo, y que ninguno no había saltado en tierra. Y de allí me fui por la costa con alguna gente para saber lengua, y ya que casi llegaba a una legua de ellos encontré tres hombres de los dichos navíos entre los cuales venía uno que decía ser escribano, y los dos traía, según me dijo, para que fuesen testigos de cierta notificación, que decía que el capitán le había mandado que me hiciese de su parte un requerimiento que allí traía, en el cual se contenía que me hacía saber como él había descubierto aquella tierra y

---

[127] Bernal Díaz del Castillo señala en el capítulo LVIII de su *Historia verdadera* que «esto de dar con los navíos al través fue por consejo e acuerdo de todos nosotros los que éramos amigos de Cortés». *Ibídem*, pág. 146.

quería poblar en ella. Por tanto, que me requería que partiese con él los términos, porque su asiento quería hacer cinco leguas la costa abajo, después de pasada Nautecal, que es una ciudad que es doce leguas de la dicha villa, que ahora se llama Almería[128], a los cuales yo dije que viniese su capitán y que se fuese con los navíos al puerto de la Vera Cruz y que allí nos hablaríamos y sabría de qué manera venía, y si sus navíos y gente trajesen alguna necesidad, les socorrería con lo que yo pudiese y que pues él decía venir en servicio de vuestra sacra majestad, que yo no deseaba otra cosa sino que se me ofreciese en que sirviese a vuestra alteza, y que en le ayudar creía que lo hacía.

Ellos me respondieron que en ninguna manera el capitán ni otra gente vendría a tierra ni adonde yo estuviese, y creyendo que debían de haber hecho algún daño en la tierra, pues se recelaban de venir ante mí, ya que era noche me puse muy secretamente junto a la costa de la mar, frontero de donde los dichos navíos estaban surtos, y allí estuve en cubierto hasta otro día casi a medio día, creyendo que el capitán o piloto saltarían en tierra, para saber de ellos lo que habían hecho o por qué parte habían andado, y si algún daño hubiesen hecho en la tierra, enviarlos a vuestra sacra majestad; y jamás salieron ellos ni otra persona. Visto que no salían, hice quitar los vestidos de aquellos que venían a hacerme requerimiento y se los vistiesen otros españoles de los de mi compañía, los cuales hice ir a la playa y que llamasen a los de los navíos. Y visto por ellos, salió a tierra una barca con hasta diez o doce hombres con ballestas y escopetas, y los españoles que llamaban de la tierra se apartaron de la playa a unas matas que estaban cerca, como que se iban a la sombra de ellas, y así saltaron cuatro, los dos ballesteros y los dos escopeteros, los cuales como estaban cercados de la gente que yo tenía en la playa puesta, fueron tomados. Y el uno de ellos era maestre de la una nao, el cual puso fuego a una escopeta, y matara a aquel capitán que yo tenía en la Vera Cruz, sino que quiso Nuestro Señor que la mecha no tenía fuego.

---

[128] Nautecal o Nauhtla, en el estado de Veracruz. Los conquistadores rebautizaron estas tierras con nombres cristianos o topónimos peninsulares.

Y los que quedaron en la barca se hicieron a la mar, y antes que llegasen a los navíos ya iban a la vela sin aguardar ni querer que de ellos se supiese cosa alguna, y de los que conmigo quedaron me informé cómo habían llegado a un río que está treinta leguas la costa abajo después de pasada Almería, y que allí habían habido buen acogimiento de los naturales, y que por rescate les habían dado de comer, y que habían visto algún oro que traían los indios, aunque poco, y que habían rescatado hasta tres mil castellanos de oro, y que no habían saltado en tierra, más de que habían visto ciertos pueblos en la ribera del río, tan cerca, que de los navíos los podían bien ver. Y que no había edificios de piedra sino que todas las casas eran de paja, excepto que los suelos de ellas tenían algo altos y hechos a mano; lo cual todo después supe más por entero de aquel gran señor Moctezuma, y de ciertas lenguas de aquella tierra que él tenía consigo, a los cuales y a un indio que en los dichos navíos traían del dicho río, que también yo les tomé, envié con otros mensajeros del dicho Moctezuma para que hablasen al señor de aquel río que se dice Pánuco, para le atraer al servicio de vuestra sacra majestad. Y él me envió con ellos una persona principal y aun, según decía, señor de un pueblo, el cual me dio de su parte cierta ropa y piedras y plumajes, y me dijo que él y toda su tierra estaban muy contentos de ser vasallos de vuestra majestad y mis amigos. Yo les di otras cosas de las de España, con que fue muy contento, y tanto que cuando los vieron otros navíos del dicho Francisco de Garay, de quien adelante a vuestra alteza haré relación, me envió a decir el dicho Pánuco cómo los dichos navíos estaban en otro río, lejos de allí hasta cinco o seis jornadas, y que les hiciese saber si eran de mi naturaleza los que en ellos venían, porque les darían lo que hubiesen menester, y que les habían llevado ciertas mujeres y gallinas y otras cosas de comer.

Yo fui, muy poderoso Señor, por la tierra y señorío de Cempoal, tres jornadas donde de todos los naturales fui muy bien recibido y hospedado. Y a la cuarta jornada entré en una provincia que se llama Sienchimalen[129], en que hay en ella

---

[129] Bernal Díaz del Castillo la nombra en el capítulo LXI como Socochima.

una villa muy fuerte y puesta en recio lugar, porque está en una ladera de una sierra muy agra, y para la entrada no hay sino un paso de escalera, que es imposible pasar sino gente de pie, y aun con harta dificultad si los naturales quieren defender el paso. En lo llano hay muchas aldeas y alquerías de a quinientos y a trescientos y doscientos vecinos labradores, que serán por todos hasta cinco o seis mil hombres de guerra, y esto es del señorío de aquel Moctezuma. Y aquí me recibieron muy bien y me dieron muy cumplidamente los bastimentos necesarios para mi camino, y me dijeron que bien sabían que yo iba a ver a Moctezuma su señor, y que fuese cierto que él era mi amigo y les había enviado a mandar que en todo caso me hiciesen muy buen acogimiento, porque en ello les servirían. Y yo les satisfice a su buen comedimiento diciendo que vuestra majestad tenía noticia de él y me había mandado que le viese, y que yo no iba a más de verle. Así pasé un puerto que está al fin de esta provincia, al que pusimos de nombre el puerto de Nombre de Dios, por ser el primero que en estas tierras habíamos pasado, el cual es tan agro y alto que no lo hay en España otro tan dificultoso de pasar, el cual pasé seguramente y sin contradicción alguna; y a la bajada del dicho puerto están otras alquerías de una villa y fortaleza que se dice Ceyconacan[130], que así mismo era del dicho Moctezuma, que no menos que de los de Sienchimalen fuimos bien recibidos y nos dijeron de la voluntad de Moctezuma lo que los otros nos habían dicho, y yo así mismo los satisfice.

Desde aquí anduve tres jornadas de despoblado y tierra inhabitable a causa de su esterilidad y falta de agua y muy gran frialdad que en ella hay, donde Dios sabe cuánto trabajó la gente, padeció de sed y de hambre, en especial de un turbión de piedra y agua que nos tomó en el dicho despoblado, de que pensé que perecería mucha gente de frío, y así murieron ciertos indios de la isla Fernandina, que iban mal arropados. Al cabo de estas tres jornadas pasamos otro puerto, aunque no tan agro como el primero, y en lo alto de él estaba una torre pequeña casi como humilladero, donde tenían ciertos ído-

---

[130] También denominada como Ceyxnacan, Teixuacan, Ixguacan o Teoizhuacan.

los, y alrededor de la torre más de mil carretadas de leña cortada, muy compuesta, a cuyo respecto le pusimos nombre el Puerto de la Leña. Y a la bajada del dicho puerto entre unas sierras muy agras, está un valle muy poblado de gente que, según pareció, debía ser gente pobre. Después de haber andado dos leguas por la población sin saber de ella, llegué a un asiento algo más llano, donde pareció estar el señor de aquel valle, que tenía las mayores y más bien labradas casas que hasta entonces en esta tierra habíamos visto, porque eran todas de cantería labradas y muy nuevas, y había en ellas muchas y muy grandes y hermosas salas y muchos aposentos muy bien obrados. Este valle y población se llama Caltanmí[131]. Del señor y gente fui muy bien recibido y aposentado.

Después de haberle hablado de parte de vuestra majestad y haberle dicho la causa de mi venida a estas partes, le pregunté si él era vasallo de Moctezuma o si era de otra parcialidad alguna, el cual, admirado de lo que le preguntaba, me respondió diciendo que quién no era vasallo de Moctezuma, queriendo decir que allí era señor del mundo. Yo le torné aquí a replicar y decir el gran poder y señorío de vuestra majestad, y otras muy muchos y muy mayores señores, que no Moctezuma, eran vasallos de vuestra alteza, y aun que no lo tenían en pequeña merced, y que así lo había de ser Moctezuma y todos los naturales de estas tierras, y que así lo requería a él que lo fuese, porque siéndolo, sería muy honrado y favorecido, y por el contrario, no queriendo obedecer, sería punido. Y para que tuviese por bien de le mandar recibir a su real servicio, que le rogaba que me diese algún oro que yo enviase a vuestra majestad, y él me respondió que oro, que él lo tenía, pero que no me lo quería dar si Moctezuma no lo mandase, y que mandándolo él, que el oro y su persona y cuanto tuviese daría. Por no escandalizarle ni dar algún desmán a mi propósito y camino, disimulé con él lo mejor que pude y le dije que muy presto le enviaría a mandar Moctezuma que diese el oro y lo demás que tuviese.

Aquí me vinieron a ver otros dos señores que en aquel valle tenían su tierra, el uno cuatro leguas el valle abajo y el otro

---

[131] Cacatsami, Zacatami, Caltanmy, Zoclotan, Zacatlani y hoy Santiago Zautla.

dos leguas arriba, y me dieron ciertos collarejos de oro de poco peso y valor y siete u ocho esclavas; y dejándolos así muy contentos, me partí después de haber estado allí cuatro o cinco días, y me pasé al asiento del otro señor que está las dos leguas que dije, el valle arriba, que se dice Iztacmastitan[132]. El señorío de éste serán tres o cuatro leguas de población, sin salir casa de casa, por lo llano del valle, ribera de un río pequeño que va por él, y en un cerro muy alto está la casa del señor con la mejor fortaleza que hay en la mitad de España, y mejor cercada de muro y barbacana y cavas. Y en lo alto de este cerro tendrá una población de hasta cinco o seis mil vecinos, de muy buenas casas y gente algo más rica que no la del valle abajo. Y aquí así mismo fui muy bien recibido, y también me dijo este señor que era vasallo de Moctezuma, y estuve en este asiento tres días, así por me reparar de los trabajos que en el despoblado la gente pasó, como por esperar cuatro mensajeros de los naturales de Cempoal que venían conmigo, que yo desde Catalmi había enviado a una provincia muy grande que se llama Tascalteca[133], que me dijeron que estaba muy cerca de allí, como de verdad pareció; y me habían dicho que los naturales de esta provincia eran sus amigos de ellos y muy capitanes enemigos de Moctezuma, y que me querían confederar con ellos porque eran muchos y muy fuerte gente; y que confinaba su tierra por todas partes con la del dicho Moctezuma, y que tenían con él muy continuas guerras y que creía se holgarían conmigo y me favorecerían si el dicho Moctezuma se quisiese poner en algo conmigo.

Los cuales dichos mensajeros en todo el tiempo que yo estuve en el dicho valle, que fueron por todos ocho días, no vinieron. Y yo pregunté aquellos mensajeros principales de Cempoal que iban conmigo, que cómo no venían los dichos mensajeros, y me dijeron que debía de ser lejos y que no podían venir tan aína. Y yo viendo que se dilataba su venida y

---

[132] Istacastitán, Iztaquimaxtitlan, Iztaquimitztitlan, Yztacmastitan y hoy San Francisco Iztaquimaxtitlan, en el estado de Puebla.

[133] También Cascalteca, Tascal, Tascala, Tlaxcala. Tlaxcala era un territorio independiente del dominio de Moctezuma y por tanto fuera de la Triple Alianza. Sus habitantes hablaban náhuatl y era histórica su animadversión hacia los de México.

que aquellos principales de Cempoal me certificaban tanto la amistad y seguridad de los de esta provincia, me partí para allá. Y a la salida de dicho valle hallé una gran cerca de piedra seca, tan alta como estado y medio, que atravesaba todo el valle de la una sierra a la otra, y tan ancha como veinte pies, y por toda ella un pretil de pie y medio de ancho para pelear desde encima y no más de una entrada tan ancha como diez pasos; y en esta entrada doblada la una cerca sobre la otra a manera de rebelín, tan estrecho como cuarenta pasos, de manera que la entrada fuese a vueltas y no a derechas. Preguntada la causa de aquella cerca, me dijeron que la tenían porque eran fronteros de aquella provincia de Tascalteca, que eran enemigos de Moctezuma y tenían siempre guerra con ellos. Los naturales de este valle me rogaron que pues que iba a ver a Moctezuma, su señor, que no pasase por la tierra de estos sus enemigos porque por ventura serían malos y me harían algún daño, que ellos me llevarían siempre por tierra del dicho Moctezuma sin salir de ella, y que en ella sería siempre bien recibido. Y los de Cempoal me decían que no lo hiciese, sino que fuese por allí; que lo que aquéllos me decían era por me apartar de la amistad de aquella provincia, y que eran malos y traidores todos los de Moctezuma y que me llevarían a meter donde no pudiese salir. Y porque yo de los de Cempoal tenía más concepto que de los otros, tomé su consejo, que fue seguir el camino de Tascalteca, llevando mi gente al mejor recaudo que yo podía, y yo con hasta seis de caballo iba adelante bien media legua y más, no con pensamiento de lo que después se me ofreció, pero por descubrir la tierra, para que si algo hubiese, yo lo supiese y tuviese lugar de concertar y apercibir la gente.

Y después de haber andado cuatro leguas, encumbrando un cerro, dos de caballo que iban delante de mí, vieron ciertos indios con sus plumajes que acostumbran traer en las guerras, y con sus espadas y rodelas, los cuales indios como vieron los de caballo, comenzaron a huir. A la sazón llegaba yo e hice que los llamasen y que viniesen y no tuviesen miedo; y fui más hacia donde estaban, que serían hasta quince indios, y ellos se juntaron y comenzaron a tirar cuchilladas y a dar voces a la otra su gente que estaba en un valle, y pelearon con nosotros de tal manera que nos mataron dos caballos e hirieron otros tres y a dos de caballo. Y en esto salió la otra gente, que serían hasta cuatro o cinco mil indios, y ya se habían llegado conmigo hasta ocho de caballo sin los muertos, y peleamos con ellos haciendo algunas arremetidas hasta esperar los españoles que con uno de caballo habían enviado a decir que anduviesen. Y en las vueltas les hicimos algún daño en que mataríamos cincuenta o sesenta de ellos sin que daño alguno recibiésemos, aunque peleaban con mucho denuedo y ánimo; pero como todos éramos de caballo, arremetíamos a nuestro salvo y salimos así mismo.

Y desde que supieron que los nuestros se acercaban, se retiraron, porque eran pocos, y nos dejaron el campo. Y después de se haber ido vinieron ciertos mensajeros que dijeron ser de los señores de la dicha provincia, y con ellos dos de los mensajeros que yo había enviado, los cuales dijeron que los dichos señores no sabían nada de lo que aquéllos habían hecho, que eran comunidades y sin su licencia lo habían hecho y que a ellos les pesaba y que me pagarían los caballos que me habían muerto y que querían ser mis amigos, y que fuese en hora buena, que sería de ellos bien recibido. Yo les respondí que se lo agradecía, y que los tenía por amigos, y que yo iría como ellos decían. Aquella noche me fue forzado dormir en un arroyo, una legua adelante donde esto acaeció, así por ser tarde como porque la gente venía cansada.

Allí estuve al mejor recaudo que pude con mis velas y escuchas, así de caballo como de pie, hasta que fue el día, que me partí llevando mi delantera y recuaje bien concertadas, y mis corredores delante. Y llegando a un pueblo pequeñuelo, ya que salía el sol, vinieron los otros dos mensajeros llorando, diciendo que los habían atado para los matar y que ellos se habían escapado aquella noche. Y no dos tiros de piedra de ellos asomó mucha cantidad de indios muy armados y con muy gran grita, y comenzaron a pelear con nosotros tirándonos muchas varas y flechas, y yo les comencé a hacer mis requerimientos en forma, con los lenguas que conmigo llevaba, por ante escribano. Y cuando más me paraba a los amonestar y requerir con la paz, tanto más prisa nos daban, ofendiéndonos cuanto ellos podían; y viendo que no aprovechaban requerimientos ni protestaciones, comenzamos a nos defender como podíamos, y así nos llevaron peleando hasta nos meter entre más de cien mil hombres de pelea que por todas partes nos tenían cercados, y peleamos con ellos, y ellos con nosotros, todo el día hasta una hora antes de puesto el sol, que se retrajeron, en que con media docena de tiros de fuego y con cinco o seis escopetas y cuarenta ballesteros y con los trece de caballo que me quedaron, les hice mucho daño sin recibir de ellos ninguno, más del trabajo y cansancio del pelear y el hambre. Bien pareció que Dios fue el que por nosotros peleó, pues entre tanta multitud de gente y tan animosa y diestra en el pelear, y con tantos géneros de armas para nos ofender, salimos tan libres.

Aquella noche me hice fuerte en una torrecilla de sus ídolos, que estaba en un cerrito, y luego, siendo de día, dejé en el real doscientos hombres y toda la artillería. Y por ser yo el que acometía salí a ellos con los de caballos y cien peones y cuatrocientos indios de los que traje de Cempoal, y trescientos de Iztaemestiran. Y antes que hubiese lugar de se juntar, les quemé cinco o seis lugares pequeños de hasta cien vecinos, y traje cerca de cuatrocientas personas, entre hombres y mujeres, presos, y me recogí al real peleando con ellos sin que daño ninguno me hiciesen. Otro día en amaneciendo, dan sobre nuestro real más de ciento y cuarenta y nueve mil hombres que cubrían toda la tierra, tan determinadamente, que algunos de ellos entraron dentro en él y anduvieron a cuchilladas con los españoles; y salimos a ellos, y quiso Nuestro Señor en tal manera ayudarnos, que en obra de cuatro horas habíamos hecho lugar para que en nuestro real no nos ofendiesen, puesto que todavía hacían algunas arremetidas. Y así estuvimos peleando hasta que fue tarde, que se retrajeron.

Otro día torné a salir por otra parte antes que fuese de día, sin ser sentido de ellos, con los de caballo y cien peones y los indios mis amigos, y les quemé más de diez pueblos, en que hubo pueblo de ellos demás de tres mil casas, y allí pelearon conmigo los del pueblo, que otra gente no debía de estar allí. Y como traíamos la bandera de la cruz, y pugnábamos por nuestra fe y por servicio de vuestra sacra majestad en su muy real ventura, nos dio Dios tanta victoria que les matamos mu-

]cha gente, sin que los nuestros recibiesen daño. Y poco más de mediodía, ya que la fuerza de la gente se juntaba de todas partes, estábamos en nuestro real con la victoria habida.

Otro día siguiente vinieron mensajeros de los señores diciendo que ellos querían ser vasallos de vuestra alteza y mis amigos, y que me rogaban les perdonase el yerro pasado. Y trajéronme de comer y ciertas cosas de plumajes que ellos usan y tienen en estima. Y yo les respondí que ellos habían hecho mal, pero que yo era contento de ser su amigo y perdonarles lo que habían hecho. Otro día siguiente vinieron hasta cincuenta indios que, según pareció, eran hombres de quien se hacía caso entre ellos, diciendo que nos traían de comer, y comienzan a mirar las entradas y salidas del real y algunas chozuelas donde estábamos aposentados. Y los de Cempoal vinieron a mí y dijéronme que mirase que aquéllos eran malos y que venían a espiar y mirar cómo nos podrían dañar, y que tuviese por cierto que no venían a otra cosa. Yo hice tomar uno de ellos disimuladamente, que los otros no lo vieron, y apartéme con él y con las lenguas y amedrentéle para que me dijese la verdad, el cual confesó que Sintengal[134], que es el capitán general de esta provincia, estaba detrás de unos cerros que estaban fronteros del real, con mucha cantidad de gente para dar aquella noche sobre nosotros, porque decían que ya se habían probado de día con nosotros, que no les aprovechaba nada, y que querían probar de noche porque los suyos no temiesen los caballos ni los tiros ni las espadas, y que los habían enviado a ellos para que viesen nuestro real y las partes por donde nos podrían entrar, y cómo nos podrían quemar aquellas chozas de paja. Luego hice tomar otro de los dichos indios y le pregunté asimismo y confesó lo que el otro por las mismas palabras. Y de éstos tomé cinco o seis, que todos confirmaron en sus dichos. Y visto esto, los mandé tomar a todos cincuenta y cortarles las manos, y los envié que dijesen a su señor que de noche y de día y cada y cuando él viniese, verían quién éramos.

---

[134] Xicotenga, en *Historia verdadera...*, cap. LXIII. Los «tlaxcaltecas» por un lado ofrecían la paz a Cortés y por otro enviaban a Sintengal (Xicotenga o Xicotencatl) y al ejército de otomíes contra los de Cortés. En caso de derrota, los tascaltecas argüirían que nada sabían al respecto.

Yo hice fortalecer mi real a lo mejor que pude, y poner la gente en las estancias que me pareció que convenía, y así estuve sobre aviso hasta que se puso el sol, y ya que anochecía comenzó a bajar la gente de los contrarios por dos valles, y ellos pensaban que venían secretos para nos cercar y se poner más cerca de nosotros para ejecutar su propósito, y como yo estaba tan avisado, vilos y parecióme que dejarlos llegar al real, que sería mucho daño, porque de noche como no viesen lo que de mi parte se les hiciese, llegarían más sin temor, y también porque los españoles no los viendo, algunos tendrían alguna flaqueza en el pelear, y temí que me pusieran fuego, lo cual si acaeciera fuera tanto daño que ninguno de nosotros escapara, y determiné de salirles al encuentro con toda la gente de caballo para los espantar o desbaratar en manera que ellos no llegasen. Y así fue que, como nos sintieron que íbamos con los caballos a dar sobre ellos sin ningún detener ni grita se metieron por los maizales, de que toda la tierra estaba casi llena, y aliviaron algunos de los mantenimientos que traían para estar sobre nosotros, si de aquella vez del todo nos pudiesen arrancar; y así se fueron por aquella noche y quedamos seguros. Después de pasado esto, estuve ciertos días que no salí de nuestro real más del rededor para defender la entrada de algunos indios que nos venían a gritar y hacer algunas escaramuzas.

Y después de estar algo descansados, salí una noche después de rondada la guarda de la prima, con cien peones y con los indios nuestros amigos, y con los de caballo. Y a una legua del real se me cayeron cinco de los caballos y yeguas que llevaba, que en ninguna manera los pude pasar adelante e hícelos volver. Y aunque todos los de mi compañía decían que me tornase porque era mala señal, todavía seguí mi camino considerando que Dios es sobre natura[135], y antes que amaneciese di sobre dos pueblos, en que maté mucha gente y no quisiese quemar las casas por no ser sentido con los fuegos de las otras poblaciones que estaban muy juntas. Y ya que amanecía di en otro pueblo tan grande, que se ha hallado en él, por

---

[135] Aquí observamos como Cortés impone el providencialismo de la historia frente a las supersticiones populares.

visitación que yo hice hacer, más de veinte mil casas. Y como los tomé de sobresalto, salían desarmados, y las mujeres y niños desnudos por las calles, y comencé a hacerles algún daño; y viendo que no tenían resistencia vinieron a mí ciertos principales de dicho pueblo a rogarme que no les hiciese más mal porque ellos querían ser vasallos de vuestra alteza y mis amigos; y que bien veían que ellos tenían la culpa en no me haber querido creer, pero que de allí adelante yo vería cómo ellos harían lo que yo en nombre de vuestra majestad les mandase y que serían muy verdaderos vasallos suyos. Y luego vinieron conmigo más de cuatro mil de ellos de paz, y me sacaron fuera a una fuente, muy bien de comer, y así los dejé pacíficos y volví a nuestro real, donde hallé la gente que en él había dejado harto atemorizada creyendo que se me hubiera ofrecido algún peligro, por lo que la noche antes habían visto en volver los caballos y yeguas.

Y después de sabida la victoria que Dios nos había querido dar y cómo dejaba aquellos pueblos de paz, hubieron mucho placer, porque certifico a vuestra majestad que no había tal de nosotros que no tuviese mucho temor por nos ver tan dentro en la tierra y entre tanta y tal gente y tan sin esperanzas de socorro de ninguna parte, de tal manera que ya a mis oídos oía decir por los corrillos y casi en público, que había sido Pedro Carbonero que los había metido donde nunca podrían salir; y aún más oí decir en una choza de ciertos compañeros estando donde ellos no me veían, que si yo era loco y me metía donde nunca podría salir, que no lo fuesen ellos, sino que se volviesen a la mar, y que si yo quisiese volver con ellos, bien, y si no, que me dejasen. Muchas veces fui de esto por muchas veces requerido, y yo los animaba diciéndoles que mirasen que eran vasallos de vuestra alteza y que jamás en los españoles en ninguna parte hubo falta, y que estábamos en disposición de ganar para vuestra majestad los mayores reinos y señoríos que había en el mundo, y que demás de hacer lo que como cristianos éramos obligados, en pugnar contra los enemigos de nuestra fe, y por ello en el otro mundo ganábamos la gloria y en éste conseguíamos el mayor prez y honra que hasta nuestros tiempos ninguna generación ganó. Y que mirasen que tenía-

226

mos a Dios de nuestra parte y que a él ninguna cosa es imposible, y que lo viesen por las victorias que habíamos habido, donde tanta gente de los enemigos eran muertos y de los nuestros ningunos. Y les dije otras cosas que me pareció decirles de esta calidad que con ellas y con el real favor de vuestra alteza cobraron mucho ánimo, y los atraje a mi propósito, y a hacer lo que yo deseaba, que era dar fin a mi demanda comenzada[136].

Otro día siguiente, a hora de las diez, vino a mí Sicutengal, el capitán general de esta provincia, con hasta cincuenta personas principales de ella, y me rogó de su parte y de la de Magiscatzin[137], que es la más principal persona de toda la provincia, y de otros muchos señores de ella, que yo los quisiese admitir al real servicio de vuestra alteza y a mi amistad, y les perdonase los yerros pasados, porque ellos no nos conocían ni sabían quién éramos, y que ya habían probado todas sus fuerzas, así de día como de noche, para se excusar de ser súbditos ni sujetos a nadie, porque en ningún tiempo esta provincia lo había sido ni tenían ni habían tenido cierto señor; antes habían vivido exentos y por sí de inmemorial tiempo acá, y que siempre se habían defendido contra el gran poder de Moctezuma y de su padre y abuelos, que toda la tierra tenían sojuzgada y a ellos jamás habían podido traer a sujeción, teniéndolos como los tenían cercados por todas partes sin tener lugar para por ninguna de su tierra poder salir; y que no comían sal porque no la había en su tierra ni se la dejaban salir a comprar a otras partes, ni vestían ropas de algodón porque en su tierra por la frialdad no se criaba, y otras muchas cosas de que carecían por estar así encerrados. Y que todo lo sufrían y habían por bueno por ser exentos y no sujetos a nadie, y que conmigo que quisieran hacer lo mismo; y para ello,

---

[136] Bernal Díaz del Castillo, en el capítulo LXIX, nos informa más detalladamente del discurso y lo solaza con anécdotas y chismes que están lejos de aparecer en esta relación oficial que nos da Cortés.

[137] Magiscacin, Maxixcatzin, Maxixca o, en *Historia verdadera...*, Mase Escaci fue uno de los caciques que forman la cabecera de Tlaxcala, junto con Xicotenga, el viejo y ciego, Guaxocingo, Chichimecatecle y Tecapaneca de Tepeyanco.

como ya decían, habían probado sus fuerzas, y que veían claro que ni ellas ni las mañas que habían podido tener les aprovechaban, que querían antes ser vasallos de vuestra alteza que no morir y ser destruidas sus casas y mujeres e hijos. Yo les satisfice diciendo que conociesen cómo ellos tenían la culpa del daño que habían recibido, y que yo me venía a su tierra creyendo que venía a tierra de mis amigos, porque los de Cempoal así me lo habían certificado que lo eran y querían ser, y que yo les había enviado mis mensajeros delante para les hacer saber cómo venía y la voluntad que de su amistad traía y que sin me responder, viniendo yo seguro, me habían salido a saltear en el camino y me habían muerto dos caballos y heridos otros. Y de más de esto, después de haber peleado conmigo, me enviaron sus mensajeros diciendo que aquello que se había hecho había sido sin su licencia y consentimiento, y que ciertas comunidades se habían movido a ello sin les dar parte; pero que ellos se lo habían reprendido y que querían mi amistad. Y yo creyendo ser así les había dicho que me placía y me vendría otro día seguramente en sus casas como en casas de mis amigos, y que así mismo me habían salido al camino y peleado conmigo todo el día hasta que la noche sobrevino, no obstante que por mí habían sido requeridos con la paz. Y trájeles a la memoria todo lo demás que contra mí habían hecho, y otras muchas cosas que por no dar a vuestra alteza importunidad dejo. Finalmente ellos quedaron y se ofrecieron por súbditos y vasallos de vuestra majestad y para su real servicio, y ofrecieron sus personas y haciendas, y así lo hicieron y han hecho hasta hoy y creo lo harán para siempre por lo que adelante vuestra majestad verá.

Y así estuve sin salir de aquel aposento y real que allí tenía seis o siete días, porque no me osaba fiar de ellos, puesto que me rogaban que me viniese a una ciudad grande que tenían donde todos los señores de esta provincia residían y residen, hasta tanto que todos los señores me vinieron a rogar que me fuese a la ciudad, porque allí sería bien recibido y provisto de las cosas necesarias, que no en el campo, y porque ellos tenían vergüenza en que yo estuviese tan mal aposentado, pues me tenían por su amigo y ellos y yo éramos vasallos de vuestra alteza; y por su ruego me vine a la ciudad que está seis leguas del aposento y real que yo tenía.

La cual ciudad[138] es tan grande y de tanta admiración que aunque mucho de lo que de ella podría decir dejé, lo poco que diré creo que es casi increíble, porque es muy mayor que Granada y muy más fuerte y de tan buenos edificios y de muy mucha más gente que Granada tenía al tiempo que se ganó, y muy mejor abastecida de las cosas de la tierra, que es de pan y de aves y caza y pescado de los ríos y de otras legumbres y cosas que ellos comen muy buenas. Hay en esta ciudad un mercado en que cotidianamente todos los días hay en él de treinta mil ánimas arriba, vendiendo y comprando, sin otros muchos mercadillos que hay por la ciudad en partes. En este mercado hay todas cuantas cosas, así de mantenimiento como de vestido y calzado, que ellos tratan y puede haber. Hay joyerías de oro y plata y piedras y de otras joyas de plumaje, tan bien concertado como puede ser en todas las plazas y mercados del mundo. Hay mucha loza de maneras y muy buena y tal como la mejor de España. Venden mucha leña y carbón y hierbas de comer y medicinales. Hay casas donde lavan las cabezas como barberos y las rapan; hay baños. Finalmente, que entre ellos hay toda manera de buena orden y policía, y es gente de toda razón y concierto, y tal que lo mejor de África no se le iguala.

Es esta provincia de muchos valles llanos y hermosos, y todos labrados y sembrados sin haber en ella cosa vacua; tiene en torno la provincia noventa leguas y más. La orden que hasta ahora se ha alcanzado que la gente de ella tiene en gobernarse, es casi como las señorías de Venecia y Génova o Pisa, porque no hay señor general de todos. Hay muchos señores y todos residen en esta ciudad, y los pueblos de la tierra son labradores y son vasallos de estos señores, y cada uno tiene su tierra por sí; tienen unos más que otros, y para sus guerras que han de ordenar júntanse todos, y todos juntos las ordenan y conciertan.

Créese que deben de tener alguna manera de justicia para castigar los malos, porque uno de los naturales de esta provin-

---

[138] La ciudad es Tizatlán, cabecera de Tlascala.

cia hurtó cierto oro a un español, y yo le dije a aquel Magiscatzin, que es el mayor señor de todos, e hicieron su pesquisa, y siguiéronlo hasta una ciudad que está cerca de allí, que se dice Cholula[139], y de allí lo trajeron preso, y me lo entregaron con el oro, y me dijeron que yo le hiciese castigar. Yo les agradecí la diligencia que en ello pusieron, y les dije que, pues estaba en su tierra, que ellos lo castigasen como lo acostumbraban, y que yo no me quería entremeter en castigar a los suyos estando en su tierra, de lo cual me dieron gracias, y lo tomaron, y con pregón público que manifestaba su delito, le hicieron llevar por aquel gran mercado y allí le pusieron al pie de uno como teatro que está en medio del dicho mercado, y encima del teatro subió el pregonero, y en altas voces tornó a decir el delito de aquél; y viéndolo todos, le dieron con unas porras en la cabeza hasta que lo mataron. Y muchos otros habemos visto en prisiones que dicen que los tienen por hurtos y cosas que han hecho. Hay en esta provincia por visitación que yo en ella mandé hacer, quinientos mil vecinos, con otra provincia pequeña que está junto con ésta que se dice Guazincango[140], que viven a la manera de éstos sin señor natural, los cuales no menos están por vasallos de vuestra alteza que éstos de tascalteca.

Estando, muy católico señor, en aquel real que tenía en el campo cuando en la guerra de esta provincia estaba, vinieron a mí seis señores muy principales vasallos de Moctezuma, con hasta doscientos hombres para su servicio, y me dijeron que venían de parte del dicho Moctezuma a me decir cómo él quería ser vasallo de vuestra alteza y mi amigo, y que viese yo qué era lo que quería que él diese por vuestra alteza en cada un año de tributo, así de oro como de plata y piedras y esclavos y ropa de algodón y otras cosas de las que él tenía, y que todo lo daría con tanto que yo no fuese a su tierra, y que lo hacía porque era muy estéril y falta de todos mantenimientos, y que le pesaría de que yo padeciese necesidad, y los que conmigo venían; y con ellos me envió hasta mil pesos de oro y otras tantas piezas de ropa de algodón de la que ellos visten.

---

[139] Chururtecal; Churultecal, en el estado de Puebla.
[140] Hguasyncango, Huaxocingo, Huexotzinco, Huejotzingo.

Y estuvieron conmigo en mucha parte de la guerra hasta el fin de ella, que vieron bien lo que los españoles podían, y las paces que con los de esta provincia se hicieron, y el ofrecimiento que al servicio de vuestra sacra majestad los señores y toda la tierra hicieron, de que según pareció y ellos mostraban, no hubieron mucho placer, porque trabajaron muchas vías y formas de me revolver con ellos, diciendo cómo no era cierto lo que me decían ni verdadera la amistad que afirmaban, y que lo hacían por mi asegurar para hacer a su salvo alguna traición. Los de esta provincia, por consiguiente, me decían y avisaban muchas veces que no me fiase de aquellos vasallos de Moctezuma porque eran traidores y sus cosas siempre las hacían a traición y con mañas, y con éstas habían sojuzgado toda la tierra, y que me avisaban de ello como verdaderos amigos y como personas que los conocían de mucho tiempo acá. Vista la discordia y disconformidad de los unos y de los otros, no hube poco placer, porque me pareció hacer mucho a mi propósito, y que podría tener manera de más aína sojuzgarlos, y que se dijese aquel común decir de monte, etc., y aun acordéme de una autoridad evangélica que dice: *Omne regnum in se ipsum divisum desolabitur;* y con los unos y con los otros maneaba y a cada uno en secreto le agradecía el aviso que me daba, y le daba crédito de más amistad que al otro.

Después de haber estado en esta ciudad veinte días y más, me dijeron aquellos señores mensajeros de Moctezuma que siempre estuvieron conmigo, que me fuese a una ciudad que está a seis leguas de esta de Tascaltecal, que se dice Cholula, porque los naturales de ella eran amigos de Moctezuma, su señor, y que allí sabríamos la voluntad del dicho Moctezuma, si era que yo fuese a su tierra, y que algunos de ellos irían a hablar con él y a decirle lo que yo les había dicho, y me volverían con la respuesta; y aunque sabían que allí estaban algunos mensajeros suyos para me hablar, yo les dije que me iría y que me partiría para un día cierto, que les señalé. Y sabido por los de esta provincia de Tascaltecal lo que aquéllos habían concertado conmigo, y cómo yo había aceptado de me ir con ellos a aquella ciudad, vinieron a mí con mucha pena los señores y me dijeron que en ninguna manera fuese porque me tenían ordenada cierta traición para me matar en aquella ciudad a mí y a los de mi compañía, y que para ello había enviado Moctezuma de su tierra, porque alguna parte de ella confina con esta ciudad, cincuenta mil hombres, y que los tenía en guarnición a dos leguas de la dicha ciudad, según señalaron, y que tenían cerrado el camino real por donde solían ir, y hecho otro nuevo de muchos hoyos y palos agudos hincados y encubiertos para que los caballos cayesen y se mancasen, y que tenían muchas de las calles tapiadas y por las azoteas de las casas muchas piedras para que después que entrásemos en la ciudad tomarnos seguramente y aprovecharse de nosotros a su voluntad. Y que si yo quería ver cómo era verdad lo que ellos me decían, que mirase cómo los señores de aquella ciudad nunca habían venido a me ver ni hablar estando tan cerca de ésta, pues habían venido los de Guazincango, que estaban más lejos que ellos. Y que los enviase a llamar y vería cómo no querían venir. Yo les agradecí su aviso y les rogué que me diesen ellos personas que de mi parte los fuesen a llamar, y así me las dieron, y yo les envié a rogar que viniesen a verme porque les quería hablar ciertas cosas de parte de vuestra alteza, y decirles la causa de mi venida a esta tierra.

Los cuales mensajeros fueron y dijeron mi mensaje a los señores de dicha ciudad, y con ellos vinieron dos o tres personas, no de mucha autoridad, y me dijeron que ellos venían de parte de aquellos señores porque ellos no podían venir por estar enfermos, que a ellos les dijese lo que quería. Los de esta ciudad me dijeron que era burla y que aquellos mensajeros eran hombres de poca suerte, y que en ninguna manera me partiese sin que los señores de la ciudad viniesen aquí. Yo les hablé a aquellos mensajeros y les dije que embajada de tan alto príncipe como vuestra sacra majestad, que no se había de dar a tales personas como ellos, y que aun sus señores eran poco para la oír. Por tanto, que dentro de tres días apareciesen ante mí a dar la obediencia a vuestra alteza y a se ofrecer por sus vasallos, con apercibimiento que pasado el término que les daba, si no viniesen, iría sobre ellos y los destruiría y procedería contra ellos como contra personas rebeldes y que no se querían someter debajo del dominio de vuestra alteza. Y para ello les envié un mandamiento firmado de mi nombre y de un escribano con relación larga de la real persona de vuestra sacra majestad y de mi venida, diciéndoles cómo todas estas partes y otras muy mayores tierras y señoríos eran de vuestra alteza, y que los que quisiesen ser sus vasallos serían honrados y favorecidos, y por el contrario, los que fuesen rebeldes, serían castigados conforme a justicia.

Y otro día vinieron algunos de los señores de la dicha ciudad, o casi todos, y me dijeron que si ellos no habían venido antes, la causa era porque los de esta provincia eran sus enemigos y que no osaban entrar por su tierra porque no pensaban venir seguros, y que bien creían que me habían dicho algunas cosas de ellos; que no les diese crédito porque las decían como enemigos y no porque pasara así, y que me fuese a su ciudad y que allí conocería ser falsedad lo que éstos me decían y verdad lo que ellos me certificaban, y que desde entonces se daban y ofrecían por vasallos de vuestra sacra majestad, y que lo serían para siempre, y servirían y contribuirían en todas cosas, que de parte de vuestra alteza se les mandase. Y así lo asentó un escribano, por las lenguas que yo tenía. Y todavía determiné de me ir con ellos, así por no mostrar flaqueza, como porque desde allí pensaba hacer mis negocios con Moctezuma, porque confina con su tierra, como ya he dicho, y allí usaban venir, y los de allí ir allá, porque en el camino no tenían requesta alguna.

Y como los de Tascaltecal vieron mi determinación, pesóles mucho, y dijéronme muchas veces que lo erraba. Pero, que pues ellos se habían dado por vasallos de vuestra sacra majestad, y mis amigos, que querían ir conmigo a ayudarme en todo lo que se ofreciese. Y puesto que yo se lo defendiese y rogué que no fuesen porque no había necesidad, todavía me siguieron hasta cien mil hombres muy bien aderezados de guerra y llegaron conmigo hasta dos leguas de la ciudad; y desde allí, por mucha importunidad mía, se volvieron, aunque todavía quedaron en mi compañía hasta cinco o seis mil de ellos. Dormí en un arroyo que allí estaba a las dos leguas, por despedir la gente porque no hiciesen algún escándalo en la ciudad, y también porque era ya tarde y no quise entrar en la ciudad sobre tarde. Otro día de mañana salieron de la ciudad a me recibir al camino, con muchas trompetas y atabales y muchas personas de las que ellos tienen por religiosas en sus mezquitas, vestidas de las vestiduras que usan, y cantando a su manera como lo hacen en las dichas mezquitas. Y con esta solemnidad nos llevaron hasta entrar en la ciudad, y nos metieron en un aposento muy bueno adonde toda la gente de mi compañía se aposentó a mi placer. Allí nos trajeron de comer, aunque no cumplidamente; y en el camino topamos muchas señales de las que los naturales de esta provincia nos habían dicho, porque hallamos el camino real cerrado y hecho otro, y algunos hoyos, aunque no muchos, y algunas calles de la ciudad tapiadas y muchas piedras en todas las azoteas. Con esto nos hicieron estar más sobre aviso y a mayor recaudo.

Allí hallé ciertos mensajeros de Moctezuma que venían a hablar con los que conmigo estaban, y a mí no me dijeron cosa alguna más que venían a saber de aquéllos lo que conmigo habían hecho y concertado, para lo ir a decir a su señor; y así se fueron después de los haber hablado ellos, y aun el uno de los que antes conmigo estaban, que era el más principal. En tres días que allí estuve, proveyeron muy mal y cada día peor, y muy pocas veces me venían a ver ni hablar los señores y personas principales de la ciudad. Y estando algo perplejo en esto, a la lengua que yo tengo, que es una india de esta tierra, que hube en Putonchán, que es el río grande, que ya en la primera relación a vuestra majestad hice memoria, le dije otra natural de esta ciudad cómo muy cerquita de allí estaba mucha gente de Moctezuma junta, y que los de la ciudad tenían fuera sus mujeres e hijos y toda su ropa, y que había de dar sobre nosotros para nos matar a todos, y si ella se quería salvar, que se fuese con ella que ella la guarecería; la cual lo dijo a aquel Jerónimo de Aguilar, lengua que yo hube en Yucatán de que así mismo a vuestra alteza hube escrito, y me lo hizo saber. Y yo tuve uno de los naturales de la dicha ciudad que por allí andaba y le aparté secretamente que nadie lo vio y le interrogué y confirmó con lo que la india y los naturales de Tascaltecal me habían dicho[141].

---

[141] Frente al silencio de Cortés acerca de la figura de la Malinche, Bernal Díaz del Castillo ofrece abundante información y explica que era cacica e hija de grandes señores y señora de pueblos y vasallos. Bernal Díaz del Castillo

Y así por esto como por las señales que para ello veía, acordé de prevenir antes de ser prevenido, e hice llamar a algunos de los señores de la ciudad diciendo que les quería hablar, y metílos en una sala, y en tanto hice que la gente de los nuestros estuviese apercibida, y que en soltando una escopeta diesen en mucha cantidad de indios que había junto al aposento y muchos dentro en él. Así se hizo, que después que tuve los señores dentro en aquella sala, dejélos atando, y cabalgué, e hice soltar la escopeta y dímosles tal mano, que en pocas horas murieron más de tres mil hombres. Y porque vuestra majestad vea cuán apercibidos estaban, antes que yo saliese de nuestro aposentamiento tenían todas las calles tomadas y toda la gente a punto, aunque como los tomamos de sobresalto fueron buenos de desbaratar, mayormente que les faltaban los caudillos porque los tenía ya presos. E hice poner fuego a algunas torres y casas fuertes donde se defendían y nos ofendían, y así anduve por la ciudad peleando, dejando a buen recaudo el aposento, que era muy fuerte, bien cinco horas, hasta que eché toda la gente fuera de la ciudad por muchas partes de ella, porque me ayudaban bien cinco mil indios de Tascaltecal y otros cuatrocientos de Cempoal[142].

Y vuelto al aposento, hablé con aquellos señores que tenían presos y les pregunté qué era la causa que me querían matar a traición, y me respondieron que ellos no tenían la culpa porque los de Culúa que son los vasallos de Moctezuma, los habían puesto en ello, y que el dicho Moctezuma tenía allí en tal parte, que, según después pareció, sería legua y media, cincuenta mil hombres en guarnición para lo hacer, pero que ya conocían cómo habían sido engañados, que soltase uno o dos de ellos y que harían recoger la gente de la ciudad y tornar a ella todas las mujeres y niños y ropa que tenían fuera, y que me rogaban que aquel yerro les perdonase, que ellos

---

destaca el papel crucial que tuvo la Malinche como mediadora e intérprete. Resume el autor: «Y que Dios le había hecho mucha merced en quitarla de adorar ídolos ahora y ser cristiana, y tener un hijo de su amo y señor Cortés, y ser casada con un caballero como era su marido Juan Jaramillo» (ob. cit., cap. XXXVII).

[142] Se trata de la controvertida matanza de Cholula.

me certificaban que de allí adelante nadie los engañaría y serían muy ciertos y leales vasallos de vuestra alteza y mis amigos. Después de les haber hablado muchas cosas acerca de su yerro, solté dos de ellos, y otro día siguiente estaba toda la ciudad poblada y llena de mujeres y niños muy seguros, como si cosa alguna de lo pasado no hubiera acaecido. Y luego solté todos los otros señores que tenía presos, con que me prometieron de servir a vuestra majestad muy lealmente, y en obra de quince o veinte días que allí estuve quedó la ciudad y tierra tan pacífica y tan poblada que parecía que nadie faltaba de ella, en sus mercados y tratos por la ciudad como antes lo solían tener, e hice que los de esta ciudad de Cholula y los de Tascaltecal fuesen amigos, porque lo solían ser antes, y muy poco tiempo había que Moctezuma con dádivas los había aducido a su amistad y hechos enemigos de estos otros.

Esta ciudad de Cholula está asentada en un llano, y tiene hasta veinte mil casas dentro, en el cuerpo de la ciudad, y tiene de arrabales otras tantas. Es señorío por sí y tiene sus términos conocidos; no obedecen a señor ninguno, excepto que se gobiernan como estos otros de Tascaltecal. La gente de esta ciudad es más vestida que los de Tascaltecal, en alguna manera, porque los honrados ciudadanos de ellos todos traen albornoces encima de la otra ropa, aunque son diferenciados de los de África porque tienen maneras; pero en la hechura y tela y los rapacejos son muy semejantes. Todos éstos han sido y son después de este trance pasado, muy ciertos vasallos de vuestra majestad y muy obedientes a lo que yo en su real nombre les he requerido y dicho, y creo lo serán de aquí adelante. Esta ciudad es muy fértil de labranzas porque tiene mucha tierra y se riega la más parte de ella, y aun es la ciudad más hermosa de fuera que hay en España, porque es muy torreada y llana, y certifico a vuestra alteza que yo conté desde una mezquita cuatrocientas treinta y tantas torres en la dicha ciudad, y todas son de mezquitas. Es la ciudad más a propósito de vivir españoles que yo he visto de los puertos acá, porque tiene algunos baldíos y aguas para criar ganados, lo que no tienen ningunas de cuantas hemos visto, porque es tanta la multitud de la gente que en estas partes mora, que ni un palmo de tierra hay que no esté labrada, y aun con todo en muchas

236

partes padecen necesidad por falta de pan y aun hay mucha gente pobre y que piden entre los ricos por las calles y por las casas y mercados, como hacen los pobres en España y en otras partes que hay gente de razón.

A aquellos mensajeros de Moctezuma que conmigo estaban hablé acerca de aquella traición que en aquella ciudad se me quería hacer, y cómo los señores de ella afirmaban que por consejo de Moctezuma se había hecho, y que no me parecía que era hecho de tan gran señor como él era enviarme sus mensajeros y personas tan honradas como me había enviado, a me decir que era mi amigo, y por otra parte buscar maneras de me ofender con mano ajena, para excusarse él de culpa si no le sucediese como él pensaba. Y que pues así era, que él no me guardaba su palabra ni me decía verdad, que yo quería mudar mi propósito; que así como iba hasta entonces a su tierra con voluntad de le ver y hablar y tener por amigo y tener con él mucha conversación y paz, que ahora quería entrar por su tierra de guerra, haciéndole todo el daño que pudiese como a enemigo, y que me pesaba mucho de ello, porque más le quisiera siempre por amigo y tomar siempre su parecer en las cosas que en esta tierra hubiera de hacer.

Aquellos suyos me respondieron que ellos había muchos días que estaban conmigo y que no sabían nada de aquel concierto más de lo que allí en aquella ciudad después que aquello se ofreció supieron, y que no podían creer que por consejo y mandado de Moctezuma se hiciese, y que me rogaban que antes que me determinase de perder su amistad y hacerle la guerra que decía, me informase bien de la verdad y que diese licencia a uno de ellos para ir a le hablar, que él volvería muy presto. Hay de esta ciudad a donde Moctezuma residía, veinte leguas. Yo les dije que me placía, y dejé ir al uno de ellos y dende a seis días volvió él y el otro que primero se había ido, y trajéronme diez platos de oro y mil y quinientas piezas de ropa y mucha provisión de gallinas y panicap, que es cierto brebaje que ellos beben, y me dijeron que a Moctezuma le había pesado mucho de aquel desconcierto que en Cholula se quería hacer, porque yo no creería ya sino que había sido por su consejo y mandado, y que él me hacía cierto que no era así, y que la gente que allí estaba en guarnición era verdad que era suya, pero que ellos se habían movido sin habérselo él mandado, por inducimiento de los de Cholula, porque eran de dos provincias suyas que se llamaban la una Acancingo y la otra Yzcucan[143], que confina con la tierra de la dicha ciudad de Cholula, y que entre ellos tienen ciertas alianzas de vecindad para se ayudar los unos a los otros, y que de esta manera habían venido allí y no por su mandado; pero que adelante yo vería en sus obras si era verdad lo que él me había enviado a decir o no, y que todavía me rogaba que no curase de ir a su tierra porque era estéril y padeceríamos necesidad, y que donde quiera que yo estuviese le enviase a pedir lo que yo quisiese y que lo enviaría muy cumplidamente.

Yo le respondí que la ida a su tierra no se podía excusar porque había de enviar de él y de ella relación a vuestra majestad, y que yo creía lo que él me enviaba a decir. Por tanto, que pues yo no había de dejar de llegar a verle, que él lo hubiese por bien y que no se pusiese en otra cosa porque sería mucho daño suyo, y a mí me pesaría de cualquiera que le viniese. Y desde que ya vio que mi determinada voluntad era de verle a él y a su tierra, me envió a decir que fuese en hora buena, que él me hospedaría en aquella gran ciudad donde estaba, y envióme muchos de los suyos para que fuesen conmigo porque ya entraba por su tierra, los cuales me querían encaminar por cierto camino donde ellos debían de tener algún concierto para nos ofender, según después pareció, porque lo vieron muchos españoles que yo enviaba después por la tierra. Había en aquel camino tantas puentes y pasos malos, que yendo por él, muy a su salvo pudieran ejecutar su propósito. Mas como Dios haya tenido siempre cuidado de encaminar las reales cosas de vuestra sacra majestad desde su niñez, y como yo y los de mi compañía íbamos en su real servicio, nos mostró otro camino aunque algo agro, no tan peligroso como aquel por donde nos querían llevar, y fue de esta manera que a ocho leguas de esta ciudad de Cholula están dos sierras muy altas y muy maravillosas, porque en fin de agosto tienen tanta nieve que otra cosa de lo alto de ellas si no la nieve, se parece. Y de la una que es la más alta sale muchas veces, así de

---

[143] Acatzingo, Actzcingo, e Itzucan, Itzocan, Ityocan.

día como de noche, tan grande bulto de humo como una gran casa, y sube encima de la sierra hasta las nubes, tan derecho como una vira, que, según parece, es tanta la fuerza con que sale que aunque arriba en la sierra anda siempre muy recio viento, no lo puede torcer. Y porque yo siempre he deseado de todas las cosas de esta tierra poder hacer a vuestra alteza muy particular relación, quise de ésta, que me pareció algo maravillosa, saber el secreto, y envié diez de mis compañeros, tales cuales para semejante negocio eran necesarios y con algunos naturales de la tierra que los guiasen, y les encomendé mucho procurasen de subir la dicha sierra y saber el secreto de aquel humo, de dónde y cómo salía. Los cuales fueron y trabajaron lo que fue posible por la subir y jamás pudieron, a causa de la mucha nieve que en la sierra hay y de muchos torbellinos que de la ceniza que de allí sale andan por la sierra, y también porque no pudieron sufrir la gran frialdad que arriba hacía, pero llegaron muy cerca de lo alto, y tanto que estando arriba comenzó a salir aquel humo, y dicen que salía con tanto ímpetu y ruido que parecía que toda la sierra se caía abajo, y así se bajaron y trajeron mucha nieve y carámbanos para que los viésemos, porque nos parecía cosa muy nueva en esta parte, a causa de estar en parte tan cálida, según hasta ahora ha sido opinión de los pilotos, especialmente, que dicen que esta tierra está en veinte grados, que es en el paralelo de la isla Española, donde continuamente hace muy gran calor. Y yendo a ver esta sierra, toparon un camino y preguntaron a los naturales de la tierra que iban con ellos, que para dónde iba, y dijeron que a Culúa, y que aquél era buen camino, y que el otro por donde nos querían llevar los de Culúa no era bueno, y los españoles fueron por él hasta encumbrar las sierras, por medio de las cuales entre la una y la otra va el camino y descubrieron los llanos de Culúa y la gran ciudad de Temistitan, y las lagunas que hay en la dicha provincia, de que adelanté haré relación a vuestra alteza, y vinieron muy alegres por haber descubierto tan buen camino, y Dios sabe cuánto holgué yo de ello.

Después de venidos estos españoles que fueron a ver la sierra y me haber informado así de ellos como de los naturales de aquel camino que hallaron, hablé a aquellos mensajeros de Moctezuma que conmigo estaban para me guiar a su tierra. Y les dije que quería ir por aquel camino y no por el que ellos decían, porque era más cerca. Y ellos respondieron que yo decía verdad que era más cerca y más llano, y que la causa porque por allí no me encaminaban, era porque habíamos de pasar una jornada por tierra de Huajocingo, que eran sus enemigos, porque por allí no teníamos las cosas necesarias como por la tierra de Moctezuma, y pues yo quería ir por allí, procurarían cómo por la otra parte saliesen bastimento al camino, y así nos partimos con harto temor de que aquéllos quisiesen perseverar en nos hacer alguna burla. Pero como ya habíamos publicado ser allá nuestro camino no me pareció fuera bien dejarlo ni volver atrás, porque no creyesen que falta de ánimo lo impedía.

Aquel día que de la ciudad de Cholula me partí, fui cuatro leguas a unas aldeas de la ciudad de Huajocingo, donde de los naturales fui muy bien recibido y me dieron algunas esclavas y ropas y ciertas piecezuelas de oro, que de todo fue poco, porque éstos no lo tienen a causa de ser de la liga y parcialidad de los tlascatecas y por tenerlos como el dicho Moctezuma los tiene, cercados con su tierra, en tal manera que con ningunas provincias tiene contratación más de en su tierra, y a esta causa viven muy pobremente. Otro día siguiente subí al puerto por entre las dos sierras que he dicho, y a la bajada de él, ya que la tierra del dicho Moctezuma descubríamos, por una provincia de ella que se dice Chalco, dos leguas antes que llegásemos a las poblaciones hallé un muy buen aposento nuevamente hecho, tal y tan grande que muy cumplidamente todos los de mi compañía nos aposentamos en él, aunque llevaba conmigo más de cuatro mil indios de los naturales de estas provincias de Tascaltecal y Huajocingo[144] y Cholula y Cempoal, y para todos muy cumplidamente de comer, y en todas las posadas muy grandes fuegos y mucha leña, porque hacía muy gran frío a causa de estar cercado de las dos sierras, y ellas con mucha nieve.

Aquí me vinieron a hablar ciertas personas que parecían principales, entre los cuales venía uno que me dijeron que era

---

[144] Hguasyncango, Huaxocingo, Huexotzinco, Huejotzingo

hermano de Moctezuma[145], y me trajeron hasta tres mil pesos de oro, y de parte de él me dijeron que él me enviaba aquello y me rogaba que me volviese y no curase de ir a su ciudad, porque era tierra muy pobre de comida y que para ir a ella había muy mal camino y que estaba toda en agua y que no podía entrar allá sino en canoas, y otros muchos inconvenientes que para la ida me pusieron. Y que viese todo lo que quería, que Moctezuma su señor, me lo mandaría dar; y que así mismo concertarían de me dar en cada un año certum quid, el cual me llevarían hasta la mar o donde yo quisiese. Yo los recibí muy bien, y les di algunas cosas de las de nuestra España, de las que ellos tenían en mucho, en especial, al que decían que era hermano de Moctezuma. Y a su embajador le respondí que si en mi mano fuera volverme que yo lo hiciese por hacer placer a Moctezuma, pero que yo había venido en esta tierra por mandado de vuestra majestad y que de la principal cosa que de ella me mandó le hiciese relación, fue del dicho Moctezuma y de aquella su gran ciudad, de la cual y de él había mucho tiempo que vuestra alteza tenía noticia, y que le dijesen de mi parte que le rogaba que mi ida a verle tuviese por bien, porque de ella a su persona ni tierra ningún daño, antes pro, se le había de seguir, y que después que yo le viese, si fuese su voluntad todavía de no me tener en su compañía que yo me volvería, y que mejor haríamos entre él y mí, orden en la manera que en el servicio de vuestra alteza él había de tener que por terceras personas, puesto que ellos eran tales a quien todo crédito se debía dar. Y con esta respuesta se volvieron. En este aposento que he dicho, según las apariencias que para

---

[145] Es, en realidad, un impostor. Carlos Fuentes lo explica así: «Moctezuma teme encontrarse con Cortés pero desea poner a prueba al Teúl. El monarca indio envía un doble de su real persona a interrumpir la marcha de los españoles de la costa a la meseta persuadiendo a Cortés, mediante el regalo de objetos preciosos, de que regrese a su morada divina en el Oriente. El ofrecimiento del oro sólo aumenta el apetito de Cortés. Pero lo que verdaderamente le divierte es la conducta del doble. El falso Moctezuma es una caricatura del verdadero: muestra duda, orgullo y miedo, pero ninguna nobleza. Cortés ve a través de este actor transparente. Cortés ha imaginado ya un Moctezuma que no es esta pálida imitación. Regaña al doble y castiga a los aztecas por andarse creyendo que él, Cortés, puede ser engañado tan fácilmente.» Véase *Valiente mundo nuevo*, Mondadori, 1990, pág. 86.

ello vimos y el aparejo que en él había, los indios tuvieron pensamiento que nos podrían ofender aquella noche, y como lo sentí, puse tal recaudo, que conociéndolo ellos mudaron su pensamiento y muy secretamente hicieron ir aquella noche mucha gente que en los montes que estaban junto al aposento tenían junta, que por muchas de nuestras velas y escuchas fue vista. Y luego siendo de día, me partí a un pueblo que está dos leguas de allí, que se dice Amecameca[146] que es de la provincia de Chalco, que tendrá en la población principal con las aldeas que hay a dos leguas de él más de veinte mil vecinos, y en el dicho pueblo nos aposentaron en unas muy buenas casas del señor del lugar, y muchas personas que parecían principales me vinieron allí a hablar diciéndome que Moctezuma su señor los había enviado para que me esperasen allí y me hiciesen proveer de todas las cosas necesarias. El señor de esa provincia y pueblo me dio hasta cuarenta esclavas y tres mil castellanos, y dos días que allí estuve nos proveyó muy cumplidamente de todo lo necesario para nuestra comida. Y otro día, yendo conmigo aquellos principales que de parte de Moctezuma dijeron que me esperaban allí, me partí y fui a dormir cuatro leguas de allí a un pueblo pequeño que está junto a una gran laguna y casi la mitad de él sobre el agua de ella, y por la parte de la tierra tiene una sierra muy áspera de piedras y peñas donde nos aposentaron muy bien. Y asimismo quisieran allí probar sus fuerzas con nosotros, excepto que, según pareció, quisieran hacerlo muy a su salvo y tomarnos de noche descuidados; y como yo iba tan sobre aviso, hallábame delante de sus pensamientos. Y aquella noche tuve tal guarda, que así de espías que venían por el agua en canoas, como de otras que por la sierra bajaban a ver si había aparejo para ejecutar su voluntad, amanecieron casi quince o veinte que las nuestras las habían tomado y muerto, por manera que pocas volvieron a dar su respuesta del aviso que venían a tomar, y con hallarnos siempre tan apercibidos, acordaron de mudar el propósito y llevarnos por bien.

Y otro día por la mañana, ya que me quería partir de aquel pueblo, llegaron hasta diez o doce señores muy principales,

---

[146] También Amaquemeca, Amaqueruca, Amaquemecan.

según después supe, y entre ellos un gran señor mancebo, de hasta veinte y cinco años[147], a quien todos mostraban tener mucho acatamiento, y tanto, que después de bajado de unas andas en que venía, todos los otros le venían limpiando las piedras y pajas del suelo delante de él. Y llegados a donde yo estaba me dijeron que venían de parte de Moctezuma su señor, y que los enviaba para que se fuesen conmigo y que me rogaba que le perdonase porque no salía su persona a me ver y recibir y que la causa era estar mal dispuesto, pero que ya su ciudad estaba cerca, y que pues yo todavía determinaba de ir a ella, que allá nos veríamos y conocería de él la voluntad que al servicio de Vuestra Alteza tenía, pero que todavía me rogaba que si fuese posible no fuese allá porque padecería mucho trabajo y necesidad, y que él tenía mucha vergüenza de no me poder allá proveer como él deseaba, y en esto ahincaron y porfiaron mucho aquellos señores, y tanto, que no les quedaba sino decir que me defenderían el camino si todavía porfiase ir. Yo les satisfice y aplaqué con las mejores palabras que pude, haciéndoles entender que de mi ida no les podía venir daño sino mucho provecho; y así se despidieron después de les haber dado algunas cosas de las que yo traía. Y yo me partí luego tras ellos muy acompañado de muchas personas que parecían de mucha cuenta como después pareció serlo. Y todavía seguía el camino por la costa de aquella gran laguna, y a una legua del aposento donde partí vi dentro en ella, casi dos tiros de ballesta, una ciudad pequeña que podría ser hasta de mil o dos mil vecinos, toda armada sobre el agua, sin haber para ella ninguna entrada y muy torreada, según lo que de fuera parecía, y otra legua adelante entramos por una calzada tan ancha como una lanza jineta, por la laguna adentro, de dos tercios de legua, y por ella fuimos a dar una ciudad la más hermosa, aunque pequeña, que hasta entonces habíamos visto, así de muy bien labradas casas y torres como de la buena orden que en el fundamento de ella había por ser armada toda sobre agua. Y en esta ciudad, que será hasta de dos mil vecinos, nos recibieron muy bien y nos dieron bien de comer

---

[147] Bernal Díaz del Castillo explica que Cacamatzin era gran señor de Tezcuco y sobrino del gran Montezuma. Ob. cit., cap. LXXXVII

y allí me vinieron a hablar el señor y los principales de ella y me rogaron que me quedase allí a dormir, y aquellas personas que conmigo iban de Moctezuma me dijeron que no parase, sino que me fuese a otra ciudad que está tres leguas de allí, que se dice Iztapalapa, que es de un hermano del dicho Moctezuma, y así lo hice.

Y a la salida de la ciudad donde comimos, cuyo nombre al presente no me ocurre a la memoria, es por otra calzada que tira una legua grande hasta llegar a la Tierra Firme. Y llegado a esta ciudad de Iztapalapa me salió a recibir algo fuera de ella el señor y otro de una gran ciudad que está cerca de ella que será obra de tres leguas, que se llama Culuacán, y otros muchos señores que allí me estaban esperando, y me dieron hasta tres mil o cuatro mil castellanos y algunas esclavas y ropa, y me hicieron muy buen acogimiento. Tendrá esta ciudad de Iztapalapa doce o quince mil vecinos, la cual está en la costa de una laguna salada, grande, la mitad dentro del agua y la otra mitad en la Tierra Firme[148]. Tiene el señor de ella unas casas nuevas que aún no están acabadas, que son tan buenas como las mejores de España, digo de grandes y bien labradas, así de obra de cantería como de carpintería y suelos y cumplimientos para todo género de servicios de casa excepto mazonerías y otras cosas ricas que en España usan en las casas, que acá no las tienen. Tiene muchos cuartos altos y bajos, jardines muy frescos de muchos árboles y rosas olorosas; así mismo albercas de agua dulce muy bien labradas, con sus escaleras hasta lo hondo. Tiene una muy grande huerta junto a la casa, y sobre ella un mirador de muy hermosos corredores y salas, y dentro de la huerta una muy grande alberca de agua dulce, muy cuadrada, y las paredes de ella de gentil cantería, y alrededor de ella un andén de muy buen suelo ladrillado, tan ancho que pueden ir por él cuatro paseándose. Y tiene de cuadra cuatrocientos pasos, que son en torno mil y seiscientos; de la otra parte del andén hacia la pared de la huerta va todo labrado de cañas con unas vergas, y detrás de ellas todo de arboledas y hierbas olorosas, y dentro de la alberca hay mucho

---

[148] La belleza de esta ciudad le hace decir a Bernal que «parecía a las cosas de encantamiento que cuentan en el libro de Amadís», ob. cit., cap. LXXXVII.

pescado y muchas aves, así como lavancos y zerzetas y otros géneros de aves de agua, tantas que muchas veces casi cubren el agua.

Otro día después que a esta ciudad llegué me partí, y a media legua andada, entré por una calzada que va por medio de esta dicha laguna, dos leguas hasta llegar a la gran ciudad de Temixtitan[149] que está fundada en medio de la dicha laguna, la cual calzada es tan ancha como dos lanzas, y muy bien obrada que pueden ir por toda ella ocho de caballo a la par, y en estas dos leguas de la una parte y de la otra de la dicha calzada están tres ciudades y la una de ellas que se dice Mexicalzingo, está fundada la mayor parte de ella dentro de la dicha laguna, y las otras dos, que se llaman la una Niciaca y la otra Churubusco[150], están en la costa de ella, y muchas casas de ellas dentro en el agua. La primera ciudad de éstas tendrá tres mil vecinos, y la segunda más de seis mil y la tercera otros cuatro o cinco mil vecinos, y en todas muy buenos edificios de casas y torres, en especial las casas de los señores y personas principales, y las de sus mezquitas y oratorios donde ellos tienen sus ídolos. En estas ciudades hay mucho trato de sal, que hacen del agua de la dicha laguna, y de la superficie que está en la tierra que baña la laguna, la cual cuecen en cierta manera y hacen panes de la dicha sal, que venden para los naturales y para fuera de la comarca. Y así seguí la dicha calzada, y a media legua antes de llegar al cuerpo de la ciudad de Temixtitan, a la entrada de otra calzada que viene a dar de la Tierra Firme a esta otra, está un muy fuerte baluarte con dos torres cercado de muro de dos estados, con su pretil almenado por toda la cerca que toma con ambas calzadas y no tiene más de dos puertas, una por donde entran y otra por donde salen.

Aquí me salieron a ver y hablar hasta mil hombres principales, ciudadanos de la dicha ciudad, todos vestidos de una

---

[149] Cortés siempre dice Temixtitan (puede encontrarse con fluctuaciones como Tenuxtitan, Temistitan). Bernal Díaz del Castillo habla de México o de Tenustitlán México. En la mayor parte de textos escritos por estudiosos actuales encontramos Tenochtitlán.

[150] Huchilohuchico, Huitzilopochco.

manera de hábito y, según su costumbre, bien rico. Y llegados a me hablar cada uno por sí, hacía en llegando ante mí una ceremonia que entre ellos se usa mucho, que ponía cada uno la mano en tierra y la besaba, y así estuve esperando casi una hora hasta que cada uno hiciese su ceremonia.

Y ya junto a la ciudad está una puente de madera de diez pasos de anchura y por allí está abierta la calzada porque tenga lugar el agua de entrar y salir, porque crece y mengua, y también por fortaleza de la ciudad porque quitan y ponen unas vigas muy luengas y anchas de que la dicha puente está hecha, todas las veces que quieren. Y de éstas hay muchas por toda la ciudad como adelante en la relación que de las cosas de ella haré vuestra alteza verá. Pasada esta puente, nos salió a recibir aquel señor Moctezuma con hasta doscientos señores, todos descalzos y vestidos de otra librea o manera de ropa asimismo bien rica a su uso, y más que la de los otros, y venían en dos procesiones muy arrimados a las paredes de la calle, que es muy ancha y muy hermosa y derecha, que de un cabo se parece el otro y tiene dos tercios de legua, y de la una parte y de la otra muy buenas y grandes casas, así de aposentamientos como de mezquitas, y el dicho Moctezuma venía por medio de la calle con dos señores, el uno a la mano derecha y el otro a la izquierda, de los cuales el uno era aquel señor grande que dije que me había salido a hablar en las andas y el otro era su hermano del dicho Moctezuma, señor de aquella ciudad de Iztapalapa de donde yo aquel día había partido, todos tres vestidos de una manera, excepto el Moctezuma que iba calzado, y los otros dos señores descalzos. Cada uno le llevaba de su brazo, y como nos juntamos, yo me apeé y le fui a abrazar solo, y aquellos dos señores que con él iban, me detuvieron con las manos para que no le tocase, y ellos y él hicieron asimismo ceremonia de besar la tierra, y hecha, mandó a aquel su hermano que venía con él que se quedase conmigo y me llevase por el brazo, y él con el otro se iba delante de mí poquito trecho.

Y después de me haber él hablado, vinieron asimismo a me hablar todos los otros señores que iban en las dos procesiones, en orden uno en pos de otro, y luego se tornaban a su procesión. Y al tiempo que yo llegué a hablar al dicho Moctezuma, quitéme un collar que llevaba de margaritas y diamantes de vidrio y se lo eché al cuello. Y después de haber andado la calle adelante, vino un servidor suyo con dos collares de camarones envueltos en un paño, que eran hechos de huesos de caracoles colorados, que ellos tienen en mucho, y de cada collar colgaban ocho camarones de oro de mucha perfección, tan largos casi como un geme, y como se los trajeron se volvió a mí y me los echó al cuello. Y tornó a seguir por la calle en la forma ya dicha hasta llegar a una muy grande y hermosa casa que él tenía para nos aposentar, bien aderezada. Y allí me tomó de la mano y me llevó a una gran sala que estaba frontera del patio por donde entramos, y allí me hizo sentar en un estrado muy rico que para él lo tenía mandado hacer, y me dijo que le esperase allí, y él se fue.

Y dende a poco rato, ya que toda la gente de mi compañía estaba aposentada, volvió con muchas y diversas joyas de oro y plata, y plumajes, y con hasta cinco o seis mil piezas de ropa de algodón muy ricas y de diversas maneras tejidas y labradas, y después de me las haber dado, se sentó en otro estrado que luego le hicieron allí junto con el otro donde yo estaba; y sentado, propuso en esta manera[151]: «Muchos días ha que por nuestras escrituras tenemos de nuestros antepasados noticia que yo ni todos los que en esta tierra habitamos no somos naturales de ella sino extranjeros, y venidos a ella de partes muy extrañas. Y tenemos asimismo que a estas partes trajo nuestra generación un señor cuyos vasallos todos eran, el cual se volvió a su naturaleza, y después tornó a venir dende en mucho tiempo, y tanto, que ya estaban casados los que habían quedado con las mujeres naturales de la tierra y tenían mucha generación y hechos pueblos donde vivían, y queriéndolos llevar consigo, no quisieron ir ni menos recibirle por señor, y así se volvió[152]. Y siempre

---

[151] He aquí el famoso discurso de Moctezuma, posiblemente inventado por Cortés. Los intereses de éste le servirían para dejar claro en el discurso que son ellos, Cortés y sus soldados, los enviados por Dios, tal como indicaban las profecías.

[152] Este señor sería Quetzalcóatl, el dios bueno que habría de volver en 1519, el año de la caña, «Ce Acatl». «Y regresó —señala Fuentes—, rubio, barbado, de ojos claros, y era Cortés. La profecía del retorno de Quetzalcóatl se había cumplido.» Ob. cit., págs. 84 y 85.

hemos tenido que los que de él descendiesen habían de venir a sojuzgar esta tierra y a nosotros como a sus vasallos. Y según de la parte que vos decís que venís, que es a donde sale el sol y las cosas que decís de ese gran señor o rey que acá os envió, creemos y tenemos por cierto, él sea nuestro señor natural, en especial que nos decís que él ha muchos días que tenía noticia de nosotros. Y por tanto, vos sed cierto que os obedeceremos y tendremos por señor en lugar de ese gran señor que decís, y que en ello no habrá falta ni engaño alguno, y bien podéis en toda la tierra, digo que en la que yo en mi señorío poseo, mandar a vuestra voluntad, porque será obedecido y hecho. Y todo lo que nosotros tenemos es para lo que vos de ello quisiéredes disponer. Y pues estáis en vuestra naturaleza y en vuestra casa, holgad y descansad del trabajo del camino y guerras que habéis tenido, que muy bien sé todos los que se vos han ofrecido de Puntunchán acá, y bien sé que los de Cempoal y de Tascaltecal os han dicho muchos males de mí. No creáis más de lo que por vuestros ojos veréis, en especial de aquellos que son mis enemigos, y algunos de ellos eran mis vasallos, y hánseme rebelado con vuestra venida, y por se favorecer con vos lo dicen. Los cuales sé que también os han dicho que yo tenía las casas con las paredes de oro y que las esteras de mis estrados y otras cosas de mi servicio eran asimismo de oro, y que yo era y me hacía dios y otras muchas cosas. Las casas ya las veis que son de piedra y cal y tierra». Y entonces alzó sus vestiduras y me mostró el cuerpo diciendo: «A mí véisme aquí que soy de carne y hueso como vos y como cada uno, y que soy mortal y palpable», asiéndose él con sus manos de los brazos y del cuerpo: «Ved cómo os han mentido; verdad es que tengo algunas cosas de oro que me han quedado de mis abuelos. Todo lo que yo tuviere tenéis cada vez que vos lo quisiéredes. Yo me voy a otras casas donde vivo. Aquí seréis proveído de todas las cosas necesarias para vos y para vuestra gente. Y no recibáis pena alguna, pues estáis en vuestra casa y naturaleza.» Yo le respondí a todo lo que me dijo, satisfaciendo a aquello que me pareció que convenía, en especial en hacerle creer que vuestra majestad era a quien ellos esperaban. Y con esto se despidió. E ido, fuimos muy bien proveídos de muchas gallinas y pan y frutas y otras

248

cosas necesarias, especialmente para el servicio del aposento, y de esta manera estuve seis días, muy bien proveído de todo lo necesario, y visitado de muchos aquellos señores.

Ya, muy católico Señor, dije al principio de ésta cómo a la sazón que yo me partí de la Villa de la Vera Cruz en demanda de este señor Moctezuma, dejé en ella ciento y cincuenta hombres para hacer aquella fortaleza que dejaba comenzada, y dije asimismo cómo había dejado muchas villas y fortalezas de las comarcanas a aquella villa, puestas debajo del real dominio de vuestra alteza, y a los naturales de ella muy seguros.

Y por ciertos vasallos de vuestra majestad, que estando en la ciudad de Cholula recibí letras del capitán que yo en mi lugar dejé en la dicha villa, por las cuales me hizo saber cómo Qualpopoca, señor de aquella ciudad que se dice Almería, le había enviado decir por sus mensajeros que él tenía de ser vasallo de vuestra alteza y que si hasta entonces no había venido ni venía a dar la obediencia que era obligado y a se ofrecer por tal vasallo de vuestra majestad con todas sus tierras, la causa era que había de pasar por tierra de sus enemigos, y que temiendo ser de ellos ofendido, lo dejaba. Pero que le enviase cuatro españoles que viniesen con él, porque aquellos por cuya tierra había de pasar, sabiendo a lo que venían, no lo enojarían. Y que él vendría luego. Y que el dicho capitán, creyendo ser cierto lo que el dicho Qualpopoca le enviaba a decir, y que así lo habían hecho otros muchos, le había enviado los dichos cuatro españoles. Y que después que en su casa los tuvo, los mandó matar por cierta manera, como que pareciese que él no lo hacía, y que había muerto los dos de ellos, y los otros dos se habían escapado por unos montes, heridos. Y que él había ido sobre la dicha ciudad de Almería con cincuenta españoles y los dos de caballo, y dos tiros de pólvora y con hasta ocho o diez mil indios de los amigos nuestros. Y que había peleado con los naturales de la dicha ciudad, y muerto muchos de los naturales de ella y los demás echados fuera, y que la habían quemado y destruido, porque los indios que en su compañía llevaban, como eran sus enemigos, habían puesto en ello mucha diligencia. Y que el dicho Qualpopoca, señor de la dicha ciudad, con otros señores sus aliados que en su favor habían venido allí, se habían escapado huyendo, y que de algunos prisioneros que tomó en la dicha ciudad se habían informado cuyos eran los que allí estaban en defensa de ella y la causa porque habían muerto a los españoles que él envió, la cual dice que fue que el dicho Moctezuma había mandado al dicho Qualpopoca y a los otros que allí habían venido como a sus vasallos que eran, que salido yo de aquella villa de la Vera Cruz fuesen sobre aquellos que se le habían alzado y ofrecido al servicio de vuestra alteza, y que tuviesen todas las formas que ser pudiesen para matar los españoles que yo allí dejase porque no les ayudasen ni favoreciesen, y que a esta causa lo habían hecho[153].

Pasados, invictísimo Príncipe, seis días después que en la gran ciudad de Timixtitan entré, y habiendo visto algunas cosas de ella, aunque pocas, según las que hay que ver y notar, por aquéllas me pareció, y aun por lo que de la tierra había visto, que convenía al real servicio y a nuestra seguridad, que aquel señor estuviese en mi poder y no en toda su libertad, por que no mudase el propósito y voluntad que mostraba en servir a vuestra alteza, mayormente que los españoles somos algo incomportables e importunos. Y porque enojándose nos podría hacer mucho daño, y tanto, que no hubiese memoria de nosotros según su gran poder, y también porque teniéndole conmigo, todas las otras tierras que a él eran súbditas, vendrían más aína al conocimiento y servicio de vuestra majestad, como después sucedió. Determiné de lo prender y poner en el aposento donde yo estaba, que era bien fuerte. Y para que en su prisión no hubiese algún escándalo ni alboroto, pensando todas las formas y maneras que para lo hacer sin éste debía tener, me acordé de lo que el capitán que en la Vera Cruz había dejado, me había escrito, acerca de lo que había acaecido en la ciudad de Almería, según que en el capítulo antes de éste he dicho, y cómo se había sabido que todo lo allí sucedido había sido mandado del dicho Moctezuma. Y dejando buen recaudo en las encrucijadas de las calles, me

---

[153] Explica Delgado Gómez que los hechos son confusos y se dan sobre ellos versiones diferentes. O bien se trató de un encuentro bélico o de una traición, y en represalia los españoles quemaron y destruyeron la ciudad. Ob. cit., pág. 213.

fui a las casas del dicho Moctezuma como otras veces había ido a le ver. Y después de le haber hablado en burlas y cosas de placer y de haberme él dado algunas joyas de oro y una hija suya, y otras hijas de señores a algunos de mi compañía, le dije que ya sabía lo que en la ciudad de Nautecal o Almería había acaecido y los españoles que en ella me habían muerto, y que Qualpopoca daba por disculpa que todo lo que había hecho había sido por su mandado, y que como a su vasallo, no había podido hacer otra cosa. Y porque yo creía que no era así como el dicho Qualpopoca decía, que antes era por se excusar de culpa, que me parecía que debía enviar por él y por los otros principales que en la muerte de aquellos españoles se habían hallado, porque la verdad se supiese y que ellos fuesen castigados y vuestra majestad supiese su buena voluntad claramente, y en lugar de las mercedes que vuestra alteza le había de mandar hacer, los dichos de aquellos malos no provocasen a vuestra alteza a ira contra él, por donde le mandase hacer daño, pues la verdad era al contrario de lo que aquéllos decían, y yo estaba de él bien satisfecho.

Y luego a la hora mandó llamar ciertas personas de los suyos, a los cuales dio una figura de piedra pequeña, a manera de sello, que él tenía atado en el brazo, y les mandó que fuesen a la dicha ciudad de Almería, que está sesenta o setenta leguas de la de Temixtitan y que trajesen al dicho Qualpopoca y se informasen en los demás que habían sido en la muerte de aquellos españoles, y que asimismo los trajesen. Y que si por su voluntad no quisiesen venir los trajesen presos. Y si se pusiesen en resistir la prisión, que requiriesen a ciertas comunidades comarcanas a aquella ciudad que allí les señaló, para que fuesen con mano armada para los prender, por manera que no viniesen sin ellos. Los cuales, luego se partieron, y así idos, le dije al dicho Moctezuma que yo le agradecía la diligencia que ponía en la prisión de aquéllos, porque yo había de dar cuenta a vuestra alteza de aquellos españoles, y que restaba para yo darla, que él estuviese en mi posada hasta tanto que la verdad más se aclarase y se supiese él ser sin culpa, y que le rogaba mucho que recibiese pena de ello, porque él no había de estar como preso sino en toda su libertad, y que en el servicio ni en el mando de su señorío, yo no le ponía ningún impedimento, y que escogiese un cuarto de aquel aposento donde yo estaba, cual él quisiese, y que allí estaría muy a su placer, y que fuese cierto que ningún enojo ni pena se le había de dar, antes además de su servicio, los de mi compañía le servirían en todo lo que él mandase. Acerca de esto pasamos muchas pláticas y razones que serían largas para las escribir, y aun para dar cuenta de ellas a vuestra alteza, algo prolijas, y también no sustanciales para el caso, y por tanto no diré más de que finalmente él dijo que le placía de se ir conmigo, y mandó luego ir a aderezar el aposentamiento donde él quiso estar, el cual fue muy puesto y bien aderezado.

Y hecho esto, vinieron muchos señores, y quitadas las vestiduras y puestas por bajo de los brazos y descalzos traían unas andas no muy bien aderezadas. Y llorando lo tomaron en ellas con mucho silencio, y así nos fuimos hasta el aposento donde estaba, sin haber alboroto en la ciudad, aunque se comenzó a mover. Pero sabido por el dicho Moctezuma, envió a mandar que no lo hubiese. Y así hubo toda quietud según que antes la había, y la hubo todo el tiempo que yo tuve preso al dicho Moctezuma, porque él estaba muy a su placer y con todo su servicio, según en su casa lo tenía, que era bien grande y maravilloso, según adelante diré. Y yo y los de mi compañía le hacíamos todo el placer que a nosotros era posible.

Y habiendo pasado quince o veinte días de su prisión, vinieron aquellas personas que había enviado por Qualpopoca y los otros que habían muerto a los españoles, y trajeron al dicho Qualpopoca y a un hijo suyo, y con ellos quince personas que decían que eran principales y habían sido en la dicha muerte. Y al dicho Qualpopoca traían en unas andas, y muy a manera de señor, como de hecho lo era, y traídos, me los entregaron, y yo los hice poner a buen recaudo con sus prisiones. Y después que confesaron haber muerto a los españoles, les hice interrogar si ellos eran vasallos de Moctezuma, y el dicho Qualpopoca respondió que si había otro señor de quien pudiese serlo, casi diciendo que no había otro, y que sí eran. Y asimismo les pregunté si lo que allí se había hecho había sido por su mandado, y dijeron que no, aunque después, al tiempo que en ellos se ejecutó la sentencia que fuesen quemados, todos a una voz dijeron que era verdad que el dicho Moctezuma se lo había enviado a mandar y que por su mandado lo habían hecho[154]. Y así fueron éstos quemados públicamente en una plaza, sin haber alboroto alguno. Y el día que se quemaron, porque confesaron que el dicho Moctezuma les había mandado que matasen a aquellos españoles, le hice echar unos grillos, de que él no recibió poco espanto, aunque después de le haber hablado aquel día, se los quité y él quedó muy contento. Y de allí adelante siempre trabajé de le agradar y contentar en todo lo a mí posible, en especial que siempre publiqué y dije a todos los naturales de la tierra, así señores como los que a mí venían, que vuestra majestad era servido que el dicho Moctezuma se estuviese en su señorío, reconociendo el que vuestra alteza sobre él tenía, y que servirían mucho a vuestra alteza en le obedecer y tener por señor, como antes que yo a la tierra viniese le tenían.

Y fue tanto el buen tratamiento que yo le hice y el contentamiento que de mí tenía, que algunas veces y muchas le acometí con su libertad, rogándole que fuese a su casa y me dijo todas las veces que se lo decía que él estaba bien allí y que no quería irse, porque allí no le faltaba cosa de lo que él quería, como si en su casa estuviese, y que podría ser que yéndose y habiendo lugar, que los señores de la tierra sus vasallos le importunasen o le indujesen a que hiciese alguna cosa contra su voluntad, que fuese fuera del servicio de vuestra alteza, y que él tenía propuesto de servir a vuestra majestad en todo lo a él posible, y que hasta tanto que los tuviese informados de lo que quería hacer, y que él estaba bien allí, porque aunque alguna cosa le quisiesen decir, que con responderles que no estaba en su libertad se podría excusar y eximir de ellos. Y muchas veces me pidió licencia para se ir a holgar y pasar tiempo a ciertas casas de placer que él tenía, así fuera de la ciudad como dentro, y ninguna vez se la negué. Y fue muchas veces

---

[154] Explica Bernal Díaz del Castillo que fueron quemados los capitanes de Moctezuma, «que se decía el principal Quetzalpopoca, y los otros se decían el uno Coatl el otro Quiahuitle y el otro no me acuerdo el nombre, que poco va en saber sus nombres», ob. cit., cap. XCV. López de Gómara dice que fueron quemados, de manera espantosa, no sólo el principal, sino su hijo y quince principales más.

a holgar con cinco o seis españoles a una o dos leguas fuera de la ciudad y volvía siempre muy alegre y contento al aposento donde yo le tenía. Y siempre que salía hacía muchas mercedes de joyas y ropa, así a los españoles que con él iban como a sus naturales, de los cuales siempre iba tan acompañado, que cuando menos con él iban, pasaban de tres mil hombres, que los más de ellos eran señores y personas principales. Y siempre les hacía muchos banquetes y fiestas, que los que con él iban tenían bien que contar.

Después que yo conocí de él muy por entero tener mucho deseo al servicio de vuestra alteza, le rogué que porque más enteramente yo pudiese hacer relación a vuestra majestad de las cosas de esta tierra, que me mostrase las minas de donde se sacaba el oro, el cual con muy alegre voluntad, según mostró, dijo que le placía. Y luego hizo venir ciertos servidores suyos y de dos en dos repartió para cuatro provincias donde dijo que se sacaba, y pidióme que le diese españoles que fuesen con ellos para que lo viesen sacar. Y asimismo yo le di a cada dos de los suyos, otros dos españoles. Y los unos fueron a una provincia que se dice Cuzula, que es ochenta leguas de la gran ciudad de Temixtitan, y los naturales de aquella provincia son vasallos del dicho Moctezuma. Y allí les mostraron tres ríos y de todos me trajeron muestras de oro, y muy buena, aunque sacada con poco aparejo porque no tenían otros instrumentos más que aquel con que los indios lo sacan. Y en el camino pasaron tres provincias, según los españoles dijeron, de muy hermosa tierra y de muchas villas y ciudades y otras poblaciones en mucha cantidad, y de tales y tan buenos edificios, que dicen que en España no podían ser mejores. En especial me dijeron que habían visto una casa de aposentamiento y fortaleza que es mayor y más fuerte y mejor edificada que el castillo de Burgos, y la gente de una de estas provincias que se llama Tamazulapa era más vestida que esta otra que habemos visto, y según a ellos les pareció, de mucha razón. Los otros fueron a otra provincia que se dice Malinaltepec[155], que es otras setenta leguas de la dicha gran ciudad, que

---

[155] Malinaltebeque.

es más hacia la costa de la mar. Y asimismo me trajeron muestra de oro de un río grande que por allí pasa. Y los otros fueron a una tierra que está este río arriba, que es de una gente diferente de la lengua de Culúa, a la cual llaman Tenis, y el señor de aquella tierra se llama Coatelicamat, y por tener su tierra en unas sierras muy altas y ásperas no es sujeto al dicho Moctezuma, y también porque la gente de aquella provincia es gente muy guerrera y pelean con lanzas de veinte y cinco y treinta palmos. Y por no ser estos vasallos del dicho Moctezuma, los mensajeros que con los españoles iban no osaron entrar en la tierra sin lo hacer saber primero al señor de ella y pedir para ello licencia, diciéndole que iban con aquellos españoles a ver las minas del oro que tenían en su tierra y que le rogaban de mi parte y del dicho Moctezuma, su señor, que lo hubiesen por bien. El cual dicho Coatelicamat respondió a los españoles que él era muy contento que entrasen en su tierra y viesen las minas y todo lo demás que ellos quisiesen, pero que los de Culúa, que son los de Moctezuma no habían de entrar en su tierra porque eran sus enemigos.

Algo estuvieron los españoles perplejos en si irían solos o no, porque los que con ellos iban les dijeron que no fuesen que les matarían, y que por los matar no consentían que los de Culúa entrasen con ellos. Y al fin se determinaron a entrar solos, y fueron del dicho señor y de los de su tierra muy bien recibidos; y les mostraron siete u ocho ríos de donde dijeron que ellos sacaban el oro y en su presencia lo sacaron los indios, y ellos me trajeron muestra de todos. Y con los dichos españoles me envió el dicho Coatelicamat ciertos mensajeros suyos con los cuales me envió a ofrecer su persona y tierra al servicio de vuestra sacra majestad, y me envió ciertas joyas de oro y ropa de la que ellos tienen. Los otros fueron a otra provincia que se dice Tuchitebeque, que es casi en el mismo derecho hacia la mar, doce leguas de la provincia de Malinaltepec, donde ya he dicho que se halló oro. Y allí les mostraron otros dos ríos de donde asimismo sacaron muestra de oro.

Y porque allí, según los españoles que allá fueron me informaron, hay mucho aparejo para hacer estancias para sacar oro, rogué al dicho Moctezuma que en aquella provincia de Malinaltepec, porque era para ello más aparejada, hiciese hacer una estancia para Vuestra Majestad, y puso en ello tanta diligencia, que dende en dos meses que yo se lo dije, estaban sembradas sesenta hanegas de maíz y diez de frijoles y dos mil pies de cacao, que es una fruta como almendras, que ellos venden molida y tiénenla en tanto, que se trata por moneda en toda la tierra, y con ella se compran todas las cosas necesarias en los mercados y otras partes. Y había hechas cuatro casas muy buenas, en que la una, demás de los aposentamientos hicieron un estanque de agua y en él pusieron quinientos patos, que acá tienen en mucho, porque se aprovechan de la pluma de ellos y los pelan cada año, y hacen sus ropas con ella. Y pusieron hasta mil y quinientas gallinas, sin otros aderezos de granjerías, que muchas veces juzgadas por los españoles que las vieron, las apreciaban en veinte mil pesos de oro.

Asimismo le rogué al dicho Moctezuma que me dijese si en la costa de la mar había algún río o ancón en que los navíos que viniesen pudiesen entrar y estar seguros. El cual me respondió que no lo sabía, pero que él me haría pintar toda la costa y ancones y ríos de ella, y que enviase yo españoles a los ver, y que él me daría quien los guiase y fuese con ellos, y así lo hizo. Otro día me trajeron figurada en un paño toda la costa, y en ella parecía un río que salía a la mar, más abierto, según la figura, que los otros; el cual parecía estar entre las sierras que dicen San Martín, y son tan altas que forman un ancón por donde los pilotos hasta entonces creían que se partía la tierra en una provincia que se dice Mazalmaco[156]. Y me dijo que viese yo a quién quería enviar, y que él proveería a quién, y cómo se viese y supiese todo. Y luego señalé diez hombres, y entre ellos algunos pilotos y personas que sabían de la mar. Y con el recaudo que él dio se partieron y fueron por toda la costa desde el puerto de Chalchilmeca, que dicen de San Juan, donde yo desembarqué, y anduvieron por ella sesenta y tantas leguas, que en ninguna parte hallaron río ni ancón donde pudiesen entrar navíos ningunos, puesto que en la dicha costa había muchos y muy grandes, y todos los son-

---

[156] Mazamalco, Cuacalco o Cuacalcalco. Más abajo aparece como Cuacalco.

daron con canoas, y así llegaron a la dicha provincia de Cuacalco[157], donde el dicho río está.

El señor de aquella provincia, que se dice Tuchintecla, los recibió muy bien y les dio canoas para mirar el río, y hallaron en la entrada de él dos brazas y media largas en lo más bajo de bogar, y subieron por el dicho río arriba, doce leguas, y lo más bajo que en él hallaron fueron cinco o seis brazas. Y según lo que de él vieron, se cree que sube más de treinta leguas de aquella hondura, y en la ribera de él hay muchas y grandes poblaciones, y toda la provincia es muy llana y muy fuerte, y abundante de todas las cosas de la tierra y de mucha y casi innumerable gente. Y los de esta provincia no son vasallos ni súbditos de Moctezuma, antes sus enemigos. Asimismo, el señor de ella, al tiempo que los españoles llegaron, les envió a decir que los de Culúa no entrasen en su tierra, porque eran sus enemigos. Y cuando se volvieron los españoles a mí con esta relación, envió con ellos ciertos mensajeros con los cuales me envió ciertas joyas de oro y cueros de tigres y plumajes y piedras y ropa, y ellos me dijeron de su parte que había muchos días que Tuchintecla, su señor, tenía noticia de mí porque los de Putunchán, que es el río de Grijalva, que son sus amigos, le habían hecho saber cómo yo había pasado por allí, y había peleado con ellos porque no me dejaban entrar en su pueblo, y cómo después quedamos amigos, y ellos por vasallos de vuestra majestad, y que él asimismo se ofrecía a su real servicio con toda su tierra, y me rogaba que le tuviese por amigo, con tal condición que los de Culúa no entrasen en su tierra, y que yo viese las cosas que en ella había de que se quisiese servir vuestra alteza, y que él daría de ellas las que yo señalase en cada un año.

Como de los españoles que vinieron de esta provincia me informé ser ella aparejada para poblar, y del puerto que en ella habían hallado, holgué mucho, porque después que en esta tierra salté siempre he trabajado de buscar puerto en la costa de ella, tal que estuviese a propósito de poblar, y jamás lo había hallado ni lo hay en toda la costa desde el río San Antón,

---

157 Cuacalcalco.

que es junto al de Grijalva, hasta el de Pánuco, que es la costa abajo, donde ciertos españoles, por mandado de Francisco de Garay, fueron a poblar, de que en adelante a vuestra alteza haré relación.

Y para más me certificar de las cosas de aquella provincia y puerto, y de la voluntad de los naturales de ella, y de las otras cosas necesarias a la población, torné a enviar ciertas personas de las de mi compañía, que tenían alguna experiencia para alcanzar lo susodicho. Los cuales fueron con los mensajeros que aquel señor Tuchintecla me había enviado, y con algunas cosas que yo les di para él. Y llegados fueron de él bien recibidos, y tornaron a ver y sondar el puerto y el río y ver los asientos que había en él para hacer el pueblo, y de todo me trajeron verdadera y larga relación, y dijeron que había todo lo necesario para poblar, y que el señor de la provincia estaba muy contento, y con mucho deseo de servir a vuestra alteza. Y venidos con esta relación, luego despaché un capitán con ciento y cincuenta hombres, para que fuesen a trazar y formar el pueblo y hacer una fortaleza, porque el señor de aquella provincia se me había ofrecido de la hacer, y asimismo todas las cosas que fuesen necesarias le mandasen y aun hizo seis en el asiento que para el pueblo señalaron, y dijo que era muy contento que fuésemos allí a poblar y estar en su tierra.

En los capítulos pasados, muy poderoso señor, dije cómo al tiempo que yo iba a la gran ciudad de Temixtitan, me había salido al camino un gran señor que venía de parte de Moctezuma, y según lo que después de él supe, él era muy cercano deudo de Moctezuma, y tenía su señoría junto al del dicho Moctezuma, cuyo nombre era Culhuacan[158]. Y la cabeza de él es una muy gran ciudad que está junto a esta laguna salada, que hay desde ella, yendo en canoas por la dicha laguna hasta la dicha ciudad de Temixtitan, seis leguas, y por la tierra diez. Llámase esta ciudad Tezcuco, y será de hasta treinta mil vecinos. Tienen, señor, en ella, muy maravillosas casas y mezquitas y oratorios muy grandes y muy bien labrados. Hay muy grandes mercados. Y demás de esta ciudad tiene otras

---

[158] Haculuacán.

dos, la una a tres leguas de esta de Tezcuco, que se llama Oculman, y la otra a seis leguas, que se dice Otumba[159]. Tendrá cada una de éstas, hasta tres mil o cuatro mil vecinos. Tiene la dicha provincia y señorío de Culhuacan, otras aldeas y alquerías en mucha cantidad y muy buenas tierras y sus labranzas. Confina todo este señorío, por la una parte con la provincia de Tascaltecal, de que ya a vuestra majestad he dicho. Este señor que se dice Cacamazin[160], después de la prisión de Moctezuma se rebeló así contra el servicio de vuestra alteza, a quien se había ofrecido, como contra el dicho Moctezuma. Y puesto que por muchas veces fue requerido que viniese a obedecer los reales mandatos de vuestra majestad, nunca quiso, aunque demás de lo que yo le enviaba a requerir, el dicho Moctezuma se lo enviaba a mandar; antes respondía que si algo le querían que fuesen a su tierra y que allá verían para cuánto era, y el servicio que era obligado a hacer. Y según yo me informé, tenía gran copia de gente de guerra junta, y todos para ella bien a punto. Y como por amonestaciones ni requerimientos yo no lo pude atraer, hablé al dicho Moctezuma, y le pedí su parecer de lo que debíamos hacer para que aquél no quedase sin castigo de su rebelión. El cual me respondió que quererle tomar por guerra que se ofrecía mucho peligro, porque él era gran señor y tenía muchas fuerzas y gente, y que no se podía tomar tan sin peligro que no muriese mucha gente. Pero que él tenía en su tierra del dicho Cacamazin muchas personas principales que vivían con él y les daba su salario, que él hablaría con ellos para que atrajesen alguna de la gente del dicho Cacamazin a sí, y que atraída y estando seguros que aquéllos favorecerían nuestro partido, y se podría prender seguramente. Y así fue que el dicho Moctezuma hizo sus conciertos de tal manera, que aquellas personas atrajeron al dicho Cacamazin a que se juntase con ellos en la dicha ciudad de Tezcuco, para dar orden en las cosas que convenían a su estado como personas principales, y que les dolía que él hiciese cosas por donde perdiese. Y así se jun-

---

[159] Otumpa.

[160] Cacamatzin, indica Bernal Díaz del Castillo en el cap. C de su *Historia verdadera,* era señor de la ciudad de Tezcuco, sobrino de Moctezuma.

taron en una muy gentil casa del dicho Cacamazin, que está junto a la costa de la laguna, y es de tal manera edificada, que por debajo de toda ella navegan las canoas y salen a la dicha laguna. Allí secretamente tenían aderezadas ciertas canoas con mucha gente apercibida, para si el dicho Cacamazin quisiese resistir la prisión. Y estando en su consulta lo tomaron todos aquellos principales antes que fuesen sentidos de la gente del dicho Cacamazin, y lo metieron en aquellas canoas, y salieron a la laguna y pasaron a la gran ciudad, que como ya dije, está seis leguas de allí. Y llegados lo pusieron en unas andas como su estado requería y lo acostumbraban, y me lo trajeron; al cual yo hice echar unos grillos y poner a mucho recaudo. Y tomado el parecer de Moctezuma, puse en nombre de vuestra alteza, en aquel señorío, a un hijo suyo que se decía Cucuzcacin, al cual hice que todas las comunidades y señores de la dicha provincia y señorío le obedeciesen por señor hasta tanto que vuestra alteza fuese servido de otra cosa. Y así se hizo, que de allí adelante todos lo tuvieron y lo obedecieron por señor como al dicho Cacamazin, y él fue obediente en todo lo que yo de parte de vuestra majestad le mandaba.

Pasados algunos pocos días después de la prisión de este Cacamazin, el dicho Moctezuma hizo llamamiento y congregación de todos los señores de las ciudades y tierras allí comarcanas, y juntos, me envió a decir que subiese allí adonde él estaba con ellos, y llegado yo, les habló en esta manera: «Hermanos y amigos míos, ya sabéis que de mucho tiempo acá vosotros y vuestros padres y abuelos habéis sido y sois súbditos y vasallos de mis antecesores y míos, y siempre de ellos y de mí habéis sido muy bien tratados y honrados, y vosotros asimismo habéis hecho lo que buenos y leales vasallos son obligados a sus naturales señores. Y también creo que de vuestros antecesores tendréis memoria cómo nosotros no somos naturales de esta tierra, y que vinieron a ella de otra muy lejos y los trajo un señor que en ella los dejó, cuyos vasallos todos eran. El cual volvió dende ha mucho tiempo y halló que nuestros abuelos estaban ya poblados y asentados en esta tierra, y casados con las mujeres de esta tierra y tenían mucha multiplicación de hijos, por manera que no quisieron volverse con él ni menos lo quisieron recibir por señor de la tierra. Y él se volvió, y dejó dicho que tornaría o enviaría con tal poder, que los pudiese costreñir y atraer a su servicio. Y bien sabéis que siempre lo hemos esperado, y según las cosas que el capitán nos ha dicho de aquel rey y señor que le envió acá, y según la parte de donde él dice que viene, tengo por cierto, y así lo debéis vosotros tener, que éste es el señor que esperábamos, en especial que nos dice que allá tenía noticia de nosotros, y pues nuestros predecesores no hicieron lo que a su señor eran obligados, hagámoslo nosotros, y demos gracias a nuestros dioses porque en nuestros tiempos vino lo que tanto aquéllos esperaban. Y mucho os ruego, pues a todos es notorio todo esto, que así como hasta aquí a mí me habéis tenido y obedecido por señor vuestro, de aquí adelante tengáis y obedezcáis a este gran rey, pues él es vuestro natural señor, y en su lugar tengáis a este su capitán. Y todos los tributos y servicios que hasta aquí a mí me hacíais, los haced y dad a él, porque yo asimismo tengo de contribuir y servir con todo lo que me mandare. Y demás de hacer lo que debéis y sois obligados, a mí me haréis en ello mucho placer»[161]. Lo cual todo lo dijo llorando con las mayores lágrimas y suspiros que un hombre podía manifestar y asimismo todos aquellos señores que le estaban oyendo lloraban tanto, que en gran rato no le pudieron responder. Y certifico a vuestra sacra majestad, que no había tal de los españoles que oyese el razonamiento que no hubiese mucha compasión.

Y después de algo sosegadas sus lágrimas respondieron que ellos lo tenían por su señor, y habían prometido de hacer todo lo que les mandase. Y que por esto y por la razón que para ello les daba, que eran muy contentos de lo hacer, y que desde entonces para siempre se daban ellos por vasallos de vuestra alteza y desde allí todos juntos y cada uno por sí prometían, y prometieron de hacer y cumplir todo aquello que con el real nombre de vuestra majestad les fuese mandado, como buenos y leales vasallos lo deben hacer, y de acudir con todos los tributos y servicios que antes al dicho Moctezu-

---

[161] Es evidente la manipulación de este discurso en interés de Cortés. Estas falsificaciones son muy frecuentes en las crónicas. El Inca Garcilaso, en sus *Comentarios reales,* procede de la misma manera y, en su caso, los discursos parten de los reyes incas, puesto que es a ellos a quienes pretende favorecer.

ma hacían y eran obligados con todo lo demás que les fuese mandado en nombre de vuestra alteza. Lo cual todo pasó ante un escribano público, y lo asentó por auto en forma, y yo lo pedí así por testimonio en presencia de muchos españoles.

Pasado este auto y ofrecimiento que estos señores hicieron al real servicio de vuestra majestad, hablé un día al dicho Moctezuma, y le dije que vuestra alteza tenía necesidad de oro para ciertas obras que mandaba hacer, y que le rogaba que enviase algunas personas de los suyos, y que yo enviaría asimismo algunos españoles por las tierras y casas de aquellos señores que allí se habían ofrecido, a les rogar que de lo que ellos tenían sirviesen a vuestra majestad con alguna parte, porque demás de la necesidad que vuestra alteza tenía, parecería que ellos comenzaban a servir y vuestra alteza tendría más concepto de las voluntades que a su servicio mostraban, y que él asimismo me diese de lo que tenía, porque lo quería enviar, como el oro y como las otras cosas que había enviado a vuestra majestad con pasajeros. Y luego mandó que le diese los españoles que quería enviar, y de dos en dos, y de cinco en cinco, los repartió para muchas provincias y ciudades, de cuyos nombres, por se haber perdido las escrituras, no me acuerdo, porque son muchos y diversos, más de que algunas de ellas están a ochenta y a cien leguas de la dicha gran ciudad de Temixtitan. Y con ellos envió de los suyos y les mandó que fuesen a los señores de aquellas provincias y ciudades y les dijesen cómo yo mandaba que cada uno de ellos diese cierta medida de oro que les dio. Y así se hizo que todos aquellos señores a que él envió dieron muy cumplidamente lo que se les pidió, así en joyas como en tejuelos y hojas de oro y plata. Y otras cosas de las que ellos tenían, que fundido todo lo que era para fundir, cupo a vuestra majestad del quinto, treinta y dos mil y cuatrocientos y tantos pesos de oro, sin todas las joyas de oro y plata, y plumajes y piedras y otras muchas cosas de valor que para vuestra sacra majestad yo asigné y aparté, que podrían valer cien mil ducados y más suma. Las cuales demás de su valor eran tales y tan maravillosas que consideradas por su novedad y extrañeza, no tenían precio ni es de creer que alguno de todos los príncipes del mundo de quien se tiene noticia las pudiese tener tales y de tal calidad. Y no le parezca a vuestra alteza fabuloso lo que digo, pues es verdad que todas las cosas criadas así en la tierra como en la mar, de que el dicho Moctezuma pudiese tener conocimiento, tenían contrahechas muy al natural, así de oro como de plata, como de pedrería y de plumas, en tanta perfección, que casi ellas mismas parecían. De las cuales todas me dio para vuestra alteza mucha parte, sin otras que yo le di figuradas, y él las mandó hacer de oro, así como imágenes, crucifijos, medallas, joyeles y collares, y otras muchas cosas de las nuestras, que les hice contrahacer. Cupieron asimismo a vuestra alteza del quinto de la plata que se hubo, ciento y tantos marcos, los cuales hice labrar a los naturales, de platos grandes y pequeños y escudillas y tazas y cucharas, y lo labraron tan perfecto como se lo podíamos dar a entender.

Demás de esto, me dio el dicho Moctezuma mucha ropa de la suya, que era tal, que considerada ser toda de algodón y sin seda, en todo el mundo no se podía hacer ni tejer otra tal ni de tantas ni tan diversos y naturales colores ni labores; en que había ropas de hombres y de mujeres muy maravillosas, y había paramentos para camas, que hechos de seda no se podían comparar. Y había otros paños como de tapicería que podían servir en salas y en iglesias. Había colchas y cobertores de camas, así de pluma como de algodón, diversos colores asimismo muy maravillosos, y otras muchas cosas que por ser tantas y tales no las sé significar a vuestra majestad. También me dio una docena de cerbatanas de las con que él tiraba, que tampoco no sabré decir a vuestra alteza su perfección, porque eran todas pintadas de muy excelentes pinturas y perfectos matices, en que había figuradas muchas maneras de avecicas y animales y árboles y flores y otras diversas cosas, y tenían los brocales y puntería tan grandes como un geme de oro, y en el medio otro tanto muy labrado. Diome para con ellas un carniel de red de oro para los bodoques, que también me dijo que me había de dar de oro, y diome unas turquesas de oro y otras muchas cosas, cuyo número es casi infinito[162].

---

[162] Cortés falsea la historia porque más que regalos fueron, en muchos casos, saqueos y expolios efectuados por los españoles. Bernal Díaz del Castillo habla también de hurtos, aunque él se queja de lo poco que llegó a los soldados (cap. CV).

APORÍA

Porque para dar cuenta, muy poderoso señor, a vuestra real excelencia, de la grandeza, extrañas y maravillosas cosas de esta gran ciudad de Temixtitan, y del señorío y servicio de este Moctezuma, señor de ella, y de los ritos y costumbres que esta gente tiene, y de la orden que en la gobernación, así de esta ciudad como de las otras que eran de este señor, hay, sería menester mucho tiempo y ser muchos relatores y muy expertos. No podré yo decir de cien partes una, de las que de ellas se podrían decir, mas como pudiere diré algunas cosas de las que vi, que aunque mal dichas, bien sé que serán de tanta admiración que no se podrán creer, porque los que acá con nuestros propios ojos las vemos, no las podemos con el entendimiento comprender. Pero puede vuestra majestad ser cierto que si alguna falta en mi relación hubiere, que será antes por corto que por largo, así en esto como en todo lo demás de que diere cuenta a vuestra alteza, porque me parecía justo a mi príncipe y señor, decir muy claramente la verdad sin interponer cosas que la disminuyan ni acrecienten.

Antes que comience a relatar las cosas de esta gran ciudad y las otras que en este capítulo dije, me parece, para que mejor se puedan entender, que débese decir de la manera de México, que es donde esta ciudad y algunas de las otras que he hecho relación están fundadas, y donde está el principal señorío de este Moctezuma. La cual dicha provincia es redonda y está toda cercada de muy altas y ásperas sierras, y lo llano de ella tendrá en torno hasta setenta leguas, y en el dicho llano hay dos lagunas que casi lo ocupan todo, porque tienen canoas en torno más de cincuenta leguas. Y la una de estas dos lagunas es de agua dulce, y la otra, que es mayor, es de agua salada. Divídelas por una parte una cuadrillera pequeña de cerros muy altos que están en medio de esta llanura, y al cabo se van a juntar las dichas lagunas en un estrecho de llano que entre estos cerros y las sierras altas se hace. El cual estrecho tendrá un tiro de ballesta, y por entre la una laguna y la otra, y las ciudades y otras poblaciones que están en las dichas lagunas, contratan las unas con las otras en sus canoas por el agua, sin haber necesidad de ir por la tierra. Y porque esta laguna salada grande crece y mengua por sus mareas según hace la mar todas las crecientes, corre el agua de ella a la otra dulce tan recio como si fuese caudaloso río, y por consiguiente a las menguantes va la dulce a la salada.

Esta gran ciudad de Temixtitan[163] está fundada en esta laguna salada, y desde la Tierra Firme hasta el cuerpo de la dicha ciudad, por cualquier parte que quisieren entrar a ella, hay dos leguas. Tiene cuatro entradas, todas de calzada hecha a mano, tan ancha como dos lanzas jinetas. Es tan grande la ciudad como Sevilla y Córdoba. Son las calles de ella, digo las principales, muy anchas y muy derechas, y algunas de éstas y todas las demás son la mitad de tierra y por la otra mitad es agua, por la cual andan en sus canoas, y todas las calles de trecho a trecho están abiertas por donde atraviesa el agua de las unas a las otras, y en todas estas aberturas, que algunas son muy anchas, hay sus puentes de muy anchas y muy grandes vigas, juntas y recias y bien labradas, y tales, que por muchas de ellas pueden pasar diez de caballo juntos a la par. Y viendo que si los naturales de esta ciudad quisiesen hacer alguna traición, tenía para ello mucho aparejo, por ser la dicha ciudad edificada de la manera que digo, y quitadas las puentes de las entradas y salidas, nos podrían dejar morir de hambre sin que pudiésemos salir a la tierra. Luego que entré en la dicha ciudad di mucha prisa en hacer cuatro bergantines, y los hice en muy breve tiempo, tales que podían echar trescientos hombres en la tierra y llevar los caballos cada vez que quisiésemos.

Tiene esta ciudad muchas plazas, donde hay continuo mercado y trato de comprar y vender. Tiene otra plaza tan grande como dos veces la ciudad de Salamanca, toda cercada de portales alrededor, donde hay cotidianamente arriba de sesenta mil ánimas comprando y vendiendo; donde hay todos los géneros de mercadurías que en todas las tierras se hallan, así de mantenimientos como de vituallas, joyas de oro y de plata, de plomo, de latón, de cobre, de estaño, de piedras, de huesos, de conchas, de caracoles y de plumas. Véndese tal piedra labrada y por labrar, adobes, ladrillos, madera labrada y por labrar de diversas maneras. Hay calle de caza donde venden todos los linajes de aves que hay en la tierra, así como ga-

---

[163] Ésta es la famosa descripción de Tenochtitlán.

llinas, perdices, codornices, lavancos, dorales, zarcetas, tórtolas, palomas, pajaritos en cañuela, papagayos, búharos, águilas,
halcones, gavilanes y cernícalos. Y de algunas aves de estas de
rapiña, venden los cueros con su pluma y cabezas y pico y
uñas.

Venden conejos, liebres, venados, y perros pequeños, que
crían para comer, castrados. Hay calle de herbolarios, donde
hay todas las raíces y hierbas medicinales que en la tierra se
hallan. Hay casas como de boticarios donde se venden las
medicinas hechas, así potables como ungüentos y emplastos.
Hay casas como de barberos, donde lavan y rapan las cabezas. Hay casas donde dan de comer y beber por precio. Hay
hombres como los que llaman en Castilla ganapanes, para
traer cargas. Hay mucha leña, carbón, braseros de barro y esteras de muchas maneras para camas, y otras más delgadas
para asiento y esterar salas y cámaras. Hay todas las maneras
de verduras que se hallan, especialmente cebollas, puerros,
ajos, mastuerzo, berros, borrajas, acederas y cardos y tagarni-
nas[164]. Hay frutas de muchas maneras, en que hay cerezas, y
ciruelas, que son semejantes a las de España[165]. Venden miel
de abejas y cera y miel de cañas de maíz, que son tan melosas
y dulces como las de azúcar, y miel de unas plantas que llaman en las otras islas maguey, que es muy mejor que arrope,
y de estas plantas hacen azúcar y vino, que asimismo venden.
Hay a vender muchas maneras de hilados de algodón de todas colores, en sus madejicas, que parece propiamente alcalce-
ría de Granada en las sedas, aunque esto otro es en mucha
más cantidad. Venden colores para pintores, cuantos se pueden hallar en España, y de tan excelentes matices cuanto pueden ser. Venden cueros de venado con pelo y sin él: teñidos,
blancos y de diversas colores. Venden mucha loza en gran manera muy buena, venden muchas vasijas de tinajas grandes y
pequeñas, jarros, ollas, ladrillos y otras infinitas maneras de

---

[164] La agricultura de los aztecas, altamente desarrollada, sirvió, luego, para
el consumo mundial: frijoles, maíz, judías, calabaza, tomates, cacao, batata,
vainilla, materia prima del chocolate, etc.
[165] Producían aguacate, mandioca, piña, mamey, ciruela, guayaba, papaya,
higo chumbo, achiote, anaás, etc.

vasijas, todas de singular barro, todas o las más, vidriadas y pintadas.

Venden maíz en grano y en pan, lo cual hace mucha ventaja, así en el grano como en el sabor, a todo lo de las otras islas y Tierra y guisado. Venden huevos de gallinas y de ánsares, y de todas las otras aves que he dicho, en gran cantidad. Venden tortillas de huevos hechas. Finalmente, que en los dichos mercados se venden todas cuantas cosas se hallan en toda la tierra, que demás de las que he dicho, son tantas y de tantas calidades, que por la prolijidad y por no me ocurrir tantas a la memoria, y aun por no saber poner los nombres, no las expreso. Cada género de mercaduría se vende en su calle, sin que entremetan otra mercaduría ninguna, y en esto tienen mucho orden. Todo se vende por cuenta y medida, excepto que hasta ahora no se ha visto vender cosa alguna por peso[166].

Hay en esta gran plaza una muy buena casa como de audiencia, donde están siempre sentadas diez o doce personas, que son jueces y libran todos los casos y cosas que en el dicho mercado acaecen, y mandan castigar los delincuentes. Hay en la dicha plaza otras personas que andan continuo entre la gente, mirando lo que se vende y las medidas con que miden lo que venden. Y se ha visto quebrar alguna que estaba falsa.

Hay en esta gran ciudad muchas mezquitas o casas de sus ídolos de muy hermosos edificios, por las colaciones y barrios de ella, y en las principales de ella hay personas religiosas de su secta, que residen continuamente en ellas, para los cuales, demás de las casas donde tienen sus ídolos[167], hay buenos aposentos. Todos estos religiosos visten de negro y nunca cortan el cabello, ni lo peinan desde que entran en la religión hasta que salen, y todos los hijos de las personas principales, así señores como ciudadanos honrados, están en aquellas religiones y hábito desde edad de siete u ocho años hasta que los sacan para los casar, y esto más acaece en los primogénitos

---

[166] Contaban con servicios de vigilancia, hostelerías, aseo, limpieza e importantes mercados.

[167] Bernardino de Sahagún nos da detalle de los ídolos aztecas: Huitzilipochtli, el dios guerrero, Páinal, Tezcatlipoca, Tlaloctlamacazqui o Quetzalcóatl, arquetipo de los dioses mexicanos, héroe civilizador de los aztecas.

que han de heredar las casas, que en los otros. No tienen acceso a mujer ni entra ninguna en las dichas casas de religión. Tienen abstinencia en no comer ciertos manjares, y más en algunos tiempos del año que no en los otros. Y entre estas mezquitas hay una que es la principal, que no hay lengua humana que sepa explicar la grandeza y particularidades de ella, porque es tan grande que dentro del circuito de ella, que es todo cercado de muro muy alto, se podía muy bien hacer una villa de quinientos vecinos. Tiene dentro de este circuito, todo a la redonda, muy gentiles aposentos en que hay muy grandes salas y corredores donde se aposentan los religiosos que allí están. Hay bien cuarenta torres muy altas y bien obradas, que la mayor tiene cincuenta escalones para subir al cuerpo de la torre; la más principal es más alta que la torre de la iglesia mayor de Sevilla. Son tan bien labradas, así de cantería como de madera, que no pueden ser mejor hechas ni labradas en ninguna parte, porque toda la cantería de dentro de las capillas donde tienen los ídolos, es de imaginería y zaquizamíes, y el maderamiento es todo de masonería y muy pintado de cosas de monstruos y otras figuras y labores. Todas estas torres son enterramiento de señores, y las capillas que en ella tienen son dedicadas cada una a su ídolo a que tienen devoción.

Hay tres salas dentro de esta gran mezquita, donde están los principales ídolos, de maravillosa grandeza y altura, y de muchas labores y figuras esculpidas, así en la cantería como en el maderamiento, y dentro de estas salas están otras capillas que las puertas por donde entran a ellas son muy pequeñas, y ellas asimismo no tienen claridad alguna, y allí no están sino aquellos religiosos, y no todos, y dentro de éstas están los bultos y figuras de los ídolos, aunque, como he dicho, de fuera hay también muchos. Los más principales de estos ídolos, y en quien ellos más fe y creencia tenían, derroqué sus sillas y los hice echar por las escaleras abajo e hice limpiar aquellas capillas donde los tenían, porque todas estaban llenas de sangre que sacrifican, y puse en ellas imágenes de Nuestra Señora y de otros santos, que no poco el dicho Moctezuma y los naturales sintieron. Los cuales primero me dijeron que no lo hiciese, porque si se sabía por las comunidades se levantarían contra mí, porque tenían que aquellos ídolos les daban todos los bienes temporales, y que dejándolos maltratar, se enojarían y no les darían nada, y les sacarían los frutos de la tierra y moriría la gente de hambre. Yo les hice entender con las lenguas cuán engañados estaban en tener su esperanza en aquellos ídolos, que eran hechos por sus manos, de cosas no limpias, y que habían de saber que había un solo Dios, universal Señor de todos, el cual había criado el cielo y la tierra y todas las cosas, e hizo a ellos y a nosotros, y que Éste era sin principio e inmortal, y que a Él había de adorar y creer y no a otra criatura ni cosa alguna, y les dije todo lo demás que yo en este caso supe, para los desviar de sus idolatrías y atraer al conocimiento de Dios Nuestro Señor. Y todos, en especial el dicho Moctezuma, me respondieron que ya me habían dicho que ellos no eran naturales de esta tierra, y que había muchos tiempos que sus predecesores habían venido a ella, y que bien creían que podrían estar errados en algo de aquello que tenían, por haber tanto tiempo que salieron de su naturaleza, y que yo, como más nuevamente venido, sabría las cosas que debían tener y creer mejor que no ellos, que se las dijese e hiciese entender, que ellos harían lo que yo les dijese que era lo mejor. Y el dicho Moctezuma y muchos de los principales de la ciudad dicha, estuvieron conmigo hasta quitar los ídolos y limpiar las capillas y poner las imágenes, y todo con alegre semblante[168], y les defendí que no matasen criaturas a los ídolos, como acostumbraban, porque, demás de ser muy aborrecible a Dios, vuestra sacra majestad por sus leyes lo prohíbe, y manda que el que matare lo maten. Y de ahí adelante se apartaron de ello, y en todo el tiempo que yo estuve en la dicha ciudad, nunca se vio matar ni sacrificar criatura alguna.

Los bultos y cuerpos de los ídolos en quienes estas gentes creen son de muy mayores estaturas que el cuerpo de un gran hombre. Son hechos de masa de todas las semillas y legumbres que ellos comen, molidas y mezcladas unas con otras, y amásanlas con sangre de corazones de cuerpos humanos, los

---

[168] La reacción de Cortés ante los ídolos y sacrificios humanos debió de ser mucho más violenta y no estaría Moctezuma tan contento como Cortés quiere hacernos creer. Gómara narra con detalle los sacrificios y desollamientos humanos que se cometían entre los aztecas.

cuales abren por los pechos, vivos, y les sacan el corazón, y de aquella sangre que sale de él, amasan aquella harina, y así hacen tanta cantidad cuanta basta para hacer aquellas estatuas grandes. Y también, después de hechas, les ofrecían más corazones, que asimismo les sacrificaban, y les untan las caras con la sangre. A cada cosa tienen su ídolo dedicado, al uso de los gentiles, que antiguamente honraban a sus dioses. Por manera que para pedir favor para la guerra tienen un ídolo, y para sus labranzas otro, y así para cada cosa de las que ellos quieren o desean que se hagan bien, tienen sus ídolos a quien honran y sirven.

Hay en esta gran ciudad muchas casas muy buenas y muy grandes, y la causa de haber tantas casas principales es que todos los señores de la tierra, vasallos del dicho Moctezuma, tienen sus casas en la dicha ciudad y residen en ella cierto tiempo del año, y demás de esto hay en ella muchos ciudadanos ricos que tienen asimismo muy buenas casas. Todos ellos, demás de tener muy grandes y buenos aposentamientos, tienen muy gentiles vergeles de flores de diversas maneras, así en los aposentamientos altos como bajos. Por la una calzada que a esta gran ciudad entra vienen dos caños de argamasa, tan anchos como dos pasos cada uno, y tan altos como un estado, y por el uno de ellos viene un golpe de agua dulce muy buena, del gordor de un cuerpo de hombre, que va a dar al cuerpo de la ciudad, de que se sirven y beben todos. El otro, que va vacío, es para cuando quieren limpiar el otro caño, porque echan por allí el agua en tanto que se limpia. Y porque el agua ha de pasar por los puentes a causa de las quebradas por donde atraviesa el agua salada, echan la dulce por unas canales tan gruesas como un buey, que son de la longitud de las dichas puentes, y así se sirve toda la ciudad.

Traen a vender el agua por canoas por todas las calles, y la manera de cómo la toman del caño es que llegan las canoas debajo de las puentes, por donde están las canales, y de allí hay hombres en lo alto que hinchen las canoas, y les pagan por ello su trabajo. En todas las entradas de la ciudad, y en las partes donde descargan las canoas, que es donde viene la más cantidad de los mantenimientos que entran en la ciudad, hay chozas hechas donde están personas por guardas y que reciben *certum quid* de cada cosa que entra. Esto no sé si lo lleva el señor o si es propio para la ciudad, porque hasta ahora no lo he alcanzado, pero creo que para el señor, porque en otros mercados de otras provincias se ha visto coger aquel derecho para el señor de ellas. Hay en todos los mercados y lugares públicos de la dicha ciudad, todos los días, muchas personas, trabajadores y maestros de todos oficios, esperando quien los alquile por sus jornales.

La gente de esta ciudad es de más manera y primor en su vestir y servicio que no la otra de estas otras provincias y ciudades, porque como allí estaba siempre este señor Moctezuma, y todos los señores sus vasallos ocurrían siempre a la ciudad, había en ella más manera y policía en todas las cosas. Y por no ser más prolijo en la relación de las cosas de esta gran ciudad, aunque no acabaría tan aína, no quiero decir más sino que en su servicio y trato de la gente de ella hay la manera casi de vivir que en España. Y con tanto concierto y orden como allá, y que considerando esta gente ser bárbara y tan apartada del conocimiento de Dios y de la comunicación de otras naciones de razón, es cosa admirable ver la que tienen en todas las cosas[169].

En lo del servicio de Moctezuma y de las cosas de admiración que tenía por grandeza y estado, hay tanto que escribir que certifico a vuestra alteza que yo no sé por dónde comenzar, que pueda acabar de decir alguna parte de ellas. Porque, como ya he dicho, ¿qué más grandeza puede ser que un señor bárbaro como éste tuviese contrahechas de oro y plata y piedras y plumas, todas las cosas que debajo del cielo hay en su señorío, tan al natural lo de oro y plata, que no hay platero en

---

[169] Hasta el propio Cortés no puede disimular su asombro. En verdad, Tenochtitlán, fundada en 1325, tuvo una alta civilización. Al llegar Cortés, explican Villanes y Córdova, era una ciudad con más de trescientos mil habitantes, tenía ciento ocho barrios de simetría y limpieza ejemplares. Estaba construida en medio de un lago con canales de agua potable, pasadizos y calles de tierra y agua, un templo mayor constituido por un gran edificio en el que se integraban setenta y ocho templos que de noche iluminaban el lago con un impresionante resplandor. También contaba con canchas para el juego de la pelota, residencias de nobles, casas de estudio, hospitales y centros de rehabilitación. Véase *Literaturas de la América precolombina,* Madrid, Istmo, 1990, pág. 23.

el mundo que mejor lo hiciese, y lo de las piedras que no baste juicio comprender con qué instrumentos hiciese tan perfecto, y lo de pluma, que ni de cera ni en ningún broslado se podría hacer tan maravillosamente? El señorío de tierras que este Moctezuma tenía no se ha podido alcanzar cuánto era, porque a ninguna parte, doscientas leguas de un cabo y de otro de aquella su gran ciudad, enviaba sus mensajeros, que no fuese cumplido su mandado, aunque había algunas provincias en medio de estas tierras con quien él tenía guerra. Pero lo que se alcanzó, y yo de él pude comprender, era su señorío tanto casi como España, porque hasta sesenta leguas de esta parte de Putunchán, que es el río de Grijalva, envió mensajeros a que diesen por vasallos de vuestra majestad los naturales de una ciudad que se dice Zumathlan[170], que había desde la gran ciudad a ella doscientas y veinte leguas. Porque las ciento y cincuenta yo he hecho andar y ver a los españoles. Todos los más de los señores de estas tierras y provincias, en especial los comarcanos, residían, como ya he dicho, mucho tiempo del año en aquella gran ciudad, y todos o los más tenían sus hijos primogénitos en el servicio del dicho Moctezuma.

En todos los señoríos de estos señores tenía fuerzas hechas, y en ellas gente suya, y sus gobernadores y cogedores del servicio y renta que de cada provincia le daban, y había cuenta y razón de lo que cada uno era obligado a dar, porque tienen caracteres y figuras escritas en el papel que hacen por donde se entienden. Cada una de estas provincias servían con su género de servicio, según la calidad de la tierra, por manera que a su poder venía toda suerte de cosas que en las dichas provincias había. Era tan temido de todos, así presentes como ausentes, que nunca príncipe del mundo lo fue más. Tenía, así fuera de la ciudad como dentro, muchas casas de placer, y cada una de su manera de pasatiempo, tan bien labradas cuanto se podría decir, y cuales requerían ser para un gran príncipe y señor. Tenía dentro de la ciudad sus casas de aposentamiento, tales y tan maravillosas que me parecería casi imposible poder

---

[170] Cumatán.

decir la bondad y grandeza de ellas, y por tanto no me pondré en expresar cosa de ellas más de que en España no hay su semejante.

Tenía una casa poco menos buena que ésta, donde tenía un muy hermoso jardín con ciertos miradores que salían sobre él, y los mármoles y losas de ellos eran de jaspe muy bien obradas. Había en esta casa aposentamientos para se aposentar dos muy grandes príncipes con todo su servicio. En esta casa tenía diez estanques de agua, donde tenía todos los linajes de aves de agua que en estas partes se hallan, que son muchos y diversos, todas domésticas. Y para las aves que se crían en la mar, eran los estanques de agua salada, y para las de ríos, lagunas de agua dulce, la cual agua vaciaban de cierto a cierto tiempo, por la limpieza, y la tornaban a henchir por sus caños, y a cada género de aves se daba aquel mantenimiento que era propio a su natural y con que ellas en el campo se mantenían. De forma que a las que comían pescado, se lo daban; y las que gusanos, gusanos; y las que maíz; y las que otras semillas más menudas, por el consiguiente se las daban. Y certifico a vuestra alteza que a las aves que solamente comían pescado se les daba cada diez días arrobas de él, que se toma en la laguna salada. Había para tener cargo de estas aves trescientos hombres, que en ninguna otra cosa entendían. Había otros hombres que solamente entendían en curar las aves que adolecían. Sobre cada alberca y estanques de estas aves había sus corredores y miradores muy gentilmente labrados, donde el dicho Moctezuma se venía a recrear y a las ver. Tenía en esta casa un cuarto en que tenía hombres y mujeres y niños blancos de su nacimiento en el rostro y cuerpo y cabellos y cejas y pestañas. Tenía otra casa muy hermosa donde tenía un gran patio losado de muy gentiles losas, todo él hecho a manera de un juego de ajedrez, y las casas eran hondas cuanto estado y medio, y tan grandes como seis pasos en cuadra. Y la mitad de cada una de estas casas era cubierta el soterrado de losas, y la mitad que quedaba por cubrir tenía encima una red de palo muy bien hecha. Y en cada una de estas casas había un ave de rapiña, comenzando de cernícalo hasta águila, todas cuantas se hallan en España, y muchas más raleas que allá no se han visto. Y de cada una de estas raleas había mucha cantidad, y en lo cubierto de cada una de estas casas había un palo como alcandra, y otro fuera debajo de la red, que en el uno estaban de noche y cuando llovía, y en el otro se podían salir al sol y al aire a curarse. Y a todas estas aves daban todos los días de comer gallinas, y no otro mantenimiento. Había en esta casa ciertas salas grandes bajas, todas llenas de jaulas grandes de muy gruesos maderos muy bien labrados y encajados, y en todas o en las más había leones, tigres, lobos, zorras, y gatos de diversas maneras, y de todos en cantidad, a los cuales daban de comer gallinas cuantas les bastaban. Y para estos animales y aves había otros trescientos hombres que tenían cargo de ellos.

Tenía otra casa donde tenía muchos hombres y mujeres monstruos, en que había enanos, corcovados y contrahechos, y otros con otras disformidades, y cada una manera de monstruos en su cuarto por sí. Y también había para éstos, personas dedicadas para tener cargo de ellos, y las otras cosas de placer que tenía en su ciudad dejo de decir, por ser muchas y de muchas calidades.

La manera de su servicio era que todos los días, luego en amaneciendo, eran en su casa más de seiscientos señores y personas principales, los cuales se sentaban, y otros andaban por unas salas y corredores que había en la dicha casa, y allí estaban hablando y pasando tiempo sin entrar donde su persona estaba. Y los servidores de éstos y personas de quien se acompañaban henchían dos o tres grandes patios y la calle, que era muy grande. Y éstos estaban sin salir de allí todo el día hasta la noche. Y al tiempo que traían de comer al dicho Moctezuma, asimismo lo traían a todos aquellos señores tan cumplidamente cuanto a su persona, y también a los servidores y gentes de éstos les daban sus raciones. Había cotidianamente la despensa y botillería abierta para todos aquellos que quisiesen comer y beber. La manera de cómo le daban de comer, es que venían trescientos o cuatrocientos mancebos con el manjar, que era sin cuento, porque todas las veces que comía y cenaba le traían de todas las maneras de manjares, así de carnes como de pescados y frutas y yerbas que en toda la tierra se podían haber. Y porque la tierra es fría, traían debajo de cada plato y escudilla de manjar un braserico con brasa

274

para que no se enfriase. Poníanle todos los manjares juntos en una gran sala en que él comía, que casi toda se henchía, la cual estaba toda muy bien esterada y muy limpia, y él estaba sentado en una almohada de cuero, pequeña, muy bien hecha. Al tiempo que comía, estaban allí desviados de él cinco o seis señores ancianos, a los cuales él daba de lo que comía, y estaba en pie uno de aquellos servidores, que le ponía y alzaba los manjares, y pedía a los otros que estaban más afuera lo que era necesario para el servicio. Y al principio y fin de la comida y cena, siempre le daban agua a manos, y con la toalla que una vez se limpiaba nunca se limpiaba más, ni tampoco los platos y escudillas en que le traían una vez el manjar se los tornaban a traer, sino siempre nuevos, y así hacían de los brasericos.

Vestíase todos los días cuatro maneras de vestiduras, todas nuevas, y nunca más se las vestía otra vez. Todos los señores que entraban en su casa no entraban calzados, y cuando iban delante de él algunos que él enviaba a llamar, llevaban la cabeza y los ojos inclinados y el cuerpo muy humillado, y hablando con él no le miraban a la cara, lo cual hacían por mucho acatamiento y reverencia. Y sé que lo hacían por este respeto, porque ciertos señores reprehendían a los españoles diciendo que cuando hablaban conmigo estaban exentos, mirándome la cara, que parecía desacatamiento y poca vergüenza. Cuando salía fuera el dicho Moctezuma, que era pocas veces, todos los que iban con él y los que topaba por las calles le volvían el rostro, y en ninguna manera le miraban, y todos los demás se postraban hasta que él pasaba. Llevaba siempre delante de sí un señor de aquellos con tres varas delgadas altas, que creo se hacía por que se supiese que iba allí su persona. Y cuando lo descendían de las andas, tomaba la una en la mano y llevábanla hasta donde iba. Eran tantas y tan diversas las maneras y ceremonias que este señor tenía en su servicio, que era necesario más espacio del que yo al presente tengo para las relatar, y aun mejor memoria para las retener, porque ninguno de los soldanes ni otro ningún señor infiel de los que hasta ahora se tiene noticia, no creo que tantas ni tales ceremonias en su servicio tengan.

En esta gran ciudad estuve proveyendo las cosas que parecía que convenía al servicio de vuestra sacra majestad, y pacificando y atrayendo a él muchas provincias y tierras pobladas de muchas y muy grandes ciudades y villas y fortalezas, y descubriendo minas, y sabiendo e inquiriendo muchos secretos de las tierras del señorío de este Moctezuma como de otras que con él confinaban y él tenía noticia, que son tantas y tan maravillosas, que son casi increíbles, y todo con tanta voluntad y contentamiento del dicho Moctezuma y de todos los naturales de las dichas tierras, como si de *ab initio* hubieran conocido a vuestra sacra majestad por su rey y señor natural, y no con menos voluntad hacían todas las cosas que en su real nombre les mandaba.

En las cuales dichas cosas, y en otras no menos útiles al servicio de vuestra alteza, gasté desde 8 de noviembre de 1519, hasta entrante el mes de mayo de este año presente, que estando en toda quietud y sosiego en esta dicha ciudad, teniendo repartidos muchos de los españoles por muchas y diversas partes, pacificando y poblando esta tierra, con mucho deseo que viniesen navíos con la respuesta de la relación que a vuestra majestad había hecho de esta tierra, para con ellos enviar la que ahora envío y todas las cosas de oro y joyas que en ella había habido para vuestra alteza, vinieron a mí ciertos naturales de esta tierra, vasallos del dicho Moctezuma, de los que en la costa del mar moran, y me dijeron cómo junto a las sierras de San Martín, que son en la dicha costa, antes del puerto o bahía de San Juan, habían llegado diez y ocho navíos y que no sabían quién eran, porque así como los vieron en la mar me lo vinieron a hacer saber. Y tras de estos dichos indios vino otro natural de la isla Fernandina, el cual me trajo una carta de un español que yo tenía puesto en la costa para que si navíos viniesen, les diese razón de mí y de aquella villa que allí estaba cerca de aquel puerto, porque no se perdiesen. En la cual dicha carta se contenía que «en tal día había asomado un navío, frontero del dicho puerto de San Juan, solo, y que había mirado por toda la costa de la mar cuanto su vista podía comprender, y que no había visto otro, y que creía que era la nao que yo había enviado a vuestra sacra majestad, porque ya era tiempo que viniese. Y que para más certificarse, él quedaba esperando que la dicha nao llegase al puerto para se informar de ella, y que luego vendría a me traer la relación».

Vista esta carta, despaché dos españoles, uno por un camino y otro por otro, porque no errasen a algún mensajero si de la nao viniese. A los cuales dije que llegasen hasta el dicho puerto, y supiesen cuántos navíos eran llegados, y de dónde eran y lo que traían, y se volviesen a la más prisa que fuese posible a me lo hacer saber. Y asimismo despaché otro a la Villa de la Vera Cruz a les decir lo que de aquellos navíos había sabido, para que de allá asimismo se informasen y me lo hiciesen saber, y otro al capitán que con los ciento y cincuenta hombres enviaba a hacer el pueblo de la provincia y puerto de Guasacualco[171] al cual escribí que donde quiera que el dicho mensajero le alcanzase, se estuviese y no pasase adelante hasta que yo segunda vez le escribiese, porque tenía nueva que eran llegados al puerto ciertos navíos. El cual, según después pareció, ya cuando llegó mi carta sabía de la venida de los dichos navíos. Y enviados estos dichos mensajeros, se pasaron quince días que ninguna cosa supe, ni hube respuesta de ninguno de ellos, de que no estaba poco espantado. Y pasados estos quince días, vinieron otros indios asimismo vasallos del dicho Moctezuma, de los cuales supe que los dichos navíos estaban ya surtos en el dicho puerto de San Juan y la gente desembarcada, y traían por copiar, que había ochenta caballos y ochocientos hombres y diez o doce tiros de fuego, lo cual todo lo traía figurado en un papel de la tierra, para lo mostrar al dicho Moctezuma. Y dijéronme cómo el español que yo tenía puesto en la costa y los otros mensajeros que yo había enviado, estaban con la dicha gente, y que les habían dicho a estos indios que el capitán de aquella gente no los dejaba venir, y que me lo dijesen.

Y sabido esto, acordé de enviar un religioso[172] que yo traje en mi compañía, con una carta mía y otra de alcaldes y regidores de la Villa de la Vera Cruz, que estaban conmigo en la dicha ciudad. Las cuales iban dirigidas al capitán y gente que a aquel puerto había llegado, haciéndole saber muy por extenso lo que en esta tierra me había sucedido y cómo tenía

---

[171] Quacucalco.
[172] Bernal Díaz del Castillo lo identifica como fray Bartolomé de Olmedo, quien se dedicó a adoctrinar a los indígenas.

muchas ciudades y villas y fortalezas ganadas y conquistadas y pacíficas y sujetas al real servicio de vuestra majestad, y preso, al señor principal de todas estas partes; y cómo estaba en aquella gran ciudad y la cualidad de ella, y el oro y joyas que para vuestra alteza tenía. Y cómo había enviado relación de esta tierra a vuestra majestad. Y que les pedía por merced me hiciesen saber quién eran y si eran vasallos naturales de los reinos y señoríos de vuestra alteza, me escribiesen si venían a esta tierra por su real mandado, o a poblar y estar en ella, o si pasaban adelante o habían de volver atrás, o si traían alguna necesidad, que yo les haría proveer de todo lo que a mí posible fuese. Y que si eran de fuera de los reinos de vuestra alteza, asimismo me hiciesen saber si traían alguna necesidad, porque también lo remediaría pudiendo. Donde no, que les requería de parte de vuestra majestad que luego se fuesen de sus tierras y no saltasen en ellas, con apercibimiento que si así no lo hiciesen, iría contra ellos con todo el poder que yo tuviese, así de españoles como de naturales de la tierra, y los prendería y mataría como extranjeros que se querían entremeter en los reinos y señoríos de mi rey y señor.

Y partido el dicho religioso con el dicho despacho, dende en cinco días llegaron a la ciudad de Temixtitan veinte españoles de los que en la Villa de la Vera Cruz tenía. Los cuales me traían un clérigo y otros dos legos que habían tomado de la dicha villa; de los cuales supe cómo el armada y gente que en el dicho puerto estaba, era de Diego Velázquez, que venía por su mandado, y que venía por capitán de ella un Pánfilo de Narváez[173], vecino de la isla Fernandina. Y que traían ochenta de caballo y muchos tiros de pólvora y ochocientos peones; entre los cuales dijeron que había ochenta escopeteros, y ciento y veinte ballesteros, y que venía y se nombraba por capitán general y teniente de gobernador de todas estas partes, por el dicho Diego Velázquez. Y que para ella traía provisiones de vuestra majestad, y que los mensajeros que yo había enviado y el hombre que en la costa tenía, estaban con el dicho Pánfilo de Narváez, y no les dejaban venir. El cual se

---

[173] Pánfilo de Narváez fue enviado por Diego de Velázquez para derrotar a Cortés.

había informado de ellos de cómo yo tenía poblada allí aquella villa, doce leguas del dicho puerto y de la gente que en ella estaba, y asimismo de la gente que yo enviaba a Guasacualco, y cómo estaban en una provincia, treinta leguas del dicho puerto, que se dice Tuchitebeque, y de todas las cosas que yo en la tierra había hecho en servicio de vuestra alteza, y las ciudades y villas que yo tenía conquistadas y pacíficas, y de aquella gran ciudad de Temixtitan, y del oro y joyas que en la tierra se había habido. Y se había informado de ellos de todas las otras cosas que me habían sucedido. Y que a ellos les había enviado el dicho Narváez a la dicha Villa de la Vera Cruz a que si pudiesen, hablasen de su parte a los que en ella estaban y los atrajesen a su propósito y se levantasen contra mí. Y con ellos me trajeron más de cien cartas que el dicho Narváez y los que con él estaban enviaban a los de la dicha villa, diciendo que diesen crédito a lo que aquel clérigo y los otros que iban con él, de su parte les dijesen, y prometiéndoles que si así lo hiciesen, que por parte del dicho Diego Velázquez y de él en su nombre les serían hechas muchas mercedes, y los que lo contrario hiciesen, habían de ser muy maltratados, y otras muchas cosas que en las dichas cartas se contenían, y el dicho clérigo y los que con él venían, dijeron. Y casi junto con éstos vino un español de los que iban a Guasacualco con cartas del capitán, que era un Juan Velázquez de León, el cual me hacía saber cómo la gente que había llegado al puerto era Pánfilo de Narváez, que venía en nombre de Diego Velázquez, con la gente que traían. Y me envió una carta que el dicho Narváez le había enviado con un indio, como a pariente del dicho Diego Velázquez y cuñado del dicho Narváez, en que por ella le decía cómo de aquellos mensajeros míos había sabido que estaba allí con aquella gente, y luego se fuese con ella a él, porque en ello haría lo que cumplía y lo que era obligado a sus deudos, y que bien creía que yo le tenía por la fuerza. Y otras cosas que el dicho Narváez le escribía.

El cual dicho capitán, como más obligado al servicio de vuestra majestad, no sólo dejó de aceptar lo que el dicho Narváez por su letra le decía, más aún luego se partió después de me haber enviado la carta, para se venir a juntar con toda la gente que tenía conmigo. Y después de me haber informado de aquel clérigo, y de los otros dos que con él venían, de muchas cosas y de la intención de los del dicho Diego Velázquez y Narváez, y de cómo se habían movido con aquella armada y gente contra mí, porque yo había enviado la relación y cosas de esta tierra a vuestra majestad, y no al dicho Diego Velázquez. Y cómo venía con dañada voluntad para me matar a mí y a muchos de mi compañía que ya desde allá traían señalados. Y supe asimismo cómo el licenciado Figueroa, juez de residencia de la isla Española, y los jueces y oficiales de vuestra alteza que en ella residen, sabido por ellos cómo el dicho Diego Velázquez hacía la dicha armada y la voluntad con que la hacía, constándoles el daño y deservicio que de su venida a vuestra majestad podía redundar, enviaron al licenciado Lucas Vázquez de Ayllón[174], uno de los dichos jueces, con su poder, a requerir y mandar al dicho Diego Velázquez no enviase la dicha armada. El cual vino y halló al dicho Diego Velázquez con toda la gente armada en la punta de la dicha isla Fernandina, ya que quería pasar. Y que allí le requirió a él y a todos los que en la dicha armada venían, que no viniese porque de ello vuestra alteza era muy deservido. Y sobre ello les impuso muchas penas, las cuales no obstante ni todo lo por el dicho licenciado requerido ni mandado, todavía había enviado la dicha armada. Y que el dicho licenciado Ayllón estaba en el dicho puerto que había venido juntamente con ella, pensando de evitar el daño que de la venida de la dicha armada se seguía. Porque a él y a todos era notorio el mal propósito y voluntad con que la dicha armada venía.

Envié al dicho clérigo con una carta mía para el dicho Narváez, por la cual le decía cómo yo había salido del dicho clérigo y de los que con él habían venido, cómo él era capitán de la gente que aquella armada traía y que holgaba que fuese él, porque tenía otro pensamiento viendo que los mensajeros que yo había enviado no venían. Pero que pues él sabía que yo estaba en esta tierra en servicio de vuestra alteza, me maravillaba no me escribiese o enviase mensajero, haciéndome saber de su venida, pues sabía que yo había de holgar con ella, así por él ser mi amigo mucho tiempo había, como porque

---

[174] Era oidor de la audiencia real de Santo Domingo.

creía que él venía a servir a vuestra alteza, que era lo que yo más deseaba, y enviar, como había enviado, sobornadores y cartas de induciimiento a las personas que yo tenía en mi compañía en servicio de vuestra majestad, para que se levantasen contra mí y se pasasen a él, como si fuéramos los unos infieles y los otros cristianos, o los unos vasallos de vuestra alteza y los otros sus deservidores. Y que le pedía por merced que de allí adelante no tuviese aquellas formas, antes me hiciese saber la causa de su venida. Y que me habían dicho que se intitulaba capitán general y teniente de gobernador por Diego Velázquez, y que por tal se había hecho pregonar y publicar en la tierra. Y que había hecho alcaldes y regidores y ejecutado justicia, lo cual era en mucho deservicio de vuestra alteza y contra todas sus leyes. Porque siento esta tierra de vuestra majestad, y estando poblada de sus vasallos, y habiendo en ella justicia y cabildo, que no se debía intitular de los dichos oficios, ni usar de ellos sin ser primero a ellos recibido, puesto que para los ejercer trajese provisiones de vuestra majestad, las cuales si traía, le pedía por merced y le requería las presentase ante mí, y ante el cabildo de la Vera Cruz, y que de él y de mí serían obedecidas como cartas y provisiones de nuestro rey y señor natural, y cumplidas en cuanto al real servicio de vuestra majestad conviniese. Porque yo estaba en aquella ciudad y en ella tenía preso a aquel señor, y tenía mucha suma de oro y joyas, así de lo de vuestra alteza como de los de mi compañía y mío. Lo cual yo no osaba dejar, con temor que salido yo de la dicha ciudad la gente se rebelase, y perdiese tanta cantidad de oro y joyas, y tal ciudad, mayormente que perdida aquélla, era perdida toda la tierra. Y asimismo di al dicho clérigo una carta para el dicho licenciado Ayllón, al cual según supe yo después al tiempo que el dicho clérigo llegó, había prendido el dicho Narváez y enviado preso con dos navíos.

El día que el dicho clérigo se partió, me llegó un mensajero de los que estaban en la villa de la Vera Cruz, por el cual me hacían saber que toda la gente de los naturales de la tierra estaban levantados y hechos con el dicho Narváez, en especial los de la ciudad de Cempoal y su partido. Y que ninguno de ellos quería venir a servir a la dicha villa, así en la fortaleza como en las otras cosas en que solían servir. Porque decían

POST PROLOPSIS

que Narváez les había dicho que yo era malo, y que me venía a prender a mí y a todos los de mi compañía, y llevarnos presos, y dejar la tierra. Y que la gente que el dicho Narváez traía era mucha, y la que yo tenía poca. Y que él traía muchos caballos y muchos tiros y que yo tenía pocos. Y que querían saber a viva quien vence, y que también me hacían saber que eran informados de los dichos indios, que el dicho Narváez se venía a aposentar a la dicha ciudad de Cempoal, y que ya sabía cuán cerca estaba de aquella villa. Y que creían, según eran informados, del mal propósito que el dicho Narváez contra todos traía, que desde allí venía sobre ellos, y teniendo de su parte los indios de la dicha ciudad. Y, por tanto, me hacían saber que ellos dejaban la villa sola por no pelear con ellos, y por evitar escándalo se subían a la sierra a casa de un señor vasallo de vuestra alteza y amigo nuestro, y que allí pensaban estar hasta que yo les enviase a decir lo que hiciesen.

Y como yo vi el gran daño que se comenzaba a revolver, y cómo la tierra se levantaba a causa del dicho Narváez, parecióme que con ir yo donde él estaba se apaciguaría mucho, porque viéndome los indios presente, no se osarían a levantar, y también porque pensaba dar orden con el dicho Narváez, cómo tan gran mal como se comenzaba, cesase. Y así me partí aquel mismo día, dejando la fortaleza muy bien abastecida de maíz y de agua y quinientos hombres dentro de ella y algunos tiros de pólvora. Y con la otra gente que allí tenía, que serían hasta setenta hombres, seguí mi camino con algunas personas principales de los del dicho Moctezuma. Al cual yo, antes que me partiese, hice muchos razonamientos, diciéndole que mirase que él era vasallo de vuestra majestad, y que ahora había de recibir mercedes de vuestra majestad por los servicios que le había hecho. Y que aquellos españoles le dejaba encomendados con todo aquel oro y joyas que él me había dado y mandado dar para vuestra alteza. Porque yo iba a aquella gente que allí había venido, a saber qué gente era, porque hasta entonces no lo había sabido, y creía que debía ser alguna mala gente y no vasallos de vuestra alteza. Y él me prometió de los hacer proveer de todo lo necesario y guardar mucho todo lo que allí le dejaba puesto para vuestra majestad, y que aquellos suyos que iban conmigo me llevarían por camino que no saliese de su tierra y me harían proveer en él de todo lo que hubiesen menester, y que me rogaba, si aquella fuese gente mala, que se lo hiciese saber, porque luego proveería de mucha gente de guerra para que fuesen a pelear con ellos y echarlos fuera de la tierra. Lo cual todo yo le agradecí y certifiqué que por ello vuestra alteza le mandaría hacer muchas mercedes. Y le di muchas joyas y ropas a él y a un hijo suyo y a muchos señores que estaban con él a la sazón.

Y en una ciudad que se dice Cholula[175] topé a Juan Velázquez, capitán, que como he dicho, enviaba a Guasacualco, que con toda la gente se venía. Y sacados algunos que venían mal dispuestos, que envié a la ciudad con él y con los demás, seguí mi camino. Y quince leguas delante de esta ciudad de Cholula, topé a aquel padre religioso de mi compañía, que yo había enviado al puerto a saber qué gente era la de la armada que allí había venido. El cual me trajo una carta del dicho Narváez, en que me decía que él traía ciertas provisiones para tener esta tierra por Diego Velázquez. Que luego fuese donde él estaba a las obedecer y cumplir, y que él tenía hecha una villa y alcaldes y regidores. Y del dicho religioso supe cómo habían prendido al dicho licenciado Ayllón y a su escribano y alguacil, y los habían enviado en dos navíos. Y cómo allá le habían acometido con partidos para que él atrajese algunos de los de mi compañía que se pasasen al dicho Narváez, y cómo habían hecho alarde delante de él y de ciertos indios que con él iban, de toda la gente, así de pie como de caballo, y soltado el artillería que estaba en los navíos y la que tenían en tierra, a fin de atemorizarlos, porque le dijeron al dicho religioso: «Mirad cómo os podéis defender de nosotros si no hacéis lo que quisiéremos.» Y también me dijo cómo había hallado con el dicho Narváez a un señor natural de esta tierra, vasallo del dicho Moctezuma, y que le tenía por gobernador suyo en toda su tierra, de los puertos hacia la costa de la mar, y que supo que al dicho Narváez, le había hablado de la parte del dicho Moctezuma, y dádole ciertas joyas de oro, y el dicho Narváez le había dado también a él ciertas cosillas. Y que

---

[175] Churultecal.

supo que había despachado de allí ciertos mensajeros para el dicho Moctezuma, y enviado a le decir que él le soltaría y que venía a prenderme a mí y a todos los de mi compañía, e irse luego y dejar la tierra. Y que él no quería oro, sino, preso yo y los que conmigo estaban, volverse y dejar la tierra y sus naturales de ella en su libertad. Finalmente que supe que su intención era de se aposesionar en la tierra, por su autoridad, sin pedir que fuese recibido de ninguna persona, y no queriendo yo ni los de mi compañía tenerle por capitán y justicia, en nombre del dicho Diego Velázquez, venir contra nosotros a tomarnos por guerra, y que para ello estaba confederado con los naturales de la tierra, en especial con el dicho Moctezuma, por sus mensajeros. Y como yo viese tan manifiesto el daño y deservicio que a vuestra majestad de lo susodicho se podía seguir, puesto que me dijeron el gran poder que traía, y aunque traía mandado de Diego Velázquez que a mí y a ciertos de los de mi compañía que venían señalados, que luego que nos pudiese haber nos ahorcase, no dejé de me acercar más a él, creyendo por bien hacerle conocer el gran deservicio que a vuestra alteza hacía y poderle apartar del mal propósito y dañada voluntad que traía. Y así seguí mi camino.

Y quince leguas antes de llegar a la ciudad de Cempoal, donde el dicho Narváez estaba aposentado, llegaron a mí el clérigo de ellos, que los de la Vera Cruz habían enviado, y con quien yo al dicho Narváez y al licenciado Ayllón había escrito, y otro clérigo y un Andrés de Duero, vecino de la isla Fernandina, que asimismo vino con el dicho Narváez. Los cuales en respuesta de mi carta, me dijeron de parte del dicho Narváez que yo todavía le fuese a obedecer y tener por capitán, y le entregase la tierra. Porque de otra manera me sería hecho mucho daño, porque el dicho Narváez traía gran poder y yo tenía poco, y demás de la mucha gente de españoles que traía, que los más de los naturales eran en su favor. Y que si yo le quisiese dar la tierra, que me daría de los navíos y mantenimientos que él traía, los que yo quisiese, y me dejaría ir en ellos a mí y a los que conmigo quisiesen ir, con todo lo que quisiésemos llevar, sin nos poner impedimento en cosa alguna.

Y el uno de los dichos clérigos me dijo que así venía capitulado del dicho Diego Velázquez, que hiciesen conmigo el dicho partido, y para ello había dado su poder al dicho Narváez y a los dichos dos clérigos juntamente. Y que acerca de esto me harían todo el partido que yo quisiese.

Yo les respondí que no veía provisión de vuestra alteza por donde le debiese entregar la tierra, y que si alguna traía que la presentase ante mí y ante el cabildo de la Vera Cruz, según orden y costumbre de España. Y que yo estaba presto de la obedecer y cumplir, y que hasta tanto, por ningún interés ni partido haría lo que él decía. Antes yo y los que conmigo estaban moriríamos en defensa de la tierra, pues la habíamos ganado y tenido por vuestra majestad pacífica y segura, y por no ser traidores y desleales a nuestro rey.

Otros muchos partidos me movieron por me atraer a su propósito, y ninguno quise aceptar sin ver provisión de vuestra alteza por donde lo debiese hacer; la cual nunca me quisieron mostrar, y en conclusión, estos clérigos y el dicho Andrés de Duero y yo, quedamos concertados que el dicho Narváez con diez personas, y yo con otras tantas, nos viésemos con seguridad de ambas partes, y que allí me notificase las provisiones, si algunas traía, y que yo respondiese. Y yo de mi parte envié firmado el seguro, y él asimismo me envió otro firmado de su nombre, el cual, según me pareció, no tenía pensamiento de guardar, antes concertó que en la visita se tuviese forma como de presto me matasen, y para ello se señalaron dos de los diez que con él habían de venir, y que los demás peleasen con los que conmigo habían de ir. Porque decían que muerto yo, era su hecho acabado como de verdad lo fuera si Dios, que en semejantes casos remedia, no remediara con cierto aviso que de los mismos que eran en la traición, me vino, juntamente con el seguro que me enviaban, lo cual sabido, escribí una carta al dicho Narváez y otra a los Terceros, diciéndoles cómo yo había sabido su mala intención y que yo no quería ir de aquella manera que ellos tenían concertado.

Y luego les envié ciertos requerimientos y mandamientos, por el cual requería al dicho Narváez que si algunas provisiones de vuestra alteza traía, me las notificase, y que hasta tanto, no se nombrase capitán ni justicia ni se entremetiese en cosa alguna de los dichos oficios, so cierta pena que para ello le impuse. Y asimismo mandaba y mandé por el dicho mandamiento a todas las personas que con el dicho Narváez estaban, que no tuviesen ni obedeciesen al dicho Narváez por tal capitán ni justicia, antes, dentro de cierto término que en el dicho mandamiento señalé, pareciesen ante mí para que yo les dijese lo que debían hacer en servicio de vuestra alteza, con protestación que, lo contrario haciendo, procedería contra ellos como contra traidores y aleves y malos vasallos, que se rebelaban contra su rey y quieren usurpar sus reinos y señoríos, y darlas y aposesionar de ellas a quien no pertenecían, ni de ellos ha acción ni derecho compete. Y que para la ejecución de esto, no pareciendo ante mí ni haciendo lo contenido en el dicho mi mandamiento, iría contra ellos a los prender y cautivar, conforme a justicia. Y la respuesta que de esto hube del dicho Narváez, fue prender al escribano y a la persona que con mi poder le fueron a notificar el dicho mandamiento, y tomarles ciertos indios que llevaban, los cuales estuvieron detenidos hasta que llegó otro mensajero que yo envié a saber de ellos, ante los cuales tornaron a hacer alarde de toda la gente y amenazar a ellos y a mí, si la tierra no les entregásemos. Y visto que por ninguna vía yo podía excusar tan gran daño y mal, y que la gente naturales de la tierra se alborotaban y levantaban a más andar, encomendándome a Dios, y pospuesto todo el temor del daño que se me podía seguir, considerando que morir en servicio de mi rey, y por defender y amparar sus tierras y no las dejar usurpar, a mí y a los de mi compañía se nos seguía harta gloria, di mi mandamiento a Gonzalo de Sandoval, alguacil mayor, para prender al dicho Narváez y a los que se llamaban alcaldes y regidores; al cual di ochenta hombres, y les mandé que fuesen con él a los prender, y yo con otros ciento y setenta, que por todos éramos doscientos y cincuenta hombres, sin tiro de pólvora ni caballo, sino a pie, seguí al dicho alguacil mayor, para lo ayudar si el dicho Narváez y los otros quisiesen resistir su prisión.

Y el día que el dicho alguacil mayor y yo con la gente llegamos a la ciudad de Cempoal, donde el dicho Narváez y gente estaba aposentada, luego que supo de nuestra ida, salió al campo con ochenta de caballo y quinientos peones, sin los demás que dejó en su aposento, que era la mezquita mayor de aquella ciudad, asaz fuerte, y llegó casi una legua de donde yo estaba. Y como lo que de mi ida sabía era por lengua de los indios, y no me halló, creyó que le burlaban y volvióse a su aposento teniendo apercibida toda su gente, y puso dos espías casi a una legua de la dicha ciudad. Y como yo deseaba evitar todo escándalo, parecióme que sería el menos yo ir de noche, sin ser sentido si fuese posible, e ir derecho al aposento del dicho Narváez, que yo y todos los de mi compañía sabíamos muy bien, y prenderlo. Porque preso él, creí que no hubiera escándalo, porque los demás querían obedecer a la justicia, en especial que los demás de ellos venían por fuerza, que el dicho Diego Velázquez les hizo, y por temor que no les quitase los indios que en la isla Fernandina tenían.

Y así fue que el día de Pascua de Espíritu Santo, poco más de medianoche, yo di en el dicho aposento, y antes topé las dichas espías, que el dicho Narváez tenía puestas, y las que yo delante llevaba prendieron a la una de ellas, y la otra escapó, de quien me informé de la manera que estaban. Y porque la espía que se había escapado no llegase antes que yo y diese mandado de mi venida, me di la mayor prisa que pude, aunque no pude tanta que la dicha espía no llegase primero casi media hora. Cuando llegué al dicho Narváez, ya todos los de su compañía estaban armados y ensillados sus caballos y muy apunto, y velaban cada cuarto doscientos hombres. Y llegamos tan sin ruido, que cuando fuimos sentidos y ellos tocaron al arma, entraba yo por el patio de su aposento, en el cual estaba toda la gente aposentada y junta y tenían tomadas tres o cuatro torres que en él había, y todos los demás aposentos fuertes. Y en la una de las dichas torres, donde el dicho Narváez estaba aposentado, tenía a la escalera de ella hasta diez y nueve tiros de fusilería, y dimos tanta prisa a subir la dicha torre, que no tuvieron lugar de poner fuego más de a un tiro, el cual quiso Dios que no salió ni hizo daño ninguno. Así se subió la torre hasta donde el dicho Narváez tenía su cama, donde él y hasta cincuenta hombres que con él estaban pelearon con el dicho alguacil mayor y con los que con él subieron, y puesto que muchas veces le requirieron que se diese a prisión por vuestra alteza, nunca quisieron, hasta que se les puso fuego y con él se dieron. Y en tanto que el dicho alguacil mayor prendía al dicho Narváez, yo con los que conmigo quedaron defendía la subida de la torre a la demás gente que en su socorro venía, e hice tomar toda la artillería y me fortalecí con ella. Por manera que sin muertes de hombres, más de dos que un tiro mató, en una hora eran presos todos los que se habían de prender, y tomadas las armas a todos los demás, y ellos prometido ser obedientes a la justicia de vuestra majestad, diciendo que hasta allí habían sido engañados, porque les habían dicho que traían provisiones de vuestra alteza, y que yo estaba alzado con la tierra y que era traidor a vuestra majestad, y les habían hecho entender otras muchas cosas.

Y como todos conocieron la verdad y mala intención y dañada voluntad del dicho Diego Velázquez y del dicho Narváez[176], y como se habían movido con mal propósito, todos fueron muy alegres, porque así Dios lo había hecho y proveído[177]. Porque certifico a vuestra majestad que si Dios misteriosamente esto no proveyera, y la victoria fuera del dicho Narváez, fuera el mayor daño que de mucho tiempo acá en españoles tantos por tantos se ha hecho. Porque él ejecutara el propósito que traía y lo que por Diego Velázquez le era mandado, que era ahorcarme a mí y a muchos de los de mi compañía, porque no hubiese quien del hecho diese razón. Y según de los indios yo me informé, tenían acordado que si a mí el dicho Narváez prendiese, como él les había dicho, que no podría ser tan sin daño suyo y de su gente, que muchos de ellos y de los de mi compañía no muriesen. Y que entre tanto ellos matarían a los que yo en la ciudad dejaba, como lo acometieron, y después se juntarían y darían sobre los que acá quedasen, en manera que ellos y su tierra quedasen libres, y de los españoles no quedase memoria. Puede vuestra alteza ser muy cierto que si así lo hicieran y salieran con su propósito, de hoy en veinte años no se tornara a ganar ni a pacificar la tierra, que estaba ganada y pacífica.

Dos días después de preso el dicho Narváez, porque en aquella ciudad no se podía sostener tanta gente junta, mayormente que ya estaba casi destruida, porque los que con el di-

---

[176] En realidad no se sabe si Narváez quería matar a Cortés.

[177] Una vez más Cortés se escuda en el providencialismo para justificar su conducta.

cho Narváez estaban en ella la habían robado, y los vecinos de ella estaban ausentes, y sus casas solas, despaché dos capitanes con cada doscientos hombres, el uno para que fuese a hacer el pueblo en el puerto de Guasacualco[178], que, como a vuestra alteza he dicho, antes enviaba a hacer, y el otro, a aquel río que los navíos de Francisco de Garay dijeron que habían visto, porque ya yo lo tenía seguro. Y asimismo envié otros doscientos hombres a la Villa de la Vera Cruz, donde hice que los navíos que el dicho Narváez traía viniesen. Y con la gente demás me quedé en la dicha ciudad para proveer lo que al servicio de vuestra majestad convenía. Y despaché un mensajero a la ciudad de Temixtitan, y con él hice saber a los españoles que allí había dejado, lo que me había sucedido. El cual dicho mensajero volvió de ahí a doce días, y me trajo cartas del alcalde que allí había quedado, en que me hacía saber cómo los indios les habían combatido la fortaleza por todas partes de ella, y puéstoles fuego por muchas partes y hecho ciertas minas, y que se habían visto en mucho trabajo y peligro, y todavía los mataran si el dicho Moctezuma no mandara cesar la guerra. Y que aún los tenían cercados, puesto que no los combatían, sin dejar salir ninguno de ellos dos pasos fuera de la fortaleza.

Y que les habían tomado en el combate mucha parte del bastimento que yo les había dejado, y que les habían quemado los cuatro bergantines que yo allí tenía, y que estaban en muy extrema necesidad, y que por amor de Dios los socorriese a mucha prisa. Vista la necesidad en que estos españoles estaban, y que si no los socorría, además de los matar los indios, y perderse todo el oro y plata y joyas que en la tierra se habían habido, así de vuestra alteza como de españoles y míos, y se perdía la mejor y más noble y mejor ciudad de todo lo nuevamente descubierto del mundo. Y ella perdida, se perdía todo lo que estaba ganado, por ser la cabeza de todo y a quien todos obedecían. Y luego despaché mensajeros a los capitanes que había enviado con la gente, haciéndoles saber lo que me habían escrito de la gran ciudad para que luego, donde quie-

---

[178] Cucicacalco.

ra que los alcanzasen, volviesen y por el camino más cercano se fuesen a la provincia de Tascaltecal, donde yo con la gente estaba en mi compañía, y con toda la artillería que pude y con setenta de caballo me fui a juntar con ellos, y allí juntos y hecho alarde, se hallaron los dichos setenta caballos y quinientos peones. Y con ellos a la mayor prisa que pude me partí para la dicha ciudad, y en todo el camino nunca me salió a recibir ninguna persona del dicho Moctezuma como antes lo solían hacer, y toda la tierra estaba alborotada y casi despoblada, de que concebí mala sospecha, creyendo que los españoles que en la dicha ciudad habían quedado eran muertos, y que toda la gente de la tierra estaba junta esperándome en algún paso o parte donde ellos se pudiesen aprovechar mejor de mí.

Y con este temor fui al mejor recaudo que pude, hasta que llegué a la ciudad de Tezcuco[179], que, como ya he hecho relación a vuestra majestad, está en la costa de aquella gran laguna. Allí pregunté a algunos de los naturales de ella por los españoles que en la gran ciudad habían quedado. Los cuales me dijeron que eran vivos, y yo les dije que me trajesen una canoa, porque quería enviar un español a lo saber, y que en tanto que él iba, había de quedar conmigo un natural de aquella ciudad que parecía algo principal, porque los señores y principales de ella, de quien yo tenía noticia, no parecía ninguno. Y él mandó traer la canoa y envió ciertos indios con el español que yo enviaba, y se quedó conmigo. Y estándose embarcando este español para ir a la dicha ciudad de Temixtitan, vio venir por la mar[180] otra canoa, y esperó a que llegase al puerto, y en ella venía uno de los españoles que habían quedado en la dicha ciudad, de quien supe que eran vivos todos, excepto cinco o seis que los indios habían muerto, y que los demás estaban todavía cercados, y que no los dejaban salir de la fortaleza ni los proveían de cosas que habían menester, sino por mucha copia de rescate; aunque después de que mi ida habían sabido, lo hacían algo mejor con ellos. Y que el dicho Moctezuma decía que no esperaba sino que yo fuese, para

---

[179] Tescucan.
[180] Llaman mar a la laguna.

que luego tornasen a andar por la ciudad como antes solían. Y con el dicho español me envió el dicho Moctezuma un mensajero suyo, en que me decía que ya creía que debía saber lo que en aquella ciudad había acaecido, y que él tenía pensamiento que por ello yo venía enojado y traía voluntad de le hacer algún daño. Que me rogaba perdiese el enojo, porque a él le había pesado tanto cuanto a mí, y que ni ninguna cosa se había hecho por su voluntad y consentimiento, y me envió a decir otras muchas cosas para me aplacar la ira que él creía que yo traía por lo acaecido, y que me fuese a la ciudad a aposentar, como antes estaba, porque no menos se haría en ella lo que yo mandase, que antes se solía hacer. Yo le envié a decir que no traía enojo ninguno de él, porque bien sabía su buena voluntad, y que así como él lo decía, lo haría yo.

Y otro día siguiente, que fue víspera de San Juan Bautista, me partí, y dormí en el camino, a tres leguas de la dicha gran ciudad. Y día de San Juan, después de haber oído misa, me partí y entré en ella casi a mediodía, y vi poca gente por la ciudad, y algunas puertas de las encrucijadas y traviesas de las calles quitadas, que no me pareció bien, aunque pensé que lo hacían de temor de lo que habían hecho, y que entrando yo los aseguraría. Y con esto me fui a la fortaleza, en la cual y en aquella mezquita mayor que estaba junto a ella, se aposentó toda la gente que conmigo venía. Y los que estaban en la fortaleza nos recibieron con tanta alegría como si nuevamente les diéramos las vidas, que ya ellos estimaban perdidas, y con mucho placer estuvimos aquel día y noche creyendo que ya estaba todo pacífico.

Y otro día después de misa enviaba un mensajero a la Villa de la Vera Cruz, por les dar buenas nuevas de cómo los cristianos eran vivos y yo había entrado en la ciudad, y estaba segura. El cual mensajero volvió dende a media hora todo descalabrado y herido, dando voces que todos los indios de la ciudad venían de guerra, y que tenían todas las puentes alzadas. Y junto tras él da sobre nosotros tanta multitud de gente por todas partes, que ni las calles ni azoteas se parecían con la gente, la cual venía con los mayores alaridos y grita más espantable que en el mundo se puede pensar. Y eran tantas las piedras que nos echaban con hondas dentro de la fortaleza, que no parecía sino que el cielo las llovía, y las flechas y tiraderas eran tantas, que todas las paredes y patios estaban llenos, que casi no podíamos andar con ellas. Y yo salí fuera a ellos por dos o tres partes, y pelearon con nosotros muy reciamente, aunque por la una parte un capitán salió con doscientos hombres, y antes que se pudiese recoger le mataron cuatro, e hirieron a él y a muchos de los otros. Y por la parte que yo andaba, me hirieron a mí y a muchos de los españoles. Y nosotros matamos pocos de ellos, porque se nos acogían de la otra parte de las puentes, y desde las azoteas y terrados nos hacían daño con piedras, de las cuales ganamos algunas y quemamos. Pero eran tantas y tan fuertes, y de tanta gente pobladas, y tan abastecidas de piedras y otros géneros de armas, que no bastábamos para tomárselas todos, ni defender, que ellos no nos ofendiesen a su placer.

En la fortaleza daban tan recio combate, que por muchas partes nos pusieron fuego, y por la una se quemó mucha parte de ella, sin lo poder remediar, hasta que la atajamos cortando las paredes y derrocando un pedazo, que mató el fuego. Y si no fuera por la mucha guarda que allí puse de escopeteros y ballesteros y otros tiros de pólvora, nos entraran a escala vista sin los poder resistir. Así estuvimos peleando todo aquel día, hasta que fue la noche bien cerrada, y aun en ella no nos dejaron sin grita y rebato hasta el día. Aquella noche hice reparar los portillos de aquello quemado, y todo lo demás que me pareció que en la fortaleza había flaco, y concerté las estancias y gente que en ellas había de estar, y la que otro día habíamos de salir a pelear fuera, e hice curar los heridos, que eran más de ochenta.

Y luego que fue de día, ya la gente de los enemigos nos comenzaba a combatir muy más reciamente que el día pasado, porque estaba tanta cantidad de ellos, que los artilleros no tenían necesidad de puntería, sino asestar en los escuadrones de los indios. Y puesto que la artillería hacía mucho daño, porque jugaban trece arcabuces, sin las escopetas y ballestas, hacían tan poca mella que ni se parecía que no lo sentían, porque por donde llevaba el tiro diez o doce hombres se cerraba luego de gente, que no parecía que hacía daño ninguno. Y dejado en la fortaleza el recaudo que convenía y se podía dejar, yo torné a salir y les gané algunas de las puentes y quemé algunas casas, y matamos muchos en ellas que las defendían, y eran tantos, que aunque más daño se hiciera hacíamos muy poquita mella, y a nosotros convenía pelear todo el día y ellos peleaban por horas, que se remudaban y aún les sobraba gente.

También hirieron aquel día otros cincuenta o sesenta españoles, aunque no murió ninguno, y peleamos hasta que fue de noche, que de cansados nos retrajimos a la fortaleza. Y viendo el gran daño que los enemigos nos hacían, y cómo nos herían y mataban a su salvo, y que puesto que nosotros hacíamos daño en ellos, por ser tantos no se parecía, toda aquella noche y otro día gastamos en hacer tres ingenios de madera y cada uno llevaba veinte hombres, los cuales iban dentro porque con las piedras que nos tiraban desde las azoteas no los pudiesen ofender, porque iban los ingenios cubiertos de tablas, y los que iban dentro eran ballesteros y escopeteros, y los demás llevaban picos y azadones y varas de hierro para horadarles las casas y derrocar las albarradas que tenían hechas en las calles. Y en tanto que estos artificios se hacían, no cesaba el combate de los contrarios, en tanta manera, que como salíamos fuera de la fortaleza se querían ellos entrar dentro, a los cuales resistimos con harto trabajo.

Y el dicho Moctezuma, que todavía estaba preso, y un hijo suyo con otros muchos señores que al principio se habían tomado, dijo que le sacasen a las azoteas de la fortaleza y que él hablaría a los capitanes de aquella gente y les harían que cesase la guerra. Y yo lo hice sacar, y en llegando a un pretil que salía fuera de la fortaleza, queriendo hablar a la gente que por allí combatía, le dieron una pedrada los suyos en la cabeza, tan grande, que de allí a tres días murió. Y yo le hice sacar así muerto a dos indios que estaban presos, y a cuestas lo llevaron a la gente, y no sé lo que de él hicieron, salvo que no por eso cesó la guerra, y muy más recia y más cruda de cada día.

Y este día llamaron por aquella parte por donde habían herido al dicho Moctezuma, diciendo que me allegase yo allí, que me querían hablar ciertos capitanes, y así lo hice, y pasamos entre ellos y mí muchas razones, rogándoles que no peleasen conmigo pues ninguna razón para ello tenían, y que mirasen las buenas obras que de mí habían recibido y cómo habían sido muy bien tratados de mí. La respuesta suya era que me fuese y que les dejase la tierra y que luego dejarían la guerra, y que de otra manera, que creyese que habían de morir todos o dar fin con nosotros. Lo cual, según pareció, hacían porque yo me saliese de la fortaleza para me tomar a su placer al salir de la ciudad entre las puentes. Yo les respondí que no pensasen que les rogaba con la paz por temor que les tenía, sino porque me pesaba del daño que les hacía y del que había de hacer, y por no destruir tan buena ciudad como aquélla era. Y todavía respondían que no cesarían de me dar guerra hasta que saliese de la ciudad. Después de acabados aquellos ingenios, luego otro día salí para las ganar ciertas azoteas y puentes, y yendo los ingenios delante y tras ellos cuatro tiros de fuego y otra mucha gente de ballesteros y rodeleros y más de tres mil indios de los naturales de Tascaltecal, que habían venido conmigo y servían a los españoles. Y llegados a una puente, pusimos los ingenios arrimados a las paredes de unas azoteas, y ciertas escalas que llevábamos para las subir, y era tanta la gente que estaba en defensa de la dicha puente y azoteas, y tantas las piedras que de arriba tiraban y tan grandes, que nos desconcertaron los ingenios y nos mataron un español e hirieron otros muchos, sin les poder ganar ni aún un paso, aunque pugnábamos mucho por ello, porque peleamos desde la mañana hasta mediodía, que nos volvimos con harta tristeza a la fortaleza, de donde cobraron tanto ánimo que casi a las puertas nos llegaban.

Y tomaron aquella mezquita grande, y en la torre más alta y más principal de ella se subieron hasta quinientos indios, que, según me pareció, eran personas principales. Y en ella subieron mucho mantenimiento de pan y agua y otras cosas de comer y muchas piedras, y todos los demás tenían lanzas muy largas con unos hierros de pedernal más anchos que los de las nuestras y no menos agudos, y de allí hacían mucho daño a la gente de la fortaleza porque estaba muy cerca de ella. La cual dicha torre combatieron los españoles dos o tres veces y la acometieron a subir. Y como era muy alta y tenía la subida agra porque tiene ciento y tantos escalones, y los de arriba estaban bien pertrechados de piedras y otras armas y favorecidos a causa de no haberles podido ganar las otras azoteas, ninguna vez los españoles comenzaban a subir que no volvían rodando, y herían mucha gente, y los que de las otras partes los veían, cobraban tanto ánimo que se nos venían hasta la fortaleza sin ningún temor.

Y yo, viendo que si aquéllos salían con tener aquella torre, demás de nos hacer de ella mucho daño, cobraban esfuerzo para nos ofender, salí fuera de la fortaleza, aunque manco de la mano izquierda de una herida que el primer día me habían dado, y liada la rodela en el brazo fui a la torre con algunos españoles que me siguieron e hícela cercar toda por bajo, porque se podía muy bien hacer, aunque los cercadores no estaban de balde, que por todas partes peleaban con los contrarios, de los cuales, por favorecer a los suyos, se recrecieron muchos. Y yo comencé a subir por la escalera de la dicha torre y tras mí ciertos españoles. Y puesto que nos defendían la subida muy reciamente, y tanto, que derrocaron tres o cuatro españoles, con ayuda de Dios y de su gloriosa Madre, por cuya casa aquella torre se había señalado y puesto en ella su imagen, les subimos la dicha torre, y arriba peleamos con ellos tanto, que les fue forzado saltar de ella abajo a unas azoteas que tenía alrededor, tan anchas como un paso. Y de éstas tenía la dicha torre tres o cuatro, tan altas la una de la otra como tres estados, y algunos cayeron abajo del todo, que demás del daño que recibían de la caída, los españoles que estaban abajo alderredor de la torre los mataban. Y los que en aquellas azoteas quedaron pelearon desde allí tan reciamente, que estuvimos más de tres horas en los acabar de matar. Por manera que murieron todos, que ninguno escapó, y crea vuestra sacra majestad que fue tanto ganarles esta torre, que si Dios no les quebrara las alas, bastaban veinte de ellos para resistir la subida a mil hombres. Como quiera que pelearon muy valientemente hasta que murieron, e hice poner fuego a la torre y a las otras que en la mezquita había, los cuales habían ya quitado y llevado las imágenes que en ellas teníamos.

Algo perdieron del orgullo con haberles tomado esta fuerza, y tanto, que por todas partes aflojaron en mucha manera. Y luego torné a aquella azotea y hablé a los capitanes que antes habían hablado conmigo, que estaban algo desmayados por lo que habían visto. Los cuales luego llegaron y les dije que mirasen que no se podían amparar y que les hacíamos de cada día mucho daño, y que morían muchos de ellos y quemábamos y destruíamos su ciudad, y que no había de parar hasta no dejar de ella ni de ellos cosa alguna. Los cuales me respondieron que bien veían que recibían de nos mucho daño y morían muchos de ellos, pero que ellos estaban ya determinados de morir todos por nos acabar, y que mirase yo por todas aquellas calles y plazas y azoteas cuán llenas de gente estaban. Y que tenían hecha cuenta que, al morir veinte y cinco mil de ellos y uno de los nuestros, nos acabaríamos nosotros primero porque éramos pocos y ellos muchos, y que me hacían saber que todas las calzadas de las entradas de la ciudad eran deshechas, como de hecho pasaba, que todas las habían deshecho excepto una, y que ninguna parte teníamos por do salir sino por el agua. Y que bien sabían que teníamos pocos mantenimientos y poco agua dulce, que no podíamos durar mucho, que de hambre no nos muriésemos aunque ellos no nos matasen.

Y de verdad que ellos tenían mucha razón, que aunque no tuviéramos otra guerra sino el hambre y necesidad de mantenimientos, bastaba para morir todos en breve tiempo. Y pasamos otras muchas razones, favoreciendo cada uno sus partidos. Ya que fue de noche, salí con ciertos españoles, y como los tomé descuidados, ganámosles una calle donde les quemamos más de trescientas casas, y luego volví por otra, ya que allí acudía la gente, y asimismo quemé muchas casas de ella, en especial ciertas azoteas que estaban junto a la fortaleza, de donde nos hacían mucho daño, y con lo que aquella noche se les hizo recibieron mucho temor, y en esta misma noche hice tornar a aderezar los ingenios que el día antes nos habían desconcertado.

Y por seguir la victoria que Dios nos daba, salí en amaneciendo por aquella calle donde el día antes nos habían desbaratado, donde no menos defensa hallamos que el primero. Pero como nos iban las vidas y la honra, porque por aquella calle estaba sana la calzada que iba a la Tierra Firme, aunque hasta llegar a ella había ocho puentes muy grandes y muy hondas, y toda la calle de muchas y altas azoteas y torres, pusimos tanta determinación y ánimo que, ayudándonos Nuestro Señor, les ganamos aquel día las cuatro, y se quemaron todas las azoteas y casas y torres que había hasta la postrera de ellas. Aunque por lo de la noche pasado tenían en todas las puentes hechas muchas y muy fuertes albarradas de adobes y barro, en manera que los tiros y ballestas no les podían hacer daño. Las cuales dichas cuatro puentes cegamos con los adobes y tierra de las albarradas y con mucha piedra y madera de las casas quemadas, y aunque todo no fue tan sin peligro que no hiriesen muchos españoles. Aquella noche puse mucho recaudo en guardar aquellas puentes porque no las tornasen a ganar, y otro día de mañana torné a salir y Dios nos dio asimismo tan buena dicha y victoria, aunque era innumerable gente la que defendía las puentes y albarradas y ojos que aquella noche habían hecho, se las ganamos todas y las cegamos.

Asimismo fueron ciertos de caballo siguiendo el alcance y victoria, hasta la Tierra Firme. Y estando yo reparando aquellas puentes y haciéndolas cegar, viniéronme a llamar a mucha prisa diciendo que los indios combatían la fortaleza y pedían paces y me estaban esperando allí ciertos señores capitanes de ellos. Y dejando allí toda la gente y ciertos tiros, me fui solo con dos de caballo a ver lo que aquellos principales querían, los cuales me dijeron que si yo les aseguraba que por lo hecho no serían punidos, que ellos harían alzar el cerco y tornar a poner las puentes y hacer las calzadas y servirían a vuestra majestad como antes lo hacían. Y rogáronme que hiciese traer allí uno como religioso de los suyos que yo tenía preso, el cual era como general de aquella religión. El cual vino y les habló y dio concierto entre ellos y mí. Y luego pareció que enviaban mensajeros, según ellos dijeron, a los capitanes y a la gente que tenían en las estancias, a decir que cesase el combate que daban a la fortaleza y toda la otra guerra. Con esto nos despedimos, y yo metíme en la fortaleza a comer, y en comenzando vinieron a mucha prisa a me decir que los indios habían tornado a ganar las puentes que aquel día les habíamos ganado, y que habían muerto ciertos españoles de que Dios sabe cuánta alteración recibí, porque yo no pensé que habíamos qué hacer con tener ganada la salida. Y cabalgué a la mayor prisa que pude, y corrí por toda la calle adelante con algunos de caballo que me siguieron, y sin detenerme en alguna parte, torné a romper por los dichos indios y les torné a ganar las puentes, y fui en alcance de ellos hasta la Tierra Firme.

Y como los peones estaban cansados y heridos y atemorizados, y vi al presente el grandísimo peligro, ninguno me siguió. A cuya causa, después de pasadas yo las puentes, ya que me quise volver, las hallé tomadas y ahondadas mucho de lo que habíamos cegado. Y por la una parte y por la otra parte de la calzada, llena de gente, así en la tierra como en el agua, en canoas; la cual nos garrochaba y apedreaba en tanta manera, que si Dios misteriosamente no nos quisiera salvar, era imposible escapar de allí, y aun ya era público entre los que quedaban en la ciudad, que yo era muerto. Y cuando llegué a la postrera puente de hacia la ciudad, hallé a todos los de caballo que conmigo iban, caídos en ella, y un caballo suelto. Por manera que yo no pude pasar y me fue forzado de revolver solo contra mis enemigos, y con aquello hice algún tanto de lugar para que los caballos pudiesen pasar, y yo hallé la puente desembarazada y pasé, aunque con harto trabajo, porque había de la una parte a la otra casi un estado de saltar con el caballo, lo cual por ir yo y él bien armados no nos hirieron, más de atormentar el cuerpo.

Y así quedaron aquella noche con victoria y ganadas las dichas cuatro puentes. Y yo dejé en las otras cuatro buen recaudo y fui a la fortaleza e hice hacer una puente de madera que llevaban cuarenta hombres. Y viendo el gran peligro en que estábamos y el mucho daño que cada día los indios nos hacían, y temiendo que también deshiciesen aquella calzada como las otras, y deshecha era forzado morir todos, y porque de todos los de mi compañía fui requerido muchas veces que me saliese, y porque todos o los más estaban heridos y tan mal que no podían pelear, acordé de lo hacer aquella noche, y tomé todo el oro y joyas de vuestra majestad que se podían sacar y púselo en una sala y allí lo entregué en ciertos líos a los oficiales de vuestra alteza, que yo en su real nombre tenía señalados, y a los alcaldes y regidores y a toda la gente que allí estaba, les rogué y requerí que me ayudasen a lo sacar y salvar, y di una yegua mía para ello, en la cual se cargó tanta parte cuanta yo podía llevar. Y señalé ciertos españoles, así criados míos como de los otros, que viniesen con el dicho oro y yegua, y lo demás los dichos oficiales y alcaldes y regidores y yo lo dimos y repartimos por los españoles para que lo sacasen.

Desamparada la fortaleza, con mucha riqueza así de vuestra alteza como de los españoles y mía, me salí lo más secreto que yo pude, sacando conmigo un hijo y dos hijas del dicho Moctezuma y a Cacamacín, señor de Culuacán, y al otro su hermano que yo había puesto en su lugar, y a otros señores de provincias y ciudades que allí tenía presos. Y llegando a las puentes que los indios tenían quitadas, a la primera de ellas se echó la puente que yo traía hecha, con poco trabajo, porque no hubo quien la resistiese, excepto ciertas velas que en ella estaban, las cuales apellidaban tan recio que antes de llegar a la segunda estaba infinito número de gente de los contrarios sobre nosotros, combatiéndonos por todas partes, así desde el agua como de la tierra. Y yo pasé presto con cinco de caballo y con cien peones, con los cuales pasé a nado todas las puentes y las gané hasta la Tierra Firme. Y dejando aquella gente a la delantera, torné a la rezaga donde hallé que peleaban reciamente, y que era sin comparación el daño que los nuestros recibían, así los españoles, como los indios de Tascaltecal que con nosotros estaban, y así a todos los mataron, y a muchos naturales los españoles. Y asimismo habían muerto muchos españoles y caballos y perdido todo el oro y joyas y ropa y otras muchas cosas que sacábamos, y toda la artillería.

Recogidos los que estaban vivos, echélos adelante, y yo con tres o cuatro de caballo y hasta veinte peones que osaron quedar conmigo, me fui en la rezaga peleando con los indios hasta llegar a una ciudad que se dice Tacuba, que está fuera de toda la calzada, de que Dios sabe cuánto trabajo y peligro recibí; porque todas las veces que volvía sobre los contrarios salía lleno de flechas y viras y apedreado, porque como era agua de la una parte y de otra, herían a su salvo sin temor. A los que salían a tierra, luego volvíamos sobre ellos y saltaban al agua, así que recibían muy poco daño si no eran algunos que con los muchos se tropezaban unos con otros y caían y aquellos morían. Y con este trabajo y fatiga llevé toda la gente hasta la dicha ciudad de Tacuba, sin me matar ni herir ningún español ni un indio, sino fue uno de los de caballo que iba conmigo en la rezaga. Y no menos peleaban así en la delantera como por los lados, aunque la mayor fuerza era en las espaldas por do venía la gente de la gran ciudad.

Y llegado a la dicha ciudad de Tacuba hallé toda la gente remolinada en una plaza, que no sabían dónde ir, a los cuales yo di prisa que se saliesen al campo antes que se recreciese más gente en la dicha ciudad y tomasen las azoteas, porque nos harían desde ellas mucho daño. Y los que llevaban la delantera dijeron que no sabían por dónde habían de salir, y yo los hice quedar en la rezaga y tomé la delantera hasta los sacar fuera de la dicha ciudad, y esperé en unas labranzas. Y cuando llegó la rezaga supe que habían recibido algún daño, y que habían muerto algunos españoles e indios, y que se quedaba por el camino mucho oro perdido, lo cual los indios cogían. Y allí estuve hasta que pasó toda la gente peleando con los indios, en tal manera, que los detuve para que los peones tomasen un cerro donde estaba una torre y aposento fuerte, el cual tomaron sin recibir algún daño porque no me partí de allí ni dejé pasar los contrarios hasta haber ellos tomado el cerro, en que Dios sabe el trabajo y fatiga que allí se recibió, porque ya no había caballo, de veinte y cuatro que nos habían quedado, que pudiese correr, ni caballero que pudiese alzar el brazo, ni peón sano que pudiese menearse. Llegados al dicho aposento nos fortalecimos en él, y allí nos cercaron y estuvimos cercados hasta noche, sin nos dejar descansar una hora. En este desbarato se halló por copia, que murieron ciento y cincuenta españoles y cuarenta y cinco yeguas y caballos, y más de dos mil indios que servían a los españoles, entre los cuales mataron al hijo e hijas de Moctezuma, y a todos los otros señores que traíamos presos.

Y aquella noche[181], a medianoche, creyendo no ser sentidos, salimos del dicho aposento muy calladamente, dejando en él hechos muchos fuegos, sin saber camino ninguno ni para dónde íbamos, más de que un indio de los de Tascaltecal que nos guiaba diciendo que él nos sacaría a su tierra si el

---

[181] Se trata de «la noche triste y desgraciada».

camino no nos impedían. Y muy cerca estaban guardas que nos sintieron y asimismo apellidaron muchas poblaciones que había a la redonda, de las cuales se recogió mucha gente y nos fueron siguiendo hasta el día y, ya que amanecía, cinco de caballo que iban delante por corredores, dieron en unos escuadrones de gente que estaban en el camino y mataron algunos de ellos, los cuales fueron desbaratados creyendo que iba más gente de caballo y de pie.

Y porque vi que de todas partes se recrecía gente de los contrarios, concerté allí la de los nuestros, y de la que había sana para algo, hice escuadrones. Y puse en delantera y rezaga y lados, y en medio, los heridos. Y asimismo repartí los de caballo, y así fuimos todo aquel día peleando por todas partes, en tanta manera que en toda la noche y día no anduvimos más de tres leguas. Y quiso Nuestro Señor ya que la noche sobrevenía, mostrarnos una torre y buen aposento en un cerro, donde asimismo nos hicimos fuertes. Y por aquella noche nos dejaron, aunque, casi al alba, hubo otro cierto rebato sin haber de qué, más del temor que ya todos llevábamos de la multitud de gente que a la continua nos seguía al alcance. Otro día me partí a una hora del día por la orden ya dicha, llevando mi delantera y rezaga a buen recaudo, y siempre nos seguían de una parte y otra los enemigos, gritando y apellidando toda aquella tierra, que es muy poblada. Y los de caballo, aunque éramos pocos, arremetíamos y hacíamos poco daño en ellos, porque como por allí era la tierra algo fragosa, se nos acogían a los cerros. Y de esta manera fuimos aquel día por cerca de unas lagunas[182], hasta que llegamos a una población buena, donde pensamos hacer algún reencuentro con los del pueblo, y como llegamos lo desampararon, y se fueron a otras poblaciones que estaban por allí a la redonda.

Y allí estuve aquel día, y otro, porque la gente, así heridos como los sanos, venían muy cansados y fatigados y con mucha hambre y sed. Y los caballos asimismo traíamos bien cansados, y porque allí hallamos algún maíz, que comimos y llevamos por el camino, cocido y tostado. Y otro día nos parti-

---

[182] Estas lagunas son las Zumpango, Xaltocan y San Cristóbal.

mos, y siempre acompañados de gente de los contrarios, y por la delantera y rezaga nos acometían gritando y haciendo algunas arremetidas, y seguimos nuestro camino por donde el indio tascaltecal nos guiaba, por el cual llevábamos mucho trabajo y fatiga, porque nos convenía ir muchas veces fuera de camino. Y ya que era tarde, llegamos a un llano donde había unas casas pequeñas donde aquella noche nos aposentamos, con harta necesidad de comida.

Y otro día, luego por la mañana, comenzamos a andar, y aún no éramos salidos al camino, cuando ya la gente de los enemigos nos seguía por la rezaga, y escaramuzando con ellos llegamos a un pueblo grande, que estaba dos leguas de allí, y a la mano derecha de él estaban algunos indios encima de un cerro pequeño. Y creyendo de los tomar, porque estaban muy cerca del camino, y también por descubrir si había más gente de la que parecía, detrás del cerro, me fui con cinco de caballo y diez o doce peones, rodeando el dicho cerro, y detrás de él estaba una gran ciudad de mucha gente, con los cuales peleamos tanto, que, por ser la tierra donde estaba, algo áspera de piedras, y la gente mucha y nosotros pocos, nos convino retraer al pueblo donde los nuestros estaban; y de allí salí yo muy mal herido en la cabeza de dos pedradas. Y después de me haber atado las heridas, hice salir los españoles del pueblo porque me pareció que no era aposento seguro para nosotros. Y así caminando, siguiéndonos todavía los indios en harta cantidad, los cuales pelearon con nosotros tan reciamente que hirieron cuatro o cinco españoles y otros tantos caballos, y nos mataron un caballo, que aunque Dios sabe cuánta falta nos hizo y cuánta pena recibimos con habérnosle muerto, porque no teníamos después de Dios otra seguridad sino la de los caballos, nos consoló su carne, porque la comimos sin dejar cuero ni otra cosa de él, según la necesidad que traíamos. Porque después que de la gran ciudad salimos ninguna otra cosa comimos sino maíz tostado y cocido, y esto no todas veces ni abasto, y yerbas que cogíamos del campo.

Y viendo que de cada día sobrevenía más gente y más recia, y nosotros íbamos enflaqueciendo, hice aquella noche que los heridos y dolientes, que llevábamos a las ancas de los caballos y a cuestas, hiciesen maletas y otras maneras de ayudas como se pudiesen sostener y andar, porque los caballos y españoles sanos estuviesen libres para pelear. Y pareció que el Espíritu Santo me alumbró con este aviso, según lo que a otro día siguiente sucedió, que habiendo partido en la mañana de este aposento y siendo apartados legua y media de él, yendo por mi camino, salieron al encuentro mucha cantidad de indios, y tanta, que por la delantera, lados ni rezaga, ninguna cosa de los campos que se podían ver, había de ellos vacía. Los cuales pelearon con nosotros tan fuertemente por todas partes, que casi no nos conocíamos unos a otros, tan juntos y envueltos andaban con nosotros, y cierto creímos ser aquel el último de nuestros días, según el mucho poder de los indios y la poca resistencia que en nosotros hallaban, por ir, como íbamos, muy cansados y casi todos heridos y desmayados de hambre. Pero quiso Nuestro Señor mostrar su gran poder y misericordia con nosotros, que, con toda nuestra flaqueza, quebrantamos su gran orgullo y soberbia, en que murieron muchos de ellos y muchas personas muy principales y señaladas, porque eran tantos, que los unos a los otros se estorbaban que no podían pelear ni huir. Y con este trabajo fuimos mucha parte del día, hasta que quiso Dios que murió una persona tan principal de ellos, que con su muerte cesó toda aquella guerra[183].

Así fuimos algo más descansados, aunque todavía mordiéndonos, hasta una casa pequeña que estaba en el llano, adonde por aquella noche nos aposentamos. Y en el campo y ya desde allí se apercibían ciertas sierras de la provincia de Tascaltecal, de que no poca alegría allegó a nuestro corazón, porque ya conocíamos la tierra y sabíamos por dónde habíamos de ir, aunque no estábamos muy satisfechos de hallar los naturales de la dicha provincia seguros y por nuestros amigos, porque creíamos que viéndonos ir tan desbaratados quisieran ellos dar fin a nuestras vidas, por cobrar la libertad que antes tenían. El cual pensamiento y sospecha nos puso en tanta aflicción cuanta traíamos viniendo peleando con los de Culúa.

---

[183] Se refiere a la que se conoce como batalla de Otumba.

El día siguiente, siendo ya claro, comenzamos a andar por un camino muy llano que iba derecho a la dicha provincia de Tascaltecal, por el cual nos siguió muy poca gente de los contrarios, aunque había muy cerca de él muchas gentes y grandes poblaciones, puesto que de algunos cerrillos y en la rezaga, aunque lejos, todavía nos gritaban. Y así salimos este día, que fue domingo a 8 de julio, de toda la tierra de Culúa, y llegamos a tierra de la dicha provincia de Tascaltecal, a un pueblo de ella que se dice Hueyotlipan[184] de hasta tres o cuatro mil vecinos, donde de los naturales de él fuimos muy bien recibidos, y reparados en algo de la gran hambre y cansancio que traíamos, aunque muchas de las provisiones que nos daban eran por nuestros dineros, y aunque no querían otro sino de oro y éranos forzados dárselos por la mucha necesidad en que nos veíamos. En este pueblo estuve tres días, donde me vinieron a ver y hablar Magiscazin y Singutecal y todos los señores de la dicha provincia y algunos de la de Huajocingo[185], los cuales mostraron mucha pena por lo que nos había acaecido, y trabajaron de me consolar diciéndome que muchas veces ellos me habían dicho que los de Culúa eran traidores, y que me guardase de ellos, y que no lo había querido creer; pero que pues yo había escapado vivo, que me alegrase, que ellos me ayudarían hasta morir para satisfacerme del daño que aquéllos me habían hecho, porque, demás de les obligar a ello ser vasallos de vuestra alteza, se dolían de muchos hijos y hermanos que en mi compañía les habían muerto y de otras muchas injurias que los tiempos pasados de ellos habían recibido. Y que tuviese por cierto que me serían muy ciertos y verdaderos amigos hasta la muerte. Y que pues yo venía herido, y todos los demás de mi compañía estaban muy trabajados, que nos fuésemos a la ciudad, que está cuatro leguas de este pueblo, y que allí descansaríamos y nos curarían y nos repararían de nuestro trabajo y cansancio. Yo se lo agradecí y acepté su ruego, y les di algunas pocas cosas de joyas que se habían escapado, de que fueron muy contentos. Y me fui con ellos a la dicha ciudad, donde asimismo hallamos buen reci-

---

[184] Gualipán, Bualipian.
[185] Guasucingo.

bimiento. Y Magiscazin me trajo una cama de madera encasada, con alguna ropa de la que ellos tienen, en que durmiese, porque ninguna trajimos. Y a todos hizo reparar de lo que él tuvo y pudo.

Aquí en esta ciudad había dejado ciertos enfermos cuando pasé a la de Temixtitan, y ciertos criados míos con plata y ropas mías y otras cosas de casa y provisiones que yo llevaba, por ir más desocupado si algo se nos ofreciese. Y se perdieron todas las escrituras y autos que yo había hecho con los naturales de estas partes y quedando asimismo toda la ropa de los españoles que conmigo iban sin llevar otra cosa más de lo que llevaban vestido, con sus capas. Y supe cómo había venido otro criado mío de la Villa de la Vera Cruz, que traía mantenimientos y cosas para mí, y con él cinco de caballo y cuarenta y cinco peones. El cual había llevado asimismo consigo a los otros que yo allí había dejado con toda la plata y ropa y otras cosas, así mías como de mis compañeros, con siete mil pesos de oro fundido que yo había dejado allí en dos cofres, sin otras joyas, y más otros catorce mil pesos de oro en piezas que en la provincia de Tuchitebeque se habían dado a aquel capitán que yo enviaba a hacer el pueblo de Guasacualco, y otras muchas cosas que valían más de treinta mil pesos de oro. Y que los indios de Culúa los habían muerto en el camino a todos, y tomado lo que llevaban. Y asimismo supe que habían muerto otros muchos españoles por los caminos, los cuales iban a la dicha ciudad de Temixtitan, creyendo que yo estaba en ella pacífico, y que los caminos estaban, como yo antes los tenía, seguros. De que certifico a vuestra majestad que hubimos todos tanta tristeza que no pudo ser más, porque allende de la pérdida de estos españoles y de los demás que se perdió, fue renovarnos las muertes y pérdidas de los españoles que en la ciudad y puentes de ella y en el camino nos habían muerto; en especial que me puso en mucha sospecha que asimismo hubiesen dado en los de la villa de la Vera Cruz, y que los que tuviésemos por amigos, sabiendo nuestro desbarato se hubiesen rebelado. Y luego despaché, para saber la verdad, ciertos mensajeros, con algunos indios que los guiaron, a los cuales les mandé que fuesen fuera de camino hasta llegar a la dicha villa, y que muy brevemente me hicieren saber lo que allá pasaba. Quiso Nuestro Señor que a los españoles hallaron muy buenos y a los naturales de la tierra muy seguros. Lo cual sabido, fue harto reparo de nuestra pérdida y tristeza, aunque para ellos fue muy mala nueva saber nuestro suceso y desbarato.

En esta provincia de Tascaltecal estuve veinte días curándome de las heridas que traía, porque con el camino y mala cura se me había empeorado mucho, en especial las de la cabeza, y haciendo curar asimismo a los de mi compañía que estaban heridos. Algunos murieron, así de las heridas como del trabajo pasado, y otros quedaron mancos y cojos, porque traían muy malas heridas, y para se curar había muy poco refrigerio. Y yo asimismo quedé manco de dos dedos de la mano izquierda.

Viendo los de mi compañía que eran muertos muchos, y que los que restaban quedaban flacos y heridos y atemorizados de los peligros y trabajos en que se habían visto, y temiendo los por venir, que estaban a razón muy cercanos, fui por muchas veces requerido que me fuese a la Villa de la Vera Cruz, y que allí nos haríamos fuertes antes que los naturales de la tierra, que teníamos por amigos, viendo nuestro desbarato y pocas fuerzas se confederasen con los enemigos, y nos tomasen los puertos que habíamos de pasar, y diesen en nosotros por una parte y por otra en los de la Villa de la Vera Cruz, y que estando todos juntos, y allí los navíos, estaríamos más fuertes y nos podríamos mejor defender, aunque nos acometiesen, hasta tanto que enviásemos por socorro a las islas. Y yo, viendo que mostrar a los naturales poco ánimo, en especial a nuestros amigos, era causa de más aína dejarnos y ser contra nosotros, acordándome que siempre a los osados ayuda la fortuna, y que éramos cristianos y confiando en la grandísima bondad y misericordia de Dios, que no permitiría que del todo pereciésemos, y se perdiese tanta y tan noble tierra como para vuestra majestad estaba pacífica y en punto de se pacificar, ni se dejase de hacer tan gran servicio como se hacía en continuar la guerra, por cuya causa se había de seguir la pacificación de la tierra como antes estaba, me determiné de por ninguna manera bajar los puertos hacia la mar. Antes pospuesto todo trabajo y peligro que se nos pudiesen ofrecer, les dije que yo no había de desamparar esta tierra, porque en ello me parecía que, demás de ser vergonzoso a mi persona, y a todos muy peligroso, a vuestra majestad hacíamos muy gran traición. Y que me determinaba de por todas las partes que pudiese, volver sobre los enemigos, y ofenderlos por cuantas vías a mí fuese posible.

Y habiendo estado en esta provincia veinte días, aunque ni yo estaba muy sano de mis heridas, y los de mi compañías todavía bien flacos, salí de ella para otra que se dice Tepeaca, que era de la liga y consorcio de los de Culúa, nuestros enemigos; de donde estaba informado que habían muerto diez o doce españoles que venían de la Vera Cruz a la gran ciudad, porque por allí es el camino. La cual dicha provincia de Tepeaca confina y parte términos con la de Tascaltecal y Cholula, porque es muy gran provincia. Y en entrando por tierra de la dicha provincia, salió mucha gente de los naturales de ella a pelear con nosotros, y pelearon y nos defendieron la entrada cuanto a ellos fue posible, poniéndose en los pasos fuertes y peligrosos. Y por no dar cuenta de todas las particularidades que nos acaecieron en esta guerra, que sería prolijidad, no diré sino que, después de hechos los requerimientos para que viniesen a obedecer los requerimientos que de parte de vuestra majestad se les hacían acerca de la paz, no los quisieron cumplir, y les hicimos la guerra, y pelearon muchas veces con nosotros, y con la ayuda de Dios y de la real ventura de vuestra alteza siempre los desbaratamos, y matamos muchos, sin que en toda la dicha guerra me matasen ni hiriesen ni un español. Y aunque, como he dicho, esta dicha provincia es muy grande, en obra de veinte días hube pacíficas muchas villas y poblaciones a ella sujetas, y los señores y principales de ellas han venido a se ofrecer y dar por vasallos de vuestra majestad, y demás de esto, he echado de todas ellas muchos de los de Culúa que habían venido de esta provincia a favorecer a los naturales de ella para nos hacer guerra, y aun estorbarles que por fuerza ni por grado no fuesen nuestros amigos. Por manera que hasta ahora he tenido en qué entender en esta guerra, y aun todavía no es acabada, porque aún me quedan algunas villas y poblaciones que pacificar, las cuales, con ayuda de Nuestro Señor, presto estarán como estas otras, sujetas al real dominio de vuestra majestad.

En cierta parte de esta provincia, que es donde mataron aquellos diez españoles, porque los naturales de allí siempre estuvieron muy de guerra y muy rebeldes, y por fuerza de armas se tomaron, hice ciertos esclavos, de que se dio el quinto a los oficiales de vuestra majestad. Porque, demás de haber muerto a los dichos españoles y rebeládose contra el servicio de vuestra alteza, comen todos carne humana, por cuya notoriedad no envío a vuestra majestad probanza de ellos. Y también me movió a hacer los dichos esclavos por poner algún espanto a los de Culúa, y porque también hay tanta gente, que si no se hiciese grande el castigo y cruel en ellos, nunca se enmendarían jamás. En esta guerra nos anduvimos con ayuda de los naturales de la provincia de Tascaltecal y Cholula y Huajocingo, donde han bien confirmado la amistad con nosotros, y tenemos mucho concepto que servirán siempre como leales vasallos de vuestra alteza.

Estando en esta provincia de Tepeaca haciendo esta guerra, recibí cartas de la Vera Cruz, por las cuales me hacían saber cómo allí al puerto de ella habían llegado dos navíos de los de Francisco de Garay, desbaratados; que, según parece, él había tornado a enviar con más gente a aquel río grande de que yo hice relación a vuestra alteza, y que los naturales de ella habían peleado con ellos, y les habían muerto diez y siete o diez y ocho cristianos y herido otros muchos. Asimismo les habían muerto siete caballos, y que los españoles que quedaron se habían entrado a nado en los navíos, y se habían escapado por buenos pies; que el capitán y todos ellos venían muy perdidos y heridos, y que el teniente que yo había dejado en la villa los había recibido muy bien y hecho curar. Y por que mejor pudiesen convalecer, habían enviado cierta parte de los dichos españoles a tierra de un señor nuestro amigo, que está cerca de allí, donde eran bien proveídos. De lo cual todo nos pesó tanto como de nuestros trabajos pasados; y por ventura no les acaeciera este desbarato si la otra vez ellos vinieran a mí, como ya he hecho relación a vuestra alteza. Porque como yo estaba muy informado de todas las cosas de estas partes, pudieran haber de mí tal aviso por donde no les acaeciera lo que les sucedió; especialmente que el señor de aquel río y tierra, que se dice Pánuco, se había dado por vasallo de vuestra majestad, en cuyo reconocimiento me había enviado a la ciudad de Temixtitan, con sus mensajeros, ciertas cosas, como ya he dicho. Yo he escrito a la dicha villa que si el capitán del dicho Francisco de Garay y su gente se quisiesen ir, les den favor, y les ayuden para se despachar ellos y sus navíos.

Después de haber pacificado lo que de toda esta provincia de Tepeaca se pacificó y sujetó al real servicio de vuestra alteza, los oficiales de vuestra majestad y yo platicamos muchas veces la orden que se debía tener en la seguridad de esta provincia. Y viendo cómo los naturales de ella, habiéndose dado por vasallos de vuestra alteza, se habían rebelado y muerto los españoles, y cómo están en el camino y paso por donde la contratación de todos los puertos de la mar es para la tierra adentro, y considerando que si esta dicha provincia se dejase sola, como de antes, los naturales de la tierra y señorío de Culúa, que están cerca de ellos, los tornarían a inducir y atraer a que otra vez se levantasen y rebelasen, de donde se seguiría mucho daño e impedimento a la pacificación de estas partes y al servicio de vuestra alteza, y cesaría la dicha contratación, mayormente que para el camino de la costa de la mar no hay más de dos puertos muy agros y ásperos, que confinan con esta provincia, y los naturales de ella los podrían defender con poco trabajo suyo, y así por esto como por otras razones y causas muy convenientes, nos pareció que para evitar lo ya dicho se debía de hacer en esta dicha provincia de Tepeaca una villa en la mejor parte de ella, adonde concurriesen las calidades necesarias para los pobladores de ella. Y poniéndolo en efecto, yo, en nombre de vuestra majestad, puse su nombre a la dicha villa, Segura de la Frontera, y nombre de alcaldes y regidores y otros oficiales, conforme a lo que se acostumbra. Y por más seguridad de los vecinos de esta villa, en el lugar donde la señalé se ha comenzado a traer materiales para hacer la fortaleza porque aquí los hay buenos, y se dará en ella toda la prisa que sea más posible.

Estando escribiendo esta relación vinieron a mí ciertos mensajeros del señor de una ciudad que está cinco leguas de esta provincia, que se llama Huaquechula[186], y es a la entrada

---

[186] Guacachula, en el estado de Puebla.

de un puerto que se pasa para entrar a la provincia de México por allí. Los cuales de parte del dicho señor me dijeron que, porque ellos pocos días ha habían venido a mí a dar la obediencia que a vuestra sacra majestad debían, y se habían ofrecido por sus vasallos, y que por que yo no los culpase, creyendo que por su consentimiento era, me hacían saber cómo en la dicha ciudad estaban aposentados ciertos capitanes de Culúa, y que en ella y a una legua de ella estaban treinta mil hombres en guarnición, guardando aquel puerto y paso para que no pudiésemos pasar por él, y también para defender que los naturales de la dicha ciudad ni de otras provincias a ellas comarcanas sirviesen a vuestra alteza ni fuesen nuestros amigos. Y que algunos hubieran venido a se ofrecer a su real servicio si aquéllos no lo impidiesen. Y que me lo hacían saber para que lo remediase, porque demás del impedimento que era a los que buena voluntad tenían, los de la dicha ciudad y todos los comarcanos recibían mucho daño. Porque, como estaba mucha gente junta y de guerra, eran muy agraviados y maltratados, y les tomaban sus mujeres y haciendas y otras cosas; y que viese yo qué era lo que mandaba que ellos hiciesen, y que dándoles favor, ellos lo harían. Y luego, después de les haber agradecido su aviso y ofrecimiento, les di trece de caballo y doscientos peones que con ellos fuesen, y hasta treinta mil indios de nuestros amigos. Y fue el concierto que los llevarían por partes que no fuesen sentidos, y que después que llegase junto a la ciudad el señor y los naturales de ella, y los demás sus vasallos y valedores, estarían apercibidos y cercarían los aposentos donde los capitanes estaban aposentados, y los prenderían y matarían antes que la gente los pudiese socorrer. Y que cuando la gente viniese, ya los españoles estarían dentro de la ciudad, y pelearían con ellos y los desbaratarían.

Idos ellos y los españoles, fueron por la ciudad de Cholula y por alguna parte de la provincia de Huajocingo, que confina con la tierra de esta ciudad de Huaquechula, hasta cuatro leguas de ella. Y en un pueblo de la dicha provincia de Huajocingo, dijo que dijeron a los españoles que los naturales de esta provincia estaban confederados con los de Huaquechula y con los de Culúa para que debajo de aquella cautela llevasen a los españoles a la dicha ciudad, y que allá todos juntos diesen en los dichos españoles y les matasen. Y como aún no del todo era salido el temor que los de Culúa en su ciudad y en su tierra nos pusieron, puso espanto esta información a los españoles, y el capitán que yo enviaba con ellos hizo sus pesquisas como lo supo entender, y prendieron todos aquellos señores de Huajocingo que iban con ellos, y a los mensajeros de la ciudad de Huaquechula, y presos, con ellos se volvieron a la ciudad de Cholula, que está cuatro leguas de allí, y desde allí me enviaron todos los presos con cierta gente de caballo y peones, con la información que habían habido. Y demás de esto me escribió el capitán que los nuestros estaban atemorizados y que le parecía que aquella jornada era muy dificultosa. Llegados los presos les hablé con las lenguas que yo tengo, y habiendo puesto toda diligencia para saber la verdad, pareció que no los había el capitán bien entendido. Y luego los mandé soltar y los satisfice con que creía que aquéllos eran leales vasallos de vuestra sacra majestad, y que yo quería ir en persona a desbaratar aquellos de Culúa. Y por no mostrar flaqueza ni temor a los naturales de la tierra, así a los amigos como a los enemigos, me pareció que no debía cesar la jornada comenzada. Y por quitar algún temor del que los españoles tenían, determiné de dejar los negocios y despacho para vuestra majestad, en que entendía, y a la hora me partí a la mayor prisa que pude, y llegué aquel día a la ciudad de Cholula, que está ocho leguas de esta villa, donde hallé a los españoles, que todavía se afirmaban ser cierta la traición.

Y otro día fui a dormir al pueblo de Huajocingo, donde los señores habían sido presos. El día siguiente, después de haber concertado con los mensajeros de Huaquechula el por dónde y cómo habíamos de entrar en la dicha ciudad, me partí para ella una hora antes que amaneciese, y fui sobre ella casi a las diez del día. Y a media legua me salieron al camino ciertos mensajeros de la dicha ciudad, y me dijeron cómo estaba todo muy bien proveído y a punto, y que los de Culúa no sabían nada de nuestra venida, porque ciertas espías que ellos tenían en los caminos, los naturales de la dicha ciudad las habían prendido, y asimismo habían hecho a otros que los capitanes de Culúa enviaban a se asomar por las cercas y torres de la ciudad a descubrir el campo, y que a esta causa de toda la gente de los contrarios estaba muy descuidada, creyendo que tenían recaudo en sus velas y escuchas. Por tanto, que llegase, que no podía ser sentido. Y así, me di mucha prisa por llegar a la ciudad sin ser sentido, porque íbamos por un llano donde desde allá nos podrían bien ver.

Y según pareció, como de los de la ciudad fuimos vistos, viendo que tan cerca estábamos, luego cercaron los aposentos donde los dichos capitanes estaban, y comenzaron a pelear con los demás que por la ciudad estaban repartidos. Y cuando yo llegué a un tiro de ballesta de la dicha ciudad ya me traían hasta cuarenta prisioneros, y todavía me di prisa a entrar. Dentro en la ciudad andaba muy gran grita por todas las calles. Peleando con los contrarios, y guiado por un natural de la dicha ciudad, llegué al aposento donde los capitanes estaban, el cual hallé cercado de más de tres mil hombres que peleaban por entrarles por la puerta, y les tenían tomados los altos y azoteas. Los capitanes y la gente que con ellos se halló, peleaban tan bien y esforzadamente, que no les podían entrar el aposento, puesto que eran pocos. Porque, demás de pelear ellos como valientes hombres, el aposento era muy fuerte. Y como yo llegué luego entramos, y entró tanta gente de los naturales de la ciudad, que en ninguna manera los podíamos socorrer, que muy brevemente no fuesen muertos.

Porque yo quisiera tomar algunos a vida, para me informar de las cosas de la gran ciudad y de quién era señor después de la muerte de Moctezuma, y de otras cosas. Y no pude tomar sino a uno más muerto que vivo, del cual me informé, como adelante diré.

Por la ciudad mataron muchos de ellos que en ella estaban aposentados. Y los que estaban vivos cuando yo en la ciudad entré, sabiendo mi venida, comenzaron a huir hacia donde estaba la gente que tenían en guarnición, y en el alcance asimismo murieron muchos. Y fue tan presto oído y sabido este tumulto por la dicha gente de la guarnición, porque estaban en un alto que sojuzgaba toda la ciudad y lo llano del derredor, que casi a una sazón llegaron los que salían huyendo de la dicha ciudad y la gente que venía en socorro y a ver qué cosa era aquélla. Los cuales eran más de treinta mil hombres y la más lúcida gente que hemos visto, porque traían muchas joyas de oro y plata y plumajes. Y como es grande la ciudad, comenzaron a poner fuego en ella por aquella parte por do entraban. Lo cual fue muy presto hecho saber por los naturales, y salí con sola la gente de caballo, porque los peones estaban ya muy cansados, y rompimos por ellos, y retrajéronse a un paso, el cual les ganamos, y salimos tras ellos, alcanzando muchos por una cuesta arriba muy agra, y tal, que cuando acabamos de encumbrar la sierra, ni los enemigos ni nosotros podíamos ir atrás ni adelante. Y así cayeron muchos de ellos muertos y ahogados del calor, sin herida ninguna, y dos caballos se ancaron y el uno murió. Y de esta manera hicimos mucho daño, porque ocurrieron muchos indios de los amigos nuestros, y como iban descansados, y los contrarios casi muertos, mataron muchos. Por manera que en poco rato estaba el campo vacío de los vivos, aunque de los muertos algo ocupado. Y llegamos a los aposentos y albergues que tenían hechos en el campo nuevamente, que en tres partes que estaban, parecían cada una de ellas una razonable villa, porque, demás de la gente de guerra, tenían mucho aparato de servidores y fornecimiento para su real, porque, según después supe, en ellos había personas principales. Lo cual fue todo despojado y quemado por los indios nuestros amigos, y certifico a vuestra sacra majestad que había ya juntos de los dichos nuestros amigos más de cien mil hombres. Y con esta victoria, habiendo echado todos los enemigos de la tierra, hasta los pasar allende unas puentes y malos pasos que ellos tenían, nos volvimos a la ciudad, donde de los naturales fuimos bien recibidos y aposentados, y descansamos en la dicha ciudad tres días, de que teníamos bien necesidad.

En este tiempo vinieron a se ofrecer al real servicio de vuestra majestad los naturales de una población grande que está encima de aquellas sierras, dos leguas de donde el real de los enemigos estaba, y también al pie de la sierra, donde he dicho que sale aquel humo, que se llama esta dicha población Ocuituco[187]. Y dijeron que el señor que allí tenían se había ido con los de Culúa al tiempo que por allí los habíamos corrido, cre-

---

[187] Ocupatuyo.

yendo que no paráramos hasta su pueblo, y que muchos días había que ellos quisieran mi amistad, y haber venido a se ofrecer por vasallos de vuestra majestad, sino que aquel señor no los dejaba ni había querido, puesto que ellos muchas veces se lo habían requerido y dicho. Y que ahora querían servir a vuestra alteza. Y que allí había quedado un hermano del dicho señor, el cual siempre había sido de su opinión y propósito, y ahora asimismo lo era. Y que me rogaban que tuviese por bien que aquél sucediese en el señorío, y que aunque el otro volviese, que no consintiese que por señor fuese recibido, y que ellos tampoco lo recibirían. Y yo les dije que por haber sido hasta allí de la liga y parcialidad de los de Culúa, y se haber rebelado contra el servicio de vuestra majestad, eran dignos de mucha pena, y que así tenía pensado de la ejecutar en sus personas y haciendas, pero que pues habían venido, y decían que la causa de su rebelión y alzamiento había sido aquel señor que tenían, que yo, en nombre de vuestra majestad, les perdonaba el yerro pasado, y los recibía y admitía a su real servicio, y que los apercibía que si otra vez semejante yerro cometiesen, serían punidos y castigados, y que si leales vasallos a vuestra alteza fuesen, serían de mí, en su real nombre, muy favorecidos y ayudados. Y así lo prometieron.

Esta ciudad de Huaquechula está asentada en un llano, arrimada por la una parte a unos muy altos y ásperos cerros, y por la otra todo el llano la cercan dos ríos, dos tiros de ballesta el uno del otro, que cada uno tiene muy altas y grandes barrancas. Y tanto, que para la ciudad hay por ellos muy pocas entradas, y las que hay son ásperas de bajar y subir, que apenas las pueden bajar y subir cabalgando. Y toda la ciudad está cercada de muy fuerte muro de cal y canto, tan alto como cuatro estados por de fuera de la ciudad, y por de dentro está casi igual con el suelo. Y por toda la muralla va su petril tan alto como medio estado. Para pelear tiene cuatro entradas tan anchas como uno puede entrar a caballo, y hay en cada entrada tres o cuatro vueltas de la cerca, que encabalga en un lienzo en el otro; y hacia a aquellas vueltas hay también encima de la muralla su petril para pelear. En toda la cerca tienen mucha cantidad de piedras grandes y pequeñas y de todas maneras con que pelean. Será esta ciudad de hasta cinco o seis mil vecinos, y tendrá de aldeas a ella sujetas otras tantas y más. Tiene muy gran sitio, porque de dentro de ella hay muchas huertas y frutas y olores a su costumbre.

Y después de haber reposado en esta dicha ciudad tres días, fuimos a otra ciudad que se dice Izzucan[188], que está cuatro leguas de ésta de Huaquechula, porque fui informado que en ella asimismo había mucha gente de los de Culúa en guarnición, y que los de la dicha ciudad y otras villas y lugares sus sufragáneos, eran y se mostraban muy parciales de los de Culúa, porque el señor de ella era su natural, y aun pariente de Moctezuma. Iba en mi compañía tanta gente de los naturales de la tierra, vasallos de vuestra majestad, que casi cubrían los campos y sierras que podíamos alcanzar a ver. Y de verdad había más de ciento y veinte mil hombres. Y llegamos sobre la dicha ciudad de Izzucan a hora de las diez, y estaba despoblada de mujeres y de gente menuda, y había en ella hasta cinco o seis mil hombres de guerra muy bien aderezados. Y como los españoles llegamos delante, comenzaron algo a defender su ciudad. Pero en poco rato la desampararon, porque por la parte que fuimos guiados para entrar en ella estaba razonable entrada. Seguímoslos por toda la ciudad hasta los hacer saltar por encima de los adarves de un río que por la otra parte la cerca toda, del cual tenían quebradas las puentes, y nos detuvimos algo en pasar, y seguimos el alcance hasta legua y media más en que creo se escaparon pocos de aquellos que allí quedaron.

Vueltos a la ciudad, envié dos de los naturales de ella, que estaban presos, a que hablasen a las personas principales de la dicha ciudad, porque el señor de ella se había también ido con los de Culúa que estaban allí en guarnición, para que los hiciese volver a su ciudad. Y que yo les prometía en nombre de vuestra majestad, que siendo ellos leales vasallos de vuestra alteza, de allí adelante serían de mí muy bien tratados, y perdonados de la rebelión y yerro pasado. Los dichos naturales fueron, y dende a tres días vinieron algunas personas principales y pidieron perdón de su yerro, diciendo que no habían

---

[188] Izcucan, Itzocan, Itzyocan.

podido más, porque habían hecho lo que su señor les mandó, y que ellos prometían de ahí adelante, pues su señor se había ido y dejádolos, de servir a vuestra majestad muy bien y lealmente. Yo les aseguré y dije que se viniesen a sus casas, y trajesen sus mujeres e hijos, que estaban en otros lugares y villas de su parcialidad. Y les dije que hablasen asimismo a los naturales de ellas para que viniesen a mí y que yo les perdonaba lo pasado, y que no quisiesen que yo hubiese de ir sobre ellos, porque recibirían mucho daño, de lo cual me pesaría mucho, y así fue hecho.

De ahí a dos días se tornó a poblar la dicha ciudad de Izzucan, y todos los sufragáneos a ella vinieron a se ofrecer por vasallos de vuestra alteza, y quedó toda aquella provincia muy segura, y por nuestros amigos y confederados con los de Huaquechula. Porque hubo cierta diferencia sobre a quién pertenecía el señorío de aquella ciudad y provincia de Izzucan por ausencia del que se había ido a México. Y puesto que hubo algunas contradicciones y parcialidades entre un hijo bastardo del señor natural de la tierra, que había sido muerto por Moctezuma, y puesto el que a la sazón era, y casádole con una sobrina suya, y entre un nieto del dicho señor natural, hijo de su hija legítima, la cual estaba casada con el señor de Huaquechula, y habían habido aquel hijo, nieto del dicho señor natural de Izzucan, se acordó entre ellos que heredase el señorío aquel hijo del señor de Huaquechula, que venía de legítima línea de los señores de allí. Y puesto que el otro fuese hijo, que por ser bastardo no debía de ser señor, así quedó, y obedecieron en mi presencia a aquel muchacho, que es de edad de hasta diez años, y que por no ser de edad para gobernar, que aquel su tío bastardo y otros tres principales, uno de la ciudad de Huaquechula y los dos de Izzucan, fuesen gobernadores de la tierra y tuviesen al muchacho en su poder hasta tanto que fuese de edad para gobernar.

Esta ciudad de Izzucan será de hasta tres o cuatro mil vecinos; es muy concertada en sus calles y tratos. Tenía cien casas de mezquitas y oratorios muy fuertes con sus torres, las cuales todas se quemaron. Está en un llano a la falda de un cerro mediano, donde tiene una muy buena fortaleza, y por la otra parte de hacia el llano está cercada de un hondo río que pasa junto a la cerca, y está cercada de la barranca del río, que es muy alta, y sobre la barranca hecho un petril toda la ciudad en torno, tan alto como un estado. Tenía por toda esta cerca muchas piedras. Tiene un valle redondo, muy fértil de frutas y algodón, que en ninguna parte de los puertos arriba se hace, por la gran frialdad, y allí es tierra caliente, y cáusalo que está muy abrigado de sierras. Todo este valle se riega por muy buenas acequias, que tiene muy bien sacadas y concertadas.

En esta ciudad estuve hasta la dejar muy poblada y pacífica. Y a ella vinieron asimismo a se ofrecer por vasallos de vuestra majestad el señor de una ciudad que se dice Guajocingo, y el señor de otra ciudad que está a diez leguas de ésta de Izzucan, y son fronteros de la tierra de México. También vinieron de ocho pueblos de la provincia de Oaxaca[189], que es una de que en los capítulos antes de éste hice mención que habían visto los españoles que yo envié a buscar oro a la provincia de Zacatula[190], donde, y en la de Tamazula, porque está junto a ella, dije que había muy grandes poblaciones y casas muy bien obradas, de mejor cantería que en ninguna de estas partes se había visto. La cual dicha provincia de Oaxaca está cuarenta leguas de allí de Izzucan. Y los naturales de los dichos ocho pueblos se ofrecieron asimismo por vasallos de vuestra alteza, y dijeron que otros cuatro que restaban en la dicha provincia vendrían muy presto. Y me dijeron que les perdonase porque antes no habían venido, que la causa había sido no osar por temor de los de Culúa, porque ellos nunca habían tomado armas contra mí, ni habían sido en muerte de ningún español, y que siempre, después que al servicio de vuestra alteza se habían ofrecido, habían sido buenos y leales vasallos suyos en sus voluntades, pero que no las habían osado manifestar por temor de los de Culúa. De manera que puede vuestra alteza ser muy cierto que, siendo Nuestro Señor servido en su real ventura, en muy breve tiempo se tornará a ganar lo perdido o mucha parte de ello, porque de cada día se vienen a ofrecer por vasallos de vuestra majestad de muchas provincias y ciudades que antes eran sujetas a Mocte-

189 Coastoaca, estado de Oaxaca.
190 Zuzula.

zuma, viendo que los que así lo hacen son de mí muy bien recibidos y tratados, y los que al contrario, de cada día destruidos.

De los que en la ciudad de Huaquechula se prendieron, en especial de aquel herido, supe muy por extenso las cosas de la gran ciudad de Temixtitan, y cómo después de la muerte de Moctezuma había sucedido en el señorío un hermano suyo, señor de la ciudad de Ixtapalapa, que se llamaba Cuithahuatzin[191], el cual sucedió en el señorío porque murió en las puentes el hijo de Moctezuma, que heredaba el señorío, y otros dos hijos suyos que quedaron vivos. El uno dijo que es loco y el otro perlático, y a esta causa decían aquéllos que había heredado aquel hermano suyo; y también porque él nos había hecho la guerra, y porque lo tenían por valiente hombre, muy prudente. Supe asimismo cómo se fortalecían, así en la ciudad como en todas las otras de su señorío, y hacían muchas cercas y cavas y fosados, y muchos géneros de armas. En especial supe que hacían lanzas largas como picas para los caballos, y aún ya hemos visto algunas de ellas. Porque en esta provincia de Tepeaca se hallaron algunas con que pelearon, y en los ranchos y aposentos en que la gente de Culúa estaba en Huaquechula se hallaron asimismo muchas de ellas. Otras muchas cosas supe que, por no dar a vuestra alteza importunidad, dejo.

Yo envío a la isla Española cuatro navíos para que luego vuelvan cargados de caballos y gente para nuestro socorro. Y asimismo envío a comprar otros cuatro para que, desde la dicha isla Española y ciudad de Santo Domingo, traigan caballos y armas y ballestas y pólvora, porque esto es lo que en estas partes es más necesario, porque peones y rodeleros aprovechan muy poco solos, por ser tanta cantidad de gente y tener tan fuertes y grandes ciudades y fortalezas, y escribo al licenciado Rodrigo de Figueroa, y a los oficiales de vuestra alteza que residen en la dicha isla, que den para ello todo el favor y ayuda que ser pudiere, porque así conviene mucho al servicio de vuestra alteza y a la seguridad de nuestras personas. Porque viniendo esta ayuda y socorro, pienso volver sobre aquella gran

---

[191] Cuetravaaçin, Cuitláhuac, hermano de Moctezuma.

ciudad y su tierra, y creo, como ya a vuestra majestad he dicho, que en muy breve tornará al estado en que antes yo la tenía, y se restaurarán las pérdidas pasadas. En tanto, yo quedo haciendo doce bergantines para entrar por la laguna, y estáse labrando ya la tablazón y piezas de ellos, porque así se han de llevar por tierra, porque en llegando, luego se liguen y acaben en breve tiempo. Y asimismo se hace clavazón para ellos, y está aparejada pez y estopa, y velas y remos, y las otras cosas para ello necesarias. Y certifico a vuestra majestad que hasta conseguir este fin no pienso tener descanso ni cesar para ello todas las formas y maneras a mí posibles, posponiendo para ello todo el trabajo y peligro y costa que se me puede ofrecer.

Habrá dos o tres días que por carta del teniente que en mi lugar está en la Villa de la Vera Cruz, supe cómo al puerto de la dicha villa había llegado una carabela pequeña con hasta treinta hombres de mar y tierra, que dijo que venía en busca de la gente que Francisco de Garay había enviado a esta tierra, de que ya a vuestra alteza he hecho relación, y cómo había llegado con mucha necesidad de bastimentos; y tanta, que si no hubieran hallado allí socorro se murieran de sed y hambre. Supe de ellos cómo habían llegado al río de Pánuco, y estado en él treinta días surtos, y no habían visto gente en todo el río ni tierra, de donde se cree que a causa de lo que allí sucedió se ha despoblado aquella tierra. Y asimismo dijo la gente de la dicha carabela que luego tras ellos habían de venir otros dos navíos del dicho Francisco de Garay con gentes y caballos, y que creían que eran ya pasados la costa abajo, y parecióme que cumplía al servicio de vuestra alteza, porque aquellos navíos y gente que en ellos iba no se pierda, y yendo desproveídos de aviso de las cosas de la tierra, los naturales no hiciesen en ellos más daño de lo que en los primeros hicieron, enviar la dicha carabela en busca de los dos navíos para que los avisen de lo pasado, y se viniesen al puerto de la dicha villa, donde el capitán que envió el dicho Francisco de Garay primero estaba esperándoles. Plega a Dios que los halle y a tiempo que no hayan salido a tierra, porque según los naturales ya estaban sobre aviso, y los españoles sin él, temo recibirían mucho daño, y de ello Dios Nuestro Señor y vuestra alteza serían muy deservidos, porque sería encarnar más aquellos perros de lo que están encarnados, y darles más ánimo y osadía para acometer a los que adelante fueren.

En un capítulo antes de éstos he dicho cómo había sabido que por muerte de Moctezuma habían alzado por señor a su hermano, que se dice Cuithahuatzin, el cual aparejaba muchos géneros de armas y se fortalecía en la gran ciudad y en otras ciudades cerca de la laguna. Y ahora de poco acá he asimismo sabido que el dicho Cuithahuatzin ha enviado sus mensajeros por todas las tierras y provincias y ciudades sujetas a aquel señorío, a decir y certificar a sus vasallos que él les hace gracia por un año de todos los tributos y servicios que son obligados a le hacer, y que no le den ni le paguen cosa alguna, con tanto que por todas las maneras que pudiesen hiciesen muy cruel guerra a todos los cristianos hasta los matar o echar de toda la tierra. Y que asimismo le hiciesen a todos los naturales que fuesen nuestros amigos y aliados. Y aunque tengo esperanza en Nuestro Señor que en ninguna cosa saldrán con su intención y propósito, hállome en muy extrema necesidad para socorrer y ayudar a los indios nuestros amigos, porque cada día vienen de muchas ciudades y villas y poblaciones a pedir socorro contra los indios de Culúa, sus enemigos y nuestros, que les hacen cuanta guerra pueden, a causa de tener nuestra amistad y alianza, y yo no puedo socorrer a todas partes, como querría. Pero, como digo, placerá a Nuestro Señor, suplir a nuestras pocas fuerzas, y enviará presto el socorro, así el suyo como el que yo envío a pedir a La Española.

Por lo que yo he visto y comprendido acerca de la similitud que toda esta tierra tiene a España, así en la fertilidad como en la grandeza y fríos que en ella hace, y en otras muchas cosas que la equiparan a ella, me pareció que el más conveniente nombre para esta dicha tierra era llamarse la Nueva España[192] del Mar Océano; y así, en nombre de vuestra majestad se le puso este nombre. Humildemente suplico a vuestra alteza lo tenga por bien y mande que se nombre así.

---

[192] Una vez más se trasplanta la toponimia española a la realidad americana, aunque poco se parezcan.

Yo he escrito a vuestra majestad, aunque mal dicho, la verdad de todo lo sucedido en estas partes y aquello que de más necesidad hay de hacer saber a vuestra alteza. Y por otra mía, que va con la presente, envío a suplicar a vuestra real excelencia mande enviar una persona de confianza que haga inquisición y pesquisa de todo e informe a vuestra sacra majestad de ello. También en ésta lo torno humildemente a suplicar, porque en tan señalada merced lo tendré como en dar entero crédito a lo que escribo.

Muy alto y muy excelentísimo príncipe, Dios Nuestro Señor la vida y muy real persona y muy poderoso estado de vuestra sacra majestad conserve y aumente por muy largos tiempos, con acrecentamiento de muy mayores reinos y señoríos, como su real corazón desea. De la villa Segura de la Frontera de esta Nueva España, a 30 de octubre de mil quinientos veinte años. De vuestra sacra majestad muy humilde siervo y vasallo que los muy reales pies y manos de vuestra alteza besa. Hernán Cortés.

BERNAL DÍAZ DEL CASTILLO.
HISTORIA VERDADERA DE LA CONQUISTA
DE LA NUEVA ESPAÑA[193]

Capítulo I

En qué tiempo salí de Castilla, y lo que me acaeció

En el año de 1514 salí de Castilla en compañía del gobernador Pedro Arias de Ávila, que en aquella sazón le dieron la gobernación de Tierra Firme[194]; y viniendo por la mar con

---

[193] Bernal Díaz del Castillo (1495 o 96-1584) nació en Medina del Campo. Tomó parte, junto a Cortés, al que siempre fue fiel, en la conquista de México. Empezó a componer su obra, *Historia verdadera de la conquista de la Nueva España*, en Guatemala, hacia 1545. La redacción le llevó unos 30 años y se publicó en 1632.
[194] Bernal Díaz del Castillo llegó a América hacia 1514, como uno de los hombres que sirvieron al gobernador de Tierra Firme, Pedrarias Dávila. Los datos que el autor da de este episodio como de sus expediciones a México an-

buen tiempo, y otras veces con contrario, llegamos al Nombre de Dios. Y en aquel tiempo hubo pestilencia, de que se nos murieron muchos soldados, y además de esto, todos los más adolecimos, y se nos hacían unas malas llagas en las piernas; y también en aquel tiempo tuvo diferencias el mismo gobernador con un hidalgo que en aquella sazón estaba por capitán y había conquistado aquella provincia, que se decía Vasco Núñez de Balboa, hombre rico, con quien Pedro Arias de Ávila casó en aquel tiempo una su hija doncella con el mismo Balboa. Y después que la hubo desposado, según pareció, y sobre sospechas que tuvo que el yerno se le quería alzar con copia de soldados por la mar del Sur, por sentencia le mandó degollar. Y después que vimos lo que dicho tengo y otras revueltas entre capitanes y soldados, y alcanzamos a saber que era nuevamente ganada la isla de Cuba, y que estaba en ella por gobernador un hidalgo que se decía Diego Velázquez[195], natural de Cuéllar, acordamos ciertos hidalgos y soldados, personas de calidad de los que habíamos venido con el Pedro Arias de Ávila, de demandarle licencia para nos ir a la isla de Cuba, y él nos la dio de buena voluntad, porque no tenía necesidad de tantos soldados como los que trajo de Castilla, para hacer guerra, porque no había qué conquistar; que todo estaba de paz, porque el Vasco Núñez de Balboa, yerno del Pedro Arias de Ávila, lo había conquistado, y la tierra de suyo es muy corta y de poca gente. Y desde que tuvimos la licencia, nos embarcamos en buen navío. Y con buen tiempo, llegamos a la isla de Cuba, y fuimos a besar las manos al gobernador de ella, y nos mostró mucho amor y prometió que nos daría indios de los primeros que vacasen. Y como se habían pasado ya tres años, así en lo que estuvimos en Tierra-Firme como en lo que estuvimos en la isla de Cuba aguardando a que nos depositase algunos indios, como nos había prometi-

tes de Cortés son dudosos y confusos. Lo que sí es cierto es que participó con Cortés en la caída de Tenochtitlán y que con él fue, posteriormente, a Honduras.

[195] En la primera relación de Cortés, éste detalla su ruptura con el gobernador de Cuba, Diego de Velázquez. Bernal Díaz del Castillo fue siempre fiel a Cortés y le acompañó en el levantamiento contra la autoridad de Velázquez.

do, y no habíamos hecho cosa ninguna que de contar sea, acordamos de nos juntar ciento y diez compañeros de los que habíamos venido de Tierra-Firme y de otros que en la isla de Cuba no tenían indios, y concertamos con un hidalgo que se decía Francisco Hernández de Córdoba, que era hombre rico y tenía pueblos de indios en aquella isla, para que fuese nuestro capitán, y a nuestra ventura buscar y descubrir tierras nuevas, para en ellas emplear nuestras personas. Y compramos tres navíos, los dos de buen porte, y el otro era un barco que hubimos del mismo gobernador Diego Velázquez, fiado, con condición que, primero que nos le diese, nos habíamos de obligar, todos los soldados, que con aquellos tres navíos habíamos de ir a unas isletas que están entre la isla de Cuba y Honduras, que ahora se llaman las islas de las Guanajas, y que habíamos de ir de guerra y cargar los navíos de indios de aquellas islas para pagar con ellos el barco, para servirse de ellos por esclavos. Y desde que vimos los soldados que aquello que pedía el Diego Velázquez no era justo, le respondimos que lo que decía no lo mandaba Dios ni el rey, que hiciésemos a los libres esclavos. Y desde que vio nuestro intento, dijo que era bueno el propósito que llevábamos en querer descubrir tierras nuevas, mejor que no el suyo; y entonces nos ayudó con cosas de bastimento para nuestro viaje. Y desde que nos vimos con tres navíos y matalotaje de pan cazabe, que se hace de unas raíces que llaman yucas, y compramos puercos, que nos costaban en aquel tiempo a tres pesos, porque en aquella sazón no había en la isla de Cuba vacas ni carneros, y con otros pobres mantenimientos, y con rescate de unas cuntas que entre todos los soldados compramos. Y buscamos tres pilotos, que el más principal de ellos y el que regía nuestra armada se llamaba Antón de Alaminos, natural de Palos, y el otro piloto se decía Camacho, de Triana, y el otro Juan Álvarez, el Manquillo, de Huelva. Y así mismo recogimos los marineros que hubimos menester, y el mejor aparejo que pudimos de cables y maromas y anclas, y pipas de agua, y todas otras cosas convenientes para seguir nuestro viaje, y todo esto a nuestra costa y misión. Y después que nos hubimos juntado los soldados, que fueron ciento y diez, nos fuimos a un puerto que se dice en la lengua de Cuba, Ajaruco, y es en la banda del norte, y estaba ocho leguas de una villa que entonces tenían poblada, que se decía San Cristóbal, que desde a dos años la pasaron adonde ahora está poblada la dicha Habana. Y para que con buen fundamento fuese encaminada nuestra armada, hubimos de llevar un clérigo que estaba en la misma villa de San Cristóbal, que se decía Alonso González, que con buenas palabras y prometimientos que le hicimos se fue con nosotros. Y además de esto elegimos por veedor, en nombre de su majestad, a un soldado que se decía Bernardino Iñíguez, natural de Santo Domingo de la Calzada, para que si Dios fuese servido que topásemos tierras que tuviesen oro o perlas o plata, hubiese persona suficiente que guardase el real quinto. Y después de todo concertado y oído misa, encomendándonos a Dios nuestro señor y a la virgen santa María, su bendita madre, nuestra señora, comenzamos nuestro viaje de la manera que adelante diré.

Capítulo II

Del descubrimiento de Yucatán y de un reencuentro de guerra
que tuvimos con los naturales

En 8 días del mes de febrero del año de 1517 años salimos de La Habana, y nos hicimos a la vela en el puerto de Jaruco, que así se llama entre los indios, y es la banda del norte, y en doce días doblamos la de San Antón, que por otro nombre en la isla de Cuba se llama la tierra de los Guanataveis, que son unos indios como salvajes. Y doblada aquella punta y puestos en alta mar, navegamos a nuestra ventura hacia donde se pone el sol, sin saber bajos ni corrientes, ni qué vientos suelen señorear en aquella altura, con grandes riesgos de nuestras personas; porque en aquel instante nos vino una tormenta que duró dos días con sus noches, y fue tal, que estuvimos para nos perder. Y desde que abonanzó, yendo por otra navegación, pasado veinte y un días que salimos de la isla de Cuba, vimos tierra, de que nos alegramos mucho, y dimos muchas gracias a Dios por ello; la cual tierra jamás se había descubierto, ni había noticia de ella hasta entonces. Y desde los navíos vimos un gran pueblo, que al parecer estaría de la costa obra de dos leguas, y viendo que era gran población y no habíamos visto en la isla de Cuba pueblo tan grande, le pusimos por nombre el Gran-Cairo. Y acordamos que con el un navío de menos porte se acercasen lo que más pudiesen a la costa, a ver qué tierra era, y a ver si había fondo para que pudiésemos anclar junto a la costa. Y una mañana, que fueron 4 de marzo, vimos venir cinco canoas grandes llenas de indios naturales de aquella población, y venían a remo y vela. Son canoas hechas a manera de artesas, y son grandes, de maderos gruesos y cavadas por de dentro y está hueco, y todas son de un madero macizo, y hay muchas de ellas en que caben en pie cuarenta y cincuenta indios. Quiero volver a mi materia. Llegados los indios con las cinco canoas cerca de nuestros navíos, con señas de paz que les hicimos, llamándoles con las manos y capeándoles con las capas para que nos viniesen a hablar, porque no teníamos en aquel tiempo lenguas que entendiesen la de Yucatán y mexicana, sin temor ninguno vinieron, y entraron en la nao capitana sobre treinta de ellos, a los cuales dimos de comer cazabe y tocino, y a cada uno un sartalejo de cuentas verdes, y estuvieron mirando un buen rato los navíos. Y el más principal de ellos, que era cacique, dijo por señas que se quería tornar a embarcar en sus canoas y volver a su pueblo, y que otro día volverían y traerían más canoas en que saltásemos en tierra. Y venían estos indios vestidos con unas jaquetas de algodón y cubiertas sus vergüenzas con unas mantas angostas, que entre ellos llaman mastates, y tuvímoslos por hombres más de razón que a los indios de Cuba, porque andaban los de Cuba con sus vergüenzas defuera, excepto las mujeres, que traían hasta que les llegaban a los muslos unas ropas de algodón que llaman naguas. Volvamos a nuestro cuento: que otro día por la mañana volvió el mismo cacique a los navíos, y trajo doce canoas grandes con muchos indios remeros, y dijo por señas al capitán, con muestras de paz, que fuésemos a su pueblo y que nos darían comida y lo que hubiésemos menester, y que en aquellas doce canoas podíamos saltar en tierra. Y cuando lo estaba diciendo en su lengua, acuérdome decía: «Con escotoch, con escotoch»; y quiere decir, andad acá a mis casas.

Y por esta causa pusimos desde entonces por nombre a aquella tierra Punta de Cotoche, y así está en las cartas de marear[196]. Pues viendo nuestro capitán y todos los demás soldados los muchos halagos que nos hacía el cacique para que fuésemos a su pueblo, tomó consejo con nosotros, y fue acordado que sacásemos nuestros bateles de los navíos, y en el navío de los más pequeños y en las doce canoas saliésemos a tierra todos juntos de una vez, porque vimos la costa llena de indios que habían venido de aquella población, y salimos todos en la primera barcada. Y cuando el cacique nos vio en tierra y que no íbamos a su pueblo, dijo otra vez al capitán por señas que fuésemos con él a sus casas. Y tantas muestras de paz hacía, que tomando el capitán nuestro parecer para si iríamos o no, acordóse por todos los más soldados que con el mejor recaudo de armas que pudiésemos llevar y con buen concierto fuésemos. Y llevamos quince ballestas y diez escopetas (que así se llamaban, escopetas y espingardas, en aquel tiempo), y comenzamos a caminar por un camino por donde el cacique iba por guía, con otros muchos indios que le acompañaban. Y yendo de la manera que he dicho, cerca de unos montes breñosos comenzó a dar voces y apellidar el cacique para que saliesen a nosotros escuadrones de gente de guerra, que tenían en celada para nos matar. Y a las voces que dio el cacique, los escuadrones vinieron con gran furia, y comenzaron a nos flechar de arte, que a la primera rociada de flechas nos hirieron quince soldados, y traían armas de algodón, y lanzas y rodelas, arcos y flechas, y hondas y mucha piedra, y sus penachos puestos, y luego tras las flechas vinieron a se juntar con nosotros pie con pie, y con las lanzas a manteniente nos hacían mucho mal. Mas luego les hicimos huir, como conocieron el buen cortar de nuestras espadas, y de las ballestas y escopetas el daño que les hacían; por manera que quedaron muertos quince de ellos. Un poco más adelante, donde nos dieron aquella refriega que dicho tengo, estaba una

---

[196] Es muy interesante el testimonio que da Bernal de cómo se crean los topónimos o nombres propios a través de la castellanización de la lengua o sonidos indígenas. La lengua de Bernal es permeable a las voces del Nuevo Mundo. Unas palabras las transcribió (cacao, chilmole), otras han persistido con forma o significado distinto, otras han desaparecido. Bernal Díaz del Castillo oía náhualt.

placeta y tres casas de cal y canto, que eran adoratorios, donde tenían muchos ídolos de barro, unos como caras de demonios y otros como de mujeres, altos de cuerpo, y otros de otras malas figuras; de manera que al parecer estaban haciendo sodomías unos bultos de indios con otros. Y dentro en las casas tenían unas arquillas hechizas de madera, y en ellas otros ídolos de gestos diabólicos, y unas patenillas de medio oro, y unos pinjantes y tres diademas, y otras piecezuelas a manera de pescados y otras a manera de ánades, de oro bajo. Y después que lo hubimos visto, así el oro como las casas de cal y canto, estábamos muy contentos porque habíamos descubierto tal tierra, porque en aquel tiempo no era descubierto el Perú, ni aun se descubrió dende ahí a diez y seis años. En aquel instante que estábamos batallando con los indios, como dicho tengo, el clérigo González que iba con nosotros, y con dos indios de Cuba se cargó de las arquillas y el oro y los ídolos[197], y lo llevó al navío. Y en aquella escaramuza prendimos dos indios, que después se bautizaron y volvieron cristianos, y se llamó el uno Melchor y el otro Julián, y entrambos eran trastabados de los ojos. Y acabado aquel rebato acordamos de nos volver a embarcar, y seguir las costas adelante descubriendo hacia donde se pone el sol. Y después de curados los heridos, comenzamos a dar velas.

Capítulo III

Del descubrimiento de Campeche

Como acordamos de ir la costa adelante hacia el poniente, descubriendo puntas y bajos y ancones y arrecifes, creyendo que era isla, como nos lo certificaba el piloto Antón de Alaminos, íbamos con gran tiento, de día navegando y de noche al reparo y pairando; y en quince días que fuimos de esta manera, vimos desde los navíos un pueblo, y al parecer algo grande, y había cerca de él gran ensenada y bahía. Creímos

---

[197] Son muchas las ocasiones en que Bernal Díaz del Castillo condenará la sodomía y la idolatría, así como los sacrificios humanos de los que es, en ocasiones, testigo.

que había río o arroyo donde pudiésemos tomar agua, porque teníamos gran falta de ella; acabábase la de las pipas y vasijas que traíamos, que no venían bien reparadas, que, como nuestra armada era de hombres pobres, no teníamos dinero cuanto convenía para comprar buenas pipas. Faltó el agua y hubimos de saltar en tierra junto al pueblo y fue un domingo de Lázaro, y a esta causa le pusimos este nombre, aunque supimos que por otro nombre propio de indios se dice Campeche; pues para salir todos de una barcada, acordamos de ir en el navío más chico y en los tres bateles, bien apercibidos de nuestras armas, no nos acaeciese como en la Punta de Cotoche. Y porque en aquellos ancones y bahías mengua mucho la mar, y por esta causa dejamos los navíos anclados más de una legua de tierra y fuimos a desembarcar cerca del pueblo, que estaba allí un buen pozo de buena agua, donde los naturales de aquella población bebían y se servían de él, porque en aquellas tierras, según hemos visto, no hay ríos. Y sacamos las pipas para las hechir de agua y volvernos a los navíos. Ya que estaban llenas y nos queríamos embarcar, vinieron del pueblo obra de cincuenta indios con buenas mantas de algodón, y de paz, y a lo que parecía debían ser caciques, y nos decían por señas que qué buscábamos, y les dimos a entender que tomar agua e irnos luego a los navíos, y señalaron con la mano que si veníamos de hacia donde sale el sol, y decían «Castilan, Castilan», y no mirábamos bien en la plática de «Castilan, Castilan». Y después de estas pláticas que dicho tengo, nos dijeron por señas que fuésemos con ellos a su pueblo, y estuvimos tomando consejo si iríamos. Acordamos con buen concierto de ir muy sobre aviso, y lleváronnos a unas casas muy grandes, que eran adoratorios de sus ídolos y estaban muy bien labradas de cal y canto, y tenían figurados en unas paredes muchos bultos de serpientes y culebras y otras pinturas de ídolos, y alrededor de uno como altar, lleno de gotas de sangre muy fresca. Y a otra parte de los ídolos tenían unas señales como a manera de cruces, pintados de otros bultos de indios, de todo lo cual nos admiramos, como cosa nunca vista ni oída. Y, según pareció, en aquella sazón habían sacrificado a sus ídolos ciertos indios para que les diesen victoria contra nosotros, y andaban muchos indios e indias riéndose y al parecer muy de paz, como que nos venían a ver; y como se juntaban tantos, temimos no hubiese alguna zalagarda como la pasada de Cotoche. Y estando de esta manera vinieron otros muchos indios, que traían muy ruines mantas, cargados de carrizos secos, y los pusieron en un llano, y tras estos vinieron dos escuadrones de indios flecheros con lanzas y rodelas, y hondas y piedras, y con sus armas de algodón, y puestos en concierto en cada escuadrón su capitán, los cuales se apartaron en poco trecho de nosotros. Y luego en aquel instante salieron de otra casa, que era su adoratorio, diez indios, que traían las ropas de mantas de algodón largas y blancas, y los cabellos muy grandes, llenos de sangre y muy revueltos los unos con los otros, que no se les pueden esparcir ni peinar si no se cortan; los cuales eran sacerdotes de los ídolos que en la Nueva-España comúnmente se llaman papas. Otra vez dije que en la Nueva-España se llaman papas y así los nombraré de aquí adelante; y aquellos papas nos trajeron zahumerios, como a manera de resina, que entre ellos llaman copal, y con braseros de barro llenos de lumbre nos comenzaron a zahumar, y por señas nos dicen que nos vayamos de sus tierras antes que aquella leña que tienen llegada se ponga fuego y se acabe de arder, si no que nos darán guerra y nos matarán. Y luego mandaron poner fuego a los carrizos y comenzó de arder, y se fueron los papas callando sin más nos hablar, y los que estaban apercibidos en los escuadrones empezaron a silbar y a tañer sus bocinas y atabalejos. Y desde que los vimos de aquel arte y muy bravosos, y de lo de la punta de Cotoche aun no teníamos sanas las heridas, y se habían muerto dos soldados, que echamos al mar, y vimos grandes escuadrones de indios sobre nosotros, tuvimos temor, y acordamos con buen concierto de irnos a la costa. Y así, comenzamos a caminar por la playa adelante hasta llegar enfrente de un peñol que está en la mar, y los bateles y el navío pequeño fueron por la costa tierra a tierra con las pipas de agua y no nos osamos embarcar junto al pueblo donde nos habíamos desembarcado, por el gran número de indios que ya se habían juntado, porque tuvimos por cierto que al embarcar nos darían guerra. Pues ya metida nuestra agua en los navíos, y embarcados en una bahía como portezuelo que allí estaba, comenzamos a navegar seis días con sus noches con buen tiempo, y volvió un norte, que es travesía en aquella costa, el cual duró cuatro días con sus noches, que estuvimos para dar al través. Tan recio temporal hacía, que nos hizo anclar la costa por no ir al través, que se nos quebraron dos cables, e iba garrando a tierra el navío. ¡Oh en qué trabajo nos vimos! Que si se quebrara el cable, íbamos a la costa perdidos, y quiso Dios que se ayudaron con otras maromas viejas y guindaletas. Pues ya reposado el tiempo seguimos nuestra costa adelante llegándonos a tierra cuanto podíamos para tornar a tomar agua, que (como ya he dicho) las pipas que traíamos vinieron muy abiertas; y asimismo no había regla en ello, como íbamos costeando, creíamos que donde quiera que saltásemos en tierra la tomaríamos de jagüeyes y pozos que cavaríamos. Pues yendo nuestra derrota adelante vimos desde los navíos un pueblo, y antes de obra de una legua de él se hacía una ensenada, que parecía que habría río o arroyo: acordamos de surgir junto a él. Y como en aquella costa (como otras veces he dicho) mengua mucho la mar y quedan en seco los navíos, por temor de ello surgimos más de una legua de tierra. En el navío menor y en todos los bateles, fue acordado que saltásemos en aquella ensenada, sacando nuestras vasijas con muy buen concierto, y armas y ballestas y escopetas. Salimos en tierra poco más de mediodía, y habría una legua desde el pueblo hasta donde desembarcamos, y estaban unos pozos y maizales, y caserías de cal y canto. Llámase este pueblo Potonchan, y henchimos nuestras pipas de agua, mas no las pudimos llevar ni meter en los bateles, con la mucha gente de guerra que cargó sobre nosotros. Y quedarse ha aquí, y adelante diré las guerras que nos dieron.

Capítulo IV

Cómo desembarcamos en una bahía donde había maizales, cerca del puerto de Potonchan, y de las guerras que nos dieron

Y estando en las estancias y maizales por mí ya dichas, tomando nuestra agua, vinieron por la costa muchos escuadrones de indios del pueblo de Potonchan (que así se dice), con sus armas de algodón que les daba a la rodilla, y con arcos y flechas, y lanzas y rodelas, y espadas hechas a manera de montantes de a dos manos, y hondas y piedras, y con sus penachos de los que ellos suelen usar, y las caras pintadas de blanco y prieto enalmagrados. Y venían callando, y se vienen derecho a nosotros, como que nos venían a ver de paz, y por señas nos dijeron que si veníamos de donde sale el sol, y las palabras formales según nos hubieron dicho los de Lázaro, «Castilan, Castilan», y respondimos por señas que de donde sale el sol veníamos. Y entonces paramos en las mientes y en pensar qué podía ser aquella plática, porque los de San Lázaro nos dijeron lo mismo, mas nunca entendimos al fin que lo decían. Sería cuando esto pasó y los indios se juntaban, a la hora de las Ave-Marías, y fuéronse a unas caserías, y nosotros pusimos velas y escuchas a buen recaudo, porque no nos pareció bien aquella junta de aquella manera. Pues estando velando todos juntos, oímos venir, con el gran ruido y estruendo que traían por el camino, muchos indios de otras sus estancias y del pueblo, y todos de guerra, y desde que aquello sentimos, bien entendido teníamos que no se juntaban para hacernos ningún bien, y entramos en acuerdo con el capitán qué es lo que haríamos. Y unos soldados daban por consejo que nos fuésemos luego a embarcar; y como en tales casos suele acaecer, unos dicen uno y otros dicen otro, hubo parecer que si nos fuéramos a embarcar, que como eran muchos indios, darían en nosotros y habría mucho riesgo de nuestras vidas. Y otros éramos de acuerdo que diésemos en ellos esa noche, que, como dice el refrán, quien acomete, vence; y por otra parte veíamos que para cada uno de nosotros había trescientos indios. Y estando en estos conciertos amaneció, y dijimos unos soldados a otros que tuviésemos confianza en Dios, y corazones muy fuertes para pelear, y después de nos encomendar a Dios, cada uno hiciese lo que pudiese para salvar las vidas. Ya que era de día claro vimos venir por la costa muchos más escuadrones guerreros con sus banderas tendidas, y penachos y atambores, y con arcos y flechas, y lanzas y rodelas, y se juntaron con los primeros que habían venido la noche antes; y luego, hechos sus escuadrones, nos cercan por todas partes, y nos dan tal rociada de flechas y varas, y piedras

con sus hondas, que hirieron sobre ochenta de nuestros soldados, y se juntaron con nosotros pie con pie, unos con lanzas, y otros flechando, y otros con espadas de navajas, de arte,
que nos traían a mal andar, puesto que les dábamos buena
prisa de estocadas y cuchilladas, y las escopetas y ballestas que
no paraban, unos armando y otros tirando. Y ya que se apartaban algo de nosotros, desde que sentían las grandes estocadas y cuchilladas que les dábamos, no era lejos, y esto fue para
mejor flechar y tirar al terrero a su salvo. Y cuando estábamos
en esta batalla, y los indios se apellidaban, decían en su lengua «al Calachoni, al Calachoni», que quiere decir que matasen al capitán; y le dieron doce flechazos, y a mí me dieron
tres, y uno de los que me dieron, bien peligroso, en el costado izquierdo, que me pasó a lo hueco, y a otros de nuestros
soldados dieron grandes lanzadas, y a dos llevaron vivos, que
se decía el uno Alonso Bote y el otro era un portugués viejo.
Pues viendo nuestro capitán que no bastaba nuestro buen pelear, y que nos cercaban muchos escuadrones, y venían más de
refresco del pueblo, y les traían de comer y beber y muchas flechas, y nosotros todos heridos, y otros soldados atravesados
los gaznates, y nos habían muerto ya sobre cincuenta soldados. Y viendo que no teníamos fuerzas, acordamos con corazones muy fuertes romper por medio de sus batallones, y aco-
gernos a los bateles que teníamos en la costa, que fue buen socorro, y hechos todos nosotros un escuadrón, rompimos por
ellos; pues oír la grita y silbos y vocería y prisa que nos daban
de flecha y a manteniente con sus lanzas, hiriendo siempre en
nosotros. Pues otro daño tuvimos, que, como nos acogimos
de golpe a los bateles y éramos muchos, íbanse a fondo, y
como mejor pudimos, asidos a los bordes, medio nadando entre dos aguas, llegamos al navío de menos porte, que estaba
cerca, que ya venía a gran prisa a nos socorrer, y al embarcar
hirieron muchos de nuestros soldados, en especial a los que
iban asidos en las popas de los bateles, y les tiraban al terrero,
y entraron en la mar con las lanzas y daban a manteniente a
nuestros soldados, y con mucho trabajo quiso Dios que escapamos con las vidas de poder de aquella gente. Pues ya embarcados en los navíos, hallamos que faltaban cincuenta y siete
compañeros, con los dos que llevaron vivos, y con cinco que

echamos en la mar, que murieron de las heridas y de la gran sed que pasaron. Estuvimos peleando en aquella batalla poco más de media hora. Llámase este pueblo Potonchan, y en las cartas de marear le pusieron nombre los pilotos y marineros Bahía de Mala Pelea. Y desde que nos vimos salvos de aquellas refriegas, dimos muchas gracias a Dios. Y cuando se curaban las heridas los soldados se quejaban mucho del dolor de ellas, que como estaban resfriadas con el agua salada, y estaban muy hinchadas y dañadas, algunos de nuestros soldados maldecían al piloto Antón Alaminos y a su descubrimiento y viaje, porque siempre porfiaba que no era Tierra Firme, sino isla; donde lo dejaré ahora, y diré lo que más nos acaeció.

Capítulo V

*Cómo acordamos de nos volver a la isla de Cuba, y de la gran sed
y trabajos que tuvimos hasta llegar al puerto de la Habana*

Desde que nos vimos embarcados en los navíos de la manera que dicha tengo, dimos muchas gracias a Dios, y después de curados los heridos (que no quedó hombre ninguno de cuantos allí nos hallamos que no tuviesen a dos y a tres y a cuatro heridas, y el capitán con doce flechazos; sólo un soldado quedó sin herir), acordamos de nos volver a la isla de Cuba. Y como estaban también heridos todos los más de los marineros que saltaron en tierra con nosotros, que se hallaron en las peleas, no teníamos quien marchase las velas, y acordamos que dejásemos el un navío, el de menos porte, en la mar, puesto fuego, después de sacadas de él las velas y anclas y cables, y repartir los marineros que estaban sin heridas en los dos navíos de mayor porte; pues otro mayor daño teníamos, que fue la gran falta de agua, porque las pipas y vasijas que teníamos llenas en Champoton, con la grande guerra que nos dieron y prisa de nos acoger a los bateles no se pudieron llevar, que allí se quedaron, y no sacamos ninguna agua. Digo que tanta sed pasamos, que en las lenguas y bocas teníamos grietas de la secura, pues que otra cosa ninguna para refrigerio no había. ¡Oh qué cosa tan trabajosa es ir a descubrir tierras nuevas, y de la manera que nosotros nos aventuramos! No se puede ponderar sino los que han pasado por estos excesivos trabajos en que nosotros nos vimos. Por manera que con todo esto íbamos navegando muy allegados a tierra, para hallarnos en paraje de algún río o bahía para tomar agua, y al cabo de tres días vimos uno como ancón, que parecía río o estero, que creímos tener agua dulce, y saltaron en tierra quince marineros de los que habían quedado en los navíos, y tres soldados que estaban más sin peligro de los flechazos, y llevaron azadones y tres barriles para traer agua; y el estero era salado, e hicieron pozos en la costa, y era tan amargosa y salada agua como la del estero, por manera que, mala como era, trajeron las vasijas llenas, y no había hombre que la pudiese beber del amargor y sal, y a dos soldados que la bebieron dañó los cuerpos y las bocas. Había en aquel estero muchos y grandes lagartos, y desde entonces se puso nombre *El Estero de los Lagartos,* y así está en las cartas del marear. Dejemos esta plática, y diré que entre tanto que fueron los bateles por el agua se levantó un viento nordeste tan deshecho, que íbamos garrando a tierra con los navíos. Y como en aquella costa es travesía y reina siempre norte y nordeste, estuvimos en muy gran peligro por falta de cable, y como lo vieron los marineros que habían ido a tierra por el agua, vinieron muy más que de paso con los bateles, y tuvieron tiempo de echar otras anclas y maromas, y estuvieron los navíos seguros dos días y dos noches, y luego alzamos anclas y dimos vela, siguiendo nuestro viaje para nos volver a la isla de Cuba. Parece ser que el piloto Alaminos se concertó y aconsejó con los otros dos pilotos que desde aquel paraje donde estábamos atravesásemos a la Florida, porque hallaban por sus cartas y grados y alturas que estaría de allí obra de setenta leguas, y que después, puestos en la Florida, dijeron que era mejor viaje y más cercana navegación para ir a La Habana que no la derrota por donde habíamos primero venido a descubrir. Y así fue como el piloto dijo, porque, según yo entendí, había venido con Juan Ponce de León a descubrir la Florida había diez o doce años ya pasados. Volvamos a nuestra materia: que atravesando aquel golfo, en cuatro días que navegamos vimos la tierra de la misma Florida. Y lo que en ella nos acaeció diré adelante.

Capítulo XVIII

De algunas advertencias acerca de lo que escribe
Francisco López de Gómara, mal informado, en su historia

Estando escribiendo esta relación, acaso vi una historia de buen estilo, la cual se nombra de un Francisco López de Gómara, que habla de las conquistas de México y Nueva-España[198], y cuando leí su gran retórica, y como mi obra es tan grosera[199], dejé de escribir en ella, y aun tuve vergüenza que pareciese entre personas notables. Y estando tan perplejo como digo, torné a leer y a mirar las razones y pláticas que el Gómara en sus libros escribió, y vi que desde el principio y medio hasta el cabo no llevaba buena relación, y va muy contrario de lo que fue y pasó en la Nueva-España; y cuando entró a decir de las grandes ciudades, y tantos números que dice que había de vecinos en ellas, que tanto se le dio poner ocho como ocho mil. Pues de aquellas grandes matanzas que dice que hacíamos, siendo nosotros obra de cuatrocientos soldados los que andábamos en la guerra, que harto teníamos de defendernos que no nos matasen o llevasen de vencida, que aunque estuvieran los indios atados, no hiciéramos tantas muertes y crueldades como dice que hicimos; que juro ¡amén!, que cada día estábamos rogando a Dios y a nuestra

---

[198] Uno de los motivos por los que Bernal Díaz del Castillo escribió su *Historia verdadera* fue la publicación en 1552 de la *Historia general de las Indias,* de Gómara. Bernal Díaz del Castillo escribe para restaurar la verdad —de ahí el vocablo «verdadera» con que adjetiva su crónica— y en abierta oposición a la obra de Gómara. Gómara es su obsesión y se queja de que éste da todo el valor de la empresa a Cortés y se olvida de los soldados que le acompañaron.

[199] A pesar de que Bernal Díaz del Castillo se confiesa iletrado defiende su tarea de escritor, que no es otra que restablecer la verdad de los hechos. Frente a la tendencia historiográfica erudita encarnada en hombres cultos como Pedro Mártir o el propio Gómara, que fueron testigos de oídas, se alza la tendencia historiográfica popular, representada por Fernández de Oviedo o por Bernal Díaz del Castillo, que valoran por sobre las letras la experiencia y, por tanto, pueden ofrecer, como testigos de vista, la verdad de los hechos.

Señora no nos desbaratasen. Volviendo a nuestro cuento[200], Atalarico, muy bravísimo rey, y Atila, muy soberbio guerrero, en los campos catalanes no hicieron tantas muertes de hombres como dice que hacíamos. También dice que derrotamos y abrasamos muchas ciudades y templos, que son sus cues, donde tienen sus ídolos, y en aquello le parece a Gómara que place mucho a los oyentes que leen su historia, y no quiso ver ni entender cuando lo escribía que los verdaderos conquistadores y curiosos lectores que saben lo que pasó, claramente le dirán que en su historia en todo lo que escribe se engañó[201], y si en las demás historias que escribe de otras cosas va del arte del de la Nueva-España, también irá todo errado. Y es lo bueno que ensalza a unos capitanes y abaja a otros. Y los que no se hallaron en las conquistas dice que fueron capitanes, y que un Pedro Dircio fue por capitán cuando el desbarate que hubo en un pueblo que le pusieron nombre Almería, porque el que fue por capitán en aquella entrada fue un Juan de Escalante, que murió en el desbarate con otros siete soldados. Y dice que un Juan Velázquez de León fue a poblar a Guacualco[202]; mas la verdad es así: que un Gonzalo de Sandoval, natural de Ávila, lo fue a poblar. También dice cómo Cortés mandó quemar un indio que se decía Quezalpopoca[203], capitán de Moctezuma, sobre la población que se quemó. El Gómara no acierta también lo que dice de la entrada que fuimos a un pueblo e fortaleza: Anga Panga escríbelo, mas no como

---

[200] La obra de Bernal se caracteriza por el uso de frases coloquiales, giros populares; un estilo sin sujeción a formas literarias que le da a la crónica un inusitado frescor. La *Historia verdadera* está escrita en lenguaje conversacional, plagado de sabrosos desaliños. Bernal no adorna, no organiza, no selecciona, no disimula. Bernal recuerda.

[201] Muchas crónicas de Indias se escribieron para refutar, contradecir, mejorar, ampliar o completar otras crónicas. Así, la crónica se vuelve un material híbrido, de superposición textual, escrito a partir de otros textos a los que modifica, plagia, completa o refuta. Las disputas y revanchas entre los conquistadores, la vanidad, la necesidad de fama son causas que llevaron a la creación de estos textos.

[202] Guazacualco.

[203] Qualpopoca. Bernal dice en el capítulo XCV que fueron quemados el principal, Quezalpopoca, y tres capitanes más de Moctezuma. Gómara dice que fueron quemados Quezalpopoca, su hijo, y quince más.

pasó. Y de cuando en los arenales alzamos a Cortés por capitán general y justicia mayor, en todo le engañaron. Pues en la toma de un pueblo que se dice Chamula, en la provincia de Chiapa, tampoco acierta en lo que escribe. Pues otra cosa peor dice, que Cortés mandó secretamente barrenar los once navíos en que habíamos venido; antes fue público, porque claramente por consejo de todos los demás soldados mandó dar con ellos a través a ojos vistas, porque nos ayudase la gente de la mar que en ellos estaba, a velar y guerrear. Pues en lo de Juan de Grijalva, siendo buen capitán, le deshace e disminuye. Pues en lo de Francisco Fernández de Córdoba, habiendo él descubierto lo de Yucatán, lo pasa por alto. Y en lo de Francisco de Garay dice que vino él primero con cuatro navíos de lo de Pánuco antes que viniese con la armada postrera; en lo cual no acierta, como en lo demás. Pues en todo lo que escribe de cuando vino el capitán Narváez y de cómo le desbaratamos, escribe según y como las relaciones. Pues en las batallas de Taxcala hasta que hicimos las paces, en todo escribe muy lejos de lo que pasó. Pues las guerras de México de cuando nos desbarataron y echaron de la ciudad, y nos mataron y sacrificaron sobre ochocientos y sesenta soldados. Digo otra vez sobre ochocientos y sesenta soldados, porque de mil trescientos que entramos al socorro de Pedro de Alvarado, e íbamos en aquel socorro de los de Narváez e los de Cortés, que eran los mil y trescientos que he dicho, no escapamos sino cuatrocientos y cuarenta, y todos heridos, y dícelo de manera como si no fuera nada. Pues desde que tornamos a conquistar la gran ciudad de México y la ganamos, tampoco dice los soldados que nos mataron e hirieron en las conquistas, sino que todo lo hallábamos como quien va a bodas y regocijos[204]. ¿Para qué meto yo aquí tanto la pluma en contar cada cosa por sí, que es gastar papel y tinta? Porque si en todo

---

[204] Bernal siente el orgullo de su empresa y lealtad hacia aquellos soldados que hicieron grandes hazañas y que deberían ser recordados. El relato de Bernal es el de un hombre que quiere democratizar la historia, que no accedan a ésta sólo los héroes sino también los soldados. Bernal cambia la concepción historiográfica al escribir la historia no de capitanes o de emperadores sino de los soldados.

lo que escribe va de este arte, es gran lástima. Y puesto que él lleve buen estilo, había de ver que para que diese fe a lo demás que dice, que en esto se había de esmerar. Dejemos esta plática, y volveré a mi materia; que después de bien mirado todo lo que he dicho que escribe el Gómara, que por ser tan lejos de lo que pasó es en perjuicio de tantos, torno a proseguir en mi relación e historia; porque dicen sabios varones que la buena política y agraciado componer es decir verdad en lo que escribieren, y la mera verdad resiste a mi rudeza. Y mirando en esto que he dicho, acordé de seguir mi intento con el ornato y pláticas que adelante se verán, para que salga a luz y se vean las conquistas de la Nueva-España claramente y como se han de ver, y su majestad sea servido conocer los grandes y notables servicios que le hicimos los verdaderos conquistadores, pues tan pocos soldados como vinimos a estas tierras con el venturoso y buen capitán Hernando Cortés[205], nos pusimos a tan grandes peligros y le ganamos esta tierra, que es una buena parte de las del Nuevo-Mundo, puesto que su majestad, como cristianísimo rey y señor nuestro, nos lo ha mandado muchas veces gratificar. Y dejaré de hablar acerca de esto, porque hay mucho que decir.

Y quiero volver con la pluma en la mano, como el buen piloto lleva la sonda por el mar, descubriendo los bajos cuando siente que los hay, así haré yo en caminar, a la verdad de lo que pasó, la historia del cronista Gómara, y no será todo en lo que escribe; porque si parte por parte se hubiese de escribir, sería más la costa en coger la rebusca que en las verdaderas vendimias. Digo que sobre esta mi relación pueden los cronistas sublimar e dar loas cuantas quisiesen, así al capitán Cortés como a los fuertes conquistadores, pues tan grande y santa empresa salió de nuestras manos, pues ello mismo da fe muy verdadera, y no son cuentos de naciones extrañas, ni sueños ni porfías, que ayer pasó a manera de decir, si no vean toda la Nueva-España qué cosa es. Y lo que sobre ello escriben, diremos lo que en aquellos tiempos nos hallamos ser verdad,

---

[205] No parece que haya animadversión hacia Cortés por parte de Bernal. La fidelidad del soldado por Cortés no tiene medida ni reservas. Por encima de todo estarán la sagacidad, el valor y el prestigio del caudillo.

como testigos de vista, y no estaremos hablando las contrariedades y falsas relaciones (como decimos) de los que escribieron de oídas, pues sabemos que la verdad es cosa sagrada.
Y quiero dejar de más hablar en esta materia; y aunque había
bien que decir de ella y lo que sé sospecho del cronista que le
dieron falsas relaciones cuando hacía aquella historia, porque
toda la honra y prez de ella la dio sólo al marqués don Hernando Cortés, y no hizo memoria de ninguno de nuestros valerosos capitanes y fuertes soldados[206]. Y bien se parece en
todo lo que el Gómara escribe en su historia serle muy aficionado, pues a su hijo, el marqués que ahora es, le eligió su crónica y obra, y la dejó de elegir a nuestro rey y señor. Y no solamente el Francisco López de Gómara escribió tantos borrones y cosas que no son verdaderas, de que ha hecho mucho
daño a muchos escritores y cronistas que después del Gómara han escrito en las cosas de la Nueva-España, como es el
doctor Illescas y Pablo Iovio, que se van por sus mismas palabras y escriben ni más ni menos que el Gómara: Por manera
que lo que sobre esta materia escribieron es porque les ha hecho errar el Gómara[207].

Capítulo XIX

*Cómo vinimos otra vez con otra armada a las tierras nuevamente
descubiertas, y por capitán de la armada Hernando Cortés, que después fue marqués del Valle y tuvo otros dictados, y de las contrariedades que hubo para le estorbar que no fuese capitán*

En 15 días del mes de noviembre de 1518 años, vuelto el
capitán Juan de Grijalva de descubrir las tierras nuevas (como
dicho habemos), el gobernador Diego Velázquez ordenaba de
enviar otra armada muy mayor que las de antes, y para ello te-

---

[206] Bernal Díaz del Castillo se defiende de su poca cultura y destaca la perspectiva histórica de sus actos. Ataca a los testigos de oídas como Gómara, ale-
gando que fue muy culto pero no vivió lo que relata.
[207] El plagio es un hecho irrefutable. El concepto de originalidad literaria
no existe en esta época y sí el de seguir la autoridad.

nía ya diez navíos en el puerto de Santiago de Cuba. Los cuatro de ellos eran en los que volvimos cuando lo de Juan de Grijalva, porque luego les hizo dar carena y adobar, y los otros seis recogieron de toda la isla, y los hizo proveer de bastimento, que era pan cazabe y tocino, porque en aquella sazón no había en la isla de Cuba ganado vacuno ni carneros, y este bastimento no era para más de hasta llegar a La Habana, porque allí habíamos de hacer todo el matalotaje, como se hizo. Y dejemos de hablar en esto, y volvamos a decir las diferencias que se hubo en elegir capitán para aquel viaje. Había muchos debates y contrariedades, porque ciertos caballeros decían que viniese un capitán muy de calidad, que se decía Vasco Porcallo, pariente cercano del conde de Feria y temióse el Diego Velázquez que se alzaría con la armada, porque era atrevido; otros decían que viniese un Agustín Bermúdez o un Antonio Velázquez Borrego o un Bernardino Velázquez, parientes del gobernador Diego Velázquez; y todos los más soldados que allí nos hallamos decíamos que volviese el Juan de Grijalva, pues era buen capitán y no había falta en su persona y en saber mandar. Andando las cosas y conciertos de esta manera que aquí he dicho, dos grandes privados del Diego Velázquez, que se decían Andrés de Duero, secretario del mismo gobernador, y un Amador de Lares, contador de su majestad, hicieron secretamente compañía con un buen hidalgo, que se decía Hernando Cortés, natural de Medellín, el cual fue hijo de Martín Cortés de Monroy y de Catalina Pizarro Altamirano, y ambos hijosdalgo, aunque pobres. Y así era por la parte de su padre Cortés y Monroy, y la de su madre Pizarro y Altamirano: fue de los buenos linajes de Extremadura, y tenía indios de encomienda en aquella isla, y poco tiempo había que se había casado por amores con una señora que se decía doña Catalina Xuárez Pacheco[208], y esta señora era hija de Diego Xuárez Pacheco, ya difunto, natural de la ciudad de Ávila, y de María de Mercaida, vizcaína y hermana de Juan Xuárez Pacheco, y éste, después que se ganó la Nueva-España, fue vecino y encomendado en México. Y sobre

---

[208] Cortés se casó con doña Catalina Juárez (la «Marcaida») y llevó una vida mundana, de fiestas y lujo.

este casamiento de Cortés le sucedieron muchas pesadumbres y prisiones, porque Diego Velázquez favoreció las partes de ella, como más largo contarán otros. Y así pasaré adelante y diré acerca de la compañía, y fue de esta manera: que concertaron estos dos grandes privados del Diego Veláquez que le hiciesen dar a Hernando Cortés la capitanía general de toda la armada, y que partirían entre todos tres la ganancia del oro y plata y joyas de la parte que le cupiese a Cortés; porque secretamente el Diego Velázquez enviaba a rescatar, y no a poblar. Pues hecho este concierto, tienen tales modos el Duero y el contador con el Diego Velázquez, y le dicen tan buenas y melosas palabras, loando mucho a Cortés, que es persona en quien cabe aquel cargo, y para capitán muy esforzado, y que le sería muy fiel, pues era su ahijado, porque fue su padrino cuando Cortés se veló con doña Catalina Xuárez Pacheco: por manera que le persuadieron a ello y luego se eligió por capitán general. Y el Andrés de Duero, como era secretario del gobernador, no tardó de hacer las provisiones, como dice en el refrán, de muy buena tinta, y como Cortés las quiso bastantes, y se las trajo firmadas. Ya publicada su elección, a unas personas les placía y a otras les pesaba. Y un domingo yendo a misa el Diego Velázquez, como era gobernador, íbanle acompañando las más nobles personas y vecinos que había en aquella villa, y llevaba a Hernando Cortés a su lado derecho por le honrar; e iba delante del Diego Velázquez un truhán que se decía Cervantes «el loco», haciendo gestos y chocarrerías: «A la gala de mi amo; Diego, Diego, ¿qué capitán has elegido? Que es de Medellín de Extremadura, capitán de gran ventura. Mas temo, Diego, no se te alce con el armada, que le juzgo por muy gran varón en sus cosas.» Y decía otras locuras, que todas iban inclinadas a malicia. Y porque lo iba diciendo de aquella manera le dio de pescozazos el Andrés de Duero, que iba allí junto con Cortés, y le dijo: «Calla, borracho, loco, no seas más bellaco, que bien entendido tenemos que esas malicias, so color de gracias, no salen de ti»; y todavía el loco iba diciendo: «Viva, viva la gala de mi amo Diego y del su venturoso capitán Cortés. Y juro a tal, mi amo Diego, que por no te ver llorar tu mal recaudo que ahora has hecho, yo me quiero ir con Cortés a aquellas ricas tierras.»

Túvose por cierto que dieron los Velázquez parientes del gobernador ciertos pesos de oro a aquel chocarrero porque dijese aquellas malicias, so color de gracias. Y todo salió verdad como lo dijo. Dicen que los locos muchas veces aciertan en lo que hablan, y fue elegido Hernando Cortés, por la gracia de Dios, para ensalzar nuestra santa fe y servir a su majestad, como adelante se dirá[209].

Capítulo XX

De las cosas que hizo y entendió el capitán Hernando Cortés
después que fue elegido por capitán, como dicho es

Pues como ya fue elegido Hernando Cortés por general de la armada que dicho tengo, comenzó a buscar todo género de armas, así escopetas como pólvora y ballestas, y todos cuantos pertrechos de guerra pudo haber, y buscar todas cuantas maneras de rescate, y también otras cosas pertenecientes para aquel viaje. Y demás de esto, se comenzó de pulir y abellidar en su persona mucho más que de antes, y se puso un penacho de plumas con su medalla de oro, que le parecía muy bien. Pues para hacer estos gastos que he dicho no tenía de qué, porque en aquella sazón estaba muy adeudado y pobre, puesto que tenía buenos indios de encomienda y le daban buena renta de las minas de oro; mas todo lo gastaba en su persona y en atavíos de su mujer, que era recién casado[210]. Era apacible en su persona y bienquisto y de buena conversación, y había sido dos veces alcalde en la villa de San-

---

[209] Parece ser que el propio Cortés, que hasta la fecha no estaba interesado en participar en ninguna expedición, organizó una intensa actividad política para conseguir el puesto de capitán, nombramiento que otorgaba Velázquez. Su desmedido interés puede deberse a que Cortés ya pensaba rebelarse contra su superior. Velázquez, por otra parte, pudo haberle elegido como capitán por su poca experiencia militar, pensando que, de esta manera, no podría nunca rebelarse o iniciar por su cuenta una campaña de conquista y población.

[210] Es cierto lo que dice Bernal acerca de la vida de lujo que llevaba Cortés. La crónica de Bernal cuenta lo que las otras crónicas sobre México —los escritos de Cortés o Gómara— callan.

tiago de Boroco[211], adonde era vecino, porque en estas tierras se tiene por mucha honra. Y como ciertos mercaderes amigos suyos, que se decían Jaime Tría o Jerónimo Tría y un Pedro de Jerez, le vieron con capitanía y prosperado, le prestaron cuatro mil pesos de oro y le dieron otras mercaderías sobre la renta de sus indios, y luego hizo hacer unas lazadas de oro, que puso en una ropa de terciopelo, y mandó hacer estandartes y banderas labradas de oro con las armas reales, y una cruz de cada parte juntamente con las armas de nuestro rey y señor, con un letrero en latín, que decía: «Hermanos, sigamos la señal de la santa cruz con fe verdadera, que con ella venceremos»; y luego mandó dar pregones y tocar sus atambores y trompetas en nombre de su majestad, y en su real nombre por Diego Velázquez, para que cuales quiera personas que quisiesen ir en su compañía a las tierras nuevamente descubiertas a las conquistar y doblar, les darían sus partes del oro, plata y joyas que se hubiese y encomiendas de indios después de pacificadas, y que para ella tenía licencia el Diego Velázquez de su majestad. Y puesto que se pregonó esto de la licencia del rey nuestro señor, aún no había venido con ella de Castilla el capellán Benito Martínez, que fue el que Diego Velázquez hubo despachado a Castilla para que lo trajese, como dicho tengo en el capítulo que de ello habla. Pues como se supo esta nueva en toda la isla de Cuba, y también Cortés escribió a todas las villas a sus amigos que se aparejasen para ir con él a aquel viaje, unos vendían sus haciendas para buscar armas y caballos, otros comenzaban a hacer cazabe y salar tocinos para matalotaje, y se colchaban armas y se apercibían de lo que habían de menester lo mejor que podían. De manera que nos juntamos en Santiago de Cuba, donde salimos con el armada, más de trescientos soldados; y de la casa del mismo Diego Velázquez vinieron los más principales que tenía a su servicio, que era un Diego de Ordás, su mayordomo mayor, y a éste el mismo Velázquez lo envió para que mirase y entendiese no hubiese alguna mala trama en la armada, que siempre se temió de Cortés, aunque lo disimulaba; y vino un Fran-

---

[211] Santiago de Baracoa.

cisco de Morla y un Escobar y un Heredia, y Juan Ruano, y Pedro Escudero, y un Martín Ramos de Lares, vizcaíno, y otros muchos que eran amigos y paniaguados del Diego Velázquez. Y yo me pongo a la postre, ya que estos soldados pongo aquí por memoria, y no a otros, porque en su tiempo y sazón los nombraré a todos los que se me acordare. Y como Cortés andaba muy solícito en aviar su armada, y en todo se daba mucha prisa, como ya la malicia y envidia reinaba siempre en aquellos deudos del Diego Velázquez, estaban afrentados como no se fiaba el pariente de ellos, y dio aquel cargo y capitanía a Cortés, sabiendo que le había tenido por su gran enemigo pocos días había sobre el casamiento de la mujer de Cortés, que se decía Catalina Xuárez la Marcaida (como dicho tengo). Y a esta causa andaban murmurando del pariente Diego de Velázquez y aun de Cortés, y por todas las vías que podían le revolvían con el Diego Velázquez para que en todas maneras le revocasen el poder, de lo cual tenía de ello aviso el Cortés, y a esta causa no se quitaba de la compañía de estar con el gobernador y siempre mostrándose muy gran su servidor. Él decía que le había de hacer muy ilustre señor y rico en poco tiempo. Y demás de esto, el Andrés de Duero avisaba siempre a Cortés que se diese prisa en embarcar, porque ya tenían trastrocado al Diego Velázquez con importunidades de aquellos sus parientes los Velázquez. Y desde que aquello vio Cortés, mandó a su mujer, doña Catalina Xuárez la Marcaida, que todo lo que hubiese de llevar de bastimento y otros regalos que suelen hacer para sus maridos, en especial para tal jornada, se llevase luego a embarcar a los navíos. Y ya tenía mandado pregonar y pregonado, y apercibido a los maestres y pilotos y a todos los soldados, que para tal día y noche no quedase ninguno en tierra. Y desde que aquello tuvo mandado y los vio todos embarcados, se fue a despedir del Diego Velázquez, acompañado de aquellos sus grandes amigos y compañeros, Andrés de Duero y el contador Amador de Lares, y todos los más nobles vecinos de aquella villa; y después de muchos ofrecimientos y abrazos de Cortés al gobernador y del gobernador a Cortés, se despidió de él. Y al otro día muy de mañana, después de haber oído misa, nos fuimos a los navíos, y el mismo Diego Velázquez le tornó a acompañar, y otros muchos hidalgos, hasta hacernos a la vela, y con próspero tiempo en pocos días llegamos a la villa de la Trinidad[212]; y tomado puerto y saltados en tierra, lo que allí le avino a Cortés adelante se dirá. Aquí en esta relación verán lo que a Cortés le acaeció y las contrariedades que tuvo hasta elegir por capitán y todo lo demás ya por mí dicho. Y sobre ello miren lo que dice Gómara en su historia, y hallarán ser muy contrario lo uno de lo otro, y cómo a Andrés de Duero, siendo secretario que mandaba la isla de Cuba, le hace mercader, y al Diego de Ordás, que vino ahora con Cortés, dijo que había venido con Grijalva. Dejemos al Gómara y a su mala relación y digamos cómo desembarcamos con Cortés en la villa de la Trinidad.

Capítulo XXVI

Cómo Cortés mandó hacer alarde de todo su ejército,
y de lo que más nos avino

De allí a tres días que estábamos en Cozumel mandó Cortés hacer alarde para ver qué tantos soldados llevaba, y halló por su cuenta que éramos quinientos y ocho, sin maestres y pilotos y marineros, que serían ciento nueve, y diez y seis caballos y yeguas (las yeguas todas eran de juego y de carrera), y once navíos grandes y pequeños, con uno que era como bergantín, que traía a cargo un Ginés Nortes, y eran treinta y dos ballesteros y trece escopeteros, que así se llamaban en aquel tiempo, y tiros de bronce y cuatro falconetes y mucha pólvora y pelotas, y esto de esta cuenta de los ballesteros no se me

---

[212] Ángel Delgado Gómez explica, al respecto, que los planes de Cortés de conquista y colonización debían ser tan evidentes que «sus rivales consiguieron de Velázquez una revocación del nombramiento de capitán a última hora, pero era demasiado tarde. La flota se encontraba para entonces en Trinidad, al sur de la isla de Cuba, donde Cortés se aprovisionaba de alimentos y seguía añadiendo gente a la expedición. Cortés pudo sortear con pericia las órdenes de detención contra él, de modo que el 10 de febrero de 1519 una armada de diez barcos con 600 españoles, 300 indios antillanos, doce caballos y diez cañones zarpó de Cuba rumbo al Yucatán», ob. cit., pág. 16.

acuerda bien, no hace al caso de la relación. Y hecho el alarde, mandó a Mesa el artillero, que así se llamaba, y a un Bartolomé de Usagre, y Arbenga y a un Catalán, que todo serán artilleros, que lo tuviesen muy limpio y aderezado, y los tiros y pelotas muy a punto, juntamente con la pólvora. Puso por capitán de la artillería a un Francisco de Orozco, que había sido buen soldado en Italia; asimismo, mandó a dos ballesteros, maestros de aderezar ballestas, que se decían Juan Benítez y Pedro de Guzmán «el ballestero», que mirasen que todas las ballestas tuviesen a dos y a tres nueces y otras tantas cuerdas, y que siempre tuviesen cepillo e ingijuela, y tirasen a terrero, y que los caballos estuviesen a punto. No sé yo en qué gasto ahora tanta tinta en meter la mano en cosas de apercibimiento de armas y de lo demás, porque Cortés verdaderamente tenía grande vigilancia en todo[213].

Capítulo XXVII

Cómo Cortés supo de dos españoles que estaban en poder de indios en la punta de Cotoche, y lo que sobre ello se hizo

Como Cortés en todo ponía gran diligencia, me mandó llamar a mí y a un vizcaíno que se llamaba Martín Ramos, y nos preguntó que qué sentíamos de aquellas palabras que nos hubieron dicho los indios de Campeche cuando venimos con Francisco Hernández de Córdoba, que decían «Castilan, Castilan», según lo he dicho en el capítulo que de ello habla; y nosotros se lo tornamos a contar según y de la manera que lo habíamos visto he oído, y dijo que ha pensado en ello muchas veces, y que por ventura estarían algunos españoles en aquellas tierras, y dijo: «Paréceme que será bien preguntar a estos caciques de Cozumel si sabían alguna nueva de ellos»; y con Melchorejo, el de la punta de Cotoche, que entendía ya poca cosa de la lengua de Castilla, y sabía muy bien la de Cozumel, se lo preguntó a todos los principales, y todos a una

[213] La expedición recorrió Cozumel, la costa de Yucatán, la costa del golfo de México arriba hasta Tabasco.

dijeron que habían conocido ciertos españoles, y daban señas de ellos, y que en la tierra adentro, andadura de dos soles, estaban, y los tenían por esclavos unos caciques, y que allí en Cozumel había indios mercaderes que les hablaron pocos días había; de lo cual todos nos alegramos con aquellas nuevas. Y díjoles Cortés que luego les fuesen a llamar con carta, que en su lengua llaman *amales,* y dio a los caciques y a los indios que fueron con las cartas, camisas, y los halagó, y les dijo que cuando volviesen les darían más cuentas; y el cacique dijo a Cortés que enviase rescate para los amos con quien estaban que los tenían por esclavos, porque los dejasen venir; y así se hizo, que se les dio a los mensajeros de todo género de cuentas, y luego mandó apercibir dos navíos, los de menos porte, que el uno era poco mayor que el bergantín, y con veinte ballesteros y escopeteros, y por capitán de ellos a Diego de Ordás; y mandó que estuviesen en la costa de la punta de Cotoche, aguardando ocho días con el navío mayor; y entre tanto que iban y venían con la respuesta de las cartas, con el navío pequeño volviesen a dar la respuesta a Cortés de lo que hacían, porque estaba aquella tierra de la punta de Cotoche obra de cuatro leguas, y se parece la una tierra desde la otra; y escrita la carta, decía en ella: «Señores y hermanos: Aquí en Cozumel he sabido que estáis en poder de un cacique detenidos, y os pido por merced que luego os vengáis aquí en Cozumel, que para ello envío un navío con soldados, si los hubiereis menester, y rescate para dar a esos indios con quien estáis, y lleva el navío de plazo ocho días para os aguardar. Veníos con toda brevedad; de mí seréis bien mirados y aprovechados. Yo quedo aquí en esta isla con quinientos soldados y once navíos. En ellos voy, mediante Dios, la vía de un pueblo que se dice Tabasco o Potonchan, etc.» Luego se embarcaron en los navíos con las cartas y los dos indios mercaderes de Cozumel que las llevaban, y en tres horas atravesaron el golfete, y echaron en tierra los mensajeros con las cartas y el rescate, y en dos días las dieron a un español que se decía Jerónimo de Aguilar, que entonces supimos que así se llamaba, y de aquí adelante así le nombraré. Y desde que las hubo leído, y recibido el rescate de las cuentas que le enviamos, él se holgó con ello y lo llevó a su amo el cacique para que le diese licencia, la cual luego la dio para que se fuese adonde quisiese. Caminó el Aguilar adonde estaba su compañero, que se decía Gonzalo Guerrero, que le respondió: «Hermano Aguilar, yo soy casado, tengo tres hijos, y tiénenme por cacique y capitán cuando hay guerras: íos vos con Dios; que yo tengo labrada la cara e horadadas las orejas; ¿qué dirán de mí desde que me vean esos españoles ir de esta manera? Y ya veis estos mis tres hijitos cuán bonicos son. Por vida vuestra que me deis de esas cuentas verdes que traéis, para ellos, y diré que mis hermanos me las envían de mi tierra». Y asimismo la india mujer del Gonzalo habló al Aguilar en su lengua muy enojada, y le dijo: «Mira con qué viene este esclavo a llamar a mi marido: íos vos, y no curéis de más pláticas»; y el Aguilar tornó a hablar al Gonzalo que mirase que era cristiano, que por una india no se perdiese el ánima; y si por mujer e hijos lo hacía, que la llevase consigo si no los quería dejar; y por más que le dijo y amonestó, no quiso venir[214]. Y parece ser que aquel Gonzalo Guerrero era hombre de la mar, natural de Palos. Y desde que el Jerónimo de Aguilar vio que no quería venir, se vino luego con los dos indios mensajeros adonde había estado el navío aguardándole, y desde que llegó no le halló, que ya se había ido, porque ya se habían pasado los ocho días, y aun uno más que llevó de plazo el Ordás para que aguardase; porque desde que vio el Aguilar no venía, se volvió a Cozumel, sin llevar recaudo a lo que había venido. Y desde que el Aguilar vio que no estaba allí el navío, quedó muy triste, y se volvió a su amo al pueblo donde antes solía vivir. Y dejaré esto y diré que cuando Cortés vio venir al Ordás sin recaudo ni nueva de los españoles ni de los indios mensajeros, estaba tan enojado, que dijo con palabras soberbias al Ordás que había creído que otro mejor recaudo trajera que no venirse así sin los españoles ni nueva de ellos; porque ciertamente estaban en aquella tierra. Pues en aquel instante aconteció que unos marineros que se decían los peñates, na-

---

[214] En Bernal aparece el primer testimonio de la adopción de la palabra exótica entre los indios Campeche. Bernal Díaz del Castillo nos da, igualmente, el primer testimonio de un proceso conmovedor: el aindiamiento de los hombres. Todo se aindia, la lengua y los hombres.

turales de Gibraleon, habían hurtado a un soldado que se decía Berrio ciertos tocinos y no se los querían dar y se quejó el Berrio a Cortés, y tomado juramento a los marineros, se perjuraron, y en la pesquisa pareció el hurto; los cuales tocinos estaban repartidos en los siete marineros, y a todos siete los mandó luego azotar[215]; que no aprovecharon ruegos de ningún capitán. Donde lo dejaré, así esto de los marineros como esto del Aguilar, y nos iremos sin él nuestro viaje hasta su tiempo y sazón. Y diré cómo venían muchos indios en romería a aquella isla de Cozumel, los cuales eran naturales de los pueblos comarcanos de la punta de Cotoche y de otras partes de tierra de Yucatán; porque, según pareció, había allí en Cozumel ídolos de muy disformes figuras, y estaban en un adoratorio, en que ellos tenían por costumbre en aquella tierra por aquel tiempo sacrificar, y una mañana estaba lleno el patio donde estaban los ídolos, de muchos indios e indias quemando resina, que es como nuestro incienso; y como era cosa nueva para nosotros, paramos a mirar en ello con atención, y luego se subió encima de un adoratorio un indio viejo con mantas largas, el cual era sacerdote de aquellos ídolos (que ya he dicho otras veces que papas los llaman en la Nueva-España) y comenzó a predicarles un rato, y Cortés y todos nosotros mirando en qué paraba aquel negro sermón. Cortés preguntó a Melchorejo, que entendía muy bien aquella lengua, que qué era aquello que decía aquel indio viejo, y supo que les predicaba cosas malas, y luego mandó llamar al cacique y a todos los principales y al mismo papa, y como mejor se pudo dárselo a entender con aquella nuestra lengua, y les dijo que si habían de ser nuestros hermanos, que quitasen de aquella casa aquellos sus ídolos, que eran muy malos y les harían errar, y que no eran dioses, sino cosas malas, y que les llevarían al infierno sus almas; y se les dio a entender otras cosas santas e buenas, y que pusiesen una imagen de nuestra señora que les dio y una cruz, y que siempre serían ayudados y tendrían buenas sementeras, y se salvarían sus ánimas, y se les dijo otras cosas acerca de nuestra santa fe, bien dichas. Y el

---

[215] En la crónica de Bernal destacan los detalles menudos, vivos y sabrosos que no aparecerán en las otras crónicas.

papa con los caciques respondieron que sus antepasados adoraban en aquellos dioses porque eran buenos, y que no se atrevían ellos de hacer otra cosa, y que se los quitásemos nosotros, y que veríamos cuánto mal nos iba de ello, porque nos iríamos a perder en la mar. Y luego Cortés mandó que los despedazásemos y echásemos a rodar unas gradas abajo, y así se hizo[216]. Y luego mandó traer mucha cal, que había harta en aquel pueblo, e indios albañiles, y se hizo un altar muy limpio, donde pusiésemos la imagen de nuestra señora; y mandó a dos de nuestros carpinteros de lo blanco, que se decían Alonso Yáñez y Álvaro López, que hiciesen una cruz de unos maderos nuevos que allí estaban, la cual se puso en uno como humilladero que estaba hecho cerca del altar, y dijo misa el padre que se decía Juan Díaz, y el papa y cacique y todos los indios estaban mirando con atención. Llaman en esta isla de Cozumel a los caciques calachionis, como otra vez he dicho en lo de Potonchan. Y dejarlos he aquí, y pasaré adelante, y diré cómo nos embarcamos.

Capítulo XXXIV

Cómo nos dieron guerra todos los caciques de Tabasco y sus provincias, y lo que sobre ello sucedió

Ya he dicho de la manera y concierto que íbamos, y cómo hallamos todas las capitanías y escuadrones de contrarios que nos iban a buscar, y traían todos grandes penachos, y atambores y trompetillas, y las caras enalmagradas y blancas y prietas, y con grandes arcos y flechas, y lanzas y rodelas, y espadas como montantes de a dos manos, y mucha onda y piedra, y varas tostadas, y cada uno sus armas colchadas de algodón. Y así como llegaron a nosotros, como eran grandes escuadrones, que todas las sabanas cubrían, se vienen como perros rabiosos y nos cercan por todas partes, y tiran tanta de flecha y vara y piedra, que de la primera arremetida hirieron más de se-

---

[216] La versión que da Cortés en sus *Cartas de relación* omitirá esta reacción violenta.

tenta de los nuestros, y con las lanzas pie con pie nos hacían mucho daño, y un soldado murió luego de un flechazo que le dio por el oído, el cual se llamaba Saldaña; y no hacían sino flechar y herir en los nuestros; y nosotros con los tiros y escopetas, y ballestas y grandes estocadas no perdíamos punto de buen pelear. Y como conocieron las estocadas y el mal que les hacíamos, poco a poco se apartaban de nosotros, mas era para flechar más a su salvo, puesto que Mesa, nuestro artillero, con los tiros mataba muchos de ellos, porque eran grandes escuadrones y no se apartaban lejos, y daba en ellos a su placer, y con todos los males y heridas que les hacíamos, no los podíamos apartar. Yo dije al capitán Diego de Ordás: paréceme que debemos cerrar y apechugar con ellos, porque verdaderamente sienten bien el cortar de las espaldas, y por esta causa se desvían algo de nosotros por temor de ellas, y por mejor tirarnos sus flechas y varas tostadas, y tanta piedra como granizo». Respondió el Ordás que no era buen acuerdo, porque había para cada uno de nosotros trescientos indios, y que no nos podíamos sostener con tanta multitud, y así estuvimos con ellos sosteniéndonos. Todavía acordamos de nos llegar cuanto pudiésemos a ellos, como se lo había dicho al Ordás, por darles mal año de estocadas; y bien lo sintieron, y se pasaron luego de la parte de una ciénaga. Y en todo este tiempo Cortés con los de a caballo no venía, aunque deseábamos en gran manera su ayuda, y temíamos que por ventura no le hubiese acaecido algún desastre. Acuérdome que cuando soltábamos los tiros, que daban los indios grandes silbos y gritos, y echaban tierra y pajas en alto y porque no viésemos el daño que les hacíamos, y tañían entonces trompetas y trompetillas, silbos y voces, y decían Ala lala. Estando en esto, vimos asomar los de a caballo, y como aquellos grandes escuadrones estaban embebecidos dándonos guerra, no miraron tan de presto en los de a caballo, como venían por las espaldas; y como el campo era llano y los caballeros buenos jinetes, y algunos de los caballos muy revueltos y corredores, dánles tan buena mano, y alancean a su placer, como convenía en aquel tiempo; pues los que estábamos peleando, como los vimos, dimos tanta prisa en ellos, los de a caballo por una parte y nosotros por otra, que de presto volvieron las espaldas. Y aquí creyeron los indios que el caballo y caballero era todo un cuerpo, como jamás habían visto caballos hasta entonces; iban aquellas sabanas y campos llenos de ellos y se acogieron a unos montes que allí había. Y después que los hubimos desbaratado, Cortés nos contó cómo no había podido venir más presto por causa de una ciénaga, y que estuvo peleando con otros escuadrones de guerreros antes que a nosotros llegasen, y traía heridos cinco caballeros y ocho caballos. Y después de apeados debajo de unos árboles que allí estaban, dimos muchas gracias y loores a Dios y a Nuestra Señora su Bendita Madre, alzando todos las manos al cielo, porque nos había dado aquella victoria tan cumplida. Y como era día de Nuestra Señora de Marzo, llamóse una villa que se pobló el tiempo andando, Santa María de la Victoria[217], así por ser día de Nuestra Señora como por la gran victoria que tuvimos. Ésta fue, pues, la primera guerra que tuvimos en compañía de Cortés en la Nueva España. Y esto pasado, apretamos las heridas a los heridos con paños, que otra cosa no había, y se curaron los caballos con quemarles las heridas con unto de indio de los muertos, que abrimos para sacarle el unto, y fuimos a ver los muertos que había por el campo, y eran más de ochocientos, y todos los más de estocadas, y otros de los tiros y escopetas y ballestas, y muchos estaban medio muertos y tendidos. Pues donde anduvieron los de a caballo había buen recaudo, de ellos muertos y otros quejándose de las heridas. Estuvimos en esta batalla sobre una hora, que no les pudimos hacer perder punto de buenos guerreros, hasta que vinieron los de a caballo, como he dicho; y prendimos cinco indios, y los dos de ellos capitanes; y como era tarde y hartos de pelear, y no habíamos comido, nos volvimos al real, y luego enterramos dos soldados que iban heridos por las gargantas y por el oído, y quemamos las heridas a los demás y a los caballos con el unto del indio, y pusimos buenas velas y escuchas, y cenamos y reposamos. Aquí es donde dice Francisco López de Gómara que salió Francisco de Morla en un caballo rucio picado antes que llegase Cortés, con los de a caballo, y que eran los santos apóstoles señor Santiago o se-

---

[217] Tabasco fue llamado por los españoles Santa María de la Victoria

ñor san Pedro. Digo que todas nuestras obras y victorias son por mano de Nuestro Señor Jesucristo, y que en aquella batalla había para cada uno de nosotros tantos indios, que a puñados de tierra nos cegaran, salvo que la gran misericordia de Dios en todo nos ayudaba; y pudiera ser que los que dice el Gómara fueran los gloriosos apóstoles señor Santiago o señor san Pedro, y yo, como pecador, no fuese digno de verles. Lo que yo entonces vi y conocí fue a Francisco de Morla en un caballo castaño, que venía juntamente con Cortés, que me parece que ahora que lo estoy escribiendo, se me representa por estos ojos pecadores toda la guerra, según y de la manera que allí pasamos. Y ya que yo, como indigno pecador, no fuera merecedor de ver a cualquiera de aquellos gloriosos apóstoles[218], allí en nuestra compañía había sobre cuatrocientos soldados, y Cortés y otros muchos caballeros; y platicárase de ello y tomárase por testimonio, y se hubiera hecho una iglesia cuando se pobló la villa, y se nombrara la villa de Santiago de la Victoria u de san Pedro de la Victoria, como se nombró Santa María de la Victoria; y si fuera así como lo dice el Gómara, harto malos cristianos fuéramos, enviándonos nuestro señor Dios sus santos apóstoles, no reconocer la gran merced que nos hacía, y reverenciar cada día aquella iglesia; y pluguiere a Dios que así fuera como el cronista dice, y hasta que leí su crónica, nunca entre conquistadores que allí se hallaron tal se oyó. Y dejémoslo aquí, y diré lo que más pasamos.

Capítulo XXXV

Cómo envió Cortés a llamar a todos los caciques
de aquellas provincias, y lo que sobre ello se hizo

Ya he dicho cómo prendimos en aquella batalla cinco indios, y los dos de ellos capitanes, con los cuales estuvo Aguilar, la lengua, a pláticas, y conoció en lo que le dijeron que se

---

[218] Es llamativo cómo Bernal Díaz del Castillo, por sobre los hechos milagrosos en que se apoyan la mayoría de cronistas, impone la verdad de los hechos, el esencial realismo.

rían hombres para enviar por mensajeros. Y díjole al capitán Cortés que les soltasen, y que fuesen a hablar con los caciques de aquel pueblo y otros cualesquier; y a aquellos dos indios mensajeros se les dio cuentas verdes y diamantes azules, y les dijo Aguilar muchas palabras bien sabrosas y de halagos, y que les queremos tener por hermanos y que no hubiesen miedo, y que lo pasado de aquella guerra que ellos tenían la culpa, y que llamasen a todos los caciques de todos los pueblos, que les queríamos hablar, y se les amonestó otras muchas cosas bien mansamente para atraerlos de paz; y fueron de buena voluntad, y hablaron con los principales y caciques, y les dijeron todo lo que les enviamos a hacer saber sobre la paz. Y oída nuestra embajada, fue entre ellos acordado de enviar luego quince indios de los esclavos que entre ellos tenían, y todos tiznadas las caras y las mantas y bragueros que traían muy ruines, y con ellos enviaron gallinas y pescado asado y pan de maíz; y llegados delante de Cortés, los recibió de buena voluntad, y Aguilar, la lengua, les dijo medio enojado cómo venían de aquella manera prietas las caras; que más venían de guerra que para tratar paces, y que luego fuesen a los caciques y les dijesen que si querían paz, como se la ofrecimos, que viniesen señores a tratar de ella, como se usa, y no enviasen esclavos. A aquellos mismos tiznados se les hizo ciertos halagos, y se envió con ellos cuentas azules en señal de paz y para ablandarles los pensamientos. Y luego otro día vinieron treinta indios principales y con buenas mantas, y trajeron gallinas y pescado, y fruta y pan de maíz, y demandaron licencia a Cortés para quemar y enterrar los cuerpos de los muertos en las batallas pasadas, porque no oliesen mal o los comiesen tigres o leones; la cual licencia les dio luego, y ellos se dieron prisa en traer mucha gente para los enterrar y quemar los cuerpos, según su usanza; y según Cortés supo de ellos, dijeron que les faltaba sobre ochocientos hombres, sin los que estaban heridos; y dijeron que no se podían tener con nosotros en palabras ni paces, porque otro día habían de venir todos los principales y señores de todos aquellos pueblos, y concertarían las paces. Y como Cortés en todo era muy avisado, nos dijo riendo a los soldados que allí nos hallamos teniéndole compañía: «¿Sabéis, señores, que me parece que estos indios temerán mucho a los caballos, y deben de pensar que ellos solos hacen la guerra y asimismo las bombardas? He pensado una cosa para que mejor lo crean, que traigan la yegua de Juan Sedeño, que parió el otro día en el navío, y atarla han aquí donde yo estoy, y traigan el caballo de Ortiz "el músico", que es muy rijoso, y tomará olor de la yegua; y cuando haya tomado olor de ella, llevarán la yegua y el caballo, cada uno de por sí, en parte que desde que vengan los caciques que han de venir, no los oigan relinchar ni los vean hasta que estén delante de mí y estemos hablando». Y así se hizo, según y de la manera que lo mandó, que trajeron la yegua y el caballo, y tomó olor de ella en el aposento de Cortés, y demás de esto, mandó que cebasen un tiro, el mayor de los que teníamos, con una buena pelota y bien cargado de pólvora. Y estando en esto que ya era mediodía, vinieron cuarenta indios, todos caciques, con buena manera y mantas ricas a la usanza de ellos; saludaron a Cortés y a todos nosotros, y traían de sus inciensos, zahumándonos a cuantos allí estábamos, y demandaron perdón de lo pasado, y que de allí adelante serían buenos. Cortés les respondió con Aguilar, nuestra lengua, algo con gravedad, como haciendo del enojado, que ya ellos habían visto cuantas veces les habían requerido con la paz, y que ellos tenían la culpa, y que ahora eran merecedores que a ellos y a cuantos quedan en todos sus pueblos matásemos; y porque somos vasallos de un gran rey y señor que nos envió a estas partes, el cual se dice el emperador don Carlos, que manda que a los que estuvieren en su real servicio que les ayudemos y favorezcamos; y que si ellos fueren buenos, como dicen, que así lo haremos, y si no, que soltará de aquellos tepustles que los maten (al hierro llaman en su lengua tepustle), que aun por lo pasado que han hecho en darnos guerra están enojados algunos de ellos. Entonces secretamente mandó poner fuego a la bombarda que estaba cebada, e dio tan buen trueno y recio como era menester. Iba la pelota zumbando por los montes, que, como en aquel instante era mediodía y hacía calma, llevaba gran ruido, y los caciques se espantaron de la oír; y como no habían visto cosa como aquella, creyeron que era verdad lo que Cortés les dijo, y para asegurarles del miedo les tornó a decir con Aguilar que ya no hubiesen miedo, que él mandó que no hiciese daño. Y en aquel instante trajeron el caballo que había tomado olor de la yegua, y átanlo no muy lejos de donde estaba Cortés hablando con los caciques; y como a la yegua la habían tenido en el mismo aposento adonde Cortés y los indios estaban hablando, pateaba el caballo, y relinchaba y hacía bramuras, y siempre los ojos mirando a los indios y al aposento donde había tomado olor de la yegua; y los caciques creyeron que por ellos hacía aquellas bramuras del relinchar y el patear, y estaban espantados. Y cuando Cortés los vio de aquel arte, se levantó de la silla, y se fue para el caballo y le tomó del freno, y dijo a Aguilar que hiciese creer a los indios que allí estaban que había mandado al caballo que no les hiciese mal ninguno. Y luego dijo a dos mozos de espuelas que lo llevasen de allí lejos, que no lo tornasen a ver los caciques. Y estando en esto, vinieron sobre treinta indios de carga, que entre ellos llaman tamenes, que traían la comida de gallinas y pescado asado y otras cosas de frutas, que parece ser se quedaron atrás o no pudieron venir juntamente con los caciques. Allí hubo muchas pláticas Cortés con aquellos principales, y dijeron que otro día vendrían todos, y traerían un presente y hablarían en otras cosas; y así, se fueron muy contentos. Donde los dejaré ahora hasta otro día.

Capítulo XXXVI

Cómo vinieron todos los caciques y calachionis del río de Grijalva
y trajeron un presente, y lo que sobre ello pasó

Otro día de mañana, que fue a los postreros del mes de marzo de 1519 años, vinieron muchos caciques y principales de aquel pueblo y otros comarcanos, haciendo mucho acato a todos nosotros, y trajeron un presente de oro, que fueron cuatro diademas, y unas lagartijas, y dos como perrillos, y orejeras, y cinco ánades, y dos figuras de caras de indios, y dos suelas de oro, como de sus cotaras, y otras cosillas de poco valor, que yo no me acuerdo que tanto valía, y trajeron mantas de las que ellos traían y hacían, que son muy bastas, porque ya habrán oído decir los que tienen noticia de aquella provincia que no las hay en aquella tierra sino de poco valor. Y no fue nada este presente en comparación de veinte mujeres, y entre ellas una muy excelente mujer, que se dijo doña Marina[219], que así se llamó después de vuelta cristiana. Y dejaré esta plática, y de hablar de ella y de las demás mujeres que trajeron, y diré que Cortés recibió aquel presente con alegría, y se apartó con todos los caciques y con Aguilar el intérprete a hablar, y les dijo que por aquello que traían se lo tenía en gracia, mas que una cosa les rogaba, que luego mandasen poblar aquel pueblo con toda su gente, mujeres e hijos, y que dentro de dos días le quería ver poblado, y que en esto conocerá tener verdadera paz. Y luego los caciques mandaron llamar todos los vecinos, y con sus hijos y mujeres en dos días se pobló. Y a lo otro que les mandó, que dejasen sus ídolos y sacrificios, respondieron que así lo harían. Y les declaramos con Aguilar, lo mejor que Cortés pudo, las cosas tocantes a nuestra santa fe, y cómo éramos cristianos y adorábamos a un solo Dios verdadero, y se les mostró una imagen muy devota de Nuestra Señora con su Hijo precioso en los brazos, y se les declaró que aquella santa imagen reverenciábamos porque así está en el cielo y es Madre de nuestro Señor Dios. Y los caciques dijeron que les parece muy bien aquella gran *tecleciguata*, y que se la diesen para tener en su pueblo, porque a las grandes señoras en su lengua llaman tecleciguatas. Y dijo Cortés que sí daría, y les mandó hacer un buen altar bien labrado; el cual luego le hicieron. Y otro día de mañana mandó Cortés a dos de nuestros carpinteros de lo blanco, que se decían Alonso Yáñez y Álvaro López (ya otra vez por mí memorados), que luego labrasen una cruz bien alta. Y después de haber mandado todo esto, dijo a los caciques qué fue la causa que nos dieran guerra tres veces, requiriéndoles con la paz. Y res-

---

[219] Frente a las *Cartas de Relación* de Cortés que silencian prácticamente todo sobre *la Malinche,* Bernal Díaz del Castillo es el que más información nos da acerca de este personaje, su origen, su matrimonio y el papel tan importante que tuvo como intérprete y consejera. Cortés sólo hace una alusión a doña Marina, en su quinta relación. Octavio Paz, en el *Laberinto de la soledad,* habla de los mexicanos como los «hijos de la Malinche», es decir, engendrados por una violación y que han traicionado y entregado la patria a los invasores.

pondieron que ya habían demandado perdón de ello y estaban perdonados, y que el cacique de Champoton, su hermano, se lo aconsejó, y porque no le tuviesen por cobarde, porque se lo reñían y deshonraban, porque no nos dio guerra cuando la otra vez vino otro capitán con cuatro navíos; y según pareció, decíalo por Juan de Grijalva. Y también dijo que el indio que traíamos por lengua, que se nos huyó una noche, se lo aconsejó, que de día y de noche nos diesen guerra, porque éramos muy pocos. Y luego Cortés les mandó que en todo caso se lo trajesen; y dijeron que como les vio que en la batalla no les fue bien, que se les fue huyendo, y que no sabían de él aunque le han buscado; y supimos que le sacrificaron, pues tan caro les costó sus consejos. Y más les preguntó, que de qué parte traían oro y aquellas joyezuelas. Respondieron que de hacia donde se pone el sol, y decían Culchúa[220] y México, y como no sabíamos qué cosa era México ni Culchúa, dejábamoslo pasar por alto. Y allí traíamos otra lengua que se decía Francisco, que hubimos cuando lo de Grijalva, ya otra vez por mí nombrado, mas no entendía poco ni mucho la de Tabasco, sino la de Culchúa, que es la mexicana. Y medio por señas dijo a Cortés que Culchúa era muy adelante, y nombraba México, México, y no le entendimos. Y en esto cesó la plática hasta otro día, que se puso en el altar la santa imagen de Nuestra Señora y la cruz, la cual todos adoramos; y dijo misa el padre fray Bartolomé de Olmedo, y estaban todos los caciques y principales delante, y púsose nombre a aquel pueblo Santa María de la Victoria, y así se llama ahora la villa de Tabasco. Y el mismo fraile con nuestra lengua Aguilar predicó a las veinte indias que nos presentaron, muchas buenas cosas de nuestra santa fe, y que no creyesen en los ídolos de que antes creían, que eran malos y no eran dioses, ni más les sacrificasen, que los traían engañados, y adorasen a nuestro señor Jesucristo; y luego se bautizaron[221], y se puso por nombre doña Marina aquella india y señora que allí nos

[220] Culhúa.
[221] Malintzin (malinalli, «enredadera» en náhuatl) fue bautizada en Tabasco junto con otras mujeres indígenas, y recibió el nombre de Marina por ser parecido al indígena. Éste fue el primer bautizo en tierras americanas.

dieron y verdaderamente era gran cacica e hija de grandes caciques y señora de vasallos, y bien se le parecía en su persona; lo cual diré adelante cómo y de qué manera fue allí traída. Y de las otras mujeres no me acuerdo bien de todos sus nombres, y no hace al caso nombrar algunas, mas éstas fueron las primeras cristianas que hubo en la Nueva-España. Y Cortés las repartió a cada capitán la suya, y a esta doña Marina, como era de buen parecer y entremetida y desenvuelta, dio a Alonso Hernández Puertocarrero, que ya he dicho otra vez que era muy buen caballero, primo del conde de Medellín. Y desde que fue a Castilla el Puertocarrero, estuvo la doña Marina con Cortés, y de ella hubo un hijo, que se dijo don Martín Cortés, que el tiempo andando fue comendador de Santiago[222]. En aquel pueblo estuvimos cinco días, así porque se curaban las heridas como por los que estaban con dolor de riñones, que allí se les quitó; y demás de esto, porque Cortés siempre atraía con buenas palabras a los caciques, y les dijo cómo el Emperador nuestro señor, cuyos vasallos somos, tiene a su mandado muchos grandes señores, y que es bien que ellos le den la obediencia. Y que en lo que hubieren menester, así favor de nosotros como otra cualquier cosas, que se lo hagan saber dondequiera que estuviésemos, que él les vendrá a ayudar. Y todos los caciques le dieron muchas gracias por ello, y allí se otorgaron por vasallos de nuestro gran emperador. Éstos fueron los primeros vasallos que en la Nueva-España dieron la obediencia a su majestad[223]. Y luego Cortés les mandó que para otro día, que era domingo de Ramos, muy de mañana viniesen al altar que hicimos, con sus hijos y mujeres, para que adorasen la santa imagen de Nuestra Señora y la cruz. Y asimismo les mandó que viniesen seis indios carpinteros, y que fuesen con nuestros carpinteros, y que en el pueblo de Cintla, adonde Dios nuestro Señor fue servido de darnos

---

[222] Cuando Puertocarrero fue a España, Cortés reclamó para sí a doña Marina con quien tuvo un hijo, Martín Cortés. En 1524 doña Marina fue dada por Cortés en matrimonio al capitán Juan Jaramillo.

[223] Cortés, explica Ángel Delgado, «en lugar de limitarse a comerciar con los indígenas, como había estipulado con Velázquez, buscó desde el principio someterlos a la corona real mediante una flexible combinación de poderío militar y diplomacia», ob. cit., pág. 16

aquella victoria de la batalla pasada, por mí referida, que hiciesen una cruz en un árbol grande que allí estaba, que llaman ceiba, e hiciéronla en aquel árbol a efecto que durase mucho, que con la corteza, que suele reverdecer, está siempre la cruz señalada. Hecho esto mandó que aparejasen todas las canoas que tenían, para nos ayudar a embarcar, porque aquel santo día nos queríamos hacer a la vela, porque en aquella sazón vinieron dos pilotos a decir a Cortés que estaban en gran riesgo los navíos por amor del norte, que es travesía. Y otro día muy de mañana vinieron todos los caciques y principales con todas sus mujeres e hijos, y estaban ya en el patio donde teníamos la iglesia y cruz, y muchos ramos cortados para andar en procesión. Y desde que los caciques vimos juntos, Cortés y todos los capitanes a una, con gran devoción anduvimos una muy devota procesión, y el padre de la Merced y Juan Díaz el clérigo revestidos, y se dijo misa, y adoramos y besamos la santa cruz, y los caciques e indios mirándonos. Y hecha nuestra solemne fiesta según el tiempo, vinieron los principales y trajeron a Cortés diez gallinas y pescado asado y otras legumbres y nos despedimos de ellos y siempre Cortés encomendándoles la santa imagen de Nuestra Señora y las santas cruces, y que las tuviesen muy limpias y barrida la casa y la iglesia y enramado. Y que las reverenciasen, y hallarían salud y buenas sementeras. Y después que era ya tarde nos embarcamos, y a otro día lunes por la mañana nos hicimos a la vela, y con buen viaje navegamos y fuimos la vía de San Juan de Ulúa, y siempre muy juntos a tierra. Y yendo navegando con buen tiempo, decíamos a Cortés los soldados que veníamos con Grijalva, cómo sabíamos aquella derrota: «Señor, allí queda La Rambla, que en lengua de indios se dice Aguayaluco»[224]. Y luego llegamos al paraje de Tonala, que se dice San Antón, y se lo señalábamos. Más adelante le mostramos el gran río de Guacualco, y vio las muy altas sierras nevadas, y luego las sierras de San Martín. Y más adelante le mostramos la roca partida, que es unos grandes peñascos que entran en la mar, y tiene una señal arriba como a manera de silla. Y más adelante le mostramos el río de Alvarado, que es a donde en-

---

[224] Ayagualulco.

tró Pedro de Alvarado cuando lo de Grijalva, y luego vimos el río de Banderas, que fue donde rescatamos los dieciséis mil pesos, y luego le mostramos la isla Blanca y también le dijimos adónde quedaba la isla Verde. Y junto a tierra vio la isla de Sacrificios, donde hallamos los altares cuando lo de Grijalva, y los indios sacrificados, y luego en buena hora llegamos a San Juan de Ulúa jueves de la Cena después de mediodía. Acuérdome que llegó un caballero que se decía Alonso Hernández Puertocarrero, y dijo a Cortés: «Paréceme, señor, que os han venido diciendo estos caballeros que han venido otras dos veces a esta tierra:

> Cata Francia, Montesinos
> Cata París la ciudad,
> Cata las aguas del Duero,
> Do van a dar a la mar.

Yo digo que miréis las tierras ricas y sabeos bien gobernar.» Luego Cortés bien entendió a qué fin fueron aquellas palabras dichas, y respondió: «Denos Dios ventura en armas como al paladín Roldán, que en lo demás, teniendo a vuestra merced y a otros caballeros por señores, bien me sabré entender.» Y dejémoslo, y no pasemos de aquí. Esto es lo que pasó, y Cortés no entró en el río de Alvarado, como dice Gómara.

Capítulo XXXVII

Cómo doña Marina era cacica e hija de grandes señores,
y señora de pueblos y vasallos, y de la manera
que fue traída a Tabasco[225]

Antes que más meta la mano en lo del gran Moctezuma y su gran México y mexicanos, quiero decir lo de doña Marina, cómo desde su niñez fue gran señora de pueblos y vasallos, y es de esta manera: que su padre y su madre eran señores y ca-

---

[225] Ésta es una de las escasas informaciones que hay en las *Cartas de Relación* acerca de doña Marina.

ciques de un pueblo que se dice Painala, y tenían otros pueblos sujetos a él, obra de ocho leguas de la villa de Guacualco, y murió el padre quedando muy niña, y la madre se casó con otro cacique mancebo y hubieron un hijo, y según pareció, querían bien al hijo que habían habido. Acordaron entre el padre y la madre de darle el cargo después de sus días, y porque en ello no hubiese estorbo, dieron de noche la niña a unos indios de Xicalango, porque no fuese vista, y echaron fama que se había muerto, y en aquella sazón murió una hija de una india esclava suya, y publicaron que era la heredera, por manera que los de Xicalango la dieron a los de Tabasco, y los de Tabasco a Cortés, y conocí a su madre y a su hermano de madre, hijo de la vieja, que era ya hombre y mandaba juntamente con la madre a su pueblo, porque el marido postrero de la vieja ya era fallecido. Y después de vueltos cristianos, se llamó la vieja Marta y el hijo Lázaro. Y esto sélo muy bien, porque en el año de 1523, después de ganado México y otras provincias, y se había alzado Cristóbal de Olí en las Higueras, fue Cortés allá y pasó por Guacualco, fuimos con él a aquel viaje toda la mayor parte de los vecinos de aquella villa, como diré en su tiempo y lugar. Y como doña Marina en todas las guerras de Nueva-España, y México fue tan excelente mujer y buena lengua, como adelante diré, a esta causa la traía siempre Cortés consigo. Y en aquella sazón y viaje se casó con ella un hidalgo que se decía Juan Jaramillo, en un pueblo que se decía Orizava, delante de ciertos testigos, que uno de ellos se decía Aranda, vecino que fue de Tabasco, y aquél contaba el casamiento, y no como lo dice el cronista Gómara. Y la doña Marina tenía mucho ser y mandaba absolutamente entre los indios en toda la Nueva-España. Y estando Cortés en la villa de Guacualco, envió a llamar a todos los caciques de aquella provincia para hacerles un parlamento acerca de la santa doctrina y sobre su buen tratamiento, y entonces vino la madre de doña Marina, y su hermano de madre Lázaro, con otros caciques. Días había que me había dicho la doña Marina que era de aquella provincia y señora de vasallos, y bien lo sabía el capitán Cortés, y Aguilar, la lengua, por manera que vino la madre y su hija, y el hermano, y conocieron que claramente era su hija, porque se le parecía mucho. Tuvie-

362

ron miedo de ella, que creyeron que los enviaba a llamar para matarlos, y lloraban, y como así los vio llorar la doña Marina, los consoló, y dijo que no hubiesen miedo, que cuando la traspusieron con los de Xicalango que no supieron lo que se hacían, y se lo perdonaba, y les dio muchas joyas de oro y de ropa y que se volviesen a su pueblo, y que Dios le había hecho mucha merced en quitarlas de adorar ídolos ahora y ser cristiana, y tener un hijo de su amo y señor Cortés, y ser casada con un caballero como era su marido Juan Jaramillo, que aunque la hiciesen cacica de todas cuantas provincias había en la Nueva-España, no lo sería, que en más tenía servir a su marido y a Cortés que cuanto en el mundo hay. Y todo esto que digo se lo oí muy certificadamente, y se lo juró, amén. Y esto me parece que quiere remedar a lo que le acaeció con sus hermanos en Egipto a Josef, que vinieron a su poder cuando lo del trigo. Esto es lo que pasó, y no la relación que dieron al Gómara, y también dice otras cosas que dejo por alto. Y volviendo a nuestra materia, doña Marina sabía la lengua de Guacualco, que es la propia de México, y sabía la de Tabasco, como Jerónimo Aguilar, sabía la de Yucatán y Tabasco, que es toda una, entendíanse bienl. Y el Aguilar lo declaraba en castellano a Cortés: fue gran principio para nuestra conquista. Y así se nos hacían las cosas, loado sea Dios, muy prósperamente. He querido declarar esto, porque sin doña Marina no podíamos entender la lengua de Nueva-España y México. Donde lo dejaré, y volveré a decir cómo nos desembarcamos en el puerto de San Juan de Ulúa.

Capítulo LXXXVII

Cómo el gran Moctezuma nos envió otros embajadores
con un presente de oro y mantas, y lo que dijeron a Cortés,
y lo que les respondió

Ya que estábamos de partida para ir nuestro camino a México, vinieron ante Cortés cuatro principales mexicanos que envió Moctezuma, y trajeron un presente de oro y mantas. Y después de hecho su acato, como lo tenían de costumbre, dijeron: «Malinche, este presente te envía nuestro señor el gran Moctezuma, y dice que le pesa mucho por el trabajo que habéis pasado en venir de tan lejas tierras a le ver y que ya te ha enviado a decir otra vez que te dará mucho oro y plata y chalchíhuites en tributo para vuestro emperador y para vos y los demás teules que traéis, y que no vengas a México. Ahora nuevamente te pide por merced que no pases de aquí adelante, sino que te vuelvas por donde viniste, que él te promete de te enviar al puerto mucha cantidad de oro y plata y ricas piedras para ese vuestro rey, y para ti te dará cuatro cargas de oro, y para cada uno de tus hermanos una carga; porque ir a México es excusada tu entrada dentro, que todos sus vasallos están puestos en armas para no os dejar entrar.» Y demás de esto, que no tenía camino, sino muy angosto, ni bastimentos que comiésemos. Y dijo otras muchas razones e inconvenientes para que no pasásemos de allí. Y Cortés con mucho amor abrazó a los mensajeros, puesto que le pesó de la embajada, y recibió el presente, que ya no se me acuerda qué tanto valía. Y a lo que yo vi y entendí, jamás dejó de enviar Moctezuma oro, poco o mucho, cuando nos enviaba mensajeros, como otra vez he dicho. Y volviendo a nuestra relación, Cortés les respondió que se maravillaba del señor Moctezuma, habiéndose dado por nuestro amigo y siendo tan gran señor, tener tantas mudanzas, que unas veces dice uno y otras envía a mandar al contrario. Y que en cuanto a lo que dice que dará el oro para nuestro señor el emperador y para nosotros, que se lo tiene en merced, y por aquello que ahora le envía, que en buenas obras se lo pagará, el tiempo andando. Y que si le parecerá bien que estando tan cerca de su ciudad, será bueno volvernos del camino sin hacer aquello que nuestro señor nos manda. Que si el señor Moctezuma hubiese enviado mensajeros y embajadores a algún gran señor, como él es, y ya que llegasen cerca de su casa aquellos mensajeros que enviaba se volviesen sin le hablar y decirle a lo que iban, cuando volviesen ante su presencia con aquel recaudo, ¿qué merced les haría, sino tenerlos por cobardes y de poca calidad? Que así haría el emperador nuestro señor con nosotros, y que de una manera u otra que habíamos de entrar en su ciudad, y desde allí adelante que no le enviase más excusas sobre aquel caso, porque le ha de ver y hablar y dar razón de todo el recaudo a que hemos venido, y ha de ser a su sola persona. Y cuando lo haya entendido, si no le pareciere bien nuestra estada en su ciudad, que nos volveremos por donde vinimos. Y cuanto a lo que dice, que no tiene comida sino muy poco, y que no nos podremos sustentar, que somos hombres que con poca cosa que comemos nos pasamos, y que ya vamos a su ciudad, que haya por bien nuestra ida. Y luego en despachando los mensajeros, comenzamos a caminar para México, y como nos habían dicho y avisado los de Guaxocingo y los de Chalco que Moctezuma había tenido pláticas con sus ídolos y papas que si nos dejaría entrar en México o si nos daría guerra, y todos sus papas le respondieron que decía su Huichilobos que nos dejase entrar, que allí nos podrá matar, según dicho tengo otras veces en el capítulo que de ello habla. Y como somos hombres y temíamos la muerte, no dejábamos de pensar en ello. Y como aquella tierra es muy poblada, íbamos siempre caminando muy chicas jornadas, y encomendándonos a Dios y a su bendita Madre nuestra Señora, y platicando cómo y de qué manera podíamos entrar, y pusimos en nuestros corazones con buena esperanza, que pues nuestro Señor Jesucristo fue servido guardarnos de los peligros pasados, que también nos guardaría del poder de México. Y fuimos a dormir a un pueblo que se dice Istapalatengo, que es la mitad de las casas en el agua y la mitad en tierra firme, donde está una sierrezuela, y ahora está una venta cabe él, y allí tuvimos bien de cenar. Dejemos esto, y volvamos al gran Moctezuma, que como llegaron sus mensajeros y oyó la respuesta que Cortés le envió, luego acordó de enviar a su sobrino, que se decía Cacamatzin, señor de Tezcuco, con muy gran fausto a dar el bien venido a Cortés y a todos nosotros. Y como siempre teníamos de costumbre tener velas y corredores del campo, vino uno de nuestros corredores a avisar que venía por el camino muy gran copia de mexicanos de paz, y que al parecer venían de ricas mantas vestidos. Y entonces cuando esto pasó era muy de mañana, y queríamos caminar, y Cortés nos dijo que parásemos en nuestras posadas hasta ver qué cosa era. Y en aquel instante vinieron cuatro principales, y hacen a Cortés gran reverencia, y le dicen que allí cerca viene Cacamatzin, grande señor de Tezcuco, sobrino del gran Moctezuma, y que nos pide por merced que aguardemos hasta que venga; y no tardó mucho, porque luego llegó con el mayor fausto y grandeza que ningún señor de los mexicanos habíamos visto traer, porque venía en andas muy ricas, labradas de plumas verdes, y mucha argentería y otras ricas piedras engastadas en ciertas arboledas de oro que en ellas traía hechas de oro, y traían las andas a cuestas ocho principales, y todos decían que eran señores de pueblos. Y ya que llegaron cerca del aposento donde estaba Cortés, le ayudaron a salir de las andas, y le barrieron el suelo, y le quitaban las pajas por donde había de pasar; y desde que llegaron ante nuestro capitán, le hicieron grande acato, y el Cacamatzin le dijo: «Malinche, aquí venimos yo y estos señores a te servir, hacerte dar todo lo que hubieres menester para ti y tus compañeros, y meteros en vuestras casas, que es nuestra ciudad. Porque así nos es mandado por nuestro señor el gran Moctezuma, y porque está mal dispuesto lo deja, y no por falta de muy buena voluntad que os tiene.» Y cuando nuestro capitán y todos nosotros vimos tanto aparato y majestad como traían aquellos caciques, especialmente el sobrino de Moctezuma, lo tuvimos por muy gran cosa, y platicamos entre nosotros que cuando aquel cacique traía tanto triunfo, ¿qué haría el gran Moctezuma? Y como el Cacamatzin hubo dicho su razonamiento, Cortés le abrazó y le hizo muchas caricias a él y a todos los demás principales, y le dio tres piedras que se llaman margajitas, que tienen dentro de sí muchas pinturas de diversas colores, y a los demás principales se les dio diamantes azules, y les dijo que se lo tenía en merced, y ¿cuándo pagaría al señor Moctezuma las mercedes que cada día nos hace? Y acabada la plática, luego nos partimos; y como habían venido aquellos caciques que dicho tengo, traían mucha gente consigo y de otros muchos pueblos que están en aquella comarca, que salían a vernos, todos los caminos estaban llenos de ellos, que no podíamos andar y los mismos caciques decían a sus vasallos que hiciesen lugar y que mirasen que éramos teules, que, si no hacían lugar, nos enojaríamos con ellos. Y por estas palabras que les decían, nos desembarazaban el camino. Y fuimos a dormir a otro pueblo que está poblado en la laguna, que me parece que se dice

Mezquique, que después se puso nombre Venezuela, y tenía tantas torres y grandes cues que blanqueaban. Y el cacique de él y principales nos hicieron mucha honra y dieron a Cortés un presente de oro y mantas ricas, que valdría el oro cuatrocientos pesos. Y nuestro Cortés les dio muchas gracias por ello. Allí les declaró muchas cosas tocantes a nuestra santa fe, como hacíamos en todos los pueblos por donde veníamos. Y, según pareció, aquellos de aquel pueblo estaban muy mal con Moctezuma de muchos agravios que les había hecho y se quejaron de él. Y Cortés les dijo que presto se remediaría, y que ahora llegaríamos a México, si Dios fuese servido y entendería en ello. Y otro día por la mañana llegamos a la calzada ancha, íbamos camino de Iztapalapa. Y desde que vimos tantas ciudades y villas pobladas en el agua, y en tierra firme otras grandes poblaciones, y aquella calzada tan derecha por nivel como iba a México, nos quedamos admirados, y decíamos que parecía a las cosas y encantamiento que cuentan en el libro de Amadís, por las grandes torres y cues y edificios que tenían dentro en el agua, y todas de cal y canto. Y aun algunos de nuestros soldados decían que si aquello que veían si era entre sueños. Y no es de maravillar que yo aquí lo escriba de esta manera, porque hay que ponderar mucho en ello, que no sé cómo lo cuente, ver cosas nunca oídas ni vistas y aun soñadas, como vimos. Pues desde que llegamos cerca de Iztapalapa, ver la grandeza de otros caciques que nos salieron a recibir, que fue el señor del pueblo, que se decía Coadlauaca, y el señor de Cuyoacan, que entrambos eran deudos muy cercanos del Moctezuma. Y de cuando entramos en aquella villa de Iztapalapa de la manera de los palacios en que nos aposentaron, de cuán grandes y bien labrados eran, de cantería muy prima, y la madera de cedros y de otros buenos árboles olorosos, con grandes patios y cuartos, cosas muy de ver, y entoldados con paramentos de algodón. Después de bien visto todo aquello, fuimos a la huerta y jardín, que fue cosa muy admirable verlo y pasarlo, que no me hartaba de mirarlo y ver la diversidad de árboles y los olores que cada uno tenía, y andenes llenos de rosas y flores, y muchos frutales y rosales de la tierra, y un estanque de agua dulce. Y otra cosa de ver, que podrían entrar en el vergel grandes canoas desde la laguna por una abertura que tenía hecha, sin saltar en tierra, y todo muy encalado y lucido de muchas maneras de piedras, y pinturas en ellas, que había harto que ponderar, y de las aves de muchas raleas y diversidades que entraban en el estanque. Digo otra vez que lo estuve mirando, y no creí que en el mundo hubiese otras tierras descubiertas como éstas, porque en aquel tiempo no había Perú ni memoria de él. Ahora toda esta villa está por el suelo perdida, que no hay cosa en pie. Pasemos adelante, y diré cómo trajeron un presente de oro los caciques de aquella ciudad y los de Cuyoacan, que valía sobre dos mil pesos, y Cortés les dio muchas gracias por ello y les mostró grande amor, y se les dijo con nuestras lenguas las cosas tocantes a nuestra santa fe, y se les declaró el gran poder de nuestro señor el emperador. Y porque hubo otras muchas pláticas, lo dejaré de decir, y diré que en aquella sazón era muy gran pueblo, y que estaba poblada la mitad de las casas en tierra y la otra mitad en el agua. Ahora en esta sazón está todo seco, y siembran donde solía ser laguna, y está de otra manera mudado, que si no lo hubiera de antes visto no lo dijera, que no era posible que aquello estaba lleno de agua esté ahora sembrado de maizales. Dejémoslo aquí, y diré del solemnísimo recibimiento que nos hizo Moctezuma a Cortés y a todos nosotros en la entrada de la gran ciudad de México.

Capítulo LXXXVIII

Del gran y solemne recibimiento que nos hizo el gran Moctezuma
a Cortés y a todos nosotros en la entrada
de la gran ciudad de México

Luego otro día de mañana partimos de Iztapalapa muy acompañados de aquellos grandes caciques que atrás he dicho. Íbamos por nuestra calzada delante, la cual es ancha de ocho pasos, y va tan derecha a la ciudad de México, que me parece que no se tuerce poco ni mucho, y puesto que es bien ancha, toda iba llena de aquellas gentes, que no cabían, unos que entraban en México y otros que salían, que nos venían a ver, que no nos podíamos rodear de tantos como vinieron, porque estaban llenas las torres y cues y en las canoas y de todas partes de la laguna. Y no era cosa de maravillar, porque jamás habían visto caballos ni hombres como nosotros. Y de que vimos cosas tan admirables, no sabíamos qué nos decir, o si era verdad lo que por delante parecía, que por una parte en tierra había grandes ciudades, y en la laguna otras muchas, y veíamoslo todo lleno de canoas, y en la calzada muchas puentes de trecho a trecho, y por delante estaba la gran ciudad de México, y nosotros aún no llegábamos a cuatrocientos cincuenta soldados, y teníamos muy bien en la memoria las pláticas y avisos que nos dieron los de Guaxocingo y Tlascala y Talmanalco[226], y con otros muchos consejos que nos habían dado para que nos guardásemos de entrar en México, que nos habían de matar cuando dentro nos tuviesen. Miren los curiosos lectores esto que escribo, si había bien que ponderar en ello; ¿qué hombres ha habido en el universo que tal atrevimiento tuviesen? Pasemos adelante, y vamos por nuestra calzada. Ya que llegábamos donde se aparta otra calzadilla que iba a Cuyoacan, que es otra ciudad adonde estaban unas como torres, que eran sus adoratorios, vinieron muchos principales y caciques con muy ricas mantas sobre sí, con galanía y libreas diferenciadas las de los unos caciques a los otros, y las calzadas llenas de ellos, y aquellos grandes caciques enviaba el gran Moctezuma delante a recibirnos. Y así como llegaban delante de Cortés decían en sus lenguas que fuésemos bien venidos, y en señal de paz tocaban con la mano en el suelo y besaban la tierra con la misma mano. Así que estuvimos detenidos un buen rato, y desde allí se adelantaron el Cacamacan[227], señor de Tezcuco, y el señor de Iztapalapa y el señor de Tacuba y el señor de Cuyoacan a encontrarse con el gran Moctezuma, que venía cerca en ricas andas, acompañado de otros grandes señores, y caciques que tenían vasallos. Y ya que llegábamos cerca de México, adonde estaban otras torrecillas, se apeó el gran Moctezuma de las andas, y traíanle del brazo aquellos grandes caciques debajo de un palio muy riquísimo a maravilla, y la color de plumas verdes con gran-

---

[226] Tamanalco.
[227] Cacamatzín.

des labores de oro, con mucha argentería y perlas y piedras chalchihuites, que colgaban de unas como bordaduras, que hubo mucho que mirar en ello. Y el gran Moctezuma venía muy ricamente ataviado, según su usanza, y traía calzados unos como cotaras, que así se dice lo que se calzan, las suelas de oro, y muy preciada pedrería encima de ellas. Y los cuatro señores que le traían del brazo venían con rica manera de vestidos a su usanza, que parece ser se los tenían aparejados en el camino para entrar con su señor, que no traían los vestidos con que nos fueron a recibir, y venían, sin aquellos grandes señores, otros grandes caciques, que traían el palio sobre sus cabezas, y otros muchos señores que venían delante del gran Moctezuma barriendo el suelo por donde había de pisar, y le ponían mantas porque no pisase la tierra. Todos estos señores ni por pensamiento le miraban a la cara, sino los ojos bajos y con mucho acato, excepto aquellos cuatro deudos y sobrinos suyos que le llevaban del brazo. Y como Cortés vio y entendió y le dijeron que venía el gran Moctezuma, se apeó del caballo, y desde que llegó cerca de Moctezuma, a una se hicieron grandes acatos: el Moctezuma le dio el bien venido, y nuestro Cortés le respondió con doña Marina que él fuese el muy bien estado. Y paréceme que el Cortés con la lengua doña Marina, que iba junto a Cortés, le daba la mano derecha, y el Moctezuma no la quiso y se la dio a Cortés. Y entonces sacó Cortés un collar que traía muy a mano de unas piedras de vidrio, que ya he dicho que se dicen margajitas, que tienen dentro muchos colores y diversidad de labores, y venía ensartado en unos cordones de oro con almizcle porque diesen buen olor, y se le echó al cuello al gran Moctezuma; y cuando se lo puso le iba a abrazar, y aquellos grandes señores que iban con el Moctezuma detuvieron el brazo a Cortés que no le abrazase, porque lo tenían por menosprecio. Y luego Cortés con la lengua doña Marina le dijo que holgaba ahora su corazón en haber visto un tan gran príncipe, y que le tenía en gran merced la venida a su persona a le recibir y las mercedes que le hace a la continua. Y entonces el Moctezuma le dijo otras palabras de buen comedimiento, y mandó a dos de sus sobrinos de los que le traían del brazo, que era el señor de Tezcuco y el señor de Cuyoacan, que se fuesen con nosotros hasta aposentarnos. Y el Moctezuma con los otros dos sus parientes, Cuedlauaca[228] y el señor de Tacuba, que le acompañaban, se volvió a la ciudad, y también se volvieron con él todas aquellas grandes compañías de caciques y principales que le habían venido a acompañar; y cuando se volvían con su señor estábamoslo mirando cómo iban todos, los ojos puestos en tierra, sin mirarles y muy arrimados a la pared, y con gran acato le acompañaban. Y así tuvimos lugar nosotros de entrar por las calles de México sin tener tanto embarazo. ¿Quién podrá decir la multitud de hombres y mujeres y muchachos que estaban en las calles y azoteas y en canoas en aquellas acequias, que nos salían a mirar? Era cosa de notar, que ahora, que lo estoy escribiendo, se me representa todo delante de mis ojos como si ayer fuera cuando esto pasó. Y considerada la cosa y gran merced que nuestro Señor Jesucristo nos hizo y fue servido de darnos gracia y esfuerzo para osar entrar en tal ciudad, y me haber guardado de muchos peligros de muerte, como adelante verán. Doyle muchas gracias por ello, que a tal tiempo me ha traído para poderlo escribir, y aunque no tan cumplidamente como convenía y se requiere. Y dejemos palabras, pues las obras son buen testigo de lo que digo.

Y volvamos a nuestra entrada en México[229], que nos llevaron a aposentar a unas grandes casas, donde había aposentos para todos nosotros, que habían sido de su padre del gran Moctezuma, que se decía Axayaca, adonde en aquella sazón tenía el gran Moctezuma sus grandes adoratorios de ídolos, y tenía una recámara muy secreta de piezas y joyas de oro, que era como tesoro de lo que había heredado de su padre, Axa-

---

[228] Coadlabaca.

[229] Ésta es la famosa descripción de Tenochtitlán. Señala, al respecto, Carlos Fuentes: «Bernal escribe con admiración, incluso con amor, de la nobleza y hermosura de muchos aspectos del mundo indio. Sus descripciones del gran mercado de Tlatelolco, del palacio del emperador, y del encuentro entre Cortés y Moctezuma, se encuentran entre las páginas más conmovedoras de la literatura. Y la descripción de Moctezuma no tiene rival en el arte de considerar generosamente al enemigo.» Véase *Valiente mundo nuevo,* Mondadori, pág. 75. Ver las notas al respecto que aparecen en la segunda carta de Cortés.

yaca, que no tocaba en ello. Y asimismo nos llevaron a aposentar a aquella casa por causa que como nos llamaban teules, y por tales nos tenían, que estuviésemos entre sus ídolos, como teules que allí tenía. Sea de una manera o de otra, allí nos llevaron, donde tenía hechos grandes estrados y salas muy entoldadas de paramentos de la tierra para nuestro capitán, y para cada uno de nosotros otras camas de esteras y unos toldillos encima, que no se da más cama por muy gran señor que sea, porque no las usan; y todos aquellos palacios muy lucidos y encalados y barridos y enramados. Y como llegamos y entramos en un gran patio, luego tomó por la mano el gran Moctezuma a nuestro capitán, que allí lo estuvo esperando, y le metió en el aposento y sala donde había de posar, que la tenía muy ricamente aderezada para según su usanza, y tenía aparejado un muy rico collar de oro, de hechura de camarones, obra muy maravillosa. Y el mismo Moctezuma se lo echó al cuello a nuestro capitán Cortés, que tuvieron bien que admirar sus capitanes del gran favor que le dio. Y cuando se lo hubo puesto, Cortés le dio las gracias con nuestras lenguas, y dijo Moctezuma: «Malinche, en vuestra casa estáis vos y vuestros hermanos, descansad». Y luego se fue a sus palacios, que no estaban lejos, y nosotros repartimos nuestros aposentos por capitanías, y nuestra artillería asestada en parte conveniente, y muy bien platicada la orden que en todo habíamos de tener, y estar muy apercibidos, así los de a caballo como todos nuestros soldados. Y nos tenían aparejada una muy suntuosa comida a su uso y costumbre, que luego comimos. Y fue esta nuestra venturosa y atrevida entrada en la gran ciudad de Tenustitlan[230], México, a 8 días del mes de noviembre, año de nuestro Salvador Jesucristo de 1519 años. Gracias a nuestro señor Jesucristo por todo. Y puesto que no vaya expresado otras cosas que había que decir, perdónenme, que no lo sé decir mejor por ahora hasta su tiempo. Y dejemos de más pláticas, y volvamos a nuestra relación de lo que más nos avino, lo cual diré adelante.

---

[230] Tenustitlan, Tenochtitlán, Temixtitán.

Capítulo LXXXIX

Cómo el gran Moctezuma vino a nuestros aposentos
con muchos caciques que le acompañaban, y la plática
que tuvo con nuestro capitán

Como el gran Moctezuma hubo comido, y supo que nuestro capitán y todos nosotros asimismo había buen rato que habíamos hecho lo mismo, vino a nuestro aposento con gran copia de principales, y todos deudos suyos, y con gran pompa. Y como a Cortés le dijeron que venía, le salió a la mitad de la sala a le recibir, y el Moctezuma le tomó por la mano, y trajeron unos como asentaderos hechos a su usanza y muy ricos, y labrados de muchas maneras con oro. Y el Moctezuma dijo a nuestro capitán que se sentase, y se asentaron entrambos, cada uno en el suyo, y luego comenzó el Moctezuma un muy buen parlamento[231], y dijo que en gran manera se holgaba de tener en su casa y reino unos caballeros tan esforzados, como era el capitán Cortés y todos nosotros, y que había dos años que tuvo noticia de otro capitán que vino a lo de Champoton, y también el año pasado le trajeron nuevas de otro capitán que vino con cuatro navíos, y que siempre lo deseó ver, y que ahora que nos tiene ya consigo para servirnos y darnos de todo lo que tuviese. Y que verdaderamente debe de ser cierto que somos los que sus antepasados muchos tiempos antes habían dicho, que vendrían hombres de hacia donde sale el sol a señorear estas tierras, y que debemos de ser nosotros, pues tan valientemente peleamos en lo de Potonchán y Tabasco y con los tlascaltecas, porque todas las batallas se las trajeron pintadas al natural. Cortés le respondió con nuestras lenguas, que consigo siempre estaban, especial la doña Marina, y le dijo que no sabe con qué pagar él ni todos nosotros las grandes mercedes recibidas de cada día, y que ciertamente veníamos de donde sale el sol, y somos vasallos y criados de un gran señor que se dice el emperador don Carlos, que tiene sujetos a sí muchos y grandes príncipes, y que teniendo noticia de él y de cuán gran señor es, nos envió a estas partes a le

---

[231] Éste es el famoso discurso de Moctezuma.

ver y a rogar que sean cristianos, como es nuestro emperador y todos nosotros, y que salvarán sus ánimas él y todos sus vasallos, y que adelante le declarará más cómo y de qué manera ha de ser, y cómo adoramos a un solo Dios verdadero, y quién es, y otras muchas cosas buenas que oirá, como les había dicho a sus embajadores Tendile y Pitalpitoque y Quintalvor cuando estábamos en los arenales. Y acabado este parlamento, tenía apercibido el gran Moctezuma muy ricas joyas de oro y de muchas hechuras, que dio a nuestro capitán, y asimismo a cada uno de nuestros capitanes dio cositas de oro y tres cargas de mantas de labores ricas de pluma, y entre todos los soldados también nos dio a cada uno a dos cargas de mantas, con alegría, y en todo parecía gran señor. Y cuando lo hubo repartido, preguntó a Cortés que si éramos todos hermanos, y vasallos de nuestro gran emperador, y dijo que sí, que éramos hermanos en el amor y amistad, y personas muy principales y criados de nuestro gran rey y señor. Y porque pasaron otras pláticas de buenos comedimientos entre Moctezuma y Cortés, y por ser esta la primera vez que nos venía a visitar, y por no le ser pesado, cesaron los razonamientos. Y había mandado el Moctezuma a sus mayordomos que a nuestro modo y usanza estuviésemos proveídos, que es maíz, y piedras e indias para hacer pan y gallinas y fruta, y mucha yerba para los caballos. Y el gran Moctezuma se despidió con gran cortesía de nuestro capitán y de todos nosotros, y salimos con él hasta la calle. Y Cortés nos mandó que al presente que no fuésemos muy lejos de los aposentos, hasta entender más lo que conviniese. Y quedarse ha aquí, y diré lo que adelante pasó.

Capítulo XC

Cómo luego otro día fue nuestro capitán a ver al gran Moctezuma y de ciertas pláticas que tuvieron

Otro día acordó Cortés de ir a los palacios de Moctezuma, y primero envió a saber qué hacía, y supiese cómo íbamos, y llevó consigo cuatro capitanes, que fue Pedro de Alvarado y Juan Velázquez de León y Diego de Ordás, y a Gonzalo de

Sandoval, y también fuimos cinco soldados. Y como el Moctezuma lo supo, salió a nos recibir a la mitad de la sala, muy acompañado de sus sobrinos, porque otros señores no entraban ni comunicaban donde el Moctezuma estaba, si no era a negocios importantes. Y con gran acato que hizo a Cortés, y Cortés a él, se tomaron por las manos, y adonde estaba su estrado le hizo sentar a la mano derecha, y asimismo nos mandó sentar a todos nosotros en asientos que allí mandó traer. Y Cortés le comenzó a hacer un razonamiento con nuestras lenguas doña Marina y Aguilar, y dijo que ahora, que había venido a ver y hablar a un tan gran señor como era, estaba descansado, y todos nosotros, pues ha cumplido el viaje y mando que nuestro gran rey y señor le mandó. Y lo que más le viene a decir de parte de nuestro Señor Dios es, que ya su merced habrá entendido de sus embajadores Tendile y Pitalpitoque y Quintalvor, cuando nos hizo las mercedes de enviarnos la luna y el sol de oro en el arenal, cómo les dijimos que éramos cristianos y adoramos a un solo Dios verdadero, que se dice Jesucristo, el cual padeció muerte y pasión por nos salvar. Y le dijimos, cuando nos preguntaron que por qué adorábamos aquella cruz, que la adorábamos por otra que era señal donde nuestro señor fue crucificado por nuestra salvación, y que esta muerte y pasión que permitió que así fuese por salvar por ella todo el linaje humano, que estaba perdido, y que este nuestro Dios resucitó al tercero día y está en los cielos, y es el que hizo el cielo y la tierra y la mar, y crió todas las cosas que hay en el mundo, y las aguas y rocíos, y ninguna cosa se hace sin su santa voluntad, y que en él creemos y adoramos y que aquellos que ellos tienen por dioses, que no lo son, sino diablos, que son cosas muy malas, y cuales tienen las figuras, que peores tienen los hechos; y que mirasen cuán malos son y de poca valía, que adonde tenemos puestas cruces, como las que vieron sus embajadores, con temor de ellas no osan parecer delante, y que el tiempo andando lo verían. Y lo que ahora le pide por merced es, que esté atento a las palabras que ahora le quiere decir. Y luego le dijo muy bien dado a entender de la creación del mundo, y cómo todos somos hermanos, hijos de un padre y de una madre, que se decían Adán y Eva, y cómo a tal hermano, nuestro gran emperador, doliéndose de la perdición de las ánimas, que son muchas las que aquellos sus ídolos llevan al infierno, donde arden en vivas llamas, nos envió para que esto que ha oído lo remedie, y no adoren aquellos ídolos ni les sacrifiquen más indios ni indias, y pues todos somos hermanos no consientan sodomías ni robos. Y más les dijo, que el tiempo andando enviaría nuestro rey y señor unos hombres que entre nosotros viven muy santamente, mejores que nosotros, para que se lo den a entender; porque al presente no veníamos a más de se lo notificar. Y así, se lo pide por merced que lo haga y cumpla. Y porque pareció que el Moctezuma quería responder, cesó Cortés la plática. Y díjonos Cortés a todos nosotros que con él fuimos: «Con esto cumplimos, por ser el primer toque». Y el Moctezuma respondió: «Señor Malinche[232], muy bien entendido tengo vuestras pláticas y razonamientos, antes de ahora, que a mis criados sobre vuestro Dios les dijisteis en el arenal, y eso de la cruz y todas las cosas que en los pueblos por donde habéis venido habéis predicado, no os hemos respondido a cosa ninguna de ellas porque desde ab inicio acá adoramos nuestros dioses y los tenemos por buenos, y así deben ser los vuestros, y no curéis más al presente de nos hablar de ellos. Y en esto de la creación del mundo, así lo tenemos nosotros creído muchos tiempos pasados, y a esta causa tenemos por cierto que sois los que nuestros antecesores nos dijeron que vendrían de adonde sale el sol, y a ese vuestro gran rey yo le soy en cargo y le daré de lo que tuviere, porque, como dicho tengo otra vez, bien ha dos años tengo noticia de capitanes que vinieron con navíos por donde vosotros vinisteis, y decían que eran criados de ese vuestro gran rey. Querría saber si sois todos unos». Y Cortés le dijo que sí, que todos éramos criados de nuestro emperador, y que aquellos vinieron a ver el camino y mares y puertos para lo saber muy bien, y venir nosotros como veníamos. Y decíalo el Moctezuma por lo de Francisco Fernández de Córdoba y Grijalva, cuando venimos a descubrir la primera vez, y dijo que desde entonces tuvo pensamiento de haber algunos de aquellos hombres que venían,

---

[232] Tanto era el entendimiento entre Cortés y doña Marina que a aquél le llamaron Malinche.

para tener en sus reinos y ciudades, para les honrar, y pues que sus dioses le habían cumplido sus buenos deseos, y ya estábamos en sus casas, las cuales se pueden llamar nuestras, que holgásemos y tuviésemos descanso que allí seríamos servidos, y que si algunas veces nos enviaba a decir que no entrásemos en su ciudad, que no era de su voluntad, sino porque sus vasallos tenían temor, que les decían que echábamos rayos y relámpagos, y con los caballos matábamos muchos indios, y que éramos teules bravos, y otras cosas de niñerías. Y que ahora, que ha visto nuestras personas, y que somos de hueso y de carne y de mucha razón, y sabe que somos muy esforzados, por estas causas nos tiene en más estima que le habían dicho, y que nos daría de lo que tuviese. Y Cortés y todos nosotros respondimos que se lo teníamos en grande merced tan sobrada voluntad. Y luego el Moctezuma dijo riendo, porque en todo era muy regocijado en su hablar de gran señor: «Malinche, bien sé que te han dicho esos de Tlaxcala, con quien tanta amistad habéis tomado, que yo que soy como dios o teule, que cuanto hay en mis casas es todo oro y plata y piedras ricas. Bien tengo conocido que como sois entendidos, que no lo creíais y lo teníais por burla, lo que ahora, señor Malinche, veis: mi cuerpo de hueso y de carne como los vuestros, mis casas y palacios de piedra y madera y cal, de ser yo gran rey, sí soy, y tener riquezas de mis antecesores, sí tengo, mas no las locuras y mentiras que de mí os han dicho, así que también lo tendréis por burla, como yo tengo lo de vuestros truenos y relámpagos.» Y Cortés le respondió también riendo, y dijo que los contrarios enemigos siempre dicen cosas malas y sin verdad de los que quieren mal, y que bien ha conocido que en estas partes otro señor más magnífico no le espera ver, y que no sin causa es tan nombrado delante de nuestro emperador. Y estando en estas pláticas mandó secretamente Moctezuma a un gran cacique sobrino suyo, de los que estaban en su compañía, que mandase a sus mayordomos que trajesen ciertas piezas de oro, que parece ser debieran estar apartadas para dar a Cortés y diez cargas de ropa fina, lo cual repartió, el oro y mantas entre Cortés y los cuatro capitanes, y a nosotros los soldados nos dio a cada uno dos collares de oro, que valdría cada collar diez pesos, y dos cargas de mantas. Valía todo el oro que entonces dio sobre mil pesos, y esto daba con una alegría semblante de grande y valeroso señor, y porque pasaba la hora más de mediodía, y por no le ser más importuno, le dijo Cortés: «El señor Moctezuma siempre tiene por costumbre de echarnos un cargo sobre otro, en hacernos cada día mercedes, ya es hora que vuestra majestad coma». Y el Moctezuma dijo que antes por haberle ido a visitar le hicimos merced. Y así, nos despedimos con grandes cortesías de él y nos fuimos a nuestros aposentos, e íbamos platicando de la buena manera y crianza que en todo tenía, y que nosotros en todo le tuviésemos mucho acato, y con las gorras de armas colchadas quitadas cuando delante de él pasásemos; y así lo hacíamos. Y dejémoslo aquí, y pasemos adelante.

Capítulo XCI

De la manera y persona del gran Moctezuma y de cuán gran señor era

Sería el gran Moctezuma de edad de hasta cuarenta años, y de buena estatura y bien proporcionado, y cenceño y pocas carnes, y la color no muy moreno, sino propia color y matiz de indio, y traía los cabellos no muy largos, sino cuanto le cubrían las orejas, y pocas barbas, prietas y bien puestas y ralas, y el rostro algo largo y alegre, y los ojos de buena manera, y mostraba en su persona en el mirar por un cabo amor, y cuando era menester gravedad. Era muy pulido y limpio, bañábase cada día una vez a la tarde, tenía muchas mujeres por amigas, e hijas de señores, puesto que tenía dos grandes cacicas por sus legítimas mujeres, que cuando usaba con ellas era tan secretamente, que no lo alcanzaban a saber sino alguno de los que le servían. Era muy limpio de sodomías. Las mantas y ropas que se ponía cada un día no se las ponía sino desde a cuatro días. Tenía sobre doscientos principales de su guarda en otras salas junto a la suya, y éstos no para que hablasen todos con él, sino cual o cual, y cuando le iban a hablar se habían de quitar las mantas ricas y ponerse otras de poca valía, mas habían de ser limpias, y habían de entrar descalzos y los ojos

378

bajos puestos en tierra, y no mirarle a la cara, y con tres reverencias que le hacían primero que a él llegasen, y le decían en ellas: «Señor, mi señor, gran señor». Y cuando le daban relación a lo que iban, con pocas palabras los despachaba, sin levantar el rostro al despedirse de él sino la cara y ojos bajos en tierra hacia donde estaba, y no vueltas las espaldas hasta que salían de la sala. Y otra cosa vi, que cuando otros grandes señores venían de lejas tierras a pleitos o negocios, cuando llegaban a los aposentos del gran Moctezuma habíanse de descalzar y venir con pobres mantas, y no habían de entrar derecho en los palacios, sino rodear un poco por el lado de la puerta del palacio, que entrar de rota batida teníanlo por descaro. En el comer le tenían sus cocineros sobre treinta maneras de guisados hechos a su modo y usanza, y teníanlos puestos en braseros de barro, chicos, debajo, porque no se enfriasen. Y de aquello que el gran Moctezuma había de comer guisaban más de trescientos platos, sin más de mil para la gente de guarda. Y cuando había de comer, salíase el Moctezuma algunas veces con sus principales y mayordomos, y le señalaban cuál guisado era mejor y de qué aves y cosas estaba guisado, y de lo que decían, de aquello había de comer, y cuando salía a lo ver eran pocas veces, y como por pasatiempo. Oí decir que le solían guisar carnes de muchachos de poca edad, y como tenía tantas diversidades de guisados y de tantas cosas, no lo echábamos de ver, si era carne humana y de otras cosas, porque cotidianamente le guisaban gallinas, gallos de papada, faisanes, perdices de la tierra, codornices, patos mansos y bravos, venado, puerco de la tierra, pajaritos de caña y palomas y liebres y conejos, y muchas maneras de aves y cosas de las que se crían en estas tierras, que son tantas, que no las acabaré de nombrar tan presto. Y así, no miramos en ello. Lo que yo sé es, que desde que nuestro capitán le reprendió el sacrificio y comer de carne humana, que desde entonces mandó que no le guisasen tal manjar. Dejemos de hablar en esto, y volvamos a la manera que tenía en su servicio al tiempo de comer, y es de esta manera: que si hacía frío teníanle hecha mucha lumbre de ascuas de una leña de cortezas de árboles que no hacían humo; el olor de las cortezas de que hacían aquellas ascuas muy oloroso, y porque no le diesen más calor de lo que él quería, ponían delante una como tabla labrada con oro y otras figuras de ídolos, y él sentado en un asentadero bajo, rico y blando, y la mesa también baja, hecha de la misma manera de los asentaderos, y allí le ponían sus manteles de mantas blancas y unos pañizuelos algo largos de lo mismo, y cuatro mujeres muy hermosas y limpias le daban aguamanos en unos como a manera de aguamaniles hondos, que llaman sicales, y le ponían debajo para recoger el agua otros a manera de platos, y le daban sus toallas, y otras dos mujeres le traían el pan de tortillas. Y ya que comenzaba a comer, echábanle delante una como puerta de madera muy pintada de oro, porque no le viesen comer, y estaban apartadas las cuatro mujeres aparte, y allí se le ponían a sus lados cuatro grandes señores viejos y de edad, en pie, con quien el Moctezuma de cuando en cuando platicaba y preguntaba cosas, y por mucho favor daba a cada uno de estos viejos un plato de lo que él comía. Y decían que aquellos viejos eran sus deudos muy cercanos, y consejeros y jueces de pleitos, y el plato y manjar que les daba el Moctezuma comían en pie y con mucho acato, y todo sin mirarle a la cara. Servíase con barro de Cholula, uno colorado y otro prieto. Mientras que comía, ni por pensamiento habían de hacer alboroto ni hablar alto los de su guarda, que estaban en las salas cerca de la del Moctezuma. Traíanle frutas de todas cuantas había en la tierra, mas no comía sino muy poca, y de cuando en cuando traían unas copas de oro fino, con cierta bebida hecha del mismo cacao, que decían era para tener acces con mujeres, y entonces no mirábamos en ello. Mas lo que yo vi, que traían sobre cincuenta jarros grandes hechos de buen cacao con su espuma, y de lo que bebía, y las mujeres le servían al beber con gran acato, y algunas veces al tiempo del comer estaban unos indios corcovados, muy feos, porque eran chicos de cuerpo y quebrados por medio de los cuerpos, que entre ellos eran chocarreros, y otros indios que debían ser truhanes, que le decían gracias, y otros que le cantaban y bailaban, porque el Moctezuma era muy aficionado a placeres y cantares, y a aquéllos mandaba dar los relieves y jarros del cacao; y las mismas cuatro mujeres alzaban los manteles y tornaban a dar agua a manos, y con mucho acato que le hacían. Y hablaba Moctezuma a aquellos cuatro principales viejos en cosas que le convenían, y se despedían de él con gran acato que le tenían, y él se quedaba reposando. Y cuando el gran Moctezuma había comido, luego comían todos los de su guarda y otros muchos de sus serviciales de casa, y me parece que sacaban sobre mil platos de aquellos manjares que dicho tengo, pues jarros de cacao con su espuma, como entre mexicanos se hace, más de dos mil, y fruta infinita. Pues para sus mujeres y criadas, y panaderas y cacaguateras era gran cosa la que tenía. Dejemos de hablar de la costa y comida de su casa, y digamos de los mayordomos y tesoreros, y despensas y botillería, y de los que tenían cargo de las casas adonde tenían el maíz, digo que había tanto que escribir cada cosa por sí, que yo no sé por dónde comenzar, sino que esperábamos admirados del gran concierto y abasto que en todo había. Y más digo, que se me había olvidado, que es bien de tornarlo a recitar, y es que le servían al Moctezuma estando a la mesa cuando comía, como dicho tengo, otras dos mujeres muy agraciadas. Hacían tortillas amasadas con huevos y otras cosas sustanciosas, y eran las tortillas muy blancas, y traíanselas en unos platos cobijados con sus paños limpios, y también le traían otra manera de pan que son como bollos largos, hechos y amasados con otra manera de cosas sustanciales, y pan pachol, que en esta tierra así se dice, que es a manera de unas obleas. También le ponían en la mesa tres cañutos muy pintados y dorados, y dentro traían liquidámbar revuelto con unas yerbas que se dice tabaco, y cuando acababa de comer, después que le habían cantado y bailado, y alzada la mesa, tomaba el humo de uno de aquellos cañutos, y muy poco, y con ello se dormía. Dejemos ya de decir del servicio de su mesa, y volvamos a nuestra relación. Acuérdome que era en aquel tiempo su mayordomo mayor un gran cacique que le pusimos por nombre Tapia, y tenía cuenta de todas las rentas que le traían al Moctezuma, con sus libros hechos de su papel, que se dice amatl, y tenía de estos libros una gran casa de ellos. Dejemos de hablar de los libros y cuentas, pues va fuera de nuestra relación, y digamos cómo tenía Moctezuma dos casas llenas de todo género de armas, y muchas de ellas ricas con oro y pedrería, como eran rodelas grandes y chicas, y unas como macanas, y otras a manera de espadas de a dos manos, engastadas en ellas unas navajas de pedernal, que cortaban muy mejor que nuestras espadas, y otras lanzas más largas que no las nuestras, con una braza de cuchillas, y engastadas en ellas muchas navajas, que aunque den con ellas en un broquel o rodela no saltan, y cortan en fin como navajas, que se rapan con ellas las cabezas. Y tenían muy buenos arcos y flechas y varas de a dos gajos, y otras de a uno con sus tiraderas, y muchas hondas y piedras rollizas hechas a mano, y unos como paveses, que son de arte que los pueden arrollar arriba cuando no pelean porque no les estorbe, y al tiempo del pelear, cuando son menester, los dejan caer, y quedan cubiertos sus cuerpos de arriba abajo. También tenían muchas armas de algodón colcahas y ricamente labradas por defuera, de plumas de muchos colores a manera de divisas e invenciones, y tenían otros como capacetes y cascos de madera y de hueso, también muy labrados de pluma por defuera, y tenían otras armas de otras hechuras, que por excusar prolijidad las dejo de decir. Y sus oficiales, que siempre labraban y entendían en ello, y mayordomos que tenían cargo de las casas de armas. Dejemos esto, y vamos a la casa de aves, y por fuerza me he de detener en contar cada género de qué calidad era. Digo que desde águilas reales y otras águilas más chicas, y otras muchas maneras de aves de grandes cuerpos, hasta pajaritos muy chicos, pintados de diversos colores. También donde hacen aquellos ricos plumajes que labran de plumas verdes, y las aves de estas plumas es el cuerpo de ellas a manera de las picazas que hay en nuestra España: llámanse en esta tierra quetzales; y otros pájaros que tienen la pluma de cinco colores, que es verde, colorado, blanco, amarillo y azul; éstos no sé cómo se llaman. Pues papagayos de otras diferenciadas colores tenía tantos, que no se me acuerda los nombres de ellos. Dejemos patos de buena pluma y otros mayores que les quería parecer, y de todas estas aves pelábanles las plumas en tiempos que para ello era convenible, y tornaban a pelechar. Y todas las más aves que dicho tenga, criaban en aquella casa, y al tiempo del encoclar tenían cargo de les echar sus huevos ciertos indios e indias que miraban por todas las aves, y de limpiarles sus nidos y darles de comer. Y esto a cada género y ralea de aves lo que era su mantenimiento. Y en aquella casa había un estanque grande de agua dulce, y tenía en él otra manera de aves muy altas de zancas, y colorado todo el cuerpo y alas y cola; no sé el nombre de ellas, mas en la isla de Cuba las llamaban ipiris a otras como ellas. Y también en aquel estanque había otras raleas de aves que siempre estaban en el agua. Dejemos esto, y vamos a otra gran casa donde tenían muchos ídolos, y decían que eran sus dioses bravos, y con ellos muchos géneros de animales, de tigres y leones de dos maneras; unos que son de hechura de lobos, que en esta tierra se llaman adives, y zorros y otras alimañas chicas; y todas estas carniceras se las mantenía con carne, y las más de ellas criaban en aquella casa, y les daban de comer venados, gallinas, perrillos y otras cosas que cazaban y aun oí decir que cuerpos de indios de los que sacrificaban. Y es de esta manera que ya me habrán oído decir que cuando sacrificaban a algún triste indio, que le aserraban con unos navajones de pedernal por los pechos, y bullendo le sacaban el corazón y sangre, y lo presentaban a sus ídolos, en cuyo nombre hacían aquel sacrificio, y luego les cortaban los muslos y brazos y la cabeza, y aquéllos comían en fiestas y banquetes, y la cabeza colgaban de unas vigas, y el cuerpo del indio sacrificado no llegaban a él para le comer, sino dábanlo a aquellos bravos animales. Pues más tenían en aquella maldita casa muchas víboras y culebras emponzoñadas, que traen en las colas unos que suenan como cascabeles. Éstas son las peores víboras que hay de todas, y teníanlas en unas tinajas y en cántaros grandes, y en ellos mucha pluma, y allí tenía sus huevos y criaban sus viboreznos, y les daban a comer de los cuerpos de los indios que sacrificaban y otras carnes de perros de los que ellos solían criar. Y aun tuvimos por cierto que cuando nos echaron de México y nos mataron sobre ochocientos y cincuenta de nuestros soldados y de los de Narváez, que de los muertos mantuvieron muchos días a aquellas fuertes alimañas y culebras, según diré en su tiempo y sazón. Y estas culebras y bestias tenían ofrecidas a aquellos sus ídolos bravos para que estuviesen en su compañía. Digamos ahora las cosas infernales que hacían cuando bramaban los tigres o leones y aullaban los adives y zorros y silbaban las sierpes: era grima oírlo, y parecía infierno. Pasemos adelante, y digamos de los grandes oficiales que tenía de cada género de oficio que entre ellos se usaba. Y comencemos por los lapidarios y plateros de oro y plata y todo vaciadizo, que en nuestra España los grandes plateros tienen qué mirar en ello, y de estos tenía tantos y tan primos en un pueblo que se dice Escapuzalco, una legua de México; pues, labrar piedras finas y chalchihuites, que son como esmeraldas, otros muchos grandes maestros. Vamos adelante a los grandes oficiales de asentar de pluma y pintores y entalladores muy sublimados, que por lo que ahora hemos visto la obra que hacen, tendremos consideración en lo que entonces labraban, que tres indios hay en la ciudad de México, tan primos en su oficio de entalladores y pintores, que se dicen Marcos de Aquino y Juan de la Cruz y el Crespillo, que si fueran en tiempo de aquel antiguo y afamado Apeles, y de Miguel Ángel o Berruguete, que son de nuestros tiempos, les pusieran en el número de ellos. Pasemos adelante, y vamos a las indias de tejedoras y labranderas, que le hacían tanta multitud de ropa fina como muy grandes labores de plumas, y de donde más cotidianamente le traían, era de unos pueblos y provincias que está en la costa del norte de cabe la Vera-Cruz que le decían Costacan[233], muy cerca de San Juan de Ulúa, donde desembarcamos cuando veníamos con Cortés. Y en su casa del mismo Moctezuma todas las hijas de señores que tenía por amigas, siempre tejían cosas muy primas, y otras muchas hijas de mexicanos vecinos, que estaban como a manera de recogimiento, que querían parecer monjas, también tejían, y todo de pluma. Estas monjas tenían sus casas cerca del gran cu del Huichilobos, y por devoción suya o de otro ídolo de mujer, que decían que era su abogada para casamientos, las metían sus padres en aquella religión hasta que se casaban, y de allí las sacaban para las casar. Pasemos adelante, y digamos de la gran cantidad de bailadores que tenía el gran Moctezuma, y danzadores, y otros que traen un palo con los pies, y de otros que vuelan cuando bailan por alto, y de otros que parecen matachines. Y éstos eran para darle placer. Digo que tenía un barrio que no entendían en otra cosa. Pasemos adelante, y digamos de los oficiales que tenía de canteros y albañiles, carpinteros, que todos entendían en las obras de sus casas: también digo que tenían tantos cuantos quería. No olvidemos las huertas de flores

---

[233] Cotastán.

y árboles olorosos, y de muchos géneros que de ellos tenía, y el concierto y pasaderos de ellas, y de sus albercas, estanques de agua dulce, cómo viene una agua por un cabo y va por otro, y de los baños que dentro tenía, y de la diversidad de pajaritos chicos que en los árboles criaban; y que de yerbas medicinales y de provecho que en ellas tenía, era cosa de ver; y para todo esto muchos hortelanos; y todo labrado de cantería, así baños como paseaderos y otros retretes y apartamientos, como cenaderos, y también adonde bailaban y cantaban. Y había tanto que mirar en esto de las huertas como en todo lo demás, que no nos hartábamos de ver su gran poder. Y así por el consiguiente tenía maestros de todos cuantos oficios entre ellos se usaban, y de todos gran cantidad[234]. Y porque yo estoy harto de escribir[235] sobre esta materia, y más lo estarán los lectores, lo dejaré de decir, y diré cómo fue nuestro capitán Cortés con muchos de nuestros capitanes y soldados a ver el Tatelulco, que es la gran plaza de México, y subimos en el alto cu, donde estaban sus ídolos Tezcatepuca, y su Huichilobos. Y ésta fue la primera vez que nuestro capitán salió a ver la ciudad de México, y lo que en ello pasó.

Capítulo CCXI

Cómo el año de <u>1550</u>, estando la corte en Valladolid, se juntaron en el real consejo de Indias ciertos prelados y caballeros, que vinieron de la Nueva España y del Perú por procuradores, y otros hidalgos que se hallaron presentes, para dar orden que se hiciese el repartimiento perpetuo; y lo que en la junta se hizo y platicó es lo que diré

En el año de <u>1550</u> vino del Perú el licenciado de la Gasca, y fue a la corte, que en aquella sazón estaba en Valladolid, y trajo en su compañía a un fraile dominico que se decía don fray Martín «el regente». Y en aquel tiempo su majestad le mandó hacer merced al mismo regente del obispado de las

---

[234] Sobre las riquezas de la ciudad de Tenochtitlán véanse las notas de las *Cartas de Relación* de Cortés sobre el particular.

[235] Bernal Díaz del Castillo no pretende disimular su estilo grosero.

Charcas, y entonces se juntaron en la corte don fray Bartolomé de Las Casas, obispo de Chiapa, y don Vasco de Quiroga, obispo de Mechoacan[236], y otros caballeros que vinieron por procuradores de la Nueva-España y del Perú, y ciertos hidalgos que venían a pleitos ante su majestad, que todos se hallaron en aquella sazón en la corte, y juntamente con ellos, a mí me mandaron llamar, como a conquistador más antiguo de la Nueva-España. Y como el de la Gasca y todos los demás peruleros habían traído cantidad de millares de pesos de oro, así para su majestad como para ellos; y lo que traían de su majestad se le envió desde Sevilla a Augusta de Alemania, donde en aquella sazón estaba su majestad, y en su real compañía nuestro felicísimo don Felipe, rey de las Españas, nuestro señor, su muy amado y querido hijo, que Dios guarde. Y en aquel tiempo fueron ciertos caballeros con el oro y por procuradores del Perú a suplicar a su majestad que fuese servido hacernos mercedes para que mandase hacer el repartimiento perpetuo. Y según pareció, otras veces antes de aquélla se lo habían suplicado por parte de la Nueva-España, cuando fue un Gonzalo López y un Alonso de Villanueva con otros caballeros procuradores de México. Y su majestad mandó en aquel tiempo dar el obispado de Palencia al licenciado de la Gasca, que fue obispo y conde de Pernia, porque tuvo ventura que así como llegó a Castilla había vacado. Y se decía en la corte por plática, que aun en esto tuvo ventura y dicha, demás de la que tuvo en dejar de paz el Perú, y tornar a haber el oro y plata que le habían robado los Contreras. Y volviendo a mi relación, lo que proveyó su majestad sobre la perpetuidad de los repartimientos de indios, fue enviar a mandar al marqués de Mondéjar, que era presidente en el real consejo de Indias, y al licenciado Gutiérrez Velázquez, y al licenciado Tello de Sandoval, y al doctor Hernán Pérez de la Fuente, y al licenciado Gregorio López, y al doctor Riberadeneyra[237], y al licenciado Briviesca, que eran oidores del mismo real consejo de Indias, y a otros caballeros de otros reales consejos, que todos se juntasen y que viesen y platicasen cómo se podía hacer el repar-

---

[236] Michoacan.
[237] Ribadeneyra.

timiento, de manera que en todo fuese bien mirado el servicio de Dios, y su real patrimonio no viniese a menos. Y desde que todos estos prelados y caballeros estuvieron juntos en las casas de Pero González de León, donde residía el real consejo de Indias, se platicó en aquella muy ilustrísima junta que se diesen los indios perpetuos en la Nueva-España y en el Perú, no me acuerdo bien si se nombró el nuevo reino de Granada y Bogotá, mas paréceme que también entraron con los demás, y las causas que se propusieron en aquel negocio fueron santas y buenas. Lo primero se platicó que, siendo perpetuos, serían muy mejor tratados e industriados en nuestra santa fe, y que si algunos adoleciesen, los curarían como a hijos y les quitarían parte de sus tributos, y que los encomenderos se perpetuarían mucho más en poner heredades y viñas y sementeras, y criarían ganados y cesarían pleitos y contiendas sobre indios. Y no había menester visitadores en los pueblos, y habría paz y concordia entre los soldados en saber que ya no tienen poder los presidentes y gobernadores para en vacando indios se los dar por vía de parentesco ni por otras maneras que en aquella sazón les daban, y con darles perpetuos a los que han servido a su majestad, descargaba su real conciencia. Y le dijo otras muy buenas razones. Y más le dijo, que se habían de quitar en el Perú a hombres bandoleros, los que se hallasen que habían deservido a su majestad. Y después que por todos aquellos de la ilustre junta fue muy bien platicado lo que dicho tengo, todos los más procuradores, con otros caballeros, dimos nuestros pareceres y votos que se hiciesen perpetuos los repartimientos. Luego en aquella sazón hubo votos contrarios, y fue el primero el obispo de Chiapa, y lo ayudó su compañero fray Rodrigo, de la orden de santo Domingo, y asimismo el licenciado Gasca, que era obispo de Palencia y conde de Pernia, y el marqués de Mondéjar y dos oidores del consejo real de su majestad. Y lo que propusieron en la contradicción aquellos caballeros por mí dichos, salvo el marqués de Mondéjar, que no se quiso mostrar a una parte ni a otra, sino que se estuvo a la mira a ver lo que decían y ver los que más votos tenían, fue decir que ¿cómo habían de dar indios perpetuos? Ni aun de otra manera por sus vidas no los habían de tener, sino quitárselos a los que en

BENEFICIOS DEL REPARTIMIENTO PERPETUO

aquella sazón los tenían, porque personas había entre ellos en el Perú que tenían buena renta de indios, que merecían que los hubieran castigado, cuanto y más dárselos ahora perpetuos, y que donde creían que había en el Perú paz y asentada la tierra, habría soldados que, como viesen que no había que les dar, se amotinarían y habría más discordias. Entonces respondió don Vasco de Quiroga, obispo de Mechoacan, que era de nuestra parte, y dijo al licenciado de la Gasca que ¿por qué no castigó a los bandoleros y traidores, pues conocía y le eran notorias sus maldades, y que él mismo les dio indios? Y a esto respondió el de la Gasca, y se paró a reír, y dijo: «Creerán, señores, que hice poco en salir en paz y en salvo de entre ellos, y algunos descuarticé e hice justicia.» Y pasaron otras razones sobre aquella materia. Y entonces dijimos nosotros, y muchos de aquellos señores que allí estábamos juntos, que se diesen perpetuos en la Nueva-España a los verdaderos conquistadores que pasamos con Cortés, y a los de Narváez y a los de Garay, pues habíamos quedado muy pocos, porque todos los demás murieron en las batallas peleando en servicio de su majestad, y lo habíamos servido bien, y que con los demás hubiese otra moderación. Y ya que teníamos esta plática por nuestra parte, y la orden que dicho tengo, unos de aquellos prelados y señores del consejo de su majestad dijeron que cesase todo hasta que el emperador nuestro señor viniese a Castilla, que se esperaba cada día, para que en una cosa de tanto peso y calidad se hallase presente; y puesto que por el obispo de Mechoacan y ciertos caballeros, y yo juntamente con ellos, que éramos de la parte de la Nueva-España, fue tornado a replicar, pues que estaban ya dados los votos conformes, se diesen perpetuos en la Nueva-España, y que los procuradores del Perú procurasen por sí, pues su majestad lo había enviado a mandar, y en su real mando mostraba afición para que en la Nueva-España se diesen perpetuos. Y sobre ello hubo muchas pláticas y alegaciones, y dijimos que, ya que en el Perú no se diesen, que mirasen los muchos servicios que hicimos a su majestad y a toda la cristiandad. Y no aprovechó cosa ninguna con los señores del real consejo de Indias y con el obispo fray Bartolomé de Las Casas, y fray Rodrigo, su compañero, y con el obispo de las Charcas. Y dijeron que en viniendo su majestad de Augusta de Alemania, se proveería de manera que los conquistadores serían muy contentos. Y así se quedó por hacer. Dejaré esta plática, y diré que en posta se escribió en un navío a la Nueva-España, como se supo en la ciudad de México las cosas arriba dichas que pasaron en la corte, concertaban los conquistadores de enviar por sí solos procuradores ante su majestad. Y aun a mí me escribió de México a esta ciudad de Guatemala el capitán Andrés de Tapia, y un Pedro Moreno Medrano y Juan de Limpias Carvajal, «el sordo», desde la Puebla, porque ya en aquella sazón era yo venido de la corte. Y lo que me escribían, fue dándome cuenta y relación de los conquistadores que enviaban su poder, y en la memoria me contaban a mí por uno de los más antiguos, y yo mostré las cartas en esta ciudad de Guatemala a otros conquistadores, para que las ayudásemos con dineros para enviar los procuradores. Y según pareció, no se concertó la ida por falta de pesos de oro, y lo que se concertó en México, fue que los conquistadores, juntamente con toda la comunidad, enviasen a Castilla procuradores, pero no se negoció y de esta manera andamos de mula coja, y de mal en peor, y de un visorrey en otro, y de gobernador en gobernador. Y después de esto, mandó el invictísimo nuestro rey y señor don Felipe (que Dios guarde y deje vivir muchos años, con aumento de más reinos) en sus reales ordenanzas y provisiones que para ello ha dado, que los conquistadores y sus hijos en todo conozcamos mejoría, y luego los antiguos pobladores casados, según se verá en sus reales cédulas.

Capítulo CCXII

De otras pláticas y relaciones que aquí irán declaradas
que serán agradables de oír

Como acabé de sacar en limpio esta mi relación, me rogaron dos licenciados que se la emprestase para saber muy por extenso las cosas que pasaron en las conquistas de México y Nueva-España, y ver en qué diferían lo que tenían escrito los cronistas Francisco López de Gómara y el doctor Illescas acerca de las heroicas hazañas que hizo el marqués del Valle, de lo que en esta relación escribo. Y yo se la presté, porque de sabios siempre se pega algo a los idiotas sin letras como yo soy, y les dije que no enmendasen cosa ninguna de las conquistas, ni poner ni quitar, porque todo lo que yo escribo es muy verdadero[238]. Y cuando lo hubieron visto y leído los dos licenciados, el uno de ellos era muy retórico, y tal presunción tenía de sí, que después de la sublimar y alabar de la gran memoria que tuve para no se me olvidar cosa de todo lo que pasamos desde que vinimos a descubrir primero que viniese Cortés dos veces, y la postrera vine con Cortés, que fue en el año de 17 con Francisco Hernández de Córdoba, y en el 18 con un Juan de Grijalva, y en el de 19 vine con el mismo Cortés. Y volviendo a mi plática, me dijeron los licenciados que cuanto a la retórica, que va según nuestro común hablar de Castilla la Vieja, y que en estos tiempos se tiene por más agradable, porque no van razones hermoseadas ni afectadas, que suelen componer los cronistas que han escrito en cosas de guerras, sino toda una llaneza, y debajo de decir verdad se encierran las hermoseadas razones[239]. Y más dijeron, que les parece que me alabo mucho de mí mismo en lo de las batallas y reencuentros de guerra en que me hallé[240], y que otras personas lo habían de decir y escribir primero que yo. Y también, para dar más crédito a lo que he dicho, que diese testigos y razones de algunos cronistas que lo hayan escrito, como suelen poner y alegar los que escriben, y aprueban con otros libros de cosas pasadas, y no decir, como digo tan secamente, esto hice y tal me acaeció, porque yo no soy testigo de mí mismo. A esto respondí, y digo ahora, que en el primer capítulo de mi relación, en una carta que escribió el marqués del Valle en el año de 1540 desde la gran ciudad de México a Castilla, a su majes-

---

[238] Bernal explica los móviles que le llevan a escribir una tarea que, por su falta de cultura, es poco brillante. El vocablo «verdadera» tiene más peso que el vocablo «historia» porque Bernal Díaz del Castillo nos va a ofrecer la otra cara de la historia y de la conquista de México que relata Gómara.

[239] Bernal opone a la erudición el arte de contar, el talento que no se adquiere en la universidad ni a través de tratados eruditos. Bernal conjuga experiencia y literatura personal. Su crónica es original por la marginalidad de modelos literarios (novelas de caballerías, romances, refranes, etc.) y porque busca democratizar la historia.

[240] A lo largo de la crónica, Bernal no disimula su protagonismo. Bernal escribe para sí mismo, por vanidad, por sus compañeros. Escribe para sus hijos y descendientes y, sobre todo, para aquellos que han vivido la epopeya.

tad, haciéndole relación de mi persona y servicios, le hizo saber cómo vine a descubrir Nueva-España dos veces primero que no él, y tercera vez que volví en su compañía, y como testigo de vista me vio muchas veces batallar en las guerras mexicanas y en toma de otras ciudades como esforzado soldado, hacer en ellas cosas notables y salir muchas veces de las batallas mal herido, y cómo fui en su compañía a Honduras e Higüeras, que así se nombran en esta tierra, y otras particularidades que en la carta se contenían, que por excusar prolijidad aquí no declaro. Y asimismo escribió a su majestad el ilustrísimo virrey don Antonio de Mendoza, haciendo relación de lo que había sido informado de los capitanes, en compañía de los que en aquel tiempo militaban, y conformaba todo con lo que el marqués del Valle escribió, y asimismo por probanzas muy bastantes que por mi parte fueron presentadas en el real consejo de Indias en el año de 1540. Así, señores licenciados, vean si son buenos testigos Cortés y el virrey don Antonio de Mendoza y mis probanzas, y si esto no basta, quiero dar otro testigo, que no lo había mejor en el mundo, que fue el emperador nuestro señor don Carlos V, por su real carta, cerrada con su real sello, mandó a los virreyes y presidentes que, teniendo respeto a los muchos y buenos servicios que le constó haberle hecho, sea antepuesto y conozca mejoría yo y mis hijos: todas las cuales cartas tengo guardados los originales de ellas, y los traslados se quedaron en la corte en el archivo del secretario Ochoa de Luyando. Y esto doy por descargo de lo que los licenciados me propusieron. Y volviendo a la plática, si quieren más testigos tengan atención y miren Nueva-España, que es tres veces más que nuestra Castilla y está más poblada de españoles, que por ser tantas ciudades y villas aquí no nombro, y miren las grandes riquezas que de estas partes van cotidianamente a Castilla. Y demás de esto, he mirado que nunca quieren escribir de nuestros heroicos hechos los dos cronistas Gómara y el doctor Illescas, sino que de toda nuestra prez y honra nos dejaron en blanco, si ahora yo no hiciera esta verdadera relación, porque toda la honra dan a Cortés. Y puesto que tengan razón, no nos habían de dejar en olvido a los conquistadores, y de las grandes hazañas que hizo Cortés me cabe a mi parte, pues me hallé en su compañía de los primeros en todas las batallas que él se halló, y después en otras muchas que me envió con capitanes a conquistar otras provincias. Lo cual hallarán escrito en esta mi relación, dónde, cuándo y en qué tiempo, y también mi parte de lo que escribió en un blasón que puso en una culebrina, que fue un tiro que se nombró el Ave Fénix, el cual se forjó en México de oro y plata y cobre, y le enviamos presentado a su majestad, y decían las letras del blasón: «Esta ave nació sin par, yo en serviros sin segundo, y vos sin igual en el mundo.» Así que parte me cabe de esta loa de Cortés. Y además de esto, cuando fue Cortés la primera vez a Castilla a besar los pies a su majestad, le hizo relación que tuvo en las guerras mexicanas muy esforzados y valerosos capitanes y compañeros, que, a lo que creía, ningunos más animosos que ellos había oído en crónicas pasadas de los romanos; también me cabe parte de ello. Y cuando fue a servir a su majestad en lo de Argel, sobre cosas que allá acaecieron cuando alzaron el campo por la gran tormenta que hubo, dicen que dijo en aquella sazón muchas loas de los conquistadores, sus compañeros; así, que de todas sus hazañas me cabe a mí parte de ellas, pues yo fui en le ayudar. Y volviendo a nuestra relación de lo que dijeron los licenciados, que me alabo mucho de mi persona y que otros lo habían de decir, a esto respondí que en este mundo se suelen alabar unos vecinos a otros las virtudes y bondades que en ellos hay, y no ellos mismos, mas él que no se halló en la guerra, ni lo vio ni lo entendió, ¿cómo lo puede decir? ¿Habíanlo de parlar los pájaros en el tiempo que estábamos en las batallas, que iban volando, o las nubes que pasaban por alto, sino solamente los capitanes y soldados que en ello nos hallamos? Y si hubierais visto, señores licenciados, que en esta mi relación hubiera yo quitado su prez y honra a algunos de los valerosos capitanes y fuertes soldados, mis compañeros, que en las conquistas nos hallamos, y aquella misma honra me pusiera a mí solo, justo fuera quitarme parte; mas aun no me alabo tanto cuanto yo puedo y debo. Y a esta causa lo escribo para que quede memoria de mí. Y quiero poner aquí una comparación, y aunque es por la una parte muy alta, y de la otra de un pobre soldado como yo, dicen los cronistas en los comentarios del emperador gran batallador Julio César que se halló en cincuenta y tres batallas aplazadas, yo digo que me hallé en

muchas más batallas que el Julio César, lo cual, como dicho
tengo, verán en mi relación. Y también dicen los cronistas que
fue muy animoso y presto en las armas y muy esforzado en dar
una batalla, y cuando tenía espacio, de noche escribía por propias manos sus heroicos hechos, y puesto que tuvo muchos
cronistas, no lo quiso fiar de ellos, que él lo escribió; y ha muchos años, y no lo sabemos cierto. Y lo que yo digo, ayer fue,
a manera de decir, así que no es mucho que yo ahora en esta relación declare en las batallas que me hallé peleando y en todo
lo acaecido, para que digan en los tiempos venideros: «Esto
hizo Bernal Díaz del Castillo, para que sus hijos y descendientes gocen las loas de sus heroicos hechos», como ahora vemos
las famas y blasones que hay de tiempos pasados de valerosos
capitanes, y aun de muchos caballeros y señores de vasallos.
Quiero dejar esta plática, porque si hubiese de meter más en
ella la pluma, dirían algunas personas maliciosas y desparcidas
lenguas, que no me querrán oír de buena gana, que salgo del
orden que debo, y por ventura les será muy odioso. Y esto que
dicho tengo de mí mismo, ayer fue, a manera de decir, que no
son muchos años pasados, como las historias romanas. Y testigos hay conquistadores que dirán que todo lo que digo es así,
que si en alguna cosa me hallasen vicioso y oscuro, es de tal
manera el mundo, que me lo contradirían, mas la misma relación da testimonio. Y aun con decir verdad, hay maliciosos
que lo contradirían si pudiesen. Y para que bien se entienda
todo lo que dicho tengo, y en las batallas y reencuentros de
guerra en que me he hallado desde que vine a descubrir la
Nueva-España hasta que estuvo pacificada, sin los que adelante diré; y puesto que hubo otras muchas guerras y reencuentros, que yo no me hallé en ellas, así por estar mal herido
como por tener otros males que con los trabajos de las guerras
suelen recrecer, y también, como había muchas provincias
que conquistar, unos soldados íbamos a unas entradas y provincias y otros iban a otras, mas en las que yo me hallé son las
siguientes:

Primeramente, cuando vine a descubrir Nueva-España y lo
de Yucatán con un capitán que se decía Francisco Hernández
de Córdoba, en la Punta de Cotoche un buen reencuentro de
guerra.

Luego más adelante, en lo de Champotón, una buena batalla campal, en que nos mataron la mitad de todos nuestros compañeros y yo salí mal herido, y el capitán con dos heridas, de que murió.

Luego de aquel viaje en lo de la Florida, cuando fuimos a tomar agua, un buen reencuentro de guerra, donde salí herido, y allí nos llevaron vivo un soldado.

Y cuando vine con otro capitán que se decía Juan de Grijalva, una batalla campal que fue con los de Champotón, que fue en el mismo pueblo la primera vez cuando lo de Francisco Hernández, y nos mataron diez soldados, y el capitán salió mal herido.

Después cuando vine tercera vez con el capitán Cortés, en lo de Tabasco, que se dice el río de Grijalva, en dos batallas campales, yendo por capitán Cortés.

De que llegamos a Nueva-España, en la de Cingapacinga, con el mismo Cortés.

De ahí a pocos días en tres batallas campales en la provincia de Tlascala, con Cortés.

Luego el peligro de lo de Cholula.

Entrados en México, me hallé en la prisión de Moctezuma. No lo escribo por cosa que sea de contar de guerra, sino por el gran atrevimiento que tuvimos en prender aquel tan grande cacique.

De ahí obra de cuatro meses, cuando vino el capitán Narváez contra nosotros, y traía mil y trescientos soldados, noventa de a caballo y ochenta ballesteros y noventa espingarderos, y nosotros fuimos sobre él doscientos y sesenta y seis y le desbaratamos y prendimos, con Cortés.

Luego fuimos al socorro de Alvarado, que le dejamos en México en guarda del gran Moctezuma, y se alzó México, y en ocho días con sus noches que nos dieron guerra los mexicanos, nos mataron sobre ochocientos y sesenta soldados. Pongo aquí en estos días, que batallamos seis días, y batallas en que me hallé.

Luego en la batalla que dimos en esta tierra de Otumba. Luego cuando fuimos sobre Tepeaca, en una batalla campal, yendo por capitán el marqués Cortés.

Después cuando íbamos sobre Tezcuco, en un reencuentro

de guerra con mexicanos y los de Tezcuco, yendo Cortés por capitán.

En dos batallas campales, y salí bien herido de un bote de lanza en la garganta, en compañía de Cortés.

Luego en dos reencuentros de guerra con los mexicanos cuando íbamos a socorrer ciertos pueblos de Tezcuco, sobre la cuestión de unos maizales de una vega, que están entre Tezcuco y México.

Luego cuando fui con el capitán Cortés, que dimos vuelta a la laguna de México, en los pueblos más recios que en la comarca había, los peñoles, que ahora se llaman, «del Marqués», donde nos mataron ocho soldados y tuvimos mucho riesgo en nuestras personas, que fue bien desconsiderada aquella subida y tomada del peñol, con Cortés.

Luego en la batalla de Cuernavaca, con Cortés.

Luego en tres batallas en Suchimileco[241], donde estuvimos en gran riesgo todos de nuestras personas, y nos mataron cuatro soldados, con el mismo Cortés.

Luego cuando volvimos sobre México, en noventa y tres días que estuvimos en la ganar, todos los más de estos días y noches teníamos batallas campales, y halló por cuenta que serían más de ochenta batallas, reencuentros de guerras en las que entonces me hallé.

Después de ganado México, me envió el capitán Cortés a pacificar las provincias de Guacualco y Chiapa y Zapotecas, y me hallé en tomar la ciudad de Chiapa, y tuvimos dos batallas campales y un reencuentro.

Después en los de Chamula y Cuitlan otros dos encuentros de guerra.

Después en Teapa y Cimatan otros dos reencuentros de guerra, y mataron dos compañeros míos, y a mí me hirieron malamente en la garganta.

Más, que se olvidaba, cuando nos echaron de México, que salimos huyendo, en nueve días que peleamos de día y de noche, en otras cuatro batallas.

Después la ida de Higueras y Honduras con Cortés, que estuvimos dos años y tres meses hasta volver a México, y en un

---

[241] Suchimilco.

pueblo que llamaban Culacotu[242] hubimos una batalla campal, y a mí me mataron el caballo, que me costó seiscientos pesos.

Después de vuelto a México ayudé a pacificar las sierras de los zapotecas y minxes, que se habían alzado entre tanto que estuvimos en aquella guerra.

No cuento otros muchos reencuentros de guerra, porque sería nunca acabar, ni digo de cosas de grandes peligros en que me hallé y se vio mi persona.

Y tampoco quiero decir cómo soy uno de los primeros que volvimos a poner cerco a México primero que Cortés cuatro o cinco días, por manera que vine primero que el mismo Cortés a descubrir la Nueva-España dos veces, y como dicho tengo, me hallé en tomar la gran ciudad de México y en quitarles el agua de Chalputepeque, y hasta que se ganó México no entró agua dulce en aquella ciudad.

Bartolomé de Las Casas.
Brevísima relación de la destrucción de las Indias[243]

De la Nueva España[244]

En el año de mil y quinientos y diez y siete se descubrió la Nueva España, y en el descubrimiento se hicieron grandes escándalos en los indios y algunas muertes por los que la descu-

---

[242] Zulaco.

[243] La *Brevísima relación de la destrucción de las Indias* es el texto más famoso de Bartolomé de Las Casas y, posiblemente, de todas las relaciones y crónicas de Indias. Publicado en 1552 en Sevilla, fue la más editada, la más traducida y pieza fundamental que desencadenó la leyenda negra. Redactada entre 1541 y 1542, la *Brevísima* es un epítome o resumen de las argumentaciones orales que había hecho Bartolomé de Las Casas ante la junta de Valladolid. La Corona fue sensible a sus razonamientos promulgando, en 1542, las Nuevas Leyes. Bartolomé de las Casas decide publicarlo y dirigirlo a Felipe II cuando ve que las leyes no se cumplen.

[244] Bartolomé de Las Casas en su texto sigue el orden geográfico de conquista: Isla Española, San Juan y Jamaica, Cuba, Tierra Firme, Nicaragua, Nueva España, Guatemala, Yucatán, Cartagena, Trinidad, Venezuela, La Florida, Río de la Plata, Perú y Granada.

brieron. En el año de mil y quinientos y diez y ocho la fueron a robar y a matar los que se llaman cristianos, aunque ellos dicen que van a poblar. Y desde este año de diez y ocho hasta el día de hoy, que estamos en el año de mil y quinientos y cuarenta y dos, ha rebosado y llegado a su colmo toda la iniquidad, toda la injusticia, toda la violencia y tiranía que los cristianos han hecho en las Indias, porque del todo han perdido todo temor a Dios[245] y al rey y se han olvidado de sí mismos. Porque son tantos y tales los estragos y crueldades, matanzas y destrucciones, despoblaciones, robos, violencias y tiranías, y en tantos y tales reinos de la gran Tierra Firme, que todas las cosas que hemos dicho son nada en comparación de las que se hicieron; pero aunque las dijéramos todas, que son infinitas las que dejamos de decir, no son comparables ni en número ni en gravedad a las que desde el dicho año de mil y quinientos y diez y ocho se han hecho y perpetrado hasta este día y año de mil y quinientos y cuarenta y dos, y hoy, en este día del mes de septiembre, se hacen y cometen las más graves y abominables. Porque sea verdad la regla que arriba pusimos: que siempre desde el principio han ido creciendo en mayores desafueros y obras infernales.

Así que desde la entrada de la Nueva España, que fue a diez y ocho de abril del dicho año de diez y ocho, hasta el año de treinta, que fueron doce años enteros, duraron las matanzas y estragos que las sangrientas y crueles manos y espadas de los españoles hicieron continuamente en cuatrocientas y cincuenta leguas en torno cuasi de la ciudad de México y a su rededor, donde cabían cuatro y cinco grandes reinos tan grandes y harto más felices que España. Estas tierras todas eran las más pobladas y llenas de gentes que Toledo y Sevilla y Valladolid y Zaragoza, juntamente con Barcelona, porque no hay ni hubo jamás tanta población en estas ciudades, cuando más pobladas estuvieron, que Dios puso y que había en todas las

---

[245] Según Las Casas, los españoles, además de portarse como criminales, han renegado de su única misión, han contravenido el mandamiento divino de cumplir con la misión apostólica. La evangelización, según Las Casas, era la máscara de un brutal sistema de esclavitud. Las Casas no duda de la necesidad de llevar adelante la empresa pero quiere reformarla.

dichas leguas, que para andarlas en torno se han de andar más de mil y ochocientas leguas. Más han muerto los españoles dentro de los doce años dichos en las dichas cuatrocientas y cincuenta leguas, a cuchillo y a lanzadas, y quemándolos vivos, mujeres y niños y mozos y viejos, de cuatro cuentos de ánimas, mientras que duraron, como dicho es, lo que ellos llamaban conquistas, siendo invasiones violentas de crueles tiranos condenadas no sólo por la ley de Dios pero por todas las leyes humanas, como lo son y muy peores que las que hace el turco para destruir la Iglesia cristiana. Y esto sin los que han muerto y matan cada día en la susodicha tiránica servidumbre, vejaciones y opresiones cotidianas.

Particularmente no podrá bastar lengua ni noticia e industria humana a referir los hechos espantosos que en distintas partes y juntos en un tiempo en unas, y varios en varias, por aquellos hostes públicos y capitales enemigos del linaje humano, se han hecho dentro de aquel dicho circuito, y aun algunos hechos según las circunstancias y calidades que los agravian, en verdad que cumplidamente apenas con mucha diligencia y tiempo y escritura no se pueda explicar. Pero alguna cosa de algunas partes diré, con protestación y juramento de que no pienso que explicaré una de mil partes.

De la Nueva España

Entre otras matanzas hicieron ésta en una ciudad grande de más de treinta mil vecinos, que se llama Cholula[246], que saliendo a recibir todos los señores de la tierra y comarca, y primero todos los sacerdotes con el sacerdote mayor, a los cristianos en procesión y con grande acatamiento y reverencia, y llevándolos en medio a aposentar a la ciudad y a las casas de

---

[246] Se trata de la conocida matanza de Cholula que tantas controversias ha suscitado, ocurrida el 18 de octubre de 1519. Según Cortés, se trataba de una acción defensiva contra una celada. Según Bartolomé de Las Casas se trató de una cruel y horrible matanza contra hombres mansos e indefensos. Cortés atacó sin ser atacado. El acto debió de ser cruel y vergonzoso, muriendo como mínimo, a lo que se sabe por el propio Cortés, tres mil hombres.

aposentos del señor o señores de ella principales, acordaron los españoles de hacer allí una matanza o castigo, como ellos dicen, para poner y sembrar su temor y braveza en todos los rincones de aquellas tierras. Porque siempre fue ésta su determinación en todas las tierras que los españoles han entrado, conviene a saber: hacer una cruel y señalada matanza porque tiemblen de ellos aquellas ovejas mansas[247]. Así que enviaron para esto primero a llamar todos los señores y nobles de la ciudad y de todos los lugares a ella sujetos, con el señor principal. Y así como venían y entraban a hablar al capitán de los españoles, luego eran presos sin que nadie los sintiese que pudiese llevar las nuevas. Habíanles pedido cinco o seis mil indios que les llevasen las cargas; vinieron todos luego y métenlos en el patio de las casas. Ver a estos indios cuando se aparejan para llevar las cargas de los españoles es haber de ellos una gran compasión y lástima, porque vienen desnudos en cueros, solamente cubiertas sus vergüenzas y con unas redecillas en el hombro con su pobre comida; pónense todos en cuclillas, como unos corderos muy mansos. Todos ayuntados y juntos en el patio con otras gentes que a vueltas estaban, pónense a las puertas del patio españoles armados que guardasen, y todos los demás echan mano a sus espadas y meten a espada y a lanzadas todas aquellas ovejas, que uno ninguno pudo escaparse que no fuese trucidado. A cabo de dos o tres días saltan muchos indios vivos llenos de sangre que se habían escondido y amparado debajo de los muertos, ¡cómo eran tantos!, iban llorando ante los españoles pidiendo misericordia, que no los matasen. De los cuales ninguna misericordia ni compasión hubieron, antes, así como salían, los hacían pedazos. A todos los señores, que eran más de ciento y que tenían atados, mandó el capitán quemar y sacar vivos en palos hincados en la tierra. Pero un señor, y quizá era el principal y rey de aquella tierra, pudo soltarse y recogióse con otros veinte o treinta o cuarenta hombres al templo grande que allí

---

[247] En la introducción a la *Brevísima*, Las Casas esboza, en dos párrafos simétricos, la doble imagen de ovejas y lobos, es decir la imagen bíblica invertida: «Yo os envío como ovejas entre lobos.» Los españoles han contravenido el designio divino. Ésta es la más grave acusación que se formula en el texto.

tenían, el cual era como fortaleza, que llamaban Cuu, y allí se defendió gran rato del día. Pero los españoles, a quien no se les ampara nada, mayormente en estas gentes desarmadas, pusieron fuego al templo y allí los quemaron, dando voces: «¡Oh, malos hombres! ¿Qué os hemos hecho?, ¿por qué nos matáis? Andad, que a México iréis, donde nuestro universal señor Moctezuma de vosotros nos hará venganza.» Dícese que estando metiendo a espada los cinco o seis mil hombres en el patio, estaba cantando el capitán de los españoles:

Mira Nero de Tarpeya
a Roma cómo se ardía;
gritos dan niños y viejos
y él de nada se dolía[248].

Otra gran matanza hicieron en la ciudad de Tepeaca, que era mucho mayor y de más vecinos y gente que la dicha, donde mataron a espada infinita gente, con grandes particularidades de crueldad[249].

De Cholula caminaron hacia México, y enviándoles el gran rey Moctezuma millares de presentes y señores y gentes y fiestas al camino, y a la entrada de la calzada de México, que es a dos leguas, envióles a su mismo hermano acompañado de muchos grandes señores y grandes presentes de oro y plata y ropas. Y a la entrada de la ciudad, saliendo él mismo en persona en unas andas de oro con toda su gran corte a recibirlos, y acompañándolos hasta los palacios en que los había mandado aposentar, aquel mismo día, según me dijeron algunos de los que allí se hallaron, con cierta disimulación, estando seguro, prendieron al gran rey Moctezuma, y pusieron

---

[248] Éste es otro de los testimonios que confirma cómo fueron los conquistadores los que llevaron al Nuevo Mundo toda esta poesía de acervo popular: romances, redondillas, coplas, etc.

[249] No hay otro texto de más hondo contenido acusador. Las Casas puso en tela de juicio todas las heroicidades de la conquista y nos mostró a unos conquistadores llenos de ansias y deseos, crueles y tiranos. La crítica frente a Bartolomé de Las Casas se ha dividido entre aquellos que entienden que es paranoica la defensa que hace de los indios (Menéndez Pidal) y los que entienden que sin él el exterminio hubiera sido total.

ochenta hombres que le guardasen, y después echáronlo en grillos. Pero dejado todo esto, en que había grandes y muchas cosas que contar, sólo quiero decir una señalada que aquellos tiranos hicieron. Yéndose el capitán de los españoles al puerto de la mar a prender a otro cierto capitán que venía contra él y dejado cierto capitán creo que con ciento pocos más hombres que guardasen al rey Moctezuma, acordaron aquellos españoles de cometer otra cosa señalada para acrecentar su miedo en toda la tierra, industria, como dije, de que muchas veces han usado. Los indios y gente y señores de toda la ciudad y corte de Moctezuma no se ocupaban en otra cosa sino en dar placer a su señor preso. Y entre otras fiestas que le hacían era en las tardes hacer por todos los barrios y plazas de la ciudad los bailes y danzas que se acostumbran y que llaman ellos mitotes, como en las islas llaman areítos, donde sacan todas sus galas y riquezas y con ellas se emplean todos porque es la principal manera de regocijo y fiestas. Y los más nobles y caballeros y de sangre real, según sus grados, hacían sus bailes y fiestas más cercanas a las casas donde estaba preso su señor. En la más propincua parte a los dichos palacios estaban sobre dos mil hijos de señores, que era toda la flor y nata de la nobleza de todo el imperio de Moctezuma. A éstos fue el capitán de los españoles con una cuadrilla de ellos, y envió otras cuadrillas a todas otras partes de la ciudad donde hacían las dichas fiestas, disimulados como que iban a verlas, y mandó que a cierta hora, todos diesen en ellos. Fue él, y estando embebidos y seguros en sus bailes, dicen: «¡Santiago y a ellos!», y comienzan con las espadas desnudas a abrir aquellos cuerpos desnudos y delicados y a derramar aquella generosa sangre, que uno no dejaron a vida; lo mismo hicieron los otros en las otras plazas. Fue una cosa esta que a todos aquellos reinos y gentes puso en pasmo y angustia y luto e hinchó de amargura y dolor. Y de aquí a que se acabe el mundo, o ellos del todo se acaben, no dejarán de lamentar y cantar en sus areítos y bailes, como en romances que acá decimos, aquella calamidad y pérdida de la sucesión de toda su nobleza de que se preciaban de tantos años atrás.

Vista por los indios cosa tan injusta y crueldad tan nunca vista en tantos inocentes sin culpa perpetrada, los que habían sufrido con tolerancia la prisión no menos injusta de su universal señor, porque él mismo se lo mandaba que no acometiesen ni guerreasen a los cristianos, entonces pónense en armas toda la ciudad y vienen sobre ellos, y heridos muchos de los españoles, apenas se pudieron escapar. Ponen un puñal a los pechos al preso Moctezuma, que se pusiese a los corredores y mandase que los indios no combatiesen la casa, sino que se pusiesen en paz. Ellos no curaron entonces obedecerle en nada, antes platicaban de elegir otro señor y capitán que guiase sus batallas. Y porque ya volvía el capitán que guiase sus batallas. Y porque se volvía el capitán que había ido al puerto, con victoria, y traía muchos más cristianos y venía cerca, cesaron el combate obra de tres o cuatro días, hasta que entró en la ciudad. Él entrando, ayuntada infinita gente de toda la tierra, combaten a todos juntos de tal manera y tantos días que, teniendo todos morir, acordaron una noche salir de la ciudad. Sabido por los indios, mataron gran cantidad de cristianos en las puentes de la laguna, con justísima y santa guerra, por las causas justísimas que tuvieron, como dicho es, las cuales cualquiera que fuere hombre razonable y justo las justificara. Sucedió después el combate de la ciudad, reformados los cristianos, donde hicieron estragos en los indios admirables y extraños, matando infinitas gentes y quemando vivos muchos y grandes señores[250].

Después de las tiranías grandísimas y abominables que éstos hicieron en la ciudad de México y en las ciudades y tierra mucha (que por aquellos alrededores diez y quince y veinte leguas de México, donde fueron muertas infinitas gentes), pasó adelante su tiránica pestilencia y fue a cundir e inficionar y asolar a la provincia de Pánuco, que era una cosa admirable la multitud de las gentes que tenían y los estragos y matanzas que allí hicieron. Después destruyeron por la misma manera la provincia de Tututepeque, y después la provincia de Ipilcingo, y después la de Colima, que cada una es más tierra que el reino de León y que el de Castilla. Contar los estragos y muertes y crueldades que en cada una hicieron se-

---

[250] Las Casas entiende que su obligación es dar a conocer los males y atrocidades perpetradas porque si no su silencio le haría cómplice.

ría sin duda una cosa dificilísima e imposible de decir y trabajosa de escuchar.

Es aquí de notar que el título con que entraban y por el cual comenzaban a destruir todos aquellos inocentes y despoblar aquellas tierras, que tanta alegría y gozo debieran de causar a los que fueran verdaderos cristianos, con su tan grande e infinita población, era decir viniesen a sujetarse y obedecer al rey de España, donde no, que los habían de matar y hacer esclavos. Y los que no venían tan presto a cumplir tan irracionales y estultos mensajes y a ponerse en las manos de tan inicuos y crueles y bestiales hombres, llamábanles rebeldes y alzados contra el servicio de Su Majestad. Y así lo escribían acá al rey nuestro señor. Y la ceguedad de los que regían las Indias no alcanzaba ni entendía aquello que en sus leyes está expreso y más claro que otro de sus primeros principios, conviene a saber: que ninguno es ni puede ser llamado rebelde si primero no es súbdito[251].

Considérese por los cristianos y que saben algo de Dios y de razón, y aun de las leyes humanas, que tales pueden parar los corazones de cualquier gente que vive en sus tierras segura, y no sabe que deba nada a nadie, y que tiene sus naturales señores, las nuevas que las dijeren así de súbito: «Daos a obedecer a un rey extraño, que nunca vistes ni oístes, y si no, sabed que luego os hemos de hacer pedazos», especialmente viendo por experiencia que así luego lo hacen. Y lo que más espantoso es, que a los que de hecho obedecen ponen en aspérrima servidumbre, donde con increíbles trabajos y tormentos más largos y que duran más que los que les dan metiéndolos a espada, al cabo perecen ellos y sus mujeres e hijos y toda su generación. Y ya que con los dichos temores y amenazas, aquellas gentes u otras cualesquiera en el mundo vengan a obedecer y reconocer el señorío de rey extraño, no ven los cie-

---

[251] Bartolomé de Las Casas se licenció en Derecho en la Universidad de Salamanca. Conoce perfectamente todo el sistema legal y jurídico. Su densa formación teológica y legal, humanista y erasmiana, le llevó a ser consejero de máximos gobernantes, asesor del consejo de Indias, cuestionador de los derechos de los reyes a la guerra de conquista, defensor del mestizaje y de la restitución de los bienes de los indios.

gos y turbados de ambición y diabólica codicia que no por
eso adquieren una punta de derecho, como verdaderamente
sean temores y miedos, aquellos cadentes inconstantísimos
viros, que de derecho natural y humano y divino es todo aire
cuanto se hace para que valga, si no es el reatu y obligación
que les queda a los fuegos infernales, y aun a las ofensas y daños que hacen a los reyes de Castilla, destruyéndole aquellos
sus reinos y aniquilándole, en cuanto en ellos es, todo el derecho que tienen a todas las Indias. Y éstos son, y no otros, los
servicios que los españoles han hecho a los dichos señores reyes en aquellas tierras y hoy hacen[252].

Con este tan justo y aprobado título envió este capitán tirano otros dos tiranos capitanes muy más crueles y feroces,
peores y de menos piedad y misericordia que él, a los grandes
y florentísimos y felicísimos reinos, de gentes plenísimamen-
te llenos y poblados, conviene a saber, el reino de Guatemala, que está a la mar del Sur, y el otro de Naco y Honduras o
Guaimura, que está a la mar del Norte, frontero el uno del
otro y que confinaban y partían términos ambos a dos trescientas leguas de México. El uno despachó por la tierra y el
otro en navíos por la mar con mucha gente de caballo y de
pie cada uno.

Digo verdad que de lo que ambos hicieron en mal, y señaladamente del que fue al reino de Guatemala, porque el otro
presto mala muerte murió, que podría expresar y colegir tantas maldades, tantos estragos, tantas muertes, tantas despoblaciones, tantas y tan fieras injusticias que espantasen los siglos
presentes y venideros e hinchese de ellas un gran libro. Porque éste excedió a todos los pasados y presentes, así en la cantidad y número de las abominaciones que hizo como de las
gentes que destruyó y tierras que hizo desiertas, porque todas
fueron infinitas.

El que fue por la mar y en navíos hizo grandes robos y escándalos y aventamientos de gentes en los pueblos de la costa, saliéndole a recibir algunos con presentes en reino de Yu-

---

[252] La lucha de Bartolomé de Las Casas comprende la pugna directa con
los encomenderos, las apelaciones ante la corona española. Su plan era establecer una comunidad pacífica y libre entre colonos e indígenas.

catán, que está en el camino del reino susodicho de Naco y Guaimura, donde iba. Después de llegado a ellos, envió capitanes y mucha gente por toda aquella tierra que robaban y mataban y destruían cuantos pueblos y gentes había. Y especialmente uno, que se alzó con trescientos hombres y se metió la tierra adentro, hacia Guatemala, fue destruyendo y quemando cuantos pueblos hallaba y robando y matando las gentes de ellos. Y fue haciendo esto de industria más de ciento y veinte leguas porque si enviasen tras él, hallasen los que fuesen la tierra despoblada y alzada y los matasen los indios en venganza de los daños y destrucciones que dejaban hechos. Desde a pocos días mataron al capitán principal que le envió y a quien éste se alzó, y después sucedieron otros muchos tiranos cruelísimos que con matanzas y crueldades espantosas, y con hacer esclavos y venderlos a los navíos que les traían vino y vestidos y otras cosas, y con la tiránica servidumbre ordinaria, desde el año de mil y quinientos y veinte y cuatro hasta el año de mil y quinientos y treinta y cinco, asolaron aquellas provincias y reino de Naco y Honduras, que verdaderamente parecían un paraíso de deleites y estaban más pobladas que la más frecuentada y poblada tierra que puede ser en el mundo. Y ahora pasamos y venimos por ellas, y las vimos tan despobladas y destruidas que cualquier persona, por dura que fuera, se le abrieran las entrañas de dolor. Más han muerto en estos once años de dos cuentos de ánimas, y no han dejado en más de ciento leguas en cuadra dos mil personas, y éstas cada día las matan en la dicha servidumbre.

Volviendo la péndola a hablar del grande tirano capitán que fue a los reinos de Guatemala, el cual, como está dicho, excedió a todos los pasados e iguala con todos los que hoy hay, desde las provincias comarcanas a México, que por el camino que él fue (según él mismo escribió en una carta al principal que le envió) están del reino de Guatemala cuatrocientas leguas, fue haciendo matanzas y robos, quemando y robando y destruyendo donde llegaba toda la tierra con el título susodicho, conviene saber, diciéndoles que se sujetasen a ellos, hombres tan inhumanos, injustos y crueles, en nombre del rey de España, incógnito y nunca jamás de ellos oído. El cual estimaban ser muy más injusto y cruel que ellos; y aun sin dejarlos deliberar, cuasi tan presto como el mensaje, llegaban matando y quemando sobre ellos.

Francisco López de Gómara.
Historia General de las Indias[253]

Del pez tiburón

Mes y medio gastó Cortés en lo que tenemos dicho hasta ahora, después que dejó a Cuba. Partióse Cortés de esta isla, dejando a los naturales de ella muy amigos de españoles y tomando mucha cera y miel que le dieron, pasó a Yucatán, y fuese pegado a tierra para buscar el navío que le faltaba, y cuando llegó a la punta de las Mujeres calmó el tiempo y estúvose allí dos días esperando viento, en los cuales tomaron sal, que hay allí muchas salinas, y un tiburón con anzuelo y lazos. No le pudieron subir al navío porque daba mucho lado, que era chico y el pez muy grande. Desde el batel le mataron en el agua y le hicieron pedazos y así le metieron dentro en el batel, y de allí en el navío, con los aparejos de guindar. Halláronle dentro más de quinientas raciones de tocino, en que, a lo que dicen, había diez tocinos que estaban a desalar colgadas alrededor de los navíos. Y como el tiburón es tragón, que por eso algunos le llaman ligurón, y como ha-

[253] Francisco López de Gómara (1511-1564), humanista, clérigo que entró a servir a Cortés y «cronista de oídas». Comenzó a escribir la *Historia general de las Indias y conquista de México* hacia 1542 y se publicó en Zaragoza, en 1552. La *Historia general* tuvo seis ediciones en tres años. Por gestión de Bartolomé de las Casas, indignado por las acusaciones que Gómara le hacía en la obra, la *Historia general de las Indias* se prohibió en 1553, en Zaragoza, por orden de Felipe II. A pesar de que la crónica de Gómara intenta recoger la historia de la conquista, su foco principal es el relacionado con México puesto que su propósito es destacar la actuación de Cortés. Es un testigo de oídas, por lo que se documenta, esencialmente, en la historia contada por el propio Cortés, en Oviedo, en Motolinía y Anglería. En la parte que se refiere a México, Gómara destaca, de forma parcial, la figura de Cortés por encima de los demás hombres y soldados que llevaron adelante la campaña mexicana —de ahí las quejas de Bernal Díaz del Castillo— y de otros conquistadores como Pizarro.

lló aquel aparejo, pudo engullir a su placer. También se halló dentro de su buche un plato de estaño que cayó de la nao de Pedro de Albarado, y tres zapatos desechados, y más un queso. Esto afirman de aquel tiburón. Y cierto, él traga tan desaforadamente que parece increíble porque yo he oído jurar a Dios a personas de bien, que han visto muchas veces estos tiburones muertos y abiertos, que se han hallado dentro de ellos cosas que si no las vieran las tuvieran por imposibles, como decir que un tiburón se traga uno, y dos y más pellejos de carneros con la cabeza y cuernos enteros, como los arrojan a la mar por no pelarlos. Es el tiburón un pez largo y gordo, y alguno de ocho palmos de cinta y de doce pies en luengo. Muchos de ellos tienen dos órdenes de dientes, una junto a otra, que parecen sierra o almenas. La boca es a proporción del cuerpo, el buche disforme de grande. Tiene el cuero como tollo. El macho tiene dos miembros para engendrar, y la hembra no más de uno, la cual pare de una vez veinte y treinta tiburoncillos, y aun cuarenta. Es pescado que acomete a una vaca y a un caballo cuando pace o bebe orillas de los ríos, y se come un hombre, como quiso hacer uno al calachuni de Acuzamil, que le cortó los dedos de un pie cuando no lo pudo llevar entero, como le socorrieron. Es tan goloso que se va tras una nao por comer lo que de ella echan y cae quinientas y aun mil leguas. Y es tan ligero que anda más que ella aunque lleve más próspero tiempo, y dice que tres tanto más, porque al mayor correr de la nave le da él dos y tres vueltas alrededor, y tan somero que se parece y ve cómo lo anda. No es muy bueno de comer por ser duro y desabrido aunque abastece mucho un navío hecho tasajos en sal o al aire. Cuentan aquellos de la armada de Cortés que comieron del tocino que sacaron al tiburón del cuerpo que sabía mejor que lo otro, y que muchos conocieron sus raciones por las ataduras y cuerdas[254].

---

[254] A pesar de ser la crónica de Gómara una de las más eruditas y con resabios clásicos, y a pesar de que su concepción historiográfica es aristocrática —la historia es la crónica de los grandes hombres—, se permite, a veces, paseos por el terreno de lo anecdótico y lo curioso. A lo que le han contado, Gómara añade la fantasía.

Moctezuma tenía muchas casas dentro y fuera de Méjico, así para recreación y grandeza, como para morada. No diremos de todas que será muy largo. Donde él moraba y residía a la contina, llaman Tepac, que es como decir palacio, el cual tenía veinte puertas que responden a la plaza y calles públicas. Tres patios muy grandes, y en el uno una muy hermosa fuente. Había en él muchas salas, cien aposentos de a veinte y cinco y treinta pies de largo y hueco, cien baños. El edificio, aunque sin clavazón, todo muy bueno. Las paredes de canto, mármol, jaspe, pórfido, piedra negra, con unas vetas coloradas como rubí, piedra blanca, y otra que se trasluce. Los techos de madera bien labrada y entallada de cedros, palmas, cipreses, pinos y otros árboles. Las cámaras pintadas, esteradas, y muchas con paramentos de algodón, de pelo de conejo, de pluma. Las camas pobres y malas porque o eran de mantas sobre esteras o sobre heno o esteras solas. Pocos hombres dormían dentro en estas casas, mas había mil mujeres y algunos afirman que tres mil entre señoras y criadas y esclavas. De las señoras, hijas de señores, que eran muy muchas, tomaba para sí Moctezuma las que bien le parecía. Las otras daba por mujeres a sus criados y a otros caballeros y señores. Y así dicen que hubo vez que tuvo ciento y cincuenta preñadas a un tiempo, las cuales, a persuasión del diablo, movían, tomando cosas para lanzar las criaturas, o quizá porque sus hijos no habían de heredar. Tenían estas mujeres muchas viejas por guarda, que ni aun mirarlas no dejaban a hombre. Querían los reyes toda honestidad en palacio. El escudo de armas que estaba por las puertas de palacio y que traen las banderas de Moctezuma y las de sus antecesores es un águila abatida a un tigre, las manos y uñas puestas como para hacer presa. Algunos dicen que es grifo, y no águila, afirmando que en las sierras de Teoacan hay grifos, y que despoblaron el valle de Auacatlan, comiéndose los hombres, y traen por argumento que se llaman aquellas sierras Cuitlachtepetl, de cuitlachtli, que es grifo como león. Ahora creo que no los hay, porque no los han españoles aún visto. Los indios muestran estos grifos que llaman quezalcuitlactli por sus antiguas figuras, y tienen vello y no pluma y dicen que quebraban con las uñas y dientes los huesos de hombres y venados. Tiran mucho a león y parecen águila porque los pintan con cuatro pies, con dientes y con vello, que más aína es lana que pluma, con pico, con uñas, y alas con que vuela y en todas estas cosas responde la pintura a nuestra escritura y pinturas, de manera que ni bien es ave ni bien bestia. Plinio por mentira tiene esto de los grifos, aunque hay muchos cuentos de ellos. También hay otros señores que tienen por armas este grifo que va volando con un ciervo en las uñas.

De las letras de Méjico

No se han hallado letras hasta hoy en las Indias, que no es pequeña consideración. Solamente hay en la Nueva España unas ciertas figuras que sirven por letras, con las cuales notan y entienden toda cualquier cosa, y conservan la memoria y antigüedades. Semejan mucho a los jeroglifos de Egipto, mas no encubren tanto el sentido a lo que oigo, aunque ni debe ni puede ser menos. Estas figuras que usan los mejicanos por letras son grandes y así ocupan mucho. Entállanlas en piedra y madera, píntanlas en paredes, en papel que hacen de algodón y hojas de metl. Los libros son grandes, cogidos como pieza de paño y escritos por ambas haces. Haylos también arrollados como pieza de jerga. No pronuncian b, g, r, s, y así usan mucho de p, c, l, x, esto es la lengua mejicana y nahuatl, que es la mejor, más copiosa y más extendida que hay en la Nueva España, y que usa por figuras. También se hablan y entienden algunos de Méjico por silbos, especialmente ladrones y enamorados, cosa que no alcanzan los nuestros y que es muy notable.

Cinco soles, que son edades

Bien alcanzan estos de Culúa que los dioses criaron el mundo, mas no saben cómo. Empero, según ellos fingen y creen por las figuras o fábulas que de ello tienen, afirman que han pasado, después acá de la creación del mundo, cuatro soles, sin este que ahora los alumbra. Dicen pues cómo el primer sol se perdió por agua, con que se ahogaron todos los hombres y perecieron todas las cosas criadas. El segundo sol pereció cayendo el cielo sobre la tierra, cuya caída mató la gente y toda cosa viva. Y dicen que había entonces gigantes y que son de ellos los huesos que nuestros españoles han hallado cavando minas y sepulturas, de cuya medida y proporción parece como eran aquellos hombres de veinte palmos en alto, estatura es grandísima pero certísima. El sol tercero faltó y se consumió por fuego, porque ardió muchos días todo el mundo y murió abrasada toda la gente y animales. El cuarto sol feneció con aire, fue tanto y tan recio el viento que hizo entonces que derrocó todos los edificios y árboles y aun deshizo las peñas, mas no perecieron los hombres sino convirtiéronse en monas. Del quinto sol, que al presente tienen, no dicen de qué manera se ha de perder, pero cuentan cómo, acabado el cuarto sol, se oscureció todo el mundo y estuvieron en tinieblas veinte y cinco años continuos y que a los quince años de aquella espantosa oscuridad los dioses formaron un hombre y una mujer que luego tuvieron hijos y donde a diez años apareció el sol recién criado y nacido en día de conejo y por eso traen la cuenta de sus años desde aquel día y figura. Así que, contando de entonces hasta el año de 1552, ha su sol ochocientos y cincuenta y ocho años. Por manera que ha muchos años que usan de escritura pintada y no solamente la tienen desde ce tochtli, que es comienzo del primer año, mes y día del quinto sol, mas también la usaban en vida de los oros cuatro soles perdidos y pasado, pero dejábanlas olvidar diciendo que, con el nuevo sol, nuevas debían ser todas las otras cosas. También cuentan que, tres días después que apareció este quinto sol, se murieron los dioses, porque veáis cuáles eran y que, andando el tiempo, nacieron los que al presente tienen y adoran y por aquí los convencían los religiosos que los convertían a nuestra santa fe[255].

---

[255] Quetzalcóatl es el artífice de la fundación del universo y de ello da cuenta el conocido mito de los Cinco Soles que simboliza las edades de la tierra, desde la creación hasta que el hombre se asienta en ella. El primer Sol fue el

Cómo el diablo se aparece

Hablaba el diablo con los sacerdotes, con los señores y con otros, pero no a todos. Ofrecían cuanto tenían al que se le aparecía. Aparecíaseles de mil maneras y, finalmente, conversaba con todos ellos muy a menudo y muy familiar, y los bobos tenían a mucho que los dioses conversasen con los hombres, y como no sabían que fuesen demonios y oían de su boca muchas cosas antes que aconteciesen, creían cuanto les decían. Y porque él se lo mandaba, le sacrificaban tantos hombres y le traían pintado consigo de tal figura, cual se les mostró la primera vez. Pintábanle a las puertas, en los bancos y en cada parte de la casa, y como se les aparecía de mil trajes y formas, así lo pintaban de infinitas maneras y algunas tan feas y espantosas que se maravillaban nuestros españoles, pero ellos no lo tenían por feo. Creyendo pues estos indios al diablo, habían llegado a la cumbre de crueldad, so color de religiosos y devotos. Y éranlo tanto que, antes de comenzar a comer, tomaban un poquillo y lo ofrecían a la tierra o al sol. De lo que bebían derramaban alguna gota para dios, como quien hace una salva. Si cogían grano, fruta o rosas quitábanle alguna hojuela antes de olerla para ofrenda. El que no guardaba estas y semejantes cosillas no tenía a dios en su corazón y, como ellos dicen, era mal criado con los dioses.

---

de Agua y acabó con una tormenta mientras los hombres se transformaron en peces. El segundo fue el de Tigre y los felinos devoraron a la gente. El tercer Sol fue el de fuego; los que vivían se quemaron y algunas montañas se volvieron rojas. El penúltimo Sol fue el de Viento que todo lo arrasó. El quinto y último Sol fue el de Movimiento. Con él retornó la vida pero, al mismo tiempo, aparecieron las guerras y el hambre. Para que el Sol hiciera cada día su recorrido, el dios Nenáhuatl se inmoló en el fuego y se transformó en el astro rey. El sacrificio de este dios fue un precedente para la práctica de sacrificios humanos. Se estableció que la vida del Sol en la Tierra dependía de sacrificios humanos.

Desollamiento de hombres

De veinte en veinte días es fiesta festival y de guardar, que llaman tonalli, y siempre cae el día postrero de cada mes. Pero la mayor fiesta del año, y donde más hombres se matan y comen, es de cincuenta y dos en cincuenta y dos años. Los de Tlaxcallan y otras repúblicas celebran estas fiestas y otras muy solemnes de cuatro en cuatro años.

El postrer día del mes primero que llaman tlacaxipeualiztli[256] matan en sacrificio cien esclavos, los más cautivos de guerra, y se los comen. Juntábase todo el pueblo al templo. Los sacerdotes, después de haber hecho muchas ceremonias, ponían los sacrificados uno a uno, de espaldas sobre la piedra, y vivos los abrían por los pechos con un cuchillo de pedernal. Arrojaban el corazón al pie del altar como por ofrenda, untaban los rostros al Vitcilopuchtli o a otro con la sangre caliente y luego desollaban quince o veinte de ellos, o menos, según era el pueblo y los sacrificados. Revestíanse los otros tantos hombres honrados, así sangrientos como estaban, ca eran abiertos los cueros por las espaldas y hombros. Cosíanse los que viniesen justos y después bailaban con todos los que querían. En Méjico se vestía el rey un cuero de éstos, que fuese de principal cautivo, y regocijaba la fiesta bailando con los otros disfrazados. Toda la gente se andaba tras él por verle tan fiero o, como ellos dicen, tan devoto. Los dueños de los esclavos se llevaban sus cuerpos sacrificados con que hacían plato a todos sus amigos. Quedaban las cabezas y corazones para los sacerdotes. Embutían los cueros de algodón o paja y los colgaban y, o los colgaban en el templo, o en palacio, por memoria. Mas esto era habiéndolo prendido el Rey o algún tecuitli. Iban al sacrificadero los esclavos y cautivos de guerra con los vestidos o divisa del ídolo a quien se ofrecían. Y sin esto llevaban plumajes, guirnaldas y otras rosas y las más veces los pintaban o emplumaban o cubrían de flores y yerba. Muchos

---

[256] Tlacaxipehualiztli: «desollamiento de hombres». Segundo mes del calendario azteca, del 6 al 25 de marzo. Sacrificio y desollamiento de prisioneros a los dioses Huitzilopochtli y Xipe.

de ellos, que mueren alegres, andan bailando y pidiendo limosna para su sacrificio por la ciudad. Cogen mucho, y todo es de los sacerdotes. Cuando ya los panes estaban un palmo altos iban a un monte que para tal devoción tenían diputado y sacrificaban un niño y una niña de cada tres años a honra de Tlaloc, dios del agua, suplicándole devotamente por ella si les faltaba o que no les faltase. Estos niños eran hijos de hombres libres y vecinos del pueblo. No les sacaban los corazones sino degollábanlos. Envolvíanlos en mantas nuevas y enterrábanlos en una caja de piedra.

La fiesta de Tozoztli[257], que ya los maizales estaban crecidos hasta la rodilla, repartían cierto pecho entre los vecinos de que compraban cuatro esclavitos, niños de cinco hasta siete años, y de otra nación. Sacrificábanlos a Tlaloc[258] porque lloviese a menudo. Cerrábanlos en una cueva que para esto tenían hecha y no la abrían hasta otro año. Tuvo principio el sacrificio de estos cuatro muchachos, de cuando no llovió en cuatro años, ni aun cinco, a lo que algunos cuentan, en el cual tiempo se secaron los árboles y las fuentes, y se despobló mucha parte de esta tierra, y se fueron a Nicaragua.

El mes y fiesta de Hueitozotli[259], estando ya los panes criados, cogía cada uno un manojo de maíz y venían todos a los templos a ofrecerlo con mucha bebida que llaman atulli y que se hace del mismo maíz y con mucho copalli para sahumar los dioses que crían el pan. Bailaban toda aquella noche y ni sacrificaban hombres ni hacían borracheras.

Al principio del verano y de las aguas celebran una fiesta que llaman Tlaxuchimaco con todas las maneras de rosas y flores que pueden. Ofrécenlas en el templo, enguirnaldando los ídolos con ellas. Gastan todo aquel día bailando. Para celebrar la fiesta de Tecuilhuitlh[260] se juntaban todos los caballeros y prin-

---

[257] Tozoztontli: «pequeña vigilia». Tercer mes azteca del 26 de marzo al 14 de abril. Holocausto de niños a los cerros y sacrificios al dios Chalchiuhtlicue.

[258] Tláloc: dios mexica del agua, Señor de la Tierra y las lluvias.

[259] Huey Tozoztli: Literalmente «gran velación». Tercer mes del año, del 15 de abril al 4 de mayo. Usaban niños como víctimas propiciatorias a los cerros.

[260] Tecuilhuitontli: «pequeña fiesta de los señores», séptimo mes del calendario azteca, del 14 de junio al 3 de julio. Se hacían sacrificios a Huixtocihualtl, la diosa de la sal.

cipales personas de cada provincia, a la ciudad que era la cabeza. La vigilia en la noche vestían una mujer de la ropa e insignias de la diosa de la sal, y bailaban con ella todos. En la mañana sacrificábanla con las ceremonias y solemnidad acostumbrada, y estaban el día en mucha devoción, echando incienso en los braseros del templo. Ofrecían y comían grandes comidas en el templo el día de Teutleco diciendo: «Ya viene nuestro dios, ya viene.» Debía ser que llamaban al diablo a comer con ellos.

Los mercaderes, que tenían templo por sí, dedicado al dios de la ganancia, hacían su fiesta en Miccailhuitl[261], matando muchos esclavos comprados. Guardaban fiesta, comían carne sacrificada y bailaban.

Solemnizaban la fiesta de Etzalcoaliztli[262], que también era consagrada a los dioses del agua, con matar una esclava y un esclavo, no de guerra, sino de venta. Treinta días o más antes de la fiesta ponían dos esclavos, hombre y mujer, en una casa que comiesen y durmiesen juntos como casados y, llegado el día festival, vestían a él las ropas y divisa del Tlaloc y a ella las de Matlalcuie y hacíanles bailar todo el día hasta la media noche que los sacrificaban. No los comían como a otros, sino echábanlos en un hoyo que para esto tenía cada templo.

La fiesta Uchpaniztli sacrificaban una mujer. Desollábanla y vestían el cuero a uno, el cual bailaba con todos los del pueblo dos días arreo, y ellos ataviábanse muy bien de mantas y plumajes.

Pero la fiesta de Quecholli[263] salía el señor de cada pueblo con los sacerdotes y caballeros a caza para ofrecer y matar

---

[261] Miccailhuitontli: Literalmente «pequeña fiesta de los muertos», noveno mes del calendario azteca, entre el 24 de julio y el 12 de agosto. Ofrendas a los muertos y sacrificios al dios Mictlantecuhtli. A este mes también le llaman Tlaxochimaco, «ofrenda de flores».

[262] Etzalcualiztli: literalmente, «comida de maíz y frijoles». Sexto mes del año comprendido entre el 25 de mayo y el 13 de junio. Se hacían sacrificios a Chalchiuhtlicue y a Tláloc. Ayunos y baños de los sacerdotes del dios de la Fertilidad.

[263] Quecholli: Literalmente «flamenco». Decimocuarto mes del año, del 1 al 20 de noviembre. Se hacían celebraciones en honor de los dioses del infierno. Se honraba a Mixcoatl fabricando armas en los templos y organizando grandes cacerías. El quecholli es un ave mítica cuyas plumas de gran vistosidad y color servían para el tejido de mantos y alfombras para usos ceremoniales y vestimenta regia.

414

todo lo que cazasen, en los templos del campo. Llevaba gran repuesto y cosas que dar a los que más fieras tomasen o más bravas fuesen, como decir leones, tigres, águilas, víboras y otras grandes sierpes. Toman las culebras a manos, y mejor hablando, a pies, porque se atan los cazadores la yerba picietlh[264] a los pies, con la cual adormecen las culebras. No son tan enconadas ni ponzoñosas como las nuestras, sino con las de Almería. Toman eso mismo las culebras del cascabel, que son grandes, tocándoles con cierto palo. Sacrificaban este día todas las aves que tomaban, desde águilas hasta mariposas. Toda suerte de animalías, de león a ratón y de las que andan arrastrando, de culebra hasta gusanos y arañas. Bailaban y volvíanse al pueblo.

El día de Hatamuztli guardaban la fiesta en Méjico entrando en la laguna con muchas barcas, y anegando un niño y una niña metidos en una acalli, que nunca más apareciesen sino que estuviesen en compañía de los dioses de la laguna. Comían en los templos, ofrecían muchos papeles pintados, untaban los carrillos a los ídolos con ulli, y tal estatua había que le quedaba la costra de dos dedos de aquella goma.

Cuando hacían la fiesta de Tititlh[265], bailaban todos los hombres y mujeres tres días con sus noches, y bebían hasta caer. Mataban muchos cautivos de los presos en las guerras de lejos tierras.

La fiesta de Quezalcóatl

Chololla es el santuario de esta tierra donde iban en romería de cincuenta y cien leguas, y dicen que tenían trescientos templos entre chicos y grandes, y aun para cada día del año el suyo. El templo que comenzaron para Quezalcóatl[266] era

---

[264] Tabaco.
[265] Tititl: «estiramiento». Decimoséptimo mes azteca, entre el 31 de diciembre y el 20 de enero. Ofrendas a los muertos y sacrificios a Mictlanteuctli.
[266] Es el arquetipo de los dioses mexicanos. Héroe civilizador, dios cultural pancentroamericano, sumo sacerdote y demiurgo, «Prometeo americano», dios del viento que limpiaba los caminos del cielo para que llegara la lluvia, tan necesaria en una sociedad agrícola. Quetzalcóatl, la Serpiente Emplumada o Serpiente de Plumas verdes de quetzal, es el personaje mítico tutelar y fundacional más importante de la cosmogonía azteca. Es el artífice del universo.

el mayor de toda la Nueva España que, según cuentan, lo querían igualar con el serrejón que llaman ellos Popocatepec, y con otro que por tener siempre nieve dicen Sierra Blanca. Querían ponerle su altar y estatua en la región del aire, pues le adoraban por dios de aquel elemento. Empero no lo acabaron a causa a lo que ellos mismos afirmaban que, edificando a la mayor prisa, vino grandísima tempestad de agua, truenos, relámpagos, y una piedra con figura de sapo. Parecióles que los otros dioses no consentían que aquél se aventajase en casa y así cesaron. Todavía quedó muy alto. Tuvieron de allí adelante al sapo por dios, aunque lo comen. Aquella piedra que dicen tenían por rayo porque muchas veces, después que son cristianos, han caído terribles rayos allí. Celebran la fiesta del año de Dios que cae de cuatro en cuatro años, en nombre de Quezalcóatl. Ayuna el gran Achcahutli cuatro días, sin comer más de una vez al día y aquélla un poco de pan y un jarro de agua. Gasta todo aquel tiempo en oraciones y sangrías. Tras aquellos cuatro días comienzan el ayuno de ochenta días arreo, antes de la fiesta. Enciérranse los tlamacazques en las salas del patio con sendos braseros de barro, mucho incienso, púas y hojas de metl, tizne o tinta de bija. Siéntanse por orden en unas esteras a raíz de las paredes. No se levantan sino para hacer sus necesidades. No comen sal ni ají, ni ven mujeres. No duermen en los primeros sesenta días más de dos horas a prima noche y otras tantas a primo día. Su oficio era rezar, quemar incienso, sangrarse muchas veces al día de muchas partes de su cuerpo, y cada media noche bañarse y teñirse de negro. Los postreros veinte días, ni ayunaban tanto ni comían tan poco. Ataviaban la imagen de Quezalcóatl riquísimamente con muchas joyas de oro, plata, piedras y plumas y para esto venían algunos sacerdotes de Tlaxcallan, con las vestimentas de Camaxtle. Ofrecíanle la noche postrera muchos sartales y guirnaldas de maíz y otras yerbas, mucho papel, muchas codornices y conejos. Para celebrar la fiesta vestíanse todos luego por la mañana muy galanes. No mataban muchos hombres porque Quezalcóatl vedó el tal sacrificio, aunque todavía sacrificaban algunos.

Capítulo VII

Del modo de letras y escritura que usaron los mejicanos

Hállase en las naciones de la Nueva España gran noticia y memoria de sus antiguallas. Y queriendo yo averiguar en qué manera podían los indios conservar sus historias y tantas particularidades, entendí, que aunque no tenían tanta curiosidad y delicadeza como los chinos y japoneses, todavía no les faltaba algún género de letras y libros[267], con que a su modo conservaban las cosas de sus mayores.

En la provincia de Yucatán, donde es el obispado que llaman de Honduras, había unos libros de hojas a su modo encuadernados o plegados, en que tenían los indios sabios la distribución de sus tiempos y conocimiento de plantas y animales y otras cosas naturales y sus antiguallas, cosa de grande curiosidad y diligencia. Parecióle a un doctrinero que todo aquello debía de ser hechizos y arte mágica, y porfió que se habían de quemar, y quemáronse aquellos libros, lo cual sintieron después no sólo los indios, sino españoles curiosos que deseaban saber secretos de aquella tierra[268].

---

[267] Este que nos da Acosta es uno de los testimonios más importantes acerca de la escritura. Existen códices y no hay duda de que los aztecas poseían una creación literaria indígena. Parece ser que 900 años antes de Cristo, los olmecas desarrollaron el calendario, la numeración y la escritura. Señalan Villanes y Córdova como «pese a ello, fue todavía a principios del primer milenio de nuestra Era cuando los antecesores de los mayas y aztecas perfeccionaron en tal grado su escritura que podían registrar con ella, a través de signos ideográficos y con mucha claridad, el hilo argumental de sus historias». Véase en *Literaturas de la América precolombina*, Istmo, pág. 19. Otros testimonios se encuentran en Bernal Díaz del Castillo, capítulo XLIV de la *Historia verdadera de la conquista de la Nueva España*, en donde habla de «libros de su papel cosidos a dobleces»; en Bernardino de Sahagún y la *Historia de las cosas de la Nueva España;* en los investigadores Ángel María Garibay y Miguel León Portilla.

[268] La Iglesia tuvo mucho que ver con la quema del patrimonio azteca y mejicano. El inquisidor Juan de Zumárraga mandó quemar códices y destruir li-

Lo mismo ha acaecido en otras cosas que, pensando los nuestros que todo es superstición, han perdido muchas memorias de cosas antiguas y ocultas, que pudieran no poco aprovechar. Esto sucede de un celo necio, que, sin saber, ni aun querer saber las cosas de los indios, a carga cerrada, dicen que todas son hechicerías y que éstos son todos unos borrachos, que ¿qué pueden saber, ni entender? Los que han querido con buen modo informarse de ellos, han hallado muchas cosas dignas de consideración[269].

Uno de los de nuestra Compañía de Jesús, hombre muy plático y diestro, juntó en la provincia de Méjico a los ancianos de Tuscuco y de Tula y de Méjico y confirió mucho con ellos y le mostraron sus librerías y sus historias y calendarios, cosa mucho de ver. Porque tenían sus figuras y jeroglíficas con que pintaban las cosas de esta forma, que las cosas que tenían figuras las ponían con sus propias imágenes y para las cosas que no había imagen propia tenían otros caracteres significativos de aquello, y con este modo figuraban cuanto querían, y para memoria del tiempo en que acaecía cada cosa tenían aquellas ruedas pintadas, que cada una de ellas tenía un siglo, que eran cincuenta y dos años, como se dijo arriba, y al lado de estas ruedas, conforme al año en que sucedían cosas memorables, las iban pintando con las figuras y caracteres que he dicho, como poner un hombre pintado con un sombrero y sayo colorado en el signo de caña, que corría entonces, señalaron el año que entraron los españoles en su tierra, y así de los demás sucesos[270]. Pero porque sus figuras y caracteres no eran tan suficientes como nuestra escritura y letra, por eso no podían concordar tan puntual-

---

toglifos y petroglifos. Cuenta Bernardino de Sahagún en su *Historia de las cosas de la Nueva España* que, en 1430, el rey mexica Itzcóatl mandó quemar todos los documentos existentes.

[269] Acosta fue uno de los cronistas más modernos, uno de los pocos que cuestionó viejas razones aristotélicas y platónicas y uno de los primeros científicos. Acosta vivió una lucha interior entre su devoción religiosa y su mente racionalista, como se demuestra una vez más en este texto. No duda de que todos aquellos códices eran patrimonio cultural, verdaderas joyas precolombinas de inigualable valor.

[270] Se refiere a los calendarios.

mente en las palabras sino solamente en lo sustancial de los conceptos[271].

Mas porque también usan referir de coro, arengas y parlamentos que hacían los oradores y retóricos antiguos, y muchos cantares que componían sus poetas, lo cual era imposible aprenderse por aquellas jeroglíficas y caracteres, es de saber que tenían los mejicanos grande curiosidad en que los muchachos tomasen de memoria los dichos parlamentos y composiciones y para esto tenían escuelas y como colegios o seminarios, adonde los ancianos enseñaban a los mozos estas y otras muchas cosas que por tradición se conservan tan enteras, como si hubiera escritura de ellas[272]. Especialmente las naciones famosas hacían a los muchachos que se imponían para ser retóricos y usar oficio de oradores que las tomasen palabra por palabra y muchas de éstas, cuando vinieron los españoles y les enseñaron a escribir y leer nuestra lengua, los mismos indios las escribieron, como lo testifican hombres graves, que las leyeron. Y esto se dice porque quien en la historia mejicana leyere semejantes razonamientos largos y elegantes creerá fácilmente que son inventados de los españoles y no realmente referidos de los indios, más entendida la verdad no dejará de dar el crédito que es razón a sus historias.

También escribieron a su modo por imágenes y caracteres los mismos razonamientos y yo he visto, para satisfacerme en esta parte, las oraciones del Pater noster y Ave María y símbolo y la confesión general en el modo dicho de indios, y cierto se admirará cualquiera que lo viere, porque para significar aquella palabra: yo pecador me confieso, pintan un indio hin-

---

[271] Son formas mitopoéticas más que literarias porque, en su tiempo, no fueron textos. El proceso de textualización llega con la conquista. Los aztecas utilizaron formas pictográficas y jeroglíficas. Se trata de una escritura preliteral. Como dice Derrida, todo pueblo tiene un cierto tipo de escritura. La lengua náhuatl se encontraba ya, a la llegada de los españoles, en un proceso de fonetización.

[272] La literatura náhuatl tenía un carácter oficial puesto que sus creadores estaban cerca de la casta sacerdotal que administraba la educación. La influencia religiosa era muy grande. Había grupos de sabios que se dedicaban a discutir sobre la problemática de la expresión literaria y donde los poemas eran cuidadosamente analizados. A la población náhuatl se la adoctrinaba en el respeto por la lengua culta o literaria.

cado de rodillas a los pies de un religioso, como que se confiesa. Y luego para aquella: a Dios todopoderoso, pintan tres caras con sus coronas al modo de la Trinidad. Y a la gloriosa Virgen María, pintan un rostro de nuestra Señora y medio cuerpo de niño. Y a San Pedro y a San Pablo, dos cabezas con coronas, y unas llaves, y una espada, y a este modo va toda la confesión escrita por imágenes. Y donde faltan imágenes ponen caracteres como: en que pequé, etc. De donde se podrá colegir la viveza de los ingenios de estos indios, pues este modo de escribir nuestras oraciones y cosas de la fe ni se lo enseñaron los españoles ni ellos pudieron salir con él, si no hicieran muy particular concepto de lo que les enseñaban.

Por la misma forma de pinturas y caracteres vi en el Perú escrita la confesión que de todos sus pecados un indio traía para confesarse, pintando cada uno de los diez mandamientos por cierto modo, y luego allí haciendo ciertas señales como cifras, que eran los pecados que había hecho contra aquel mandamiento. No tengo duda que si muchos de los muy estirados españoles les dieran a cargo de hacer memoria de cosas semejantes, por vía de imágenes y señales, que en un año no acertara, ni aún quizá en diez[273].

---

[273] Es cierto que la literatura náhuatl, a pesar de la existencia de códices, ha permanecido latente en virtud del ejercicio de transmisión colectiva de padres a hijos, de maestros a discípulos. Esta práctica fue implantada entre las altas culturas americanas desde tiempos inmemoriales. El proceso de memorización favoreció la perpetuación de esta cultura. El *Popol Vuh,* quizá el texto más importante de la literatura precolombina, fue posiblemente quemado a la llegada de los españoles, en Utatlán, y se escribió o, mejor dicho, recordó gracias a la memoria que un indio guardaba del texto.

CAPÍTULO 4

La Florida

ÁLVAR NÚÑEZ CABEZA DE VACA. *NAUFRAGIOS*[274],
*Y RELACIÓN DE LA JORNADA QUE HIZO A LA FLORIDA
CON EL ADELANTADO PÁNFILO DE NARVÁEZ*[275]

Capítulo III

Cómo llegamos a la Florida

En este mismo día salió el contador Alonso Enríquez, y se
puso en una isla que está en la misma bahía, y llamó a los indios, los cuales vinieron y estuvieron con él buen pedazo de

---

[274] Álvar Núñez Cabeza de Vaca (1429?-1556?). *Naufragios* fue publicada
en 1542. Su primera versión parcial se tituló *Naufragios. Relación de la jornada que
hizo a La Florida...* Es uno de los libros más fascinantes de la época y testimonio excepcional dentro de este género. Se refiere a la expedición que partió de
Sanlúcar hacia Florida el 17 de junio de 1527, llegando a Tampa el 12 de abril
de 1528. La expedición fue un completo desastre. Sufrieron los embates del
clima, la naturaleza hostil, muchas enfermedades, el desconocimiento de la
zona (Florida, Texas, el Norte de México...), el naufragio de las naves, la lucha
contra tribus indígenas que los retuvieron como presos y como curanderos...
Esta desastrada y trágica historia partió con 600 hombres y quedó con cuatro,
entre los que se contaba Álvar Núñez Cabeza de Vaca. Los cuatro expedicionarios recorrieron centenares de kilómetros hasta llegar a México, ocho años
después de su partida, en 1536. Álvar Núñez Cabeza de Vaca narrará los infortunios de la expedición y los suyos propios durante los nueve largos años
que transcurrieron hasta llegar a la Nueva España, después de recorrer a pie
todo el sur del continente, desde la Florida hasta Tejas.
[275] Gobernador de la expedición. Álvar Núñez Cabeza de Vaca es cronista
y tesorero de la expedición. Hubo tres expediciones fundamentales: la de Pánfilo de Narváez, en 1526; la de Hernando de Soto, en 1539, y la de Vázquez
de Coronado, en 1540.

tiempo, y por vía de rescate le dieron pescado y algunos pedazos de carne de venado. Otro día siguiente, que era Viernes Santo, el Gobernador se desembarcó con la más gente que en los bateles que traía pudo sacar, y como llegamos a los buhíos o casas que habíamos visto de los indios, hallámoslas desamparadas y solas, porque la gente se había ido aquella noche en sus canoas[276]. El uno de aquellos buhíos era muy grande, que cabrían en él más de trescientas personas; los otros eran más pequeños, y hallamos allí una sonaja de oro entre las redes. Otro día el Gobernador levantó pendones por vuestra majestad y tomó la posesión de la tierra en su real nombre, presentó sus provisiones y fue obedecido por gobernador, como vuestra majestad lo mandaba. Asimismo presentamos nosotros las nuestras ante él, y él las obedeció como en ellas se contenía. Luego mandó que toda la otra gente desembarcase y los caballos que habían quedado, que no eran más de cuarenta y dos porque los demás con las grandes tormentas y mucho tiempo que habían andado por la mar eran muertos; y estos pocos que quedaron estaban tan flacos y fatigados que por el presente poco provecho podíamos tener de ellos. Otro día los indios de aquel pueblo vinieron a nosotros, y aunque nos hablaron, como nosotros no teníamos lengua, no los entendíamos, mas hacíannos muchas señas y amenazas, y nos pareció que nos decían que nos fuésemos de la tierra, y con esto nos dejaron, sin que nos hiciesen ningún impedimento, y ellos se fueron.

Capítulo IV

Cómo entramos por la tierra

Otro día adelante el Gobernador acordó de entrar por la tierra, por descubrirla y ver lo que en ella había. Fuimonos con él el comisario y el veedor y yo, con cuarenta hombres, y

---

[276] Ya en este capítulo aparece el proceso desmitificador que Álvar Núñez Cabeza de Vaca va a dar a la empresa americana a través de su texto. En este capítulo narra la llegada a Florida, con la toma de posesión y alarde reglamentarios. Narváez toma posesión de unas casas abandonadas, con un ejército de hombres famélicos y derrotados, unos flacos caballos y en un escenario desolado y grotesco.

entre ellos seis de caballo, de los cuales poco nos podíamos aprovechar. Llevamos la vía del norte, hasta que a hora de vísperas llegamos a una bahía muy grande que nos pareció que entraba mucho por la tierra. Quedamos allí aquella noche, y otro día nos volvimos donde los navíos y gente estaban. El Gobernador mandó que el bergantín fuese costeando la vía de la Florida, y buscase el puerto que Miruelo el piloto había dicho que sabía; mas ya él lo había errado, y no sabía en qué parte estábamos, ni adónde era el puerto. Y fuele mandado al bergantín que si no lo hallase atravesase a La Habana y buscase el navío que Álvaro de la Cerda tenía y tomados algunos bastimentos nos viniesen a buscar. Partido el bergantín, tornamos a entrar en la tierra los mismos que primero, con alguna gente más, y costeamos la bahía que habíamos hallado, y andadas cuatro leguas, tomamos cuatro indios, y mostrámosles maíz para ver si lo conocían, porque hasta entonces no habíamos visto señal de él. Ellos nos dijeron que nos llevarían donde lo había, y así nos llevaron a su pueblo, que es al cabo de la bahía, cerca de allí, y en él nos mostraron un poco de maíz, que aún no estaba para cogerse. Allí hallamos muchas cajas de mercaderes de Castilla y en cada una de ellas estaba un cuerpo de hombre muerto y los cuerpos cubiertos con unos cueros de venados pintados. Al comisario le pareció que esto era especie de idolatría y quemó las cajas con los cuerpos. Hallamos también pedazos de lienzo y de paño y penachos que parecían de la Nueva España. Hallamos también muestras de oro. Por señas preguntamos a los indios de dónde habían habido aquellas cosas. Señaláronnos que muy lejos de allí había una provincia que se decía Apalache, en la cual había mucho oro y hacían seña de haber muy gran cantidad de todo lo que nosotros estimamos en algo. Decían que en Apalache había mucho y tomando aquellos indios por guía partimos de allí, y andadas diez o doce leguas hallamos otro pueblo de quince casas, donde había buen pedazo de maíz sembrado que ya estaba para cogerse y también hallamos alguno que estaba ya seco. Y después de dos días que allí estuvimos, nos volvimos donde el contador y la gente y navíos estaban, y contamos al contador y pilotos lo que habíamos visto, y las nuevas que los indios nos habían dado. Y otro día, que fue 1.º de mayo, el

Gobernador llamó aparte al comisario y al contador y al veedor y a mí, y a un marinero que se llamaba Bartolomé Fernández y a un escribano que se decía Jerónimo de Alániz, y así
juntos nos dijo que tenía en voluntad de entrar por la tierra
adentro, y los navíos se fuesen costeando hasta que llegasen
al puerto, y que los pilotos decían y creían que yendo la vía
de las Palmas, estaban muy cerca de allí, y sobre esto nos rogó
le diésemos nuestro parecer. Yo respondía que me parecía que
por ninguna manera debía dejar los navíos sin que primero
quedasen en puerto seguro y poblado y que mirase que los pilotos no andaban ciertos, ni se afirmaban en una misma cosa,
ni sabían a qué parte estaban, y que allende de esto, los caballos no estaban para que en ninguna necesidad que se ofreciese nos pudiésemos aprovechar de ellos; y que sobre todo esto
íbamos mudos y sin lengua, por donde mal nos podíamos entender con los indios, ni saber lo que de la tierra queríamos,
y que entrábamos por tierra de que ninguna relación teníamos, ni sabíamos de qué suerte era, ni lo que en ella había, ni
de qué gente estaba poblada, ni a qué parte de ella estábamos;
y que sobre todo esto, no teníamos bastimentos para entrar a
donde no sabíamos, porque, visto lo que en los navíos había, no se podía dar a cada hombre de ración para entrar por
la tierra, más de una libra de bizcocho y otra de tocino, y que
mi parecer era que se debía embarcar e ir a buscar puerto y tierra que fuese mejor para poblar, pues la que habíamos visto,
en sí era tan despoblada y tan pobre, cuanto nunca en aquellas partes se había hallado[277]. Al comisario le pareció todo lo
contrario, diciendo que no se había de embarcar sino que,
yendo siempre hacia la costa, fuesen en busca del puerto,
pues los pilotos decían que no estaría sino diez o quince leguas de allí la vía de Pánuco, y que no era posible, yendo
siempre a la costa, que no topásemos con él, porque decían
que entraba doce leguas adentro por la tierra y que los primeros que lo hallasen esperasen allí a los otros, y que embarcarse era tentar a Dios, pues desde que partimos de Castilla tan-

---

[277] Álvar Núñez Cabeza de Vaca presenta el ejército de Nárvaez caracteriza-
do por la debilidad, la desorientación y la inutilidad. La realidad es completamente antiheroica.

tos trabajos habíamos pasado, tantas tormentas, tantas pérdidas de navíos y de gente habíamos tenido hasta llegar allí. Y que por estas razones él se debía de ir por luengo de costa hasta llegar al puerto, y que los otros navíos, con la otra gente, se irían la misma vía hasta llegar al mismo puerto. A todos los que allí estaban pareció bien que esto se hiciese así, salvo al escribano, que dijo que primero que desamparase los navíos, los debía de dejar en puerto conocido y seguro y en parte que fuese poblada, que esto hecho, podría entrar por la tierra adentro y hacer lo que le pareciese. Él Gobernador siguió su parecer y lo que los otros le aconsejaban. Yo, vista su determinación, requeríle de parte de vuestra majestad que no dejase los navíos sin que quedasen en puerto y seguros, y así lo pedí por testimonio al escribano que allí teníamos. Él respondió que, pues él se conformaba con el parecer de los más de los otros oficiales y comisario, que yo no era parte para hacerle estos requerimientos, y pidió al escribano le diese por testimonio cómo por no haber en aquella tierra mantenimientos para poder poblar, ni puerto para los navíos, levantaba el pueblo que allí había asentado e iba con él en busca del puerto, y de tierra que fuese mejor. Y luego mandó apercibir la gente que había de ir con él, que se proveyesen de lo que era menester para la jornada. Y después de esto proveído, en presencia de los que allí estaban, me dijo que, pues yo tanto estorbaba y temía la entrada por la tierra, que me quedase y tomase cargo de los navíos y la gente que en ellos quedaba, y poblase si yo llegase primero que él. Yo me excusé de esto, y después de salidos de allí aquella misma tarde, diciendo que no le parecía que de nadie se podía fiar aquello, me envió a decir que me rogaba que tomase cargo de ello. Y viendo que importunándome tanto, yo todavía me excusaba, me preguntó qué era la causa por que huía de aceptarlo, a lo cual respondí que yo huía de encargarme de aquello porque tenía por cierto y sabía que él no había de ver más los navíos, ni los navíos a él, y que esto entendía viendo que tan sin aparejo se entraban por la tierra adentro, y que yo quería más aventurarme al peligro que él y los otros se aventuraban, y pasar por lo que él y ellos pasasen, que no encargarme de los navíos, y dar ocasión que se dijese que, como había contradicho la entrada, me

425

quedaba por temor, y mi honra anduviese en disputa, y que yo quería más aventurar la vida que poner mi honra en esta condición. Él, viendo que conmigo no aprovechaba, rogó a otros muchos que me hablasen en ello y me lo rogasen, a los cuales respondí lo mismo que a él. Y así, proveyó por su teniente, para que quedase en los navíos, a un alcalde que traía, que se llamaba Caravallo[278].

Capítulo VI

Cómo llegamos a Apalache

Llegados que fuimos a vista de Apalache, el Gobernador mandó que yo tomase nueve de caballo y cincuenta peones, y entrase en el pueblo, y así lo acometimos el veedor y yo. Y entrados, no hallamos sino mujeres y muchachos, que los hombres a la sazón no estaban en el pueblo, más de ahí a poco, andando nosotros por él, acudieron, y comenzaron a pelear, flechándonos y mataron el caballo del veedor; mas al fin huyeron y nos dejaron. Allí hallamos mucha cantidad de maíz que estaba ya para cogerse, y mucho seco que tenían encerrado. Hallámosles muchos cueros de venados, y entre ellos algunas mantas de hilo pequeñas, y no buenas, con que las mujeres cubren algo de sus personas. Tenían muchos vasos

---

[278] Todo esto parte de la intención de descubrir el ambicionado e ilusorio estrecho que conducía a las Indias; un paso que comunicase los dos océanos. Se tenía una idea equivocada de la forma de la masa continental de América del Norte, así como de su latitud, ya que se llegó a creer que el extremo norte del continente tenía la misma que la India asiática. Además, pensaban que el continente norteamericano estaba formado por dos masas continentales unidas por una estrecha faja de tierra. La única forma de disipar tales fantasías y errores era explorar el continente en su interior. Pánfilo de Narváez quería intentarlo y a este fin dirigió la expedición. En Florida decidió, contra el parecer de Álvar Núñez Cabeza de Vaca, enviar las naves hacia Panuco y seguir el viaje por tierra. La flota se vio obligada a regresar a México al no encontrar los puertos designados para esperar el regreso de los expedicionarios. Éstos, rechazados por los indios, lograron construir unas barcazas con las que se hicieron a la mar. Naufragaron muchos de ellos; sólo unos pocos lograron arribar a la costa de México. Los expedicionarios que quedaron en tierra eligieron como jefe a Álvar Núñez Cabeza de Vaca.

para moler maíz. En el pueblo había cuarenta casas pequeñas y edificadas, bajas y en lugares abrigados, por temor de las grandes tempestades que continuamente en aquella tierra suele haber. El edificio es de paja, y están cercados de muy espeso monte y grandes arboledas y muchos piélagos de agua, donde hay tantos y tan grandes árboles caídos, que embarazan, y son causa que no se puede por allí andar sin mucho trabajo y peligro.

Capítulo VII

De la manera que es la tierra

La tierra, por la mayor parte, desde donde desembarcamos hasta este pueblo y tierra de Apalache, es llana; el suelo, de arena y tierra firme. Por toda ella hay muy grandes árboles y montes claros, donde hay nogales y laureles, y otros que se llaman liquidámbares, cedros, sabinas y encinas y pinos y robles, palmitos bajos, de la manera de los de Castilla. Por toda ella hay muchas lagunas, grandes y pequeñas, algunas muy trabajosas de pasar, parte por la mucha hondura, parte por tantos árboles como por ellas están caídos. El suelo de ellas es arena, y las que en la comarca de Apalache hallamos son muy mayores que las de hasta allí. Hay en esta provincia muchos maizales, y las casas están tan esparcidas por el campo, de la manera que están las de los Gelves. Los animales que en ellas vimos son: venados de tres maneras, conejos y liebres, osos y leones, y otras salvajinas, entre los cuales vimos un animal que trae los hijos en una bolsa que en la barriga tiene; y todo el tiempo que son pequeños los trae allí, hasta que saben buscar de comer; y si acaso están fuera buscando de comer, y acude de gente, la madre no huye hasta que los ha recogido en su bolsa. Por allí la tierra es muy fría, tiene muy buenos pastos para ganados, hay aves de muchas maneras, ánsares en gran cantidad, patos, ánades, patos reales, dorales y garzotas y garzas, perdices. Vimos muchos halcones, neblís, gavilanes, esmerejones y otras muchas aves. Dos horas después que llegamos a Apalache, los indios que de allí habían huido vinieron a nosotros de paz, pidiéndonos a sus mujeres e hijos, y nosotros se los dimos, salvo que el Gobernador detuvo un cacique de ellos consigo, que fue causa por donde ellos fueron escandalizados. Y luego otro día volvieron de guerra, y con tanto denuedo y presteza nos acometieron, que llegaron a nos poner fuego a las casas en que estábamos, mas como salimos, huyeron, y acogiéronse a las lagunas, que tenían muy cerca. Y por esto, y por los grandes maizales que había, no les pudimos hacer daño, salvo a uno que matamos. Otro día siguiente, otros indios de otro pueblo que estaba de la otra parte vinieron a nosotros y acometiéronnos de la misma arte que los primeros, y de la misma manera se escaparon, y también murió uno de ellos. Estuvimos en este pueblo veinte y cinco días, en que hicimos tres entradas por la tierra, y hallámosla muy pobre de gente y muy mala de andar, por los malos pasos y montes y lagunas que tenía. Preguntamos al cacique que les habíamos detenido y a los otros indios que traíamos con nosotros, que eran vecinos y enemigos de ellos, por la manera y población de la tierra, y la calidad de la gente, y por los bastimentos y todas las otras cosas de ella. Respondiéronnos cada uno por sí, que el mayor pueblo de toda aquella tierra era aquel Apalache, y que adelante había menos gente y muy más pobre que ellos, y que la tierra era mal poblada y los moradores de ella muy repartidos, y que yendo adelante, había grandes lagunas y espesura de montes y grandes desiertos y despoblados. Preguntámosles luego por la tierra que estaba hacia el sur, qué pueblos y mantenimientos tenía. Dijeron que por aquella vía, yendo a la mar nueve jornadas, había un pueblo que llamaban Aute, y los indios de él tenían mucho maíz, y que tenían frijoles y calabazas, y que por estar tan cerca de la mar alcanzaban pescados, y que éstos eran amigos suyos. Nosotros, vista la pobreza de la tierra, y las malas nuevas que de la población y de todo lo demás nos daban, y cómo los indios nos hacían continua guerra hiriéndonos la gente y los caballos en los lugares donde íbamos a tomar agua, y esto desde las lagunas y tan a su salvo que no los podíamos ofender, porque metidos en ellas nos flechaban, y mataron a un señor de Tezcuco que se llamaba don Pedro, que el comisario llevaba consigo, acordamos de partir de allí, e ir a buscar la mar y aquel pueblo de Aute que nos habían dicho y así nos partimos a cabo de veinte y cinco días que allí habíamos llegado. El primer día pasamos aquellas lagunas y pasos sin ver indio ninguno, mas al segundo día llegamos a una laguna de muy mal paso, porque daba el agua a los pechos y había en ella muchos árboles caídos[279]. Ya que estábamos en medio de ella, nos acometieron muchos indios que estaban escondidos detrás de los árboles porque no los viésemos, otros estaban sobre los caídos, y comenzáronnos a flechar de manera que nos hirieron muchos hombres y caballos, y nos tomaron la guía que llevábamos, antes que de la laguna saliésemos, y después de salidos de ella, nos tornaron a seguir, queriéndonos estorbar el paso; de manera que no nos aprovechaba salirnos afuera ni hacernos más fuertes, y querer pelear con ellos, que se metían luego en la laguna, y desde allí nos herían la gente y caballos. Visto esto, el Gobernador mandó a los de caballo que se apeasen y les acometiesen a pie. El contador se apeó con ellos, y así los acometieron, y todos entraron a vueltas en una laguna, y así les ganamos el paso. En esta revuelta hubo algunos de los nuestros heridos, que no les valieron buenas armas que llevaban, y hubo hombres este día que juraron que habían visto dos robles, cada uno de ellos tan grueso como la pierna por bajo, pasados de parte a parte de las flechas de los indios. Y esto no es tanto de maravillar, vista la fuerza y maña con que las echan, porque yo mismo vi una flecha en un pie de un álamo, que entraba por él un geme. Cuantos indios vimos desde la Florida aquí, todos son flecheros y como son tan crecidos de cuerpo y andan desnudos, desde lejos parecen gigantes. Es gente a maravilla bien dispuesta, muy enjutos y de muy grandes fuerzas y ligereza. Los arcos que usan son gruesos como el brazo, de once o doce palmos de largo, que flechan a doscientos pasos con tan gran tiento, que ninguna cosa yerran. Pasados que fuimos de este paso, de ahí a una legua llegamos a otro de la misma manera, salvo que por ser tan

---

[279] Los *Naufragios* es un discurso desmitificador, es el discurso narrativo del fracaso. Álvar Núñez Cabeza de Vaca se olvida de la tierra de la abundancia, del paisaje arcádico, iniciado por Colón, y presenta un recuerdo racional y objetivo de su peregrinación. La tierra que recorre Álvar Núñez Cabeza de Vaca ya no es mítica sino una tierra pobre, inhóspita, salvaje; bonita para la vista, pero caótica e inhabitable.

larga, que duraba media legua, era muy peor: éste pasamos libremente y sin estorbo de indios, que, como habían gastado en el primero toda la munición que de flechas tenían, no quedó con qué osarnos acometer. Otro día siguiente, pasando otro semejante paso, yo hallé rastro de gente que iba delante, y di aviso de ello al Gobernador, que venía en la retaguardia. Y así, aunque los indios salieron a nosotros, como íbamos apercibidos, no nos pudieron ofender, y salidos a lo llano, fuéronnos todavía siguiendo. Volvimos a ellos por dos partes, y matámosles dos indios, e hiriéronme a mí y dos o tres cristianos, y por acogérsenos al monte no les pudimos hacer más mal ni daño. De esta suerte caminamos ocho días, y desde este paso que he contado, no salieron más indios a nosotros hasta una legua adelante, que es lugar donde he dicho que íbamos. Allí, yendo nosotros por nuestro camino, salieron indios, y sin ser sentidos, dieron en la retaguardia, y a los gritos que dio un muchacho de un hidalgo de los que allí iban, que se llamaba Avellaneda, el Avellaneda volvió y fue a socorrerlos y los indios le acertaron con una flecha por el canto de las corazas, y fue tal la herida que pasó casi toda la flecha por el pescuezo, y luego allí murió y lo llevamos hasta Aute. En nueve días de camino, desde Apalache hasta allí, llegamos. Y cuando fuimos llegados, hallamos toda la gente de él ida, y las casas quemadas, y mucho maíz y calabazas y frijoles, que ya todo estaba para empezarse a coger. Descansamos allí dos días y estos pasados, el Gobernador me rogó que fuese a descubrir la mar, pues los indios decían que estaba tan cerca de allí. Ya en este camino la habíamos descubierto por un río muy grande que en él hallamos, a quien habíamos puesto por nombre el río de la Magdalena. Visto esto, otro día siguiente yo me partí a descubrirla, juntamente con el comisario y el capitán Castillo y Andrés Dorantes y otros siete de caballo y cincuenta peones, y caminamos hasta hora de vísperas, que llegamos a un ancón o entrada de la mar, donde hallamos muchos ostiones, con que la gente holgó; y dimos muchas gracias a Dios por habernos traído allí. Otro día de mañana envié veinte hombres a que conociesen la costa y mirasen la disposición de ella, los cuales volvieron otro día en la noche, diciendo que aquellos ancones y bahías eran muy grandes y

entraban tanto por la tierra adentro, que estorbaban mucho
para descubrir lo que queríamos, y que la costa estaba muy lejos de allí. Sabidas estas nuevas, y vista la mala disposición y
aparejo que para descubrir la costa por allí había, yo me volví
al Gobernador, y cuando llegamos hallámosle enfermo con
otros muchos, y la noche pasada los indios habían dado en
ellos y puéstolos en grandísimo trabajo, por la razón de la enfermedad que les había sobrevenido; también les habían
muerto un caballo. Yo di cuenta de lo que había hecho y de
la mala disposición de la tierra. Aquel día nos detuvimos allí.

Capítulo X

De la refriega que nos dieron los indios

Venida la mañana, vinieron a nosotros muchas canoas de indios, pidiéndonos los dos compañeros que en la barca habían
quedado por rehenes. El gobernador dijo que se los daría con
que trajesen los dos cristianos que habían llevado. Con esta
gente venían cinco o seis señores, y nos pareció ser la gente más
bien dispuesta y de más autoridad y concierto que hasta allí habíamos visto, aunque no tan grandes como los otros de quien
hemos contado. Traían los cabellos sueltos y muy largos, y cubiertos con mantas de martas, de la suerte de las que atrás habíamos tomado, y algunas de ellas hechas por muy extraña manera, porque en ellas había unos lazos de labores de unas pieles
leonadas, que parecían muy bien. Rogábannos que nos fuésemos con ellos, y que nos darían los cristianos y agua y otras muchas cosas; y continuo acudían sobre nosotros muchas canoas,
procurando de tomar la boca de aquella entrada. Y así por esto
como porque la tierra era muy peligrosa para estar en ella, nos
salimos a la mar, donde estuvimos hasta mediodía con ellos.
Y como no nos quisiesen dar los cristianos, y por este respeto
nosotros no les diésemos los indios, comenzáronnos a tirar piedras con hondas y varas, con muestras de flecharnos, aunque
en todos ellos no vimos sino tres o cuatro arcos.

Estando en esta contienda, el viento refrescó y ellos se volvieron y nos dejaron, y así, navegamos aquel día hasta hora

de vísperas, que mi barca, que iba delante, descubrió una punta que la tierra hacía, y del otro cabo se veía un río muy grande, y en una isleta que hacía la punta hice yo surgir por esperar las otras barcas. El Gobernador no quiso llegar, antes se metió por una bahía muy cerca de allí, en que había muchas isletas, y allí nos juntamos, y desde la mar tomamos agua dulce, porque el río entraba en la mar de avenida y por tostar algún maíz de lo que traíamos, porque ya había dos días que lo comíamos crudo, saltamos en aquella isla, mas como no hallamos leña, acordamos de ir al río que estaba detrás de la punta, una legua de allí, y yendo, era tanta la corriente, que no nos dejaba en ninguna manera llegar, antes nos apartaba de la tierra, y nosotros trabajando y porfiando por tomarla. El norte que venía de la tierra comenzó a crecer tanto, que nos metió en la mar, sin que nosotros pudiésemos hacer otra cosa, y a media legua que fuimos metidos en ella, sondamos, y hallamos que con treinta brazas no pudimos tomar hondo, y no podíamos entender si la corriente era causa que no lo pudiésemos tomar. Y así navegamos dos días todavía, trabajando por tomar tierra, y al cabo de ellos, un poco antes que el sol saliese, vimos muchos humeros por la costa, y trabajando por llegar allá, nos hallamos en tres brazas de agua, y por ser de noche no osamos tomar tierra; porque como habíamos visto tantos humeros, creíamos que se nos podría recrecer algún peligro, sin nosotros poder ver, por la mucha oscuridad, lo que habíamos de hacer, y por esto determinamos de esperar a la mañana. Y como amaneció, cada barca se halló por sí perdida de las otras. Yo me hallé en treinta brazas, y siguiendo mi viaje, a hora de vísperas vi dos barcas, y como fui a ellas, vi que la primera a que llegué era la del Gobernador, el cual me preguntó qué me parecía que debíamos hacer. Yo le dije que debía recobrar aquella barca que iba delante, y que en ninguna manera la dejase y que juntas todas tres barcas siguiésemos nuestro camino donde Dios nos quisiere llevar. Él me respondió que aquello no se podía hacer, porque la barca iba muy metida en la mar, y él quería tomar la tierra, y que si la quería yo seguir, que hiciese que los de mi barca tomasen los remos y trabajase, porque con fuerza de brazos se había de tomar la tierra, y esto le aconsejaba un capitán que consigo llevaba, que se llamaba Pantoja, diciéndole que si aquel día no tomaba la tierra, que en otros seis no la tomaría, y en este tiempo era necesario morir de hambre. Yo, vista su voluntad, tomé mi remo y lo mismo hicieron todos los que en mi barca estaban para ello, y bogamos hasta casi puesto el sol; mas como el Gobernador llevaba la más sana y recia gente que entre toda había, en ninguna manera lo pudimos seguir ni tener con ella. Yo, como vi esto, pedíle que, para poderle seguir, me diese un cabo de su barca, y él me respondió que no harían ellos poco si solos aquella noche pudiesen llegar a tierra. Yo le dije que pues veía la poca posibilidad que en nosotros había para poder seguirle y hacer lo que había mandado que me dijese qué era lo que mandaba que yo hiciese. Él me respondió que ya no era tiempo de mandar unos a otros, que cada uno hiciese lo que mejor le pareciese que era para salvar la vida[280]; que él así lo entendía de hacer. Y diciendo esto, se alargó con su barca, y como no le pude seguir, arribé sobre la otra barca que iba metida en la mar, la cual me esperó. Y llegado a ella, hallé que era la que llevaban los capitanes Peñalosa y Téllez; y así navegamos cuatro días en compañía, comiendo por tasa cada día medio puño de maíz crudo. A cabo de estos cuatro días nos tomó una tormenta, que hizo perder la otra barca, y por gran misericordia que Dios tuvo de nosotros, no nos hundimos del todo, según el tiempo hacía, y con ser invierno, y el frío muy grande, y tantos días que padecíamos hambre, con los golpes que de la mar habíamos recibido, otro día la gente comenzó mucho a desmayar, de tal manera, que cuando el sol se puso, todos los que en mi barca venían estaban caídos en ella, unos sobre otros, tan cerca de la muerte, que pocos había que tuviesen sentido, y entre todos ellos a esta

---

[280] Como explica Beatriz Pastor, en este capítulo se produce la última fase del proceso de cancelación del modelo de conquista ejemplificado por Cortés. Álvar Núñez Cabeza de Vaca narra «la ruptura de la solidaridad y la sustitución de la noción de un ejército, unificado por una misión colectiva, por la de la prioridad absoluta de la seguridad y el interés personales». Ante la dispersión de los barcos, Álvar Núñez Cabeza de Vaca representa la voluntad de unificación del ejército, en tanto Narváez representa el interés personal sobre el colectivo. Narváez obedece al «sálvese quien pueda». Beatriz Pastor, *Discurso narrativo de la conquista de América*, La Habana, Casa de las Américas, 1983, pág. 303.

hora no había cinco hombres en pie[281]. Y cuando vino la noche no quedamos sino el maestre y yo que pudiésemos marear la barca, y a dos horas de la noche el maestre me dijo que yo tuviese cargo de ella, porque él estaba tal, que creía aquella noche morir. Y así, yo tomé el leme, y pasada media noche, yo llegué por ver si era muerto el maestre, y él me respondió que él antes estaba mejor, y que él gobernaría hasta el día. Yo cierto aquella hora de muy mejor voluntad tomara la muerte, que no ver tanta gente delante de mí de tal manera. Y después que el maestre tomó cargo de la barca, yo reposé un poco muy sin reposo, ni había cosa más lejos de mí entonces que el sueño. Y acerca del alba parecióme que oía el tumbo de la mar, porque, como la costa era baja, sonaba mucho, y con este sobresalto llamé al maestre, el cual me respondió que creía que éramos cerca de tierra, y tentamos, y hallámonos en siete brazas, y parecióle que nos debíamos tener a la mar hasta que amaneciese. Y así yo tomé un remo y bogué de la banda de la tierra, que nos hallamos una legua de ella, y dimos la popa a la mar, y cerca de tierra nos tomó una ola, que echó la barca fuera del agua un juego de herradura, y con el gran golpe que dio, casi toda la gente que en ella estaba como muerta, tornó en sí, y como se vieron cerca de la tierra, se comenzaron a descolgar, y con manos y pies andando; y como salieron a tierra a unos barrancos, hicimos lumbre y tostamos del maíz que traíamos, y hallamos agua de la que había llovido, y con el calor del fuego la gente tornó en sí, y comenzaron algo a esforzarse. El día que aquí llegamos era 6 del mes de noviembre.

Capítulo XII

Cómo los indios nos trajeron de comer

Otro día, saliendo el sol, que era la hora que los indios nos habían dicho, vinieron a nosotros, como lo habían prometido, y nos trajeron mucho pescado y de unas raíces que ellos

---

[281] Seguimos con el discurso del fracaso. Álvar Núñez Cabeza de Vaca presenta un ejército de hombres hambrientos y agotados que luchan contra indios violentos en una naturaleza agresora. El hombre europeo es víctima de la naturaleza bárbara y salvaje.

comen, y son como nueces, algunas mayores o menores; la mayor parte de ellas se sacan de bajo del agua y con mucho trabajo. A la tarde volvieron, y nos trajeron más pescado y de las mismas raíces, e hicieron venir sus mujeres e hijos para que nos viesen; y así se volvieron ricos de cascabeles y cuentas que les dimos, y otros días nos tornaron a visitar con lo mismo que estas otras veces. Como nosotros veíamos que estábamos proveídos de pescado y de raíces y de agua y de las otras cosas que pedimos, acordamos de tornarnos a embarcar y seguir nuestro camino, y desenterramos la barca de la arena en que estaba metida, y fue menester que nos desnudásemos todos y pasásemos gran trabajo para echarla al agua, porque nosotros estábamos tales, que otras cosas muy más livianas bastaban para ponernos en él. Y así embarcados, a dos tiros de ballesta dentro en la mar nos dio tal golpe de agua, que nos mojó a todos, y como íbamos desnudos, y el frío que hacía era muy grande, soltamos los remos de las manos y a otro golpe que la mar nos dio, trastornó la barca. El veedor y otros dos se asieron de ella para escaparse, mas sucedió muy al revés, que la barca los tomó debajo y se ahogaron. Como la costa es muy brava, el mar de un tumbo echó a todos los otros, envueltos en las olas y medio ahogados, en la costa de la misma isla, sin que faltasen más de los tres que la barca había tomado debajo. Los que quedamos escapados, desnudos como nacimos, y perdido todo lo que traíamos[282], y aunque todo valía poco, para entonces valía mucho. Y como entonces era por noviembre, y el frío muy grande, y nosotros tales, que con poca dificultad nos podían contar los huesos, estábamos hechos propia figura de la muerte. De mí sé decir que desde el mes de mayo pasado yo no había comido otra cosa sino

---

[282] Álvar Núñez Cabeza de Vaca, en este capítulo, relata su estancia y la de un reducido grupo de conquistadores, como náufragos, en la isla del Mal Hado. A la debilidad e indefensión en que se encuentran le suceden el terror y el miedo, así como la distorsión de la realidad. Los náufragos comen lo que los indígenas les dan y almacenan víveres para intentar, por última vez, la travesía hasta los bergantines perdidos o hasta las costas de la colonia más próxima. Desentierran la canoa que estaba llena de arena y se quitan las ropas para ir metiéndola en el mar. Es el último de los naufragios de Álvar Núñez Cabeza de Vaca.

maíz tostado, y algunas veces me vi en necesidad de comerlo
crudo, porque, aunque se mataron los caballos entre tanto que
las barcas se hacían, yo nunca pude comer de ellos, y no fueron
diez veces las que comí pescado. Esto digo por excusar razones
porque pueda cada uno ver qué tales estaríamos. Y sobre todo
lo dicho, había sobrevenido viento norte, de suerte que más estábamos cerca de la muerte que de la vida. Plugo a nuestro Señor que, buscando los tizones del fuego que allí habíamos hecho, hallamos lumbre, con que hicimos grandes fuegos, y así,
estuvimos pidiendo a nuestro Señor misericordia y perdón de
nuestros pecados, derramando muchas lágrimas, habiendo
cada uno lástima, no sólo de sí, mas de todos los otros, que en
el mismo estado veían. Y a hora de puesto el sol, los indios, creyendo que no nos habíamos ido, nos volvieron a buscar y a
traernos de comer, mas cuando ellos nos vieron así en tan diferente hábito del primero, y en manera tan extraña, espantáron-
se tanto, que se volvieron atrás[283]. Yo salí a ellos y llamélos, y vinieron muy espantados: hícelos entender por señas cómo se
nos había hundido una barca, y se habían ahogado tres de nosotros, y allí en su presencia ellos mismos vieron dos muertos,
y los que quedábamos íbamos aquel camino. Los indios, de ver
el desastre que nos había venido y el desastre en que estábamos, con tanta desventura y miseria, se sentaron entre nosotros, y con el gran dolor y lástima que hubieron de vernos en
tanta fortuna, comenzaron todos a llorar recio, y tan de verdad,
que lejos de allí se podía oír, y esto les duró más de media hora.
Y cierto ver que estos hombres tan sin razón y tan crudos, a
manera de brutos, se dolían tanto de nosotros, hizo que en mí
y en otros de la compañía creciese más la pasión y la consideración de nuestra desdicha. Sosegado ya este llanto, yo pregunté a los cristianos, y dije que, si a ellos parecía, rogaría a aquellos indios que nos llevasen a sus casas, y algunos de ellos que
habían estado en la Nueva España respondieron que no se debía hablar en ello, porque si a sus casas nos llevaban, nos sacri-
ficarían a sus ídolos. Más, visto que otro remedio no había y

---

[283] Otro proceso desmitificador de los *Naufragios* se halla en la superioridad
del indígena frente al español, ahora desnudo, debilitado, y a merced de los
indígenas.

que por cualquier otro camino estaba más cerca y más cierta la muerte, no curé de lo que decían, antes rogué a los indios que nos llevasen a sus casas, y ellos mostraron que habían gran placer de ello, y que esperásemos un poco, que ellos harían lo que queríamos. Y luego treinta de ellos se cargaron de leña y se fueron a sus casas, que estaban lejos de allí, y quedamos con los otros hasta cerca de la noche, que nos tomaron, y llevándonos asidos y con mucha prisa, fuimos a sus casas, y por el gran frío que hacía, y temiendo que en el camino alguno no muriese o desmayase, proveyeron que hubiese cuatro o cinco fuegos muy grandes puestos a trechos, y en cada uno de ellos nos calentaban. Y desde que veían que habíamos tomado alguna fuerza y calor, nos llevaban hasta el otro tan aprisa, que casi los pies no nos dejaban poner en el suelo, y de esta manera fuimos hasta sus casas, donde hallamos que tenían hecha una casa para nosotros, y muchos fuegos en ella. Y desde a una hora que habíamos llegado, comenzaron a bailar y hacer grande fiesta (que duró toda la noche), aunque para nosotros no había placer, fiesta ni sueño, esperando cuándo nos habían de sacrificar. Y a la mañana nos tornaron a dar pescado y raíces, y hacer tan buen tratamiento, que nos aseguramos algo, y perdimos algo el miedo del sacrificio.

Capítulo XIII

Cómo supimos de otros cristianos

Este mismo día yo vi a un indio de aquellos un rescate, y conocí que no era de los que nosotros les habíamos dado, y preguntando dónde le habían habido, ellos por señas me respondieron que se lo habían dado otros hombres como nosotros, que estaban atrás. Yo, viendo esto, envié dos cristianos, y dos indios que les mostrasen aquella gente, y muy cerca de allí toparon con ellos, que también venían a buscarnos, porque los indios que allá quedaban les habían dicho de nosotros, y éstos eran los capitanes Andrés Dorantes y Alonso del Castillo, con toda la gente de su barca. Y llegados a nosotros, se espantaron mucho de vernos de la manera que estábamos, y recibieron muy gran pena por no tener qué darnos, que ninguna otra cosa traían sino la que tenían vestida. Y estuvieron allí con nosotros, y nos contaron cómo a 5 de aquel mismo mes su barca había dado al través, legua y media de allí, y ellos habían escapado sin perderse ninguna cosa; y todos juntos acordamos de adobar su barca, e irnos en ella los que tuviesen fuerza y disposición para ello, los otros quedarse allí hasta que convaleciesen, para irse como pudiesen por luengo de costa, y que esperasen allí hasta que Dios los llevase con nosotros a tierra de cristianos. Y como lo pensamos, así nos pusimos en ello, y antes que echásemos la barca al agua, Tavera, un caballero de nuestra compañía, murió, y la barca que nosotros pensábamos llevar hizo su fin, y no se pudo sostener a sí misma, que luego fue hundida. Y como quedamos del arte que he dicho, y los más desnudos, y el tiempo tan recio para caminar y pasar ríos y ancones a nado, ni tener bastimento alguno ni manera para llevarlo, determinamos de hacer lo que la necesidad pedía, que era invernar allí. Y acordamos también que cuatro hombres, que más recios estaban, fuesen a Pánuco, creyendo que estábamos cerca de allí, y que si Dios nuestro Señor fuese servido de llevarlos allá, diesen aviso de cómo quedábamos en aquella isla, y de nuestra necesidad y trabajo. Éstos eran muy grandes nadadores, y al uno llamaban Álvaro Fernández, portugués, carpintero y marinero, el segundo se llamaba Méndez, y el tercero, Figueroa, que era natural de Toledo, el cuarto, Astudillo, natural de Zafra. Llevaban consigo un indio que era de la isla.

Capítulo XIV

Cómo se partieron los cuatro cristianos

Partidos estos cuatro cristianos, donde a pocos días sucedió tal tiempo de fríos y tempestades, que los indios no podían arrancar las raíces, y de los cañales en que pescaban ya no había provecho ninguno, y como las casas eran tan desabrigadas, comenzóse a morir la gente, y cinco cristianos que estaban en rancho en la costa llegaron a tal extremo que se comieron los unos a los otros, hasta que quedó uno solo, que por ser solo no hubo quien lo comiese[284]. Los nombres de ellos son éstos: Sierra, Diego López, Corral, Palacios, Gonzalo Ruiz. De este caso se alteraron tanto los indios, y hubo entre ellos tan gran escándalo, que sin duda si al principio ellos lo vieran, los mataran, y todos nos viéramos en grande trabajo[285]. Finalmente, en muy poco tiempo, de ochenta hombres que de ambas partes allí llegamos, quedaron vivos sólo quince, y después de muertos éstos, dio a los indios de la tierra una enfermedad de estómago, de que murió la mitad de la gente de ellos, y creyeron que nosotros éramos los que los matábamos, y teniéndolo por muy cierto, concertaron entre sí de matar a los que habíamos quedado. Ya que lo venían a poner en efecto, un indio que a mí me tenía les dijo que no creyesen que nosotros éramos los que los matábamos, porque si nosotros tal poder tuviéramos, excusáramos que no murieran tantos de nosotros como ellos veían que habían muerto sin que les pudiéramos poner remedio, y que ya no quedábamos sino muy pocos, y que ninguno hacía daño ni perjuicio, que lo mejor era que nos dejasen. Y quiso nuestro Señor que los otros siguieron este consejo y parecer, y así se estorbó su propósito. A esta isla pusimos por nombre isla de Mal-Hado. La gente que allí hallamos son grandes y bien dispuestos, no tienen otras armas sino flechas y arcos, en que son por extremo diestros. Tienen los hombres la una teta horadada de una parte a otra, y algunos hay que las tienen ambas, y por el agujero que hacen, traen una caña atravesada, tan larga como dos palmos y medio, y tan gruesa como dos dedos; traen también horadado el labio de abajo, y puesto en él un pedazo de la caña delgada como medio dedo. Las mujeres son para mucho trabajo. La habitación que en esta isla hacen es desde octubre hasta en fin de febrero. El su mantenimiento es las raíces que

---

[284] Álvar Núñez Cabeza de Vaca nos da la primera noticia de canibalismo practicado entre los españoles. El segundo caso es el de Esquivel, quien, cuando murió el último compañero que quedaba del grupo, Sotomayor, lo devoró.

[285] Es muy curiosa la inversión de papeles que Álvar Núñez Cabeza de Vaca presenta en este episodio, pues siempre habían sido los españoles los que se espantaban del canibalismo de los indígenas, así como de sus prácticas sodomíticas y su idolatría.

he dicho, sacadas de bajo el agua por noviembre y diciembre. Tienen cañales, y no tienen más peces de para este tiempo; de ahí adelante comen las raíces. En fin de febrero van a otras partes a buscar con qué mantenerse, porque entonces las raíces comienzan a nacer y no son buenas. Es la gente del mundo que más aman a sus hijos y mejor tratamiento les hacen, y cuando acaece que a alguno se le muere el hijo, llóranle los padres y los parientes, y todo el pueblo, y el llanto dura un año cumplido, que cada día por la mañana antes que amanezca comienzan primero a llorar los padres, y tras esto todo el pueblo; y esto mismo hacen al mediodía y cuando amanece; y pasado un año que los han llorado, hácenle las honras del muerto, y lávanse y límpianse del tizne que traen. A todos los difuntos lloran de esta manera, salvo a los viejos, de quien no hacen caso, porque dicen que ya han pasado su tiempo, y de ellos ningún provecho hay, antes ocupan la tierra y quitan el mantenimiento a los niños. Tienen por costumbre de enterrar los muertos, sino son los que entre ellos son físicos, que a estos quémanlos, y mientras el fuego arde, todos están bailando y haciendo muy gran fiesta, y hacen polvo los huesos, y pasado un año, cuando se hacen sus honras todos se jasan en ellas; y a los parientes dan aquellos polvos a beber, de los huesos, en agua. Cada uno tiene una mujer conocida. Los físicos son los hombres más libertados, pueden tener dos, y tres, y entre éstas hay muy gran amistad y conformidad. Cuando viene que alguno casa su hija, el que la toma por mujer, desde el día que con ella se casa, todo lo que matare cazando o pescando, todo lo trae la mujer a la casa de su padre, sin osar tomar ni comer alguna cosa de ello, y de casa del suegro le llevan a él de comer. Y en todo este tiempo el suegro ni la suegra no entran en su casa, ni él ha de entrar en casa de los suegros ni cuñados; y si acaso se toparen por alguna parte, se desvían un tiro de ballesta el uno del otro, y entre tanto que así van apartándose, llevan la cabeza baja y los ojos en tierra puestos, porque tienen por cosa mala verse ni hablarse. Las mujeres tienen libertad para comunicar y conversar con los suegros y parientes, y esta costumbre se tiene desde la isla hasta más de cincuenta leguas por la tierra adentro.

Otra costumbre hay, y es que cuando algún hijo o hermano muere, en la casa donde muriere, tres meses no buscan de comer, antes se dejan morir de hambre, y los parientes y los vecinos les proveen de lo que han de comer. Y como en el tiempo que aquí estuvimos murió tanta gente de ellos, en las más casas había muy gran hambre, por guardar también su costumbre y ceremonia; y los que lo buscaban, por mucho que trabajaban, por ser el tiempo tan recio, no podían haber sino muy poco. Y por esta causa los indios que a mí me tenían se salieron de la isla, y en unas canoas se pasaron a Tierra Firme, a unas bahías adonde tenían muchos ostiones, y tres meses del año no comen otra cosa, y beben muy mala agua. Tienen gran falta de leña, y de mosquitos muy grande abundancia. Sus casas son edificadas de esteras sobre muchas cáscaras de ostiones, y sobre ellos duermen en cueros, y no los tienen sino es acaso. Y así estuvimos hasta en fin de abril, que fuimos a la costa de la mar, a do comimos moras de zarzas todo el mes, en el cual no cesan de hacer sus areítos y fiestas.

Capítulo XV

De lo que nos acaeció en la isla de Mal-Hado

En aquella isla que he contado nos quisieron hacer físicos sin examinarnos ni pedirnos los títulos, porque ellos curan las enfermedades soplando al enfermo, y con aquel soplo y las manos echan de él la enfermedad, y mandáronnos que hiciésemos lo mismo y sirviésemos en algo. Nosotros nos reíamos de ello, diciendo que era burla y que no sabíamos curar; por esto nos quitaban la comida hasta que hiciésemos lo que nos decían. Y viendo nuestra porfía, un indio me dijo a mí que yo no sabía lo que decía en decir que no aprovecharía nada aquello que él sabía, ca las piedras y otras cosas que se crían por los campos tienen virtud, y que él con una piedra caliente, trayéndola por el estómago, sanaba y quitaba el dolor, y que nosotros, que éramos hombres, cierto era que teníamos mayor virtud y poder. En fin, nos vimos en tanta necesidad, que lo hubimos de hacer, sin temer que nadie nos llevase por ello la pena. La manera que ellos tienen en curarse es ésta: que en viéndose enfermos, llaman un médico, y después de curado, no sólo le dan todo lo que poseen, más entre sus parientes buscan cosas para darle. Lo que el médico hace es darle unas sajas adonde tiene el dolor, y chúpanles alrededor de ellas. Dan cauterios de fuego, que es cosa entre ellos tenida por muy provechosa, y yo lo he experimentado, y me sucedió bien de ello. Y después de esto, soplan aquel lugar que les duele, y con esto creen ellos que se les quita el mal. La manera con que nosotros curamos era santiguándolos y soplarlos, y rezar un *Pater noster* y un *Ave María*, y rogar lo mejor que podíamos a Dios nuestro Señor que les diese salud, y espirase en ellos que nos hiciesen algún buen tratamiento. Quiso Dios nuestro Señor y su misericordia que todos aquellos por quien suplicamos, luego que los santiguamos decían a los otros que estaban sanos y buenos. Y por este respecto nos hacían buen tratamiento, y dejaban ellos de comer por dárnoslo a nosotros, y nos daban cueros y otras cosillas[286]. Fue tan extremada la hambre que allí se pasó, que muchas veces estuve tres días sin comer alguna cosa, y ellos también lo estaban, y parecíame ser cosa imposible durar la vida, aunque en otras mayores hambres y necesidades me vi después, como adelante diré. Los indios que tenían a Alonso del Castillo y Andrés Dorantes, y a los demás que habían quedado vivos, como eran de otra lengua y de otra parentela, se pasaron a otra parte de la Tierra-Firme a comer ostiones, y allí estuvieron hasta el 1º día del mes de abril, y luego volvieron a la isla, que estaba de allí hasta dos leguas por lo más ancho del agua, y la isla tiene media legua de través y cinco en largo.

Toda la gente de esta tierra anda desnuda; solas las mujeres traen de sus cuerpos algo cubierto con una lana que en los árboles se cría. Las mozas se cubren con unos cueros de venados. Es gente muy partida de lo que tienen unos con otros. No hay entre ellos señor. Todos los que son de un linaje an-

---

[286] En este deterioro *in crescendo*, los náufragos pasan ahora al servicio de los indígenas. Éstos los utilizarán para las tareas más primitivas (sacar raíces del agua, por ejemplo), para el oficio de mercaderes o como médicos o curanderos. La religión, mediante la cual los españoles justificaban la conquista, les servirá ahora para salvar sus vidas.

dan juntos. Habitan en ella dos maneras de lenguas, a los unos llaman de Capoques, y a los otros de Han. Tienen por costumbre cuando se conocen y de tiempo a tiempo se ven, primero que se hablen estar media hora llorando, y acabado esto, aquel que es visitado se levanta primero y da al otro todo cuanto posee, y el otro lo recibe, y de ahí a un poco se va con ello, y aun algunas veces después de recibido se van sin que hablen palabra. Otras extrañas costumbres tienen, mas yo he contado las más principales y más señaladas por pasar adelante y contar lo que más nos sucedió.

Capítulo XVI

Cómo se partieron los cristianos de la isla de Mal-Hado

Después que Dorantes y Castillo volvieron a la isla, recogieron consigo todos los cristianos, que estaban algo esparcidos, y halláronse por todos catorce. Yo, como he dicho, estaba en la otra parte, en Tierra-Firme, donde mis indios me habían llevado y donde me había dado tan gran enfermedad, que ya que alguna otra cosa me diera esperanza de vida, aquélla bastaba para del todo quitármela. Y como los cristianos esto supieron, dieron a un indio la manta de martas que del cacique habíamos tomado, como arriba dijimos, porque los pasase donde yo estaba, para verme. Y así, vinieron doce, porque los dos quedaron tan flacos, que no se atrevieron a traerlos consigo. Los nombres de los que entonces vinieron son: Alonso del Castillo, Andrés Dorantes, y Diego Dorantes, Valdivieso, Estrada, Tostado, Chaves, Gutiérrez, asturiano, clérigo; Diego de Huelva, Estebanico el negro, Benítez; y como fueron venidos a Tierra-Firme, hallaron otro, que era de los nuestros, que se llamaba Francisco de León, y todos trece por luengo de costa. Y luego que fueron pasados, los indios que me tenían me avisaron de ello, y cómo quedaban en la isla Hierónimo de Alániz y Lope de Oviedo. Mi enfermedad estorbó que no les pude seguir ni los vi. Yo hube de quedar con estos mismos indios de la isla más de un año, y por el mucho trabajo que me daban y mal tratamiento que me hacían, determiné de huir de ellos e irme a los que moran en los montes y Tierra Firme, que se llaman los de Charruco, porque yo no podía sufrir la vida que con estos otros tenía; porque, entre otros trabajos muchos, había de sacar las raíces para comer de bajo del agua y entre las cañas donde estaban metidas en la tierra. Y de esto traía yo los dedos tan gastados, que una paja que me tocase me hacía sangre de ellos, y las cañas me rompían por muchas partes, porque muchas de ellas estaban quebradas, y había de entrar por medio de ellas con la ropa que he dicho que traía. Y por esto yo puse en obra de pasarme a los otros, y con ellos me sucedió algo mejor; y porque yo me hice mercader, procuré de usar el oficio lo mejor que supe, y por esto ellos me daban de comer y me hacían buen tratamiento y rogábanme que me fuese de unas partes a otras por cosas que ellos habían menester. Porque por razón de la guerra que continuo traen, la tierra no se anda ni se contrata tanto. Y ya con mis tratos y mercaderías entraba la tierra adentro todo lo que quería, y por luengo de costa me alargaba cuarenta o cincuenta leguas. Lo principal de mi trato era pedazos de caracoles de la mar, y corazones de ellos y conchas, con que ellos cortan una fruta que es como frijoles, con que se curan y hacen sus bailes y fiestas; y ésta es la cosa de mayor precio que entre ellos hay, y cuentas de la mar y otras cosas. Así, esto era lo que yo llevaba la tierra adentro, y en cambio y trueco de ello traía cueros y almagra, con que ellos se untan y tiñen las caras y cabellos, pedernales para puntas de flechas, engrudo y cañas duras para hacerlas, y unas borlas que se hacen de pelos de venados, que las tiñen y paran coloradas. Y este oficio me estaba a mí bien, porque andando en él tenía libertad para ir donde quería, y no era obligado a cosa alguna, y no era esclavo, y donde quiera que iba me hacían buen tratamiento y me daban de comer, por respeto de mis mercaderías, y lo más principal porque andando en ello, yo buscaba por dónde me había de ir adelante, y entre ellos era muy conocido. Holgaban mucho cuando me veían y les traía lo que habían menester, y los que no me conocían me procuraban y deseaban ver, por mi fama. Los trabajos que en esto pasé sería largo contarlos, así de peligros y hambres como de tempestades y fríos, que muchos de ellos me tomaron en el campo y solo, donde por

444

gran misericordia de Dios nuestro Señor escapé. Y por esta causa yo no trataba el oficio en invierno, por ser tiempo que ellos mismos en sus chozas y ranchos metidos no podían valerse ni ampararse. Fueron casi seis años el tiempo que yo estuve en esta tierra solo entre ellos y desnudo, como todos andaban. La razón por que tanto me detuve fue por llevar conmigo un cristiano que estaba en la isla, llamado Lope de Oviedo. El otro compañero de Alániz, que con él había quedado cuando Alonso del Castillo y Andrés Dorantes con todos los otros se fueron, murió luego, y por sacarlo de allí yo pasaba a la isla cada año y le rogaba que nos fuésemos a la mejor maña que pudiésemos en busca de cristianos, y cada año me detenía diciendo que el otro siguiente nos iríamos. En fin, al cabo lo saqué y le pasé el ancón y cuatro ríos que hay por la costa, porque él no sabía nadar, y así fuimos con algunos indios adelante hasta que llegamos a un ancón que tiene una legua de través y es por todas partes hondo, y por lo que de él nos pareció y vimos, es el que llaman del Espíritu Santo, y de la otra parte de él vimos unos indios, que vinieron a ver los nuestros, y nos dijeron cómo más adelante había tres hombres como nosotros, y nos dijeron los nombres de ellos. Y preguntándoles por los demás, nos respondieron que todos eran muertos de frío y de hambre, y que aquellos indios de adelante ellos mismos por su pasatiempo habían muerto a Diego Dorantes y a Valdivieso y a Diego de Huelva, porque se habían pasado de una casa a otra, y que los otros indios sus vecinos, con quien ahora estaba el capitán Dorantes, por razón de un sueño que habían soñado, habían muerto a Esquivel y a Méndez. Preguntámosles qué tales estaban los vivos; dijéronnos que muy maltratados, porque los muchachos y otros indios, que entre ellos son muy holgazanes y de mal trato, les daban muchas coces y bofetones y palos, y que ésta era la vida que con ellos tenían. Quisímonos informar de la tierra adelante y de los mantenimientos que en ella había. Respondieron que era muy pobre de gente, y que en ella no había qué comer, y que morían de frío, porque no tenían cueros ni con qué cubrirse. Dijéronnos también si queríamos ver aquellos tres cristianos, que de ahí a dos días los indios que los tenían venían a comer nueces, una legua de allí, a la vera de

445

aquel río. Y porque viésemos que lo que nos habían dicho de mal tratamiento de los otros era verdad, estando con ellos dieron al compañero mío de bofetones y palos, y yo no quedé sin mi parte y de muchos pedazos de lodo que nos tiraban, y nos ponían cada día las flechas al corazón, diciendo que nos querían matar como a los otros nuestros compañeros. Y temiendo esto Lope de Oviedo, mi compañero, dijo que quería volverse con unas mujeres de aquellos indios, con quien habíamos pasado el ancón, que quedaban algo atrás. Yo porfié mucho con él que no lo hiciese, y pasé muchas cosas, y por ninguna vía lo pude detener. Y así, se volvió, y yo quedé solo con aquellos indios, los cuales se llamaban quevenes, y los otros con quien él se fue llaman deaguanes.

CAPÍTULO 5

Perú

INCA GARCILASO DE LA VEGA.
COMENTARIOS REALES

Proemio al lector

Aunque ha habido españoles curiosos que han escrito las repúblicas del Nuevo Mundo, como la de México y la del Perú y las de otros reinos de aquella gentilidad[287], no ha sido con la relación entera que de ellos se pudiera dar, que lo he notado particularmente en las cosas que del Perú[288] he visto escritas, de las cuales, como natural de la ciudad del Cuzco[289], que fue otra Roma en aquel Imperio[290], tengo más larga y cla-

---

[287] Se refiere a las crónicas escritas por Fernández de Oviedo, Pedro Cieza de León, Agustín de Zárate, Diego Fernández «el Palentino», José de Acosta, Francisco López de Gómara o Blas Valera. Éstas fueron las crónicas de las que se valió el Inca para la redacción de su obra.

[288] El Inca Garcilaso en su traducción a los *Dialoghi d'amore,* de León Hebreo, escribe «Pirú» e «Inga», como era común en los cronistas de Indias a finales del siglo XVI, en tanto en los *Comentarios* opta por las formas «Perú» e «Inca», para transcribir con mayor fidelidad los nombres quechuas.

[289] Cuzco o Cozco.

[290] El Inca continuamente va a comparar el pasado incaico con la Antigüedad clásica y Cuzco con la Roma imperial. El extraordinario desarrollo que alcanzó el imperio inca se atribuye a que supo absorber las culturas andinas que le precedieron (Chavín, Paracas, Nazca, Tiahuanaco, Huari, Chimor). Por otra parte, la veneración con que se recibía todo lo que provenía de la Antigüedad

ra noticia que la que hasta ahora los escritores han dado. Verdad es que tocan muchas cosas de las muy grandes que aquella república tuvo, pero escríbenlas tan cortamente que aun las muy notorias para mí (de la manera que las dicen) las entiendo mal. Por lo cual, forzado del amor natural de la patria, me ofrecí al trabajo de escribir estos *Comentarios*, donde clara y distintamente se verán las cosas que en aquella república había antes de los españoles, así en los ritos de su vana religión como en el gobierno que en paz y en guerra sus Reyes tuvieron, y todo lo demás que de aquellos indios se puede decir, desde lo más ínfimo del ejercicio de los vasallos hasta lo más alto de la corona real. Escribimos solamente del Imperio de los Incas, sin entrar en otras monarquías, porque no tengo la noticia de ellas que de ésta. En el discurso de la historia protestamos la verdad de ella, y que no diremos cosa grande que no sea autorizándola con los mismos historiadores españoles que la tocaron en parte o en todo; que mi intención no es contradecirles, sino servirles de comento y glosa[291] y de intérprete en muchos vocablos indios, que, como extranjeros en aquella lengua, interpretaron fuera de la propiedad de ella, según que largamente se verá en el discurso de la historia, la cual ofrezco a la piedad del que la leyere, no con pretensión de otro interés más que de servir a la república cristiana, para que se den gracias a Nuestro Señor Jesucristo y a la Virgen María su madre, por cuyos méritos e intercesión se dignó la Eterna Majestad de sacar del abismo de la idolatría tantas y tan grandes naciones y reducirlas al gremio de su Iglesia Católica Romana, madre y señora nuestra. Espero que se recibirá con la misma intención que yo la ofrezco, porque es la corres-

---

clásica le sirve a Garcilaso para revalorizar el imperio inca y defender las fabulaciones y leyendas sobre su génesis. La mayoría de cronistas españoles utilizaron los mitos clásicos para interpretar una cultura americana que les era absolutamente ajena.

[291] Dicha expresión pudiera provenir de los *Comentarii*, de Julio César, obra que el Inca tenía en su biblioteca. Como explica Raquel Chang-Rodríguez, al mismo tiempo «remite a la labor de traducción y exégesis tan cara a humanistas coevos. De esta asociación se desprende que los *Comentarios reales* del Inca son tan imprescindibles para comprender el pasado del imperio incaico como los de Julio César para acceder al romano» *(Diccionario enciclopédico de las letras de América Latina,* Caracas, Ayacucho, 1995, pág. 1147).

pondencia que mi voluntad merece, aunque la obra no la merezca.

Otros dos libros se quedan escribiendo[292] de los sucesos que entre los españoles, en aquella mi tierra, pasaron hasta el año de 1560 que yo salí de ella. Deseamos verlos ya acabados para hacer de ellos la misma ofrenda que de éstos. Nuestro Señor, etc.

Advertencias acerca de la lengua general
de los indios del Perú[293]

Para que se entienda mejor lo que con el favor divino hubiéremos de escribir en esta historia, porque en ella hemos de decir muchos nombres de la lengua general de los indios del Perú, será bien dar algunas advertencias acerca de ella.

La primera sea que tiene tres maneras diversas para pronunciar algunas sílabas, muy diferentes de como las pronuncia la lengua española, en las cuales pronunciaciones consisten las diferentes significaciones de un mismo vocablo: que unas sílabas se pronuncian en los labios, otras en el paladar, otras en lo interior de la garganta, como adelante daremos los ejemplos donde se ofrecieren. Para acentuar las dicciones se advierta que tienen sus acentos casi siempre en la sílaba penúltima y pocas veces en la antepenúltima y nunca jamás en la última; esto es, no contra-

---

[292] Se refiere a libros que incluyó posteriormente en la segunda parte de *Comentarios reales,* llamada también *Historia general del Perú,* que sufrió un proceso de sucesivas amplificaciones.

[293] Acerca de la importancia que concede Garcilaso a su labor de traductor, señala Miró Quesada: «Junto a la relación de los sucesos y a las informaciones sobre datos concretos, preocupaba al Inca Garcilaso la interpretación cabal y exacta de las voces indígenas, y con ellas de las ideas, los usos y las costumbres del Imperio perdido. Es una anticipación verdaderamente extraordinaria del Inca Garcilaso, que supera sin duda en este punto a todos los demás cronistas de las Indias» *(El Inca Garcilaso y otros estudios garcilasistas,* Madrid, Ediciones Cultura Hispánica, 1971, pág. 200). Es decir, la interpretación cabal de una palabra supone la interpretación cabal del mundo. Margarita Zamora compara el método filológico de Garcilaso al empleado por Erasmo en la Biblia. «Garcilaso pretende, con ello, hacer una reinterpretación de la historia inca basada en la traducción y exégesis del lenguaje original consultando con las autoridades apropiadas» *(Language, authority, and indigenous history in the «Comentarios reales de los incas»,* Cambridge, University Press, 1988, pág. 67. La traducción es mía).

diciendo a los que dicen que las dicciones bárbaras se han de acentuar en la última, que lo dicen por no saber el lenguaje.

También es de advertir que en aquella lengua general del Cuzco (de quien es mi intención hablar, y no de las particulares de cada provincia, que son innumerables) faltan las letras siguientes: b, d, f, g, j jota; l sencilla no la hay, sino ll duplicada, y al contrario no hay pronunciación de rr duplicada en principio de parte ni en medio de la dicción, sino que siempre se ha de pronunciar sencilla. Tampoco hay x, de manera que del todo faltan seis letras del a.b.c. español o castellano y podremos decir que faltan ocho con la l sencilla y con la rr duplicada. Los españoles añaden estas letras en perjuicio y corrupción del lenguaje, y, como los indios no las tienen, comúnmente pronuncian mal las dicciones españolas que las tienen. Para atajar esta corrupción me sea lícito, pues soy indio, que en esta historia yo escriba como indio con las mismas letras que aquellas tales dicciones se deben escribir. Y no se les haga de mal a los que las leyeren ver la novedad presente en contra del mal uso introducido, que antes debe dar gusto leer aquellos nombres en su propiedad y pureza. Y porque me conviene alegar muchas cosas de las que dicen los historiadores españoles para comprobar las que yo fuere diciendo, y porque las he de sacar a la letra con su corrupción, como ellos las escriben, quiero advertir que no parezca que me contradigo escribiendo las letras (que he dicho) que no tiene aquel lenguaje, que no lo hago sino por sacar fielmente lo que el español escribe.

También se debe advertir que no hay número plural en este general lenguaje, aunque hay partículas que significan pluralidad; sírvense del singular en ambos números. Si algún nombre indio pusiere yo en plural, será por la corrupción española o por el buen adjetivar las dicciones, que sonaría mal si escribiésemos las dicciones indias en singular y los adjetivos o relativos castellanos en plural. Otras muchas cosas tiene aquella lengua diferentísimas de la castellana, italiana y latina; las cuales notarán los mestizos y criollos curiosos, pues son de su lenguaje, que yo harto hago en señalarles con el dedo desde España los principios de su lengua para que la sustenten en su pureza, que cierto es lástima que se pierda o corrompa, siendo una lengua tan galana, en la cual han trabajado mucho los Padres de la Santa Compañía de Jesús (como las demás religiones) para saberla bien hablar, y con su buen ejemplo (que es lo que más importa) han aprovechado mucho en la doctrina de los indios.

También se advierta que este nombre vecino se entendía en el Perú por los españoles que tenían repartimiento de indios, y en ese sentido lo pondremos siempre que se ofrezca. Asimismo es de advertir que en mis tiempos, que fueron hasta el año de mil y quinientos y sesenta, ni veinte años después, no hubo en mi tierra moneda labrada. En lugar de ella se entendían los españoles en el comprar y vender pesando la plata y el oro por marcos y onzas, y como en España dicen ducados decían en el Perú pesos o castellanos. Cada peso de plata o de oro, reducido a buena ley, valía cuatrocientos y cincuenta maravedís; de manera que reducidos los pesos a ducados de Castilla, cada cinco pesos son seis ducados. Decimos esto porque no cause confusión el contar en esta historia por pesos y ducados. De la cantidad del peso de la plata al peso del oro había mucha diferencia, como en España la hay, mas el valor todo era uno. Al trocar del oro por plata daban su interés de tanto por ciento. También había interés al trocar de la plata ensayada por la plata que llaman corriente, que era la por ensayar.

Este nombre galpón no es de la lengua general del Perú; debe ser de las islas de Barlovento; los españoles lo han introducido en su lenguaje con otros muchos que se notarán en la historia. Quiere decir sala grande; los Reyes Incas las tuvieron tan grandes que servían de plaza para hacer sus fiestas en ellas cuando el tiempo era lluvioso y no daba lugar a que se hiciesen en las plazas. Y baste esto de advertencias.

LIBRO PRIMERO

Capítulo VIII

La descripción del Perú

Los cuatro términos que el Imperio de los Incas tenía cuando los españoles entraron en él son los siguientes. Al norte llegaba hasta el río Ancasmayu, que corre entre los confines de

Quito[294] y Pasto[295]; quiere decir, en la lengua general del Perú, río azul; está debajo de la línea equinoccial, casi perpendicularmente. Al mediodía tenía por término al río llamado Maulli, que corre este oeste[296] pasado el reino de Chile, antes de llegar a los araucos, el cual está más de cuarenta grados de la equinoccial al sur. Entre estos dos ríos ponen poco menos de mil y trescientas leguas de largo por tierra. Lo que llaman Perú tiene setecientas y cincuenta leguas de largo por tierra desde el río Ancasmayu hasta los Chichas, que es la última provincia de los Charcas, norte sur; y lo que llaman reino de Chile[297] contiene cerca de quinientas y cincuenta leguas, también norte sur, contando desde lo último de la provincia de los Chichas hasta el río Maulli[298].

Al levante tiene por término aquella nunca jamás pisada de hombres ni de animales ni de aves, inaccesible cordillera de nieves que corre desde Santa Marta hasta el Estrecho de Magallanes, que los indios llaman Ritisuyu, que es banda de nieves[299]. Al poniente confina con la Mar del Sur, que corre por toda su costa de largo a largo; empieza el término del Imperio por la costa desde el cabo de Pasau, por donde pasa la línea equinoccial, hasta el dicho río Maulli, que también entra en la Mar del Sur. Del levante al poniente es angosto todo aquel reino. Por lo más ancho, que es atravesando desde la

---

[294] Quitu.
[295] Pastu.
[296] En el original pone leste hueste. Es un barbarismo.
[297] Chili.
[298] Garcilaso alterna Maulli y Mauli.
[299] En los capítulos 7 y 14 del libro III, Garcilaso vuelve a tratar de la cordillera como «la gran cordillera y sierra nevada de los Antis». En II, 11, al hablar del Antisuyu como una de las cuatro regiones del imperio de los incas dice: «Por lo cual llaman también Anti a toda aquella gran cordillera de sierra nevada que pasa al oriente del Perú, por dar a entender que está al oriente.» Ésta, señala Miró Quesada, es la explicación para el nombre de Andes (ob. cit., página 23). La cordillera de los Andes, la más alta del planeta después del Himalaya, aisló y determinó una geografía hostil, limitada también por el mar, en la que se distinguen hasta ocho regiones climática, una marítima, seis distribuidas según una altitud que llega hasta los cuatro mil metros, y otra selvática, de bruscas transiciones entre sí y distribuidas en zonas dispersas por todo el territorio.

provincia de Muyupampa[300] por los Chachapuyas[301] hasta la ciudad de Trujillo, que está a la costa de la mar, tiene ciento y veinte leguas de ancho, y por lo más angosto, que es desde el puerto de Arica a la provincia llamada Llaricasa, tiene setenta leguas de ancho. Éstos son los cuatro términos de lo que señorearon los Reyes Incas, cuya historia pretendemos escribir mediante el favor divino.

Será bien, antes que pasemos adelante, digamos aquí el suceso de Pedro Serrano[302] que atrás propusimos, porque no esté lejos de su lugar y también porque este capítulo no sea tan corto. Pedro Serrano salió a nado a aquella isla desierta que antes de él no tenía nombre, la cual, como él decía, tenía dos leguas en contorno; casi lo mismo dice la carta de marear, porque pinta tres islas muy pequeñas, con muchos bajíos a la redonda, y la misma figura le da a la que llaman Serranilla, que son cinco isletas pequeñas con muchos más bajíos que la Serrana, y en todo aquel paraje los hay, por lo cual huyen los navíos de ellos, por no caer en peligro.

A Pedro Serrano le cupo en suerte perderse en ellos y llegar nadando a la isla, donde se halló desconsoladísimo, porque no halló en ella agua ni leña ni aun yerba que poder pacer, ni otra cosa alguna con que entretener la vida mientras pasase algún navío que de allí lo sacase, para que no pereciese de hambre y de sed, que le parecían muerte más cruel que haber muerto ahogado, tan afligido como se puede imaginar que estaría un hombre puesto en tal extremo. Luego que amaneció, volvió a pasear la isla; halló algún marisco que salía de la mar, como son cangrejos, camarones y otras sabandijas, de las cuales cogió las que pudo y se las comió crudas porque no había candela donde asarlas o cocerlas. Así se entretuvo hasta que

---

[300] Moyobamba.
[301] Chachapoyas.
[302] Pupo-Walker estudia exhaustivamente el cuento de Pedro Serrano como ejemplo de texto que de una narración ocasional gestada por el descubrimiento se ha transmutado en una de las mejores creaciones literarias. Garcilaso, indica, «consiguió una representación imaginaria de los hechos que remite directamente a los modelos literarios codificados en las novellas de rescates y naufragios; género, por cierto tan estimado en el siglo XVI». Véase *La vocación literaria del pensamiento histórico en América*, Madrid, Gredos, 1982, pág. 56.

vio salir tortugas; viéndolas lejos de la mar, arremetió con una de ellas y la volvió de espaldas; lo mismo hizo de todas las que pudo, que para volverse a enderezar son torpes, y sacando un cuchillo que de ordinario solía traer en la cinta, que fue el medio para escapar de la muerte, la degolló y bebió la sangre en lugar de agua; lo mismo hizo de las demás; la carne puso al sol para comerla hecha tasajos y para desembarazar las conchas, para coger agua en ellas de la llovediza, porque toda aquella región, como es notorio, es muy lluviosa. De esta manera se sustentó los primeros días con matar todas las tortugas que podía, y algunas había tan grandes y mayores que las mayores adargas, y otras como rodelas y como broqueles, de manera que las había de todos tamaños. Con las muy grandes no se podía valer para volverlas de espaldas porque le vencían de fuerzas, y aunque subía sobre ellas para cansarlas y sujetarlas, no le aprovechaba nada, porque con él a cuestas se iban a la mar, de manera que la experiencia le decía a cuáles tortugas había de acometer y a cuáles se había de rendir. En las conchas recogió mucho agua, porque algunas había que cabían a dos arrobas y de allí abajo.

Viéndose Pedro Serrano con bastante recaudo para comer y beber, le pareció que si pudiese sacar fuego para siquiera asar la comida, y para hacer ahumadas cuando viese pasar algún navío, que no le faltaría nada. Con esta imaginación, como hombre que había andado por la mar, que cierto los tales en cualquier trabajo hacen mucha ventaja a los demás, dio en buscar un par de guijarros que le sirviesen de pedernal, porque del cuchillo pensaba hacer eslabón, para lo cual, no hallándolos en la isla, porque toda ella estaba cubierta de arena muerta, entraba en la mar nadando y se zambullía y en el suelo, con gran diligencia, buscaba ya en unas partes, ya en otras lo que pretendía, y tanto porfió en su trabajo que halló guijarros y sacó lo que pudo, y de ellos escogió los mejores, y quebrando los unos con los otros, para que tuviesen esquinas donde dar con el cuchillo, tentó su artificio y, viendo que sacaba fuego, hizo hilas de un pedazo de la camisa, muy desmenuzadas, que parecían algodón carmenado, que le sirvieron de yesca, y, con su industria y buena maña, habiéndolo porfiado muchas veces, sacó fuego. Cuando se vio con él, se dio por bienandante, y, para sustentarlo, recogió las horruras que la mar echaba en tierra, y por horas las recogía, donde hallaba mucha yerba que llaman ovas marinas y madera de navíos que por la mar se perdían y conchas y huesos de pescados y otras cosas con que alimentaba el fuego. Y para que los aguaceros no se lo apagasen, hizo una choza de las mayores conchas que tenía de las tortugas que había muerto, y con grandísima vigilancia celaba el fuego por que no se le fuese de las manos.

Dentro de dos meses, y aun antes, se vio cómo nació, porque con las muchas aguas, calor y humedad de la región, se le pudrió la poca ropa que tenía. El sol, con su gran calor, le fatigaba mucho, porque ni tenía ropa con que defenderse ni había sombra a que ponerse; cuando se veía muy fatigado se entraba en el agua para cubrirse con ella. Con este trabajo y cuidado vivió tres años, y en este tiempo vio pasar algunos navíos, mas aunque él hacía su ahumada, que en la mar es señal de gente perdida, no echaban de ver en ella, o por el temor de los bajíos no osaban llegar donde él estaba y se pasaban de largo, de lo cual Pedro Serrano quedaba tan desconsolado que tomara por partido el morirse y acabar ya. Con las inclemencias del cielo le creció el vello de todo el cuerpo tan excesivamente que parecía pellejo de animal, y no cualquiera, sino el de un jabalí; el cabello y la barba le pasaba de la cinta.

Al cabo de los tres años, una tarde, sin pensarlo, vio Pedro Serrano un hombre en su isla, que la noche antes se había perdido en los bajíos de ella y se había sustentado en un atabal del navío y, como luego que amaneció viese el humo del fuego de Pedro Serrano, sospechando lo que fue, se había ido a él, ayudado de la tabla y de su buen nadar. Cuando se vieron ambos, no se puede certificar cuál quedó más asombrado de cuál. Serrano imaginó que era el demonio que venía en figura de hombre para tentarle en alguna desesperación. El huésped entendió que Serrano era el demonio en su propia figura, según lo vio cubierto de cabellos, barbas y pelaje. Cada uno huyó del otro y Pedro Serrano fue diciendo: «¡Jesús, Jesús, líbrame, Señor, del demonio!» Oyendo esto se aseguró el otro, y volviendo a él, le dijo: «No huyáis, hermano, de mí, que soy cristiano como vos», y para que se certificase, porque todavía huía, dijo a voces el Credo, lo cual oído por Pedro Serrano, volvió a él, y se abrazaron con grandísima ternura y muchas lágrimas y gemidos, viéndose ambos en una misma desventura, sin esperanza de salir de ella.

Cada uno de ellos brevemente contó al otro su vida pasada. Pedro Serrano, sospechando la necesidad del huésped, le dio de comer y de beber de lo que tenía, con que quedó algún tanto consolado, y hablaron de nuevo en su desventura. Acomodaron su vida como mejor supieron, repartiendo las horas del día y de la noche en sus menesteres de buscar marisco para comer y ovas y leña y huesos de pescado y cualquiera otra cosa que la mar echase para sustentar el fuego, y sobre todo la perpetua vigilia que sobre él habían de tener, velando por horas, por que no se les apagase. Así vivieron algunos días, mas no pasaron muchos que no riñeron, y de manera que apartaron rancho, que no faltó sino llegar a las manos (por que se vea cuán grande es la miseria de nuestras pasiones). La causa de la pendencia fue decir el uno al otro que no cuidaba como convenía de lo que era menester; y este enojo y las palabras que con él se dijeron los descompusieron y apartaron. Mas ellos mismos, cayendo en su disparate, se pidieron perdón y se hicieron amigos y volvieron a su compañía, y en ella vivieron otros cuatro años. En este tiempo vieron pasar algunos navíos y hacían sus ahumadas, mas no les aprovechaba, de que ellos quedaban tan desconsolados que no les faltaba sino morir.

Al cabo de este largo tiempo, acertó a pasar un navío tan cerca de ellos que vio la ahumada y les echó el batel para recogerlos. Pedro Serrano y su compañero, que se había puesto de su mismo pelaje, viendo el batel cerca, por que los marineros que iban por ellos no entendiesen que eran demonios y huyesen de ellos, dieron en decir el Credo y llamar el nombre de Nuestro Redentor a voces, y valióles el aviso, que de otra manera sin duda huyeran los marineros, porque no tenían figura de hombres humanos. Así los llevaron al navío, donde admiraron a cuantos los vieron y oyeron sus trabajos pasados. El compañero murió en la mar viniendo a España. Pedro Serrano llegó acá y pasó a Alemania, donde el Emperador estaba entonces. Llevó su pelaje como lo traía, para que fuese prueba de su naufragio y de lo que en él había pasado. Por todos los pueblos que pasaba a la ida (si quisiera mostrarse) ganaba muchos dineros. Algunos señores y caballeros principales, que gustaron de ver su figura, le dieron ayudas de costa para el camino, y la Majestad Imperial, habiéndolo visto y oído, le hizo merced de cuatro mil pesos de renta, que son cuatro mil y ochocientos ducados en el Perú. Yendo a gozarlos, murió en Panamá, que no llegó a verlos.

Todo este cuento, como se ha dicho, contaba un caballero que se decía Garci Sánchez de Figueroa[303], a quien yo se lo oí, que conoció a Pedro Serrano y certificaba que se lo había oído a él mismo, y que después de haber visto al Emperador se había quitado el cabello y la barba y dejádola poco más corta que hasta la cinta, y para dormir de noche se la entrenzaba, porque, no entrenzándola, se tendía por toda la cama y le estorbaba el sueño.

Capítulo IX

La idolatría y los dioses que adoraban antes de los incas

Para que se entienda mejor la idolatría, vida y costumbres de los indios del Perú, será necesario dividamos aquellos siglos en dos edades: diremos cómo vivían antes de los Incas y luego diremos cómo gobernaron aquellos Reyes, para que no se confunda lo uno con lo otro, ni se atribuyan las costumbres ni los dioses de los unos a los otros. Para lo cual es de saber que en aquella primera edad y antigua gentilidad unos indios había pocos mejores que bestias mansas y otros mucho peores que fieras bravas. Y principiando de sus dioses, decimos que los tuvieron conforme a las demás simplicidades y torpezas que usaron, así en la muchedumbre de ellos como en la vileza y bajeza de las cosas que adoraban, porque es así que cada provincia, cada nación, cada pueblo, cada barrio, cada linaje y cada casa tenía dioses diferentes unos de otros, porque les parecía que el dios ajeno, ocupado con otro, no

---

[303] Primo de Garcilaso, hijo de Isabel Suárez de Figueroa, casada con Juan de Silva y nieto, por tanto, de Gómez Suárez de Figueroa, el Ronco.

podía ayudarles, sino el suyo propio. Y así vinieron a tener tanta variedad de dioses y tantos que fueron sin número, y porque no supieron, como los gentiles romanos, hacer dioses imaginados como la Esperanza, la Victoria, la Paz y otros semejantes, porque no levantaron los pensamientos a cosas invisibles, adoraban lo que veían, unos a diferencia de otros, sin consideración de las cosas que adoraban, si merecían ser adoradas, ni respeto de sí propios, para no adorar cosas inferiores a ellos: sólo atendían a diferenciarse éstos de aquéllos y cada uno de todos. Y así adoraban yerbas, plantas, flores, árboles de todas suertes, cerros altos, grandes peñas y los resquicios de ellas, cuevas hondas, guijarros y piedrecitas, las que en los ríos y arroyos hallaban, de diversos colores, como el jaspe. Adoraban la piedra esmeralda, particularmente en una provincia que hoy llaman Puerto Viejo; no adoraban diamantes ni rubíes porque no los hubo en aquella tierra. En lugar de ellos adoraron diversos animales, a unos por su fiereza, como al tigre, león y oso, y, por esta causa, teniéndolos por dioses, si acaso los topaban, no huían de ellos, sino que se echaban en el suelo a adorarles y se dejaban matar y comer sin huir ni hacer defensa alguna. También adoraban a otros animales por su astucia, como a la zorra y a las monas. Adoraban al perro por su lealtad y nobleza, y al gato cerval por su ligereza. Al ave que ellos llaman cúntur[304] por su grandeza, y a las águilas adoraban ciertas naciones, porque se precian descender de ellas y también del cúntur. Otras naciones adoraban los halcones, por su ligereza y buena industria de haber por sus manos lo que han de comer; adoraban al búho por la hermosura de sus ojos y cabeza, y al murciélago por la sutileza de su vista, que les causaba mucha admiración que viese de noche. Y otras muchas aves adoraban como se les antojaba. A las culebras grandes por su monstruosidad y fiereza, que las hay en los Antis de a veinticinco y de a treinta pies y más, y menos de largo, y gruesas muchas más que el muslo. También tenían por dioses a otras culebras menores, donde no las había tan grandes como en los Antis; a las lagartijas, sapos y escuerzos adoraban.

---

[304] Cóndor.

En fin, no había animal tan vil ni sucio que no lo tuviesen por dios, sólo por diferenciarse unos de otros en sus dioses, sin acatar en ellos deidad alguna ni provecho que de ellos pudiesen esperar. Éstos fueron simplicísimos en toda cosa, a semejanza de ovejas sin pastor[305]. Mas no hay que admirarnos que gente tan sin letras ni enseñanza alguna cayesen en tan grandes simplezas, pues es notorio que los griegos y los romanos, que tanto presumían de sus ciencias, tuvieron, cuando más florecían en su Imperio, treinta mil dioses.

Capítulo XI

Maneras de sacrificios que hacían

Conforme a la vileza y bajeza de sus dioses eran también la crueldad y la barbarie de los sacrificios de aquella antigua idolatría, pues sin las demás cosas comunes, como animales y mieses, sacrificaban hombres y mujeres de todas las edades, de los que cautivaban en las guerras que unos a otros se hacían. Y en algunas naciones fue tan inhumana esta crueldad, que excedió a la de las fieras, porque llegó a no contentarse con sacrificar los enemigos cautivos, sino sus propios hijos en tales o tales necesidades. La manera de este sacrificio de hombres y mujeres, muchachos y niños, era que vivos les abrían por los pechos y sacaban el corazón con los pulmones, y con la sangre de ellos, antes que se enfriase, rociaban el ídolo que tal sacrificio mandaba hacer, y luego, en los mismos pulmones y corazón, miraban sus agüeros para ver si el sacrificio había sido acepto o no, y, que lo hubiese sido o no, quemaban, en ofrenda para el ídolo, el corazón y los pulmones hasta consumirlos, y comían al indio sacrificado con grandísimo gusto

---

[305] Claramente bíblicas, estas palabras descubren la finalidad primordial del autor de los *Comentarios:* integrar el incario en la cultura cristiana y occidental. En su concepción, antes del reinado de los incas, las gentes vivían como brutos, como animales, sin vestir, en sodomía, como ovejas sin pastor, sin religión. Los incas prefiguran el cristianismo porque llevarán a los pueblos bárbaros la civilización, el monoteísmo. Garcilaso está convencido de que los incas siguen el esquema divino y, por tanto, han preparado el terreno para la llegada de los españoles y el cristianismo.

y sabor y no menos fiesta y regocijo, aunque fuese su propio hijo.

El Padre Blas Valera[306], según que en muchas partes de sus papeles rotos parece, llevaba la misma intención que nosotros en muchas cosas de las que escribía, que era dividir los tiempos, las edades y las provincias para que se entendieran mejor las costumbres que cada nación tenía, y así, en uno de sus cuadernos destrozados dice lo que se sigue, y habla de presente, porque entre aquellas gentes se usa hoy aquella inhumanidad: «Los que viven en los Antis comen carne humana, son más fieros que tigres, no tienen dios ni ley, ni saben qué cosa es virtud; tampoco tienen ídolos ni semejanza de ellos; adoran al demonio cuando se les representa en figura de algún animal o de alguna serpiente y les habla. Si cautivan a alguno en la guerra o de cualquier otra suerte, sabiendo que es hombre plebeyo y bajo, lo hacen cuartos y se los dan a sus amigos y criados para que se los coman o los vendan en la carnicería. Pero si es hombre noble, se juntan los más principales con sus mujeres e hijos, y como ministros del diablo le desnudan, y vivo le atan a un palo y, con cuchillos y navajas de pedernal le cortan a pedazos, no desmembrándole, sino quitándole la carne de las partes donde hay más cantidad de ella, de las pantorrillas, muslos y asentaderas y molleces de los brazos, y con la sangre se rocían los varones y las mujeres e hijos, y entre todos comen la carne muy aprisa sin dejarla bien cocer ni asar ni aun mascar; trágansela a bocados, de manera que el pobre paciente se ve vivo comido de otros y enterrado en sus vientres. Las mujeres (más crueles que los varones) untan los pezones de sus pechos con la sangre del desdichado para que sus hijuelos la mamen y beban en la leche. Todo esto hacen en lugar de sacrificio con gran regocijo y alegría, hasta que el hombre acaba de morir. Entonces acaban de comer sus carnes

---

[306] Jesuita chachapoyano. Su obra, *Historia de los incas,* escrita en latín, constituye una de las fuentes principales de Garcilaso, si bien éste no pudo contar con ella antes de 1596, fecha del asedio de Cádiz por parte de los ingleses. El manuscrito de Blas Valera, parcialmente destruido, fue entregado a Garcilaso por el ignaciano Pedro Maldonado de Saavedra. De Blas Valera se tiene noticia gracias al aprovechamiento que hizo Garcilaso del manuscrito para la redacción de sus *Comentarios.*

con todo lo de dentro, ya no por vía de fiesta ni deleite, como hasta allí, sino por cosa de grandísima deidad, porque de allí adelante las tienen en suma veneración, y así las comen por cosa sagrada. Si al tiempo que atormentaban al triste hizo alguna señal de sentimiento con el rostro o con el cuerpo o dio algún gemido o suspiro, hacen pedazos sus huesos después de haberle comido las carnes, asadura y tripas, y con mucho menosprecio los echan en el campo o en el río. Pero si en los tormentos se mostró fuerte, constante y feroz, habiéndole comido las carnes con todo lo interior, secan los huesos con sus nervios al sol y los ponen en lo alto de los cerros y los tienen y adoran por dioses y les ofrecen sacrificios. Éstos son los ídolos de aquellas fieras, porque no llegó el Imperio de los Incas a ellos ni hasta ahora ha llegado el de los españoles, y así están hoy día. Esta generación de hombres tan terribles y crueles salió de la región mexicana y pobló la de Panamá y la del Darién y todas aquellas grandes montañas que van hasta el Nuevo Reino de Granada, y por la otra parte hasta Santa Marta». Todo esto es del Padre Blas Valera, el cual, contando diabluras y con mayor encarecimiento, nos ayuda a decir lo que entonces había en aquella primera edad y al presente hay.

Otros indios hubo no tan crueles en sus sacrificios, que aunque en ellos mezclaban sangre humana no era con muerte de alguno, sino sacada por sangría de brazos o piernas, según la solemnidad del sacrificio, y para los más solemnes la sacaban del nacimiento de las narices a la junta de las cejas, y esta sangría fue ordinaria entre los indios del Perú, aun después de los Incas, así para sus sacrificios (particularmente uno, como adelante diremos) como para sus enfermedades cuando eran con mucho dolor de cabeza. Otros sacrificios tuvieron los indios todos en común, que los que arriba hemos dicho se usaban en unas provincias y naciones y en otras no, mas los que usaron en general fueron de animales, como carneros, ovejas, corderos, conejos, perdices y otras aves, sebo y la yerba que tanto estiman llamada coca[307], el maíz y otras semillas y legumbres y madera olorosa y cosas semejantes, según las tenían de cosecha y según que cada nación entendía que sería

---

[307] Cuca.

sacrificio más agradable a sus dioses conforme a la naturaleza de ellos, principalmente si sus dioses eran aves o animales, carniceros o no, que a cada uno de ellos ofrecían lo que les veían comer más ordinario y lo que parecíales era más sabroso al gusto. Y esto baste para lo que en materia de sacrificios se puede decir de aquella antigua gentilidad.

Capítulo XV

El origen de los incas reyes del Perú

Viviendo o muriendo aquellas gentes de la manera que hemos visto, permitió Dios Nuestro Señor que de ellos mismos saliese un lucero del alba que en aquellas oscurísimas tinieblas les diese alguna noticia de la ley natural y de la urbanidad y respetos que los hombres debían tenerse unos a otros, y que los descendientes de aquél, procediendo de bien en mejor, cultivasen aquellas fieras y las convirtiesen en hombres, haciéndoles capaces de razón y de cualquiera buena doctrina, para que cuando ese mismo Dios, sol de justicia, tuviese por bien de enviar la luz de sus divinos rayos a aquellos idólatras, los hallase, no tan salvajes, sino más dóciles para recibir la fe católica y la enseñanza y doctrina de nuestra Santa Madre Iglesia Romana, como después acá lo han recibido, según se verá lo uno y lo otro en el discurso de esta historia; que por experiencia muy clara se ha notado cuánto más propios y ágiles estaban para recibir el Evangelio los indios que los Reyes Incas sujetaron, gobernaron y enseñaron, que no las demás naciones comarcanas donde aún no había llegado la enseñanza de los Incas, muchas de las cuales se están hoy tan bárbaras y brutas como antes se estaban, con haber setenta y un años que los españoles entraron en el Perú[308].

---

[308] Margarita Zamora señala que el papel mesiánico que Garcilaso atribuye a Manco Cápac (llamado por Garcilaso «el lucero del alba»), primer rey inca, y a sus descendientes confirma las contenciones de Sepúlveda en torno a la barbarie de los indios, pero con una importante enmienda: sólo los que no fueron tocados por el imperio inca pueden considerarse bárbaros. Esta interpretación providencialista colocaba al Tahuantinsuyu en el papel otorgado por la divinidad de preparatio evangelica, ob. cit., pág. 114.

Y pues estamos a la puerta de este gran laberinto, será bien pasemos adelante a dar noticia de lo que en él había.

Después de haber dado muchas trazas y tomado muchos caminos para entrar a dar cuenta del origen y principio de los Incas Reyes naturales que fueron del Perú, me pareció que la mejor traza y el camino más fácil y llano era contar lo que en mis niñeces oí muchas veces a mi madre y a sus hermanos y tíos y a otros sus mayores acerca de este origen y principio, porque todo lo que por otras vías se dice de él viene a reducirse en lo mismo que nosotros diremos, y será mejor que se sepa por las propias palabras que los Incas lo cuentan que no por las de otros autores extraños. Es así que, residiendo mi madre[309] en el Cuzco, su patria, venían a visitarla casi cada semana los pocos parientes y parientas que de las crueldades y tiranías de Atahualpa[310] (como en su vida contaremos) escaparon, en las cuales visitas siempre sus más ordinarias pláticas eran tratar del origen de sus Reyes, de la majestad de ellos, de la grandeza de su Imperio, de sus conquistas y hazañas, del gobierno que en paz y en guerra tenían, de las leyes tan en provecho y favor de sus vasallos ordenaban. En suma, no dejaban cosa de las prósperas que entre ellos hubiese acaecido que no la trajesen a cuenta.

---

[309] En su opúsculo *Genealogía de Garci-Pérez de Vargas,* Garcilaso escribe: «Húbome en una india llamada doña Isabel Chimpu Ocllo; son dos nombres, el cristiano y el gentil, porque los indios y las indias en común, principalmente los de sangre real, han hecho costumbre de tomar por sobrenombre, después del bautismo, el nombre propio o apelativo que antes de él tenían (...).» Doña Isabel Chimpu Ocllo fue hija de Huallpa Túpac Inca, hijo legítimo del Inca Yupanqui y de la colla Mama Ocllo, su legítima mujer, y hermana de Huayna Cápac Inca, último rey que fue de aquel Imperio llamado Perú.

[310] Atahualpa fue el favorito pero ilegítimo hijo de Huayna Cápac, cuya madre fue una princesa de Quito sin derecho a una posición legítima entre las concubinas reales. Comenta, al respecto, John Grier Varner: «A este joven ambicioso el emperador había legado, en contra de la tradición, las zonas norteñas del reino, con el resultado de que Huáscar, el heredero más débil pero legítimo, accedió solamente a una porción de sus derechos como descendiente directo del primer inca y del Sol. Atahualpa no tardó en hacerse con todo el reino y en los ignominiosos días sucesivos emprendió una campaña para erradicar a todos los incas que por su pureza de sangre representaban una amenaza a su trono. Véase *El Inca. The life and times of Garcilaso de la Vega,* Austin, University of Texas Press, 1968, pág. 11; la traducción es mía. La masacre de Atahualpa acabó en 1532.

De las grandezas y prosperidades pasadas venían a las cosas presentes, lloraban sus Reyes muertos, enajenado su Imperio y acabada su república, etc. Estas y otras semejantes pláticas tenían los Incas y Pallas en sus visitas[311], y con la memoria del bien perdido siempre acababan su conversación en lágrimas y llanto, diciendo: «Trocósenos el reinar en vasallaje»[312], etc. En estas pláticas yo, como muchacho, entraba y salía muchas veces donde ellos estaban, y me holgaba de las oír, como huelgan los tales de oír fábulas. Pasando pues días, meses y años, siendo ya yo de diez y seis o diez y siete años, acaeció que, estando mis parientes un día en esta su conversación hablando de sus Reyes y antiguallas, al más anciano de ellos, que era el que daba cuenta de ellas, le dije:

«Inca, tío, pues no hay escritura entre vosotros[313], que es la que guarda la memoria de las cosas pasadas, ¿qué noticia tenéis del origen y principio de nuestros Reyes? Porque allá los españoles y las otras naciones, sus comarcanas, como tienen historias divinas y humanas, saben por ellas cuándo empezaron a reinar sus Reyes, y los ajenos, y al trocarse unos imperios en otros, hasta saber cuántos mil años ha que Dios crió el cielo y la tierra, que todo esto y mucho más saben por sus libros. Empero vosotros, que carecéis de ellos, ¿qué memoria tenéis de vuestras antiguallas?, ¿quién fue el primero de nuestros Incas?, ¿cómo se llamó?, ¿qué origen tuvo su linaje?, ¿de qué manera empezó a reinar?, ¿con qué gente y armas conquistó este grande Imperio?, ¿qué origen tuvieron nuestras hazañas?»

---

[311] En casa de Garcilaso, siendo éste niño, se congregaban nobles incas como su tío materno Fernando o Francisco Hualpa Túpac Inca Yupanqui, el inca Paullu (bautizado con el nombre de Cristóbal, hijo de Huayna Cápac, padre de Carlos Inca y abuelo de Melchor Carlos) y el hermano de Paullu, Titu Auqui (que tomó luego el nombre cristiano de Felipe cuando fue llevado a la pila bautismal, al parecer, por el propio Garcilaso). Véase Miró Quesada, *El Inca Garcilaso...*, ob. cit., pág. 63.

[312] Garcilaso es testigo presencial de los sucesos narrados, de las pláticas que en su casa tenían los incas y pallas, de sus conversaciones y lágrimas por haber perdido el reino. A Garcilaso le quedaría grabado el dolor de sus parientes por el bien perdido. El tono general de los *Comentarios reales*, frente a su posterior obra *Historia general del Perú*, de tono reivindicativo, es nostálgico.

[313] El propósito de Garcilaso es ofrecer la primera historia escrita completa (por ser criollo, testigo presencial y saber quechua) del Perú.

El Inca, como que holgándose de haber oído las preguntas, por el gusto que recibía de dar cuenta de ellas, se volvió a mí (que ya otras muchas veces le había oído, mas ninguna con la atención que entonces) y me dijo:

«Sobrino, yo te las diré de muy buena gana; a ti te conviene oírlas y guardarlas en el corazón³¹⁴ (es frase de ellos por decir en la memoria). Sabrás que en los siglos antiguos toda esta región de tierra que ves eran unos grandes montes y breñales, y las gentes en aquellos tiempos vivían como fieras y animales brutos, sin religión ni policía, sin pueblo ni casa, sin cultivar ni sembrar la tierra, sin vestir ni cubrir sus carnes, porque no sabían labrar algodón ni lana para hacer de vestir; vivían de dos en dos y de tres en tres, como acertaban a juntarse en las cuevas y resquicios de peñas y cavernas de la tierra. Comían, como bestias, yerbas del campo y raíces de árboles y la fruta inculta que ellos daban de suyo y carne humana. Cubrían sus carnes con hojas y cortezas de árboles y pieles de animales; otros andaban en cueros. En suma, vivían como venados y salvajinas, y aun en las mujeres se habían como los brutos, porque no supieron tenerlas propias y conocidas.»

Adviértase, porque no enfade el repetir tantas veces estas palabras: «Nuestro Padre el Sol», que era lenguaje de los Incas y manera de veneración y acatamiento, decirlas siempre que nombraban al Sol, porque se preciaban descender de él, y al que no era Inca no le era lícito tomarlas en la boca, que fuera blasfemia y lo apedrearan. Dijo el Inca:

«Nuestro Padre el Sol, viendo los hombres tales como te he dicho, se apiadó y hubo lástima de ellos y envió del cielo a la tierra un hijo y una hija de los suyos para que los doctrinasen en el conocimiento de Nuestro Padre el Sol, para que lo adorasen y tuviesen por su Dios y para que les diesen preceptos y leyes en que viviesen como hombres en razón y urbanidad, para que habitasen en casas y en pueblos poblados, supiesen labrar las tierras, cultivar las plantas y mieses, criar los ganados y gozar de ellos y de los frutos de la tierra como hombres ra-

---

³¹⁴ Se pone, aquí, de relieve la importancia de la memoria frente a la carencia de escritura en la tradición incaica, tal como sucede en todas las culturas ágrafas o primitivas.

cionales y no como bestias. Con esta orden y mandato puso Nuestro Padre el Sol estos dos hijos suyos en la laguna Titicaca, que está ochenta leguas de aquí, y les dijo que fuesen por donde quisiesen y, dondequiera que parasen a comer o a dormir, procurasen hincar en el suelo una barrilla de oro de media vara de largo y dos dedos en grueso que les dio para señal y muestra, que, donde aquella barra se les hundiese con solo un golpe que con ella diesen en tierra, allí quería el Sol Nuestro Padre que parasen e hiciesen su asiento y corte. A lo último les dijo: "Cuando hayáis reducido esas gentes a nuestros servicio, los mantendréis en razón y justicia, con piedad, clemencia y mansedumbre, haciendo en todo oficio de padre piadoso para con sus hijos tiernos y amados, a imitación y semejanza mía, que a todo el mundo hago bien, que les doy mi luz y claridad para que vean y hagan sus haciendas y les caliento cuando han frío y crío sus pastos y sementeras, hago fructificar sus árboles y multiplico sus ganados, lluevo y sereno a sus tiempos y tengo cuidado de dar una vuelta cada día al mundo por ver las necesidades que en la tierra se ofrecen, para las proveer y socorrer como sustentador y bienhechor de las gentes. Quiero que vosotros imitéis este ejemplo como hijos míos, enviados a la tierra sólo para la doctrina y beneficio de esos hombres, que viven como bestias. Y desde luego os constituyo y nombre por Reyes y señores de todas las gentes que así doctrinaréis, con vuestras buenas razones, obras y gobierno." Habiendo declarado su voluntad Nuestro Padre el Sol a sus dos hijos, los despidió de sí. Ellos salieron de Titicaca y caminaron al septentrión, y por todo el camino, dondequiera que paraban, tentaban hincar la barra de oro y nunca se les hundió. Así entraron en una venta o dormitorio pequeño, que está siete u ocho leguas al mediodía de esta ciudad, que hoy llaman Pacárec Tampu, que quiere decir venta o dormida que amanece. Púsole este nombre el Inca porque salió de aquella dormida al tiempo que amanecía. Es uno de los pueblos que este príncipe mandó poblar después, y sus moradores se jactan hoy grandemente del nombre, porque lo impuso nuestro Inca. De allí llegaron él y su mujer, nuestra Reina, a este valle del Cuzco, que entonces todo él estaba hecho montaña brava.»

Capítulo XVI

La fundación del Cuzco, ciudad imperial

«La primera parada que en este valle hicieron —dijo el Inca— fue en el cerro llamado Huanacauri, al mediodía de esta ciudad. Allí procuró hincar en tierra la barra de oro, la cual con mucha facilidad se les hundió al primer golpe que dieron con ella, que no la vieron más. Entonces dijo nuestro Inca a su hermana y mujer:

"En este valle manda Nuestro Padre el Sol que paremos y hagamos nuestro asiento y morada para cumplir su voluntad. Por tanto, Reina y hermana, conviene que cada uno por su parte vamos a convocar y atraer esta gente, para los doctrinar y hacer el bien que Nuestro Padre el Sol nos manda."

»Del cerro Huanacauri salieron nuestros primeros Reyes, cada uno por su parte, a convocar las gentes, y por ser aquel lugar el primero de que tenemos noticia que hubiesen hollado con sus pies por haber salido de allí a bien hacer a los hombres, teníamos hecho en él, como es notorio, un templo para adorar a Nuestro Padre el Sol, en memoria de esta merced y beneficio que hizo al mundo. El príncipe fue al septentrión y la princesa al mediodía. A todos los hombres y mujeres que hallaban por aquellos breñales les hablaban y decían cómo su padre el Sol los había enviado del cielo para que fuesen maestros y bienhechores de los moradores de toda aquella tierra, sacándoles de la vida ferina que tenían y mostrándoles a vivir como hombres, y que en cumplimiento de lo que el Sol, su padre, les había mandado, iban a los convocar y sacar de aquellos montes y malezas y reducirlos a morar en pueblos poblados y a darles para comer manjares de hombres y no de bestias. Estas cosas y otras semejantes dijeron nuestros Reyes a los primeros salvajes que por estas tierras y montes hallaron, los cuales, viendo aquellas dos personas vestidas y adornadas con los ornamentos que Nuestro Padre el Sol les había dado (hábito muy diferente del que ellos traían) y las orejas horadadas y tan abiertas como sus descendientes las traemos, y que en sus palabras y rostro mostraban ser hijos del

Sol y que venían a los hombres para darles pueblos en que viviesen y mantenimientos que comiesen, maravillados por una parte de lo que veían y por otra aficionados de las promesas que les hacían, les dieron entero crédito a todo lo que les dijeron y los adoraron y reverenciaron como a hijos del Sol y obedecieron como a Reyes. Y convocándose los mismos salvajes, unos a otros y refiriendo las maravillas que habían visto y oído, se juntaron en gran número hombres y mujeres y salieron con nuestros Reyes para los seguir donde ellos quisiesen llevarlos.

»Nuestros príncipes, viendo la mucha gente que se les allegaba, dieron orden que unos se ocupasen en proveer de su comida campestre para todos, porque el hambre no los volviese a derramar por los montes; mandó que otros trabajasen en hacer chozas y casas, dando el Inca la traza cómo las habían de hacer. De esta manera se principió a poblar esta nuestra imperial ciudad, dividida en dos medios que llamaron Hanan Cozco, que, como sabes, quiere decir Cuzco el alto, y Hurin Cozco, que es Cuzco el bajo[315]. Los que atrajo el Rey quiso que poblasen a Hanan Cozco, y por esto le llaman el alto, y los que convocó la Reina que poblasen a Hurin Cozco, y por eso le llamaron el bajo. Esta división de ciudad no fue para que los de la una mitad se aventajasen de la otra mitad en exenciones y preeminencias, sino que todos fuesen iguales como hermanos, hijos de un padre y de una madre. Sólo quiso el Inca que hubiese esta división de pueblo y diferencia de nombres alto y bajo para que quedase perpetua memoria de que a los unos había convocado el Rey y a los otros la Reina. Y mandó que entre ellos hubiese sola una diferencia y reconocimiento de superioridad: que los del Cuzco alto fuesen respetados y tenidos como primogénitos, hermanos mayores, y los del bajo fuesen como hijos segundos; y en suma, fuesen como el brazo derecho y el izquierdo en cualquiera preeminencia de lugar y oficio, por haber sido los del alto atraídos por el varón y los del bajo por la hembra. A semejanza de esto hubo después de esta misma división en todos los pueblos grandes o chicos de nuestro Imperio, que los dividieron por

---

[315] La descripción más exhaustiva del Cuzco está en el libro VII, capítulos 8 a 11.

barrios o por linajes, diciendo Hanan aillu y Hurin aillu, que es linaje alto y el bajo; Hanan suyu y Hurin suyu, que es el distrito alto y bajo.

»Juntamente, poblando la ciudad, enseñaba nuestro Inca a los indios varones los oficios pertenecientes a varón, como romper y cultivar la tierra y sembrar las mieses, semillas y legumbres que les mostró que eran de comer y provechosas, para lo cual les enseñó a hacer arados y los demás instrumentos necesarios y les dio orden y manera como sacasen acequias de los arroyos que corren por este valle del Cuzco, hasta enseñarles a hacer el calzado que traemos. Por otra parte, la Reina industriaba a las indias en los oficios mujeriles, a hilar y tejer algodón y lana y hacer de vestir para sí y para sus maridos e hijos: decíales cómo habían de hacer los demás oficios del servicio de casa. En suma, ninguna cosa de las que pertenecen a la vida humana dejaron nuestros príncipes de enseñar a sus primeros vasallos, haciéndose el Inca Rey maestro de los varones y la Coya[316] Reina maestra de las mujeres.»

Capítulo XVII

Lo que redujo el primer Inca Manco Cápac

«Los mismos indios nuevamente así reducidos, viéndose ya otros y reconociendo los beneficios que habían recibido, con gran contento y regocijo entraban por las sierras, montes y breñales a buscar los indios y les daban nuevas de aquellos hijos del Sol y les decían que para bien de todos ellos se habían aparecido en su tierra, y les contaban los muchos beneficios que les habían hecho. Y para ser creídos les mostraban los nuevos vestidos y las nuevas comidas que comían y vestían, y que vivían en casas y pueblos. Las cuales cosas oídas por los hombres silvestres, acudían en gran número a ver las maravillas que de nuestros primeros padres, Reyes y señores, se de-

---

[316] La Coya es la emperatriz o la consorte legítima del inca reinante. Sus hijas podían utilizar el título, pero sólo como apéndice para demostrar su relación con la madre. Excepto en casos especiales de dispensa, la coya siempre era la hermana del inca.

cían y publicaban. Y habiéndose certificado de ellas por vista
de ojos, se quedaban a los servir y obedecer. Y de esta manera, llamándose unos a otros y pasando la palabra de éstos a
aquéllos, se juntó en pocos años mucha gente, tanta que, pasados los primeros seis o siete años, el Inca tenía gente de guerra armada y industriada para se defender de quien quisiese
ofenderle, y aun para traer por fuerza los que no quisiesen venir de grado. Enseñóles a hacer armas ofensivas, como arcos
y flechas, lanzas y porras y otras que se usan ahora.

»Y para abreviar las hazañas de nuestro primer Inca, te digo
que hacia el levante redujo hasta el río llamado Paucartampu
y al poniente conquistó ocho leguas hasta el gran río llamado
Apurímac y al mediodía atrajo nueve leguas hasta Quequesa-
na. En este distrito mandó poblar nuestro Inca más de cien
pueblos, los mayores de a cien casas y otros de a menos, según la capacidad de los sitios. Éstos fueron los primeros principios que esta nuestra ciudad tuvo para haberse fundado y
poblado como la ves. Estos mismos fueron los que tuvo este
nuestro grande, rico y famoso Imperio que tu padre y sus
compañeros nos quitaron[317]. Estos fueron nuestros primeros
Incas y Reyes, que vinieron en los primeros siglos del mundo,
de los cuales descienden los demás Reyes que hemos tenido,
y de estos mismos descendemos todos nosotros. Cuántos
años ha que el Sol Nuestro Padre envió estos sus primeros hijos, no te lo sabré decir precisamente, que son tantos que no
los ha podido guardar la memoria; tenemos que son más de
cuatrocientos. Nuestro Inca se llamó Manco Cápac[318] y nues-

---

[317] El capitán extremeño Garcilaso de la Vega debió de pasar a América entre 1539 y 1541. Participó en la frustrada expedición a la provincia de la Bue-
naventura y luchó en las guerras civiles del Perú. En 1554 fue nombrado por
decreto Justicia Mayor y Corregidor del Cuzco. Murió el 18 de mayo de 1559.

[318] Primer inca legendario. Los historiadores coinciden en fechar su reinado a
principios del siglo XIII. Tradicionalmente se le ha considerado el conquistador
del territorio inmediato al Cuzco y el fundador de la ciudad y de la monarquía
incaica. También se le atribuye la construcción del Inticancha o palacio del Sol,
templo y residencia primera de los reyes incas. El nombre Cápac significa rico,
no de bienes, sino de excelencias y grandezas de ánimo; también significa rico
y poderoso en armas. Por las hazañas que logró este inca con sus primeros vasallos, le dieron el nombre Cápac, que quiere decir rico de excelencias; de allí quedó la aplicación de este nombre solamente a cosas reales.

tra Coya Mama Ocllo Huaco[319]. Fueron, como te he dicho, hermanos, hijos del Sol y de la Luna, nuestros padres. Creo que te he dado larga cuenta de lo que me la pediste y respondido a tus preguntas, y por no hacerte llorar no he recitado esta historia con lágrimas de sangre, derramadas por los ojos, como las derramo en el corazón, del dolor que siento de ver nuestros Incas acabados y nuestro Imperio perdido.»

Esta larga relación del origen de sus Reyes[320] me dio aquel Inca, tío de mi madre, a quien yo se la pedí, la cual yo he procurado traducir fielmente de mi lengua materna, que es la del Inca, en la ajena, que es la castellana, aunque no la he escrito con la majestad de palabras que el Inca habló ni con toda la significación de las de aquel lenguaje tienen, que, por ser tan significativo, pudiera haberse extendido mucho más de lo que se ha hecho. Antes la he acortado, quitando algunas cosas que pudieran hacerla odiosa[321]. Empero, bastará haber sacado el verdadero sentido de ellas, que es lo que conviene a nuestra historia. Otras cosas semejantes, aunque pocas, me

---

[319] Madre Ocllo Huaco. También es un título, «Mama», de respeto que llevan las casadas de la casta imperial inca. Ocllo es un apellido sagrado entre ellos. Como explica Garcilaso, había mujeres de la sangre real que en sus casas vivían en recogimiento y honestidad, con voto de virginidad, que no de clausura, a las que llamaban Ocllo por excelencia y deidad. Mama Ocllo Huaco es la hermana y mujer de Manco Cápac.

[320] El origen mítico de los incas presenta múltiples variantes. De cualquier modo, como señala Concepción Bravo, «en todas ellas (las civilizaciones) se advierte el recuerdo común de un fundador mítico, verdadero héroe civilizador, generador de una estirpe conquistadora que, procedente de un lugar no muy lejano, siempre situado en las tierras altas del sur y en competencia con otros grupos étnicos, que también apetecían las fértiles tierras de los valles de los Andes centrales, consigue hacerse reconocer entre todos ellos como líder y dirigente, aglutinador del esfuerzo común y permanente por dominar una geografía difícil, pero capaz de brindar los recursos necesarios para la creación y consolidación de un verdadero Estado». Véase *El tiempo de los incas*, Madrid, Alhambra, 1986, pág. 25.

[321] Garcilaso, siguiendo a Cicerón o su propia cultura incaica y las tradiciones de lo quipucamayocs, concibe la historia como modelo ejemplar y, por tanto, omitirá todo aquello que considere que no sirve a tal fin. El aspecto moralizante y didáctico es notorio en toda su obra y como ocurre en la historiografía de la época. También callará todos aquellos hechos que puedan dañar su honra y orgullo. Véase el estudio de José Durand, «Los silencios del inca Garcilaso», en *Mundo Nuevo* V (1996), págs. 57-72.

dijo este Inca en las visitas y pláticas que en casa de mi madre se hacían, las cuales pondré adelante en sus lugares, citando el autor, y pésame de no haberle preguntado otras muchas para tener ahora la noticia de ellas, sacadas de tan buen archivo, para escribirlas aquí.

Capítulo XVIII

De fábulas historiales del origen de los incas

Otra fábula cuenta la gente común del Perú del origen de sus Reyes Incas, y son los indios que caen al mediodía del Cuzco, que llaman Collasuyu, y los del poniente, que llaman Cuntisuyu. Dicen que pasado el diluvio, del cual no saben dar más razón de decir que lo hubo, ni se entiende si fue el general del tiempo de Noé[322]; o alguno otro particular, por lo cual dejaremos de decirlo que cuentan de él y de otras cosas semejantes que de la manera que las dicen más parecen sueños o fábulas mal ordenadas que sucesos historiales; dicen, pues, que cesadas las aguas se apareció un hombre en Tiahuanacu, que está al mediodía del Cuzco, que fue tan poderoso que repartió el mundo en cuatro partes y las dio a cuatro hombres que llamó Reyes: el primero se llamó Manco Cápac y el segundo Colla y el tercero Tócay y el cuarto Pinahua. Dicen que a Manco Cápac dio la parte septentrional y al Colla la parte meridional (de cuyo nombre se llamó después Colla aquella gran provincia); al tercero, llamado Tócay, dio la parte del levante, y al cuarto, que llaman Pinahua, la del poniente; y que les mandó fuese cada uno a su distrito y conquistase y gobernase la gente que hallase. Y no advierten a decir si el diluvio los había ahogado o si los indios habían resucitado para ser conquistados y doctrinados, y así es todo cuanto dicen de aquellos tiempos.

Dicen que de este repartimiento del mundo nació después el que hicieron los Incas de su reino, llamado Tahuantinsu-

---

[322] Es notorio el intento, aquí, de acercar los orígenes incas a la historia y cultura cristianas.

yu[323]. Dicen que el Manco Cápac fue hacia el norte y llegó al valle del Cuzco y fundó aquella ciudad y sujetó los circunvecinos y los doctrinó. Y con estos principios dicen de Manco Cápac casi lo mismo que hemos dicho de él, y que los Reyes Incas descienden de él, y de los otros tres Reyes no saben decir qué fueron de ellos. Y de esta manera son todas las historias de aquella antigüedad, y no hay que espantarnos de que gente que no tuvo letras con que conservar la memoria de sus antiguallas trate de aquellos principios tan confusamente, pues los de la gentilidad del Mundo Viejo, con tener letras y ser tan curiosos en ellas, inventaron fábulas tan dignas de risa y más que estas otras, pues una de ellas es la de Pirra y Deucalión y otras que pudiéramos traer en cuenta. Y también se pueden cotejar las de la una gentilidad con las de la otra, que en muchos pedazos se remedan. Y asimismo tienen algo semejante a la historia de Noé, como algunos españoles han querido decir, según veremos luego. Lo que yo siento de este origen de los Incas diré al fin.

Otra manera del origen de los Incas cuentan semejante a la pasada, y éstos son los indios que viven al levante y al norte de la ciudad del Cuzco. Dicen que al principio del mundo salieron por unas ventanas de unas peñas que están cerca de la ciudad, en un puesto que llaman Paucartampu, cuatro hombres y cuatro mujeres, todos hermanos, y que salieron por la ventana de en medio, que ellas son tres, la cual llamaron ventana real. Por esta fábula aforraron aquella ventana por todas partes con grandes planchas de oro, y muchas piedras preciosas. Las ventanas de los lados guarnecieron solamente con oro, mas no con pedrería. Al primer hermano llaman Manco

---

[323] Tahuantinsuyu es el nombre con que se denomina a las cuatro partes del imperio inca. El centro, ombligo del imperio, es el Cuzco, y las regiones al norte, este, sur y oeste se llaman, respectivamente, Chinchasuyu, Antisuyu, Collasuyu y Cuntisuyu. Los cuatro reinos del Tahuantinsuyu surgieron de la proyección de la estructura cuatripartita del Cuzco, ciudad que sirvió de patrón para las poblaciones incas. Esa división ya existía antes de que los incas se apoderaran de la ciudad y le diera el nuevo nombre de Cuzco, que según Garcilaso significa «ombligo del mundo», pero que Sarmiento de Gamboa traduce como «mojón de piedra», significación más ajustada a su papel como modelo de referencia del imperio inca.

Cápac y a su mujer Mama Ocllo. Dicen que éste fundó la ciudad y que la llamó Cuzco, que en la lengua particular de los Incas quiere decir ombligo, y que sujetó aquellas naciones y les enseñó a ser hombres, y que de éste descienden todos los Incas. Al segundo hermano llaman Ayar Cachi y al tercero Ayar Uchu y al cuarto Ayar Sauca[324]. La dicción Ayar no tiene significación en la lengua general del Perú; en la particular de los Incas la debía de tener. Las otras dicciones son de la lengua general: cachi quiere decir sal, la que comemos, y uchu es el condimento que echan en sus guisados, que los españoles llaman pimiento; no tuvieron los indios del Perú otras especias. La otra dicción, sauca, quiérese decir regocijo, contento y alegría. Apretando a los indios sobre qué se hicieron aquellos tres hermanos y hermanas de sus primeros Reyes, dicen mil disparates, y no hallando mejor salida, alegorizan la fábula, diciendo que por la sal, que es uno de los nombres, entienden la enseñanza que el Inca les hizo de la vida natural; por el pimiento, el gusto que de ella recibieron; y por el nombre regocijo entienden el contento y alegría con que después vivieron. Y aun esto lo dicen por tantos rodeos, tan sin orden y concierto, que más se saca por conjeturas de lo que querrán decir que por el discurso y orden de sus palabras. Sólo se afirman en que Manco Cápac fue el primer Rey y que de él descienden los demás Reyes.

De manera que por todas tres vías hacen principio y origen de los Incas a Manco Cápac, y de los otros tres hermanos no hacen mención, antes por la vía alegórica los deshacen y se quedan con sólo Manco Cápac, y parece ser así porque nunca después Rey alguno ni hombre de su linaje se llamó de aquellos nombres, ni ha habido nación que se preciase descender de ellos. Algunos españoles curiosos quieren decir, oyendo estos cuentos, que aquellos indios tuvieron noticia de la historia de Noé, de sus tres hijos, mujer y nueras, que fueron cuatro hombres y cuatro mujeres que Dios reservó del diluvio, que son los que dicen en la fábula, y que por la venta-

---

[324] Esta versión acerca del origen de los incas era la que seguía la tradición oficial y aparece en los más antiguos y fehacientes cronistas españoles, sobre todo en Cieza de León y en Sarmiento de Gamboa.

na del Arca de Noé dijeron los indios la de Paucartampu, y que el hombre poderoso que la primera fábula dice que se apareció en Tiahuanacu, que dicen repartió el mundo en aquellos cuatro hombres, quieren los curiosos que sea Dios, que mandó a Noé y a sus tres hijos que poblasen el mundo. Otros pasos de la una fábula y de la otra quieren semejar a los de la Santa Historia, que les parece que se semejan. Y no me entremeto en cosas tan hondas; digo llanamente las fábulas historiales que en mis niñeces oí a los míos: tómelas cada uno como quisiere y déles el alegoría que más le cuadrare[325].

A semejanza de las fábulas que hemos dicho de los Incas, inventan las demás naciones del Perú otra infinidad de ellas, del origen y principio de sus primeros padres, diferenciándose unos de otros, como las veremos en el discurso de la historia. Que no se tiene por honrado el indio que no desciende de fuente, río o lago, aunque sea de la mar o de animales fieros, como el oso, león o tigre, o águila o del ave que llaman cúntur, o de otras aves de rapiña, o de sierras, montes, riscos o cavernas, cada uno como se le antoja, para su mayor loa y blasón. Y para fábulas baste lo que se ha dicho.

Capítulo XIX

Protestación del autor sobre la historia

Ya que hemos puesto la primera piedra de nuestro edificio (aunque fabulosa) en el origen de los Incas Reyes del Perú, será razón pasemos adelante en la conquista y reducción de los indios, extendiendo algo más la relación sumaria que me dio aquel Inca con la relación de otros muchos Incas e indios naturales de los pueblos que este primer Inca Manco Cápac mandó poblar y redujo a su Imperio, con los cuales me crié y comuniqué hasta los veinte años. En este tiempo tuve noticia de todo lo que vamos escribiendo, porque en mis niñeces me

---

[325] Nuestro autor al mismo tiempo que se distancia de algunas fábulas por considerarlas inverosímiles no ignora que son necesarias para comprender el mundo que está relatando. Como él mismo defiende, el cristianismo y el paganismo se apoyaron en la escritura alegórica.

contaban sus historias como se cuentan las fábulas a los niños. Después, en edad más crecida, me dieron larga noticia de sus leyes y gobierno, cotejando el nuevo gobierno de los españoles con el de los Incas, dividiendo en particular los delitos y las penas y el rigor de ellas. Decíanme cómo procedían sus Reyes en paz y en guerra, de qué manera trataban a sus vasallos y cómo eran servidos de ellos. Demás de esto me contaban, como a propio hijo, toda su idolatría, sus ritos, ceremonias y sacrificios, sus fiestas principales y no principales, y cómo las celebraban. Decíanme sus abusos y superstciones, sus agüeros malos y buenos, así los que miraban en sus sacrificios como fuera de ellos. En suma, digo que me dieron noticia de todo lo que tuvieran en su república, que, si entonces lo escribiera, fuera más copiosa esta historia.

Demás de habérmelo dicho los indios, alcancé y vi por mis ojos mucha parte de aquella idolatría, sus fiestas y supersticiones, que aun en mis tiempos, hasta los doce o trece años de mi edad, no se habían acabado del todo. Yo nací ocho años después que los españoles ganaron mi tierra y, como lo he dicho, me crié en ella hasta los veinte años, y así vi muchas cosas de las que hacían los indios en aquella su gentilidad, las cuales contaré diciendo que las vi. Sin la relación que mis parientes me dieron de las cosas dichas y sin lo que yo vi, he habido otras muchas relaciones de las conquistas y hechos de aquellos Reyes. Porque luego que propuse escribir esta historia, escribí a los condiscípulos de escuela y gramática[326], encargándoles que cada uno me ayudase con la relación que pudiese haber de las particulares conquistas que los Incas hicieron de las provincias de sus madres, porque cada provincia tiene sus cuentas y nudos con sus historias anales y la tradición de ellas, y por esto retiene mejor lo que en ella pasó que lo que pasó en la ajena. Los condiscípulos, tomando de veras lo que les pedí, cada cual de ellos dio cuenta de mi intención a su madre y parientes, los cuales, sabiendo que un indio, hijo de su tierra, quería escribir los sucesos de ella, sacaron de sus archivos las relaciones que tenían de sus historias y me las enviaron, y así tuve la noticia de

---

[326] Garcilaso tuvo acceso a las cartas que solicitó a sus antiguos compañeros de estudios en el Perú.

los hechos y conquistas de cada Inca, que es la misma que los historiadores españoles tuvieron, sino que ésta será más larga, como lo advertiremos en muchas partes de ella.

Y porque todos los hechos de este primer Inca son principios y fundamento de la historia que hemos de escribir, nos valdrá mucho decirlos aquí, a lo menos los más importantes, porque no los repitamos adelante en las vidas y hechos de cada uno de los Incas, sus descendientes, porque todos ellos generalmente, así los Reyes como los no Reyes, se preciaron de imitar en todo y por todo la condición, obras y costumbres de este primer príncipe Manco Cápac. Y dichas sus cosas habremos dicho las de todos ellos. Iremos con atención de decir las hazañas más historiales, dejando otras muchas por impertinentes y prolijas, y aunque algunas cosas de las dichas y otras que se dirán parezcan fabulosas, me pareció no dejar de escribirlas por no quitar los fundamentos sobre que los indios se fundan para las cosas mayores y mejores que de su Imperio cuentan. Porque, en fin, de estos principios fabulosos procedieron las grandezas que en realidad de verdad posee hoy España, por lo cual se me permitirá decir lo que conviniere para la mejor noticia que se pueda dar de los principios, medios y fines de aquella monarquía, que yo protesto decir llanamente la relación que mamé en leche y la que después acá he habido, pedida a los propios míos, y prometo que la afición de ellos no sea parte para dejar de decir la verdad del hecho, sin quitar de lo malo ni añadir a lo bueno que tuvieron, que bien sé que la gentilidad es un mar de errores, y no escribiré novedades que no se hayan oído, sino las mismas cosas que los historiadores españoles han escrito de aquella tierra y de los Reyes de ella y alegaré las mismas palabras de ellos donde conviniere, para que se vea que no finjo ficciones a favor de mis parientes, sino que digo lo mismo que los españoles dijeron. Sólo serviré de comento para declarar y ampliar muchas cosas que ellos asomaron a decir y las dejaron imperfectas por haberles faltado relación entera. Otras muchas se añadirán que faltan de sus historias y pasaron en hecho de verdad, y algunas se quitarán que sobran, por falsa relación que tuvieron, por no saberla pedir el español con distinción de tiempos y edades y división de provincias y naciones, o por no entender al indio que se la daba o por no entenderse el uno al otro, por la dificultad del lenguaje. Que el español que piensa que sabe más de él, ignora de diez partes las nueve por las muchas cosas que un mismo vocablo significa y por las diferentes pronunciaciones que una misma dicción tiene para muy diferentes significaciones, como se verá adelante en algunos vocablos, que será forzoso traerlos a cuenta[327].

Demás de esto, en todo lo que de esta república, antes destruida que conocida, dijere, será contado llanamente lo que en su antigüedad tuvo de su idolatría, ritos, sacrificios y ceremonias, y en su gobierno, leyes y costumbres, en paz y en guerra, sin comparar cosa alguna de éstas a otras semejantes que en las historias divinas y humanas se hallan, ni al gobierno de nuestros tiempos, porque toda comparación es odiosa. El que las leyere podrá cotejarlas a su gusto, que muchas hallará semejantes a las antiguas, así de la Santa Escritura como de las profanas y fábulas de la gentilidad antigua. Muchas leyes y costumbres verá que parecen a las de nuestro siglo, otras muchas oirá en todo contrarias. De mi parte he hecho lo que he podido, no habiendo podido lo que he deseado. Al discreto lector suplico reciba mi ánimo, que es de darle gusto y contento, aunque las fuerzas ni el habilidad de un indio nacido entre los indios y criado entre armas y caballos no puedan llegar allá.

LIBRO SEGUNDO

Capítulo I

La idolatría de la segunda edad y su origen

La que llamamos segunda edad[328], y la idolatría que en ella se usó, tuvo principio de Manco Cápac Inca. Fue el primero que levantó la monarquía de los Incas Reyes del Perú, que rei-

---

[327] Garcilaso cree que es el desconocimiento de la lengua del Perú o runasimi —literalmente, la boca de la gente— la causa principal de las interpretaciones erróneas del pasado incaico, en concreto de la teología inca y de sus prácticas de culto.
[328] La primera edad, para nuestro autor, es la de la barbarie o edad preincaica, y la segunda es la de la monarquía de los reyes incas. Según Porras Barre-

naron por espacio de más de cuatrocientos años, aunque el Padre Blas Valera dice que fueron más de quinientos y cerca de seiscientos[329]. De Manco Cápac hemos dicho ya quién fue y de dónde vino, cómo dio principio a su imperio y la reducción que hizo de aquellos indios sus primeros vasallos; cómo les enseñó a sembrar y criar y hacer sus casas y pueblos, y las demás cosas necesarias para el sustento de la vida natural y cómo su hermana y mujer, la Reina Mama Ocllo Huaco, enseñó a las indias a hilar y tejer y criar sus hijos y a servir sus maridos con amor y regalo, todo lo demás que una buena mujer debe hacer en su casa. Asimismo dijimos que les enseñaron la ley natural y les dieron leyes y preceptos para la vida moral en provecho común de todos ellos, para que no se ofendiesen en sus honras y haciendas, y que juntamente les enseñaron su idolatría, y mandaron que tuviesen y adorasen por principal dios al Sol, persuadiéndoles a ello con su hermosura y resplandor. Decíales que no en balde el Pachacámac[330] (que es el sustentador del mundo) le había aventajado tanto sobre todas las estrellas del cielo, dándoselas por criadas, sino para que lo adorasen y tuviesen por su dios. Representábales los muchos beneficios que cada día les hacía y el que últimamente les había hecho en haberles enviado sus hijos, para que, sacándolos de ser brutos, los hiciesen hombres, como lo habían visto por experiencia, y adelante verían mu-

---

nechea, la concepción de las tres edades (preincaica, incaica y cristiana) recuerda la idea agustiniana de una construcción gradual de la ciudad de Dios; recuerda el plan de la historiografía eclesiástica con la sucesión de las tres leyes y, también, ciertas ideas de Jean Bodin que combina el gradualismo difundido por los glorificadores medievales del Sacro Imperio Romano con la negación de una Edad de Oro anterior al Estado. Garcilaso —dice Porras Barrenechea— «frente al pesimismo de los humanistas italianos que concebían los imperios como organismos que nacían, florecían y fatalmente decaían, aceptó la idea cristiana del progreso». Véase *El Inca en Montilla*, Lima, Editorial San Marcos, 1955, pág. 268.

[329] No hay constatación histórica de los primeros ocho soberanos (Manco Cápac, Sinchi Roca, Lloque Yupanqui, Mayta Cápac, Cápac Yupanqui, Inca roca, Yáhuar Huácar y Viracocha) y los historiadores coinciden en adjudicarlos a la leyenda. No obstante, la breve duración del periodo incaico no fue un secreto ni siquiera para los cronistas españoles de la época de la conquista.

[330] Garcilaso lo define como «el que hace con el universo lo que el ánima con el cuerpo». Es el que dio vida al universo.

cho más andando el tiempo. Por otra parte los desengañaba de la bajeza y vileza de sus muchos dioses, diciéndoles qué esperanza podían tener de cosas tan viles para ser socorridos en sus necesidades o qué mercedes habían recibido de aquellos animales como los recibían cada día de su padre el Sol[331]. Mirasen, pues la vista los desengañaba, que las yerbas y plantas y árboles y las demás cosas que adoraban las criaba el Sol para servicio de los hombres y sustento de las bestias. Advirtiesen la diferencia que había del resplandor y hermosura del Sol a la suciedad y fealdad del sapo, lagartija y escuerzo y las demás sabandijas que tenían por dioses. Sin esto mandaba que las cazasen y se las trajesen delante, decíales que aquellas sabandijas más eran para haberles asco y horror que para estimarlas y hacer caso de ellas. Con estas razones y otras tan rústicas persuadió el Inca Manco Cápac a sus primeros vasallos a que adorasen al Sol y lo tuviesen por su Dios.

Los indios, convencidos con las razones del Inca, y mucho más con los beneficios que les había hecho, y desengañados con su propia vista, recibieron al Sol por su Dios, solo, sin compañía de padre ni hermano. A sus Reyes tuvieron por hijos del Sol, porque creyeron simplicísimamente que aquél hombre y aquella mujer, que tanto habían hecho por ellos, eran hijos suyos venidos del cielo. Y así entonces los adoraron por divinos, y después a todos sus descendientes, con mucha mayor veneración interior y exterior que los gentiles antiguos, griegos y romanos, adoraron a Júpiter, Venus y Marte, etc. Digo que hoy los adoran como entonces, que para nombrar alguno de sus Reyes Incas hacen primero grandes ostentaciones de adoración, y si les reprehenden que por qué lo hacen, pues saben que fueron hombres como ellos y no dioses, dicen que ya están desengañados de su idolatría, pero que los adoran por los muchos y grandes beneficios que de ellos recibieron, que se hubieron con sus vasallos como Incas hijos del

---

[331] La interpretación de Garcilaso, señala Margarita Zamora, acerca del culto al Sol y a Pachacámac parte de la misma tradición que la del padre Bartolomé de Las Casas, quien, a su vez, coincide con el simbolismo tradicional cristiano que frecuentemente representa al Sol como una manifestación física de Dios, definitiva fuente de color y luz, ob. cit., pág. 101.

Sol, y no menos, que les muestren ahora otros hombres semejantes, que también los adorarán por divinos.

Ésta fue la principal idolatría de los Incas y la que enseñaron a sus vasallos, y aunque tuvieron muchos sacrificios, como adelante diremos, y muchas supersticiones, como creer en sueños, mirar en agüeros y otras cosas de tanta burlería como otras muchas que ellos vedaron, en fin no tuvieron más dioses que al Sol, al cual adoraron por sus excelencias y beneficios naturales, como gente más considerada y más política que sus antecesores, los de la primera edad, y le hicieron templos de increíble riqueza, y aunque tuvieron a la Luna por hermana y mujer del Sol y madre de los Incas, no la adoraron por diosa ni le ofrecieron sacrificios ni le edificaron templos: tuviéronla en gran veneración por madre universal, mas no pasaron adelante en su idolatría. Al relámpago, trueno y rayo tuvieron por criados del Sol, como adelante veremos en el aposento que les tenían hecho en la casa del Sol en el Cuzco, mas no los tuvieron por dioses, como quiere alguno de los españoles historiadores, antes abominaron y abominan la casa o cualquier otro lugar del campo donde acierta a caer algún rayo: la puerta de la casa cerraban a piedra y lodo para que jamás entrase nadie en ella, y el lugar del campo señalaban con mojones para que ninguno lo hollase; tenían aquellos lugares por malhadados, desdichados y malditos; decían que el Sol los había señalado por tales con su criado el rayo.

Todo lo cual vi yo en Cuzco, que en la casa real que fue del Inca Huaina Cápac[332], en la parte que de ella cupo a Antonio Altamirano cuando repartieron aquella ciudad entre los conquistadores, en un cuarto de ella había caído un rayo en tiempo de Huaina Cápac. Los indios le cerraron las puertas a piedra y lodo, tomáronlo por mal agüero para su Rey, dijeron que se había de perder parte de su Imperio o acaecerle otra desgracia semejante, pues su padre el Sol señalaba su casa por lugar desdichado. Yo alcancé el cuarto cerrado; después lo reedificaron

---

[332] Huayna Cápac significa mozo rico, rico de hazañas magnánimas, según Garcilaso. A su muerte, se dividió el imperio del Tahuantinsuyu y se inició la lucha fratricida entre Huáscar y Atahualpa. Como vemos, Garcilaso no sigue un orden lineal en sus *Comentarios*.

los españoles, y dentro en tres años cayó otro rayo y dio en el mismo cuarto y lo quemó todo. Los indios, entre otras cosas, decían que ya que el Sol había señalado aquel lugar por maldito, que para qué volvían los españoles a edificarlo, sino dejarlo desamparado como se estaba sin hacer caso de él. Pues si como dice aquel historiador los tuvieron por dioses, claro está que adoraran aquellos sitios por sagrados y en ellos hicieran sus más famosos templos, diciendo que sus dioses, el rayo, trueno y relámpago, querían habitar en aquellos lugares, pues los señalaban y consagraban ellos propios. A todos tres juntos llaman Illapa, y por la semejanza tan propia dieron este hombre al arcabuz. Los demás nombres que atribuyen al trueno y al Sol en Trinidad son nuevamente compuestos por los españoles, y en este particular y en otros semejantes no tuvieron cierta relación para lo que dicen, porque no hubo tales nombres en el general lenguaje de los indios del Perú, y aun en la nueva compostura (como nombres no tan bien compuestos) ni tienen significación alguna de lo que quieren o querrían que significasen.

Capítulo II

Rastrearon los incas al verdadero Dios Nuestro Señor

Demás de adorar al Sol por Dios visible, a quien ofrecieron sacrificios e hicieron grandes fiestas (como en otro lugar diremos), los Reyes Incas y sus amautas[333], que eran los filósofos, rastrearon con lumbre natural al verdadero sumo Dios y Señor Nuestro, que crió el cielo y la tierra, como adelante veremos en los argumentos y sentencias que algunos de ellos dijeron de la Divina Majestad, al cual llamaron Pachacámac: es nombre compuesto de Pacha, que es mundo universo, y de Cámac, participio de presente del verbo cama, que es animar, el cual verbo se deduce del nombre cama, que es ánima. Pachacámac quiere decir el que da ánima al mundo universo, y en toda su propia y entera significación quiere decir el que hace con el universo lo que el ánima con el cuerpo. Pedro de

---

[333] Son los filósofos, sabios, poetas y profesores incas.

Cieza, capítulo setenta y dos, dice así: «El nombre de este demonio quería decir hacedor del mundo, porque Cama quiere decir hacedor y Pacha, mundo», etc. Por ser español no sabía la lengua tan bien como yo, que soy indio Inca. Teniendo este nombre en tan gran veneración que no le osaban tomar en la boca, y, cuando les era forzoso tomarlo, era haciendo afectos y muestras de mucho acatamiento, encogiendo los hombros, inclinando la cabeza y todo el cuerpo, alzando los ojos al cielo y bajándolos al suelo, levantando las manos abiertas en derecho de los hombros, dando besos al aire, que entre los Incas y sus vasallos eran ostentaciones de suma adoración y reverencia, con las cuales demostraciones nombraban al Pachacámac y adoraban al Sol y reverenciaban al Rey, y no más. Pero esto también era por sus grados más y menos: a los de la sangre real acataban con parte de estas ceremonias, y a los otros superiores, como eran los caciques, con otras muy diferentes e inferiores.

Tuvieron al Pachacámac en mayor veneración interior que al Sol, que, como he dicho, no osaban tomar su nombre en la boca, y al Sol le nombraban a cada paso. Preguntado quién era el Pachacámac, decían que era el que daba vida al universo y le sustentaba, pero que no le conocían porque no le habían visto, y que por esto no le hacían templos ni le ofrecían sacrificios, mas que lo adoraban en su corazón (esto es, mentalmente) y le tenían por Dios no conocido. Agustín de Zárate, libro segundo, capítulo quinto, escribiendo lo que el padre fray Vicente de Valverde[334] dijo al Rey Atahualpa, que Cristo Nuestro Señor había criado el mundo, dice que respondió el Inca que él no sabía nada de aquello, ni que nadie criase nada sino el Sol, a quien ellos tenían por Dios y a la tierra por madre y a sus huacas[335]; y

---

[334] Obispo que erigió la iglesia del Cuzco en catedral, en 1538. A través de la mediación de Blas Valera, Garcilaso toma la idea de Valverde que atribuye la derrota de los indios ante los españoles «al engaño y torpeza de Felipillo, a la superioridad bélica de armas y caballos, al debilitamiento del Imperio por la guerra civil y fratricida entre Huáscar y Atahualpa, y, sobre todo, a la ayuda de Dios». (Miró Quesada, *El Inca Garcilaso...*, pág. 255.)

[335] Entre sus múltiples significados están el de ídolo, templo sagrado, ofrendas al Sol, sepulcro, toda cosa que sale de su curso natural. Huaca ha pasado al español de la antigua región incaica con la significación de «sepulcro de los antiguos indios en que había riquezas y objetos sagrados».

que Pachacámac lo había criado todo lo que allí había, etc. De donde consta claro que aquellos indios le tenían por hacedor de todas las cosas.

Esta verdad que voy diciendo, que los indios rastrearon con este nombre y se lo dieron al verdadero Dios nuestro, la testificó el demonio, mal que le pesó, aunque en su favor como padre de mentiras, diciendo verdad disfrazada con mentira o mentira disfrazada con verdad. Que luego que vio predicar nuestro Santo Evangelio y vio que se bautizaban los indios, dijo a algunos familiares suyos, en el valle que hoy llaman Pachacámac (por el famoso templo que allí edificaron a este Dios no conocido), que el Dios que los españoles predicaban y él era todo uno, como lo escribe Pedro de Cieza de León en la *Demarcación del Perú*, capítulo setenta y dos. Y el reverendo Padre Fray Jerónimo Román, en la *República de las indias Occidentales*, libro primero, capítulo quinto, dice lo mismo, hablando ambos de este mismo Pachacámac, aunque por no saber la propia significación del vocablo se lo atribuyeron al demonio. El cual, en decir que el Dios de los cristianos y el Pachacámac era todo uno, dijo verdad, porque la intención de aquellos indios fue dar este nombre al sumo Dios, que da vida y ser al universo, como lo significa el mismo nombre. Y en decir que él era el Pachacámac mintió, porque la intención de los indios nunca fue dar este nombre al demonio, que no le llamaron sino Zúpay, que quiere decir diablo, y para nombrarle escupían primero en señal de maldición y abominación, y al Pachacámac nombraban con la adoración y demostraciones que hemos dicho. Empero, como este enemigo tenía tanto poder entre aquellos infieles, habíase Dios, entrándose en todo aquello que los indios veneraban y acataban por cosa sagrada. Hablaba en sus oráculos y templos y en los rincones de sus casas y en otras partes, diciéndoles que era el Pachacámac y que era todas las demás cosas a que los indios atribuían deidad, y por este engaño adoraban aquellas cosas en que el demonio les hablaba, pensando que era la deidad que ellos imaginaban, que si entendieran que era el demonio las quemaran entonces como ahora lo hacen por la misericordia del Señor, que quiso comunicárseles.

Los indios no saben de suyo o no osan dar la relación de estas cosas con la propia significación y declaración de los vocablos, viendo que los cristianos españoles las abominan todas por cosas del demonio, y los españoles tampoco advierten en pedir la noticia de ellas con llaneza, antes las confirman por cosas diabólicas como las imaginan. Y también lo causa el no saber de fundamento la lengua general de los Íncas para ver y entender la deducción y composición y propia significación de las semejantes dicciones. Y por esto en sus historias dan otro nombre a Dios, que es Tici Viracocha[336], que no sé qué signifique ni ellos tampoco. Éste es el nombre Pachacámac que los historiadores españoles tanto abominan por no entender la significación del vocablo. Y por otra parte tienen razón porque el demonio hablaba en aquel riquísimo templo haciéndose Dios debajo de este nombre, tomándolo para sí. Pero si a mí, que soy indio cristiano católico, por la infinita misericordia, me preguntasen ahora «¿cómo se llama Dios en tu lengua?», diría «Pachacámac», porque en aquel general lenguaje del Perú no hay otro nombre para nombrar a Dios sino éste, y todos los demás que los historiadores dicen son generalmente impropios, porque o no son de general lenguaje o son corruptos con el lenguaje de algunas provincias particulares o nuevamente compuestos por los españoles, y aunque algunos de los nuevamente compuestos pueden pasar conforme a la significación española, como el Pachayachácher que quieren que diga hacedor del cielo, significando enseñador del mundo —que para decir hacedor había de decir Pacharúrac, porque rura quiere decir hacer—, aquel general lenguaje los admite mal porque no son suyos naturales, sino advenedizos, y también porque en realidad de verdad en parte bajan a Dios de la alteza y majestad donde le sube y encumbra este nombre Pachacámac, que es el suyo propio, y para que se entienda lo que vamos diciendo es de saber que el verbo yacha significa aprender, y añadiéndole esta sílaba chi significa enseñar; y el verbo rura significa hacer y con la chi quie-

---

[336] Los Viracocha son seres sobrenaturales relacionados con los mitos locales de los incas. Eran mensajeros fantasmas enviados por la deidad del Sol al príncipe inca que adoptaba el nombre. Tici Viracocha es el nombre del miembro más importante de esta clase. Los indios llamaron a los españoles Viracochas por creer que eran mensajeros de este tipo y, por tanto, hijos del Sol.

re decir hacer que hagan o mandar que hagan, y lo mismo es de todos los demás verbos que quieran imaginar. Y así como aquellos indios no tuvieron atención a cosas especulativas, sino a cosas materiales, así estos sus verbos no significan enseñar cosas espirituales ni hacer obras grandiosas y divinas, como hacer el mundo, etc., sino que significan hacer y enseñar artes y oficios bajos y mecánicos, obras que pertenecen a los hombres y no a la divinidad. De toda la cual materialidad está muy ajena la significación del nombre Pachacámac, que, como se ha dicho, quiere decir el que hace con el mundo universo lo que el alma con el cuerpo, que es darle ser, vida, aumento y sustento, etc. Por lo cual consta claro la impropiedad de los nombres nuevamente compuestos para dárselos a Dios (si han de hablar en la propia significación de aquel lenguaje) por la bajeza de sus significaciones; pero puédese esperar que con el uso se vayan cultivando y recibiéndose mejor. Y adviertan los componedores a no trocar la significación del nombre o verbo en la composición, que importa mucho para que los indios los admitan bien y no hagan burla de ellos, principalmente en la enseñanza de la doctrina cristiana, para lo cual se deben componer, pero con mucha atención.

Capítulo XXVII

La poesía de los incas amautas, que son filósofos, y harauicus, que son poetas

No les faltó habilidad a los amautas, que eran los filósofos, para componer comedias y tragedias[337], que en días y fiestas solemnes representaban delante de sus Reyes y de los señores

---

[337] No hay prácticamente rastros de teatro quechua precolombino. En general, indica José Miguel Oviedo, el antiguo teatro se transformó adaptándose a los moldes del teatro evangelizador que surgió tras la conquista, es decir, cristianizándose. En cuanto a la división que establece Garcilaso, concreta José Miguel Oviedo, «lo que puede afirmarse, sin correr mayores riesgos, es que ese teatro en realidad existió, pero que sus formas propias y su significación específica no están aún del todo establecidas, y que por tanto aplicarle las categorías de "tragedia", "comedias" y otras no pasa de ser una discutible analogía». *Historia de la literatura hispanoamericana*, Madrid, Alianza Editorial, 1995, pág. 68.

que asistían en la corte. Los representantes no eran viles, sino Incas y gentes nobles, hijos de curacas y los mismos curacas y capitanes, hasta maeses de campo, porque los autos de las tragedias representasen al propio, cuyos argumentos siempre eran de hechos militares, de triunfos y victorias, de las hazañas y grandezas de los Reyes pasados y de otros heroicos varones. Los argumentos de las comedias eran de agricultura, de hacienda, de cosas caseras y familiares. Los representantes, luego que se acababa la comedia, se sentaban en sus lugares conforme a su calidad y oficios. No hacían entremeses deshonestos, viles y bajos: todo era de cosas graves y honestas, con sentencias y donaires permitidos en tal lugar. A los que se aventajaban en la gracia del representar les daban joyas y favores de mucha estima.

De la poesía alcanzaron otra poca, porque supieron hacer versos cortos y largos, con medida de sílabas: en ellos ponían sus cantares amorosos[338] con tonadas diferentes, como se ha dicho. También componían en verso las hazañas de sus Reyes y de otros famosos Incas y curacas principales, y los enseñaban a sus descendientes por tradición, para que se acordasen de los buenos hechos de sus pasados y los imitasen. Los versos eran pocos, porque la memoria los guardase; empero muy compendiosos, como cifras. No usaron de consonante en los versos; todos eran sueltos. Por la mayor parte semejaban a la natural compostura española que llaman redondillas[339]. Una canción amorosa compuesta en cuatro versos me ofrece me-

---

[338] José Miguel Oviedo (ob. cit., pág. 65) explica cómo entre las composiciones más puramente líricas abundan las amorosas que pueden clasificarse en distintos tipos: haraui (canta los placeres del amor), el wawaki (canción campesina, de tono epigramático), el urpi (composición que trata temas universales como la ausencia, el olvido, la reconciliación, el despecho, etc. y donde la ingrata amante es una paloma o urpi).

[339] José Miguel Oviedo señala al respecto: «Las formas poéticas desarrolladas por esta cultura, no importa cuál sea su temática o intención, favorecían los metros breves (cuatro, cinco o seis sílabas son los más comunes) y las disposiciones estróficas variables, de acuerdo a las necesidades de la música y el canto; en cambio, no usaron sistemáticamente la rima. Algunos estudiosos y traductores de esta poesía han cometido el error de asimilarla a las reglas de versificación española, con la cual nada tiene que ver, aunque Garcilaso hable de "redondillas"», ob. cit., pág. 62.

moria; por ellos se verá el artificio de la compostura y la significación abreviada, compendiosa, de lo que en su rusticidad querían decir. Los versos amorosos hacían cortos, porque fuesen más fáciles de tañer en la flauta. Holgara poner también la tonada en puntos de canto de órgano, para que se viera lo uno y lo otro, mas la impertinencia me excusa del trabajo.

La canción es la que se sigue y su traducción en castellano:

Caylla llap		Al cántico
Puñunqui	quiere decir	Dormirás
Chaupituta		Media noche
Samúsac		Yo vendré

Y más profundamente dijera: veniré, sin el pronombre yo, haciendo tres sílabas del verbo, como las hace el indio, que no nombra la persona, sino que la incluye en el verbo, por la medida del verso. Otras muchas maneras de versos alcanzaron los Incas poetas, a los cuales llamaban haráuec, que en propia significación quiere decir inventador. En los papeles del Padre Blas Valera hallé otros versos que él llama espondaicos: todos son de a cuatro sílabas, a diferencia de estos otros que son de a cuatro y a tres. Escríbelos en indio y en latín; son en materia de Astrología. Los Incas poetas los compusieron filosofando las causas segundas que Dios puso en la región del aire, para los truenos, relámpagos y rayos, y para el granizar, nevar y llover, todo lo cual dan a entender en los versos, como se verá. Hiciéronlos conforme a una fábula que tuvieron, que es la que se sigue: Dicen que el Hacedor puso en el cielo una doncella, hija de un Rey, que tiene un cántaro lleno de agua, para derramarla cuando la tierra la ha menester, y que un hermano de ella lo quiebra a sus tiempos, y que del golpe se causan los truenos, relámpagos y rayos. Dicen que el hombre los causa, porque son hechos de hombres feroces y no de mujeres tiernas. Dicen que el granizar, llover y nevar lo hace la doncella, porque son hechos de más suavidad y blandura y de tanto provecho. Dicen que un Inca poeta y astrólogo hizo y dijo los versos, loando las excelencias y virtudes de la dama, y que Dios se las había dado para que con ellas hiciese bien a las criaturas de la tierra. La fábula y los versos, dice el Padre Blas Valera que halló en los nudos y cuentas de unos anales antiguos, que estaban en hilos de diversos colores, y que la tradición de los versos y de la fábula se la dijeron los indios contadores, que tenían cargo de los nudos y cuentas historiales, y que, admirado de que los amautas hubiesen alcanzado tanto, escribió los versos y los tomó de memoria para dar cuenta de ellos.

Yo me acuerdo haber oído esta fábula en mis niñeces con otras muchas que me contaban mis parientes, pero, como niño y muchacho, no les pedí la significación, ni ellos me la dieron. Para los que no entienden indio ni latín me atreví a traducir los versos en castellano, arrimándome más a la significación de la lengua que mamé en la leche que no a la ajena latina, porque lo poco que de ella sé lo aprendí en el mayor fuego de las guerras de mi tierra, entre armas y caballos, pólvora y arcabuces, de que supe más que de letras. El Padre Blas Valera imitó en su latín las cuatro sílabas del lenguaje indio en cada verso, y está muy bien imitado; yo salí de ellas porque en castellano non se pueden guardar, que, habiendo de declarar por entero la significación de las palabras indias, en unas son menester más sílabas y en otras menos. Ñusta, quiere decir doncella de sangre real, y no se interpreta con menos, que, para decir doncella de las comunes, dicen tazque; china llaman a la doncella muchacha de servicio. Illapántac es verbo; incluye en su significación la de tres verbos que son tronar, relampaguear y caer rayos, y así los puso en dos versos el Padre Maestre Blas Valera, porque el verso anterior, que es Cunuñunun, significa hacer estruendo, y no lo puso aquel autor por declarar las tres significaciones del verbo illapántac. Unu es agua, para es llover, chichi es granizar, riti nevar. Pacha Cámac quiere decir el que hace con el universo lo que el alma con el cuerpo. Viracocha es nombre de un dios moderno que adoraban, cuya historia veremos adelante muy a la larga. Chura quiere decir poner; cama es dar alma, vida, ser y sustancia. Conforme a esto diremos lo menos mal que supiéremos, sin salir de la propia significación del lenguaje indio. Los versos son los que se siguen, en las tres lenguas:

489

Cumac Ñusta	Pulchra Nimpha	Hermosa doncella
Torallàyquim	Frater tuus	Aquese tu hermano
Puyñuy quita	Urnam tuam	El tu cantarillo
Paquir cayan	Nunc infringit	Lo está quebrantando
Hina mántara	Cujus ictus	Y de aquesta causa
Cunuñunum	Tonat fulget,	Truena y relampaguea
Illac pántac	Fulminatque.	También caen rayos
Camri Ñusta	Sed tu Nimpha	Tu real doncella
Unuy quita	Tuam limpham	Tus muy lindas aguas
Para munqui	Fundens pluis	Nos darás lloviendo
May ñimpiri	Interdumque	También a las veces
Chichi munqui	Grandinem, seu	Granizar nos has
Riti munqui	Nivem mittis	Nevarás asimismo
Pacha rúrac	Mundi Factor	El Hacedor del mundo
Pachacamac	Pachacamac	El Dios que le anima
Viracocha	Viracocha	El gran Viracocha
Cay Hinápac	Ad hoc munus	Para aqueste oficio
Churasunqui	Te suffecit	Ya te colocaron
Camasunqui	Ac praefecit	Y te dieron alma

Esto puse aquí por enriquecer mi pobre historia, porque cierto, sin lisonja alguna, se puede decir que todo lo que el Padre Blas Valera tenía escrito eran perlas y piedras preciosas. No mereció mi tierra verse adornada de ellas.

Dícenme que en estos tiempos se dan mucho los mestizos a componer en indio estos versos, y otros de muchas maneras, así a lo divino como a lo humano. Dios les dé su gracia para que le sirvan en todo.

Tan tasada y tan cortamente como se ha visto sabían los Incas del Perú las ciencias que hemos dicho, aunque si tuvieran letras las pasaran adelante poco a poco, con la herencia de unos a otros, como hicieron los primeros filósofos y astrólogos. Sólo en la *Filosofía moral* se extremaron así en la enseñanza de ella como en usar las leyes y costumbres que guardaron, no sólo entre los vasallos, cómo se debían tratar unos a otros, conforme a ley natural, mas también cómo debían tratar unos a otros, conforme a ley natural, mas también cómo debían obedecer, servir y adorar al Rey y a los superiores y cómo debía al Rey gobernar y beneficiar a los curacas y a los demás vasallos y súbditos inferiores. En el ejercicio de esta ciencia se

490

desvelaron tanto que ningún encarecimiento llega a ponerla en su punto, porque la experiencia de ella les hacía pasar adelante, perfeccionándola de día en día y de bien en mejor, la cual experiencia les faltó en las demás ciencias, porque no podían manejarlas tan materialmente como la moral ni ellos se daban a tanta especulación como aquéllas requieren, porque se contentaban con la vida y ley natural, como gente de su naturaleza era más inclinada a no hacer mal que a saber bien. Mas con todo eso Pedro de Cieza de León, capítulo treinta y ocho, hablando de los Incas y de su gobierno, dice: «Hicieron tan grandes cosas y tuvieron tan buena gobernación que pocos en el mundo les hicieron ventaja», etc. Y el Padre Maestro Acosta, Libro sexto, capítulo primero, dice lo que se sigue a favor de los Incas y de los mexicanos:

«Habiendo tratado lo que toca a la religión que usaban los indios, pretendo en este libro escribir sus costumbres y policía y gobierno para dos fines. El uno, deshacer la falsa opinión que comúnmente se tiene de ellos como de gente bruta y bestial y sin entendimiento, o tan corto que apenas merece ese nombre; del cual engaño se sigue hacerles muchos y muy notables agravios, sirviéndose de ellos poco menos que de animales y despreciando cualquier género de respeto que se les tenga, que es tan vulgar y tan pernicioso engaño, como saben los que con algún celo y consideración han andado entre ellos y visto y sabido sus secretos y avisos, y juntamente el poco caso que de todos ellos hacen los que piensan que saben mucho, que son de ordinario los más necios y más confiados de sí. Esta tan perjudicial opinión no veo medio con que pueda mejor deshacerse que con dar a entender el orden y modo de proceder que éstos tenían cuando vivían en su ley, en la cual, aunque tenían muchas cosas de bárbaros y sin fundamento, pero había también otras muchas dignas de admiración, por las cuales se deja bien entender que tienen natural capacidad para ser bien enseñados, y aun en gran parte hacen ventaja a muchas de nuestras repúblicas. Y no es de maravillar que se mezclasen yerros graves, pues en los más estirados de los legisladores y filósofos, se hallan, aunque entren Licurgo y Platón en ellos. Y en las más sabias repúblicas, como fueron la romana y la ateniense, vemos ignorancias dignas de risa, cierto que si las repúblicas de los mexicanos y de los Incas se refirieran en tiempos de romanos griegos, fueran sus leyes y gobiernos estimados. Mas como sin saber nada de esto entramos por la espada sin oírles ni entenderles, no nos parece que merecen reputación las cosas de los indios, sino como de caza habida en el monte y traída para nuestro servicio y antojo. Los hombres más curiosos y sabios que han penetrado y alcanzado sus secretos, su estilo y gobierno antiguo, muy de otra suerte lo juzgan, maravillándose que hubiese tanta orden y razón entre ellos», etc.

Hasta aquí es del Padre Maestro José de Acosta, cuya autoridad, pues es tan grande, valdrá para todo lo que hasta aquí hemos dicho y adelante diremos de los Incas, de sus leyes y gobierno y habilidad, que una de ellas fue que supieron componer en prosa, también como en verso, fábulas breves y compendiosas por vía de poesía, para encerrar en ellas doctrina moral o para guardar alguna tradición de su idolatría o de los hechos famosos de sus Reyes o de otros grandes varones, muchas de las cuales quieren los españoles que no sean fábulas, sino historias verdaderas, porque tienen alguna semejanza de verdad. De otras muchas hacen burla, por parecerles que son mentiras mal compuestas, porque no entienden la alegoría de ellas. Otras muchas hubo torpísimas, como algunas que hemos referido. Quizá en el discurso de la historia se nos ofrecerán algunas de las buenas que declaremos.

LIBRO TERCERO

Capítulo XXV

Del famoso templo de Titicaca y de sus fábulas y alegorías

Entre otros templos famosos que en el Perú había dedicados al Sol, que en ornamento y riqueza de oro y plata podían competir con el del Cuzco, hubo uno en la isla llamada Titicaca[340],

[340] Garcilaso repite la fábula escrita en el capítulo I, 15, «El origen de los incas reyes del Perú». Pupo-Walker comenta cómo los caminos que llevaban al

que quiere decir sierra de plomo: es compuesto de titi, que es plomo, y de caca que es sierra; hanse de pronunciar ambas sílabas caca en lo interior de la garganta, porque pronunciada como suenan las letras españolas quiere decir tío, hermano de madre. El lago llamado Titicaca, donde está la isla, tomó el mismo nombre de ella, la cual está de tierra firme poco más de dos tiros de arcabuz; tiene de circuito de cinco a seis mil pasos, donde dicen los Incas que el Sol puso aquellos sus dos hijos varón y mujer, cuando los envió a la tierra para que doctrinasen y enseñasen la vida humana a la gente barbarísima que entonces había en aquella tierra. A esta fábula añaden otra de siglos más antiguos: dicen que después del diluvio vieron los rayos de Sol en aquella isla y en aquel gran lago primero que en otra parte alguna. El cual tiene por parte setenta y ochenta brazas de fondo y ochenta leguas de contorno. De sus propiedades y causas porque no admita barcos que anden encima de sus aguas, escribía el Padre Blas Valera, en lo cual yo no me entremeto, porque dice que tiene mucha piedra imán.

El primer Inca Manco Cápac, favorecido de esta fábula antigua y de su buen ingenio, inventiva y sagacidad, viendo que los indios la creían y tenían el lago y la isla por lugar sagrado, compuso la segunda fábula, diciendo que él y su mujer eran hijos del Sol y que su padre los había puesto en aquella isla para que de allí fuesen por toda la tierra doctrinando aquellas gentes, como al principio de esta historia se dijo largamente. Los Incas amautas, que eran los filósofos y sabios de su república, reducían la primera fábula a la segunda, dándosela por pronóstico o profecía, si así se puede decir. Decían que el haber echado el Sol en aquella isla sus primeros rayos para alumbrar el mundo había sido señal y promesa de que en el mismo lugar pondría sus dos primeros hijos para que enseñasen

---

lago Titicaca —donde dormía el Sol— revelaron el esplendor del Cuzco y las riquezas de Potosí. A partir de este descubrimiento, surgieron leyendas nuevas de tesoros escondidos, como la que recoge Garcilaso en el presente capítulo. Pupo-Walker prosigue indicando cómo estas y otras leyendas dieron origen a relatos geográficos fabulosos sobre la Tierra Rica de los Majos, de los Caracaraes y del Paititi. Véase en *La vocación literaria...*, págs. 52 y 53.

y alumbrasen aquellas gentes, sacándolas de las bestialidades en que vivían, como lo habían hecho después aquellos Reyes[341]. Con estas invenciones y otras semejantes hechas en su favor, hicieron los Incas creer a los demás indios que eran hijos del Sol, y con sus muchos beneficios lo confirmaron. Por estas dos fábulas tuvieron los Incas y todos los de su Imperio aquella isla por lugar sagrado, y así mandaron hacer en ella un riquísimo templo, todo aforrado con tablones de oro, dedicado al Sol, donde universalmente todas las provincias sujetas al Inca ofrecían cada año mucho oro y plata y piedras preciosas en hacimiento de gracias al Sol por los dos beneficios que en aquel lugar les había hecho. Aquel templo tenía el mismo servicio que el templo del Cuzco. De las ofrendas de oro y plata había tanta cantidad amontonada en la isla, fuera de lo que para el servicio del templo estaba labrado, que lo que dicen los indios acerca de esto más es para admirar que para no creer. El Padre Blas Valera, hablando de la riqueza de aquel templo y de lo mucho que fuera de él había sobrado y amontonado, dice que los indios trasplantados (que llaman mítmac) que viven en Copacabana le certificaron que era tanto lo que había sobrado de oro y plata, que pudieran hacer de ello otro templo, desde los fundamentos hasta la cumbre, sin mezcla de otro material. Y que luego que los indios supieron la entrada de los españoles en aquella tierra, y que iban tomando para sí cuanta riqueza hallaban, la echaron toda en aquel gran lago.

Otro cuento semejante se me ofrece, y es que en el valle de Orcos, que está seis leguas al sur del Cuzco, hay una laguna pequeña que tiene menos de media legua de circuito, empero muy honda y rodeada de cerros altos. Es fama que los indios echaron en ella mucho tesoro de lo que había en el Cuzco, luego que supieron la ida de los españoles, y que entre otras riquezas echaron la cadena de oro que Huaina Cápac mandó hacer, de la cual diremos en su lugar. Doce o trece españoles moradores del Cuzco, no de los vecinos que tienen indios, sino de los mercaderes y tratantes, movidos de esta

---

[341] En esta fábula —clara analogía bíblica— los incas se asimilan a los apóstoles y el Sol es visto como representación cristiana física de Dios.

fama, hicieron compañía a pérdida o a ganancia, para desaguar aquella laguna y gozar de su tesoro. Sondáronla y hallaron que tenía veintitrés o veinticuatro brazas de agua, sin el cieno, que era mucho. Acordaron hacer una mina por la parte del oriente de la laguna, por donde pasa el río llamado Yúcay, porque por aquella parte está la tierra más baja que el suelo de la laguna, por donde podía correr el agua y quedar en seco la laguna, y por las otras partes no podían desaguarla, porque está rodeada de sierras. No abrieron el desaguadero a tajo abierto desde lo alto (que quizá les fuera mejor) por parecerles más barato entrar por debajo de tierra con el socavón. Empezaron su obra el año de mil y quinientos y cincuenta y siete, con grandes esperanzas de haber el tesoro, y, entrados ya más de cincuenta pasos por el cerro adelante, toparon con una peña, y aunque se esforzaron a romperla, hallaron que era de pedernal, y porfiando con ella, vieron que sacaban más fuego que piedra. Por la cual, gastados muchos ducados de su caudal, perdieron sus esperanzas y dejaron la empresa. Yo entré por la cueva dos o tres veces, cuando andaban en la obra. Así que hay fama pública, como la tuvieron aquellos españoles, de haber escondido los indios infinito tesoro en lagos, cuevas y en montañas sin que haya esperanza de que se pueda cobrar.

Los Reyes Incas, demás del templo y su gran ornato, ennoblecieron mucho aquella isla, por ser la primera tierra que sus primeros progenitores, viniendo del cielo, habían pisado, como ellos decían. Allanáronla todo lo que ser pudo, quitándole peñas y peñascos; hicieron andenes, los cuales cubrieron con tierra buena y fértil, traída de lejos, para que pudiese llevar maíz, porque en toda aquella región, por ser tierra muy fría, no se coge de ninguna manera. En aquellos andenes lo sembraban con otras semillas, y, con los muchos beneficios que le hacían, cogían algunas mazorcas en poca cantidad, las cuales llevaban al Rey por cosa sagrada y él las llevaba al templo del Sol y de ellas enviaba a las vírgenes escogidas que estaban en el Cuzco y mandaba que se llevasen a otros conventos y templos que por el reino había, un año a unos y otro año a otros, para que todos gozasen de aquel grano que era como traído del cielo. Sembraban de ello en los jardines de los templos del Sol y de las casas de las escogidas en las provincias donde las había, y lo que se cogía se repartía por los pueblos de las tales provincias. Echaban algunos granos en los graneros del Sol y en los del Rey y en los pósitos de los concejos, para que como cosa divina guardase, aumentase y librase de corrupción el pan que para el sustento común allí estaba recogido. Y el indio que podía haber un grano de aquel maíz o de cualquiera otra semilla para echarlo en sus orones, creía que no le había de faltar pan en toda su vida: tan supersticiosos como esto fueron en cualquiera cosa que tocaba a sus Incas.

LIBRO CUARTO

Capítulo I

La casa de las vírgenes dedicadas al Sol

Tuvieron los Reyes Incas, en su gentilidad y vana religión, cosas grandes, dignas de mucha consideración, y una de ellas fue la profesión de perpetua virginidad que las mujeres guardaban en muchas casas de recogimiento que para ellas en muchas provincias de su Imperio edificaron, y para que se entienda qué mujeres eran éstas y a quién se dedicaban y en qué se ejercitaban, lo diremos como ello era; porque los historiadores españoles que de esto tratan pasan por ello conforme al refrán que dice: «como gato por brasas». Diremos particularmente de la casa que había en el Cuzco, a cuya semejanza se hicieron después las que hubo en todo el Perú.

Es así que un barrio de los de aquella ciudad se llamaba Acllahuaci: quiere decir casa de las escogidas. El barrio es el que está entre las dos calles que salen de la Plaza Mayor y van al convento de Santo Domingo, que solía ser casa del Sol. La una de las calles es la que sale del rincón de la plaza, a mano izquierda de la iglesia mayor, y va norte sur. Cuando yo salí de aquella ciudad, el año de mil y quinientos y sesenta, era esta calle la principal de los mercaderes. La otra calle es la que sale del medio de la plaza, donde dejé la cárcel, y va derecha al mismo convento dominico, también norte sur. La frente de la casa salía a la Plaza Mayor entre las dos calles dichas, y las espaldas de ella llegaban a la calle que las atraviesa de oriente a poniente, de manera que estaba hecha isla entre la plaza y las tres calles. Quedaba entre ella y el templo del Sol otra isla grandísima de casas y una plaza grande que hay delante del templo. De donde se ve claro la falta de relación verdadera que tuvieron los historiadores que dicen que las vírgenes estaban en templo del Sol, y que eran sacerdotisas y que ayudaban a los sacerdotes en los sacrificios, habiendo tanta distancia de la una casa a la otra y siendo la principal intención de aquellos Reyes Incas que en ésta de las monjas no entrasen hombres ni en la del Sol mujeres. Llamábase casa de escogidas porque las escogían o por linaje o por hermosura: habían de ser vírgenes para seguridad de que lo eran las escogían de ocho años abajo[342].

Y porque las vírgenes de aquella casa del Cuzco eran dedicadas para mujeres del Sol, habían de ser de su misma sangre, quiere decir, hijas de los Incas, así del Rey como de sus deudos, los legítimos y limpios de sangre ajena; porque de las mezcladas con sangre ajena, que llamamos bastardas, no podían entrar en esta casa del Cuzco de la cual vamos hablando. Y la razón de esto decían que como no se sufría dar al Sol mujer corrupta, sino virgen, así tampoco era lícito dársela bastarda, con mezcla de sangre ajena; porque, habiendo de tener hijos el Sol, como ellos imaginaban, no era razón que fueran bastardos, mezclados de sangre divina y humana. Por tanto, habían de ser legítimas de la sangre real, que era la misma del Sol. Había de ordinario más de mil y quinientas monjas, y no había tasa de las que podían ser.

Dentro, en la casa, había mujeres mayores de edad que vivían en la misma profesión, envejecidas en ella, que habían entrado con las mismas condiciones, y, por ser ya viejas y por

---

[342] Existieron un grupo de hermosas mujeres dedicadas de por vida a rendir culto al Sol y al Inca. Las «Vírgenes del Sol» o *Acllacunas* eran seleccionadas por un funcionario y las más bellas eran sometidas a un régimen educativo y a un género de vida totalmente distinto del resto de las jóvenes. Estas mujeres escogidas podían llegar a ser esposas o concubinas de los nobles, de los curacas o del mismo Inca rey.

el oficio que hacían, las llamaban Mamacuna[343], que interpretándolo superficialmente bastaría decir matrona, empero, para darle toda su significación, quiere decir mujer que tiene cuidado de hacer oficio de madre; porque es compuesto de mama, que es madre, y de esta partícula cuna, que por sí no significa nada, y en composición significa lo que hemos dicho, sin otras muchas significaciones, según las diversas composiciones que recibe. Hacíalas bien el nombre, porque unas hacían oficio de abadesas, otras de maestras de novicias para enseñarlas, así en el culto divino de su idolatría como en las cosas que hacían de manos para su ejercicio, como hilar, tejer, coser. Otras eran porteras, otras provisoras de la casa, para pedir lo que habían menester, lo cual se les proveía abundantísimamente de la hacienda del Sol, porque eran mujeres suyas.

LIBRO SEXTO

Capítulo VIII

Contaban por hilos y nudos: había gran fidelidad en los contadores

Quipu[344] quiere decir anudar y nudo, y también se toma por la cuenta, porque los nudos la daban de toda cosa. Hacían los indios hilos de diversos colores: unos eran de un color solo, otros de dos colores, otros de tres y otros de más, porque los colores simples, y las mezcladas, todas tenían su significación de por sí; los hilos eran muy torcidos, de tres o cuatro liñuelos, y gruesos como un huso de hierro y largos de a tres

---

[343] Las Mamacuna, todas de procedencia noble, escogidas de entre las «Vírgenes del Sol» podían convertirse en sacerdotisas o educadoras de adolescentes, aunque otras eran sacrificadas en rituales religiosos.

[344] La de Garcilaso es una de las informaciones más exhaustivas que se tiene acerca de los quipus o nudos. Según Garcilaso, los quipus eran un método mnemotécnico (para guardar memoria de sus historias o fábulas) y un sistema de cómputo o contabilidad (índice de población, etc.). Algunos estudiosos, no obstante, creen que es imposible que una lengua tan rica y variada careciera de escritura, lo que les ha llevado a afirmar que los incas habrían desarrollado en los quipus un tipo de escritura aún no descifrada.

cuartas de vara, los cuales ensartaban en otro hilo por su orden a la larga, a manera de rapacejos. Por los colores sacaban lo que se contenía en aquel tal hilo, como el oro por el amarillo y la plata por el blanco, y por el colorado la gente de guerra.

Las cosas que no tenían colores iban puestas por su orden, empezando de las de más calidad y procediendo hasta las de menos, cada cosa en su género como en las mieses y legumbres. Pongamos por comparación las de España: primero el trigo, luego la cebada, luego el garbanzo, haba, mijo, etc. Y también cuando daban cuenta de las armas, primero ponían las que tenían por más nobles, como nobles, como lanzas, y luego dardos, arcos y flechas, porras y hachas, hondas y las demás armas que tenían. Y hablando de los vasallos, daban cuenta de los vecinos de cada pueblo, y luego en junto los de cada provincia: en el primer hilo ponían los viejos de sesenta años arriba; en el segundo los hombres maduros de cincuenta arriba y el tercero contenía los de cuarenta, y así de diez a diez años, hasta los niños de teta. Por la misma orden contaban las mujeres por las edades.

Algunos de estos hilos tenían otros hilitos delgados del mismo color, como hijuelas o excepciones de aquellas reglas generales; como digamos en el hilo de los hombres o mujeres de tal edad, que se entendían ser casados, los hilitos significaban el número de los viudos o viudas que de aquella edad había aquel año, porque estas cuentas eran anales y no daban razón más que de un año solo.

Los nudos se daban por su orden de unidad, decena, centena, millar, decena de millar, y pocas veces o nunca pasaban a la centena de millar; porque, como cada pueblo tenía su cuenta de por sí y cada metrópoli la de su distrito, nunca llegaba el número de éstos o de aquéllos a tanta cantidad que pasase al centena de millar, que en los números que hay de allí abajo tenían harto. Mas si se ofreciera haber de contar por el número de centena de millar, también lo contaran; porque en su lenguaje pueden dar todos los números del guarismo, como él los tiene, mas porque no había para qué usar de los números mayores, no pasaban del decena de millar. Estos números contaban por nudos dados en aquellos hilos, cada número dividido del otro; empero, los nudos de cada número estaban dados todos juntos, debajo de una vuelta, a manera de nudos que se dan en el cordón del bienaventurado patriarca San Francisco, y podíase hacer bien porque nunca pasaban de nueve las unidades y decenas, etc.

En lo más alto de los hilos ponían el número mayor, que era el decena de millar, y más abajo el millar, y así hasta la unidad. Los nudos de cada número y de cada hilo iban parejos unos con otros, ni más ni menos que los pone un buen contador para hacer una suma grande. Estos nudos o quipus los tenían los indios de por sí a cargo, los cuales llamaban quipucamayu[345]: quiere decir, el que tiene cargo de las cuentas, y aunque en aquel tiempo había poca diferencia en los indios de buenos a malos, que, según su poca malicia y el buen gobierno que tenían todos se podían llamar buenos, con todo eso elegían para este oficio y para otro cualquiera los más aprobados y los que hubiesen dado más larga experiencia de su bondad. No se los daban por favor, porque entre aquellos indios jamás se usó favor ajeno, sino el de su propia virtud. Tampoco se daban vendidos ni arrendados, porque ni supieron arrendar ni comprar ni vender, porque no tuvieron moneda. Trocaban unas cosas por otras, esto es las cosas del comer, y no más, que no vendían los vestidos ni las casas ni heredades.

Con ser los quipucamayus tan fieles y legales como hemos dicho, habían de ser en cada pueblo conforme a los vecinos de él, que, por muy pequeño que fuese el pueblo, había de haber cuatro, y de allí arriba hasta veinte y treinta, y todos tenían unos mismos registros, y aunque por ser los registros todos unos mismos, bastaba que hubiera un contador o escribano, querían los Incas que hubiese muchos en cada pueblo y en cada facultad, por excusar la falsedad que podía haber entre los pocos, y decían que habiendo muchos, habían de ser todos en la maldad o ninguno.

---

[345] El hombre encargado de custodiar los quipus. En el imperio inca, la tradición oral de crónica del estado estaba en manos de estos funcionarios oficiales, lo que permitía, a partir de una difusión centralista, la censura de los hechos a recordar.

LIBRO NONO

Capítulo X

Lo que Huaina Cápac dijo acerca del Sol

El rey Huaina Cápac[346], como se ha dicho, mandó volver su ejército de la provincia llamada Pasau, la cual señaló por término y límite de su Imperio por aquella banda, que es al norte; y habiéndolo despedido, se volvió hacia el Cuzco, visitando sus reinos y provincias, haciendo mercedes y administrando justicia a cuantos se la pedían. De este viaje, en uno de los años que duró la visita, llegó al Cuzco a tiempo que pudo celebrar la fiesta principal del Sol, que llamaban Raimi. Cuentan los indios que un día, de los nueve que la fiesta duraba, con nueva libertad de la que solían tener de mirar al Sol (que les era prohibido, por parecerles desacato), puso los ojos en él o cerca, donde el Sol lo permite; y estuvo así algún espacio de tiempo mirándole. El Sumo Sacerdote, que era uno de sus tíos y estaba a su lado, le dijo: «¿Qué haces, Inca? ¿No sabes que no es lícito hacer eso?»

El Rey por entonces bajó los ojos, mas dende a poco volvió a alzarlos con la misma libertad y los puso en el Sol. El Sumo Sacerdote replicó diciendo: «Mira, Solo Señor, lo que haces, que demás de sernos prohibido el mirar con libertad a Nuestro Padre el Sol, por ser desacato, das mal ejemplo a toda tu corte y a todo su Imperio, que está aquí cifrado para celebrar la veneración y adoración que a tu padre deben hacer, como a solo Supremo señor.» Huaina Cápac, volviéndose al sacerdote, le dijo: «Quiero hacerte dos preguntas para responder a lo que me has dicho. Yo soy vuestro Rey y señor univer-

---

[346] Huayna Cápac, nombre de Tito Cusi Huallpa, es el undécimo monarca inca según los historiadores. Le impusieron la borla colorada hacia 1493 y su reinado alcanzó hasta su muerte, en 1529 o 1530. Los historiadores señalan que Huayna Cápac no conquistó más que el territorio del actual Ecuador. Ocupó los alrededores del golfo de Guayaquil y los Andes septentrionales, hasta el Ancasmayo, el río que marca hoy la frontera entre Ecuador y Colombia.

sal, ¿habría alguno de vosotros tan atrevido que por su gusto me mandase levantar de mi asiento y hacer un largo camino?» Respondió el sacerdote: «¿Quién habría tan desatinado como eso?» Replicó el Inca: «¿Y habría algún curaca de mis vasallos, por más rico y poderoso que fuese, que no me obedeciese si yo le mandase ir por la posta de aquí a Chili?» Dijo el sacerdote: «No, Inca, no habría alguno que no lo obedeciese hasta la muerte todo lo que le mandases.»

El Rey dijo entonces: «Pues yo te digo que este Nuestro Padre el Sol debe de tener otro mayor señor y más poderoso que no él[347]. El cual le manda hacer este camino que cada día hace sin parar, porque si él fuera el Supremo Señor, una vez que otra dejara de caminar, y descansara por su gusto, aunque no tuviera necesidad alguna.» Por este dicho y otros semejantes que los españoles oyeron contar a los indios de este Príncipe, decían que si alcanzara a oír la doctrina cristiana, recibiera con mucha facilidad la fe católica, por su buen entendimiento y delicado ingenio. Un capitán español, que entre otros muchos debió de oír este cuento de Huaina Cápac, que fue público en todo el Perú, lo ahijó para sí y lo contó por suyo al Padre Maestro Acosta, y pudo ser que también lo fuese. Su Paternidad lo escribe en el libro quinto de la *Historia del Nuevo Orbe*, capítulo quinto, y luego, en pos de este cuento, escribe el dicho de Huaina Cápac, sin nombrarle, que también llegó a su noticia, y dice estas palabras: «Refiérese de uno de los Reyes Ingas, hombre de muy delicado ingenio, que, viendo cómo todos sus antepasados adoraban al Sol, dijo que no le parecía a él que el Sol era Dios ni lo podía ser. Porque Dios es gran señor, y con gran sosiego y señorío hace sus cosas, y que el Sol nunca para de andar, y que cosa tan inquieta no le parecía ser Dios. Dijo muy bien, y si con razones suaves y que se dejen percibir las declaran a los indios su engaños y cegueras, admirablemente se convencen y rinden a la verdad.» Hasta aquí es del Padre Acosta, con que acaba aquel ca-

---

[347] Aquí aparece la idea de la prefiguración del cristianismo por parte de los incas. Éstos prepararon el camino para la llegada del cristianismo y la evangelización pacífica en el Nuevo Mundo.

pítulo. Los indios, como tan agoreros y tímidos en su idolatría, tomaron por mal pronóstico la novedad que su Rey había hecho en mirar al Sol con aquella libertad. Huaina Cápac la tomó por lo que oyó decir del Sol a su padre, Túpac Inca Yupanqui, que es casi lo mismo, según se refirió en su vida.

Capítulo XV

Testamento y muerte de Huaina Cápac, y el pronóstico de la ida de los españoles

Estando Huaina Cápac en el reino de Quitu, un día de los últimos de su vida, se entró en un lago a bañar, por su recreación y deleite; de donde salió con frío, que los indios llaman chucchu, que es temblar, y como sobreviniese la calentura, la cual llaman rupa (r blanda), que es quemarse, y otro día y los siguientes se sintiese peor y peor, sintió que su mal era de muerte, porque de años atrás tenía pronósticos de ella, sacados de las hechicerías y agüeros y de las interpretaciones que largamente tuvieron aquellos gentiles; los cuales pronósticos, particularmente los que hablaban de la persona real, decían los Incas que eran revelaciones de su padre el Sol, por dar autoridad y crédito a su idolatría.

Sin los pronósticos que de sus hechicerías habían sacado y los demonios les habían dicho, aparecieron en el aire cometas temerosas, y entre ellas una muy grande, de color verde, muy espantosa, y el rayo que dijimos que cayó en casa de este mismo Inca, y otras señales prodigiosas que escandalizaron mucho a los amautas, que eran los sabios de aquella república, y a los hechiceros y sacerdotes de su gentilidad; los cuales, como tan familiares del demonio, pronosticaron, no solamente la muerte de su Inca Huaina Cápac, mas también la destrucción de su real sangre, la pérdida de su Reino, y otras grandes calamidades y desventuras que dijeron habían de padecer todos ellos en general y cada uno en particular; las cuales no osaron publicar por no escandalizar la tierra en tanto extremo que la gente se dejase morir de temor, según era tímida y facilísima a creer novedades y malos prodigios.

Huaina Cápac, sintiéndose mal, hizo llamamiento de los hijos y parientes que tenía cerca de sí y de los gobernadores y capitanes de la milicia de las provincias comarcanas que pudieron llegar a tiempo, y les dijo: «Yo me voy a descansar al cielo con Nuestro Padre el Sol, que días ha me reveló que de lago o de río me llamaría, y pues yo salí del agua con la indisposición que tengo, es cierta señal que Nuestro Padre me llama. Muerto yo, abriréis mi cuerpo, como se acostumbra hacer con los cuerpos reales; mi corazón y entrañas, con todo lo interior, mando se entierren en Quito, en señal del amor que le tengo, y el cuerpo llevaréis al Cuzco, para ponerlo con mis padres y abuelos. Encomiéndoos a mi hijo Atahuallpa, que yo tanto quiero, el cual queda por Inca en mi lugar en este reino de Quito y en todo lo demás que por su persona y armas ganare y aumentare a su Imperio, y a vosotros, los capitanes de mi ejército, os mando en particular le sirváis con la fidelidad y amor que a vuestro Rey debéis, que por tal os lo dejo, para que en todo y por todo le obedezcáis y hagáis lo que él os mandare, que será lo que yo le revelaré por orden de Nuestro Padre el Sol. También os encomiendo la justicia y clemencia para con los vasallos, por que no se pierda el renombre que nos han puesto, de amador de pobres, y en todo os encargo hagáis como Incas, hijos del Sol.» Hecha esta plática a sus hijos y parientes, mandó llamar los demás capitanes y curacas que no eran de la sangre real, y les encomendó la fidelidad y buen servicio que debían hacer a su Rey, y a lo último les dijo: «Muchos años ha que por revelación de Nuestro Padre Sol tenemos que, pasados doce Reyes de sus hijos, vendrá gente nueva y no conocida en estas partes, y ganará y sujetará a su imperio todos nuestros reinos y otros muchos; yo me sospecho que serán de los que sabemos que han andado por la costa de nuestro mar; será gente valerosa, que en todo os hará ventaja. También sabemos que se cumple en mí el número de los doce Incas. Certificoos que pocos años después que yo me haya ido de vosotros, vendrá aquella gente nueva y cumplirá lo que Nuestro Padre el Sol nos ha dicho y ganará nuestro Imperio y serán señores de él. Yo os mando que les obedezcáis y sirváis como a hombres que en todo os harán ventaja[348]; que su ley será mejor que la nuestra y sus armas poderosas e invencibles más que las vuestras. Quedaos en paz, que yo me voy a descansar con mi Padre el Sol, que me llama.»

Pedro de Cieza de León, capítulo cuarenta y cuatro, toca este pronóstico que Huaina Cápac dijo de los españoles, que después de sus días había de mandar el Reino gente extraña y semejante a la que venía en el navío. Dice aquel autor que dijo esto el Inca a los suyos en Tumipampa, que es cerca de Quito, donde dice que tuvo nueva de los primeros españoles descubridores del Perú.

Francisco López de Gómara, capítulo ciento y quince, contando la plática que Huáscar Inca tuvo con Hernando de Soto (gobernador que después fue de la Florida) y con Pedro del Barco, cuando fueron los dos solos desde Casamarca hasta el Cuzco, como se dirá en su lugar, entre otras palabras que refiere de Huáscar, que iba preso, dice éstas, que son sacadas a la letra: «Y finalmente le dijo cómo él era derecho señor de todos aquellos reinos, y Atabáliba tirano; que por tanto quería informar y ver al capitán de cristianos, que deshacía los agravios y le restituiría su libertad y reinos; ca su padre Guaina Cápac le mandara, al tiempo de su muerte, fuese amigo de las gentes blancas y barbudas que viniesen, porque habían de ser señores de la tierra», etc. De manera que este pronóstico de aquel Rey fue público en todo el Perú, y así lo escriben estos historiadores.

Todo lo que arriba se ha dicho dejó Huaina Cápac mandado en lugar de testamento, y así lo tuvieron los indios en suma veneración y lo cumplieron al pie de la letra. Acuérdome que un día, hablando aquel Inca viejo en presencia de mi madre, dando cuenta de estas cosas y de la entrada de los españoles y de cómo ganaron la tierra, le dije: «Inca, ¿cómo siendo esta tierra de suyo tan áspera y gravosa, y siendo vosotros tantos y tan belicosos y poderosos para ganar y conquistar tantas provincias y reinos ajenos, dejasteis perder tan

---

[348] Tal pronóstico le sirve a Garcilaso para justificar la facilidad de la conquista.

presto vuestro Imperio y os rendisteis a tan pocos españoles?» Para responderme volvió a repetir el pronóstico acerca de los españoles, que días antes lo había contado, y dijo cómo su Inca les había mandado que los obedeciesen y sirviesen, porque en todo se les aventajarían. Habiendo dicho esto, se volvió a mí con algún enojo de que les hubiese motejado de cobardes y pusilánimes, y respondió a mi pregunta diciendo: «Estas palabras que nuestro Inca nos dijo, que fueron las últimas que nos habló, fueron más poderosas para nos sujetar y quitar nuestro Imperio que no las armas que tu padre y sus compañeros trajeron a esta tierra.» Dijo esto aquel Inca por dar a entender cuánto estimaban lo que sus Reyes les mandaban, cuánto más lo que Huaina Cápac les mandó a lo último de su vida, que fue más querido de todos ellos.

Huaina Cápac murió de aquella enfermedad; los suyos, en cumplimiento de lo que les dejó mandado, abrieron su cuerpo y lo embalsamaron y llevaron al Cuzco, y el corazón dejaron enterrado en Quitu. Por los caminos, dondequiera que llegaban, celebraban sus obsequias, con grandísimo sentimiento de llanto, clamor y alaridos, por el amor que le tenían; llegando a la imperial ciudad, hicieron las obsequias, por entero, que, según la costumbre de aquellos Reyes, duraron un año; dejó más de doscientos hijos e hijas, y más de trescientos, según afirmaban algunos Incas por encarecer la crueldad de Atahuallpa, que los mató casi todos. Y porque se propuso decir aquí las cosas que no había en el Perú, que después acá se han llevado, las diremos en el capítulo siguiente.

Capítulo XL

La descendencia que ha quedado de la sangre real de los incas

Muchos días después de haber dado fin a este libro nono, recibí ciertos recaudos del Perú, de los cuales saqué el capítulo que se sigue, porque me pareció que convenía a la historia y así lo añadí aquí.

De los pocos Incas de la sangre real que sobraron de las crueldades y tiranías de Atahuallpa y de otras que después acá ha habido, hay sucesión, más de la que yo pensaba, porque al fin del año de seiscientos y tres escribieron todos ellos a Don Melchior Carlos Inca y a Don Alonso de Mesa, hijo de Alonso de Mesa, vecino que fue del Cuzco, y a mí también, pidiéndonos que en nombre de todos ellos suplicásemos a Su Majestad se sirviese de mandarlos exentar de los tributos que pagan y otras vejaciones que como los demás indios comunes padecen. Enviaron poder in solidum para todos tres; y probanza de su descendencia, quiénes y cuántos (nombrados por sus nombres) descendían de tal Rey, y cuántos de tal, hasta el último de los Reyes; y para mayor verificación y demostración enviaron pintado en vara y media de tafetán blanco de la China el árbol real, descendiendo desde Manco Cápac hasta Huaina Cápac y su hijo Paullu. Venían los Incas pintados en su traje antiguo. En las cabezas traían la borla colorada y en las orejas sus orejeras; y en las manos sendas partesanas en lugar de cetro real; venían pintados de los pechos arriba, y no más. Todo este recaudo vino dirigido a mí, y yo lo envié a don Melchior Carlos Inca y a Don Alonso de Mesa, que residen en la corte en Valladolid, que yo, por estas ocupaciones, no pude solicitar esta causa, que holgara emplear la vida en ella, pues no se podía emplear mejor.

La carta que me escribieron los Incas es de letra de uno de ellos y muy linda; el frasis o lenguaje en que hablan mucho de ello es conforme a su lengua y otro mucho a lo castellano, que ya están todos españolados; la fecha, de diez y seis de abril de mil y seiscientos y tres. No la pongo aquí por no causar lástima con las miserias que cuentan de su vida. Escriben con gran confianza (y así lo creemos todos) que, sabiéndolas Su Majestad Católica, las mandará remediar y les hará otras muchas mercedes, porque son descendientes de Reyes. Habiendo pintado las figuras de los Reyes Incas, ponen al lado de cada uno de ellos su descendencia, con este título: «Cápac Ayllu», que es generación augusta o real, que es lo mismo. Este título es a todos en común, dando a entender que todos descienden del primer Inca Manco Cápac. Luego ponen otro título en particular a la descendencia de cada Rey, con nombres diferentes, para que se entienda por ellos los que son de tal o tal Rey. A la descendencia de Manco Cápac llaman Chima Panaca: son cuarenta Incas los que hay de aquella sucesión. A la de Sinchi Roca llaman Raurava Panaca: son sesenta y cuatro Incas. A la de Lloque Yupanqui, tercero Inca, llaman Hahuanina Aillu: son sesenta y tres Incas. A los de Cápac Yupanqui llaman Apu Maita: son cincuenta y seis. A los de Maita Cápac, quinto Rey, llaman Usca Maita: son treinta y cinco. A los de Inca Roca dicen Uicaquirau: son cincuenta. A los de Yáhuar Huácac, séptimo Rey, llaman Ailli Panaca: son cincuenta y uno. A los de Viracocha Inca dicen Zozco Panaca: son sesenta y nueve. A la descendencia del Inca Pachacútec y a la de su hijo, Inca Yupanqui, juntándolas ambas[349], llaman Inca Panaca, y así es doblado el número de los descendientes, porque son noventa y nueve. A la descendencia de Túpac Inca Yupanqui llaman Cápac Aillu, que es descendencia imperial, por confirmar lo que arriba dije con el mismo nombre, y no son más de diez y ocho. A la descendencia de Huaina Cápac llaman Tumi Pampa, por una fiesta solemnísima que Huaina Cápac hizo al Sol en aquel campo, que está en la provincia de los Cañaris, donde había palacios reales y depósitos para la gente de guerra y casa de escogidas y templo del Sol, todo tan principal y aventajado y tan lleno de riquezas y bastimento como donde más aventajado lo había, como lo refiere Pedro de Cieza, con todo el encarecimiento que puede, capítulo cuarenta y cuatro, y por parecerle que todavía se había acortado, acaba diciendo: «En fin, no puedo decir tanto que no quede corto en querer engrandecer las riquezas que los Ingas tenían en estos sus palacios reales», etc.

La memoria de aquella fiesta tan solemne quiso Huaina Cápac que se conserve en el nombre y apellido de su descendencia, que es Tumi Pampa, y no son más de veinte y dos;

---

[349] Las junta porque sólo Garcilaso añade al árbol genealógico de los reyes incas del Perú un rey más, Inca Yupanqui. Ni los historiadores actuales ni los cronistas dan fe de la existencia de este rey.

que como la de Huaina Cápac y la de su padre, Túpac Inca Yupanqui, eran las descendencias más propincuas al árbol real, hizo Atahuallpa mayor diligencia para extirpar éstas que las demás, y así se escaparon muy pocos de su crueldad, como lo muestra la lista de todos ellos; la cual, sumada, hace número de quinientos y sesenta y siete personas; y es de advertir que todos son descendientes por línea masculina, que de la femenina, como atrás queda dicho, no hicieron caso los Incas, si no eran hijos de los españoles, conquistadores y ganadores de la tierra, porque a éstos también les llamaron Incas, creyendo que eran descendientes de su Dios, el Sol. La carta que me escribieron firmaron once Incas, conforme a las once descendencias, y cada uno firmó por todos los de la suya, con los nombres del bautismo, y por sobrenombres los de sus pasados. Los nombres de las demás descendencias, sacadas estas dos últimas, no sé qué signifiquen, porque son nombres de la lengua particular que los Incas tenían para hablar ellos entre sí, unos con otros, y no de la general que hablaban en la corte.

Resta decir de Don Melchior Carlos Inca, nieto de Paullu y bisnieto de Huaina Cápac, de quien dijimos que vino a España el año de seiscientos y dos a recibir mercedes. Es así que al principio de este año de seiscientos y cuatro salió la consulta en su negocio, de que se le hacía merced de siete mil y quinientos ducados de renta perpetuos, situados en la caja real de Su Majestad en la Ciudad de Los Reyes, y que le daría ayuda de costa para traer su mujer y casa a España, y un hábito de Santiago y esperanzas de plaza de asiento en la casa real, y que los indios que el Cuzco tenía, heredados de su padre y abuelo, se pusiesen en la Corona Real, y que él no pudiese pasar a Indias. Todo esto me escribieron de Valladolid que había salido de la consulta; no sé que hasta ahora (que es fin de marzo) se haya efectuado nada para poderlo escribir aquí. Y con esto entramos en el libro décimo a tratar de las heroicas e increíbles hazañas de los españoles que ganaron aquel Imperio.

PEDRO CIEZA DE LEÓN. *LA CRÓNICA DEL PERÚ*[350]

Capítulo XXXVIII

En que se trata quiénes fueron los reyes ingas[351],
y lo que mandaron en el Perú

Porque en esta primera parte tengo muchas veces de tratar de los ingas, y dar noticia de muchos aposentos suyos y otras cosas memorables, me pareció cosa justa decir algo de ellos en este lugar, para que los lectores sepan lo que estos señores fueron, y no ignoren su valor ni entiendan uno por otro, no embargante que yo tengo hecho libro particular de ellos y de sus hechos, bien copioso.

Por las relaciones que los indios del Cuzco nos dan[352] se colige que había antiguamente gran desorden en todas las provincias de este reino que nosotros llamamos Perú, y que los naturales eran de tan poca razón y entendimiento, que es de no creer. Porque dicen que eran muy bestiales, y que muchos comían carne humana, y otros tomaban a sus hijas y ma-

---

[350] Pedro Cieza de León (1519-1569) fue el primero en escribir una crónica integral sobre el Perú. Pertenece a los cronistas anteriores a la época toledana. Cieza de León llegó a Perú en 1548. Testigo del período más agitado de guerras civiles entre los españoles del Perú, presenció la ejecución de los rebeldes Gonzalo Pizarro y Francisco de Carvajal. José Miguel Oviedo dice al respecto: «Sin poder llamársele un defensor de indígenas como Las Casas..., Cieza deja claramente establecida su profunda comprensión de la cultura quechua y su adhesión humanista por ella. No sólo eso: por primera vez, la crónica peruana incorpora el testimonio de la historia oral incaica, recogida de labios de los quipucamayoc y orejones indígenas que lo informaron de valiosos detalles sobre las instituciones de su imperio. Su crónica demuestra que tenía la virtud nata del historiador: la capacidad para organizar, a partir de datos dispersos, un cuadro orgánico, compendioso e interesante para el lector.» Véase *Historia de la literatura hispanoamericana*, Madrid, Alianza Editorial, 1995, pág. 143.
[351] En la mayoría de cronistas es común la utilización de las voces inga (inca) y Pirú (Perú).
[352] Cieza de León, como Garcilaso, se guía por los testimonios orales que recibieron acerca de la historia preinca. Los quipucamayos, conservadores de tradiciones incaicas, omitieron hechos dañosos al recoger su historia. Cieza de León como Garcilaso nos ofrece un imperio depurado, silenciando o deformando cuatro mil años de historia preinca.

dres por mujeres, cometiendo, sin esto, otros pecados mayores y más graves, teniendo gran cuenta con el demonio, al cual todos ellos servían y tenían en gran estimación. Sin esto, por los cerros y collados altos tenían castillos y fortalezas, desde donde, por causas muy livianas, salían a darse guerra unos a otros y se mataban y capturaban todos los más que podían. Y no embargante que anduviesen metidos en estos pecados y cometiesen estas maldades, dicen también que algunos de ellos eran dados a la religión, que fue causa que en muchas partes de este reino se hicieron grandes templos, en donde hacían su oración y era visto el demonio y por ellos adorado, haciendo delante de los ídolos grandes sacrificios y supersticiones. Y viviendo de esta manera las gentes de este reino, se levantaron grandes tiranos en las provincias de Collao y en los valles de los yungas y en otras partes, los cuales unos a otros se daban grandes guerras, y se cometían muchas muertes y robos, y pasaron por unos y por otros grandes calamidades, tanto, que se destruyeron muchos castillos y fortalezas, y siempre duraba entre ellos la porfía, de que no poco se holgaba el demonio, enemigo de natura humana, porque tantas ánimas se perdiesen[353].

Estando de esta suerte todas las provincias del Perú, se levantaron dos hermanos, que el uno de ellos había por nombre Mangocapa[354], de los cuales cuentan grandes maravillas los indios, y fábulas muy donosas. En el libro por mí alegado las podrá ver quien quisiere cuando salga a luz. Este Mangocapa fundó la ciudad del Cuzco y estableció leyes a su usanza, y él y sus descendientes se llamaron ingas, cuyo nombre quiere decir o significar reyes o grandes señores. Pudieron tanto que conquistaron y señorearon desde Pasto hasta Chile y sus banderas vieron por la parte del Sur al río de Maule, y por la del Norte al río de Angasmayo, estos ríos fueron término de su imperio, que fue tan grande que hay de una parte a otra más de mil y trescientas leguas. Y edificaron grandes fortalezas y aposentos fuertes y en todas las provincias tenían puestos capitanes y gobernadores. Hicieron tan grandes cosas y tu-

---

[353] Cieza y Garcilaso parten de las tres edades: la preinca, la inca y la cristiana. Véanse, al respecto, las notas a *Comentarios reales*, del Inca Garcilaso.

[354] Manco Cápac, primer rey inca, fundador del imperio.

vieron tan buena gobernación que pocos en el mundo les hicieron ventaja. Eran muy vivos de ingenio y tenían gran cuenta, sin letras, porque éstas no se han hallado en estas partes de las Indias. Pusieron en buenas costumbres a todos sus súbditos y diéronles orden para que se vistiesen y trajesen ojotas en lugar de zapatos, que son como albarcas. Tenían gran cuenta con la inmortalidad del ánima y con otros secretos de naturaleza. Creían que había Hacedor de las cosas y al sol tenían por dios soberano, al cual hicieron grandes templos; y engañados del demonio, adoraban en árboles y en piedras, como los gentiles. En los templos principales tenían gran cantidad de vírgenes muy hermosas, conforme a las que hubo en Roma en el templo de Vesta, y casi guardaban los mismos estatutos que ellas. En los ejércitos escogían capitanes valerosos y los más fieles que podían. Tuvieron grandes mañas para sin guerra hacer de los enemigos amigos y a los que se levantaban castigaban con gran severidad y no poca crueldad. Y pues (como digo) tengo hecho libro de estos ingas, basta lo dicho para que los que leyeren este libro entiendan lo que fueron estos reyes y lo mucho que valieron. Y, con tanto, volveré a mi camino.

AGUSTÍN DE ZÁRATE. *HISTORIA DEL PERÚ*[355]

LIBRO PRIMERO

Capítulo XII

Del estado en que estaban las guerras del Perú al tiempo que los españoles llegaron a ella

Aunque el intento principal de esta historia sea contar las cosas en ella sucedidas a los españoles que la conquistaron, en-

---

[355] Agustín de Zárate (1514-1560), funcionario real acusado de traición y encarcelado por su actuación a favor de Gonzalo Pizarro. A pesar de ello, o precisamente por ello, fue el autor de la *Historia del descubrimiento y conquista del Perú* (Amberes, 1555), la obra que describe con mayor fidelidad y detalle los hechos de las guerras civiles entre los conquistadores en Perú. Zárate pertenece al grupo de cronistas soldadescos y de la conquista del Perú.

tonces y después acá del descubrimiento. Pero, porque esto no se podría bien entender sin tocar algo del estado en que los negocios de los indios que la gobernaban estaban en aquella sazón y también para que se vea claramente cómo fue permisión divina que los españoles llegasen a esta conquista al tiempo que la tierra estaba dividida en dos parcialidades, y que era imposible, o a lo menos muy dificultoso, poderla ganar de otra manera, diré en suma los términos en que hallaron la tierra en aquella coyuntura, para que haya más claridad en la historia.

Guaynacaba[356], después de haber sujetado a su imperio gran número de provincias por espacio de quinientas leguas, contando desde el Cuzco hacia el occidente, determinó ir en persona a conquistar la provincia de Quito, en cuyas entradas se acababa su señorío. Y así, sacó su ejército y fue e hizo la conquista y por ser la calidad de la tierra muy apacible a su condición, residió allí mucho tiempo, dejando en el Cuzco algunos hijos e hijas suyos, especialmente a su hijo mayor, llamado Guascar inga[357], y a Mango inga[358] y Paulo inga[359] y otros muchos. Y en Quito tomó nueva mujer, hija del señor de la tierra, y de ella hubo un hijo que se llamó Atabaliba[360] a quien él quiso mucho. Y dejándole debajo de tutores en Quito, tornó a visitar la tierra del Cuzco y en esta vuelta le hicieron el camino tan trabajoso de la sierra, de que está hecha relación. Después de haber estado en el Cuzco algunos años, determinó volverse a Quito, así porque le era más agradable

---

[356] Huayna Cápac, undécimo rey inca. Le impusieron la borla colorada hacia 1493 y su reinado alcanzó hasta su muerte en 1529. Murió sin poder dejar sucesor. Parece ser que no sólo parte de la nobleza inca sino el propio Huayna Cápac había dudado de la conveniencia de convertir a Huáscar en heredero del trono. Huáscar, el hijo mayor, se hizo coronar en la ciudad del Cuzco, en tanto Atahualpa quedaba en Quito con las mismas pretensiones. La estancia de Atahualpa y la nobleza en Quito despertó los recelos de Huáscar. Tras un periodo de intrigas y tensiones se produjo la guerra fratricida. La muerte de Huayna Cápac, la victoria de Atahualpa sobre su hermano y la llegada de los españoles se produjeron al mismo tiempo.
[357] Huáscar Inca, el heredero.
[358] Manco Inca.
[359] Paulo Inca.
[360] Atahualpa.

aquella tierra como por el deseo de ver a Atabaliba, su hijo, a quien él quería más que a los otros. Y así volvió a Quito por el camino que hemos dicho de los llanos, donde vivió y tuvo su asiento lo restante de la vida hasta que murió. Y mandó que aquella provincia de Quito, que él había conquistado, quedase para Atabaliba, pues había sido de sus abuelos. Muerto Guaynacaba, Atabaliba se apoderó de su ejército y de las riquezas que consigo traía, aunque las principales, como más pesadas, las había dejado en su recámara en el Cuzco, en poder de su hijo mayor, al cual Atabaliba envió embajadores haciéndole saber la muerte de su padre, y dándole la obediencia, suplicándole que le dejase aquella provincia de Quito, pues su padre la había ganado y era fuera de su estado y mayorazgo, sobre todo, que había sido de su madre y abuelo. Guascar le respondió que él se viniese al Cuzco y le entregase el ejército y que él le daría tierra donde se mantuviese muy honradamente, pero que a Quito no se le podía dar por ser el fin de su reino y que de allí había de hacer sus entradas contra los enemigos y tener gente como en frontera, y que si no venía, que iría sobre él y tendría por enemigo. Atabaliba hubo su consejo con dos capitanes de su padre muy esforzados y cursados en la guerra, el uno llamado Quizquiz[361] y el otro Cilicuchima[362], los cuales le aconsejaron que no esperase a que su hermano viniese sobre él, sino que él fuese primero, pues con el ejército que tenía era parte para enseñorearse de todas las provincias por donde pasase, e ir cada día acrecentándole, de manera que su hermano tuviese por bien de confederarse con él. Tomando su consejo, salióse de Quito y fuése apoderando de la tierra poco a poco, y también Guascar envió un gobernador o capitán suyo con cierta gente a la ligera; y llegando a gran prisa a una provincia que se dice Tumibamba, que es más de cien leguas de Quito y sabido cómo Atabaliba había ya salido con su ejército, despachó una posta al Cuzco haciendo saber lo que pasaba a Guascar, para que le enviase dos mil hombres de los capitanes y gente práctica en

---

[361] Quízquiz era general de Atahualpa.
[362] Challcuchima o Chalcochima, general de Atahualpa.

la guerra, porque con ellos juntaría treinta mil hombres de una provincia que se llama los Cañares, gente muy belicosa, que estaba por él. Y él lo hizo así. Y despachados los dos mil hombres a gran prisa, se juntaron con ellos los caciques de Tumibamba y los chaparras y paltas y cañares que estaban en aquella comarca. Y sabido por Atabaliba, salió contra ellos y pelearon tres días[363], muriendo mucha gente de ambas partes, hasta que desbaratados los de Quito, Atabaliba fue preso sobre el puente del río de Tumibamba. Y estando haciendo la gente de Guascar grandes fiestas y borracheras por la victoria, Atabaliba, con una barra de cobre que una mujer le dio, rompió una gruesa pared del tambo de Tumibamba y se fue huyendo a Quito, que es veinte y cinco leguas de allí, y tornó a juntar su gente y haciéndoles entender que su padre le había convertido en culebra y héchole salir por un pequeño agujero y le había prometido la victoria si tornase a pelear, los animó tanto que volvió sobre sus enemigos y peleó con ellos y los venció y desbarató, habiendo muerto mucha gente de ambas partes en estas dos batallas, tanto que hasta hoy duran los corrales y montones que allí están llenos de huesos de hombres. Continuando y siguiendo Atabaliba la victoria, determinó ir sobre su hermano y llegando a la provincia de los Cañares, mató sesenta mil hombres de ellos porque le habían sido contrarios y metió a fuego y a sangre y asoló la población de Tumibamba, situada en un llano ribera de tres grandes ríos, la cual era muy grande. Y de allí fue conquistando la tierra y de los que se le defendían no dejaba hombre vivo y a los que salían de paz los juntaba consigo y de esta manera iba multiplicando su ejército, e ido a Túmbez, quiso conquistar por mar la isla de la Puna que arriba está dicha, mas el Cacique salió con mu-

---

[363] El incidente de la prisión y huida de Atahualpa fue un argumento en que éste se apoyó para presentarse en Quito como un héroe mitológico, amparado por su padre el Sol. Atahualpa decía «que sus dioses peleaban por él» y ciertamente sus seguidores pudieron pensar en la eficacia de esa protección porque, a partir de ese momento, la marcha incontenible de los ejércitos de Quito les llevó en una sucesión de victorias al dominio total del Tahuantinsuyu.

chas balsas y se le defendió. Y porque a Atabaliba pareció que aquella conquista requería más espacio y supo que su hermano Guascar venía sobre él con su ejército, continuó su camino hacia el Cuzco. Y quedándose él en Caxamalca[364], envió delante sus dos capitanes con hasta tres mil o cuatro mil hombres que fuesen a descubrir el campo a la ligera, y llegando cerca del ejército de Guascar, por no ser sentidos se desviaron del camino por un atajo, por el cual acaso se había también apartado el mismo Guascar con setecientos hombres de sus principales, por salir del ruido del ejército. Y topándole, pelearon con él y le desbarataron la gente y le prendieron, y teniéndole preso, venía ya todo el ejército sobre ellos y los cercaron por todas partes, donde no dejaran ninguno vivo, porque había más de treinta para uno, si los capitanes de Atabaliba no dijeran a Guascar, viendo venir su gente, que los mandase volver si no, que luego le cortarían la cabeza. Y Guascar, con temor de la muerte y con lo que le dijeron, que su hermano no quería de él otra cosa sino que le dejase en la tierra de Quito, reconociéndole por señor, mandó a su gente que no pasase de allí, sino que luego se volviese al Cuzco y ellos lo hicieron. Y sabida tan buena ventura como acaso sucedió por Atabaliba, envió a mandar a sus capitanes que le trajesen a su hermano preso allí a Caxamalca, donde les esperaba[365]. Y en esta coyuntura llegó el gobernador don Francisco Pizarro con los españoles que llevaba a la tierra del Perú y tuvo lugar de hacer la conquista que en el libro siguiente se dirá; porque el ejército de Guascar era desbaratado y huido y el de Atabaliba estaba la mayor parte despedido por la nueva victoria[366].

---

[364] Cajamarca.

[365] Lo que se sabe es que mientras los generales de Atahualpa —Quízquiz y Chalcochima— contendían en el sur con Huáscar (aquien hicieron preso y ejecutaron) Atahualpa se quedó esperando a los españoles en compañía de «Ojo de Piedra» o rumiñahui, en las proximidades de Cajamarca.

[366] Queda constancia histórica de las crueldades de Atahualpa con sus parientes. Gran parte de la familia del Inca Garcilaso murió a manos de Atahualpa.

LIBRO SEXTO

Capítulo III

Del modo de contar los años y meses que usaron los ingas

En este cómputo de los mejicanos, aunque hay mucha cuenta e ingenio para hombres sin letras, pero paréceme falta de consideración no tener cuenta con las lunas, ni hacer distribución de meses conforme a ellas; en lo cual, sin duda, les hicieron ventaja los del Perú, porque contaban cabalmente su año de tantos días como nosotros, y partíanle en doce meses o lunas, consumiendo los once días que sobran de luna, según escribe Polo[368], en los mismos meses.

Para tener cierta y cabal la cuenta del año, usaban esta habilidad, que en los cerros que están alrededor de la ciudad del Cuzco (que era la corte de los reyes Ingas y juntamente el mayor santuario de sus reinos y como si dijésemos otra Roma)[369] tenían puestos por su orden doce pilarejos, en tal distancia y postura, que en cada mes señalaba cada uno, donde salía el sol y donde se ponía. Éstos llamaban *Succanga;* y por allí anunciaban las fiestas y los tiempos de sembrar y coger y lo demás. A estos pilares del sol hacían ciertos sacrificios conforme a su superstición. Cada mes tenía su nombre propio y distinto y sus fiestas especiales. Comenzaban el año por enero como nosotros; pero después un rey Inga, que llamaron Pachacúto[370], que quiere decir reformador del tiempo, dio prin-

---

[367] José de Acosta, cronista de la época toledana, se ocupa del Perú en los libros quinto y sexto de su *Historia natural y moral de las Indias* (1589).

[368] Juan Polo de Ondegardo, licenciado, natural de Salamanca, nombado corregidor del Cuzco en diciembre de 1559. Mostró a Garcilaso las cinco momias de los incas recién descubiertas. Fue uno de los historiadores de mayor rigor y que más profundo conocimiento tuvo del pasado indígena.

[369] La comparación es un tópico que utilizan todos los cronistas.

[370] Según los historiadores, el Inca Yupanqui incorporó a su nombre el título de Pachacútec y se hizo nombrar inca aún en vida de su padre y contra la

cipio al año por diciembre, mirando (a lo que se puede pensar) cuando el sol comienza a volver del último punto de Capricornio, que es el trópico a ellos más propincuo. Cuenta cierta de bisiesto no se sabe que la tuviesen unos ni otros, aunque algunos cien que sí tenían.

Las semanas que contaban los mejicanos no eran propiamente semanas, pues no eran de siete días, ni los Ingas hicieron esta división. Y no es maravilla, pues la cuenta de la semana no es como la del año por curso del sol, ni como la del mes por el curso de la luna, sino en los hebreos por el orden de la creación del mundo, que refiere Moisés[371], y en los griegos y latinos por el número de los siete planetas, de cuyos nombres se nombran también los días de la semana, pero para hombres sin libros ni letras, harto es y aun demasiado que tuviesen el año, las fiestas y tiempos con tanto concierto y orden, como está dicho.

Capítulo IV

Que ninguna nación de indios se ha descubierto que use de letras

La letras se inventaron para referir y significar inmediatamente las palabras que pronunciamos, así como las mismas palabras y vocablos, según el filósofo[372], son señales inmediatamente de los conceptos y pensamientos de los hombres, y lo uno y lo otro (digo las letras y las voces) se ordenaron para dar a entender las cosas: las voces a los presentes: las letras a

---

voluntad de éste. Viracocha Inca, anteriormente, había designado sucesor a otro hijo, Inca Urcon, pero fue asesinado por los partidarios del vencedor de los chanca. De ahí que se considere que Pachacuti o Pachacútec Inca Yupanqui es el noveno inca y el primer soberano histórico. Pachacútec es considerado el gran reformador y el auténtico fundador del estado inca. Como elementos de cohesión impuso e hizo oficiales una lengua (el quechua), y una religión (el culto al sol). Se dice que remodeló absolutamente el Cuzco y que a él se debe la construcción del Coricancha. Entre 1438 y 1471 —años de su mandato— se sentaron las bases del imperio inca. Su expansión no se limitó a conquistas cercanas sino que se dirigió a la costa, la región del lago Titicaca y la selva oriental.

[371] Génesis, 1.
[372] Aristóteles, I. *Perihar.*, cap. 1.

los ausentes y futuros. Las señales que no se ordenan de próximo a significar palabras, sino cosas, no se llaman, ni son en realidad de verdad letras, aunque estén escritas; así como una imagen del sol pintada no se puede decir que es escritura o letras del sol, sino pintura.

Ni más ni menos otras señales que no tienen semejanza con la cosa, sino solamente sirven para memoria porque, el que las inventó, no las ordenó para significar palabras, sino para denotar aquella cosa: estas señales no se dicen, ni son propiamente letras ni escritura, sino cifras o memoriales, como las que usan los esferistas o astrólogos para denotar diversos signos o planetas de Marte, de Venus, de Júpiter, etc., son cifra, y no letras, porque por cualquier nombre que se llame Marte, igualmente lo denota al italiano y al francés y al español; lo cual no hacen las letras, que aunque denoten las cosas, es mediante las palabras y así no las entienden sino los que saben aquella lengua, *verbi gratia:* está escrita esta palabra sol, no percibe el griego ni el hebreo qué significa, porque ignora el mismo vocablo latino. De manera que escritura y letras solamente las usan los que con ellas significan vocablos; y si inmediatamente significan las mismas cosas no son ya letras, ni escritura, sino pintura y cifras.

De aquí se sacan dos cosas bien notables, la una es que la memoria de historias y antigüedad puede permanecer en los hombres por una de tres maneras: o por letras y escritura, como lo usan los latinos y griegos y hebreos y otras muchas naciones; o por pintura, como cuasi en todo el mundo se ha usado, pues como se dice en el Concilio Niceno segundo, la pintura es libro para los idiotas que no saben leer; o por cifras o caracteres, como el guarismo significa los números de ciento, de mil y los demás, sin significar esta palabra ciento, ni la otra mil. El otro notable que se infiere es el que en este capítulo se ha propuesto es, a saber, que ninguna nación de indios, que se ha descubierto en nuestros tiempos, usa de letra, ni escritura, sino de las otras dos maneras, que son imágenes o figuras. Entiendo esto no sólo de los indios del Perú y de los de Nueva España, sino, en parte también, de los japones y chinas. Y aunque parecerá a algunos muy falso lo que digo, por haber tanta relación de las grandes librerías y estudios de la China y del Japón y de sus chapas y provisiones y cartas, pero es muy llana la verdad, como se entenderá en el discurso siguiente.

Capítulo VI

De las universidades y estudios de la China

De escuelas mayores y universidades de filosofía y otras ciencias naturales, los padres de la Compañía que han estado allá dicen que no las vieron ni pueden creer que las haya y que todo su estudio es de la lengua mandarín, que es dificilísima y amplísima, como está referido. Lo que también estudian son cosas que hay en esta lengua, que son historias, sectas, leyes civiles y moralidad de proverbios y fábulas y otras muchas composiciones y los grados que hay son en estos estudios de sus lenguas y leyes.

De las ciencias divinas ningún rastro tienen, de las naturales, no más que algún rastro, con muy poco o ningún método, ni arte, sino proposiciones sueltas, según es mayor o menor el ingenio o estudio de cada uno, en las matemáticas por experiencia de los movimientos de las estrellas[373] y en la medicina por conocimiento de yerbas, de que usan mucho y hay muchos que curan[374]. Escriben con pinceles; tienen muchos

---

[373] Los incas desarrollaron ciertos conocimientos científicos. Según Salvador Canals Frau, utilizaban los movimientos de los astros y los planetas como base de un calendario que se componía de doce meses lunares (cada mes comenzaba con luna nueva) y de una serie de días complementarios. Las observaciones astronómicas, añade Canals, «se realizaban desde un conjunto de pequeñas torres de mampostería que estaban situadas en el corazón del Cuzco. Estas observaciones servían para ajustar el año solar a los meses lunares y para determinar el momento del comienzo de las labores agrícolas». Véase *Las civilizaciones prehispánicas de América*, Buenos Aires, Editorial Sudamericana, 1973, pág. 378.

[374] La medicina de los incas tenía carácter primitivo y mágico. Creían que las enfermedades se debían o por un pecado cometido, o por la pérdida del alma como consecuencia de un susto, o por el ataque invisible de un hechicero. Los médicos o *hampicamayocs* debían ser adivinos para hallar la causa de la enfermedad y adivinos para curarla. Las curas con hierbas eran lo más frecuente pero los *hampicamayocs* también realizaban intervencions quirúrgicas como la trepanación.

libros de mano y muchos impresos, todos mal aliñados. Son grandes representantes y hácenlo con gran aparato de tablado, vestidos, campanas y atambores y voces a sus tiempos. Refieren padres haber visto comedia de diez o doce días con sus noches, sin faltar gente en el tablado, ni quien mire; van saliendo personajes y escenas diferentes y mientras unos representan otros duermen o comen. Tratan en estas comedias cosas morales y de buen ejemplo; pero envueltas en otras notables de gentilidad[375].

Esto es en suma lo que los nuestros refieren de las letras y ejercicios de ellas en la China, que no se puede negar sea de mucho ingenio y habilidad. Pero todo ello es de muy poca sustancia, porque, en efecto, toda la ciencia de los chinos viene a parar en saber escribir y leer no más, porque ciencias más altas no las alcanzan. Y el mismo escribir y leer no es verdadero escribir y leer, pues no son letras las suyas que sirvan para palabras sino figurillas de innumerables cosas, que con infinito trabajo y tiempo prolijo se alcanzan; y al cabo de toda su ciencia, sabe más un indio del Perú o de Méjico, que ha aprendido a leer y escribir, que el más sabio mandarín de ellos, pues el indio, con veinticuatro letras que sabe escribir y juntar, escribirá y leerá todos cuantos vocablos hay en el mundo y el mandarín, con sus cien mil letras, estará muy dudoso para escribir cualquier nombre propio de Martín o Alonso y mucho menos podrá escribir los nombres de cosas que no conoce, porque en resolución el escribir de la China es un género de pintar o cifrar.

---

[375] Este testimonio sobre arte dramático en el Perú aparece también en los *Comentarios reales* de Garcilaso. Éste, y posiblemente Acosta en este fragmento, se refiere al teatro evangelizador que no es, propiamente, teatro quechua precolombino. Apenas concluida la conquista del Perú, se inició una intensa actividad teatral en Perú y México. Eran espectáculos que consistían en autos sacramentales, misterios sobre temas bíblicos, temas hagiográficos, villancicos, etc. Los dramaturgos evangelizadores aprovecharon las formas nativas y las mismas lenguas indígenas con afán evangelizador. Esto hizo que, paradógicamente, las lenguas y tradiciones indígenas no se perdieran definitivamente. En el teatro evangelizador se fundían la tradición indígena y la medieval.

Capítulo VIII

De los memoriales y cuentas que usaron los indios del Perú

Los indios del Perú, antes de venir españoles, ningún género de escritura tuvieron, ni por letras, ni por caracteres o cifras, o figurillas, como los de la China y los de Méjico[376]; más
no por eso conservaron menos la memoria de sus antiguallas,
ni tuvieron menos su cuenta para todos los negocios de paz y
guerra y gobierno, porque en la tradición de unos a otros fueron muy diligentes y como cosa sagrada recibían y guardaban
los mozos lo que sus mayores les referían y con el mismo cuidado lo enseñaban a sus sucesores[377].

Fuera de esta diligencia, suplían la falta de escritura y letras,
parte con pinturas, como los de Méjico, aunque las del Perú
eran muy groseras y toscas; parte, y lo más, con *quipos*[378]. Son
quipos unos memoriales o registros hechos de ramales, en
que diversos ñudos y diversas colores significan diversas cosas. Es increíble lo que en este modo alcanzaron, porque
cuanto los libros pueden decir de historias y leyes y ceremonias y cuentas de negocios, todo eso suplen los quipos tan
puntualmente que admiran. Había para tener estos quipos o
memoriales oficiales diputados que se llaman hoy día *Quipo-
camayo*[379], los cuales eran obligados a dar cuenta de cada cosa,
como los escribanos públicos acá y así se les había de dar entero crédito. Porque para diversos géneros, como de guerra,
de gobierno, de tributos, de ceremonias, de tierras, había diversos quipos o ramales; y en cada manojo de estos ñudos y

---

[376] La cultura quechua es ágrafa, frente a la azteca que es pictórica y jeroglí-
fica.

[377] Todo lo que se tiene parte de la literatura oral (la memoria) recogida por
cronistas, indios, mestizos y españoles. La narrativa, además, fue el género más
cultivado por los quechuas que transmitían, a sus descendientes, sus leyendas
y cuentos. Cuentos sobre sus orígenes, de carácter antropogónico, etiológico,
panteísta y animista.

[378] Quipus. Ver las notas, al respecto, de los *Comentarios reales,* del Inca Garcilaso de la Vega.

[379] Quipucamayo.

ñudicos e hilillos atados, unos colorados, otros verdes, otros azules, otros blancos y finalmente tantas diferencias, que así como nosotros de veinte y cuatro letras, guisándolas en diferentes maneras, sacamos tanta infinidad de vocablos, así éstos de sus ñudos y colores sacaban innumerables significaciones de cosas.

Es esto de manera que hoy acaece en el Perú a cabo de dos y tres años, cuando van a tomar residencia a un corregidor, salir los indios con sus cuentas menudas y averiguadas, pidiendo que en tal pueblo le dieron seis huevos y no los pagó y en tal casa una gallina y acullá dos haces de yerba para sus caballos y no pagó sino tantos tomines y queda debiendo tantos; y para todo esto hecha la averiguación allí al pie de la obra con cantidad de ñudos y manojos de cuerdas que dan por testigos y escritura cierta. Yo vi un manojo de estos hilos en que una india traía escrita una confesión general de toda su vida y por ellos se confesaba como yo lo hiciera por papel escrito. Y aun pregunté de algunos hilillos que me parecieron algo diferentes y eran ciertas circunstancias que requería el pecado para confesarle enteramente.

Fuera de estos quipos de hilo tienen otros de pedrezuelas, por donde puntualmente aprenden las palabras que quieren tomar de memoria y es cosa de ver a viejos ya caducos con una rueda hecha de pedrezuelas aprender el Padrenuestro y con otra el Avemaría y con otra el Credo y saber cuál piedra es: que fue concebido de Espíritu Santo y cuál: que padeció debajo del poder de Poncio Pilato y no hay más que verlos enmendar cuando yerran y toda la enmienda consiste en mirar sus pedrezuelas, que a mí, para hacerme olvidar cuanto sé de coro, me bastará una rueda de aquéllas.

De éstas suele haber no pocas en los cementerios de las iglesias, para este efecto; pues verles otra suerte de quipos, que usan de granos de maíz, es cosa que encanta; porque una cuenta muy embarazosa, en que tendrá un muy buen contador que hacer por pluma y tinta, para ver a cómo les cabe entre tantos, tanto de contribución, sacando tanto de acullá y añadiendo tanto de acá, con otras cien retartalillas, tomarán estos indios sus granos y pondrán uno aquí, tres acullá, ocho no sé donde; pasarán un grano de aquí, trocarán tres de acu-

llá y, en efecto, ellos salen con su cuenta hecha puntualísima-
mente sin errar un tilde y mucho mejor se saben ellos poner
en cuenta y razón de lo que cabe a cada uno de pagar o dar,
que sabremos nosotros dárselo por pluma y tinta averiguado.
Si esto no es ingenio y si estos hombres son bestias, júzguelo
quien quisiere que lo que yo juzgo de cierto es que, en aquello que se aplican, nos hacen grandes ventajas[380].

Capítulo IX

Del orden que guardan en sus escrituras los indios

Bien es añadir, a lo que hemos anotado de escrituras de indios, que su modo no era escribir renglón seguido, sino de
alto abajo o a la redonda. Los latinos y griegos escribieron de
la parte izquierda a la derecha, que es el común y vulgar modo
que usamos. Los hebreos, al contrario, de la derecha comienzan hacia la izquierda y así sus libros tienen el principio donde
los nuestros acaban. Los chinos no escriben ni como los griegos
ni como los hebreos, sino de alto abajo, porque, como no son
letras sino dicciones enteras que cada una figura o carácter significa una cosa, no tienen necesidad de trabar unas partes con
otras y así pueden escribir de arriba abajo.

Los de Méjico, por la misma razón, no escribían en renglón de un lado a otro sino al revés de los chinos, comenzando de abajo, iban subiendo y de esta suerte iban en la cuenta
de los días y de lo demás que notaban, aunque cuando escribían en sus ruedas o signos comenzaban de en medio, donde
pintaban al sol, y de allí iban subiendo por sus años hasta la
vuelta de la rueda. Finalmente, todas cuatro diferencias se hallan en escrituras; unos escriben de la derecha a la izquierda;
otros, de la izquierda a la derecha; otros, de arriba abajo;
otros, de abajo arriba, que tal es la diversidad de los ingenios
de los hombres[381].

---

[380] Acosta fue uno de los cronistas más lúcidos en sus razonamientos secu-
lares; más moderno que escolástico, más renacentista que medieval.

[381] Es sorprendente la objetividad del discurso de Acosta y la relatividad de
sus juicios.

Capítulo X

Cómo enviaban los indios sus mensajeros

Por acabar lo que toca a esto de escribir, podrá con razón dudar alguno cómo tenían noticia de todos sus reinos, que eran tan grandes, los reyes de Méjico y del Perú; o qué modo de despacho daban a negocios que ocurrían a su corte, pues no tenían letras, ni escribían cartas. A esta duda se satisface con saber que de palabra y por pintura o memoriales se les daba muy a menudo razón de todo cuanto se ofrecía.

Para este efecto había hombres de grandísima ligereza que servían de correos[382], que iban y venían y desde muchachos los criaban en ejercicio de correr y procuraban fuesen muy alentados, de suerte que pudiesen subir una cuesta muy grande corriendo sin cansarse; y así daban premio en Méjico a los tres o cuatro primeros que subían aquella larga escalera del templo, como se ha dicho en el libro precedente. Y en el Cuzco, los muchachos orejones[383], en la solemne fiesta del Capacrayme, subían a porfía el cerro de Yanacauri; y generalmente ha sido y es entre indios muy usado ejercitarse en correr.

Cuando era caso de importancia llevaban a los señores de Méjico pintado el negocio de que les querían informar, como lo hicieron cuando aparecieron los primeros navíos de españoles y cuando fueron a tomar a Toponchan. En el Perú hubo curiosidad en los correos extraña porque tenía el Inga, en todo[384] su reino, puestas postas o correos, que llaman allá *chasquis,* de los cuales se dirá en su lugar.

---

[382] Se refiere a los chasquis.

[383] La sociedad inca tenía muchos ritos de tránsito, como la ceremonia del taparrabo que se celebraba a los catorce años de edad. A cada chico se le imponía su primer taparrabo y a los hijos de la nobleza se les armaba caballeros. Esta ceremonia consistía en horadarles el lóbulo de las orejas para que de ahí en adelante pudieran lucir el adorno auricular que les consagraba como *orejones*. En las clases elevadas la celebración se efectuaba con toda pompa, con peregrinaciones, carreras y sacrificios.

[384] El Inti Raimi era la Pascua del Sol y se celebraba dos veces al año, coincidiendo con los solsticios. El llamado Cápac Raimi tenía lugar en el solsticio

Capítulo XVII

De las postas y chasquis que usaba el Inga

De correos y postas tenía gran servicio el Inga en todo su reino; llamábanles chasquis, que eran los que llevaban sus mandatos a los gobernadores y traían avisos de ellos a la corte. Estaban estos chasquis puestos en cada topo, que es legua y media, en dos casillas, donde estaban cuatro indios. Éstos se proveían y mudaban por meses de cada comarca y corrían con el recaudo que se les daba, a toda furia, hasta darlo al otro chasqui, que siempre estaban apercibidos y en vela los que habían de correr. Corrían entre día y noche a cincuenta leguas, con ser tierra la más de ella asperísima. Servían también de traer cosas que el Inga quería con gran brevedad y así tenía en el Cuzco pescado fresco de la mar (con ser cien leguas) en dos días o poco más[385].

---

de diciembre. Cristóbal de Molina, «el Cuzqueño», especifica en su *Relación de las fábulas y ritos de los incas* (redactada hacia 1575) que llamaban Cápac Raimi —que quiere decir fiesta del señor inca— al mes de noviembre y que era una de las tres fiestas principales del año. «En este mes —añade— armaban a caballeros y les horadaban y daban bragas, que en su lengua dicen ellos guara, para la cual dicha fiesta y armas.» En el Inti Raimi se sacrificaban animales, principalmente llamas. Sin embargo, a pesar de que Garcilaso de la Vega o Blas Valera nieguen los sacrificios humanos en los rituales religiosos, estudios arqueológicos y diversas fuentes confirman que éstos, aunque de forma excepcional, se practicaban cuando el inca iba a guerrear o caía enfermo. Las víctimas solían ser niños de diez años de edad sin defectos físicos. Por lo que respecta al sacrificio de animales, normalmente las llamas de color oscuro se destinaban a Viracocha; las blancas, al Sol, y las de varios colores, a Illapa. También se ofrendaban alimentos, chicha, tejidos y objetos preciosos.

[385] Alcina Franch comenta al respecto: «Por eso, a distancias variables —entre dos y tres kilómetros— existían a ambos lados del camino dos casas y refugios —chuclas— en las que se hallaban preparados día y noche dos chasquis o mensajeros: uno de ellos vigilaba el camino, mientras el otro descansaba. Al divisar la llegada de otro chasquis se preparaba el que aguardaba para recibir el mensaje o el pequeño paquete que debía llevar hasta el puesto siguiente a la mayor velocidad posible. Con este sistema las noticias podían viajar a una velocidad muy considerable: diez kilómetros por hora. Véase *Las claves de la América Precolombina*, Barcelona, Planeta, 1992, pág. 107

Después de entrados los españoles, se han usado estos chasquis en tiempos de alteraciones y con gran necesidad. El virrey don Martín los puso ordinarios a cuatro leguas para llevar y traer despachos, que es cosa de grandísima importancia en aquel reino, aunque no corren con la velocidad que los antiguos, ni son tantos y son bien pagados y sirven como los ordinarios de España, dando los pliegos que llevan a cada cuatro o cinco leguas.